현대 정치의 쟁점

현대 정치의 쟁점

유정환 외 지음

인간사랑

c o n t e n t s

제3부 국제정치현상의 쟁점

책머리에

정치란 바람직한 질서를 유지하면서도 제도적 결점을 개선하려는 공동의 행위이므로 변화와 유지라는 상반된 요소를 지니고 있다. 정치적 안정기에 있다 하더라도 변화를 모색하지 않는 경우 공동체 구성원의 바람직한 삶을 보장하기 어렵다. 따라서 급변하는 시대에 변화를 능동적으로 수용하려는 노력은 더없이 중요하다. 이러한 시대에 정치학자들은 '현재'를 전환기로 규정하고 이전과 이후 사이의 차이가 무엇인가를 규명해야 하는 사명감을 뿌리치기 어렵다.

20세기 초반에도 그러했듯이 21세기 초반은 그 어느 때보다 변화의 역동성을 보여주고 있다. 달리 표현하면, 현대 정치의 지형뿐만 아니라 내용도 끊임없이 변하고 있기에 그 정체성을 명료하게 언급하기란 쉽지 않다. 이러한 상황은 정치학도들에게 새로운 정치적 사유의 계기를 제공한다. 물론 현대 정치를 특징짓는 요인들을 종합적으로 언급하기는 어렵겠지만 다음과 같이 몇 가지로 집약할 수 있을 것이다.

첫째, '현대'는 고정되어 있지 않아서 항상 유동적일 뿐만 아니라 과거나 미래와의 연관 속에서 이해된다. '현대'는 정치적 사유의 중요한 조건이기 때문에 연구대상으로서 '현대 정치'를 명료하게 규명하려는 노력은 더욱 필요하다. 둘째, 정치란 시대의 흐름을 반영하고 있기에 현재의 정치영역에는 과거의 정치에 나타나지 않았던 다른 새로운 요소가 작동한다. 예를 들면 새로운 이념과 가치의 등장, 새로운 집단의 등장과 연대방식의 변화, 사회영역의 변화(예컨대 환경, 과학기술) 등은 정치의 내용 및 패러다임의 변화를 요구한다. 셋째, 근대와 탈근대가 병존하는 시대적 흐름 속에서 정치행위자들의 분화뿐만 아니라 행위자들 간의 상호 의존성이 심화되고 있다. 또한 정치영역의 '안'과 '밖'을 구분하는 경계는 한편 뚜렷하면서도 다른 한편 불확정적이다. 이러한 이중적 양태는 국가적·국제적 행위자들을 연계시키는 네트워크의 변화와 연계되어 있다.

이 책에서도 나타나듯이 공동 연구자들은 현대 정치에 대해 다양한 시각과 관점을 갖고 그 근본 문제에 천착하고 있다. 달리 표현하면, 이 책은 연구자들의 학문적 자율성을 인정하면서 현대 정치의 다양한 모습을 드러내는 데 중점을 두고 있다. 서문에는 유정환 선생님이 관심을 가지고 연구하던 주제인 "한국 문화와 정치"라는 논문을 수록하였다. 제1부는 국내 정치학의 연구동향과 흐름을 조명한 5편의 논문을 수록하였으며, 제2부는 현대 정치의 단면들을 들여다 볼 수 있는 주요 쟁점들을 다각도로 분석한 8편의 논문으로 구성되어 있다. 마지막으로 제3부는 주로 탈냉전 이후 국제정치와 지역정치의 역동성을 밝힌 9편의 논문으로 구성하였다.

변화의 시대에 직면하여 현대 정치의 다양한 특징을 조명할 필요가 있다는 문제 제기, 그리고 이를 다양한 관점에서 조명하려는 공동의 노력은 정치행위와 흡사하다. 이 책은 지난 25년간 청주대학교 정치외교학과 교수로 재직하시다 정년퇴임하시는 유정환 선생님의 학문적 관심의 결실이며, 동시에 선생님이 재직하는 동안 동료와 후배들에게 보여준 관심과 우정의 결실이다. 유정환 선생님은 한국프랑스정치학회 회장을 역임하였을 뿐만 아니라 한국정치학회, 한국국제지역학회의 발전에도 큰 기여를 했다. 선생님은 또한 외대 출신 정치학자들의 모임인 미네르바정치학회와 서울고정치학자동우회에 참여하여 동료 및 후학들과 돈독한 우정을 나누고 있다.

이 책은 기고자들 외에도 많은 분들의 도움으로 비로소 빛을 보게 되었다. 책을 출판하기까지 실무적인 업무를 진행시킨 한국외대 국제지역연구센터의 정기웅 박사와 연구조교들의 노고에 감사드린다. 또한 책의 출간에 정신적·재정적 후원을 아끼지 않으신 윤윤수 휠라 회장님께 감사를 표한다. 아울러 바쁜 출판 일정에

괘념치 않고 출간 취지를 선뜻 수용하여 이 책을 출간하도록 배려해 주신 인간사랑 여국동 사장님, 그리고 시간적인 제약에도 불구하고 방대한 분량의 원고를 꼼꼼하게 검토해 주신 홍성례 편집장께도 고마움을 전한다. 아무쪼록 이 조그만 결실이 동시대의 정치학 연구자들과 미래의 정치학도들에게 도움이 되길 바란다.

2011년 3월

출간준비위원회 일동

한국 문화와 정치
유교적 정치질서에 대한 문화론적 해석*

유정환(청주대학교)

베버(Max Weber)의 "인간이란 스스로 짜놓은 의미의 그물에 매달려 있는 동물"이라는 명제에 동의하면서 나는 그 그물이 문화인 것이며, 이에 대한 분석이 법칙을 찾기 위한 실험적 과학이 아니라 의미를 추구하는 해석적 과학이라고 생각한다.

– 겄츠(Clifford Geertz 1973, 5)

I. 서론

겄츠(Geertz 1973, 89)는 문화란 "한 사회의 구성원 모두가 공유하며 구성원들이 실존(existence)에 대한 자신들의 지식과 입장을 교환·유지·발전시키기 위하여 그들 사이의 상호 관계와 상호 행위에 사용하는 의미의 체계"(system of significa-

* 이 논문은 『한국정치학회』 제29집 4호(1995)에 발표한 것을 부분 수정한 것이다.

tions)라고 규정하였다. 문화에 대한 기호학(semiotics)적 패러다임을 제시한 것으로 평가되는 것츠의 이 같은 개념정의는 사회현상에 대한 문화론적 접근에 새로운 지평을 열어놓았다.

19세기 후반부터 원시사회를 주로 다루는 인류학 연구의 핵심 개념이 되었던 이래 문화는 사회과학 여러 분야의 주된 관심의 대상이 되어 왔으나 그것을 인식하는 시각에 따라 매우 다르게 규정되었고, 그 결과 지극히 다의적인 개념으로 남아 있다.[1] 문화를 보는 사회과학의 인식의 다양함 속에서도 몇 가지 지배적인 시각을 가려낼 수 있는데, 문화에 대한 규범적 · 역사적 그리고 행태주의의 정의가 그것이다.

규범적(normative) 시각은 문화를 한 사회의 구성원 모두가 공유하고 있는 제반 가치들(values)로 정의내리며, 역사적(historical) 시각은 한 세대에서 다음 세대로 전승되는 유산(heritage)으로, 행태주의(behavioralistic)의 시각은 한 사회 구성원들이 공유하고 있거나 최소한 그 사회의 지배적인 행태의 패턴(pattern of behavior)과 같은 것으로 본다. 그런데 문화에 대한 이 같은 전통적 패러다임들은 문화현상의 파악에 있어 적실성과 한계를 동시에 가지고 있다.

예컨대 문화에 대한 규범적 정의는 주로 공동체적 통합의 정도가 매우 높은 소규모 원시사회에 대한 연구에, 그리고 역사적 정의는 대체로 사회질서가 전통에 준거하느냐의 여부에 따라 규정되는 전통사회에 관한 인류학적 연구에 활용되어 이 분야의 지식축적에 크게 기여했다.[2] 그러나 복합성, 분화, 다양성 등을 특징으로 하는 산업사회에 있어 구성원 모두가 동일한 하나의 가치체계를 공유한다고 보기 어렵고, 또한 사회변동, 혁신, 창조가 일상적으로 진행되는 현대 사회에 있어서 과거의 유산인 전통만을 사회질서의 기초로 보는 것이 무리이므로 문화에 대한 규범적 정의와 역사적 정의는 현대 산업사회의 문화를 파악하는 데는 한계가 있는 것으로 판단된다.

한편 문화를 인간의 사회활동에서 관찰되는 행태의 패턴이라고 보는 행태주의의 정의는 제2차 세계대전 이후 사회과학의 제반 영역에 세련된 사회조사 기술과 발전된 계량화 기법 등을 적용하는 행태, 즉 문화에 대한 '실증적' (empirical) 연구가 유행하게 하였다.

정치학의 경우 "정치문화란 각 정치체계가 가지고 있는 정치에 대한 독특한 행태의 패턴이다"(Almond 1956)라는 알몬드(Gabriel Almond)의 정의에 이어 알몬드와 버바(Sidney Verba)의 공저 『시민문화』(*Civic Culture*) (Almond 외 1963)가 출판되면서 각국의 정치문화, 즉 정치행태에 대한 연구가 크게 활성화되었다. 더욱이 정치발전론의 큰 이론가였던 알몬드가 구조분화(Structural differenciation)와 함께 문화의 세속화(Cultural secularization)를 모든 정치체계 발전의 두 축으로 규정한 이래 정치문화에 대한 행태주의 연구는 정치발전론과 비교정치학의 중요한 분야가 되었다.

그러나 행태주의 정의는 문화를 직접적인 관찰과 분석이 가능한 행태(behavior)와 동일한 것으로 보기 때문에 한 사회 안에 다양한 인간 활동의 영역에 따라 서로 다른 행태, 즉 문화가 병존할 수 있는 것으로 보아 예컨대 낙후된 선거문화가 선진적 소비문화나 전근대적 지방행정 문화 등과 공존할 수 있는 것으로 본다. 또한 엘리트, 청년, 여성, 노동계층 등 사회의 다양한 하위 집단들이 독자적인 행태의 패턴, 즉 고유의 문화를 형성·유지·발전시킬 수 있으며, 이러한 문화들은 그 사회의 정치적·경제적·사회적 상황의 변동에 직접 반응하여 행태의 패턴을 바꾸고 문화에 중·단기적인 변화를 가져오는 것으로 파악한다. 결과적으로 문화에 대한 행태주의 정의는 전체 사회(société globale)의 구성요소로서 문화가 갖는 일반적 속성이라 할 일관성, 잠재성, 지속성 등을 왜곡 또는 무시하는 오류를 안고 있는 것이다.[3]

문화를 "한 사회 구성원들이 숙지하고 있으며 그들 사이의 상호 작용(interactions)에 사용하는 의미의 체계"라고 규정하는 기호학의 정의는 기존의 규범적 정의, 역사적 정의 그리고 행태주의 정의가 갖고 있던 몇 가지 개념상의 문제점들을 해소하는 한편 사회현상에 대한 문화론적 접근에 보다 적절한 방법론적 토대를 제시하고 있다.[4]

문화에 대한 기호학적 시각은 첫째, 사회관계나 상호작용이 사회행위자들(acteurs sociaux) 사이에 동일한 가치체계가 존재하기 때문에 성립되는 것이 아니라, 깃츠의 주장대로 다만 서로가 서로를 이해하고 서로 간의 행위들을 납득하는 데 사용하는 일종의 '의미의 코-드' (code of significations)의 공유를 토대로 이루어지는 것으로 본다. 이로써 앞서 살펴본 규범적 정의의 한계를 극복하였다. 둘째, '의미의 코-드' 로서 문화는 한 사회의 역사를 통하여 다듬어지는 역사의 산물임과 동시에 고도의 추상적 구성물(abstract construction)이므로 사회변동, 혁신, 역사적 단절 등의 충격을 잘 견뎌낼 수 있을 뿐만 아니라, 오히려 이와 같은 역사적 변화와 위기에 고유의 의미를 부여하는 등 사회변동 과정에 능동적으로 작용하는 것으로 인식하여 문화에 대한 역사적 정의에 잠재하는 역사주의(historicism)의 위험을 배제하였다. 끝으로, 문화에 대한 기호학적 정의는 문화와 행태를 뚜렷이 구별하여 문화를 행태의 구조화에 원리를 제공하는 일종의 문법(grammar)과 같은 것으로 파악하여 마치 같은 언어를 사용하면서도 지극히 다양한 스타일의 화법(話法)을 구사할 수 있는 것처럼 한 사회 안에 구성원 모두가 공유하는 하나의 문화와 서로 다른 복수 행태의 패턴들이 양립·공존할 수 있는 것으로 인식하여 위에서 살펴본 문화에 대한 행태주의 정의의 오류를 해소하였다.

이 글은 우선 문화에 대한 기호학적 정의에 바탕을 두고 한 사회의 제반 사회현상을 그 사회의 문화에 대한 분석과 파악을 거쳐 해석하려는 문화론적 접근법과 그 정치학적 응용을 소개한다. 이어서 한국 문화에 대한 기호학적 분석을 거쳐 한국 문화 코드를 규정하고 이를 한국 정치에 대한 문화론적 해석에 적용할 것이다.

II. 문화론적 접근법과 정치학적 변용

문화에 대한 기호학적 시각은 베버를 위시한 정통 사회학자들의 입장과 유사한 것인데, 베버는 경제학 및 사회과학의 목적을 "구체적 현실의 인과관계와 문화적 의미에 관한 지식의 획득"(Weber 1965, 157)이라고 밝히고 인간을 "그가 처해 있는 세계에 대하여 일정한 의미를 부여함과 동시에 의식적으로 일정한 입장을 취하려는 의욕과 능력을 겸비한 문명인"(Weber 1965, 167)이라고 규정하여 '의미의 그물' 로서의 문화를 사회학의 핵심적 연구대상으로 파악하였다.

파슨즈(Talcott Parsons)의 경우에도 문화를 "표현적 상징을 통하여 한 사회의 모든 사물과 사회적 대상물에 일정한 뜻과 의미를 부여함으로써 다수의 사회적 행위자 사이의 소통과 통합을 가능케 하는 것"(Parsons 1964, 11)으로 보고 있다. 문화의 외적 구성요소를 인지적·정서적·평가적 차원으로 구분했던 그의 관점은 알몬드에 의해 정치적 정향의 패턴(pattern of political orientation)의 개념화에 세 가지 차원으로 원용됨으로써 정치문화에 대한 행태주의 접근법의 구성에도 커다란 영향을 끼쳤다. 그러나 파슨즈는 자신의 행동 이론을 통하여 "문화가 사회체계 내에서 가장 풍부한 정보(information)를 갖고 있는 하위 체계(sub-system)로서 상황(situation)에 대하여 행위자가 대응방안을 모색·수립하는 과정을 관장하며, 결과적으로 사회변동을 통제하는 기능을 발휘한다"(Parsons 1973, 11-12)고 밝힘으로써 문화라는 요인을 통하여 사회변화 과정과 정치변동 과정을 분석하려는 기호학적 정의에 입각한 문화론적 접근법과 매우 유사한 입장을 보여주었다.

더욱이 전통 사회학은 사회현상의 분석에 있어서 문화가 갖는 중요성에 대한 인식과 문화에 대한 개념정의 문제에 있어 기호학적 접근법과 유사한 입장을 갖는 데 그치지 않고 '의미의 체계' 로서의 문화를 파악할 수 있는 이론적 가능성도 열어놓았다. 프로테스탄티즘과 자본주의의 관계에 대한 연구로 사회현상이나 사회변동에 대한 문화라는 변수의 분석능력을 여실히 증명한 베버는 그 유명한 연구(Weber 1964) 외에 유교(Weber 1951)나 이슬람에 대한 분석들을 통하여 종교가 문화라는 '의미의 그물'의 핵심 소재임을 보여주고 있다. 문화를 "사회 구성원들에 의하여 보편적으로 공유되고 있는 감정과 믿음의 총체인 공동의식(conscience commune)에서 비롯되는 것"(Durkheim 1973, 46)이라고 규정한 뒤르껭(Emile Durkheim)은 종교가 이 공동의식의 중심부(région centrale)에 해당된다고 보았다. 그는 종교를 "성스러운 것(le sacré)에 관련된 믿음과 실천의 결속된 체계"(Durkheim 1968, 65)라고 규정하여 한 사회의 가치체계와 행동양식의 궁극적인 근원으로 파악하고, 나아가서는 권력과 권위 그리고 모든 사회제도의 기초로 인식하였다. 또한 이들에 대한 사회학적 분석에 있어 종교를 중심으로 하는 문화적 요인의 중요성을 강조하였다.

문화에 대한 이와 같은 현대 인류학과 전통 사회학의 입장들을 토대로 바디(Bertrand Badie)는 『문화와 정치』(Badie 1983)라는 저술을 통하여 각 정치체계의 독자적 특성을 문화적 요인으로 해석할 수 있는 정치에 대한 문화론적 접근법을 제시하였다. 그에 따르면 문화론적 접근의 요체는 "한 사회의 정치과정과 사회과정의 변형을 통제하는 기능을 갖고 있으며, 그 사회의 역사를 통하여 형성된 의미의 체계인 문화 코드(code culturel)를 규명해내는 데 있다"(Badie 1983, 74). 또한 한 사회의 문화, 즉 의미의 체계가 '성스러운 것'의 개념을 규정하는 종교를 바탕으로 성립되는만큼 각각의 사회가 갖고 있는 신앙체계에 대한 비교분석을 중심으로 하여 그 사회 고유의 문화 코드를 도출할 수 있다고 한다. 이렇게 규명된 문화 코드는 그 사회의 제반 사회적 대상물들(objets sociaux), 즉 권력, 공동체, 법, 규범 등등이 품고 있는 독자적 의미와 정향 등을 판독하게 해주는 열쇠와 같은 역할을 하며, 나아가서는 그 사회의 정치체계의 독자성(singularité)과 정치변동의 특징에 대한 해석을 가능하게 한다는 것이다. 또한 문화는 고정불변의 것이 아니므로 이에 대한 연구는 역사적 접근을 필요로 하는 것이지만, 한 문화의 정체성(identité culturelle)을 나타내는 문화 코드의 경우 '변하지 않는'(invariant) 특성을 갖는 것이므로 역사적 분석을 통하여 문화 코드의 가변적 부분과 불변적 부분을 가려낼 수도 있다고 한다(Badie 1983, 74). 문화를 의미의 체계로 보는 기호학적 시각을 정치에 대한 해석에 도입한 바디의 분석 모델은 정치가 권력의 정당화 과정 등과 같은 고도의 상징적 차원을 수반하는 범주로써 '의미의 체계'와 직결되는 영역이라는 점에서 방법론적 적실성을 갖는다. 가령 치자(治者)의 명령을 피치자가 납득하고 수긍하기 위해서는 그 명령이 적절한 상징적 양식(formule)을 갖추어야 하는데, 이 상징적 양식은 치자와 피치자들이 공유하고 있는 의미의 체계에 어울릴 경우에 효율성을 갖는 것이다. 이러한 바디의 모델은 우리나라를 포함한 개발도상국에서 관찰되는 권위의 위기(crise d'autorité)가 서구에서 수입한 권력의 정당화 양식이 토착사회 문화 코드와의 불협화에서 비롯된 것이라는 해석을 가능케 하며, 나아가서는 이 불협화의 내용과 형태의 분석을 통하여 그 사회의 권력 정당화를 위한 적절한 상징적 양식의 구상에 도움을 줄 수 있는 것이다.

일반적으로 정치에 대한 문화론적 접근은 각국 역사의 비교분석을 통하여 각 정치체계의 구체적이고 개별적인 변화과정을 규명하여 정치체계의 독자성을 파악하려는 역사사회학(sociologie historique)과 마찬가지로 정치체계의 보편성보다는 개개의 정치체계가 보여주는 특수성에 대한 '개별화의 지식'(connaissance individualisante)을 얻고자 한다.

종래의 비교정치학이 기능주의적 패러다임에 입각하여 서구의 것을 표준으로 하는 정치체계의 보편성에 대한 '일반화의 지식'(connaissance généralisante)의 추구에 치우쳐 왔다는 비판(Badie 외 1990, 22-28)을 감안할 때, 그리고 제3세계를 위시한 현실 세계에서 지속적으로 관찰되는 각국 정치체계의 뚜렷한 독자성을 놓고 볼 때 정치에 대한 문화론적 접근이라는 새로운 시도의 학문적 가치를 가늠할 수 있다. 오랜 역사와 고유의 민족문화를 자랑하는 우리나라의 경우 우리 문화의 독특한 구조를 파악하고 그 문화구조의 특성을 통하여 한국 정치의 독자성(singularité)을 조명해 본다는 것이 각별한 의의를 갖는다 하겠다.

바디에 따르면 한 사회의 문화 코드를 도출하려면 극적 대조(contraste dramatique)를 보여주는 다른 문화와의 비교연구가 필수적이라고 한다. 그는 『문화와 정치』 및 다른 저술(Badie 1986)에서 기독교 문화와 이슬람 문화에 대한 비교분석을 시도하고, 그 결과 파악된 두 개의 문화 코드를 통하여 기독교 사회와 이슬람 사회 정치질서의 특징을 다음과 같이 설명하고 있다.

III. 문화의 비교 : 기독교와 이슬람 –바디의 비교 연구를 중심으로

바디는 서로 다른 문화에 대한 비교분석을 통하여 정치를 조명해 보려는 대표적인 사례로 세계적 종교들에 대한 분류론(typology)을 다루는 아이젠슈타트(Samuel N. Eisenstadt)의 일련의 연구들을 소개하고 있다. 그 가운데 대표적인 논문(Eisenstadt 1981)에서 아이젠슈타트는 종교마다 나름대로 상정하고 있는 구원(salvation)의 문제와 그것이 인간 행동과 사회적 관계에 끼치는 실질적 영향에 대한 베버의 문제의식을 이어받아 세계 종교들을 세 가지로 분류하고 있다.

첫째, 고대 그리스나 로마의 신앙 및 유교의 경우처럼 초월적 질서와 세속적 질서의 관계가 주로 후자를 중심으로 설정된 경우로 두 질서 사이의 긴장(tension)은 윤리적 · 철학적으로 규정된 이승에서 인간이 이행해야 할 의무의 완수를 통해 극복될 수 있는 것으로 이해된다. 따라서 인간과 초월적 질서와의 관계를 전담하는 독자적인 종교 엘리트가 없으며, 세속적 질서의 윤리적 통합과 합법성(legality)의 구현에 관한 지식을 토대로 관료 엘리트가 형성된다. 초월적인 천명(天命)을 통하여 권력뿐만 아니라 높은 수준의 권위까지 부여받은 세속군주가 지상에 펼쳐야 하는 도덕적 질서의 구현을 보좌하는 유교 엘리트가 그 경우이다. 천명에 따라 정당성의 굳건한 토대를 갖춘 세속군주의 권위는 천재지변이나 명백한 정치적 파탄의 경우를 제외하고는 실질적 위협을 받지 않으며, 따라서 군주권력의 정당성을 둘러싼 이념정치(ideological politics)는 활성화되지 않는다(Eisenstadt 1981, 164–168).

둘째, 불교나 힌두교의 경우처럼 두 질서 사이의 관계가 전적으로 형이상학적인 초월적 질서를 중심으로 설정되어 구원은 본질적으로 비인격적인 내세에 대한 인간의 정신적 준비를 통하여 얻어질 수 있는 것으로 인식하는 범주이다. 인간과 초월적 질서와의 관계를 전담하는 강력한 종교 엘리트가 형성되는 반면 세속군주는 그 어떤 고유의 권위도 부여받지 못하며, 다만 속세에서의 최소한의 질서를 확보하고 신앙생활에 대한 보호를 제공하는 대가로 군주권력의 부분적인 정당성을 인정받을 뿐이다. 이 경우에도 유교와는 정반대되는 이유에서 정치권력의 정당성에 관한 이념적 갈등이 매우 낮다(Eisenstadt 1981, 168–169).

셋째, 유태교, 이슬람, 기독교 등 유일신교의 경우는 두 질서가 지속적 갈등관계에 놓여 있는 것으로 설정되고 인간이 현실적 질서 위에 초월적 질서의 원리, 즉 유일신의 율법을 실천함으로써 그 갈등이 극복될 수 있는 것으로 이해된다. 따라서 구원은 인간에 의한 두 질서 사이의 계속적인 조정(adjustment)을 통하여 얻어지는데, 초월적 질서의 실천을 담당하는 종교 엘리트와 현실 세계의 운영을 관장하는 정치 엘리트가 확연하게 구분되어 두 질서 사이의 조정의 내용과 형식을 둘러싸고 대립하게 되며, 두 엘리트 사이의 갈등에 개인과 집단이 이념적으로 동원될 수 있다(Eisenstadt 1981, 171–179). 세속군주의 배타적 책임은 속세를 운영하는 데 있으므로 정치 엘리트의 도움을 받아 구현하는 정치질서에 대한 평가에 따라 그 정당성을 인정받게 된다. 따라서 현실 정치질서에 대한 평가와 비판을 전담하며 정치권력의 정당성 여부에 관한 개인과 집단의 이념적 동원에 깊이 관여하는 문화 엘리트 또는 지식 엘리트가 출현할 수 있는 것이다.

또한 이 같은 엘리트의 분화과정은 유일신교 사회로 하여금 다원주의적 성격을 갖게 하며, 동시에 경쟁적 세계관을 둘러싼 이념적 동원에 의한 잠재적 혁명의 가능성을 갖게 한다(Eisenstadt 1978, 187–188).

이와 같은 아이젠슈타트의 분석은 그 분류기준의 타당성과 분류대상의 포괄성이 돋보이는 것이지만 바디의 지적(Badie 1983, 80)대로 일반성을 지나치게 추구한 나머지 기독교와 이슬람의 경우처럼 근본적 차이가 뚜렷한 종교들을 유일신교라는 이유만으로 동일한 범주로 분류하는 오류를 범하고 있다.

신의 질서와 인간의 질서 사이의 팽팽한 긴장을 상정하고 있는 유일신교의 경우에도 현세에서의 인간 행동을 통하여 내세의 구원을 추구한다는 원리에 있어서는 동일한 입장을 취하고 있으나 구원의 구체적 조건이나 인간 행동에 부여하는 의미 등에 있어서는 근본적인 차이를 보이고 있는 것이 사실이다. 바디는 이러한 측면에서 거의 상반된 입장을 취하고 있는 이슬람과 기독교에 대한 비교분석을 통하여 각각의 문화 코드를 도출하고 그것을 바탕으로 두 문화권에서 공동체, 권력, 법, 규범 등이 어떤 의미를 갖는지, 그리고 이 의미들이 서로 어떠한 대조(contraste)를 보이고 있는지(Badie 1986, 19–55)를 분석하고 있다.

바디의 분석에 따르면 이슬람의 경우 기독교의 삼위일체론이나 성자와 복자들 사이의 위계질서와 같은 다원주의적 요소가 전적으로 배제된다. 또한 알라신(Allah)은 자신의 아들을 인간세계에 보내지도 않았고 누구에게도 그 어떤 초월적 사명을 위임하지 않고 스스로만이 우주만물의 창조주로서 인간을 포함한 만물의 운명을 배타적으로 관장하는 것으로 설정되어 있다. 따라서 구원은 이 세상에서의 인간 행동에 있어 신의 율법의 직접적이고 전폭적인 실천으로써만 가능한 것으로 인간적 질서의 신적 질서에로의 융합과 통일을 요구한다(Badie 1983, 81–83).

이와는 달리 기독교의 경우 "시저의 것은 시저에게, 신의 것은 신에게로 …" 라는 성경(Bible)의 말처럼 신적 질서와 인간적 질서의 본질적 차이를 인정하고 있으며, 성자 · 복자 · 사도 등 중간적 존재를 통한 신과 인간 사이의 위임과 분업을 통하여 '신의 것' 은 교회가, 그리고 '시저의 것' 은 군주가 관장하는 것으로 상정한다. 또한 인간의 구원은 교회의 주도 아래 개인 신앙생활을 통하여 기대할 수 있는 것이며, 신앙활동은 현세 질서를 위한 활동과 구분됨과 동시에 양립될 수 있는 것으로 이해된다(Badie 1983, 97-98).

이와 같이 두 질서 사이의 지속적 갈등을 전제로 하는 유일신교의 경우에도 갈등의 구조에 대한 인식에 따라 이슬람의 일원론적(moniste) 의미의 체계와 기독교의 이원론적(dualiste) 문화 코드로 갈려나갈 뿐만 아니라, 이에 따라 각각의 문화공간에서 인간 행동의 주요 범주들이 서로 다른 정향을 보이게 되는 것이다.

예컨대 기독교의 이원론적 의미의 체계는 종교와 정치를 각각의 자율적 영역으로 분리시킴으로써 각 영역에서 독자적 엘리트의 형성과 조직화를 가능케 했던 반면, 이슬람의 일원론적 문화 코드는 영역의 탈분화(dédifférentiation)현상을 초래, 종교와 정치의 영역을 혼동시킴으로써 기독교 교회와 같이 위계질서를 뼈대로 하는 짜임새 있는 성직자 집단도 조직화된 관료제도 발전시키지 못했던 것이다. 바디의 표현대로라면 "… 이와 같이 두 개의 종교가 인간의 행동을 저승에서의 구원조건으로 똑같이 규정하면서도 이승에 존재하는 종교적 구조와 정치와의 관계를 상반된 방식으로 설정할 수 있는바, 하나는 융합(fusion)의 방식으로, 다른 하나는 분화(différentiation)의 방식으로 설정한다" (Badie 1983, 81)는 것이다.

공동체에 대한 인식에 있어서도 신의 나라(Civitas Dei)와 인간의 나라(Civitas hominum), 그리고 교회(Eglise)와 제국(Empire)과 같이 이질적인 공동체의 병존·중첩이 가능한 것으로 보는 기독교와는 달리 이슬람의 경우 움마(Umma)라는 믿는 자들의 공동체만을 인정한다(Badie 1986, 32-41). 이렇듯 인간에게 유일하고 정당한 공동체로 인식되는 움마는 이슬람교도들의 신앙공동체임과 동시에 정치공동체이자 경제공동체이면서 군사공동체인 것으로 이슬람의 일원론적 문화 코드가 여실히 반영되고 있는 것이다. 또한 기독교의 경우 정치가 종교와 구분되고 르네상스 이래 경제가 정치로부터 구분되는 등 인간 활동영역의 분화가 계속 진행되어 왔으나 이슬람의 경우 오늘날의 중동 사태에서 보듯이 종교적 열성이 정치적·군사적 과격행동으로 표출되는 등 인간 행동에 있어 종류의 혼동(confusion du genre)이 지속되는 것이다.

예언자 모하메드가 건설한 메디나를 이상적인 움마의 유일한 모델로 삼고 있기 때문에 이슬람에 있어서 공동체를 개량하려는 노력은 본질적으로 복고적이며 근본주의적(fondamentaliste)인 경향을 띄게 되는데, 이는 인간의 재능(génie humain)에 유토피아의 설계와 시공을 도급하여 창의성을 발휘케 하는 기독교와는 크게 다른 것이다. 또한 기독교가 다양한 세속적 이해관계로 구성된 사회 안에서 개인의 선택과 자유를 중시하는 데 비하여 이슬람의 경우 전인격(全人格)적인 움마 내에서 공동체적 결속을 강조함으로써 자유보다는 평등을 앞세우게 된다(Badie 1983, 83-89).

정치권력을 행사함에 있어 기독교 군주는 초월적 질서에 관련되는 범위 안에서는 교회의 판단에 종속되어 있으나 세속적 질서에 관한 사항에 대하여는 고유의 권한을 갖으며, 이의 효과적인 집행을 위하여 인간의 합리성이 발휘될 수 있는 효율적인 관료조직을 갖게 된다. 이같이 기독교 군주의 경우 '힘으로서의 권력' (pouvoir-puissance)뿐만이 아니라 '권위로서의 권력' (pouvoir-autorité)도 겸비하고 있기 때문에 후자를 놓고 교황과 경쟁을 벌여왔던 것이다. 이슬람의 칼리프의 경우 신으로부터 그 어떤 위임(mandat)도 받지 않았기 때문에 '권위로서의 권력'을 주장할 근거를 갖지 못하는 것이다. 따라서 칼리프에게는 최소한의 세속적 질서의 확보라는 현실적 필요에 의한 '힘으로서의 권력' 만이 인정되므로 칼리프의 권력은 지속적인 '정당성의 위기' 에 놓여 있게 된다.

바디가 인용하는 가르데(L. Gardet)의 표현에 따르면 "이슬람 세계에서 정치행동은 동시에 두 가지 경향을 갖는데, 하나는 신의 율법의 엄격한 준수를 요구하는 것이며, 또 하나는 승리하는 힘에 대한 거의 자발적인 승복을 보여주는 것이다. 전자가 빈번한 민중봉기와 항쟁을 불러온다면 후자는 쉽사리 성공하는 숱한 궁정 모반이나 군사 쿠데타를 가져오는 것이다" (Gardet 1976, 107).

도그마(Dogma)에 대한 판정권한을 갖고 있으며 신과 기독교인 사이의 여러 가지 성사(聖事)를 관장하는 기독교 교회의 성직자와는 달리 이슬람의 성직자는 코란(Coran)에 대한 지식을 바탕으로 신의 율법에 대한 반복적 해석과 교리의 전승만을 담당하고 있어 기독교 교회와 같은 막강한 성직자 조직을 갖지 않는다.

그리고 코란의 해석에 있어서는 인간 이성의 도구적 차원만이 동원되는데, 이는 기독교 규범체계가 인간 이성의 창조적 측면을 인정하고 신의 율법과는 다른 또 하나의 규범의 원천인 자연법을 발견할 수 있게 하여 이를 바탕으로 인간적 정의를 추구할 수 있었던 것과는 크게 다른 것이다(Badie 1983, 92-94).

지금까지 기독교 문화와 이슬람 문화를 비교하여 각각의 문화 코드를 도출한 뒤 기독교 사회와 이슬람 사회의 고유한 정치질서의 제 측면을 해석하는 바디의 접근법을 소개하였다. 이제 바디가 제시한 분석 모델을 한국 문화에 적용하여 그 문화 코드의 도출을 시도할 것이다.

IV. 한국 문화 코드

바디의 분석 모델에 따르면 한 나라의 문화 코드는 한편으로는 그 나라의 신앙체계와 다른 나라의 것들과의 비교분석을 통하여, 다른 한편으로는 그 나라의 믿음체계가 역사와의 상호작용을 통해 형성되고 변형되어 온 과정에 대한 역사사회학적 분석에 의하여 규명될 수 있는 것이다(Badie 1983, 73-74). 따라서 한국 문화 코드의 규명에는 '성스러운 것'에 대한 한국인의 보편적 인식과 '극적 대조'를 보여주는 다른 문화권 신앙체계와의 비교와 아울러 우리나라의 오랜 역사와의 상호작용 속에서 한국인의 믿음체계가 응결(cristallisation)되어 온 과정의 분석이라는 실로 방대한 노력이 요구되는 것이다. 더욱이 예로부터 오늘에 이르기까지 한국의 신앙체계는 복수성(pluralité)을 일차적 특징으로 갖고 있어 '성스러운 것'에 대한 한국인의 보편적 인식에 대한 접근은 한국 사회에서의 다양한 종교와 신앙의 공존현상에 대한 종교사회학적 분석이라는 추가적 노력을 필요로 한다.

여기에서는 한국의 신앙체계와 타문화권의 종교들과의 비교에 대신하여 앞에서 요약·소개한 바디의 기독교와 이슬람에 대한 비교분석의 결과를 원용할 것이며, 본 연구가 한국 문화 코드 규명의 가설적 시도라는 의미에서 한국인의 신앙체계의 응결과정에 대한 역사적 고찰을 생략한다. 또한 중국으로부터 유입된 불교, 도교, 유교가 한국의 토착 무속신앙에 동화되면서 한국인의 신앙체계는 통합교주의적(syncrétiste)인 외적 특성과 인간중심주의적(anthropocentriste)이며 속세주의적(séculariste)인 내적 속성을 갖게 되었다고 본다. 끝으로 이런 특성들이 한국 문화 코드의 응결에 가장 큰 영향을 미쳐왔다 할 유교의 원리 속에 체계화되어 있다는 가정을 전제로 하고 한국 문화 코드를 규명하고자 한다.

유교의 경우 초월자에 대한 개념은 중국 전래의 의인화(擬人化)된 초월자였던 상제(上帝)가 공자에 의해 천(天)으로 대체되었다. 그 뒤 송(宋)대의 주염계가 주역의 음양론을 받아들이면서 태극(太極)으로 바뀌었다가 주희에 의하여 이(理)라는 추상적 개념으로 굳어져 주자학적 우주론의 핵심이 되었음은 주지하는 바이다(풍우란 1989, 331-352). 또한 주자학을 체제의 사상적 바탕으로 삼았던 조선왕조의 경우 퇴계 이황과 율곡 이이 등이 이기론(理氣論) 논쟁 등을 통하여 조선조 성리학의 형이상학을 완성하여 한국인의 우주관(Weltanschauung)의 체계화에 기여했다(박충석 1982, 29-47).

이렇듯 초월적 질서에 대한 유교의 인식은 다른 종교들과는 달리 초자연적·신비주의적 단계를 떠나 철학적 추상화의 단계를 거쳐 왔고, 신유교(neo-confucianism)의 경우 현세적 질서와의 관계에 있어 초월적 질서의 절대성을 인정하지 않고 있다(금장태 1992, 211-230). 그러나 유교가 지향하는 초월적 질서인 '예(禮)적 질서'는 현실성의 원리(principe de réalité)가 지배하는 현실 세계에 비하여 본질적으로 우월한 것으로 상정되며, 이 두 질서 사이의 갈등 극복이 유교적 인간의 실존적 과제가 되는 것이다. 유교적 인간에 있어서 이 같은 갈등 극복, 즉 구원(salut)이란 이승에서의 삶의 완성을 의미하며, 그것은 '예적 질서' 구현의 원리를 깨닫고 그것을 인생을 통하여 실천하는 데서 이루어진다. 현세(現世)의 삶을 내세(來世)에서의 구원을 위한 준비과정으로 파악하는 기독교나 이슬람과는 달리 유교적 인간에게 인생은 살아볼 만한 가치가 있는 것일 뿐만이 아니라 유교적 의미의 구원이라 할 자아완성을 실현할 유일한 터전이 되는 것이다. 그리고 '예적 질서' 구현의 원리를 깨닫는다는 것은 초월적 질서와 현실적 세계가 서로 배치되는 것이 아니라 보완적 관계에 있음을 아는 것이며, 그 실천은 인간 행동을 두 질서 사이의 혼동이나 배타적 선택이 아니라 그것들 사이의 조화 위에 놓는다는 것을 의미한다(풍우란 1989, 216-229). 이렇게 볼 때 유교적 인간은 자신의 삶의 주체가 될 뿐만 아니라 '예적 질서'와 현세적 질서 사이의 간극을 극복하고 조화를 깨달아 실천한다는 의미에서 우주적 질서의 생산자 또는 재생산자가 될 수도 있는 것이다.

이 같은 유교적 세계관의 세속주의와 인간중심주의적인 정향은 신의 질서와 인간의 질서 사이의 단절을 상정하는 유일신교나 높은 종교성을 속성으로 하여 저승을 규정하는 한편, 속세에 대하여는 이렇다 할 고유의 가치를 인정하지 않는 불교 등과는 달리 유교가 두 질서 사이의 질적인 우열(優劣)의 차이를 인정하면서도 둘의 관계를 보완적인 것으로 이해하는 데서 비롯되는 것이라 하겠다.

초월적 질서와 현실적 질서의 관계에 대한 유교의 이 같은 절충적 입장은 때로 두 질서에 대한 이중적(ambivalent) 해석을 낳기도 한다. 예컨대 천인합일설(天人合一說)이 초월적 질서와 현세적 질서의 통일을 주장하는 이슬람의 일원론적 인식에 가까운 것이라면 정명론(正名論)은 두 질서 사이의 분화를 지향하는 기독교의 이원론적 입장과 유사한 것이라 하겠다. 그러나 두 질서에 대한 유교의 어찌 보면 이율배반적인 입장은 시간과 공간, 자연과 인간 그리고 삶과 죽음을 단절(rupture)이 아니라 하나의 연속(continuum)으로 인식하는 우리의 토착 무속신앙의 시각과 다르지 않다(Pyong-Choon Hahm 1986, 318-331). 율곡 이이의 다음과 같은 명제가 두 질서를 '다르면서 불가분의 것'(함병춘 1969, 89)으로 보는 한국인의 기본 인식을 절묘하게 표현하고 있다 하겠다.

(理와 氣는) **이미 二物이 아니요 또 一物도 아닙니다. 一物이 아니기 때문에 하나**

이면서 둘이요 二物이 아니기 때문에 둘이면서 하나입니다 … .[5)]

이같이 '상보성 원리'(principe de complémentarité)라고 부를 수 있는 것이 한국인의 믿음체계 밑바닥에 자리 잡고 있으며, 이를 바탕으로 한국 문화 코드가 형성되어 시간, 공간, 자연, 인간 그리고 삶과 죽음 등과 같은 실존적 문제들에 대한 한국적 인식을 정립시켜 주는 한편 권력, 공동체, 법과 규범 등의 사회적 대상물들에 한국적 의미를 부여한다 할 것이다.

V. 상보성 원리와 유교적 정치질서

앞에서 보았듯 한국 문화의 기저에서 발견되는 '상보성 원리'는 유교적 우주관의 체계화 과정을 거쳐 그 핵심으로 응결되었는데, 유교가 하나의 윤리체계임과 동시에 정치철학이며 하나의 통치 이데올로기로서 유교사회의 제도화에 이론적 기초가 되어 왔다는 것은 주지의 사실이다. 따라서 유교사회의 여러 분야 중에서 '상보성 원리'라는 문화 코드가 가장 뚜렷하게 작용해 온 것이 정치영역이라 하겠으며, 유교적 정치질서의 독자성을 파악하기 위하여 '상보성 원리'를 핵심 논리로 하는 유교적 의미체계에 대한 분석이 요구되는 것이다.

유교에서는 세속군주가 하늘로부터 현실 세계의 질서유지와 윤리적 질서의 진흥이라는 이중적 사명을 위임받은 것으로 상정하여 군주로 하여금 현실 세계 혼돈의 극복이라는 책임과 사회 구성원들에게 건전한 삶의 테두리 안에서 자아를 완성하는 데 필요한 이상적인 사회질서를 제공할 책임을 질 것을 요구한다. 또한 유교적 윤리에 의하여 교화(敎化)된 사회를 의미하는 이상적 사회질서의 확립과 현실 세계 모순의 평정이라는 두 가지 목표는 덕(德)에 의한 통치로 달성될 수 있는 것으로 보아 정치에 있어 윤리적 차원을 절대시한다.

그러나 덕치주의(德治主義)를 주장하는 논어(論語)의 첫 구절에도 법과 형벌의 실효적 측면이 전적으로 배제되는 것이 아니며, 맹자의 경우 오히려 양민(養民)을 교화(敎化)의 앞에 두어 이를 위한 제도의 정비를 주장하고 있으며, 주희의 유교 개혁이 송(宋)대의 몰락이라는 위기 앞에서 한족(漢族)의 도덕적 재무장과 함께 유교적 중앙집권체제의 보강을 통하여 중국을 재건하기 위한 시도였다는 점에서 볼 때 유교가 정치의 윤리적 측면뿐만 아니라 그 현실적 측면도 또한 중시하는 것임을 알 수 있다. 조선조에 있어서도 훈구파와 사림파, 영남학파와 기호학파 그리고 관학파와 실학파 등이 정치의 목적이나 수단에 있어서의 윤리적 차원과 현실적 차원에 대하여 각기 다른 주장들을 펼쳐왔으나 그들의 논쟁은 어디까지나 도리(道理)와 현실정치(Realpolitik)의 상호 보완성을 전제로 진행되었던 것이라 하겠다.

이처럼 유교사회에서는 정치와 윤리의 중첩(imbrication)[6]현상이 관찰되는바, 이원론적 기독교 사회에서는 종교와 정치의 분화현상이, 그리고 일원론적 이슬람공동체에서는 두 영역의 융합현상이 나타나는 것에 비추어 볼 때 이러한 중첩현상이 '상보성 원리'를 토대로 하는 유교적 정치질서의 사회학적 특징이 된다고 하겠다. 또한 기독교 문화가 분화된 종교와 정치영역의 자율성(autonomie)을 인정·보장하고 이슬람 문화가 두 범주의 통일성(unité)을 지향하는 데 비하여 유교문화는 윤리와 정치 사이의 조화(harmonie)를 추구한다 하겠다. 이렇듯 윤리영역과 정치영역의 중첩현상과 함께 두 영역 사이의 조화의 추구를 유교적 정치질서의 주된 특성이라 하겠는데, 중용(中庸)이라는 개념으로 표현되는 조화의 추구는 유교적 실천이성(raison pratique)의 핵심으로 유교적 인간의 사회행위의 지표가 되는 것이요, 중첩현상은 엘리트 형성과 같은 유교사회의 여러 가지 제도화 과정에 특징적으로 나타나는 것이다.

1. 윤리국가와 지식 엘리트

기독교 사회의 경우 성직자로 구성된 종교 엘리트와 정치 엘리트가 분화되어 고유의 전문화된 영역을 담당하고 있는 데 비하여 유교사회에서는 현실 세계와 예(禮)적 질서에 대한 지식과 함께 두 질서 사이의 조화를 이루어낼 지혜를 겸비한 동질적 지식 엘리트(Elites lettrées)가 형성되어 군주의 경세(經世)를 보좌하고 교화(敎化)를 보필하는 중첩된 임무를 수행한다. 중세 말기 서구에서 시작된 근대국가의 건설이 기독교 교회의 간섭으로부터 벗어나 보다 많은 자율성을 확보하게 된 세속군주와 정치 엘리트의 합작품이었다면, 이미 오래 전에 제도화된 유교적 국가구조는 천명(天命)의 수임자인 군주에 대한 지식 엘리트의 서비스를 효율화하기 위하여 권력을 위계에 따라 조직한 결과물이라 할 것이다. 이렇게 유교사회에서는 지식 엘리트로 충원되고 고도로 서열화된 관료조직을 갖춘 중앙집권 국가가 일찍이 나타났으며, 서구의 근대국가가 비종교적(laique) 속성과 함께 본질적으로 정치적인 성격을 갖는 데 반하여 유교사회의 국가는 근본적으로 윤리국가(Etat-Ethique)[7]라는 특징을 갖는다.

유교가 상정하는 전형적 공동체인 윤리국가는 정치공동체이면서 동시에 윤리공동체로서 구성원들에게는 실존의 물질적·도덕적 터전이 되는 것으로 시민적 평화와 경제적 번영과 함께 도덕의 진흥을 동시적 목표로 한다. 번영과 평화가 합리적 계산을 통해 얻어지는 효율성의 문제라 한다면 도덕의 진흥은 수범(垂範)을 통한 교화의 문제라 하겠으므로 윤리국가의 모든 결정과 조치는 효율성과 도덕성의 조화에 바탕을 두어야 한다. 도덕성과 효율성 사이의 조화는 둘 사이의 '적정한' 배합비율(dosage)의 설정에 달려 있는 것인데, 이 문제에 대한 입장에 따라 윤리국가의 관료조직 안에 또는 전체 지식 엘리트들 사이에 이념적·정치적 균열이 발생하게 된다. 일반적으로 윤리국가의 이념정치는 현실에 대한 적응과 창의적 대처를 강조하는 현실주의 노선과 도덕의 복원과 중흥을 중시하는 윤리적 근본주의 노선의 대립이라는 갈등구조를 갖고 있으나 정치적 갈등이 항상 고상한 윤리적 담론형식을 갖춘 논쟁을 통하여 표출된다는 특징을 갖는다. 조선조의 빈번했던 사화(士禍)의 경우에서 보듯이 정치적 갈등의 기초가 되는 힘의 관계(rapport de force)는 늘 예법이나 윤리적 규범 등에 대한 까다로운 궤변(casuistique) 뒤에 숨어 있게 된다. 물론 정치적 갈등이란 것이 정치의 종교로부터의 분립과 자율성을 강조하는 기독교를 포함하는 다른 문화권에 있어서도 일정한 수준의 윤리적·종교적 차원을 수반한다는 것이 사실이지만, 유교문화 코드에 따라 정치와 윤리가 중첩되어 있는 윤리국가의 경우는 그 어떤 윤리적 명분도 갖추지 못한 정치적 갈등이란 표출될 수조차 없는 것이다. 반면 정치적 갈등은 윤리적 담론으로 포장되어 있더라도 때때로 지극히 폭력화되는 경우가 있으며, 물리적 힘뿐만 아니라 도덕적 권위도 겸비하고 있어 지극히 안정된 권력을 확보하고 있다고 믿어지는 군주를 포함하여 윤리국가의 모든 부분에 타격을 줄 수도 있는 것이다. 윤리국가의 군주, 관료조직 그리고 지식 엘리트는 일견 기독교 사제단이나 교회와 같은 독립된 경쟁적 엘리트 집단이나 대립적 제도와 조직을 갖지 않는다는 데서 정치적 도전과 경쟁에서 벗어나 있는 것 같지만 위와 같은 이유에서 지식 엘리트 혹은 관료들 사이에, 그리고 때로는 고도로 조직화된 데서 힘을 갖게 되는 관료조직과 군주 사이에 치열한 정치적 갈등이 발생할 수 있는 것이다.

윤리국가의 정책들은 미리 정립된 윤리적 규범과 예법에 준거하여야 한다는 점에서 본질적으로 보수적 경향을 띠게 된다. 그러나 이슬람의 경우 공동체의 이상적 형태인 메디나의 청사진은 율법이 구체적으로 설계해 놓은 것으로 절대적 준수와 직접적인 시행이 요구된다. 이에 반하여 유교의 경우 '예적 질서'가 구현되었다는 요(堯)·순(舜) 시대가 다만 유교적 유토피아 건설에 준거하여야 할 원리들을 상징하는 것으로 해석되어 윤리국가의 군주와 엘리트는 이상향의 건설에 있어 어느 정도 자유재량의 여지를 갖게 되는 것이다. 따라서 본질적으로 보수적인 성향에도 불구하고 윤리국가의 정책이 때로는 개량주의적 또는 혁신적 정향을 갖게 되며, 유교적 정치가 수천 년에 걸친 순응주의(conformisme)에 빠져 있다(Badie 외 1990, 217-220)는 일부의 시각은 적절치 못한 것이라 하겠다.

2. 교육과 경제

윤리영역과 정치영역의 중첩현상을 가져온 유교문화 코드의 '상보성 원리'는 유교사회의 다른 분야들, 예컨대 교육과 경제와 같은 주요 영역들 사이의 관계에도 반영되어 있다. 앞서 보았듯이 유교사회에서는 공동체의 번영과 함께 구성원의 교화를 지향하는바, 실제적인 측면에서 번영과 교화라는 유교적 정치의 이중적 목표는 경제와 교육이라는 정치의 도구적 범주에 의하여 달성될 수 있는 것이다. 유교사회에서 백성의 교화는 군주 고유의 사명이므로 군주의 통치조직인 윤리국가가 직접적으로 관장해 왔으며, 일찍부터 '교육자 국가'(Etat-Pédagogue)라 불릴 수 있을 만큼 잘 정비된 교육제도와 기관을 발전시킬 수 있었다. 교육영역에서 윤리국가의 이 같은 역할은 서구 근대국가가 19세기에 이르러서야 그때까지 교회가 장악해 왔던 국민교육에 대한 관할권을 확보할 수 있었다는 사실과 비교할 때 더욱 뚜렷해진다.

그리고 백성의 교화에 있어 스승이 되어야 하는 군주, 관료, 지식 엘리트 모두는 올바른 가르침과 훌륭한 모범을 제공할 수 있도록 항상 스스로의 학습과 수신에 정진할 것이 요구되는 것이며, 이를 통하여 얻어지는 지식과 지혜는 지식 엘리트가 교육자로서의 소명(vocation)을 수행하는 데 필수적 요건이 되는 것이다. 또한 학습을 통하여 얻어지는 지식과 수신을 거쳐 습득하는 지혜는 유교사회 지식 엘리트의 배타적 직업(profession)인 관직을 맡을 자질의 바탕이 되는 것이다. 따라서 윤리국가의 인적 자원을 충원하기 위하여 시행되는 과거제는 지식 엘리트 개개인의 입장에서 보면 교육을 제외하고 그들에게 허락된 유일한 직업인 관료자리를 얻을 수 있는 등용문이며, 국가로서는 실적주의적 기준에 의해 좋은 자질의 인재를 선택할 수 있는 방법이 되는 것이다.

유교사회에서는 교육자나 관료로서의 '캐리어'가 지식 엘리트에게 국한되는 반면 그들에게 금지되는 경제활동은 신분제도의 서열질서에 따라 농민, 수공업자, 상인 등에 맡겨진다. 경제의 바탕이 되는 농업에 있어서 국가는 토지와 토지에서 나오는 과실물의 분배권과 조세권을 행사하는데, 원칙적으로 모든 토지는 군주의 소유로 되어 있어 국가의 토지배분은 엄격히 따진다면 토지의 과실에 대한 소유권 또는 조세권의 배분을 의미한다. 국가가 여러 가지 명목으로 지식 엘리트에게 배분하는 사전(私田)의 경우 몇몇 예외를 제외하고는 대체로 그 권리가 상속되지 않으므로 원칙적으로는 지식 엘리트에 의한 토지의 집중은 불가능하다. 이처럼 국가에 대한 봉사의 대가로 받는 토지에 대한 불안전한 권리 이외에 별다른 소득원천을 갖지 못하는 윤리국가의 지식 엘리트는 토지 집중을 통하여 자본을 축적할 수 있었던 영국의 향사들(gentry)과 달리 부의 축적을 통한 신분보강을 도모할 수 없는 것이다. 그리고 일부의 독립된 상인과 수공업자들의 경우를 제외하고 대부분의 제조업과 상업은 재정수입의 주요 원천으로 인식되어 윤리국가의 직접적 통제 아래 놓여 있으며, 경세(經世)와 양민(養民)에 필요한 재원을 확보하기 위하여 국가가 주요 제조시설과 유통조직을 직접 설립·운영하기도 한다.

정치적 멍에에서 벗어난 중세 도시의 수공업자와 상인들에 의해 서구 자본주의가 싹틀 수 있었던(Badie 1983, 85) 반면, 유교사회에서는 국가가 상공업 활동에 깊이 개입함으로써 서구의 '부르주아지'에 비견될 만한 자율적인 사회계층이 나타나지 않게 된다.

이상과 같이 교화와 양민이라는 유교사회의 이중적 목적을 위하여 윤리국가는 교육과 경제에 있어 제일의 주체가 되는 것이며, 그 결과 윤리와 중첩된 정치가 교육과 경제와 다시 중첩되는 현상이 나타나는 것이다. 특히 정치영역과 경제영역 간의 중첩현상이 유교사회로 하여금 서구 사회에서와 같이 자율적 시장(marché)을 바탕으로 하여 국가에 맞서온 시민사회(société civile)의 형성과 발전 대신 막강한 '후견자 국가'(Etat-Tuteur)의 보호 하에 놓인 '미성년의' 유교적 시민사회를 낳게 했다고 볼 수 있다.

3. 사회관계

상보성 원리는 유교사회 구성원들 사이에 설정되는 여러 가지 사회관계의 양식에도 적용된다. 유교의 윤리규범은 부자(父子), 부부(夫婦), 형제(兄弟), 군신(君臣) 그리고 붕우(朋友)라는 서로 보완적 입장에 놓인 인간관계에 관한 것을 핵심 내용으로 하는바, 뒤의 두 가지 인간관계는 가족 구성원들 사이에 맺어지는 앞의 세 가지 관계에서 유추된 것이므로 유교사회의 인간관계는 본질적으로 가족적 유형의 상보성이란 토대 위에 설정된다 하겠다. 또한 유교의 윤리규범은 붕우관계를 제외하고는 모든 인간관계를 당사자들의 사회적 불평등성을 토대로 설정함으로써 유교적 인간관계는 자연히 계서에 바탕을 두게 된다. 그러나 가족이란 정(情)의 공동체이므로 유교적 인간관계에 나타나는 계서질서는 그 질서의 일반적 속성인 지배와 복종의 관계만이 아니라 정의(情誼)적 관계를 항상 수반하는 것으로 이해되며, 이를테면 '냉정한' 권력관계가 언제나 '가족적인' 정의적 관계에 의해 보완되는 것이다.

이원론적 기독교 문화 코드에서 '자율적 개인'들로 구성된 사회가, 그리고 일원론적 이슬람 문화 코드에서 '신 앞에 평등한 믿는 자'들의 공동체가 나타나는 반면(Badie 1983, 86), 상보성의 원리에 입각한 유교문화 코드에서는 정(情)이 따르는 계서의 '관계 속의 인간'(homme relationnel)들의 공동체가 형성되는 것이다. 그리고 기독교 사회가 개인의 자유를 표방하고 이슬람 사회가 공동체적 평등을 강조하는 데 반해 유교사회는 인간관계의 화합(harmonie)을 중시하는 것이다.

4. 권력과 정당성

의미의 체계로서 문화는 고도의 상징적 차원을 갖는 권력의 정당화 과정에 각별한 영향을 미치게 되므로 '상보성 원리'는 유교사회의 권력 정당화 논리를 해석하는 데 핵심적 열쇠가 된다 하겠다. 맹자가 인(仁)을 통하여 마음을 사로잡는 문민(文民) 지배인 왕도(王道)와 힘에 의해 다스리는 군사적 지배인 패도(覇道)를 구분하고 진정한 군주는 왕도를 따른다 하여 정치권력 행사의 문민의 측면을 강조하고는 있으나 공자가 덕치주의를 논하면서 법치주의를 간과하지 않는 데서 보듯 유교에서 정치권력의 군사적 물리력의 측면이 배척되는 것은 아니다. 물론 동반(東班)을 서반(西班)보다 서열상 앞서게 하고 군사 고위직을 문관(文官)으로 충원하는 등 군사력에 대한 문민 통제를 제도화하고 있으나 동·서 양반(兩班)으로 짜여진 유교적 관료제에서와 같이 정치권력의 조직과 그 행사에 있어 대체로 왕도가 패도에 의해 보완되어야 하는 것으로 보고 있다. 정치권력에 대한 이 같은 인식은 물론 유교문화의 '상보성 원리'가 작용한 결과인데, 이는 정치권력의 기초로 정당성과 함께 물리적 폭력을 들고 있는 베버의 사회학적 입장(Weber 1971, Tome 1, 57)과 유사한 것이라 하겠다.

그런데 유교적 정치권력에 정당성을 부여하는 왕도는 군주, 관료, 지식 엘리트 모두가 스스로 학습과 수신을 통해 획득해야 하는 '예적 질서'와 현실 세계에 관한 지식(connaissance), 그리고 두 질서 사이의 조화를 실천할 지혜(sagesse)를 전제로 한다. 지식은 통치자에게 경세(經世)의 능력을 가져다 주고 지혜는 도리(道理)를 행할 수 있게 한다. 지혜와 지식을 겸비한 통치자가 정치권력을 행사하여 양민과 교화라는 이중적 과업을 완수하고 나아가 평천하(平天下)에 다다르는 것이 유교 정치의 궁극 목표(telos)인 것이다.

지식을 바탕으로 하는 경세는 합리주의적 사고를 요구하는 것이므로 유교사회의 정치권력에서도 베버가 정당성의 한 유형으로 제시한 '법적·합리적 지배' 의 차원이 요구된다 하겠으나, 다만 유교의 경우 지혜가 발휘될 수 있는 윤리적 사고가 필히 수반되어야 한다는 점에서 '윤리적 지배' 의 차원이 추가되어야 하는 것이다. 이렇게 유교사회에서 정치권력은 왕도와 패도를 겸비함으로써 '권위로서의 권력' (pouvoir-autorité) 뿐만 아니라 '힘으로서의 권력' (pouvoir-puissance)을 동시에 보유하고 있다. 권위와 힘을 엄격히 구분하고 정치권력의 권위의 측면을 전적으로 부인하는 이슬람공동체의 경우와는 달리 정치권력이 매우 안정적인 정당성의 토대를 갖게 되는 것이다. 그리고 정치권력이란 '신으로부터 위임받은 것' (神授說)이라는 주장을 통해 '힘으로서의 권력' 과 함께 일정한 수준의 '권위로서의 권력' 을 정당성의 토대로 확보할 수는 있으나 후자를 놓고 교회와 경합해야 한다는 제한이 따르는 기독교의 경우(Badie 1983, 89-90)와 비교해 보더라도 유교사회의 정치권력은 보다 굳건한 정당성의 토대를 갖는다 하겠다. 따라서 아이젠슈타트의 지적대로 돌이킬 수 없는 정치적 파탄에 대한 응징으로 해석되는 천재지변이나 민중봉기 등 지극히 예외적인 경우를 제외하고 유교사회에서 군주의 권력은 쉽게 위협받지 않는다.

그러나 유교에서 군주의 권위는 학습과 수신을 통한 치지(致知)와 명덕(明德)을 전제로 부여받는 것이므로 개별 군주의 정당성은 천명을 이어받는 혈통이라는 귀속적(ascriptive) 기준과 함께 노력의 결과로 얻게 되는 치지와 명덕이라는 실적주의적(meritocratic) 기준으로 평가된다. 이 같은 상호 보완적인 두 기준에 의한 평가 중 개별 군주에 대한 실적주의적 평가는 관료를 위시한 지식 엘리트 모두에 의해 일상적으로 이루어지는데, 상소(上訴)제도나 삼사(三司)의 설치 등에 의해 고도로 제도화되어 있다. 이는 군주의 권력장치인 관료제가 군주에 대한 감시와 비판 기능까지 겸임하는 것을 의미하며, 이처럼 군주를 관료와 지식 엘리트의 일상적이며 제도화된 비판적 통제(censorship) 아래 놓는다는 점에서 유교사회 군주의 권력이 천재지변이나 민중봉기 등 예외적인 경우를 제외하고는 실질적인 위협이나 통제에서 벗어나 있다는 아이젠슈타트의 앞의 주장(Eisenstadt 1981, 164-168)은 수정되어야 할 것이다.

5. 법규범과 법의 해석

이슬람의 경우 율법을 아는 자의 말만이 권위를 갖게 되고 기독교의 경우 인간의 이성을 통하여 얻어지는 지식이 그 자체로서의 가치를 인정받는 데 비하여 유교의 경우 '예적 질서'와 현실 세계에 관한 지식이 중용(中庸)을 지킬 줄 아는 지혜와 서로 보완될 때 진정한 앎이 가능한 것으로 본다. 서경(書經), 시경(詩經), 춘추(春秋) 등에 수록된 예법과 고사(古事)라는 역사적 규범의 예들은 언제나 실정법 체제와 함께 유교사회 법규범의 일부를 구성하는 것으로, 유교에서 입법은 전통 윤리규범의 재생산이란 측면과 변화하는 사회현실에 적합한 새로운 규범의 발명이란 측면을 갖는다. 기독교의 법사상이 '옳은 것'을 발견할 줄 아는 인간 이성의 능력을 바탕으로 하는 자연법을 인정하는 데 반하여 이슬람은 인간에게 당위를 해석할 능력은 인정하면서도 그것을 발견할 능력은 인정하지 않는다.

그런데 유교는 인간의 재능(génie humain)이 '온고지신'(溫故知新)의 테두리 안에서 발휘될 때 전래의 유교적 정의(正義)를 재현할 수 있을 뿐만 아니라, 새로운 도리(道理)의 발견을 통해 유교적 정의를 발전시킬 수도 있다고 보는 것이다. 바디의 지적대로 일원론적 이슬람의 규범체제는 신의(神意)의 통일성을 따라 규범의 통일을 지향하며, 이원론적 기독교의 규범체제는 법규범을 몇 가지 종류로 구분하여 교회법과 세속의 법, 자연법과 실정법, 특히 국가의 법적 토대인 공법과 시민사회의 법적 기초인 사법 등으로 분류하고 각각의 자율적 영역을 인정하고 있다. 한편 유교사회에서는 상보성 원리에 따라 윤리규범과 법규범이 중첩되어 있을 뿐만 아니라 공법과 사법이, 그리고 형법과 민법이 중첩되어 있다. 유교는 법과 그 바탕이 되는 물리적 힘에 의한 통치를 낮게 평가하기 때문에 법 해석에 있어서 인(仁)을 발휘하는 윤리적 배려가 법학적 추론과 계산에 우선하는 것으로 보고 있다. 이슬람이 모든 범죄를 신앙에 대한 죄악으로 파악하여 손해배상과 형벌을 동일시하고 있고, 기독교가 죄악과 범죄 그리고 불법행위(tort)를 구분하여 기독교의 규범체계가 교회법, 형법, 민법 등으로 분화되어 있다(Badie 1983, 93–94). 이에 비하여 유교는 일탈행위를 인륜(人倫)을 범하고 동시에 법에 위반하는 것으로 보아 유교사회의 규범체계에서는 예법(禮法)과 실정법 그리고 형법과 민법이 중첩되어 있다.

이슬람공동체의 경우 재판은 본질적으로 신의 율법을 어긴 자에 대한 종교재판의 성격을 갖으며, 기독교 사회에서는 종교재판과 속세의 재판이 엄연히 구분되는 데 비하여 유교사회에서는 유교적 정의가 그 어떤 초월자를 위한 것이 아니라 인간을 위한 것이라고 해석하기 때문에 재판이란 처벌과 함께 뉘우침, 그리고 물질적 배상과 함께 윤리적 보상을 얻어내는 과정으로 이해된다.[8)]

V. 결론

지금까지 문화에 대한 기호학적 인식에 바탕을 둔 문화론적 접근을 통하여 유교적 정치질서의 주요 범주들에 나타나는 특징들을 살펴보았다. 그런데 현대 한국 사회의 성격을 규정함에 있어 유교적 문화유산이 중시되고 유교적 정치질서가 우리나라의 오래된 정치적 전통이라 하더라도 오늘날의 한국 정치에 그 질서의 특징들이 그대로 나타난다고 볼 수는 없다. 한국은 19세기의 개항 이래 일본의 식민지배, 민족의 분단과 동족상잔의 비극, 그리고 4 · 19, 5 · 16, 유신, 12 · 12, 5 · 18, 유월항쟁 등의 격변을 겪었고, 매우 짧은 기간에 서구식 산업화와 민주화에 성공하여 선진국 대열에 진입할 단계에 이르렀다. 전통적 농업사회는 후기산업사회를 지나 정보화 사회로 탈바꿈했고, 유교식 군주체제는 서구식 자유민주주의 체제로 바뀌었으며, 정태적 신분사회는 역동적인 개인주의 사회로 변한 것이다. 한국이 경험한 이 같은 정치 · 경제 · 사회 변동의 폭이나 속도에 비추어 볼 때 한국 문화도 필경 엄청난 변화를 겪었다. 더욱이 한국은 후진성을 조속히 탈피하고자 '우수한' 서양의 문물을 능동적·적극적으로 받아들였고, 한국 문화는 고도로 서구화되었다. 따라서 앞에 살펴본 유교적 정치질서의 여러 특징들로 현대 한국 정치를 규명할 수는 없다.

한편 본 논문에 분석 모델을 제공한 바디에 따르면 '의미의 체계'에 대한 기호학적 분석을 통해 파악되는 문화 코드는 일정한 불변성을 갖고 있으며, 정치변동 및 사회변화로부터 영향을 받기도 하지만 그 변화와 변동에 대처하는 사회 구성원들의 행동에 의미와 정향을 부여함으로써 정치변동 및 사회변화 과정에 능동적·적극적으로 개입한다고 한다(Badie 외 1990, 52). 따라서 한국 문화 코드의 핵심이 '상보성 원리'라는 본 논문의 주장이 틀리지 않는다는 전제 아래 지난 세기의 비극적 '서양과의 만남' 이래 한국 사회가 경험한 정치·경제·사회 및 문화 변동 과정에 '상보성 원리'가 개입하였고 나아가 오늘날 한국의 문화, 즉 '의미의 체계'의 원리로 남아 있다고 볼 수 있는 것이다.

특히 위에서 살펴본 윤리영역과 정치영역의 중첩현상과 두 영역 사이의 조화의 추구라는 유교적 정치질서의 기본적 특성은 그것들이 '상보성 원리'에서 비롯되는 것으로 해석되는 만큼 짧은 시간에 강도 높은 사회변동을 겪은 현대 한국 사회의 정치질서에도 특징적 현상으로 나타난다고 볼 수 있을 것이다. 그리고 유교적 정치질서의 주요 범주에 나타나는 제반 특징들은 '상보성 원리'에 따라 짜여진 오늘의 한국적 '의미의 그물' 속에서 정치가 어떻게 인식[9]되며 국가와 시민 사회, 공동체와 개인, 권력과 정당성, 규범과 정의 등이 어떤 의미를 갖는지를 가늠해 보는 데 유용한 준거가 될 수 있다고 본다.

그러나 '상보성 원리'라는 문화 코드만 가지고 한국 정치질서의 특징을 충분히 해석할 수 있는 것은 아니며, 한국 사회의 구조적(structurel) 요인 그리고 한국 사회가 당면하고 있는 상황적(conjoncturel) 측면과의 연관 속에서 현대 한국 정치체계에 대한 문화론적 해석이 시도될 때 문화결정론(déterminisme culturel)의 오류에서 벗어날 수 있을 것이다.

정치에 대한 문화론적 접근은 포퍼(Karl R. Popper)의 반증(falsification) 가능성이란(Popper 1960, 131–135) 기준에서 비판될 수 있다. 그러나 베버가 프로테스탄트 윤리와 자본주의 정신 사이의 관계에 대한 연구에서 밝힌 것은 둘 사이의 '인과론적 관계'가 아니라 그가 '선택적 친화성' (affinité élective)이라고 표현한(Weber 1964, 107, 180) 관계였다. 베버는 이 연구를 통해 자본주의 정신과 프로테스탄트 윤리 중 어느 것이 다른 것을 초래하였다는 식의 '인과론적 설명' (explication causale)이 아니라 둘 사이의 '각별한' 관계를 규명하려 했던 것이며, 주지하는 바와 같이 그의 문화론적 접근은 고유의 방법론적 토대를 갖고 있는 것이다.

한국 정치문화에 대한 기존의 연구들, 특히 그 주종을 이루는 행태주의 접근에 의한 연구들은 고유의 높은 학문적 가치를 지닌다. 다만 앞에서 보았듯이 문화에 대한 기호학적 인식이 행태주의의 시각보다 타당한 것이라면 이러한 연구들을 한국의 '정치문화'에 대한 연구라기보다 한국인의 '정치행태'에 관한 연구라고 부르는 것이 바람직하다고 본다.

끝으로 한국 정치에 대한 문화론적 접근이 한국 정치의 독자성을 밝혀줄 수 있는 것이라면 '국적 있는 정치학'을 추구하는 데 나름대로 기여할 수 있을 것이며, 나아가서는 한국 정치의 특성에 걸맞는 자유와 평등의 사회를 건설하기 위한 청사진을 그리는 데에 보탬이 될 수 있을 것이다.

참고문헌

금장태. 1992. "유교의 천, 상제관." 윤사순 외. 『공자사상의 발견 : 본원 유학과 신실학』. 서울 : 민음사.

김계수 외. 1993. 『한국정치 연구의 대상과 방법』. 서울 : 한울.

박충석. 1982. 『한국 정치 사상사』. 서울 : 삼영사.

박충석 · 유근호. 1980. 『조선조의 정치사상』. 서울 : 평화출판사.

풍우란. 정인재 역. 1989. 『중국 철학사』. 서울 : 형설출판사.

함병춘. 1969. "한국 정치사상." 『동방학지 : 한국 사상의 기저』 제10집.

Almond, Gabriel. 1956. "Comparative Political Systems." *Journal of Politics*. vol. 18, no. 3.

Almond, Gabriel, Verba, Sidney. 1963. *The Civic Culture : Political Attitudes and Democracy in Five Nations*. Boston : Little Brown.

Badie, Bertrand. 1983. *Culture et politique*. Paris : Economica.

______. 1986. *Les deux Etats*. Paris : Fayard.

Badie, Bertrand, Hermet, Guy. 1990. *Politique comparée*. Paris : P.U.F.

Durkheim, Emile. 1973. *De la division du travail social*. Paris : P.U.F.

______. 1968. *Les formes élémentaires de la vie religieuse*. Paris : P.U.F.

Eisenstadt, Samuel. 1981. "Cultural Traditions and Political Dynamics : the Origins and Modes of Ideological Politics." *British Journal of Sociology*. vol. 32, no. 2.

______. 1978. *Revolution and the Transformation of Societies*. New York : Free Press.

Gardet, Lucien. 1976. *La cité musulmane*. Paris : Vrin.

Geertz, Clifford. 1973. *The Interpretation of Cultures*. New York : Basic Books.

Hahm Pyong Choon. 1986. *Korean Jurisprudence, Politics and Culture*. Seoul : Yonsei University Press.

______. 1967. *The Korean Political Tradition and Law*. Seoul : Hollym Co.

Kroeber A. L., Kluckhohn C. 1952. *Culture : A Critical Review of Concepts and Definition*. New York : Vintage Books.

Parsons, Talcott. 1973. *Sociétés, Essai sur leur évolution comparée*. Paris : Dunod.

______. 1964. *The Social System*. New York : Free Press.

Popper, Karl. 1960. *The Poverty of Historicism*. London : R.K.P.

Weber, Max. 1951. *The Religion of China*. New York : Free Press.

______. 1964. *L'Ethique protestante et l'esprit du capitalisme*. Paris : Plon.

______. 1965. *Essais sur la théorie de la science*. Paris : Plon.

______. 1971. *Economies et société*. Paris : Plon.

주

1 아야베 쓰네오가 엮고 이종원이 우리말로 옮겨 인간사랑에서 1987년에 출간한 책은 '문화를 보는 열다섯 이론'이라는 제목을 갖고 있다.
2 문화인류학에서 사용하는 문화의 개념 정의에 대하여는 크로버(A. L. Kroeber)와 클럭혼(C. Kluckhohn)의 공저(Kroeber 외 1952) 참조.
3 정치문화에 대한 행태주의적 접근의 문제점들에 대하여는 본인의 글 "한국 정치문화 연구"(김계수 외 1993, 141-175) 참조.
4 비교정치학에 있어 문화론적 접근의 방법론적 토대에 대하여는 바디(Bertrand Badie)와 에르메(Guy Hermet)의 공저(Badie 외 1990, 17-76) 참조.
5 박충석 외(1980, 55)에서 재인용.
6 여기에서 중첩이라 함은 두 영역이 완전히 포개진다는 overlapping의 의미가 아니라 물고기 비늘의 구조에서처럼 두 영역의 일부가 겹쳐진다는 imbricate의 의미를 갖는다.
7 윤리국가(Etat-Ethique)라는 표현은 바디(Badie 외 1990, 191)에서 차용.
8 한국의 법사상에 대하여는 함병춘(Hahm 1986 ; Hahm 1967) 참조.
9 바디는 정치에 대한 개념이 문화권에 따라 큰 편차를 보이므로 정치의 보편성을 전제로 하는 기존의 개념 정의들이 재고되어야 한다고 주장하면서 "정치는 한 권력이 주어진 공간에서 독자적인 정당화 양식(mode de légitimation)을 규정하고 고유의 도구, 제도, 규칙을 만들어 작동(s'exercer)할 수 있게 하는 인간 활동의 영역이다. 따라서 정치는 하나의 역사요, 하나의 문화이며, 여러 가지 기능들인 것이다"라고 한다(Badie 1986, 19).

제1부

정치학 연구동향의 쟁점

제1장

보편적 과학성의 허상

사회과학 연구의 정치적 수렴성*

김웅진(한국외국어대학교)

I. 서론 : 과학적 보편성의 정치경제적 허상

과학행위의 본질에 관한 구미(歐美) 과학철학의 논의는 대부분 과학적 분석 규준과 지식생산 공정(工程)의 보편성을 암시하고 있다. 예컨대 포퍼(K. Popper)에 따르면,

> … 지식획득 과정, 즉 지식의 성장과정은 본질적으로 동일하다. 그것은 바로 창조적 비판(imaginative criticism)의 과정이다. 우리는 이러한 과정을 통해 [통상적] 경험의 영역을 뛰어넘는 상황을 상정하려 노력함으로써 위치적(local)이자 잠정적인 상황을 극복한다. 즉 편견과 습성화된 가정(habitual assumptions)들을 추적하고 탐색하며 그에 대해 도전한다(Popper 1994, 141).

* 본 논문은 『세계지역연구논총』 제24권 3호(2006. 12)에 수록된 것을 전재한 것임을 밝힙니다.

위의 진술은 이른바 '과감한 추측' (bold conjecture)[1]에 이르는 비판적 · 창조적 사유를 과학행위의 본질로 규정하고 있다는 측면에서 연구공정의 개방을 강조하고 있는 것처럼 보인다. 그러나 이와 같은 포퍼의 비판적 합리주의는 순수한 논리적 추론에 입각한 결정적 실험(critical test)과 그에 따라 획득되는 논박 가능성(refutability)을 과학성의 판정기준으로 삼고 있기 때문에 과학행위의 완벽한 자유로움을 인정하지 않는다고 볼 수 있다(Popper 1996, 33-65). 왜냐하면 엄정한 논리적 사유는 비록 보편성을 가진다 해도 결코 자유로운 것은 아니기 때문이다.

한편 파이어라벤드(P. K. Feyerabend)의 급진적이자 반동적인 견해를 인용하면,

> … 우리 모두는 다른 세상에서 살고 있다. 숲속에서 삼림경비원이 마주친 사건과 어떤 길 잃은 사람이 겪은 일은 다른 것이다. 그것들은 같은 사건의 서로 다른 모습이 아니라 애당초 상이한 사건들이다(Feyerabend 1988, 157).

> … [과학적 사유의] 자유를 증진시키기 위해서는, 또 풍요롭고도 보람찬 삶을 영위하기 위해서는, 그리고 자연과 인간의 비밀을 탐색하기 위해서는 … 모든 엄정한 [과학적] 전통의 보편적 기준들을 부정해야 한다(Feyerabend 1993, 12).

오늘날 이처럼 배치되는 두 가지의 과학적 정향, 즉 사유의 엄정성을 우선하는 입장과 탄력성을 강조하는 입장 가운데에서 논리적 엄정성에 근거한 유리스틱(heuristic)[2]의 보편성, 더 나아가 '보편과학' 내지는 '통합과학' (unified science)의 개념이 광범위하게 받아들여지고 있는 이유는 무엇인가?

보편과학의 개념은 구미에서 생산된 첨단 자연과학 지식의 성공적 구현(materialization)과 그에 따른 범세계적 재현(replication)에 힘입어 확산되어 왔다. 그런데 이와 같은 구현과 재현은 순수한 과학적 역동의 소산이라기보다는 과학행위를 통제하는 정치사회적 역동에 힘입은 바 크다고 말할 수 있다. 왜냐하면 어떤

유리스틱과 그에 입각하여 생산되는 지식의 과학적 적실성은 그 구현이 함축하는 '사회적 공헌'의 수준에 따라 판정되며, 이러한 판정은 특정한 지식에 대한 수요-공급 네트워크를 제어하는 패권집단에 의해 이루어지게 마련이기 때문이다. 바꾸어 말해서 과학적 지식의 적실성은 일단 지식생산을 주도하는 과학계 내의 패권집단에 의해 규정된 후, 다시 그 상위심급에서 지식에 대한 수요를 창출하고 통제하는 정치경제적 패권집단에 의해 최종적으로 인증된다. 예컨대 생명과학, 의공학(醫工學), 컴퓨터 과학 등 이른바 첨단과학을 장악하고 있는 과학사회의 핵심 세력(core set)[3]들은 국가나 기업과 같은 후원세력과의 동맹 네트워크(alliance network)를 결성함으로써 그들이 견지하고 있는 유리스틱과 그 소산으로서의 특정한 과학적 지식에 대한 보편적 수요를 끊임없이 창출해 왔다고 볼 수 있다. 최근에 밝혀진 황우석의 줄기세포 조작사건은 이러한 동맹의 수요 동원능력을 여실히 보여주는 사례이다. 황우석의 줄기세포 복제 발표가 완전히 조작된 것이라는 사실이 명백히 밝혀졌음에도 불구하고 줄기세포 연구에 대한 공적·사적 후원이 오히려 증대되고 있는 이유는 무엇인가? 또 줄기세포의 생산과 관련된 국제적 공동 연구가 황우석 사건으로 인한 "한국의 침몰"을 틈타 더욱 광범위하게 진행되고 있는 이유는 무엇인가?[4]

경제사회적 인프라의 세계화가 급속히 진행됨에 따라 첨단 과학기술을 보유하고 있는 구미의 '과학 강대국'에서 형성된 과학행위의 후원-수혜 네트워크, 혹은 과학적 지식의 수요-공급 네트워크 역시 범세계적으로 확장되어 왔다. 즉 과학 강대국을 정점으로 삼은 계서적 국제 과학 네트워크가 구축되어 유리스틱의 범세계적 복제와 동질화가 급격히 진행되었으며, 이에 따라 강대국의 과학집단이 견지하고 있는 유리스틱은 '보편성'이라는 정치경제적 이미지를 획득하게 되었다. 이러한 맥락에서 오늘날 널리 수용되고 있는 통합과학 혹은 보편과학의 개념은 본래의 과학철학적 의미를 상실한 정치경제적 허상에 불과하다고 볼 수 있다.

그렇다면 사회과학 연구 역시 정치경제적으로 윤색된, 혹은 과학성이 탈색된 '보편성'을 지향하는 이유는 무엇인가? 왜 우리 사회과학 연구는 낯선 사회문화적 위치성(sociocultural locality)을 담지한 구미의 유리스틱을 보편적인 것으로 수용하는가? 이 짧은 글은 이러한 의문에 대한 답을 찾기 위해 일단 사회과학 연구의 유리스틱 수렴성이 사회과학자들의 합리적(합목적적) 선택의 결과로서 형성된다고 전제한 후, 사회과학적 인식의 본연적 개방성을 특정한 유리스틱으로 제어하려는 정치적 합의의 형성과정을 해체해 보는 데 목적을 둔다. 구미 유리스틱의 고유한 사회문화적 위치성을 문화지각(cultural mantle)을 일관하는 보편성으로 받아들이도록 강요하는 우리 사회과학계의 실익(實益) 교환체계를 재편성하지 않는 한 '우리 사회과학'은 결코 정립될 수 없다는 것이 이 글을 일관하는 입장이다.

II. 본론

1. 사회과학 연구의 유리스틱 수렴성 : 합리적 선택

자연과학 연구와 마찬가지로 사회과학 연구의 수렴성은 특정한 과학체계 내에서 공식적으로 인증된 유리스틱의 반복적 수용과 적용이라는 측면에서 표출된다. 즉 대부분의 사회과학 연구는 "강한 과학"(strong science)[5]의 핵심 세력에 의해 구축된 유리스틱의 적실성과 보편성을 재확인하는 형식을 벗어나지 못한다. 이는 곧 중심 패러다임(dominant paradigm)이 견지하고 있는 분석규준과 협약의 적실성을 습성적으로 받아들이고 그 속에 연구대상이 처해 있는 고유한 위치적 상황(local situation)을 "구겨넣는" 작업, 즉 폐쇄적이자 억압적인 정상과학(normal science) 연구의 전형적 절차를 따르는 것이라고 말할 수 있다. 쿤(T. Kuhn)의 주장을 인용하자면,

> … [정상과학 연구는] 자연을 이미 그 형태가 규정되어 있기 때문에 상대적으로 경직된 상자(the preformed and relatively inflexible box) 속에 억지로 집어넣으려는 시도라고 볼 수 있다. 정상과학은 새로운 현상을 추적하려는 목적을 아예 갖고 있지 않으며, [정상과학자들은] 이러한 상자에 들어맞지 않는 현상들을 아예 보지 못한다(Kuhn 1970, 24).

그렇다면 대부분의 사회과학자들이 이처럼 유리스틱(패러다임)에 "들어맞지 않는 현상들"을 보지 못하거나 의도적으로 회피하는 이유는 무엇인가? 그것은 쿤이 예시한 자연과학 연구의 경우와 같이 정상과학의 공고화 과정에서 자연스럽게 형성되는 "습성화된 [과학적] 심성"(habits of mind)[6]의 소산인가? 혹은 패러다임의 적실성에 대한 반복적이자 강압적인 교도(敎導) 내지는 강력한 결속력을 지닌 과학체계 내에서 자연스럽게 표출되게 마련인 "만장일치의 환상"(a shared illusion of unanimity) (김웅진 2005a, 8) 때문인가?

물론 사회과학 연구의 답습성과 재현성이 정상과학 연구의 일반적 특성(Kuhn 1970, 23-34)과 상응하는 것이 사실이며, 실제 연구의 진행과정 역시 정상과학 연구의 진행과정과 상당부분 일치한다. 그러나 자연과학의 영역에 있어서 정상과학적 패러다임에 대한 무비판적 집착이 훈육된 무의식적 선택의 소산임에 반해 사회과학 연구의 패러다임 수렴현상은 연구자의 의식적·의도적 선택의 결과로서 나타나는 경우가 많다. 이는 곧 사회과학 연구가 기초하고 있는 강력한 유리스틱이 개별 연구자 내지는 연구집단의 합리적(합목적적) 선택과 판단에 따라 적실성과 보편성을 탈과학적으로 부여받고 있다는 의혹을 불러일으킨다. 즉 사회과학자들은 포퍼가 맹렬히 비판한 "교조적 훈육의 희생자"(a victim of indoctrination) (Popper 1987, 53)들이라기보다는 그들이 속한 과학 네트워크 내지는 과학권력-정치권력 동맹의 본질과 작동양상을 명확히 이해하고 있는 합리적 선택자(rational chooser)들일 가능성이 높다.

이러한 합리적 선택은 과학체계의 본질적 성격으로부터 연원한다. 모든 과학체계는 거래의 논리에 따라 조밀하게 구성된 조직과 조직의 효율적 통제를 위한 패권기제를 갖춘 교환체계(exchange system)이자 "소수가 다수를 대변하는 대의체계"(a representative body in which a few speaks for the many) (Fuller 2000, 8)이다. 즉 과학자들은 패권적 거버넌스 집단으로부터 "조직인"(organizational man) (한준 2001, 156)으로서의 위상을 공식적으로 인증받는 대가로서 지식을 끊임없이 생산하여 제공한다. 따라서 과학체계 내에서 과학자들이 지닌 사회적 위상은 원활한 실익교환이라는 목표를 지향한 수단적 위상(instrumental status) (김웅진 2005a, 6)이며, 바로 그렇기 때문에 '사회적 행위'로서의 과학행위는 과학체계가 견지하고 있는 유리스틱의 엄격한준수라는 합리적 선택의 성격을 지닐 수밖에 없다. 이러한 맥락에서 유리스틱의 과학적 보편성은 개별 과학자들의 자유로운 과학적 판단이라기보다는 조직적(사회적) 위상의 유지를 위한 정치적이자 합리적인 선택의 소산이라고 볼 수 있다.

> … 과학체계의 핵심 세력은 목표달성을 위해 요구되는 하위 과학자 조직의 적극적이자 자발적인 참여를 유인하기 위한 전략을 물질적·비물질적 인센티브와 목표순응의 상호 교환이라는 측면에서 강구하게 마련이다. 즉 연구자금, 과학자로서의 안정적 신분, '유능함' (competence)의 인증에 수반되는 사회적 명성 등을 지속적으로 제공함으로써 현존하는 거버넌스 네트워크에 적극 참여하도록 유도하여 체계 자체의 목표달성을 추동한다(김웅진 2005a, 6).

물론 목표순응적 합리성은 유독 사회과학 연구에 한정된 것이 아니라 모든 과학연구가 공통적으로 표출하는 성격이다. 그러나 합리성에 따른 순응성이 특히 사회과학 연구에 있어서 문제가 되는 이유는 그로부터 야기되는 인식왜곡(epistemic distortion)의 수준이 자연과학 연구에 비해 훨씬 위험한 것이기 때문이며, 더 나아가 사회과학의 존재이유 자체를 위협할 수 있기 때문이다.

2. 사회과학적 인식의 개방성과 도구적 왜곡

경성과학(硬性科學)으로서의 자연과학 연구에 있어서는 대상에 대한 인식상의 합의(epistemic agreement)가 연성과학(軟性科學)인 사회과학 연구에 비해 훨씬 쉽게 이루어진다.[7] 왜냐하면 그러한 합의의 기반은 곧 인식매체로서의 개념(concepts)의 지칭성에 대한 합의인데, 자연과학적 개념의 지칭성은 상황종속적·사회문화적 재해석을 요구하지 않기 때문이다. 예로서 DNA라는 개념은 어느 상황 속에서도 본래의 횡적(분류적)·종적(경험적) 지칭성(Kaplan 1998, 73-76)을 유지할 수 있으며, 따라서 사회문화적으로 서로 다른 DNA의 개념은 존재할 수 없다. 자연과학적 개념은 이처럼 극대화된 체계적 합의(systematic import)를 확보하고 있기 때문에 동일 개념을 사용하는 유리스티틱들 간의 소통을 용이하게 하며, 또한 상이한 유리스티틱이 담고 있는 진술들이 각각의 진리치(truth value)를 유지하는 가운데 통합·축적될 수 있도록 한다.

인식상의 합의에 따른 소통과 상호 축적[8]은 곧 자연과학 유리스티틱의 보편성을 보장해 준다. 즉 여타 유리스티틱들로부터 완전히 단절된 유리스티틱을 상정할 수는 없으며, 다양하고도 상이한 유리스티틱들이 마치 거미줄과 같은 하나의 그물망으로 통합되어 개별 유리스티틱의 보편성이라는 개념 자체가 의미를 상실하게 된다. 바꾸어 말해서 개념적 지칭성을 공유하고 있는 모든 자연과학 유리스티틱들은 본연적 보편성을 갖는다.

한편 사회과학은 연구의 출발점인 서술(description)의 단계로부터 인식상의 합의를 도출하기 어려우나 바로 그러한 합의를 기대하지 않는다는 맥락에서 자연과학과의 경계(demarcation)를 확보할 수 있다. 다시 말해서 사회과학적 서술은 '열려 있기'(open) 때문에 '사회과학적'이다.[9] 사회과학적 서술의 개방성은 사용개념의 고유한 문화적 재해석으로부터 비롯된 것이며, 사회과학 유리스티틱들은 이와 같은 고유성에 따라 상호 차별성 내지는 단절성을 지닌다. 보다 구체적으로 사회과학적 서술(진술)은 '처리되지 않은' (unprocessed) 관측 정보, 즉 감각적 형상 정보(sensa)가 아니라 단순한 형상 정보를 넘어서서 고유한 인식 정보, 즉 해석 정보(interpretative information)까지 전달하는 이론적 구성체로서의 개념들을 요구하며, 이때 모든 관측자들이 동일한 함의와 지칭성을 갖는 개념들을 획일적으로 사용한다는 것은 애당초 불가능하다. 왜냐하면 사회과학자들은 그들이 지니고 있는 사회문화적 배경으로 인해 사회현상을 고유한 선험적 해석기제, 곧 유리스틱의 맥락에서 인식하기 때문이다.

> … 동일한 관측대상의 존재양식에 대한 진술의 차이는 "근본적인 시각정보[시각경험]에 기인하는 것이 아니라 보인 것에 대한 사후 해석(ex post facto interpretation)의 차이"에서 비롯된 것이라는 점을 고려할 필요가 있다. 즉 어떤 연구대상에 관한 진술의 상이성은 그러한 대상의 존재양태에 관한 '처리되지 않은' (brute) 관측 정보의 상이성이 아니라 해석의 상이성으로부터 야기된다고 볼 수 있을 것이다. 여기에서 해석이란 개별 관측 정보에 대한 의미부여(개념화), 정보 간의 연관성이나 구성방식에 관한 특정한 과학적 입장의 선언일 뿐만 아니라, 그와 같은 입장 내에서 나타나는 연구자의 고유한 인식의 표현이라고 할 수 있다(김웅진 2001, 89).

이처럼 사회과학적 인식의 개방성은 대상을 특정한 맥락에서 관측하고 해석하도록 강요하는 유리스틱을 선택함으로써 통제되며, 이로부터 사회과학 연구가 탈피할 수 없는 사회문화적 위치성이 야기된다. 이러한 유리스틱의 위치성이 사회과학자가 지닌 위치성과 일치하는 한 사회과학 연구의 적실성은 보장되나 그렇지 못하다면 인식의 도구적 왜곡(instrumental distortion)이 나타날 수밖에 없고 따라서 사회과학의 존재이유가 상실된다. 요컨대 사회과학 연구는 사회과학자의 사회문화적 위치성과 그가 택한 유리스틱의 일치 여부에 따라 적실성이 판정된다. 왜냐하면 고유한 인식매체를 통한 대상의 고유한 해석이야말로 자유롭고도 자연스러운 사회과학 연구를 보장해 주기 때문이다. 그렇다면 '자유로운 사회과학 연구'의 위치성과 고유성은 과학적 보편성과 상충하는 것인가?

3. 유리스틱의 위치성과 보편성

유리스틱의 보편성은 앞서 살펴본 자연과학 연구의 경우와 같이 개별 유리스틱들의 상호 연계성과 축적성을 초래하는 합의의 소산이다. 즉 유리스틱의 보편성은 인식적(개념적) 합의와 개념 간의 연계구조(진술구조)에 대한 이론적 합의, 그리고 그러한 연계구조를 탐색하고 확증하는 데 동원되는 분석규준에 관한 방법론적 합의를 모두 포괄하며, 그 수준은 합의가 어느 정도 확산되느냐에 따라 결정된다. 요컨대 유리스틱의 보편성은 분석규준 자체에 본연적으로 내재된 속성이라기보다는 합의된 혹은 규정된(designated) 속성이다. 예로서 구미 과학철학이 수용하고 있는 과학성 내지 과학적 보편성은 구미적 위치성을 공유하고 있는 구미 과학자들이 합의한 "공동 척도"(shared criteria)일 따름이다(Kuhn 1987, 7).

이와 같은 맥락에서 사회과학 연구의 위치성은 결코 보편성과 충돌하지 않는다. 왜냐하면 위치적 합의(local agreement) 역시 보편성의 근거가 될 수 있는 인식적 합의의 한 양식이기 때문이다. 다시 말해서 사회과학 유리스틱의 보편성은 단지 자연과학 유리스틱에 비해 합의의 범주가 상대적으로 좁을 뿐이며, 일정한 위치적 한계 내에서는 충분한 보편성을 지닐 수 있다. 실제로 구미 사회과학의 다양한 유리스틱들은 '구미'라는 사회문화적 위치성의 영역 내에서는 강력한 설명력과 예측력을 발휘하고 있으며, 따라서 구미 사회과학자들이 상정하고 있는 과학적 보편성은 구미의 위치성에 의해 제어되는 보편성이다. 즉 이들이 상정하고 있는 과학적 보편성의 개념은 위치적 보편성의 개념일 뿐이며, 그러한 한계 내에서는 상당한 과학철학적 적실성을 갖는다고 볼 수 있다.

물론 이러한 위치적 보편성이 엄정한 어의(語義)에 있어서의 보편성과 대치되는 특수성에 불과하다는 비판이 있을 수 있다. 그러나 패러다임 간의 공약불가능성 명제(thesis of incommensurability) (Kuhn 1970, 92−110)를 받아들인다면 자연과학 연구에 있어서조차 유리스틱의 보편성은 고유한 세계관(gestalt), 예컨대 아리스토텔리언(Aristotelian) 세계관이나 뉴토니언(Newtonian) 세계관으로 차별화되는 특수성이다. 바꾸어 말해서 과학적 보편성은 패러다임이 기초하고 있는 세계관이라는 사회문화적·역사적 지각 위에서 형성되는 '특수한 보편성' 내지 '한정적 보편성'인 것이다.

이렇게 볼 때 보편성에 관한 논의의 초점은 그 명확한 의미라기보다는 보편성의 근거가 되는 합의의 자발성 여부에 맞추어져야 한다. 왜냐하면 유리스틱의 보편성에 대한 합의는 자유롭게 이루어질 수도 있으나 또 한편으로 과학체계의 핵심 세력에 의해 강압된 것일 수도 있기 때문이다. 강압된 합의(forced agreement)는 유리스틱의 적실성에 대한 회의(懷疑)의 전략적 철회 내지는 교조적 정상과학 교육의 결과로서 나타나기도 하며, 표면적으로는 자발적·적극적인 것처럼 보이는 합의와 순응이 강압성을 감추고 있을 수도 있다. 이러한 강압적 합의는 특정한 유리스틱에 '동원된 보편성'을 부여하기 위한 과학정치(politics of science)[10]의 역동에 불과하며, 따라서 과학행위를 탈과학적인 사회적 행위로 변질시킬 위험성이 크다. 즉 콜린스(H. M. Collins)에 따르면 "핵심 세력은 [과학 연구에] 사회적 실익(social interests)을 주입시켜 '비과학적 협상책'(non-scientific negotiating tactics)으로 만들고, 이들을 인증된 지식을 생산하는 데 사용"하는 경향을 보이며(Collins 1992, 144), 이에 따라 어떤 과학체계 내에서 보편성을 인증받은 과학적 지식은 사회적 실익을 유인(誘因)으로 삼은 핵심 세력과 추종자들 간의 협상과 교환의 결과로서 생산되었을 가능성이 크다. 바꾸어 말해서 특정한 유리스틱에 기반을 둔 과학체계를 유지하려는 핵심 세력은 체계 구성원으로서의 개별 과학자들에게 사회적 지위, 명성, 연구자원 등의 실익을 제공하는 대가로서 유리스틱의 보편성에 대한 합의를 강요하는 협상 네트워크를 구축하게 마련이다.

4. 수렴적 과학행위의 사례 : 분석모형의 운용양태

사회과학 연구의 수렴성은 분석모형(analytic model)의 운용과정에서 가장 극명하게 표출된다. 즉 사회과학 연구는 주로 분석모형을 유리스틱에 따라 '규격화된 서술'과 '제어된 설명'에 사용한다는 측면에서 유리스틱에 대한 강한 수렴성을 노출한다.

물론 사회과학 모형의 불가피한 구조적 유동성(fluidity)과 잠정성을 고려할 때 엄격한 과학철학적 의미에 있어서의 설명과 그에 따른 예측이 불가능하다고 볼 수 있다. 대부분의 사회과학 모형은 주로 외생변인(exogenous variables)들로 구성된 축차모형(recursive model)의 형태를 갖고 있을 뿐만 아니라, 앞서 지적한 바와 같이 구성단위인 개념(변인)의 지칭성이 연구상황에 따라 변할 수밖에 없는 관계로 자연과학의 분석모형에 비해 확정성과 단정성이 크게 뒤떨어지는 것이 사실이다. 요컨대 '최종적으로 폐쇄된' 사회과학 모형은 존재할 수 없다. 그러나 이러한 사회과학 모형의 불완전성은 이미 기정사실로 받아들여지고 있고, 따라서 사회과학적 설명은 "불완전한 설명"(imperfect explanation) 내지는 "부분적 설명"(partial explanation)으로 간주되고 있다(Brodbeck 1968, 363–398 ; Kaplan 1998, 354–355).

그렇다면 사회과학자들에게 있어서 모형구축의 의미는 무엇인가? 사회과학자들은 무엇 때문에 불완전한 모형을 구축하고 그 속에 연구대상을 '억지로 집어넣으려' 시도하는가? 설명의 논리를 따르기 위해 연구대상을 모형의 구조에 맞도록 '적절히 잘라내는' 이유는 무엇인가? 더 나아가 모형을 통한 예측의 실패를 모형이 근거하고 있는 유리스틱의 오류 보정을 위한 결정적 실험의 계기로 받아들이거나 패러다임의 전환을 위한 "이례의 추구"(pursuit of an anomaly) (Kuhn 1977, 236)에 있어서 중요한 단서로 간주하는 경우가 극히 드문 이유는 무엇인가?

이와 같은 의문에 대한 답은 과학적 신뢰(scientific trust)[11]야말로 가장 강력한 과학행위의 추동력이라는 사실에서 찾을 수 있다. 즉 과학행위는 본질적으로 특정한 과학체계 내에서 전개되는 사회적 · 조직적 행위이기 때문에 행위를 제어하는 협약과 규범을 따르게 마련이며, 그러한 협약과 규범에 대한 신뢰의 수준에 따라 과학행위의 역동성이 결정된다. 더 나아가 높은 수준의 과학적 신뢰를 확보하고 있는 과학체계는 그 자체의 수월성에 대한 구성원들의 "공유된 환상"(shared illusion) (Janis 1972, 198)이 집단적으로 강화되어 체계 자체의 유지와 공고화가 가장 중요한 목표로서 부상된다. 한준에 의하면,

> … 일단 만들어지면 조직은 그 자체의 논리에 의해 발전하는 유기체적 속성을 지닌다. 특히 조직에 속한 성원들은 자신들의 가치, 문화, 이해관계 등을 조직에 주입하여 조직을 목표달성을 위한 객관적 수단으로부터 살아 숨 쉬는 집합체로 탈바꿈시킨다. 이러한 과정에서 조직의 목표는 애초의 목표로부터 바뀌거나 새로운 목표가 생기기도 한다. 특히 자기 유지와 보존이라는 조직 자체의 목표가 중요하게 등장한다(한준 2001, 157).

이에 따라 과학적 신뢰를 약화시킬 수 있는 부정적 연구결과나 실패사례는 의도적으로 보고되지 않을 뿐만 아니라, 그러한 실패를 초래할 가능성이 있는 연구는 애당초 기피된다. 이러한 기피는 유리스틱, 더 나아가 과학체계의 수월성에 대한 "집단적 동의"(group consensus)로부터의 일탈에 대한 "자기 검열"(self-censorship)을 강화함으로써 구성원들을 비합리적 집단사고(groupthink)[12] 속으로 더욱 깊이 함몰시킨다(Janis 1972, 197-198).

집단사고야말로 분석모형에 따른 연구대상의 인식적 조작(epistemic manipulation)을 야기하는 가장 큰 원인이라고 말할 수 있다. 즉 모형의 적실성에 대한 "공유된 환상"을 초래하는 집단사고는 인식적 조작을 야기하는 데 더해 그러한 조작을 지극히 자연스러운 과학행위로서 간주하도록 만든다. 이에 따라 설명과 예측의 산발적 실패는 모형의 한계라기보다는 연구대상의 예외성 때문에 '우연히 발생한 사건' (random incident)으로 치부되며, 모형의 적실성에 심각한 타격을

입힐 수 있는 지속적 실패(repeated failure)의 가능성이 탐지될 경우 그러한 모형은 단순한 대상의 서술작업에 한정적으로 적용된다. 요컨대 집단사고 속에서는 모든 모형의 적실성이 정당화된다. 예로서 우리 정치학 연구의 경우 고유한 사회문화적 위치성, 곧 한국적 위치성을 확보하고 있지 못한 구미의 분석모형들이 구미 유리스틱의 수월성에 대한 우리 정치학자들의 "공유된 환상"에 힘입어 설명력을 널리 인증받고 있으며, 이처럼 부자연스러운 모형에 따라 한국의 정치현상에 대한 인식이 '억지로 맞추어지고' 있다는 사실을 결코 부정할 수 없다. 다시 말해서 우리 정치학 연구는 한국의 고유한 정치사회 현상에 대한 인식의 조작을 통해 '본질적으로 낯선 남의 모형' 의 수월성을 정당화할 뿐만 아니라, 더 나아가 그러한 낯선 모형에 일반성과 보편성을 부여하는 '모형 잡아 늘이기' (model stretching)[13]의 전형적 양상을 나타낸다고 본다.

III. 결론 : 교환체계의 전환을 통한 '우리 사회과학' 의 위치성의 확보

설명(예측)의 지속적 실패가 반드시 유리스틱의 붕괴를 가져오지는 않는다. 왜냐하면 기존 유리스틱(패러다임)을 통해 설명될 수 없는 "변칙현상"(anomaly)과의 조우는 과학체계의 혁명적 전환에 있어서 단지 필요조건일 뿐이기 때문이다. (Kuhn 1970, 52-91)

> … [대개의 경우] 문제풀이[곧 설명]의 실패는 풀이도구가 아니라 그러한 도구를 사용하는 과학자들의 잘못으로 돌려진다. 그러나 과학체계의 위기를 야기하는 특수한 상황, 예컨대 가장 뛰어난 과학자들의 극명한 실패(gross failure)나 지속적인 실패는 [풀이도구로서의 패러다임이나 이론의 적실성에 대한] 과학자들의 견해를 바꿀 수 있

> 다. 이와 같은 상황 하에서는 종전에는 단순히 과학자 개인의 실패로 간주되었던 것들이 이론 자체의 실패로서 여겨질 수 있다(Kuhn 1987, 7).

그러나 이와 같은 위기상황이 자동적으로 유리스틱의 적실성에 대한 '견해의 변경'을 낳는 것은 아니다. 즉 문제풀이의 실패를 야기한 변칙현상을 "결코 심상치 않은 것"(more than non-trivial) (Kuhn 1977, 236)으로 간주하고, 이를 설명하기 위해 종전의 유리스틱과 전혀 다른 세계관을 지향하는 새로운 유리스틱을 적극적으로 모색하지 않는 한 과학체계의 혁명적 전환을 기대할 수 없다. 다시 말해서 과학체계의 변동은 패러다임의 실패라는 객관적 상황이 아니라, 그러한 상황을 타개하려는 과학자들의 주관적 의지의 소산이라고 말할 수 있다. 새로운 유리스틱을 구축하려는 과학자들의 강력한 의지가 구체적 행위로서 결집되지 않는 한 기존 과학체계, 기존 유리스틱은 설명력과 예측력의 수준에 관계없이 과학적 적실성을 유지한다. 이러한 맥락에서 우리 사회과학 연구가 극명하게 나타내는 구미 유리스틱에 대한 수렴성과 답습성은 위치적 유리스틱(local heuristic), 예로서 김영명이 강조하는 "독창성, 주체성과 현실적합성"을 지닌 "우리 정치학"(김영명 2006)을 모색하려는 사회과학자들의 의지가 거의 형성되지 않고 있다는 우회적 증거가 된다.

그런데 과학연구에 있어서 "독창성"이나 "주체성"과 같은 사회문화적 위치성은 결코 당위적·이념적 설득으로 형성되지 않는다는 점을 강조하고자 한다. 왜냐하면 어떤 연구전통(research tradition)[14]이 "강한 과학"의 위상을 향유하고 있는 한, 다시 말해서 구성원들과 상당한 과학적·과학외적 실익을 교환하는 효율적 체계를 유지하고 있는 한 그러한 전통을 탈피하려는 의지가 생성될 수 없기 때문이다. 따라서 "우리가 미국의 사회과학에 지배되지 않고 우리의 것을 만들어야 한다고 주장하는 것은 무엇보다도 미국 것에는 우리 사회에 맞지 않는 것이 많기 때문"(김영명 2006, 39)이라는 사회문화적 위치성에 대한 당연하고도 진부한 설득만으로는 우리 사회과학자들로 하여금 구미지향적 연구전통을 이탈하도록 유인할 수 없다. "환상의 늪"(진덕규 2006)과 같은 한국 정치에 대한 고유한 위치적 이미지[15]가 구미 유리스틱의 이미지를 대체하기 위해서는, 혹은 "현대 한국 사상의 불모성"(강정인 2004, 18-19)을 극복하기 위해서는 현존 교환체계를 대체할 수 있는 더욱 강력한 실익의 교환망을 구축할 필요가 있다. 바꾸어 말해서 구미 유리스틱의 보편성과 적실성에 대한 우리 사회과학자들의 집단사고가 앞서 논의한 바와 같이 실익계산에 입각한 합리적 선택에 따라 형성된 '정치적 신뢰의 영상'이라면 그 해체전략 역시 정치적 측면에서 모색되어야 한다. 과학 연구에 있어서 사회문화적 위치성은 인식의 수렴성(epistemic convergence)과 더불어 행위의 수렴성(behavioral convergence), 즉 지식생산 행위의 획일성과 통합성을 통해 표출되며, 따라서 그 대체수단 역시 강력한 결속력을 지닌 과학집단의 결성이라는 행위대안의 형태를 취할 수밖에 없다. 그리고 그처럼 새로운 과학집단은 기존 과학집단에 비해 더욱 매력적인 실익교환과 소통의 체계를 지닌 집단이어야 한다. 요컨대 '우리 사회과학'은 그에 따른 과학행위가 과학적·과학외적 실익을 지속적으로 보장할 경우에 한해 정립될 수 있다.

참고문헌

강정인. 2004. 『서구중심주의를 넘어서』. 서울 : 아카넷.

김영명. 2006. 『우리 정치학 어떻게 하나』. 서울 : 오름.

김웅진. 2001. 『신화와 성화 : 과학방법론의 패권정치』. 서울 : 전예원.

______. 2005a. "과학적 신뢰의 방법론적 가버넌스." 『사회과학논집』 제22권 2호.

______. 2005b. 『과학헤게모니의 정치적 영상』. 서울 : 청목출판사.

진덕규. 2006. 『한국 정치와 환상의 늪』. 서울 : 학문과사상사.

한준. 2001. "신뢰와 조직간 연결망." 『신뢰연구』 제11권.

Boynton, G. R. 1982. "On Getting from Here to There." in E. Ostrom. ed. *Strategies of Political Inquiry*. Beverly Hills, CA : Sage Publications.

Brodbeck, May. 1968. "Explanation, Prediction, and Imperfect Knowledge." in M. Brodbeck. ed. *Readings in the Philosophy of the Social Sciences*. New York : Macmillan.

Collins, H. M. 1992. *Changing Order. Replication and Induction in Scientific Practice*. Chicago and London : University of Chicago Press.

Feyerabend, Paul K. 1988. "Knowledge and the Role of Theories." *Philosophy of the Social Sciences*. vol. 18, no. 2.

______. 1993. *Against Method*. London and New York : Verso.

Freese, Lee. 1972. "Cumulative Sociological Knowledge." *American Sociological Review*. vol. 37.

Fuller, Steve. 2000. *The Governance of Science*. Buckingham and Philadelphia : Open University Press.

Janis, Irving. 1972. *Victims of Groupthink*. Boston : Houghton Mifflin.

Laudan, Larry. 1978. *Progress and Its Problems, Towards a Theory of Scientific Growth*. Berkeley and LA : University of California Press.

Kaplan, Abraham. 1970. *The Conduct of Inquiry, Methodology for Behavioral Science*. New Brunswick and London : Transaction Publishers.

Kuhn, Thomas. 1970. *The Structure of Scientific Revolutions*. Chicago and London : University of Chicago Press.

______. 1977. *The Essential Tension, Selected Studies in Scientific Tradition and Change*. Chicago and London : University of Chicago Press.

______. 1987. "Logic of Discovery or Psychology of Research." in I. Lakatos and A. Musgrave. eds. *Criticism and the Growth of Knowledge*. Cambridge : Cambridge University Press.

Lakatos, Imre. 1986. *The Methodology of Scientific Research Programmes*. Cambridge : Cambridge University Press.

Margolis, Howard. 1993. *Paradigms and Barriers, How Habits of Mind Govern Scientific Beliefs* . Chicago and London : University of Chicago Press.

Popper, Karl. 1987. "Normal Science and Its Dangers." in I. Lakatos and A. Musgrave. eds. *Criticism and the Growth of Knowledge*. Cambridge : Cambridge University Press.

______. 1989. *Objective Knowledge, An Evolutionary Approach*. Oxford : Clarendon Press.

______. 1994. *Knowledge and the Body-Mind Problem : In Defence of Interaction*. London and NewYork : Routledge.

______. 1996. *Conjectures and Refutations, the Growth of Scientific Knowledge*. London : Routledge.

Sartori, Giovanni. 1970. "Concept Misformation in Comparative Politics." *The American Political Science Review*. vol. 64, no. 4.

http://www.chosun.com/economy/news/200611/ 200611150019.html(검색일 : 2006. 11. 15).

주

1 Karl Popper, "Normal Science and Its Dangers," in I. Lakatos and A. Musgrave(eds.), *Criticism and the Growth of Knowledge*(Cambridge : Cambridge University Press, 1987), p. 55.

2 라카토시(I. Lakatos)는 유리스틱을 "강력한 문제풀이 기제"(a powerful problem-solving machinery), 즉 특정한 연구 프로그램이나 연구전통 내에서 적실성과 실효성을 인증받고 있는 분석규준 및 협약과 절차로서 규정하고 있으며, 이 글에서도 이와 같은 정의를 수용한다. Imre Lakatos, *The Methodology of Scientific Research Programmes*(Cambridge : Cambridge University Press, 1986), pp. 4-6.

3 과학사회(과학체계) 내에서 강력한 유리스틱을 주도적으로 창출하고 그러한 유리스틱에 기초한 과학행위의 네트워크를 구축·관리함으로써 구성원들의 지식생산을 패권적으로 통제하는 소규모 지배집단. H. M. Collins, *Changing Order, Replication and Induction in Scientific Practice*(Chicago and London : University of Chicago Press, 1992), pp. 142-145.

4 2006년 11월 15일자《조선일보》의 인터넷판에 따르면, 미국의 캘리포니아 주는 연방정부와 별도로 줄기세포 연구에 대해 1억 5,000만 달러의 연구비 지원을 결정했으며, 영국은 10년간 최대 8억 2,000만 달러를 지원하는 투자지원서를 마련했다. 또 호주 상원은 2006년 11월 6일 줄기세포 연구를 위한 인간배아 복제를 허용하는 법안을 통과시켰으며, 영국 런던 대학교와 미국 미시간 대학교 공동연구팀은 2006년 11월 8일 자연과학 분야에서 최고의 권위를 자랑하는 학술지 『네이처』(*Nature*)를 통해 미성숙 줄기세포를 쥐의 망막에 이식해 시력을 복원하는 데 성공했다고 발표한 바 있다. http://www.chosun.com/economy/news/200611/200611150019.html(검색일 : 2006. 11. 15).

5 공고히 구축된 유리스틱과 다수의 추종자들을 성공적으로 동원함으로써 비단 과학사회뿐만 아니라 범사회적으로 권위와 영향력을 인정받고 있는 과학체계. 풀러(S. Fuller)는 이를 "거대과학"(the Big Science)이라 칭하고 있다. Steve Fuller, *The Governance of Science*(Buckingham and Philadelphia : Open University Press, 2000), p. 45.

6 즉 연구문제나 유리스틱의 선정에 있어서 획일성과 수렴성을 야기하는 "견고히 구축된 무의식적 반응"(entrenched responses that ordinarily occur without conscious attention). Howard Margolis, *Paradigms and Barriers, How Habits of Mind Govern Scientific Beliefs*(Chicago and London : University of Chicago Press, 1993), pp. 7-8.

7 경성과학과 연성과학은 주로 연구대상의 존재양식이나 생성과정에서 표출되는 제일성(齊一性), 더 나아가 그에 관한 이론적 진술, 특히 설명항(explicans)의 단정성이 나타내는 수준에 따라 구분된다.

8 상호 축적은 어떤 새로운 진술이 기존 진술의 진리치를 그대로 유지하면서 수정을 가할 경우 이루어진다. 예컨대 "If X then Y"라는 기존 진술 G_1은 "If Z then Y"라는 새로운 진술에 G_2에 의해 수정될 수는 있으나 그 자체의 진리치를 결코 상실하지 않는다. 왜냐하면 G_2는 단지 X

가 Y의 필요조건이 되지 않는다는 점을 밝혀줄 뿐이며, 따라서 애당초 G_1에 상정된 바와 같이 충분조건이라는 점을 그대로 인정하기 때문이다. 물론 이러한 진술 간의 축적적 연계는 모두 사용 개념이 체계적 함의를 확보하고 있다는 조건 아래에서만 가능하다. Lee Freese, "Cumulative Sociological Knowledge," *American Sociological Review*, vol. 37, 1972, p. 476 참조.

9 보인튼은 "서술방식은 잠재적으로 무한하며" (potentially infinite), 이러한 잠재적 개방성은 연구자가 지닌 고유한 "목적" (purpose)에 따라 제어될 뿐이라고 주장한다. G. R. Boynton, "On Getting from Here to There," in E. Ostrom (ed.), *Strategies of Political Inquiry* (Beverly Hills, Sage Publications, 1982), pp. 49–50.

10 "과학사회 내에서 전개되는 모든 지식생산 행위의 정향과 경로를 통제하는 과학적 · 탈과학적 헤게모니의 형성과 전개과정," 김웅진(2005), p. 6.

11 과학적 신뢰는 ① 과학체계가 기반을 두고 있는 유리스틱의 적실성과 타당성에 대한 확신, ② 과학체계의 모든 구성원들이 보편적으로 수용된 유리스틱을 준수하는 가운데 지식생산 행위를 전개할 것이라는 상호 기대(mutual expectation), 즉 지식생산 행위의 수렴성과 획일성에 대한 기대를 포함한다. 김웅진, 『과학헤게모니의 정치적 영상』(서울 : 청목출판사, 2005b), p. 40 참조.

12 강한 결속력을 지닌 집단의 의사결정 과정에 있어서 만장일치의 환상으로 인해 다양한 목표달성 대안의 객관적 고려와 선택을 저해하는 집단심리를 지칭함. Janis (1972), p. 9.

13 즉 이는 사르토리가 지적한 "개념확장" (conceptual stretching)과 동일한 것이라고 볼 수 있다. Giovanni Sartori, "Concept Misformation in Comparative Politics," *The American Political Science Review*, vol. 64, no. 4, 1970, pp. 1033–1053 참조.

14 "연구영역에서의 실체와 과정, 그리고 연구문제를 탐색하고 이론을 구축하는 데 사용되는 적절한 방법에 관한 일반적 가정"을 수용하고 있는 과학체계 혹은 과학공동체. Larry Laudan, *Progress and Its Problems, Towards a Theory of Scientific Growth* (Berkeley and LA : University of California Press, 1978), p. 81 참조.

15 지식생산 과정에 있어서 과학자는 연구대상의 실존양태에 대한 나름대로의 이미지를 진덕규 교수의 "늪"이나 포퍼의 "구름과 시계"과 같이 적절한 메타포를 통해 구성하며, 그에 상응하는 유리스틱을 선택함으로써 이해와 해석의 척도, 혹은 적절한 설명의 논리를 수용한다. 김웅진(2001), pp. 25–26 ; Karl Popper, *Objective Knowledge, An Evolutionary Approach* (Oxford : Clarendon Press, 1989), pp. 206–255 참조.

서구 정치사상의 흐름과 국내의 주요 연구지형*

제2장

홍원표(한국외국어대학교)

I. 들어가기 : 정(靜)과 동(動) 사이에서

1890년대 초반 정치사상이 하버드 대학교 정치학 강좌에 도입된 지 40여 년이 지난 후 세바인은 미국인의 시각에서 서구 정치사상을 정리한 저서를 출간하였다. 데이비드 이스턴(Easton 1953, 249)이 강조하고 있듯이 세바인의 『정치이론의 역사』(*A History of Political Theory*, 1937)는 다른 어떠한 저서보다도 미국 내 정치이론 연구에 심대한 영향을 미쳤다. 그의 학문적 입장은 미국의 행태주의뿐만 아니라 후기 행태주의 정치과학의 기본 명제와 연계되어 있다. 그는 제2차 세계대전 이후 사회주의와의 이데올로기적 대립에서 자유주의를 이론적으로 정당화하는 데 기여했다.

현대 정치사상의 흐름을 천착하려는 작업은 많은 연구와 심도 있는 지적 통찰을 필요로 한다. 그러나 이 글은 현대 정치사상의 흐름에 대한 심층적 이해라

* 이 논문은 『글로벌정치연구』 제1권 2호(2008)에 게재한 것을 부분 수정한 것이다.

기보다 그 윤곽을 부분적으로 정리하는 입문 성격을 띠고 있다.[1] 현대 정치사상의 흐름을 이해하는 방식은 다양하다. '부분'을 강조하는 접근방법에 입각해 특정한 주제들이나 연구정향의 차이를 이해하는 방식을 취할 수도 있고, '전체'의 윤곽을 파악하는 접근방법에 입각해 정치변동과 담론의 유형을 중심으로 접근할 수도 있다. 여기에서는 전체와 부분의 관계를 연계시키는 데 역점을 둔다.

이러한 전제 아래 제3절에서는 현대 서구 정치사상의 흐름을 시간적 맥락에서 검토한다. 고전적 전통의 중요성을 부활시키려는 시도와 근대성을 정당화하려는 시도 사이의 지속적인 긴장은 현대 서구 정치사상의 지형변화에 영향을 미치고 있다. 아울러 근대-탈근대 논쟁은 또한 현대 정치사상의 새로운 지형을 형성하는 계기로 등장한다. 이와 관련한 국내 학계의 관심과 연구상황을 고찰할 필요가 있다.

제4절에서는 현대 정치사상의 흐름을 공간적 맥락에서 이해하는 데 역점을 두고 있다. 철학적 담론은 주로 유럽에서 형성되어 미국 학계에 소개되고 이어서 우리 학계에 수용되는 양태를 유지해 왔기 때문이다. 그리고 제5절에서는 현대 정치사상 영역의 확장과 분화를 고찰한다. 정치사상 영역은 단순히 정치학의 고유영역에 머물지 않고 다른 분야의 학문적 정향이나 주제를 수용하는 경향을 띠어 왔다. 다른 학문과의 교감, 새로운 주제, 새로운 정향은 정치사상 연구의 다양성을 형성하는 데 기여하고 있다.

현대 정치사상의 흐름을 몇 가지 측면에서 조명하는 노력은 깊은 통찰력을 필요로 하지만 여기에는 그 흐름의 일부를 제시할 뿐이다.[2] 따라서 여기에서는 연구성과를 모두 소개하기보다 흐름을 이해하는 데 국한하여 이를 소개할 것이다. 정치사상의 흐름이 쉽게 변하지 않아서 연구 자체가 정태적이라고 생각하기 쉬우나 그 반대로 시대의 흐름과 밀접하게 연계되어 있다는 점을 고려할 때 정치사상 연구의 전반적인 윤곽을 명료하게 제시한다는 게 쉽지 않기 때문이다.

II. 정치변동과 정치사상

20세기 한국은 어느 국가보다도 많은 정치변동을 경험했다. 정치적 생명의 사멸인 식민지 지배, 해방, 한국전쟁, 4·19혁명, 군부 쿠데타, 그리고 민주화 운동을 통해서 나타나듯이 20세기에 우리 민족은 정치변동의 한가운데 있었다. 역사 속에서 중대한 정치변동은 새로운 사상의 출현과 연계된다. 그러나 급격한 정치변동을 경험한 우리는 독자적인 사상체계를 갖추고 있지 못하다. 새로운 사상과 철학의 출현은 성찰을 위한 환경을 필요로 하지만 우리에게는 그러한 평화의 시대는 존재하지 않았기 때문인지도 모른다. 끊임없는 변동은 사회의 역동성을 증대시키는 데 기여하지만 우리는 과거의 경험을 철학적으로 승화시키는 기회를 제공하지 못하였다. 한국 현대사가 정치변동의 연속이었기 때문에 우리의 삶에서 철학과 사상의 빈곤과 부재는 당연한 것일 수도 있다.

시간적 간격의 차이는 있지만[3] 20세기는 제1차 세계대전으로, 21세기는 이라크전으로 시작되었다. 현재의 입장에서 볼 때 새로운 세기의 시작은 비슷한 양태를 띠고 있다. 과거의 경험은 반복되기도 하지만 새로운 시작의 근거가 되기도 한다. 역사 속에서 이러한 두 가지 흐름이 있다는 점을 인정하지 않는다면 우리의 삶에서 새로운 시작을 경험하기란 어려울 것이다. 20세기는 폭력의 세기로 규정되기도 하지만 21세기 역시 전쟁으로 시작되었다. 이러한 반복에도 불구하고 21세기는 분명히 이전과 다른 정치적 삶을 보여줄 것이다. 역사에 대한 이러한 이해를 고려하면서 20세기의 주요 정치변동 속에서 새로운 정치사상이 등장한 과정을 압축적으로 소개한다.

러일전쟁의 패배로 발생한 러시아 혁명은 20세기 국제질서의 변동을 초래하는 역사적 사건이었다. 19세기와 20세기를 가르는 역사적 사건은 제1차 세계대전이다. 전후 국제연맹의 창설, 그리고 패전국 독일에 대한 연합국의 정치적 압박이 있었다. 이후 20년의 불안정한 평화시대가 지속되었다. 그러나 전체주의의 등장과 연관되는 요소들은 역사 속에서 지속적으로 형성되고 있었다. 1933년 히틀러의 '민주적' 집권으로 유럽은 전례 없는 '어두운 시대'에 놓이게 되었다. 식민지 조선은 마치 대마장과 같다는 조소앙의 주장에서도 나타나듯이 이 시기 한민족의 정치적 삶은 사멸상태에 이르게 되었다.

전체주의의 등장은 진보에 대한 근대의 열망을 부정하는 역사적 사건이었다. 전체주의는 이전의 역사에 존재했던 참주정(폭정),[4] 전제정, 독재와 전혀 다른 정치체제이기 때문이다. 폭정이나 전제정과 같은 독재체제에서 행사되는 폭력은 최소한의 정치적 저항에 직면했지만, 전체주의의 테러는 정치적 저항이 거의 완전히 소멸된 상태에서 그 위력을 발휘했다. 이와 같은 새로운 정치현상은 분명히 인류에게는 새로운 경험이었다. 전체주의와 다른 정치체제를 구분하는 요소는 이데올로기와 테러이며, 이를 구체적으로 드러내는 정치적 실체는 '집단수용소'[5]이다. 이 수용소는 마치 지옥과 같아서 지구상에는 존재하지 않는 것같이 운영되었다. 인류는 인간을 동물로 전락시키는 가공할 만한 새로운 현상을 경험하게 되었다.

정치적 악에 대한 심도 있는 이론적 조명은 전체주의라는 새로운 경험에 대한 자각의 결실이라고 할 수 있다. "역사의 간지"는 새로운 정치적 악에 대한 이해의 기회를 제공했다. 전체주의에 대한 체험을 정치학적 입장에서 체계화하려는 노력은 독일적 학문배경을 가진 망명 정치학자들에 의해 시도되었다. 스트라우스(Leo Strauss), 보에글린(Eric Voegelin), 그리고 한나 아렌트(Hannah Arendt)는 전체주의 체험을 철학적으로 체계화하였다. 이들은 미국에서 학문적 기반을 마련하였으며, 기본적으로 전체주의를 근대성의 부정적 결과로 생각했다. 이러한 부정적 결과가 반영된 현실 정치의 대안을 모색하려는 노력은 고전적 전통에 대한 관심으로 이어진다. 이들은 미국 정치학계에 서구 정치철학의 전통에 대한 관심을 불러일으켰다.

이들이 미국에서 학문영역을 확장시키고 있던 시기는 냉전질서가 심화되어

가고 있었다. 따라서 이들의 학문적 관심은 두각을 나타내지 못하였다. 이데올로기적 대립 속에서 자유주의와 사회주의 사이의 대립이 첨예화되었고, 서구 학자들은 자유민주주의의 장점을 부각시키는 데 주로 관심을 가졌다. 이러한 시대적 분위기 속에서 정치사상의 연구지평은 확장되기 어려웠고, 논쟁의 주제도 한정될 수밖에 없었다.

그러나 전쟁세대는 달마이어의 표현대로 '소유적 개인주의'(possessive individualism)에 경도되어 개인적 문제에 대한 관심 이외에 공적인 문제에 관심을 갖기 어려웠다. 개인의 생존문제와 연관된 사회영역, 즉 경제영역은 확장되었으나 공적인 문제를 논의하고 심의하는 공적 영역은 고도로 축소되었다. 이러한 상황에서 인간다운 삶을 증진시킬 수 있는 기회는 위축될 수밖에 없다. 아렌트는 『인간의 조건』에서 이러한 시대적 상황을 비판적으로 성찰했다. 이러한 시대적 분위기에 대한 정치적 저항은 68혁명으로 표출되었다.

68혁명을 계기로 새로운 정치유형과 사조가 등장하게 되었다. 참여민주주의에 대한 관심은 이때 제기되었다. 산업사회에서 중요한 쟁점인 노동정치는 체계적으로 연구되었고, 이익집단 정치에 대한 관심으로 나타난다. 반면에 공적인 문제에 대한 관심은 신정치·사회운동을 통해서 증대되기 시작했다. 그러나 1970년대 제1차 및 제2차 석유위기로 인하여 서구는 경제적으로 침체국면에 들어가게 되었다. 한국은 근대화 정책의 추진에 따른 경제성장으로 민주화의 지체를 대가로 치러야 했다. 역설적이지만 개발독재에 의한 경제성장은 자신을 부정하는 시민사회의 확장을 가능케 하였다.

1970년대 자유주의와 사회주의 진영은 소모적인 경쟁 속에서 자체의 역동성을 상실하기 시작했다. 군사력 우위 경쟁으로 인한 경제적 난관은 진영 간의 타협 없이는 극복되기 어려웠다. 대타협은 냉전질서의 해체를 촉진하는 출발점이 되었다. 국제질서의 변화, 그리고 이에 따른 정치 패러다임의 변화는 정치사상 영역에서 새로운 쟁점에 대한 관심을 촉진시키는 계기가 되었다. 냉전시대의 특징인 대립과 경쟁의 정치를 넘어서 조화와 공존의 정치를 부각시키는 담론은 정치 패러다임의 변화를 반영하고 있다. 변화하는 시대의 흐름을 반영하려는 다양한 형태의 지적 실험이 이루어지기 시작했다.

우리의 경우 1987년 민주화를 계기로 정치사상 담론은 급격히 변화되기 시작했다. 근대성의 한국적 수용과정에서 나타나는 왜곡과 굴절이 심화된 1980년대 초반에 이르러 그 한계를 극복하려는 노력은 역사적 역설로 나타났다. 서구에서도 자본주의 모순에 대한 자기 비판이 마르크스주의에 대한 관심을 활성화시켰다. 민주화의 지체에 따른 내적 모순을 해결하기 위한 돌파구를 내부에서 찾지 못하고 외부에서 찾으려는 노력은 주체사상과 마르크스주의에 대한 관심으로 이어졌기 때문이다.

민주화 투쟁에 참여하는 학생들은 정신적 무장을 위해 주체사상과 마르크스주의를 채택했다. 이러한 엄연한 사실은 우리의 정치적 삶이 철학적 사유와 거리가 있다는 것을 보여주었다. 물론 마르크스주의 혁명이론과 주체사상이 1980년대 구조적 억압 속에서 일정 부분 설득력을 가질 수 있었다. 그러나 우리는 조소앙의 삼균주의에 중심을 형성하고 있는 혁명이론이 민주화 투쟁의 중요한 원동력이 될 수 있었다는 것을 이해하지 못했다.[6)]

우리는 민주화 과정에서 주체사상과 마르크스주의로 무장한 운동권이 일정한 역할을 하였다는 점을 간과할 수 없다. 마르크스주의를 수용한 중심부가 해체되는 시대에 마르크스주의의 실천적 수용은 역설적으로 한국의 민주화에서 잠정적이지만 일정한 역할을 하였다. 이후 그 위력은 권위주의에서 민주주의로 전환하는 과정에서 급속히 퇴조할 수밖에 없었다. 사회주의는 역사 속에서 실험으로 끝나고 말았기 때문이다.

이와 같이 정치적 근대성의 구체화인 자유민주주의와 사회주의 사이의 대립 속에서 사회주의는 종말을 고했다. "'근대가 떨어지는 성벽의 충돌을 동반한' (까뮈) 프랑스 혁명 이후 정확히 200년이 지나면서 공산주의의 장벽은 중부 유럽과 구소련에서 무너지기 시작했다"(Isaac 1995, 636). 1989년의 사건은 다양한 의미를 지니고 있다. 역사의 종언을 주장한 사람은 꼬제브이다. 역사가 완성되었다는 꼬제브의 대담한 발상은 그의 독특한 헤겔철학론에 입각해 있다(장원석 1999, 48). 후쿠야마 역시 「역사의 종말」이라는 논문과 저서에서 우리는 인류의 이데올로기적 진화의 종착점, 그리고 정부의 최종적 형태로서 서구 자유민주주의의 보편화에 도달했다고 주장했다(Fukuyama 1989, 4). 그의 헤겔적 낙관론은 도전받아 왔다. 따라서 우리는 자유민주주의의 한계에 대해 성찰해야 할 것이다. 현대 자유민주의 역시 내재적 결점을 지니고 있기 때문에 자유주의-공동체주의 논쟁은 제기되었고, 근대-탈근대 논쟁도 다양한 형태로 제기되었다. 따라서 근대성 자체에 대한 비판은 자기 비판의 계기를 제공했다. 아울러 자유민주주의와 사회주의의 틀 속에서 정당화되었던 정치를 벗어나 새로운 정치를 모색하려는 지적 노력은 현대 정치사상을 분화시키는 계기가 되었다.

냉전질서의 종식으로 가동되기 시작한 세계화는 정치양태의 변화를 촉진하고 있다. 이러한 분위기는 자유주의와 신자유주의에 대한 관심의 증대를 가져왔고, 이에 대한 관심의 부활은 국민국가의 위상에 대한 재고로 이어진다. 역사적으로 국민국가의 위상은 약화되기도 했다가 다시 강화되는 과정을 반복했다. 예컨대 범민족운동은 한때 국민국가의 존재를 부정했다. 이 운동은 국민국가의 경계를 넘어 같은 인종의 거주지를 생활영역으로 상정했기 때문이다. 세계화 역시 국민국가의 위상에 논리적으로 도전하고 있다. 인권문제가 자유주의의 중요한 의제로 제기되고 있는 시대적 흐름은 역설적인 측면을 지니고 있다. 국민국가는 인권문제에 대한 정치적 타협과 해결에 있어서 중심적인 주체이기 때문이다. 달리 표현하면 인권문제는 국가들 사이의 정치적 협약을 통해서만 규범적 차원을 넘어서 정치적 차원을 지닐 수 있기 때문이다.

앞에서도 언급했듯이 미국과 이라크 사이의 전쟁은 새로운 세기를 알리는 정치적 사건이다. 9·11테러 이후 부시 행정부는 신보수주의에 기초한 도덕 이데올로기를 정치영역에 끌어들임으로써 헤게모니를 장악하려는 정치적 모험을 수행했다. 물론 이러한 시도는 정치적 실패로 끝나고 있으며, 정치영역에서 신보수주의의 퇴조를 촉진시키는 계기가 되고 있다.

이와 같이 현대 정치사상 또는 정치철학은 정치변동과 밀접하게 연계되면서 분화되어 왔다. 현대 정치사상 연구에 있어서도 중요한 작업들 가운데 하나는 과거의 위대한 정신을 이해하는 것이다. 따라서 연구가 과거지향적인 것 같은 인상을 줄 수 있지만, 현대 정치사상이 정치변동과 연계되어 있다는 점을 고려할 때 정치차상을 연구하는 데 갖추어야 할 태도는 '정중동'(靜中動)의 태도와 다르지 않다고 할 수 있다.

III. 현재 속의 과거와 미래 : 전근대성, 근대성, 탈근대성

우리의 정치적 사유가 전개되는 시간과 장소는 현재 이곳이다. 우리의 정신세계에서 과거와 미래는 현재의 영역에 개입하기 때문이다. 정치사상이 시대의 산물이라는 점을 고려할 때 우리의 삶은 근대성의 테두리에서 영위되고 있다. 우리는 당면한 정치적 난관의 해결책을 근대성에 대한 자기 비판과 수용을 통해서 찾을 수 있다. 그러나 그 해답은 근대성 자체에 있지 않을 수도 있다. 오히려 그 해답은 전근대성에 있을 수도 있으며, 미래에 대한 예견에 있을 수도 있다.

정치사상의 흐름을 시대별로 특징지으려는 시도는 구체성을 추상화하거나 다양성을 단순화하는 결점을 드러낸다. 이러한 한계에도 불구하고 짧은 지면에 그 흐름을 드러내기 위해서 이러한 추상화와 단순화는 불가피하다. 따라서 정치사상의 흐름을 전근대성, 근대성, 탈근대성으로 구분하고 그 윤곽을 고찰하기로 한다.

정치사상에 있어서 전근대성(pre-modernity)은 고전적 전통과 연계된다. 고전적 전통은 좁게는 고대 그리스의 사상적 전통을, 넓게는 중세의 사상적 전통까지 포함한다.[7] 정치-존재론적 입장에서 볼 때 정치세계를 이해하는 존재론적 실재는 계서적 '자연' 또는 '전체'로 이해된다. 완벽한 형태의 자연에 대한 이해는 이성의 완벽한 발현을 필요로 한다. 자기 보존보다 인간적 완성이 정치적 삶의 중요한 목표가 된다.

근대 정치사상은 전근대성에 대한 비판을 통해서 정립된다. 이러한 공통점에도 불구하고 근대성은 다양한 형태로 분화된다. 스트라우스는 이를 근대성의 3파로 비유했다. 개체 또는 개체성은 존재론적 실재로서 부각되며,[8] 개체의 자기 보존을 위한 실천적 문제가 중요한 자리를 차지한다. 세계에 대한 관심은 개체와 자아에 대한 관심으로 선회한다. 개인, 국민국가, 주권 등이 강조되며, 이들의 존재를 유지케 하는 정치적·실천적 전략에서 동일성 원리는 강조된다.

이러한 서구의 전통에 대한 반발은 탈근대에 대한 관심을 초래한다. 탈근대에 대한 관심은 근대의 시대정신이 반영되는 삶을 거부하고 미래의 바람직한 삶에 대한 기대에서 형성되었다. 정치·사회·문화·경제영역의 합리화와 정상화를 특징으로 하는 생활방식과 사고방식으로서 근대성은 탈냉전적 세계질서의 형성, 자본주의의 질적 변화, 국내 정치질서의 변화뿐만 아니라 패러다임의 이동으로 인하여 도전받아 왔다(홍원표 2002, 379). 정치-존재론적 입장에서 모든 현상의 동인인 본질은 존재하지 않으며, 개별적 현상이 그 자체로서 의미를 지닌다. 본질로 환원시키려는 사유방식은 동일한 것에 대한 예속을 초래한다는 것이다.

근대성을 비판하고 현실적인 난관의 해결책을 전근대성에서 찾으려는 대표적인 시도는 망명 정치철학자들의 저작에 나타나고 있다. 이들 가운데 스트라우스, 보에글린, 아렌트가 대표적 학자들이다. 이들은 전체주의 현상을 근대성의 병리적 현상으로 규정하고 있다. 이들의 저작들은 근대성에 대한 비판으로 채워져 있다.

스트라우스는 전체주의의 등장을 통해 계몽주의의 이상, 즉 무한한 진보와 정신적·사회적 진보의 조응성이란 전제가 허구라는 점을 부각시키고 있다(홍원표 2002, 384). 보에글린은 세속적 영지주의의 출현으로 인한 정신적 병리현상을 지적하고 있다. 아렌트는 근대성의 정신적 징표로서 무세계성과 노동하는 동물의 승리, 사회적 징표로서 뿌리 상실감과 잉여성, 그리고 전체주의적 지배 등을 지적하고 있다(Hong 2006).

이와 같이 근대성의 한계에 대한 인식은 고대에 대한 관심으로 이어지고 있다. 스트라우스와 아렌트는 "고대 철학, 특히 그리스 철학에 마찬가지로 관심을 가졌다"(Norton 2004, 38). 그러나 스트라우스와 보에글린은 그리스 철학에서 그 근본적 해결책을 모색하였으나 아렌트는 그리스 정치에서 더 많은 관심을 가지고 있다. 스트라우스와 아렌트에 따르면 정치행위에 대한 철학의 특권화, 의견에 대한 진리의 특권화는 소크라테스의 기소와 사형 이후 민주적 정치행위에 대한 플라톤의 분노에서 비롯된다(Owens 2007, 273).

현대 정치사상 영역에 고대에 대한 관심을 불러일으킨 이들은 철학과 정치에 대한 관심에서 다르다. 스트라우스와 보에글린은 정치에 대한 철학의 우위를 강조하고 현실적 난관의 해답을 철학에서 찾고자 하였다. 스트라우스는 자유민주주의의 한계를 비판하면서 그 해결책을 고전적 자유주의에 관심을 가졌다. 그는 가치상대주의를 강조하고 있는 자유민주주의가 허무주의를 야기할 수 있다고 주장했기 때문이다.

이에 반해 아렌트는 플라톤 정치철학의 공헌을 인정하면서도 정치를 폄하시키는 철학적 전통보다는 그리스 민주정치에서 현실적 한계의 해답을 찾고자 했다. 그의 행위론과 공공영역론은 그리스의 민주주의 경험에 기반을 두고 있다. 그러나 이들의 근대성 비판은 담론적 차원에 머물 뿐 정치영역으로 수용되지 못했다. 스트라우스의 자유민주주의 비판, 아렌트의 대의민주주의 비판은 냉전적 대립 속에서 자기 비판의 요소로 수용되기 어려웠기 때문이다. 냉전질서의 해체와 더불어 스트라우스주자들(Straussians) 가운데 일부는 스트라우스의 철학을 정책에 반영시키면서 이를 왜곡시켰다. 역설적이게도 스트라우스의 이념은 신보수주의의 다양한 의제로 수용되었다.[9] 탈냉전시대 새로운 정치를 이해하는 기준을 찾고자 아렌트의 사상에 주목하게 된 것도 1990년대 후반에 이르러서 나타났다.

오히려 1980년대 우리 학계에 더 많은 주목을 받았던 것은 마르크스주의이다.[10] 마르크스의 사상은 근대성의 테두리에 있으면서 근대성을 비판하고 있다. 사회주의 또는 사회주의 혁명에 대한 반발, 그리고 자유주의에 대한 옹호 때문에 마르크스주의에 대한 연구는 좁은 범위에서 진행되었다. 그러나 구조주의의 등장으로 마르크스 철학에 대한 재해석과 자본주의 국가에 대한 비판이 제기되면서 국가론은 주요 연구의제로 부각되었다. 서구 학계의 이러한 관심은 우리 학계 내외에서 관심의 대상이 되었다.[11] 그러나 사회주의권의 퇴조와 더불어 마르크스 철학에 대한 관심은 급격히 퇴조하게 되었다. 이러한 상황에서도 국내 학자들은 한국적 정치현상을 설명하는 데 있어서 그람시를 많이 원용하였으며, 이에 대한 심도 있는 연구로는 김종법의 「이탈리아 남부문제에 대한 정치사상적 기원」(2006)을 들 수 있다.

이러한 요인 이외에 마르크스 철학에 대한 관심의 퇴조를 불러일으킨 요인은 탈근대 철학의 등장이다. 반문화운동에 참여했던 세대를 중심으로 형성되기 시작한 새로운 철학사조는 1980년대 서구 학계에서 관심을 끌기 시작했다. 푸코와 데리다 등의 프랑스 철학자들은 근대 철학의 기본 전제를 거부하고 이를 극복하기 위한 이론을 정립하였고, 독자들은 이들 철학에서 새로운 가능성을 모색하고자 하였다.

우리 학계는 이러한 새로운 사조를 무비판적으로 수입했다. 관련 저작들의 출판뿐만 아니라 연구성과도 다수 출간되었다. 이렇듯 "1980년대 후반 우리 학계는 탈근대 철학을 단순히 이해하는 수준에 머물렀기 때문에 이를 비판적으로 수용하지 못했다. 탈근대 철학은 1990년대 들어와 철학영역을 넘어 다양한 학문 분야의 연구대상으로 확산되었다"(홍원표 2008, 142). 푸코와 데리다 등의 많은 저작들이 우리말로 출간되면서 『한국정치학회보』에는 탈근대주의에 관한 논문이 다수 소개되었으며,[12] 필자 역시 이를 소개하고 비판하는 글을 게재한 바 있다.[13] 그러나 탈근대 철학은 일시적 유행에 대한 자기 비판이든 아니면 자체의 한계에 기인하든 과도한 관심의 대상으로부터 벗어났다.

근대성에 대한 지적 저항은 자기 성찰과 비판으로 이어진다. 따라서 하버마스에 대한 관심은 주목할 만하다. 그는 근대성을 미완의 프로젝트로 규정하고 이를 완결시킬 수 있는 다양한 이념을 제시하고 있기 때문이다. 근대성 논쟁에서 하버마스가 주도적 입장을 취하고 있을 뿐만 아니라 탈냉전 이후 의사소통과 공공영역에 관한 이론적 성찰을 제시하고 있다는 점에서 하버마스에 대한 국내 연구는 많은 편이다. 그러나 최근 이러한 논쟁은 학문적 유행으로 끝나고 크게 부각되지는 못하고 있다. 이러한 상황은 현실적으로 제기되는 다양한 문제에 대한 관심이 높기 때문일 것이다.

IV. 정치사상 연구의 공간적 이동 : 형성, 수용, 확산

'흐름'이란 한줄기로 잇따라 진행되는 현상을 비유적으로 이르는 말이다. 여기에서는 공간적 이동으로의 흐름을 언급하고자 한다. 야스퍼스의 추축시간은 독자적인 4대 문명이 발생한 시기이다. 역사과정에서 독자적으로 형성된 사상이나 철학은 소통을 통해서 전파되고 발전하게 된다.

'서구 정치사상'이란 표현에서도 나타나듯이 담론의 중심부는 우리가 발을 딛고 있는 '이곳'이 아니라 '그곳'이다. 이러한 연구는 이곳이 아닌 그곳에 시선을 돌려야 하는 어려움을 안고 있다. 정신의 중심부는 여전히 여기가 아닌 그곳이다. 이제 여기에서는 서구 정치사상의 흐름을 공간적 맥락에서 추적하되 최근의 담론을 중점적으로 고찰하기로 한다.

아렌트의 행위 개념은 시작과 완성의 의미를 담고 있다. 한 사람이 공적인 문제를 제기하고 많은 사람이 동참함으로써 그 정신을 실현시키는 과정이 곧 행위이다. 이렇듯 새로운 시작은 그 실현과정을 통해서 의미를 간직할 수 있다. 새로운 사조는 수용하고 확산시키려는 인간적 노력 없이는 그 빛을 발하기 어렵다.

여기에서는 변화된 현실에서도 여전히 적실성을 갖거나 현실을 이해하는 지적 노력을 공간적 개념과 연계시켜 고찰하기로 한다. 새로운 사조를 원류, 이를 수용하여 발전시키는 곳은 저수지, 그리고 이것이 보편적 의미를 지닐 수 있도록 공조하는 곳은 수많은 지류라고 할 수 있다. 현대 정치사상이 형성된 토양은 유럽이다. 여기에서 형성된 현대 사상은 대부분 미국이라는 저수지로 흘러들어 다시 다른 지역으로 확산되는 경로를 밟아왔다.

우선 자유주의의 형성 · 수용 · 확산 경로를 추적하기로 한다. 근대 자유주의 전통은 어느 사상보다도 오래 지속되고 있으며, 오늘날에도 변형된 형태로 국내외 정치영역에서 그 위력을 발휘하고 있다. 이데올로기적 경쟁에서 사회주의가 해체됨에 따라 자유주의는 정치사상에서 다시 한 번 중요한 연구의제가 되고 있다. 자유주의가 내외적 장애와 도전에도 불구하고 현대 세계에서도 여전히 적실성을 갖는 이유는 "오늘날의 세계가 직접 · 간접적으로 상호 영향을 주고받는 상호 의존적 결합체가 되었다는 사실, 무엇보다도 자유주의가 부분적으로나마 한국 사회의 현실로 구현되었다는 사실과 관련이 있다"(김비환 2005, 376). 이러한 주장은 자유주의가 대한민국의 국가형성 및 제헌헌법에 어떻게 반영되었는가에 대한 연구자들의 분석(장동진 2005 ; 강정민 2005 ; 문지영 2005)에도 확인되고 있다. 「자유주의의 탄생과 동양의 수용」이란 대특집으로 연구자들의 논문을 수록한 『정치사상연구』(2000)는 자유주의의 한국적 수용을 이해할 수 있는 자료이다.

신자유주의의 등장과 더불어 공동체주의 정치사상에 대한 연구가 진행되었다. 이러한 과정에서 자유주의와 공동체주의 논쟁이 제기되었으며, 두 진영은 자체의 내재적 결점을 보완하기 위해 상대방의 핵심적 개념을 자체의 기본 이념과 연계시키는 전략을 구사하게 되었다.[14] 국내 학자들은 이러한 논의를 국내에 일부 소개하였으며, 미국적 환경을 배경으로 삼고 있다는 비판을 받기도 하였다.

둘째, 정치철학의 부활을 강조하는 신고전주의들은 독일을 학문 배경으로 삼고 있다. 이들은 대부분 하이데거나 야스퍼스의 제자들이다. 미국에 기반을 두고 있는 정치철학은 제2차 세계대전 이후 아렌트, 스트라우스, 보에글린 등의 망명 정치학자들이 미국에 정착함으로써 꽃을 피웠다(McCormick 2000, 195). 이들은 미국에서 자신들의 학문적 안식처를 마련하고 미국적 환경에 새로운 요소를 끌어들였다. 스트라우스는 독일 철학의 미국적 수용에 대해서 다음과 같이 언급하고 있다.

> 전쟁에 패배하여 정치적 존재로서 거의 절멸한 상태에 놓여 있던 민족이 자신들의 사상이란 굴레를 정복자들에게 부고함으로써 정복자들로부터 승전의 가장 고상한 결실을 박탈하였던 것은 처음이 아니었다. 미국의 사회과학은 미국인의 사고에 타당하다고 하더라도 한 세대 전에 독일 사상의 특징으로 상당히 설득력 있게 기술될 수 있었던 자연권에 대한 태도를 그대로 채택해 왔다(스트라우스 2001, 12).

스트라우스는 여기에서 독일의 역사주의 전통이 미국 사회과학의 전통으로 수용되었다는 점을 부각시키고자 하였다. 그는 근대 민주주의와 자유주의를 비판하면서도 현실적으로 실현 가능한 정치체제로서 미국 민주주의를 인정하였다. 따라서 그는 미국 건국을 옹호하였으며, 그의 이념은 이후 신보수주의의 정치의제로 수용되기에 이른다. 스트라우스 학파는 미국 내에서 다양한 입장을 유지하고 있으면서 지난 10여 년 동안 외교정책에 많은 영향을 미쳤다. 국내에서는 김영국 교수와 제자들은 우리 학계에 스트라우스를 소개하는 데 기여했다.[15] 필자 역시 스트라우스의 정치철학을 소개하고 근대성의 한계를 찾고자 한 바 있다. 백승현(1993 ; 2005)은 보에글린의 '철학적 정치학'(politike epistēmē)을 국내에 소개하였고, 서선희(1999)는 근대성에 대한 보에글린의 입장을 소개하였다.

현상학은 후설에서 시작되어 하이데거, 메를로-퐁티, 슈츠 등에 의해 발전되었다. 정화열은 미국 내에서 이 분야 연구를 활성화시키는 데 기여하고 있다. 김홍우는 국내에 『현상학과 정치철학』에서 후설, 루카치, 슈츠, 메를로-퐁티와 더불어 현상학적 마르크스주의를 소개하고 있으며, 현상학과 정치세계 등 주요 주제를 소개함으로써 정치과학이 풍미하는 국내 학계에 새로운 연구기회를 제공하였다.

아렌트는 하이데거로부터 현상학, 그리고 야스퍼스로부터 실존주의를 수용함으로써 실존주의 정치현상학을 미국 학계에 소개했다. 그는 미국인들도 주의하지 않았던 미국혁명을 근대의 출발점으로 부각시켰으며, 미국을 고대 로마의 현대적 재현이라고 부각시키고 있다. 그는 인간다운 삶과 관련한 수많은 정치적 통찰을 제시하였다. 그의 사상은 탈냉전시대 재조명됨으로써 세계의 많은 학자들로부터 관심을 받고 있다. 그의 정치사상은 새로운 정치를 위한 통찰력을 제공한다는 점에서 세계적으로 확산되고 있다. 한마디로 미국적 환경에서 꽃핀 아렌트 정치사상의 정신적 중심은 독일이지만 오늘날 그의 사상은 세계적으로 확산되고 있다.

스트라우스와 아렌트는 분명히 자신들의 마음속에 유럽을 중심으로 생각하고 있다. 이상하게도 아렌트의 저작들이 우리말로 번역 · 출간되었으며, 연구저작들 역시 다양하게 소개되고 있다. 탈냉전기 새로운 정치를 이해하는 틀을 제공한다는 기대에서 아렌트의 저작들에 대한 관심과 연구논문이 세계적으로 소개되었다.[16] 이러한 학문적 분위기는 소위 "아렌트 르네상스"로 표현되며, 이러한 흐름은 여전히 현재에도 지속되고 있다.[17]

이제 니체와 하이데거가 현대 철학자들에 다르게 수용된 경우를 고찰하기로 한다. 탈근대주의의 사상적 기원은 니체와 하이데거로 분류된다.[18] 그러나 니체와 하이데거를 다시 부활시킨 중심지는 프랑스이다. 푸코 및 데리다와 같은 프랑스 철학자들은 니체와 하이데거의 급진주의와 탈형이상학(post-metaphysics)에서 탈근대주의의 영감을 얻었다. 그러나 미국에 소개된 탈근대 철학은 내용에 있어서 약간의 변화를 겪게 된다. 프랑스의 탈근대 철학은 근대성과 관련하여 근본적 입장을 유지하고 있으나 미국의 탈근대 철학은 실천의 가능성에 입각해 푸코나 데리다 등의 근본적 입장을 완화시킴으로써 실천적 대안을 모색하는 데 중점을 두고 있다.

1980년대 민주화 과정에서 마르크스 철학과 주체사상이 이론적 · 실천적으로 주목을 받아 왔다. 이러한 관심과 실천은 역설을 포함하고 있다. 민주화의 실현으로 이러한 사상의 수용은 부정되기 때문이다. "1980년대 민주화를 열망하던 학생 등 지식인들은 마르크스 철학에 관심을 갖고 이를 실천과 연계시켰으나" (홍원표 2008, 142), 민주화 이후 우리 학계는 탈근대 철학에서 새로운 정치 패러다임을 모색하고자 하였다. 이동수(2000)는 포스트모던 시각에서 한국의 현대 정치사회에 나타나는 부작용과 폐해를 지적하였으며, 김용민은 포스트모더니즘의 국내 수용과 관련한 분위기에 대한 비판으로 "포스트모더니즘이 운위되고 있는 새로운 천년시대에 살고 있는 우리는 아직도 루소가 설계한 정치질서 속에서 살아가고 있다"(2004, 19)고 지적한다.

우리 학계는 탈근대 철학의 단순한 도입과 비판적 사고과정을 거쳤으나 실천적 문제의 해답을 찾는 과정에서 서구에 시선을 여전히 돌리고 있다. 이와 같이 우리는 현실 문제를 해결하기 위해 시선을 끊임없이 외부로 돌리고 있다. 강정인 교수는 『서구중심주의를 넘어서』를 통해 서구중심주의를 넘어서 현대 한국 정치사상을 확립하는 문제에 천착하고자 노력하였다.

현대 사상의 흐름과 연관시켜 볼 때 그 근원은 여전히 유럽이며, 이를 수용하는 저수지는 미국이다. 반면에 한국은 여전히 이러한 흐름의 언저리에 위치해 있다. 그러나 "일상성이 지배하는 곳에서 우리는 별을 볼 수 있기 전에 우물 밑으로 내려가야 한다"(Havel 1986)는 지적은 서구 정치사상에 대한 우리의 입장을 이해하는 데 도움이 될 것이다.

V. 정치사상의 정향, 방법, 주제

여기에서는 현대 정치사상 영역을 하나의 저수지로 비유하여 논의할 것이다. 이를 가능케 하는 것은 원류이다. 그 원류는 고대에 형성된 것이기도 하고 근대에 형성된 것이기도 하다. 그러나 그 원류는 현재에도 끊임없이 만들어지기도 한다. 새로운 원류가 형성되지 않는다면 그 저수지는 동일한 형태를 유지할 것이지만 새로운 원류의 등장은 그 저수지의 형태를 바꾸어 놓을 수도 있다. 저수지의 형태를 변화시키는 몇 가지 측면을 고찰하기로 한다.

첫째는, 다른 학문분야의 연구정향이나 연구방법을 도입함에 따른 연구지형의 분화이다. "행태주의 운동기간 중 부각되었던 과학적 이론에 대한 주장을 특징화하였던 강력한 낙관론은 약화되었다"(Gunnell 1981, 440). 정치사상 연구자들은 1970년대 경험주의자들의 비판에 대응하여 인간적인 것들에 대한 지식을 성격상 본질적이며 필연적으로 해석적이라고 생각하는 인문학의 전통에서 유용한 동반자를 찾았다(Baumgold 1981, 928). 이러한 연합으로 정치사상 연구자들은 정치학분야 내에서 정치사상 연구를 어느 정도 안전한 지위로 복구시켰다. 이러한 지위 확보는 대가를 지불하게 되었다. 즉 정치적 쟁점에 대한 연구가 해석철학 및 해석방법론에 대한 연구로 대체됨으로써 정치사상 연구의 '소외' 현상이 나타났다.

원전 해석과 관련하여 철학분야 해석학에 대한 관심이 증대되었다. 이와 더불어 전통주의자, 역사주의자, 캠브리지 학파 등의 원전 해석방법과 관련한 연구를 들 수 있다. 이 분야는 정치사상 연구방법론을 새로이 정립하려는 스키너(Quentin Skinner), 포칵(J. G. A. Pocock), 히르쉬(Eric Hirsch) 등에 의해 정립되었다. 스키너의 『정치의 비전』(*The Vision of Politics*)의 출판은 캠브리지 학파의 정점이다(Major 2005, 477). 이들은 역사성을 실현하기 위해 원전의 저자를 이해하는 연구방법을 제시하려고 시도하였으며, 따라서 세바인류의 정치사상사에 대한 불만으로 연구방법론을 채택하였다.

박동천에 따르면 "스키너 교수는 … 사상사 연구에서 새로운 방향을 제창하면서 개척해 나가는 주요 인물 중 한 사람으로 자리매김하고 있다. 새로운 방향이란 흔히 '수정주의적' 또는 '맥락주의적'이라는 이름으로 일컬어지는 시각으로서 포칵과 던 등이 지향하는 바와 큰 흐름에서 일치한다"(2004, 11). 그들은 정치사상 분야에 방법론을 적용시킴으로써 정치사상사를 적절한 학문분야로 발전시키려고 노력했다(Baumgold 1981, 935).

그런데 스키너, 포칵 그리고 푸코 등의 저작은 지혜의 보고를 형성하는 정치이론 체계가 있다는 생각을 효과적으로 침식시키는 데 기여했다. 스트라우스와 달리 "이들은 정치적 저작은 완전히 역사적이고 맥락중심적 활동이며, 정치가 있는 곳마다 정치이론이 있고 정치언어가 있는 곳마다 해석하고 설명할 만한 중요한 것이 있다고 믿고 있다"(Isaac 1995, 641). 유종선(2005)은 포칵의 역사철학이 정치사상사 연구에 끼친 영향과 한국에서 정치사상사 연구에 주는 함의를 우리 학계에 소개한 바 있다.

영국의 현대 정치사상가로서 마이클 오크숏도 소개되고 있다. 김비환은 1980년경부터 서구 학계에서 오크숏에 대한 평가가 이루어지고 있는 점에 주목하여 그의 철학과 정치철학 개념을 재구성하여 우리 학계에 소개하고 있다. 그에 따르면 "오크숏의 정치사상이 갖는 의의는 유토피아적 정치 이데올기들에 의해 초래된 20세기의 정치적 비극들과 같은 정치적 과오를 반복하지 않을 수 있는 지혜를 찾는 데 있다"(김비환 2006, 109).

둘째는, 근대성의 기본 이념에 도전하고 저항하며 차이와 타자성을 확립하려는 탈근대 철학은 정치사상 연구의 전통적 정체성을 무너뜨리는 계기를 마련했다. 시대정신의 변화와 더불어 새로운 정치 패러다임을 확립하려는 지적 노력의 일환으로 전통적 정치사상 영역 밖에서 논의되어 왔던 철학의 '정치화'가 이루어져 왔다. 니체와 하이데거, 그리고 푸코와 데리다 등 철학자들의 원전에서 정치적 통찰과 지혜를 끌어내려는 시도는 정치사상 연구의 지평을 확장시키는 계기를 마련했다.

달마이어는 「탈형이상학과 민주주의」(1993, 101)라는 논문에서 냉전체제의 해체에 주목하여 "우리 시대는 끝의 시대이며 동시에 시작의 시대"라고 규정하고 있다. 근대성과 탈근대성에 관한 논의는 전지구적 민주주의의 극적인 분출과 더불어 제기되기 시작했다. 정치사상 영역에 근대-탈근대 논쟁은 담론의 지형의 다양성을 강화시키고 있다. 근대 정치사상은 다양성에도 불구하고 기본적으로 동일성을 기저로 삼고 있다는 점에서 그 정체성을 유지하고 있다. 반면에 탈근대 정치사상은 동일성을 근본적으로 부정하고 차이를 부각시킴으로써 정치사상 영역은 두 세력의 투쟁으로 구분되고 있다. 정치사상 영역에서 근대-탈근대성 논쟁은 주로 특정 사상가들의 해석이나 평론을 통해서 진행되고 있다. 탈근대 철학의 등장 이전에는 전근대와 근대 사이의 긴장문제를 중점적으로 다루고 있기 때문에 원전 해석에 있어서 양자의 입장이 고려되었다. 그러나 탈근대 철학의 등장 이후 전근대, 근대, 탈근대라는 세 구도에서 원전을 이해하는 연구가 증대되고 있다는 점에서 정치사상의 두렷한 정체성을 언급하기란 어려워졌다.

셋째는, 정치의 의미를 정치학 영역 밖에서 찾으려는 시도는 정치사상 영역의 분화를 가져왔다. 철학, 문학, 인류학 등 다양한 학문분야와 정치학 사이의 정신적 왕래 또는 교감은 전통적 정치사상 연구에서 주목하지 않았던 문제를 제기하는 데 기여하고 있다. 이들 가운데 문학과 정치학 사이의 교류를 통하여 문학 분야의 주제가 지니는 정치적 함의뿐만 아니라 정치적인 것을 부각시키는 데 기여하고 있다. 정치사상 문헌에 까뮈, 사르트르, 셰익스피어, 카프카, 디네센, 베야민, 블로흐, 오든 등의 저작에 담긴 정치 또는 정치적인 것이 소개되고 있다. 현대 정치사상은 이와 같은 교감을 통해 그 내용을 풍부하게 함으로써 그 독자적인 영역을 확보할 수 있게 되었다.

아렌트의 『어두운 시대의 사람들』(*Men in Dark Times*)은 정치와 문학 사이의 정신적 교감을 잘 드러내고 있다. 그는 문학과 시를 통해 정치를 이해하는 중요한 통찰력을 제공하고 있다. 그 외에도 아이삭의 『아렌트, 까뮈, 그리고 현대의 저항』(*Arendt, Camus, and Modern Rebellion*), 그리고 알란 불럼의 『셰익스피어의 정치철학』 등을 들 수 있다. 국내 학계에서 문학과 정치학 사이를 넘나드는 대표적인 연구는 미약한 편인데, 대표적인 연구를 지적하자면 시몬느 베이유의 삶과 철학에 관한 연구(박동천 1998)이다.

넷째, 새로운 연구주제들의 등장은 앞에서 언급한 변화와 밀접하게 연계되어 있지만, 연구주제의 변화추이는 정치사상 영역의 정체성 변화를 간접적으로 이해할 수 있는 기회를 제공한다. 정치사상 연구자들에게 정의, 인권, 책임, 환경, 다문화주의,[19] 여성, 문명, 선악, 세계사랑, 테러는 새로운 연구 주제들이다. 장동진(2006)의 「서양 정의이론의 동아시아 수용」은 한국적 이해에 도움이 된다. 이러한 주제들은 냉전질서의 해체 이후 정치 패러다임의 변화를 촉구하는 쟁점이 되고 있다.

냉전질서의 해체, 그리고 국민국가의 위상 약화라는 시대적 흐름 속에서 자유주의자들은 인간다운 삶을 보장하는 근거로서 인권문제를 핵심 쟁점으로 삼고 있다. 이와 같이 인권 담론은 정치 패러다임의 변화를 반영하고 있으며, 국내 학자들 역시 인간의 존엄성과 관련한 다양한 연구에 관심을 갖고 있다. 냉전기 대립과 갈등의 정치를 극복하려는 시도로 진정한 정치적 연대 및 유대의 가능성을 모색하는 연구 역시 시대의 분위기를 반영하고 있다.[20] 정치사상 연구에서 전쟁과 테러 문제는 핵심적 지위를 차지하고 있지 않지만, 21세기 테러리즘에 직면하여 그 원인을 규명하려는 연구성과들이 많이 등장하고 있다. 이는 미국 신보수주의의 외교정책에 대한 비판에서 제기된다고 볼 수 있다.

VI. 마무리하기 : 정치사상의 정체성은?

정치학의 하위 연구분야로서 정치사상 또는 정치철학은 20세기 후반에 들어와 그 자율성을 확보하게 되었다. 제2차 세계대전 이후 망명 정치학자들이 미국에 고전적 전통을 부활시키는 데 기여했다. 정치사상 연구자들은 과학적 정치학의 강세 속에서 위축되기도 하였으나 자체의 정체성을 유지하려고 노력해 왔다. 다른 학문분야와의 끊임없는 지적 교류는 자기정체성을 확보하는 데 원동력이 되었다고 볼 수 있다.

이 연구는 현대 정치사상의 흐름을 추적하는 과정에서 정치사상 연구가 정태적이라는 일반적 선입견을 극복하는 데 약간의 도움이 될 것으로 사료된다. 현대 정치사상 분야는 역사적 사건과 정치변동 속에서 분화되어 왔으며 새로운 길을 모색했기 때문이다. 그러나 정치변동에 직면하여 새로운 사조를 형성하는 데 있어서 그 중심은 여전히 유럽대륙이다. 미국 학계는 이를 수용하여 그 위상의 확산시키는 데 상당히 기여했다. 공간적 개념을 빌리자면 현대 정치사상의 원류는 유럽이고 미국은 저수지에 해당된다. 한국은 지류에 해당된다.

우리의 경우 어두운 시대인 권위주의 시대에 정치학 연구의 지평은 이데올로기적 대립으로 인해 확대되지 못했다. 아울러 어두운 시대와의 투쟁은 이론적 성찰로 승화되지 못한 측면도 있다. 이러한 상황은 여전히 우리 사회의 철학 부재와 빈곤으로 이어지고 있다. 민주화 이후 서구 정치사상 연구가 활성화되었으며 연구자들의 숫자도 급격히 증대되었다. 우리 학계의 정치사상 연구는 1980년대 후반 이후 활기를 띠기 시작했다. 민주화 이후 다양한 영역이 정치영역으로부터 자율성을 확보한 결과이기도 하다. 따라서 우리 학계는 서구 정치사상의 흐름을 시대에 맞게 수용할 수 있게 되었지만 서구 정치사상 연구가 현실적으로 정치의 중요한 지표로 작동되지 못하고 있다. 이는 기존의 연구가 서구 정치사상의 한국화에 기여하지 못한 데 기인하기도 한다.

따라서 우리는 정치사상 연구에 있어서 항상 시선을 우리 쪽인 아닌 다른 쪽에 고정시켜야 하는 결점을 안고 있지만, 현실을 철학적으로 사유하려는 연구자들의 노력이 부분적으로 부각되고 있다는 점을 고려할 때 정치사상 연구의 장래는 어둡지만은 않다. 물론 “인간문제를 연구하기 위해 밤이면 지붕 위에서 별을 관찰하는” 모순된 언사가 그렇지 않다는 것을 확인하기 위해서 우리는 좀더 많은 시간을 기다려야 할 것이다.

참고문헌

강정민. 2005. "제헌헌법의 자유주의 이념적 성격." 『정치사상연구』 제11집 2호. 83-105.

강정인. 2004. 『서구중심주의를 넘어서』. 서울 : 아카넷.

김계수. 1983. 『구미정치사상』. 서울 : 일조각.

김남국. 2005. "심의 다문화주의 : 문화적 권리와 문화적 생존." 『한국정치학회보』 제39집 1호. 87-107.

김비환. 2001. 『저주와 축복의 정치 : 20세기와 한나 아렌트』. 서울 : 한길사.

______. 2005. 『포스트모던 시대의 정치와 문화』. 서울 : 법문사.

______. 2006. "마이클 오크숏(M. Oakeshott)의 정치사상 : 정치철학의 개념과 정치적 합리주의 비판을 중심으로." 『정치사상연구』 제12집 1호. 109-144.

김선욱. 2001. "한나 아렌트의 정치 개념 : '정치적인' 것과 '사회적인' 것의 관계를 중심으로." 『철학』 제67집. 21-239.

김영국. 1995. 『마키아벨리와 군주론』. 서울 : 서울대학교 출판부.

______. 1995. 『레오 스트라우스의 정치철학』. 서울 : 서울대학교 출판부.

김용민. 1999. "로빈슨 크루소, 에밀, 루소에 나타난 근대적 개체성." 『정치사상연구』 창간호. 53-82.

______. 2004. 『루소의 정치철학』. 일산 : 인간사랑.

김용찬. 2000. "니체와 포스트모더니즘." 『정치사상연구』 제2집. 273-297.

김종법. 2006. "이탈리아 남부문제에 대한 정치사상적 기원 : 치꼬띠에서 그람쉬까지." 『세계지역연구논총』 제24집 1호. 75-101.

김홍우. 1999. 『현상학과 정치철학』. 서울 : 문학과지성사.

문지영. 2005. "한국의 근대국가 형성과 자유주의 : 민주화의 기원과 전망에 대한 고찰." 『한국정치학회보』 제39집 1호.

박동천. 1998. "시몬느 베이유의 삶과 철학 : 가담과 관조의 균형." 『한국정치학회보』 제32집 2호. 51-72.

백승현. "정치적 실재와 에릭 보에글린의 의식철학." 『한국정치학회보』 제27집 1호. 381-404.

______. 『정치와 정치사상』. 서울 : 경희대학교출판부.

서선희. 1999. "영적인 병리현상으로서의 모더니티 : 근대의 사상적 조류와 이데올로기적 인 대중운동에 대한 Voegelin의 진단과 처방." 『정치사상연구』 창간호. 83-108.

서유경. 2000. "한나 아렌트의 행위(action) 개념 분석." 『정치사상연구』 제3집. 95-124.

______. 2003. "현대 대의민주주의에 있어 시민불복종의 정치철학적 논거 : 미셸 푸코와 한나 아렌트의 '저항' 개념 연구." 『정치사상연구』 제9집 1호. 247-274.

설한. 2010. "킴리카(Kymlicka)의 자유주의적 다문화주의에 대한 비판적 고찰." 『한국정치학회보』 제44집 1호. 59-84.

스트라우스. 홍원표 역. 2001. 『자연권과 역사』. 일산 : 인간사랑.

스키너. 박동천 옮김. 2004. 『근대정치사상의 토대 1』. 파주 : 한길사.

안병진. 2004. "신보수주의의 이념적 뿌리와 정치적 함의 : 레오 스트라우스를 중심으로." 『한국정치학회보』 127-142.

유종선. 2005. "존 포칵(J. G. A. Pocock)의 정치사상사 연구에 대한 비판적 논의(I) : 정치사상사 연구의 목적." 『정치사상연구』 제11집 2호. 225-246.

이구표. 1996. "푸코와 마르크스 : 지식과 권력에 관한 두 가지 유물론적 입장." 『한국정치학회보』 제29집 4호. 215-240.

이동수. 2000. "포스트모더니즘과 한국 현대 정치사회의 이중성." 『정치사상연구』 제3집. 147-168.

______. 2005. "감성의 정치 : 에로스, 에르티즘 그리고 섹슈얼리티." 『한국정치학회보』 제39집 1호. 7-23.

이성화. 1994. "포스트모더니즘과 미시정치학 : 푸코의 계보학." 『한국정치학회보』 제28집 1호. 331-352.

이정희 · 최연식 편. 2009. 『현대정치사상과 한국적 수용』. 서울 : 법문사.

임효선. 2003. "서양정치사상 연구 50년." 177-197. 『한국정치학회 50년사 : 1953-2003』. 서울 : 한국정치학회.

장동진. 2005. "대한민국 제헌과정에 나타난 자유주의 : 정부형태, 기본권, 경제제도를 중심으로." 『정치사상연구』 제11집 2호. 63-81.

______. 2006. "서양 정의이론의 동아시아 수용 : 롤스 정의이론의 한국적 이해." 『정치사상연구』 제12집 2호. 80-100.

장원석. 1999. "꼬제브(A. Kojève)의 정치이론과 현대정치철학." 『한국정치학회보』 제33집 3호. 43-57.

조찬래. 1995. "정치사상 연구의 50년사 : 현황, 경향 및 문제점." 『한국정치학회보』 제29집 4호. 9-28.

최정운. 1995. "푸코의 눈 : 현상학 비판과 고고학의 출발." 『한국정치학회보』 제29집 4호.

181–214.

_____. 1999. "새로운 부르주아의 탄생 : 로빈슨 크루소의 고독의 근대사상적 의미." 『정치사상연구』 창간호. 9–52.

함재봉. 1992. "포스트모더니즘과 해방이론의 해체 : 푸코를 중심으로." 『한국정치학회보』 제26집 2호. 45–65.

홍원표. 1995. "한나 아렌트 정치철학의 역설 : 전근대성 · 근대성 · 탈근대성." 『한국정치학회보』 제29집 4호. 153–179.

_____. 1999. "아렌트의 정신의 신화와 그 정치적 함의 : 정신의 삶에 관한 역사를 중심으로." 『한국정치학회보』 제33집 1호. 188–206.

_____. 2002. 『현대 정치철학의 지형 : 언저리에서의 사유』. 일산 : 인간사랑.

_____. 2005. "소앙 조용은과 한나 아렌트의 혁명이론 : 동 · 서양의 차이를 넘어서." 『21세기정치학회보』 제15집 2호. 23–46.

_____. 2007. "한나 아렌트의 새로운 시작 개념과 그 변형." 『정치사상연구』 제13집 1호. 79–102.

_____. 2008. "탈근대와 타자성 : 정치적 전환." 141–170. 한국정치학회 편. 『정치학 이해의 길잡이 1 : 정치사상』. 서울 : 법문사.

_____. 2008. "정치적 책임과 용서에 대한 한나 아렌트의 이해." 『21세기정치학회보』 제18집 2호. 1–21.

홍원표 외. 2009. 『한나 아렌트와 세계사랑』. 일산 : 인간사랑.

황영주. 2000. "심청전 읽기로 본 한국에서의 근대국가와 여성." 『한국정치학회보』 제34집 4호. 77–92.

황태연. 1992. "포스트모더니즘적 근대비판의 비판적 고찰 : 제라미 벤담의 정치기획에 대한 미셸 푸코의 '계보학적' 분석을 중심으로." 『한국정치학회보』 제26집 2호. 67–93.

Arendt, Hannah. 1951. *The Origins of Totalitarianism*. San Diego, New York and London : A Harvest Books.

Baumgold, Deborah. 1981. "Political Commentary on the History of Political Theory." *The American Political Science Review*. vol. 75. no. 4. pp. 928–940.

Birmingham, Peg. 2006. *Hannah Arendt and Human Rights : The Predicament of Common Responsibility*. Bloomington and Indianapolis : Indiana University Press.

Chiba, Shin. 1995. "Hannah Arendt on Love and the Political : Love, Friendship, and Citizenship." *Review of Politics*. vol. 57. pp. 505–535.

Dallmayr, Fred. 1993. "Postmetaphysics and Democracy." *Political Theory*. vol. 21, no. 1. pp.

101–127.

Easton, David. 1953. *The Political System*. New York : Knopf.

Fukuyama, Francis. 1989. "The End of History?" *The National Interest*. pp. 1–27.

Gunnell, John. 1981. "Encounters of a Third Kind : The Alienation of Theory in American Political Science." *American Journal of Political Science*. vol. 25, no. 3. pp. 440–461.

Havel, Václav. 1986. Václav Havel : Politics and Conscience. Stockholm : Rowohlt Verlag.

Hong, Won Pyo. 2006. "Modernity, Nation–state and Human Rights." *The Korean Journal of Area Studies*. vol. 24, no. 2. pp. 93–111.

Isaac, Jeffrey C. 1992. *Arendt, Camus, and Modern Rebellion*. New Haven & London : Yale University Press.

______. 1995. "The Strange Silence of Political Theory." *Political Theory*. vol. 23, no. 4. pp. 636–652.

Major, Rafael. 2005. "The Cambridge School and Leo Strauss : Texts and Context of American Political Science." *Political Research Quarterly*. vol. 58, no. 3. pp. 477–485.

Norton, Anne. 2004. *Leo Strauss and the Politics of American Empire*. New Haven & London : Yale University Press.

McCormick, John P. 2000. "Political Science and Political Philosophy : Return to the Classics." *Political Science and Politics*. vol. 33, no. 2. pp. 194–197.

Owens, Patricia. 2007a. *Between War and Politics : International Relations and the Thought of Hannah Arendt*. Oxford and New York : Oxford University Press.

______. 2007b. "Beyond Strauss, Lies, and the War in Iraq : Hannah Arendt's Critique of Neoconservatism." *Review of International Studies*. vol. 33. pp. 265–283.

Sabine, George. 1939. "What is a Political Theory?" *Journal of Politics*. vol. 1. pp. 1–16.

주

1 "정치사상 연구의 50년사 : 현황, 경향 및 문제점"이란 주제로 정치사상 연구의 대상과 방법, 그리고 시기별 정치사상 연구의 주요 경향을 분석한 논문으로 조찬래(1995, 9–28)를 참조하고, "서양정치사상 연구 50년"이라는 주제 아래 개별 사상가, 정치이념과 정치사조, 한국정치현실과 연계된 연구라는 제목으로 국내의 연구지형을 분석한 논문으로는 임효선(2003, 177–197)을 참조하시오.

2 정치 이데올로기를 중심으로 현대 서구사상의 한국적 수용과 관련한 공동 연구로 이정희·최연식 편, 『현대 정치사상과 한국적 수용』(2009)을 참조하시오.

3 19세기와 20세기를 가르는 과도기는 전자의 경우 30년 정도이다. "1884–1914년 사이의 30년은 아프리카 쟁탈전과 범민족운동으로 종결되는 19세기와 제1차 세계대전으로 시작되는 20세기를 가르는 기간이다" (Arendt 1951, 121). 반면에 후자의 경우 기간은 레이건과 고르바초프의 핵군축협상에서 시작되어 갑자기 찾아온 베를린 장벽의 붕괴, 그리고 미국의 이라크전이라는 짧은 기간 사이에 20세기는 21세기로 바뀌었다.

4 참주정과 폭정에 해당되는 영어는 'tyranny' 이다. 고대의 경우 이는 참주정으로, 현대의 경우에는 폭정으로 표현된다.

5 집단수용소는 크게 세 가지 유형으로 분류된다. 첫째는 난민수용소와 같은 경우이며, 둘째는 강제노동수용소이다. 마지막으로 전체주의 아래 존재했던 인간도살장이다. 이는 절멸수용소, 죽음의 캠프 등으로 표현된다. 불교적 용어인 대마장은 인간도살장과 같다.

6 이와 관련한 졸고로 "소앙 조용은과 한나 아렌트의 혁명이론 : 동·서양의 차이를 넘어서," 『21세기정치학회보』 제15집 2호(2005)를 참조하시오.

7 『한국정치학회보』에 발표한 소크라테스에 관한 대표적 연구는 다음과 같다 : 박동천, "소크라테스의 의무" (1995) ; 강정인, "소크라테스, 악법도 법인가?" (1994). 플라톤에 관한 대표적 연구는 다음과 같다 : 나정원, "플라톤의 정치체제이론" (1988) ; 박동천, "플라톤 독해의 기본전제에 관한 재검토" (2001) ; 박성우, "플라톤의 〈메네크세노스〉와 아테네 제국의 정체성 그리고 플라톤적 정치적 삶" (2007) ; 김용민, "플라톤과 루소에 있어서 지식과 정치" (1999) ; 김용민, "정치에 있어서 정의와 우정" (2000) ; 박성우, "플라톤의 『변명』과 소크라테스적 정치적 삶" (2004). 아리스토텔레스에 관한 대표적 연구는 다음과 같다 : 김용찬, "아리스토텔레스의 목적론에 관한 재고찰" (2005) ; 김용찬, "아리스토텔레스의 윤리 및 정치철학에 관한 고찰" (1999) ; 박성우, "행복의 정치" (2005) ; 김병곤, "Thomas Aquinas의 중세 자연법 사상 : Aristotle의 스콜라적 변용" (1995).

8 근대적 개체성에 관한 연구로 최정운(1999)과 김용민(1999)이 있다.

9 이에 관한 심도 있는 연구로 안병진(2004, 127–142)을 참조하시오.

10 『한국정치학회보』에 게재된 마르크스에 관한 주요 연구는 다음과 같다 : 박주원, "마르크스 사상에서 '생산' 과 '정치' 의 개념" (2001) ; 양승태, "마르크스의 인간본성문제 재고" (1997) ;

주정립, "마르크스의 정치경제학 비판에 비추어 본 그람시의 이데올로기 비판" (1999).

11 정치사상 연구자들이 『한국정치학회보』에 게재한 대표적인 연구는 다음과 같다 : 서규환, "국가의미론 : 비판시민사회이론화" (1991) ; 나정원, "맑시즘 국가론의 한계" (1996) ; 박효종, "국가론소고" (1986).

12 푸코의 해방 이론에 관한 연구로는 함재봉(1992), 팬옵티콘에 관한 연구로는 황태연(1992), 푸코의 계보학에 관한 연구로 이성화(1994), 푸코의 시선에 관한 연구로 최정운(1995), 그리고 마르크스주의와 탈근대주의의 유물론적 입장에 관한 연구로 이구표(1995), 그리고 푸코의 감성의 정치에 관한 연구로 이동수(2008) 등이 있다.

13 이와 관련된 논문으로서 "신고전주의와 후기 구조주의 간의 대화", "아렌트 정치철학의 역설 : 전근대성, 근대성, 탈근대성", 그리고 "정치적 근대성 해체와 비판적 재구성", "정치적 탈근대성과 정치공동체 : 배제 · 과잉 · 균형의 정치" 등이 있다.

14 정치적 탈근대성과 정치공동체의 유형에 대해서는 홍원표(2002, 495–527)를 참조하시오.

15 대표적인 저작은 『마키아벨리와 군주론』(서울대학교 출판부, 1995), 그리고 『레오 스트라우스의 정치철학』(서울대학교 출판부 1995)이다.

16 아렌트 정치사상에 관한 주요 저서와 논문은 다음과 같다 : 홍원표(1995 ; 1999 ; 2007 ; 2008) ; 김비환(2001) ; 서유경(2000 ; 2003) ; 김선욱(2001).

17 이 분야 연구자들의 공동 연구로 홍원표 외(2009)를 참조하시오.

18 니체와 탈근대주의와의 연계에 관한 연구로 김용찬(2000), 푸코의 니체 해석에 관한 연구로 김용찬(2006), 하이데거의 존재론적 이중성, 푸코의 표상의 이중성에 관한 연구로 이동수(2000)를 참조하시오.

19 다문화주의에 관한 심도 있는 연구로 김남국(2005, 88–107)을, 자유주의적 다문화주의에 대한 비판적 고찰로는 설한(2010)을 참조하시오.

20 이들 가운데 정치적인 것과 사랑의 관계를 조명한 연구(Chiba 1995), 그리고 인권문제에 관한 연구(홍원표 2006)를 들 수 있다.

제3장

국제정치 분야의 경험적 연구에 관한 분석

『국제정치논총』(1-40집)과 『한국정치학회보』(1-34집) 게재 논문을 중심으로*

이상환(한국외국어대학교)

I. 서론 : 『국제정치논총』과 『한국정치학회보』, 그리고 국제정치 분야의 경험적 연구

한국의 정치학 연구에 있어 경험적 방법을 사용한 논문은 최근 증가추세에 있다. 사실상 1980년대 이전에는 이러한 경험분석을 토대로 한 연구는 극히 미약했다. 1980년대 이래 2000년에 이르기까지 한국 정치학계에서 경험적 방법을 사용한 연구는 점차 증가되어 왔으며, 이러한 양적 증가는 물론 그 질적인 부문에 있어서도 보다 고급 통계기법을 사용한 연구논문들이 발표되고 있다. 이러한 양적 증가와 질적 고급화는 경험적 방법에 정통한 정치학자들의 증가, 특히 미국에서 경험분석을 전공한 학자들의 지속적인 유입에 기인하며, 또한 특정한 정치학 분야, 예를 들어 선거·여론조사 등의 연구에 있어 보다 정확한 분석을 통한 예측

* 이 장은 이상환 저, "국제정치 분야의 경험적 연구에 관한 분석 : 국제정치논총과 한국정치학회보를 중심으로(『국제정치논총』 제41집 4호)를 수정한 것이다.

을 위해 계량적 기법의 사용이 요구되면서 가능해진 것이다.

한국의 정치학 연구에 있어 경험분석의 흐름을 파악하기 위해서 본 연구는 그 대상으로 『국제정치논총』과 『한국정치학회보』를 택하였는데, 이는 이들 학술지가 한국 (국제) 정치학계의 대표적인 학술지이며, 그 역사도 1959년 이래 대략 40년간의 시대적 변화를 반영할 수 있다는 점을 고려했기 때문이다. 문제는 그 연구대상으로 『국제정치논총』과 『한국정치학회보』에 실린 모든 연구논문들을 삼을 것이냐 하는 점이다. 본 연구논문은 그 대상을 국제정치 분야 논문으로 한정하였다.[1] 그 이유는 이 연구의 추후 과제와 관련되어 있다. 즉 한국 정치학계에 있어 국제정치 분야의 경험적 연구의 흐름을 분석하기 위해 본 연구자는 『국제정치논총』과 『한국정치학회보』를 그 대상으로 일단 이 연구에서 그 경향 파악을 하고자 하며, 나아가 추후 과제로 각 경험적 연구논문에 대해 방법론적 한계점을 지적하고 보다 나은 경험적 연구분석을 위한 방법론적 제안을 하고자 하는 것이다.

따라서 이 글은 그 첫 단계로 『국제정치논총』과 『한국정치학회보』를 대상으로 국제정치 분야에서의 경험적 분석 경향에 대한 파악을 그 기본 목적으로 하며, 아울러 경험분석의 사용이 보다 활발한 정치학 분야인 한국 정치 연구에 있어서의 경험분석의 경향과도 비교 고찰하려고 한다. 이러한 비교는 관련 연구논문, 즉 김웅진 교수의 연구논문 「한국 정치연구의 방법론적 재조명, 1980-1995 : 경험분석을 중심으로」를 통해서 가능한 것이며, 본 연구논문은 그 적절한 비교를 위해 김웅진 교수의 분석방법[2]을 채용하고자 한다.[3]

한마디로 말하여 이 연구논문은 1959년 이후부터 최근까지 진행되어 온 국제정치 연구, 특히 그 중에서도 경험적 연구를 방법론적 측면에서 분석하는 데 목적을 두고 있다. 연구방법의 운용양태의 분석·평가가 학문체계의 발전수준을 가늠할 수 있게 하는 대단히 좋은 척도가 된다는 입장에 따라 이 글에서는 1959-2000년까지의 기간 동안 『국제정치논총』과 『한국정치학회보』에 게재된 경험적 국제정치 연구를 연구주제, 연구유형, 사용자료 및 사용기법을 중심으로 분류하여 그 변화추세를 개괄적으로 파악하고자 한다. 다시 말해서 우선 연구대상 기간 동안 『국제정치논총』과 『한국정치학회보』에 발표된 국제정치 관계 논문 가운데에서 경험분석이 차지하는 비율의 변화를 추적한 후 그러한 논문들을 연구주제, 연구유형, 사용자료, 사용기법이라는 네 가지 차원에서 분석하는 것이다. 또한 한국 정치학계에서 행해진 경험적 국제정치 연구의 방법론적 성격을 살펴보고 이에 대한 새로운 방법론적 제안을 하고자 한다.

II. 국제정치 분야 연구논문에 있어서 경험적 분석의 점유율

1963년에 발간된 제1집으로부터 2000년에 발간된 제40집 4호에 이르기까지 『국제정치논총』에 게재된 국제정치 관계 논문은 모두 631편에 달하며, 그 가운데에서 경험분석 방법을 사용한 글은 39편으로 6.2%를 차지하고 있다. 이를 다시 연도별로 살펴보면 우선 1963-1979년에는 7편, 1980-1989년에는 12편, 1990-2000년에는 20편을 점유하고 있다. 다시 말하여 경험적 국제정치 관련 연구논문을 담고 있는 『국제정치논총』은 제15집(1976), 제17집(1977), 제18집(1978), 제20집(1980), 제21집(1981), 제24집(1984), 제25집(1985), 제27집(1987), 제29집(1989), 제31집(1991), 제32집(1992), 제33집(1993), 제34집(1994), 제35집(1995), 제36집(1996), 제37집(1997), 제38집(1998), 제39집(1999), 제40집(2000) 등이다.

1959년에 발간된 제1집(1967년 제2집)으로부터 2001년 초에 발간된 제34집 4호에 이르기까지 『한국정치학회보』에 게재된 국제정치 관계 논문은 모두 179편에 달하며, 그 가운데에서 경험분석 방법을 사용한 글은 12편으로 6.7%를 차지하고 있다. 이를 다시 연도별로 살펴보면 우선 1959-1979년에는 1편, 1980-1989년에는 6편, 1990-2000년에는 5편을 점유하고 있다. 다시 말하여 경험적 국제정치 관련 연구논문을 담고 있는 『한국정치학회보』는 제10집(1976), 제14집

(1980), 제21집(1987), 제23집(1989), 제24집(1990), 제29집(1995), 제30집(1996), 제31집(1997), 제32집(1998) 등이다.

1980년대 중반 이후 경험적 분석이 차지하는 비율이 증가하게 된 것은 1980년대 말 이래 고급 계량분석 기법을 습득한 신진학자들이 해외로부터 대거 귀국하여 활발한 연구활동을 시작했기 때문이라 여겨진다. 이는 1980년대 말 이전 논문들에서 사용된 분석기법과 1990년대 논문들의 기법들을 비교해 보아도 쉽게 알 수 있다. 즉 1980년대 말 이전에 사용된 기법들은 비교적 단순한 빈도분포 측정이나 상관관계분석 및 요인분석의 범주를 벗어나지 못하고 있었으나, 1990년대의 논문들은 다중회귀분석이나 시계열분석과 같이 약간 진보된 계량분석 기법들을 사용하고 있다. 이와 비교하여 김웅진 교수의 연구에 의하면 1980년에 발간된 제14집으로부터 1995년에 발간된 제29집 1호에 이르기까지 『한국정치학회보』에 게재된 한국 정치 관계 논문은 모두 162편에 달하며, 그 가운데에서 경험분석 방법을 사용한 글은 46편으로서 28.4%를 차지하고 있다. 이를 다시 연도별로 살펴보면 우선 1980-1984년에는 6편, 1985-1989년에는 11편, 1990-1995년(제29집 1호)에는 29편을 점유하고 있다. 즉 점차 증가하는 추세가 뚜렷하다(김웅진 1996, 125-126).

표 1_『국제정치논총』에 게재된 경험적 분석방법을 이용한 국제정치 분야 연구논문

간행년도	집·호	제목	저자
1976	15	현대국제체제에 있어서의 국가들의 계층구조	최창윤
1977	17	경제적 상호교류와 UN투표성향 – 한국문제를 중심으로 –	최창윤
1978	18	세계폭력억제에 관련된 규범의 전환에 관한 경험적 연구 : 전쟁법을 중심으로	이경숙
1978	18	한국인의 한반도 평화관	이영호
1978	18	남북한 군축과 한국의 안보전략체계	박용옥
1979	19	The Third World in the United Nations : An Analysis of the Roll Call Votes at the 28th Session of the General Assembly	박상식

1979	19	Asian Regionalism : Needs, Growth, and Shape of Asian Regional Organizations	김국진
1980	20	귀납적 게임이론과 국제분쟁분석－1958년 금문도 위기를 중심으로－	이경숙
1981	21	공산주의 국제체제의 국력평가	홍양표
1981	21	일본의 방위정책과 여론	어수영
1981	21	산업구조와 외자기업의 지분률－대한 미 · 일 직접투자의 비교분석－	유영
1984	24 : 1	동북아 정치체계의 긴장도 연구	김오동
1984	24 : 2	아프리카의 정치문화와 이 지역의 공산세력 수용현황과의 상관성 분석(1945－1981년까지를 중심으로)	강치원
1984	24 : 2	종속이론 : 중남미제국과 한국	송대성
1985	25	북한의 통일 · 안보외교정책 분석－정권수립 기념행사를 중심으로－	유석렬
1985	25	한국경제발전의 주권주의적 해석－역사적 한 · 미관계의 시각에서－	이혁섭
1987	27 : 2	국가주권주의 국제체계로서의 한－미 섬유협상(1969－1972)	이혁섭
1987	27 : 2	패권적 안정이론과 상호주의	문정인
1989	29 : 1	한반도 군축 타당성에 관한 검토－한반도 군축의 가능성 및 제약성－	송대성
1991	31	개발도상국에서 군사비 지출의 경제적 효과－국제정치경제적 접근의 한국 적용－	박건영
1992	32 : 1	쿠바위기와 미소 간의 이미지 상호작용에 미친 영향의 계량적 분석	김종표
1992	32 : 1	국제레짐의 변천에 관한 제이론의 비교고찰－패권안정이론과 게임이론을 중심으로－	김유은
1993	33 : 1	합리적 선택이론과 핵억지	박주식
1994	34 : 2	양국 간 국력비와 전쟁발발 가능성－총 102건의 약소국가 간 분쟁을 통한 실증적 검증－	배진수
1994	34 : 2	미국 외교정책과 언론－코리아게이트 사건을 중심으로－	이홍종
1995	35 : 1	미국과 동북아 3국과의 무역분쟁－패권안정이론과 잉여능력이론의 고찰－	이상환
1995	35 : 1	제3세계 보호무역정책의 정치경제	김석우
1995	35 : 2	동아시아의 경제발전과 국제분쟁의 관계 : 그랜저 인과관계 분석	허태회
1997	36 : 3	위기학습이론의 경험적 분석 : 약소국가 간 재발성 위기들을 중심으로	배진수
1998	37 : 3	한반도 통일의 국제정치와 동북아 다자안보협력	문수언 외
1998	38 : 1	안보레짐의 형성 : CSCE와 OSCE의 사례연구	홍기준

1999	39 : 1	미 · 일 방위분담과 양면게임	최운도
1999	39 : 1	탈냉전기 일본 내 미일 무역 및 안보 여론에 관한 연구	남궁곤
2000	40 : 1	국제협력의 과정과 결과 결정요인 연구 : 미 · 일 자동차 협상사례를 중심으로	김관옥
2000	40 : 1	미국 대외경제정책 기조와 행정부–의회 관계 : 의회 내 반대세력의 여파와 한계	임성호
2000	40 : 1	유럽통합과 다층 통치체제 : 지역의 유럽 혹은 국가의 유럽?	강원택
2001	40 : 4	김대중 정부의 외교정책과 언론 : 관계유형의 모색과 사례분석을 중심으로	김기정 외
2001	40 : 4	민주주의와 국제통상정책 : 저발전국 사례연구	김석우
2001	40 : 4	전후 일본의 평화주의에 관한 고찰	김준섭

표 2_『한국 정치학회보』에 게재된 경험적 분석방법을 이용한 국제정치 분야 연구논문

간행년도	집 · 호	제목	저자
1976	10	동아시아 체제의 구조 · 기능적 변천이 한반도의 안정도에 미친 영향	최창윤
1980	14	북한의 대외정책분석	유석렬
1980	14	남북한 군사갈등과 군축	이상우
1987	21 : 1	한 · 일 국교정상화를 둘러싼 일본의 대중여론분석	신희석
1987	21 : 1	남북한 군비통제 제안분석 및 평가	양성철 조덕현
1987	21 : 2	최근 10년간 북한의 대내외 정책에 관한 실증적 연구	염홍철
1989	23 : 2	일본의 매스미디어의 국가적 콘센서스 역할–중 · 일 외교정상화를 중심으로–	김영춘
1990	24 : 1	제3세계발전과 국가능력–95개 국가 간 비교계량분석–	김석준
1995	29 : 3	군사동맹의 지속성 : 세력균형론과 세력전이론	황영배
1996	30 : 1	민주주의, 비민주주의와 무역정책 결정요인들	김석우
1997	31 : 1	동아시아의 무역팽창과 국제분쟁 : 벡터 자기회귀(VAR) 분석	허태회
1998	32 : 2	대미 의원외교의 논리와 한계	박재창

이는 같은 기간 『한국정치학회보』에 게재된 경험적 국제정치 관련 논문 7

편, 9.72%(7/72)에 비해 월등히 높은 수치이며, 한국 정치 연구에 있어 경험기법의 채용이 훨씬 활발함을 보여주고 있다. 또한 연도별로 비교해 볼 때 같은 기간 경험적 국제정치 관련 논문의 경우 2편, 4편, 1편(1995년 제29집 1호 이후 4편)으로 뚜렷한 변화추세를 나타내지 않고 있다. 그러나 『국제정치논총』에 게재된 경험적 국제정치 관련 논문의 경우 같은 기간 동안 7편, 5편, 9편으로 점차 증가하는 추세를 보여주고 있다. 1990년대 이후의 연구동향을 보면 국제정치 분야의 경험 연구는 한국 정치분야에 비해 증가추세가 상당히 미흡한 수준임을 알 수 있다. 한국의 정치학 연구에 있어 경험적 분석을 주도한 것은 한국 정치분야임을 알 수 있는 대목이다.

한편 경험적 국제정치 연구를 행한 학자들의 면모를 살펴보면 1980년대 이전에는 최창윤, 이경숙, 이영호, 박용옥, 박상식, 김국진, 1980년대에는 홍양표, 어수영, 유영, 강치원, 송대성, 김오동, 유석렬, 이혁섭, 문정인, 이상우, 신희석, 양성철·조덕현, 염홍철, 김영춘, 그리고 1990년대에는 박건영, 김종표, 김유은, 박주식, 배진수, 이홍종, 이상환, 김석우, 허태회, 문수언, 김재철, 김태현, 백창재, 이면우, 김석준, 황영배, 홍기준, 최운도, 남궁곤, 김관옥, 임성호, 강원택, 김기정, 김준섭, 박재창 등이다. 이들 중 『국제정치논총』과 『한국정치학회보』에 총 2편이상의 경험적 국제정치 관련 연구논문을 게재한 학자들은 최창윤(3편), 이경숙, 유석렬, 송대성, 이혁섭, 배진수, 김석우, 허태회(이상 2편) 등이다. 최근 인적 자원의 확대에 힘입어 경험분석이 한국 정치 연구를 중심으로 활발하게 진행되고 있으나 국제정치 연구에는 아직 미흡한 상황이다.

III. 연구주제 및 유형에 따른 국제정치 분야의 경험적 연구

〈표 3〉에 의하면 『국제정치논총』에 게재된 경험적 국제정치 연구논문들 중

국제 갈등 · 평화 연구가 14편(35.9%), 국제정치경제 연구가 11편(28.2%), 국제지역 연구 10편(25.6%), 남북한 연구가 4편(10.3%)으로 상대적으로 국제 갈등 · 평화 연구 및 국제정치경제 연구에 집중되어 있음을 알 수 있다. 반면 〈표 4〉에 의하면 『한국정치학회보』에 게재된 경험적 국제정치 연구논문들 중 남북한 연구가 4편(33.3%), 국제지역 연구가 4편(33.3%), 국제 갈등 · 평화 연구가 2편(16.72%), 국제정치경제 연구가 2편(16.7%)으로 비교적 고르게 분포되어 있으나 상대적으로 남북한 연구와 국제지역 연구에 집중되어 있음을 알 수 있다.

표 3_ 연구주제와 유형에 따른 분류 I : 『국제정치논총』에 게재된 경험적 분석방법을 이용한 국제정치 분야 연구논문

연구주제	연구제목	저자	연구유형
국제 갈등 · 평화 연구 (전쟁과 평화의 문제)	현대국제체제에 있어서의 국가들의 계층구조	최창윤	형상 서술적 연구
	경제적 상호교류와 UN투표성향 – 한국문제를 중심으로–	최창윤	
	세계폭력억제에 관련된 규범의 전환에 관한 경험적 연구 : 전쟁법을 중심으로	이경숙	
	The Third World in the United Nations : An Analysis of the Roll Call Votes at the 28th Session of the General Assembly	박상식	
	공산주의 국제체제의 국력평가	홍양표	
	한반도 통일의 국제정치와 동북아 다자안보협력	문수언 외	
	위기학습이론의 경험적 분석 : 약소국가 간 재발성 위기들을 중심으로	배진수	가설 · 모형 검증형 연구
	양국 간 국력비와 전쟁발발 가능성 – 총 102건의 약소국가 간 분쟁을 통한 실증적 검증 –	배진수	
	쿠바위기가 미소 간의 이미지 상호작용에 미친 영향의 계량적 분석	김종표	
	안보레짐의 형성 : CSCE와 OSCE의 사례연구	홍기준	
	귀납적 게임이론과 국제분쟁분석 – 1958년 금문도 위기를 중심으로–	이경숙	형식 모형 연구
	합리적 선택이론과 핵억지	박주식	
	동북아 정치체계의 긴장도 연구	김오동	
	미 · 일 방위분담과 양면게임	최운도	

<table>
<tr><td rowspan="11">국제
정치
경제
연구
(부와
빈곤의
문제)</td><td>국가주권주의 국제체계로서의 한 · 미섬유협상(1969–1972년)</td><td>이혁섭</td><td rowspan="2">형상
서술적
연구</td></tr>
<tr><td>민주주의와 국제통상정책 : 저발전국 사례연구</td><td>김석우</td></tr>
<tr><td>한국경제발전의 주권주의적 해석–역사적 한 · 미관계의 시각에서–</td><td>이혁섭</td><td rowspan="5">가설 ·
모형
검증형
연구</td></tr>
<tr><td>산업구조와 외자기업의 지분률 – 대한 미 · 일 직접투자의 비교분석–</td><td>유영</td></tr>
<tr><td>미국과 동북아 3국과의 무역분쟁–패권안정이론과 잉여능력이론의 고찰–</td><td>이상환</td></tr>
<tr><td>동아시아의 경제발전과 국제분쟁의 관계 : 그랜저 인과관계 분석</td><td>허태회</td></tr>
<tr><td>제3세계 보호무역정책의 정치경제</td><td>김석우</td></tr>
<tr><td>패권적 안정이론과 상호주의</td><td>문정인</td><td rowspan="4">형식
모형
연구</td></tr>
<tr><td>국제레짐의 변천에 관한 제이론의 비교고찰–패권적 안정이론과 게임이론을 중심으로–</td><td>김유은</td></tr>
<tr><td>개발도상국에 있어서 군사비 지출의 경제적 효과–국제정치경제적 접근의 한국적용–</td><td>박건영</td></tr>
<tr><td>국제협력의 과정과 결과 결정요인 연구 : 미 · 일 자동차 협상사례를 중심으로</td><td>김관옥</td></tr>
<tr><td rowspan="10">국제
지역
연구</td><td>Asian Regionalism : Needs, Growth, and Shape of Asian Regional Organizations</td><td>김국진</td><td rowspan="8">형상
서술적
연구</td></tr>
<tr><td>일본의 방위정책과 여론</td><td>어수영</td></tr>
<tr><td>아프리카의 정치문화와 이 지역의 공산세력 수용현황과의 상관성분석(1945–1981년까지를 중심으로)</td><td>강치원</td></tr>
<tr><td>미국 외교정책과 언론 –코리아게이트 사건을 중심으로–</td><td>이홍종</td></tr>
<tr><td>탈냉전기 일본내 미일 무역 및 안보 여론에 관한 연구</td><td>남궁곤</td></tr>
<tr><td>미국 대외경제정책 기조와 행정부–의회 관계 : 의회 내 반대세력의 여파와 한계</td><td>임성호</td></tr>
<tr><td>유럽통합과 다층 통치체제 : 지역의 유럽 혹은 국가의 유럽?</td><td>강원택</td></tr>
<tr><td>전후 일본의 평화주의에 관한 고찰</td><td>김준섭</td></tr>
<tr><td>종속이론 : 중남미제국과 한국</td><td>송대성</td><td rowspan="2">가설 ·
모형
검증형
연구</td></tr>
<tr><td>김대중 정부의 외교정책과 언론 : 관계유형의 모색과 사례분석을 중심으로</td><td>김기정 외</td></tr>
<tr><td rowspan="2">남북한
연구</td><td>한국인의 한반도 평화관</td><td>이영호</td><td rowspan="2">형상
서술적
연구</td></tr>
<tr><td>북한의 통일 · 안보외교정책 분석–정권수립 기념행사를 중심으로–</td><td>유석렬</td></tr>
</table>

남북한 연구	한반도 군축 타당성에 관한 검토–한반도 군축의 가능성 및 제약성–	송대성	형상 서술적 연구
	남북한 군축과 한국의 안보전략체계	박용옥	형식 모형 연구

결국 총 51편의 경험적 논문들 중 국제 갈등 · 평화 연구가 16편(31.4%), 국제정치경제 연구가 13편(25.5%), 국제지역 연구 14편(27.4%), 남북한 연구가 8편(15.7%)을 각각 차지하고 있다. 국제 갈등 · 평화 연구가 주된 경험적 연구분야임을 보여주고 있다. 이와 비교하여 한국 정치에 관한 경험분석은 대부분 선거 연구와 정치적 태도의 형성에 관한 연구이다. 즉 46편 가운데 34편, 대략 74%가 선거(투표)행태와 정치적 태도 및 의식에 관한 논문들인 것이다(김웅진 1996, 135-136).

표 4_ 연구주제와 유형에 따른 분류 II : 『한국정치학회보』에 게재된 경험적 분석방법을 이용한 국제정치 분야 연구논문

연구주제	연구제목	저자	연구유형
국제 갈등 · 평화 연구 (전쟁과 평화의 문제)	동아시아 체제의 구조 · 기능적 변천이 한반도의 안정도에 미친 영향	최창윤	형상서술적 연구
	군사동맹의 지속성 : 세력균형론과 세력전이론	황영배	가설 · 모형 검증형 연구
국제정치경제 연구 (부와 빈곤의 문제)	민주주의, 비민주주의와 무역정책 결정요인들	김석우	가설 · 모형 검증형 연구
	동아시아의 무역팽창과 국제분쟁 : 벡터 자기회귀(VAR) 분석	허태회	
국제지역 연구	한 · 일 국교정상화를 둘러싼 일본의 대중여론분석	신희석	형상서술적 연구
	일본의 매스미디어의 국가적 콘센서스 역할–중 · 일 외교정상화를 중심으로–	김영춘	
	대미 의원외교의 논리와 한계	박재창	

국제지역 연구	제3세계발전과 국가능력 –95개 국가 간 비교계량분석–	김석준	가설·모형 검증형 연구
남북한 연구	최근 10년간 북한의 대내외 정책에 관한 실증적 연구	염홍철	형상서술적 연구
	북한의 대외정책분석	유석렬	
	남북한 군비통제 제안분석 및 평가	양성철 조덕현	
	남북한 군사갈등과 군축	이상우	

경험적 국제정치 연구논문들이 채택하고 있는 연구유형을 살펴보면 주로 연구대상의 존재양상 혹은 변인 간의 관계양상에 대한 형상서술적(descriptive-configurative) 연구와 가설·모형검증형 연구 등 두 가지 유형을 취하고 있음을 알 수 있다. 우선 각 유형이 차지하는 비율을 살펴보면, 아래의 〈표 3〉과 〈표 4〉에서 드러나듯이 형상서술적 연구가 가장 많아 전체 경험분석의 52.9%(27편)를 점하고 있으며, 다음으로는 가설·모형검증형 연구(29.4%, 15편)와 형식모형 연구(17.7%, 9편)의 순서로 되어 있다. 이와 마찬가지로 경험적 한국 정치 연구의 경우 논문들이 채택하고 있는 연구유형을 살펴보면 형상서술적 연구(52.2%)가 가장 많고 다음으로는 가설·모형검증형 연구(34.8%), 그리고 형식모형 구축(10.9%)의 순서로 되어 있다(김웅진 1996, 137-138). 이는 경험(계량)분석 기법이 우리 정치학계에 도입·소개된 이래 오랜 기간이 흘렀음에도 불구하고 경험적 연구는 질적 수준에 있어 그다지 발전하지 못했다는 사실을 대변해 준다. 즉 경험분석이 발전하면 할수록 형상서술적 연구보다는 가설·모형검증형 연구, 그리고 통계분석보다는 수리적 형식모형(formal modeling)의 정립이 더욱 활발해지기 때문이다. 그러나 경험적 국제정치 연구의 경우 지금까지 발표된 논문들 가운데 형식모형의 구축을 시도한 논문이 9편정도 되나 아직 그 질적 수준이 초보적이라고 할 수 있다.

물론 경험분석이 제대로 뿌리를 내리기 위해서는 우선 연구대상에 관한 엄밀한 서술적 연구 및 개념화가 반드시 선행되어야 한다는 점은 당연하다. 바꾸어 말해서 정치적 연구대상의 다양한 국면에 관한 과학적 일반화가 이루어지기 위해서는 체계적 · 경험적 서술과 개념화 작업이 지금보다 훨씬 더 깊고도 광범위하게 수행될 필요가 있는 것이다. 따라서 현재 우리 국제정치 연구에 있어서 형상서술적 연구가 가장 큰 비율을 차지하고 있는 것은 경험분석의 초기 발전과정에서 나타나는 지극히 자연스러운 현상이라고 말할 수 있다. 또한 연구설계와 기법운영의 세련됨이 보다 나은 연구결과를 반드시 보장해 주는 것은 아니라는 점을 고려할 때, 광범위한 서술적 연구와 그러한 연구의 결과로서 구축되는 데이터베이스가 없는 상황 하에서 가설검증 작업이나 모형화 작업을 무리하게 진행한다면 잘못된 경험적 오류에 빠질 위험성이 매우 크다고 생각된다.

IV. 사용자료 및 기법에 따른 국제정치 분야의 경험적 연구

국제정치 관련 경험분석 연구들이 사용한 자료는 크게 질문지 조사자료(survey data)와 집적통계 자료(aggregate statistics data)로 나누어지는데, 90% 정도의 논문들이 집적통계 자료에 의존하고 있다. 〈표 5〉와 〈표 6〉을 보면 41편 가운데 37편이 집적통계 자료를 기초로 하여 연구대상의 서술이나 가설검증을 시도하고 있다. 이는 결국 국제정치에 관한 경험분석이 대부분 각종 통계자료에서 도출된 2차 자료라는 점을 명백히 보여주는 것이다. 이와 비교하여 경험적 한국 정치 연구의 경우 70% 이상의 논문들이 질문지 조사 자료에 의존하고 있다. 즉 46편 가운데 무려 33편이 질문지 조사를 통해 획득한 데이터베이스를 기초로 하여 연구대상의 서술이나 가설검증을 시도하고 있다. 이는 결국 한국 정치에 관한 경험분석이 대부분 미시분석이라는 점을 명백히 보여주는 것이다(김웅진 1996, 139-140).

따라서 우리의 경험적 연구는 이미 위에서 지적한 것과 같이 분석시각의 측면에서도 크게 치우쳐 있다고 말할 수 있다. 다시 말해서 국제정치 연구는 집적통계 자료를 이용한 거시분석, 그리고 한국 정치 연구는 질문지 조사자료를 이용한 미시분석이 주로 행해졌음을 알 수 있다. 그런데 이와 같은 경향은 김웅진 교수가 지적한 바와 같이 자칫 "한국 정치에 관한 경험분석은 곧 질문지 조사를 통한 미시분석"이라는 그릇된 관념을 확산시킬 위험성이 있으므로 장래 경험분석의 연구정향을 조정한다는 측면에서 이러한 한계는 반드시 극복되어야 할 것으로 여겨진다. 즉 앞으로의 국제·한국 정치 연구는 분석시각뿐만 아니라 자료의 집적 및 데이터베이스화에 있어서도 균형을 되찾아야 한다고 판단된다.

사용기법은 연구의 목적과 자료에 따라 적절히 선택되게 마련이지만 〈표 5〉와 〈표 6〉은 사용기법이 한정되었다는 것을 보여주고 있다. 사건계수, 프로빗, 로짓 분석 등 고급 통계기법의 사용이 미흡하다는 점은 그만큼 우리 경험분석의 편향성과 초보성을 드러내 준다고 말할 수 있다. 이를 구체적으로 살펴보면 총 41편의 경험적 논문들 중 빈도분포측정(frequency distributions measures) 및 내용분석(content analysis)을 사용한 논문이 18편, 상관관계 분석(correlations analysis) 및 요인분석(factor analysis)을 주로 사용한 논문이 10편, 다중회귀분석(주로 선형회귀분석)과 시계열분석 및 자기회귀분석을 사용한 논문은 13편 등이다.

표 5_ 사용자료와 기법에 따른 분류 I : 『국제정치논총』에 게재된 경험적 분석방법을 이용한 국제정치 분야 연구논문

사용자료	연구제목	저자	사용기법
질문지 조사 자료	한반도 통일의 국제정치와 동북아 다자안보협력	문수언 외	빈도분포 측정
	일본의 방위정책과 여론	어수영	
	한국인의 한반도 평화관	이영호	
집적 통계 자료	The Third World in the United Nations : An Analysis of the Roll Call Votes at the 28th Session of the General Assembly	박상식	빈도분포 측정
	공산주의 국제체제의 국력평가	홍양표	
	국가주권주의 국제체계로서의 한·미섬유협상(1969–1972년)	이혁섭	
	Asian Regionalism : Needs, Growth, and Shape of Asian Regional Organizations	김국진	

집적 통계 자료	유럽통합과 다층 통치체제 : 지역의 유럽 혹은 국가의 유럽?	강원택	빈도분포측정
	한반도 군축 타당성에 관한 검토 – 한반도 군축의 가능성 및 제약성 –	송대성	빈도분포측정 · 내용분석
	미국 외교정책과 언론 – 코리아게이트 사건을 중심으로 –	이홍종	내용분석
	북한의 통일 · 안보외교정책 분석 – 정권수립 기념행사를 중심으로 –	유석렬	
	안보레짐의 형성 : CSCE와 OSCE의 사례연구	홍기준	
	김대중 정부의 외교정책과 언론 : 관계유형의 모색과 사례분석을 중심으로	김기정 외	
	위기학습이론의 경험적 분석 : 약소국가 간 재발성 위기들을 중심으로	배진수	상관관계분석
	미국 대외경제정책 기조와 행정부 – 의회 관계 : 의회 내 반대세력의 여파와 한계	임성호	
	현대국제체제에 있어서의 국가들의 계층구조	최창윤	상관관계분석 · 요인분석
	경제적 상호교류와 UN투표성향 – 한국문제를 중심으로 –	최창윤	
	아프리카의 정치문화와 이 지역의 공산세력 수용현황과의 상관성분석(1945–1981년까지를 중심으로)	강치원	
	탈냉전기 일본내 미일 무역 및 안보 여론에 관한 연구	남궁곤	
	민주주의와 국제통상정책 : 저발전국 사례연구	김석우	
	세계폭력억제에 관련된 규범의 전환에 관한 경험적 연구 : 전쟁법을 중심으로	이경숙	상관관계분석 · 시계열분석
	동아시아의 경제발전과 국제분쟁의 관계 : 그랜저 인과관계 분석	허태회	시계열분석 · 자기회귀분석
	양국 간 국력비와 전쟁발발 가능성 – 총 102건의 약소국가간 분쟁을 통한 실증적 검증 –	배진수	상관관계분석 · 다중회귀분석
	쿠바위기가 미소 간의 이미지 상호작용에 미친 영향의 계량적 분석	김종표	다중회귀분석 · 시계열분석
	한국경제발전의 주권주의적 해석 – 역사적 한 · 미관계의 시각에서 –	이혁섭	상관관계분석 · 다중회귀분석 · 시계열분석
	종속이론 : 중남미제국과 한국	송대성	
	제3세계 보호무역정책의 정치경제	김석우	다중회귀분석 · 횡단면시계열분석
	산업구조와 외자기업의 지분률 – 대한 미 · 일 직접투자의 비교분석 –	유영	상관관계분석 · 다중회귀분석 · 횡단면시계열분석
	미국과 동북아 3국과의 무역분쟁 – 패권안정이론과 잉여능력이론의 고찰 –	이상환	다중회귀분석 · 횡단면시계열분석 · 사건계수분석

경험적 한국 정치 연구의 경우 가장 빈번히 동원된 분석기법은 요인분석(factor analysis)과 회귀분석(regressions)으로서 대개 양 기법이 복합적으로 사용되고 있다. 즉 요인분석을 통해 사용변인군(요인군)들을 도출한 후 그들 사이의 인과관계를 추론하기 위해 다중회귀분석(multiple regressions)을 수행한 경우가 대부분이다. 또한 빈도분포(frequency distributions)를 측정한 후 카이-스퀘어($\chi 2$) 검증 등 양 변인 간의 상호관계 측정기법을 동원한 논문이 7편, 그리고 단순한 빈도분포만을 측정한 논문이 4편이나 된다. 물론 로짓분석 등을 이용한 시계열분석 등 비교적 고도의 통계분석 기법을 사용한 사례도 발견되지만 4편에 불과하고, 어느 정도 숙달된 계량분석자라면 쉽사리 사용할 수 있는 판별분석을 동원한 논문은 단 1편뿐이다. 기타 MANOVA, ANOVA 등 변량분석을 수행한 논문은 2편, 그리고 게임이론에 입각하여 형식모형의 정립을 시도한 논문을 4편 찾을 수 있다(김웅진 1996, 141-142). 따라서 경험적 국제정치 연구가 한국 정치 연구에 비하여 사용기법에 있어서도 다양성은 물론 그 질적 수준에 있어 떨어짐을 파악할 수 있다.

이처럼 특정한 분석기법만이 편향적으로 사용된 것은 사용자료가 제한되어 있었기 때문이기도 하지만, 또 한편으로는 계량분석 기법이 우리 정치학 연구에 있어서 아직 보편화되지 못하였기 때문이라고 여겨진다. 즉 끊임없이 도입·소개되는 새로운 경험적 연구기법들을 광범위하게 소화하기에는 경험분석을 시도하는 학자들의 층이 아주 얇은 형편이다. 이와 같은 현상은 경험분석이 발전하기 위해서 반드시 극복되어야 할 방법론적 장애요인이다. 왜냐하면 새로운 다양한 연구기법의 선택은 이론적 시각과 자료에 달려 있기 마련이나 역으로 이러한 이론적 시각과 자료의 한계를 극복하는 해결책이 될 수도 있음을 인식할 수 있기 때문이다. 즉 새로운 고급 경험적 기법의 적극적인 활용은 국제정치 연구를 방법론적 측면에서 크게 발전시킬 수 있다고 본다.

표 6_ 사용자료와 기법에 따른 분류 II :『한국정치학회보』에 게재된 경험적 분석방법을 이용한 국제정치 분야 연구논문

사용자료	연구제목	저자	사용기법
질문지 조사 자료	한·일 국교정상화를 둘러싼 일본의 대중여론 분석	신희석	빈도분포측정
집적통계 자료	일본의 매스미디어의 국가적 콘센서스 역할 – 중·일 외교정상화를 중심으로–	김영춘	빈도분포측정
	남북한 군비통제 제안분석 및 평가	양성철 조덕현	
	대미 의원외교의 논리와 한계	박재창	
	최근 10년간 북한의 대내외 정책에 관한 실증적 연구	염홍철	내용분석
	북한의 대외정책분석	유석렬	상관관계분석
	동아시아 체제의 구조·기능적 변천이 한반도의 안정도에 미친 영향	최창윤	상관관계분석·요인분석
	남북한 군사갈등과 군축	이상우	
	동아시아의 무역팽창과 국제분쟁 : 벡터 자기회귀(VAR) 분석	허태회	시계열분석·자기회귀분석
	군사동맹의 지속성 : 세력균형론과 세력전이론	황영배	상관관계분석·다중회귀분석
	제3세계발전과 국가능력 –95개 국가 간 비교계량분석–	김석준	상관관계분석·요인분석·경로분석·다중회귀분석
	민주주의, 비민주주의와 무역정책 결정요인들	김석우	ANOVA·다중회귀분석·횡단면시계열분석

V. 결론 : 국제정치 분야의 경험적 연구의 개선을 위한 제안

국제정치 분야에서의 경험적인 연구는 정치학의 행태주의적인 접근이라는 과학화 운동과 함께 시작되어 현재까지 약 50년이 넘는 역사를 갖는다. 정치학에서의 경험적 연구는 인간 생활 속에서 발생하는 정치적 사건이나 현상들을 이해하고, 설명하며, 나아가서는 예측하고 통제하려는 데 그 목적이 있다. 하지만 국제정치 분야에서의 분석대상이 인간으로서의 각 개인이 아닌 주행위자로서의 국가들이기 때문에 국가행태의 이해는 더욱 어렵다. 국가는 유기체가 아니며, 국가행위의 주체는 인간임을 인식할 때 국가행위의 이해는 더욱 어렵고 복잡할 수밖에 없다. 이렇듯 국제정치 연구의 본질에 관련되어 과학적인 이론의 형성과 예측이 어렵기 때문에 다른 분야에 비해 경험적 연구의 발전 속도는 상당히 더딘 편이다.

이미 본론에서 지적한 바와 같이 국제정치 연구 혹은 한국의 정치학 연구에 있어서 경험분석은 아직 외국에 비해 미흡한 단계에 있다고 평가할 수 있다. 즉 1963-2000년 사이에 발간된 『국제정치논총』과 1959-2000년 사이에 발간된 『한국정치학회보』에 한정시켜 볼 때, 경험분석이 전체 국제정치 연구에서 차지하는 비율은 6.3%(총 810편중 51편) 수준이며, 최근에 이르러 약간의 증가추세가 있을 뿐이다. 물론 1990년 이후로 발표된 논문의 절대 수에 있어서나 혹은 사용기법의 측면에 있어서나 1980년대에 비해 경험분석이 약간 확대된 것은 사실이나 이러한 경향이 획기적으로 발전될 기미는 아직 보이지 않는다.

경험분석의 논리와 기법이 한국의 국제정치 분야에 도입된 지 30여 년이 넘는 시간이 흘렀음에도 불구하고 우리의 경험적 연구는 기대했던 만큼의 수준에는 도달하지 못했다고 말할 수 있다. 즉 앞서 살펴본 것처럼 우리의 경험분석은 연구의 유형에 있어서 형상서술적 연구 · 가설검증형 연구의 범주를 크게 벗어나지 못하고 있으며, 사용자료에 있어서 거의 대부분 집적통계자료에 의존하고 있고, 분석기법의 측면에 있어서도 빈도분포측정, 상관관계분석, 요인분석, 다중회귀분석 등 비교적 단순한 회귀분석형 기법을 주로 사용하는 데 그치고 있다. 학자의 폭과 연구주제 등을 포함하여 총체적으로 조망해 볼 때 적어도 국제정치 연구에 관한 한 경험분석은 아직도 시발단계 수준에 머물러 있다고 판단된다.

정치학 분야 전반에 관련되는 문제이기도 하지만 특히 국제정치 연구에서의 경험적인 연구의 발전을 위해서는 다음과 같은 점들을 고려할 필요가 있다(이상환·주미영 2000, 189–191). 첫째, 경험적 자료의 수집에 있어서 새로운 방법이 이용되어져야 한다. 대부분의 기존 관련 연구들이 사용했던 양적인(quantitative) 자료인 집적통계자료 뿐만 아니라, 질적인(qualitative) 자료로서의 기록된 국제관련 사건들 또는 사례와 여론조사 등도 중요한 연구자료로 사용되어야 한다. 이를 위해서는 한국 내에도 데이터베이스를 창출해 줄 수 있는 전문적인 기관, 예를 들면 미국의 ICPSR(Inter–Universtiy Consortium for Political and Social Research)과 같은 시설의 활성화(우리나라의 경우 「사회과학데이터센터」의 활성화)가 필요하며, 각 연구소나 여론조사기관이 개방된 태도로 연구 관련 자료를 제공해 주는 일 역시 필요하다. 이에 대한 개선이 이루어진다면 개방된 국제정치체제에서의 자유로운 정보·자료 교환과 더불어 인터넷을 이용한 정보 획득이 훨씬 더 용이해지고 있는 현실을 감안해 볼 때, 꾸준한 경험적 자료의 축적이 가능해 질 수 있어서 국제정치 행태에 관한 설명적·예측적 정도의 향상이 가능해 질 수 있다.

둘째, 정치학에서 사용되는 방법이란 다른 과학적 방법을 사용하는 분야로부터 직접 유입되어온 것들이며, 국제정치학에서 사용된 대부분의 통계학적 방법이 바로 그런 추세를 보여주는 한 예가 되고 있다. 연구를 위해 약간의 제한된 방법만을 수용하는 이유는 사용되는 자료의 성향에 맞는 적합한 방법을 찾기 때문이기도 하지만 자료에 상관없이 특정한 성격에만 사용되어져야 하는 방법만을 고수해 왔기 때문이다. 이로 인해 측정오류, 편향(bias), 상당한 양의 정보의 손실이 나타나기도 했다. 미시적인 분석과 거시적인 분석을 종합·조화시키는 맥락에서 다양한 고도의 방법을 시도해야 한다. 연구주제에 적합한 자료의 선택은 물론 자료의 성질에 적합한 연구방법을 선택함도 중요하지만, 연구자가 익숙한 방법만을 사용하려는 태도에서 벗어나 새로운 연구방법을 모색해 보아야 할 것이다.

셋째, 국제정치의 경험적 연구를 시도하는 학자들의 태도 또한 이 분야의 발전을 위해 중요한 요인이 될 수 있다. 한국에 소개되기 시작한 경험적 연구방법들은 앞서 언급하였듯이 해외 유학과정에서 습득한 연구자들의 지식에서 비롯되었다. 결국 시간의 변화에 따라 각 시점에서 주류를 이루면서 많이 사용되어 온 경험적 연구방법들이 대체적으로 주된 방법으로 소개되어 왔다. 이는 연구자들의 편이적인 태도에서 기인되었다고 할 수 있다. 또한 연구자들이 일차적으로 사용하였던 연구자료를 이차적 연구를 하려는 연구자들에게 개방하지 않는 편협한 태도 역시 개선되어야 한다. 연구에서의 풍부한 자료습득과 적합한 방법의 선택을 위해서는 연구자들의 꾸준한 학문적 관심과 열의가 무엇보다도 필요하다.

마지막으로 정치학에서의 행태적인 연구의 시작이 인접 사회과학인 인류학, 심리학, 사회학, 경제학 등과의 접목에서 비롯된 점을 감안한다면 학제 간의 연구 역시 국제정치 분야에서의 경험적 연구 발전에 큰 기여를 할 수 있을 것이다. 이를 통해 인간 행태의 연구에 초점을 둔 미시적 분석과 국가 및 국제체제에 관심을 두는 거시적 분석의 종합과 조화의 필요성이 요구된다. 특히 연구방법의 측면에서는 경제학에서 응용되고 있는 진보된 방법이 보다 광범위하게 적용되어야 한다.

상기한 바와 같이 보다 개선된 국제정치 분야의 경험적 연구를 위해서 다양한 질적·양적 자료(data)의 수집 및 데이터베이스 구축, 연구의제에 적합한 다양한 경험적 방법의 채용과 소장 연구자료의 공개에 있어서의 연구자의 개방적 태도, 그리고 학제 간 연구를 통한 보다 발전된 국제정치 분야의 경험적 연구노력 등이 요구된다고 할 수 있다. 결국 무엇보다도 중요한 점은 경험적 연구환경의 구축도 중요하지만 경험적 연구에 관심을 갖는 연구자의 지속적인 노력에 달려 있다고 할 수 있다.

참고문헌

강원택. 2000. "유럽통합과 다층 통치체제 : 지역의 유럽 혹은 국가의 유럽?" 『국제정치논총』 제40집 1호.

강치원. 1984. "아프리카의 정치문화와 이 지역의 공산세력 수용현황과의 상관성분석(1945-1981년까지를 중심으로)." 『국제정치논총』 제24집 2호.

김국진. 1979. "Asian Regionalism : Needs, Growth, and Shape of Asian Regional Organizations." 『국제정치논총』 제19집.

김기정 외. 2000. "김대중 정부의 외교정책과 언론 : 관계유형의 모색과 사례분석을 중심으로." 『국제정치논총』 제40집 4호.

김관옥. 2000. "국제협력의 과정과 결과 결정요인 연구 : 미 · 일 자동차 협상사례를 중심으로." 『국제정치논총』 제40집 1호.

김석우. 1995. "제3세계 보호무역정책의 정치경제." 『국제정치논총』 제35집 1호.

______. 1996. "민주주의, 비민주주의와 무역정책 결정요인들." 『한국정치학회보』 제30집 1호.

______. 2000. "민주주의와 국제통상정책 : 저발전국 사례연구." 『국제정치논총』 제40집 4호.

김석준. 1990. "제3세계발전과 국가능력-95개 국가간 비교계량분석-." 『한국정치학회보』 제24집 1호.

김영국. 1986. 『현대정치학의 대상과 방법』. 서울 : 법문사.

김영춘. 1989. "일본의 매스미디어의 국가적 콘센서스 역할-중 · 일 외교정상화를 중심으로-." 『한국정치학회보』 제23집 2호.

김오동. 1984. "동북아 정치체계의 긴장도 연구." 『국제정치논총』 제24집.

김웅진(편). 1994. 『방법, 방법론과 한국정치학 : 경험과학연구를 중심으로』. 서울 : 한울.

______. 1996. 『방법론과 정치적 실존 : 경험과학 연구의 재성찰』. 서울 : 인간사랑.

김유은. 1992. "국제레짐의 변천에 관한 제이론의 비교고찰-패권적 안정이론과 게임이론을 중심으로-." 『국제정치논총』 제32집 1호.

김종표. 1992. "쿠바위기와 미소간의 이미지 상호작용에 미친 영향의 계량적 분석." 『국제정치논총』 제32집 1호.

김준섭. 2000. "전후 일본의 평화주의에 관한 고찰." 『국제정치논총』 제40집 4호.

남궁곤. 1998. "탈냉전기 일본내 미일 무역 및 안보 여론에 관한 연구." 『국제정치논총』 제39집 1호.

문수언 외. 1998. "한반도 통일의 국제정치와 동북아 다자안보협력." 『국제정치논총』 제37집 3호.

문정인. 1987. "패권적 안정이론과 상호주의." 『국제정치논총』 제27집 2호.

박건영. 1991. "개발도상국에 있어서 군사비 지출의 경제적 효과-국제정치경제적 접근의 한국적 적용." 국제정치논총』 제31집.

박상식. 1979. "The Third World in the United Nations : An Analysis of the Roll Call Votes at the 28th Session of the General Assembly." 『국제정치논총』 제19집.

박용옥. 1978. "남북한 군축과 한국의 안보전략체계." 『국제정치논총』 제18집.

박재창. 1998. "대미 의원외교의 논리와 한계." 『한국정치학회보』 제32집 2호.

박주식. 1993. "합리적 선택이론과 핵억지." 『국제정치논총』 제33집 1호.

배진수. 1994. "양국간 국력비와 전쟁발발 가능성-총 102건의 약소국가간 분쟁을 통한 실증적 검증-." 『국제정치논총』 제34집 2호.

______. 1997. "위기학습이론의 경험적 분석 : 약소국가간 재발성 위기들을 중심으로." 『국제정치논총』 제36집 3호.

송대성. 1984. "종속이론 : 중남미제국과 한국." 『국제정치논총』 제24집 2호.

______. 1989. "한반도 군축 타당성에 관한 검토-한반도 군축의 가능성 및 제약성-." 『국제정치논총』 제29집 1호.

신희석. 1987. "한 · 일 국교정상화를 둘러싼 일본의 대중여론분석." 『한국정치학회보』 제21집 1호.

양성철 · 조덕현. 1987. "남북한 군비통제 제안분석 및 평가." 『한국정치학회보』 제21집 1호.

어수영. 1981. "일본의 방위정책과 여론." 『국제정치논총』 제21집.

염홍철. 1987. "최근 10년간 북한의 대내외 정책에 관한 실증적 연구." 『한국정치학회보』 제21집 2호.

유석렬. 1980. "북한의 대외정책분석." 『한국정치학회보』 제14집.

______. 1985. "북한의 통일 · 안보외교정책 분석-정권수립 기념행사를 중심으로-." 『국제정치논총』 제25호.

유 영. 1981. "산업구조와 외자기업의 지분률-대한 미 · 일 직접투자의 비교분석-." 『국제정치논총』 제21집.

이경숙. 1978. "세계폭력억제에 관련된 규범의 전환에 관한 경험적 연구 : 전쟁법을 중심으로." 『국제정치논총』 제18집.

______. 1980. "귀납적 게임이론과 국제분쟁분석-1958년 금문도 위기를 중심으로-." 『국제정치논총』 제20집.

이상우. 1980. "남북한 군사갈등과 군축." 『한국정치학회보』 제14집.

이상환. 1985. "미국과 동북아 3국간의 무역분쟁-패권안정이론과 잉여능력이론의 고찰-." 『국제정치논총』 제35집 1호.

______. 1998. "한국정치학회보와 국제정치논총에 대한 비교연구 : 분석과 평가-미국정치학회보에 대한 분석과 그 평가기준을 토대로." 『국제정치논총』 제38집 1호.

______. 1999. "질적 · 양적 방법 논쟁 : 최선의 사회과학적 추론이란?" 『사회과학연구』 제5집. 창원대학교 사회과학연구소.

______. 2001. "국제정치분야의 경험적 연구에 관한 분석 : 국제정치논총과 한국정치학회보를 중심으로." 『국제정치논총』 제41집 4호.

이상환 · 주미영. 2000. "한국정치학회보에 게재된 경험적 방법을 사용한 연구논문에 대한 분석평가 : 국제정치분야 연구논문을 중심으로." 『사회과학연구』 제6집. 창원대학교 사회과학연구소.

이영호. 1978. "한국인의 한반도 평화관." 『국제정치논총』 제18집.

이혁섭. 1985. "한국경제발전의 주권주의적 해석-역사적 한 · 미관계의 시각에서-." 『국제정치논총』 제25집.

______. 1987. "국가주권주의 국제체계로서의 한 · 미섬유협상(1969-1972년)." 『국제정치논총』 제27집 2호.

이홍종, "1994. 미국 외교정책과 언론-코리아게이트 사건을 중심으로-." 『국제정치논총』 제34집 2호.

임성호. 2000. "미국 대외경제정책 기조와 행정부-의회 관계 : 의회 내 반대세력의 여파와 한계." 『국제정치논총』 제40집 1호.

최운도. 1998. "미 · 일 방위분담과 양면게임." 『국제정치논총』 제39집 1호.

최창윤. 1976. "동아시아 체제의 구조 · 기능적 변천이 한반도의 안정도에 미친 영향." 『한국정치학회보』 제10집.

______. 1976. "현대국제체제에 있어서의 국가들의 계층구조." 『국제정치논총』 제15집.

______. 1977. "경제적 상호교류와 UN투표성향-한국문제를 중심으로-." 『국제정치논총』 제17집.

허태회. 1995. "동아시아의 경제발전과 국제분쟁의 관계 : 그랜저 인과관계 분석." 『국제정치논총』 제35집 2호.

______. 1997. "동아시아의 무역팽창과 국제분쟁 : 벡터 자기회귀(VAR) 분석." 『한국정치학회보』 제31집 1호.

한국국제정치학회. 2001. 『국제정치논총 CD-Rom』.

한국정치학회. 2001. 『한국정치학회보 CD-Rom』.

홍기준. 1998. "안보레짐의 형성 : CSCE와 OSCE의 사례연구." 『국제정치논총』 제38집 1호.

홍양표. 1981. "공산주의 국제체제의 국력평가." 『국제정치논총』 제21집.

황영배. 1995. "군사동맹의 지속성 : 세력균형론과 세력전이론." 『한국정치학회보』 제29집 3호.

King, Gary, Robert O. Keohane and Sidney Verba. 1994. *Designing Social Inquiry : Scientific Inference in Qualitative Reserach*. N.J. : Princeton University Press.

Ragin, Charles. 1987. *The Comparative Method : Moving Beyond Qualitative and Quantitative Strategies*. Berkeley : University of California Press.

주

1 『국제정치논총』과 『한국정치학회보』에 게재된 국제정치 분야 연구논문들 중 경험적 방법을 사용한 연구논문들을 선별함에 있어서 이 연구는 우선 양적·질적 자료를 토대로 양적 방법(광의로 해석한)을 주로 사용한 연구논문들에 한정하였으며, 이들 중 다른 학자들이 이미 제시한 통계자료를 단지 차용하여 해석한 경우와 형식모형을 단지 교과서적으로 소개한 경우 및 외국 학자들의 연구 등은 그 연구대상에서 제외하였다. 여기서 중요한 점은 자료(data)와 방법(method)의 연관성에 관한 혼동을 피하는 것이다. 즉 자료(양적·질적)의 성격이 양적·질적 방법의 선택을 정확히 도식적으로 결정하는 것은 아니라는 점이다.

2 국제정치 분야의 경험적 연구를 분석함에 있어서 한국 정치분야의 경험적 연구에 있어서의 김웅진 교수의 분석기준인 연구주제, 연구유형, 사용자료, 사용기법 등의 항목별 분류를 채용하였으며, 기간별 비교를 위해서 기간구분을 동일하게 적용하였다.

3 김웅진, 『방법론과 정치적 실존 : 경험과학 연구의 재성찰』(서울 : 인간사랑, 1996), pp. 123-151.

제4장

미국 정치 연구 60년

회고와 전망*

이정희(한국외국어대학교)

I. 서론

1. 미국 정치 연구의 현실적 · 학문적 요구

학문적 탐구 이면에는 어떠한 형태로든 현실적 필요성이 도사리고 있다. 특히 사회현상을 연구대상으로 하는 탐구는 현실적 요구가 절실한 경우 더욱 활발해진다. 정치학의 한 영역으로 분류할 수 있는 지역정치 연구의 경우 현실적 필요성이 강한 동인으로 작용한다. 한 사회 또는 국가가 자신들의 이익을 위해 타 사회와 국가의 제반상황을 탐구하는 것은 자연스런 행위이다. 그러한 탐구행위는 비단 자신들을 위한 것으로 그치는 것이 아니라 상대방을 위한 것이며, 공동의 이익을 증대시키는 방법이 될 수 있다.

과거 지역정치 연구는 근대국가의 형성과 발전 그리고 식민지의 확보에 관

* 본 논문은 『한국의 학술연구 : 정치학 · 사회학』(대한민국학술원) 인문 · 사회과학편 제9집 (2008. 12)에 수록된 것을 전재한 것임을 밝힙니다.

련된 연구에서 연원을 찾을 수 있으며, 지리학, 사회학, 인류학, 비교종교학 등과 함께 유럽제국의 효과적인 식민지 정책이라는 현실적인 문제해결에 도움을 주었다. 따라서 근대적인 의미의 지역정치 연구는 유럽제국의 식민지 경영의 맥락에서 탄생된 것임을 알 수 있다. 제1차 세계대전 후 지역정치 연구는 국제이해 운동의 차원으로 발전하였으나 제2차 세계대전이 발발하면서 미국을 비롯한 서방 국가들은 국가 목표와 연계한 연구를 강화했다. 물론 이러한 연구는 현실적 문제해결을 위해서만이 아니라 학문적 지식축적에도 큰 도움을 주었다.[1)]

한편 미국을 대상으로 하는 탐구 역시 현실적 필요성에 의해 시작되었다. 그러나 흥미로운 사실은 미국 연구의 필요성이 전세계적으로 확대되어 있음에도 불구하고 많은 국가와 지역에서의 미국 연구가 수요에 걸맞는 수준으로 발전하지 못하고 있다는 것이다. 이에 대해서는 연구주체, 대상, 환경적 여건 등 다양한 논의가 가능하다. 몇 가지 가능한 설명 가운데 우선 미국 연구의 대상과 주체가 미국 중심으로 이루어져 왔다는 점을 지적할 수 있다. 미국 연구의 필요성에 걸맞는 주체적 연구라기보다는 미국 학자들에 의해 축적된 연구결과를 그대로 받아들이는 상황이 전개되었다(Cecil F. Tate 1973, 129).[2)]

우리나라의 경우도 예외는 아니다. 우리나라의 필요성을 동인으로 삼아 미국 연구를 본격적으로 시작한 것이 오래되지 않았으며, 스스로의 연구결과를 축적하기 시작한 것은 지난 30-40년의 시기라 해도 과언이 아니다. 미국 정치분야로 한정시켜 보면 그 한계는 더욱 두드러진다. 우리나라 정치학계는 미국으로부터 현대 정치학의 주류를 받아들였지만 정작 미국 정치를 본격적인 연구대상으로 삼지는 않았다.[3)]

한국과 미국은 제2차 세계대전 이후 특수 관계를 유지하고 있다. 1945년 이후 우리나라와 가장 밀접한 관계를 유지한 나라가 미국이라는 사실을 부정할 사람은 아무도 없다. 미군정과 정부수립 과정을 통해, 그리고 한국전쟁 이후 군사동맹과 경제협력의 틀은 오늘까지 견고하게 유지되고 있다. 이러한 특수 관계 속에서 양국은 인적·물적·학문적 교류를 확대해 왔으며, 그 결과 양국에 대한 상호 이해의 폭은 상당히 넓어졌다. 그러나 '미국'이라는 나라에 대한 한국인의 인식 폭은 그리 확장되지 못한 채 제자리를 걷고 있다는 지적이 많다. 미국과 미국인을 선악의 이분법적 잣대로 평가해 온 경향은 분단과 냉전상황 때문이다. 냉전 이후 세계질서 속에서 미국의 역할이 어떻게 변화할 것인가에 대한 관심이 높아지는 가운데 이에 대한 연구가 계속되고 있으며, 우리나라 학계에서도 체계적인 미국 연구를 위해 노력하고 있음은 다행스런 일이다.

정부수립 60년을 맞아 우리나라에서 미국 정치 연구가 어떠한 과정을 거쳐 발전해 왔으며, 앞으로 어떻게 연구방향을 설정해야 하는가를 논의하는 것은 현실적·학문적 측면에서 의미 있는 일이다. 앞서 서술한 대로 우리나라와 미국과의 관계설정이 우리나라의 미국 정치 연구에 중요한 요인의 하나로 작용했다면 역으로 미국 정치 연구의 양상과 그 경향성을 살펴보는 것은 우리나라와 미국 간의 관계를 살펴보는 방법이 된다. 한편 미국 정치 연구에 사용한 분석틀, 이론, 접근방법의 변화는 우리나라 정치학의 발전과 불가분의 관련성을 갖는 것이며, 비교정치의 체계적 연구와 종국에 가서는 '우리' 정치학의 정립이라는 과제와 연계된다.

이 글의 목적은 지난 60년간 미국 정치 연구의 변화과정을 추적하여 앞으로의 연구방향을 설정하는 데 필요한 자료를 제공하는 데 있다. 동시에 한국의 정치학, 비교정치학의 한 분야로서 미국 정치 연구가 어떠한 위상을 차지하고 있는가를 점검할 수 있는 기회로 삼고자 한다. 우선 국내 미국 정치 연구에 대한 기존의 평가를 정리한 후, 미국 정치 연구의 역사적 흐름과 축적된 연구결과를 살펴보기 위하여 150여 편의 저서와 주요 학술 저널의 연구논문을 분야별로 분석하고, 미국 정치 연구를 위한 학문공동체의 활동과 후속 연구자의 육성을 위한 교육의 문제를 다룬다.[4)]

2. 국내 미국 정치 연구에 대한 기존 평가

미국 정치 연구를 평가하는 기준은 개인의 주관적 관점에 따라 다양하다. 연구정향, 연구성과의 질적·양적 수준, 연구범주의 다양성과 전문성, 정체성 확립 등의 기준에 따라 평가할 수 있다. 미국 정치 연구뿐만 아니라 미국 전반에 대한 학문적 연구에 대한 기존 평가는 대체로 비판적이다. 비판적인 평가는 연구 진전을 위한 채찍으로 받아들일 수도 있으나 실제의 연구성과보다 가혹한 수준의 평가는 오히려 연구의 열망을 억누를 수 있다. 그러나 연구자의 입장에서 중요한 것은 비판적 평가에서 지적하는 연구 부진의 원인을 경청하는 일이다.

미국 정치 연구에 대한 기존 평가에서 공통적으로 지적하고 있는 문제는 연구의 독자성 미확보, 협소한 연구대상, 연구자의 쏠림현상 등이다. 한국의 정치학이 미국의 영향을 강하게 받아왔고 미국학 연구 자체가 미국 학자들에 의해 주도되어 온 점을 감안하면 한국적 시각에서 미국 정치 연구를 시도하는 것이 어려운 작업이었음에 틀림없다. 미국에서 훈련받은 정치학자들이 주류를 이루고 있는 정치학계에서 미국 정치 연구 역시 예외일 수 없다. 미국 정치학 정향의 영향을 강하게 받은 이유 중 가장 두드러지는 것이 박사학위 취득의 미국 쏠림현상이다. 1970년대 이후 미국 이외의 국가에서 박사학위를 취득하는 경향이 확산되고 있으나 아직도 미국 정치학의 영향력은 지대하다.[5]

연구대상에 있어서도 미국 정치체제와 정치과정에 대한 연구성과가 크게 부각되지 못한 상황에서 미국 외교정책과 한미관계에 대한 연구는 활발하다. 미국 관련 논문 중 60-70%의 논문은 미국의 국제관계, 미국의 동아시아 정책, 미국과 한반도, 한미동맹 등에 치우쳐 있다. 냉전체제에서 미국의 외교정책은 한국의 국익, 특히 안보에 직접적인 영향을 끼쳤기에 이에 대한 연구가 우선되었다. 미국의 정치과정에 대한 연구가 부족한 이유로 관심 부족과 자료 확보의 어려움을 지적할 수 있다. 학문의 사회적 필요성 측면에서 우리나라는 민주적 절차에 대한 학문적 요구가 오랜 기간 동안 수면 아래로 내려앉아 있었다. 권위주의 정권 하에서는 민주적 절차보다는 효율을 극대화하는 연구가 각광을 받았다. 그러나 이러한 경향은 1980년대를 기점으로 전환되고 있음을 감지할 수 있다.[6] 민주화 과정을 거치면서 정치과정의 제도화와 투명성 제고에 대한 관심이 높아졌으며, 미국 정치제도와 과정에 대한 실증적 연구가 필요해졌다. 또한 컴퓨터와 정보통신기술 체계의 발달로 미국 정치와 관련한 자료를 용이하게 확보할 수 있게 되었다.

미국 정치 연구의 걸림돌로 지적되고 있는 것이 학제간(interdisciplinary) 연구의 부족이다. 미국 정치 연구는 지역연구의 속성을 지니고 있어 세분화된 학문분야를 뛰어넘어 총체적이며 학제적 연구의 틀 속에서 발전해야 한다는 지적이다. 학제간 연구가 초보적 단계에 머물고 있는 이유로 학문분야의 이기성과 소통 부재를 들 수 있다. 이러한 문제를 해결하지 못한 상황에서 미국학을 위한 학제적 연구는 단순히 여러 학문분야를 총합하는 것이 아니라 새로운 학문의 브랜드를 만드는 것이 필요하다는 주장이 제기되어 많은 국내외 미국 정치 연구자들을 더욱 혼란스럽게 하고 있다.[7]

II. 분야별 연구성과 분석

1. 미국 정치 일반

해방 이후 한국의 정치체제는 미국식 민주정체로 정립되었고, 미국이 국제정치질서에서 강국으로 등장함에 따라 미국은 한국의 이상적 모델 국가였다. 따라서 미국 정치제도에 대한 관심은 정부수립 이후부터 현재까지 지속되어 오고 있다. 해방 이후 1950년대에는 초기 미국 정치제도가 번역 등을 통해 소개되는 수준에 머물렀다. 1952년 신도성의 『민주정치의 기초이론』(대양출판사)에서 여러 정부형태를 소개하는 가운데 미국 민주정치의 전개과정과 미국 대통령제의 본질을 서술하였으며, 1955년 미국 국무성에서 펴낸 『미국의 헌법과 정치』를 김회한이 번역하여 미국 정치를 소개했다. 미국 정치를 본격적으로 소개했다기보다는 근대 미국 정치사의 일환으로, 또는 각국 정부형태를 서술하는 책의 일부에서 미국의 정치체제를 설명하고 있다. 1950년대 말에 들어서 코일(David Cushman Coyle), 루벨(Samuel Lubell)의 미국 정치 관련 전문서적이 번역되어 연구자들의 지적 호기심을 자극했다.

1960년 문창주의 『미국정치제도론』, 1969년 강주진의 『미국정당정치연구』가 출간되었을 뿐, 그 외의 미국 정치 연구 서적은 번역이 주류를 이루었다. 학문적 연구성과라기보다는 미국 정치를 단편적으로 소개하는 정도였다. 1970년대 중반에 들어서 비로소 체계적인 미국 정치 교과서가 출간되기 시작했다. 최명의 『미국 정치론』과 유해종 · 김세진의 『미국의 정치와 사회』를 기점으로 다양한 미국 정치 교과서가 출간되었다. 1980년대에 들어서면서 좀더 다양한 미국 정치 교과서가 출간되기 시작하였고, 기존 교과서의 증보판이 이어져오고 있다(최명 1975 ; 유해종 · 김세진 1976).

서정갑은 미국 정치 교과서인 『부조화의 정치 : 미국의 경험』에서 미국의 역사적인 배경에 대한 논의를 풍부히 담고 있으며, 특히 여러 대법원 판례도 다루고 있다. 저자는 미국 정치의 특성을 부조화 속의 조화로 보고 있다. 서정갑은 후속 저술에서 여러 연구자들과 함께 미국 정치를 어떤 시각에서 어떤 모형으로 관찰하는 것이 적절하며 통찰력을 제공해 주는가 하는 문제에 집중하여 미국 정치 연구의 전통적 패러다임을 성리하고 있다. 최명은 미국 정치 연구가 정치학 연구의 본원적 목표와 함께 실용주의적 필요성에 의해 발전해 왔음을 직시하고 미국 공화정의 성립, 연방헌법과 연방제도 등 미국 정치의 기초와 여론, 미국의 투표행태, 이익집단, 정당 등 미국 정치과정, 대통령 · 의회 · 법원 등 미국의 정치제도를 다루고 있으며, 시민의 자유와 시민권, 법 앞의 평등 등 기본권의 문제를 포괄적으로 논하고 있다. 최명과 백창재가 함께 집필한 『현대 미국 정치의 이해』에서는 미국 정치의 제도가 갖는 구체적인 내용과 특성에 덧붙여 정치제도가 만들어지고 변화되어 온 과정, 즉 건국 당시 다양한 정치제도들은 어떻게 탄생하게 되었으며 지난 2백여 년 간 어떠한 진화과정을 겪게 되었는가를 설명하고 있다(서정갑 1989 ; 서정갑 외 1994 ; 최명 · 백창재 2000).

2000년대 미국 정치에 대한 관심은 기존의 미국 정치 소개 수준을 넘어서 특정 시각을 강조하거나 특정 이슈에 초점을 맞추어 미국 정치현상을 설명하려는 노력이 보인다. 1990년대 중반부터 연구발표회, 번역서 출간, 미국 학자 초청 강연회 등 왕성한 활동을 통해 미국 정치 연구를 축적해 온 미국정치연구회는 2003년 한국적 시각으로 미국 정치를 분석한 연구서를 출간했다. 극단적인 친미나 반미를 배격하고 냉철한 입장에서 미국에 대한 균형 잡힌 시각을 갖는 것이 중요하다는 점과 기존의 미국 정치학자들이 지니고 있는 편견을 극복해야 한다는 점을 강조하고 있다. 이 저술은 미국 정치의 다양한 측면을 다양한 접근방법에 입각해 다룬 논문들로 구성되어 있다. 일반성에 주안점을 둔 글과 구체성을 중시한 글이 공존하며, 거시적 추세를 탐구한 글과 미시적 행태를 분석한 연구 간의 균형도 이루어져 있다. 계량적 자료에 의한 엄밀한 경험분석에 주력한 글이 있는가 하면 소수의 사례에 대한 풍부한 질적 해석에 천착한 글도 있다. 다양하고 때로는 상반된 시각들이 교차하지만 다양한 논문들이 하나로 묶여짐으로써 미국 정치에 대한 포괄적이고 종합적인 이해를 이끌고 있다.

미국정치연구회는 2008년 미국 사회의 양극화를 주제로 미국 정치를 분석한 책을 출간했다. 1980년대 이후 20년간 미국 정치의 가장 두드러진 특징이 양극화의 심화라고 규정하고 미국 유권자들의 정당 일체감이 강화되고 민주-공화 양당 간 이념적 간극이 커짐에 따라 미국 정치과정 전반에 걸쳐 대립과 갈등이 심화되어 왔다고 분석한다. 미국 정치의 양극화가 미국 사회의 균열구조나 대립 양상을 그대로 반영한 것인지, 아니면 정치 엘리트들에 의해 전략적으로 이용되어 사회로 확산되어 나온 것인지와 같은 보다 근본적인 문제를 제기한다(미국정치연구회 2003, 2008 ; 박찬욱 · 이현우 2004).

박찬욱과 이현우는 미국이 민주정치를 실현하기 위해 지속적으로 정치개혁과 사회개혁을 하고 있다는 관점에서 개혁을 위한 시민사회의 역할과 그 철학적 기반을 평가하고, 대통령과 행정부, 의회, 정당, 선거제도, 정치자금, 소수자 보호에 관련된 각종 개혁을 체계적으로 분석한다. 미국 정치의 역사성과 역동성, 정치의 이념 · 제도 · 과정 및 정책을 복합적으로 설명하고 이해하려는 시도라고 할 수 있다.

미국 정치의 이해를 위해 건국의 바탕을 이룬 저작을 번역하여 소개하고 인물과 사상을 다룬 연구논문이 나타나고 있으며, 미국 정치의 당면한 문제를 미국의 다양한 분야의 저자들이 펴낸 글도 소개되고 있다.[8] 김동영이 옮긴 『페더랄리스트 페이퍼』는 독립선언문 그리고 헌법과 함께 미국 정치사에 있어 가장 신성한 글로서, 미국 연방대법원이 헌법의 해석을 위해 인용하는 가장 권위 있는 주석서이기도 하다. 특히 이 책은 미국의 정치사상과 미국 정치의 메커니즘을 이해하는 데 필독서이며, 미국의 역사를 이해하는 데도 가장 중요한 참고자료의 하나이다. 또한 이 책은 민주주의와 자유, 국가와 개인의 문제 등 현대의 정치사상을 이해하는 심오한 정치사상서이자 정교한 정치이론서임에 틀림없다. 손병권은 『연방주의자들의 논고』에 나타난 매디슨의 이념을 그의 저작을 중심으로 탐구하여 정부의 폭정과 구별되는 사회적 폭정은 바로 다수 분파에 의한 폭정이었으며, 이 문제를 해결하기 위해 연방정부의 창설을 주장했음을 밝힌다. 주정부를 넘어선 창설된 연방정부 역시 정치적 폭정에 빠지지 않게 하기 위해서 권력분립의 필요성과 연방의 분권화를 주장하였다고 서술한다.

2. 선거/투표행태

미국 정치의 실증적 분석으로 가장 활발한 분야가 선거와 투표행태 연구다.

미국 정치는 결국 선거로 귀착되며, 미국 정치 연구의 꽃은 선거 연구라는 주장과 같이 선거와 투표행태 연구에 많은 연구자들이 투신하고 있다. 타정치학 분야는 물론 주변 학문의 관심이 높은 분야임에 틀림없다. 미국 선거와 투표행태에 대한 국내의 연구는 아직 체계적으로 축적되고 있지는 않지만 다양성과 전문성을 확보해 나가는 단계에 진입하고 있다. 미국 정치 일반에서 논의하고 있는 선거제도와 일반적 투표행위에 대한 소개를 뛰어넘어 실증적 연구의 토대를 구축하고 있다. 의회 선거와 대통령 선거는 물론 주정부, 지방정부의 선거와 예비선거에 대한 연구물이 생산되고 있으며, 참여관찰을 통한 연구도 진행되고 있다.

미국 대통령 선거를 국내 연구자들이 분석하여 펴낸 저술로서는 『2000년 미국 대선』(오름, 2001)을 들 수 있다. 2000년 대선에 나타난 미국 유권자의 투표형태를 다양한 각도에서 분석하고 있으며, 미국 대선에서 불거진 민주주의의 여러 쟁점을 미국의 정치제도와 연관시켜 분석하고, 선거결과의 특성이 향후 미국 정치의 거버넌스에 어떠한 영향을 끼치게 될 것인가를 탐구하고 있다. 또한 책의 말미에는 미국 대통령 선거에 관한 여러 자료를 부록으로 삽입하여 후속 연구자들에게 제공하고 있다. 필자들은 2000년 미국 대선결과가 미국 정치의 급격한 변화나 민주주의의 위기를 반영하거나 초래한다고 단언할 수 없다고 주장한다. 선거를 통해 나타난 표피적 특이성을 미국 사회의 근원적 변화나 위기로 성급히 동일시해선 곤란하다는 데 의견을 같이 한다(손병권 · 신유섭 · 이현우 · 임성호 2001).

미국의 대통령 선거를 문화적 쟁점과 연계하여 분석한 연구, 제3후보에 대한 지지투표를 분석한 연구 등 미시적 연구도 계속되고 있다. 서현진과 정진민은 낙태문제, 사형제도, 동성애자 문제 등 문화적 쟁점이 유권자들의 정당선택에 어떤 영향을 주고 있는지, 또한 문화적 쟁점에 근거한 정당 지지기반에 변화가 일고 있다면 어떤 유권자 집단이 그 변화의 중심세력인지를 경험적으로 분석한다. 필자들은 문화적 쟁점에 대한 보수적 태도와 보다 종교적인 유권자들을 보수정당과 연결시키는 가설 하에 1992-2004년 미국 대통령 선거자료(NES)를 분석한다. 유성진은 미국 정치의 제3후보 지지가 주류 정당의 정책과 그 후보들에 대한 반감의 표출이라는 전통적 주장을 극복하여, 부정적 인식(negativity)에 근거한 설명이 무당파 유권자들에게는 적절하지만 정당 일체감을 가진 유권자들의 제3후보 지지에 대해서는 적절한 설명방식이 아님을 지적한다. 부정적 인식에 대한 이론적 대안으로서 유성진은 대통령 후보에 대한 '상충적 태도' (ambivalent attitude)를 제시한다. 대통령 후보에 대한 상충적 태도는 해당 후보에 대한 유권자의 평가를 낮추고 제3후보에 대한 평가를 높이는 역할을 함으로써 후보자 선택을 더욱 어렵게 만든다. 또한 대통령 후보에 대한 상충적 태도가 제3후보에 대한 호의적 평가에 그치는 것이 아니라, 유권자의 후보자 선택에도 영향을 미치는 실질적인 변수임을 NES 자료(1980-2004)를 활용하여 경험적으로 검증한다[서현진·정진민 2006, 38(3) ; 유성진 2007].

투표행태를 분석한 학위논문도 주목할 필요가 있다. 김정기는 NES 자료를 사용하여 1984년에서 1992년에 이르는 미국 대통령 선거에서 유권자들의 사고체계 내의 정책공약 등 직접적인 투표선택 결정요소들의 최적효용함수를 분석하였다. 유권자들의 후보자들에 대한 상대적 정책 근접성, 후보자에 대한 상대적 감정지수, 정당에 대한 애당심, 후보자들에 대한 상대적인 자질평가 등이 유권자의 후보자 선택 결정에 영향을 미치는지를 시뮬레이션과 로짓 모델을 결합하여 검증하였다. 노규형은 의회 선거에서 유권자들의 어떤 종류의 결정전략을 사용하는지를 전통적인 기대효용이론(Expected Utility Theory)과 다른 대안인 전망이론(Prospect Theory)으로 설명한다. 기대효용이론이 유권자가 재임후보를 선호하고 위험회피적 선택행위를 한다고 가정하는 데 반해 전망이론은 유권자의 후보자에 대한 인식이 긍정적일 때만 위험회피적이며, 만약 두 후보자가 모두 부정적이라면 확실한 선택은 바람직하지 않으므로 도전자가 선호된다고 주장한다. 이러한 연구는 투표행태의 안정성이 담보되었을 때 적실성을 갖는 것이지만 우리나라 유권자의 투표행태 연구에도 도입될 수 있는 연구틀을 제공하고 있다(김정기 1996 ; 노규형 1985).

미국 중간 선거에 대한 연구도 본격화되고 있다. 가상준은 2006년 중간 선거에서 공화당이 30석의 의석을 상실한 것을 거시적 관점에서 대통령 지지율, 경제상황, 그리고 2004년 대통령 선거에서의 대통령의 득표율로 설명하고 있으며, 미시적 관점으로는 현역의원의 높은 재선율과 경합지역 선거구의 감소를 제시한다. 필자는 두 접근법이 상호 독립적이고 배타적이 아니라 의존적이며 연관성을 갖는다고 주장한다. 손병권은 2002년 하원 중간 선거의 선거구 재조정에 착안하여 선거구 수의 변동이 있었던 주들에서 공화당에 유리한 선거결과가 나타났음을 밝힌다. 그 요인으로 신설 선거구에서 공화당이 민주당보다 선전할 수 있었다는 점, 감소 선거구의 경우 민주당 선거구의 감소 숫자가 공화당의 선거구 감소 숫자보다 훨씬 많았다는 점, 선거구가 감소된 미시간, 오하이오, 펜실베니아주 등의 무현직 선거구 선거에서 공화당이 민주당의 기존 의석을 각각 2석씩 쟁취할 수 있었다는 점을 지적하였다[가상준 2007, 39(3) ; 5-36, 손병권 2003, 43(3), 361-384].

3. 의회/정당/이익집단

미국 정치과정의 주요 행위자인 의회, 정당, 그리고 이익집단에 대한 국내 연구는 우리나라의 정치상황과 맞물려 확산되고 있다. 민주화와 정치개혁의 상황변화로 정치학 연구에 있어 정치과정의 중요성을 인식하게 되었고, 대통령제의 모델격인 미국 정치과정에 대한 연구의 필요성이 커지게 되었다. 특히 의회와 정당 그리고 이익집단에 대한 연구수요가 급증하고 있다.

미국정치연구회는 미국 의회의 개혁 노력과 그 성과를 부각시킨 책을 번역하여 간접적으로 우리나라 의회개혁의 지침을 마련했다. 의회개혁을 바라보는 5가지 시각을 설정하고 그 시각에 따라 의회개혁이 어떻게 설명될 수 있는지를 제시하고 있다. 특히 의회조직에 관한 기존 이론과 맥락을 같이 하는 지역구 중심 시각, 정당적 시각, 제도적 시각 외에도 의원의 개인권력 시각, 여론중심 시각을 추가함으로써 의회개혁을 파악할 수 있는 다양한 관점을 제시하고 있다(로렌스 에반스 · 월터 올레스젝 2002).

저널리스트의 시각에서 미국 의회의 메커니즘을 파헤친 저술도 있다. 고도의 의회주의 국가인 미국에서 모든 중요한 사안이 의회에서 결정되고 있다는 사실은 충격일 수 있다. 송의달은 클린턴 대통령의 추문, 북한 및 코소보 문제 등을 미국 의회가 어떻게 다루고 있는가를 기자의 눈으로 사실적으로 서술하고 있다(송의달 2000).

학위논문은 성격상 구체적 문제의식을 부각시키고 있으며, 사례연구와 실증적 자료의 통계적 분석이 주류를 이룬다. 박경산은 의회 투표행태를 분석하면서 주요 무역법안을 대상으로 삼는다. 이익, 이데올로기, 그리고 제도라는 세 가지 변수가 시기에 따라 상대적으로 어떠한 영향력을 끼쳤는가를 분석한다. 손병권은 규칙위원회 장악의 조건을 공식화 모형(formal model), 사례연구 및 통계분석을 이용하여 검증한다(박경산 1991 ; 손병권 1997).

미국 정당 연구는 정당체계의 변화와 그 변화를 이끄는 요인 연구가 주류를 이룬다. 정당정치의 이념에 대한 연구도 활발하게 진행되고 있다. 특히 1980년대 이후의 보수주의에 대한 관심이 고조되면서 이에 대한 역서와 저술이 다수 출간되었다.

정진민은 몇 편의 연구논문을 통해 정당기반 재편에 중점을 두어 정당체계 변화를 설명한다. 1930년대에 형성되었던 미국의 뉴딜 정당체계가 전후 변화되어 온 과정과 그 원인을 규명하고, 특히 1990년대의 민주당 집권이 뉴딜 정당체계의 변화와 어떠한 연관성이 있는지를 분석한다. 대통령 선거와 의회 선거결과를 분석하여 유권자들의 정당 일체감 및 이념적 성향, 양당 지지자들의 일탈률, 세대요인 등이 정당체계 변화에 끼친 영향을 밝힌다. 유성진은 정당 지지기반의 재편에 관한 이론적 논의를 기반으로 미국의 기독교 우파가 적극적인 정치세력으로 등장하게 되는 과정과 공화당과의 연계를 통해 공화당 내부의 핵심 파벌로의 부상과정을 살펴본다. 가치갈등 이슈를 중심으로 한 기독교 우파의 전략변화가 보수적 종교세력뿐만 아니라 대중적 호소력을 획득하는 데 결정적인 역할을 하였으며, 이를 감지한 공화당 지도부가 선거전략에 적극적으로 활용해 결국 기독교 우파와 공화당과의 정치적 연계가 분명해졌다는 점을 밝힌다(정진민 1998 ; 정진민 2000 ; 유성진 2008).

정당정치의 이념성에 대한 연구는 미국 보수주의에 초점이 맞추어져 있다. 안병진은 스트라우스주의의 이념적 특징과 정치적 함의를 엘리트주의, 절대적 도덕관, 시민적 덕성관, 종교관, 공포와 힘 우선론으로 정리하여 이러한 사상체계가 어떻게 어빙 크리스톨 등의 신보수주의자들에게 수용되었는가에 주목한다. 신유섭은 미국의 전통 보수주의가 전통 자유주의 이외에도 자유주의와 대립하던 유럽의 전통 보수주의와 공화주의가 반영된 독특한 의미를 지니고 있음을 주장한다(안병진 2004 ; 신유섭 2007).

미국 이익집단정치 연구 역시 우리 사회의 다원성이 담보되고 시민사회가 발전하면서 활성화되기 시작했다. 이정희는 우리나라의 이익표출체계가 국가조합주의에서 다원주의로 전환되고 있는 상황과 연계하여 미국의 다원적 집단현상에 대한 이론적 논쟁을 밝히고 로비활동의 공개와 규제, 공익집단의 발전 등을 서술하고 있다. 학위논문으로는 최선근이 50개주 정부 차원에서 특정 이익집단이 타정치행위자에 비해 어떠한 영향력을 끼치고 있는가에 대한 실증적 자료를 바탕으로 분석하고 있으며, 김동영은 미국의사협회와 전국자동차판매업자협회의 지방분권적인 조직구조와 정치활동위원회 활동의 연계성을 분석하고 그들의 선거자금 기부활동이 미국의 대의민주주의에 미치는 영향을 규명한다(이정희 1994, 151-165 ; 최선근 1993 ; 김동영 1992). 신유섭은 이익집단이 정치자금 기부의 대상과 기부금액을 결정할 때 어떤 요인들을 고려하는가를 분석하면서 이익집단 활동이 대의제 민주주의에 대한 부정적인 영향을 끼치고 있는가를 고찰한다. 오경택은 미국 환경단체의 활동에 초점을 맞추어 지난 100년간의 미국 환경운동의 역사를 세 시기로 구분하여 환경단체의 영향력 행사방식을 규명한다. 특히 국제적인 지구온난화 레짐 형성에 관한 미국 정부의 정책결정 과정에서 환경운동단체가 기업단체들과 어떻게 경쟁적으로 영향력을 행사했으며, 1988년부터 1998년까지 미국의 지구온난화 정책이 일관성을 결여하게 된 원인을 밝히고 있다(신유섭 1999 ; 오경택 1999).

4. 정책결정 과정/정책 이슈

미국의 정책결정 과정에 대한 일반론적 논의는 교과서와 정치행위자를 다루는 저서와 논문에서 다루고 있으나 한편 특정 정책 이슈에 초점을 둔 연구가 주로 학위논문으로 생산되고 있다. 그 범주도 점차 넓어지는 추세이며, 연구방법에 있어서도 미국 연구자들에 비해 결코 뒤지지 않다고 평가할 수 있다. 임성호는 원자력 정책 관할권을 둘러싼 정치행태가 역사적으로 어떠한 요인들에 의해 결정되어 왔는지를 분석하여, 원자력 정책결정에서 제도적·이념적 요인들도 상당한 영향을 끼쳤지만 일반 선거구민들의 원자력 문제에 대한 관심도가 가장 결정적인 영향을 끼쳤다고 밝힌다. 강주현은 1983-2005년까지의 미국 주정부의 보육규제 자료 및 정치·경제·사회에 관한 종합적인 자료를 수집·분석하여 선거 경합도, 정당 파워, 그리고 이 두 요소 간의 상호작용이 보육정책에 어떻게 영향을 주고 있는지 밝힌다. 김혁은 사회혼란을 유발하는 폭력이 어떠한 공공정책을 산출시켰는가를 분석하기 위해 153개 미국 주요 도시의 폭력 관련 자료와 정책을 수집·분석하여 정부 지출부문의 정책은 물론 비재정부문의 정책에 미친 영향도 평가하였다(임성호 1995 ; 강주현 2007 ; 김혁 1993).

9·11사건 이후 미국 사회의 변화에 대한 정치학자들의 관심도 높아지고 있다. 정치적 관용과 소수인종집단의 문제, 이민법 개정과정에 대한 연구는 물론 정보체계의 변화도 연구대상으로 삼고 있다. 강주현은 9·11 테러리스트 공격 이후 국가안보에 대한 요구의 증폭으로 특정 민족·인종집단에 대한 정치적 관용도가 낮아졌는지 분석한다. 특정 인종집단을 대상으로 가상적인 국가안보법에

대한 실험(experiment)방법을 사용하여 검증을 시도한다. 신유섭은 정보기구 통제를 위해 미국 정부가 취해온 정책의 특징 및 안건에 대해 살펴보면서 2005년 국가정보국장실(Office of the Director of National Intelligence)의 신설을 통해 관찰되고 있는 미국 정보계 개혁의 특징 및 그 의미와 문제점을 논한다. 김희강 외 연구자들은 2007년 6월 상원에서 논의된 이민법 개정안을 중심으로 미국 이민정책의 현황과 쟁점, 개혁안의 특징적 담론, 그리고 이러한 이민정책 개혁안이 다원주의에 던져주는 함의를 분석한다. 이민문제를 둘러싼 논쟁은 '안보 담론'과 '능력 담론'의 틀 속에서 불법체류자 사면, 미국 경제에 대한 공헌 평가, 이민허용의 기준, 국내 안보문제 등에 대해 관련 집단 간 기회주의적 세력 연합의 형성과 부침의 결과로 파악하고 있다[강주현 2007 ; 신유섭 2005 ; 유성진 · 김희강 · 손병권 2007 ; 39(3) : 139−172].

미국의 연방예산 과정에 대한 국내 학자들의 연구는 활발하지 못한 상황이며, 국회 법제예산실에서 번역하여 펴낸 책이 예산과정의 역동성을 보여준다. 대통령의 예산안 편성으로 시작되어 의회의 예산 관련 입법, 행정부의 집행, 그리고 의회 소속인 회계감사원(GAO)의 예산집행에 대한 직무 및 회계감사로 종결되는 미국 연방예산 과정을 잘 설명하고 있다. 예산 관련 권한과 역할을 수많은 참여자들에게 분산시켜 놓은 분권주의와 수많은 참여자들이 파국적인 갈등과 혼란을 양산하지 아니하고 각자의 방식으로 일함으로써 합의에 도달할 수 있도록 고안된 갈등 여과방식을 보여준다[미의회조사국(CRS) 1991].

5. 외교정책/한미관계

미국의 외교정책과 한미관계에 대한 연구를 미국 정치 연구 영역으로 보아야 하는지, 아니면 국제정치 영역으로 분류해야 하는지는 여전히 논쟁의 대상이다. 많은 국내 학자들이 미국 정치에 관심을 갖는 이유는 결국 미국의 외교정책,

그 중에서도 대한(對韓)정책과 대동아시아(對東亞世亞) 정책이 우리나라의 국익과 직결되어 있기 때문이다. 미국의 정체제도와 정치과정에 대한 연구에 앞서 우선 필요했던 부분이 바로 미국의 대한(對韓)정책에 대한 이해였고, 이러한 필요성에 의해 많은 저서와 연구논문, 학위논문이 생산되었다. 이 글에서는 국내 미국 정치 연구자의 미국 외교정책에 대한 연구성과 중 비교외교정책의 성격을 지닌 부분을 중심으로 논의를 전개한다.

가장 활발한 연구의 대상은 한미관계에 대한 역사적 고찰이다. 통사적 연구, 특정 시기의 한미관계, 새로운 시각에서 조망하는 한미관계 등이 주류를 이룬다. 구영록과 서대숙은 100년간의 한미관계사를 펴내면서 미국에 대한 이미지의 변화, 한미동맹의 중요성 등을 서술하고 있다. 동덕모는 조선시대 이후 1980년대까지의 기간 동안 미국의 대한정책을 서술하면서 조선시대와 대한제국 시기 미국의 대한정책, 1882년의 한미조약의 성립배경과 내용, 청일전쟁, 한국전쟁의 발발, 1970년대의 주한미군 철수, 그리고 1980년대의 한미관계를 분석하고 있다. 정용석은 1845년에서 1942에 이르는 시기를 대미종속기로, 1943년에서 1980년까지의 대한정책을 태평양 안보정책의 일환으로 분석하면서 전후 공화당의 정책이 한국에 끼친 영향과 카터 대통령의 대한(對韓)정책과 주한미군 철수문제를 다룬다(구영록 · 서대숙 1984 ; 동덕모 1990 ; 정용석 1982).

특정 시기에 초점을 맞추어 심층적 분석을 시도한 연구도 많다. 박일근은 미국의 대조선 외교정책의 변화와 1882년 한미수호조약이 체결될 때까지 한반도 개국정책의 역사를 사료에 근거하여 기술하고 분석한다. 김기정은 미국이 1882년에 한국의 독립을 인정한 최초의 서구 국가였으나, 1904-1905년 러일전쟁에서 일본이 승리한 후 한국과의 관계를 난절한 원인을 구조적 요건 등으로 실명한다. 김철범은 해방 이후 미군 철수과정을 분석하면서 트루먼 대통령이 국무부와 전쟁성, 군부지도자들에게 실질적 권한을 위임하고 그들이 결정할 수 있게 해주었다는 사실과 한국문제가 최고 지도가가 아닌 중간서열 관료들의 관심사였다는 점에서 관료정치 모델의 유용성을 강조한다. 옥태환은 코리아게이트, 인권문제 등으로 인한 미국 내 한국 비판 여론과 베트남전 패배로 인한 주한미군 철수 주장을 배경으로 카터 대통령이 주한미군의 단계적 철수를 추진하다가 결국은 철회하는 과정을 분석한다(박일근 1981 ; 김기정 1989 ; 김철범 1984 ; 옥태환 1990).

특정 이론과 모델을 적용하여 미국의 외교정책과 한미관계를 분석하려는 노력도 지속되고 있다. 한미관계를 후견국-피후견국 관계(Patron-Client State Relationship), 상호 의존관계, 종속관계 등으로 파악하고 있다. 김동수는 1953년 아이젠하워 행정부부터 1954년 여름 제네바회의까지 한미관계를 강대국과 약소국 관계로 분석하면서 약소국이 강대국의 정책을 변화시키는 것은 어려운 일이며, 양자 간의 이해가 일치하는 상황에서만 가능하다는 점을 지적한다. 신욱희 역시 한미관계를 후견국-피후견국 관계로 인식하면서 냉전이 진화하는 과정에서 동북아시아 국가의 경제적 변화와 국가관계가 한국에 어떠한 영향을 주었는지 1940-1960년대 한국의 경우를 중심으로 분석한다. 한명화와 강호양은 학위논문에서 전후 40년의 한미관계를 정치경제학적 시각에서 분석하고 있으며, 시기에 따른 특징과 적용이론의 적실성을 제시하고 있다. 한명화는 1940년대와 1950년대 한미 외교안보 관계를 설명하는 데에는 현실주의 이론, 1960년대와 1970년대 한미 경제관계의 설명은 종속이론, 그리고 1980년대 이후 한미 무역관계의 인적 및 물적 교류의 증대현상을 설명하는 데에는 상호 의존론이 적절하다고 주장한다. 강호양은 40년간의 한미관계를 국제정치경제학적 관점에서 고찰하여 1945-1961년 시기는 후견국-피후견국의 관계로, 1962-1971년 시기는 전환기적 쌍무관계로, 1972년 이후의 시기는 상호 의존관계로 설명하고 있다(김동수 1985 ; 신욱희 1993 ; 한명화 1986 ; 강호양 1988).

한미관계의 특성상 안보와 동맹에 관한 저술은 풍부한 편이다. 미국의 군사전략, 동북아정책, 상호 방위조약, 동맹체계 등의 포괄적이며 전통적인 논의와 함께 특정 이슈와 부문에 대한 연구가 활발하게 이루어지고 있다.[9] 특히 한미관계의 재정립의 관점에서 불거지고 있는 방위분담금, 작전지휘권, 반미감정에 대한 연구도 증폭되고 있다.

안정애는 한국군 창군과정에서 주한미군사고문단이 어떠한 기능을 담당했는가를 규명하고 있다. 주한미군사고문단의 설립배경과 함께 조직, 운영, 기능을 평가한다. 정도웅은 최근 공개된 미국 정부 문서를 사용해 1945–1950년 남한 무장병력 창설에 대한 미국 개입을 분석하여 토착경찰의 창설과 무장병력으로의 전환 등을 다루고 있다. 현인택은 동아시아 동맹관계의 핵심 부분인 방위비 지출에서 미국이 행사하는 방위비 부담 공유의 압력이 어떠한가를 한국과 일본의 국방비 정책의 비교 연구를 통해 규명한다(안정애 1996 ; 정도웅 · 현인택 1990).

한편 한미갈등과 반미에 대한 학술적 연구도 계속되고 있다. 문창극은 한미갈등의 역사를 정치 · 안보 · 경제 · 인권분야 등으로 나누어 그것이 해방 이후 어떻게 전개되어 왔는지 살핀다. 정치분야는 자유당 붕괴와 4 · 19혁명, 5 · 16 군사쿠데타, 12 · 12사태와 1980년 광주 민주화 운동을 중심으로, 안보분야는 한미 상호 방위조약의 체결과정과 1970년대 주한미군 철수과정을 중심으로 분석한다. 김덕환은 반미주의의 감정적 · 사회심리적 기초를 분석하여 반미주의는 수치심에 기초한 분노이며, 미국이 아니라 부정적인 자신의 이미지에 대한 분노와 수구적 정부에 대한 반발에서 시작되었다고 규정한다. 이정희와 주미영은 한국 대학생들이 주한미군과 남북통일, 미국의 통상정책, 북미관계와 미국의 국제정치적 역할 등에 대해 어떠한 인식을 지니고 있는가를 조사하여 대학생들의 반미정서는 한국의 정치 · 경제적 발전에 따른 자연적 현상이며, 급진적 반미는 광주 민주화 운동의 여파라고 주장한다(문창극 1994 ; 김덕환 1994 ; 이정희 · 주미영 1996).

한미관계의 경제적 상호 의존성과 관련하여 통상정책에 대한 연구도 이루어지고 있다. 김민전은 1934년부터 1988년까지 미하원에서 행해진 통상 관련 투표의 분석을 통하여 민주 · 공화 양당의 통상정책 변화와 그 원인을 설명하고 있다. 양당의 정책적 입장의 전도는 통상문제에 대한 정치적 관심이 감소하는 가운데 진행되어 왔으며, 대통령의 당적 변화, 정당 지지기반의 변화, 그리고 지역별 수입 민감성의 변화와 연관되어 있음을 밝힌다. 백창재는 1988년의 "Omnibus Trade and Competitiveness Act"의 슈퍼 301조의 입법과 시행을 검토함으로써 국가와 사회적 행위자의 관계, 행정부와 의회의 역할을 밝히고 있다. 슈퍼 301조가 미국 국내 정치의 다양한 행위자들의 동기, 선호, 전략에 의하여 입법 시행되었다고 주장한다. 이정희는 미국이 제2차 세계대전 이후 국제정치와 세계경제의 중심지로 등장하였으며, 미국의 제반정책이 타국의 정치·경제상황에 큰 영향을 미치게 됨에 따라 미국의 통상정책과 안보정책 결정에 영향력을 행사하려는 외국의 노력은 계속되고 있음에 주목하여 미국 내 외국 로비의 강도가 높아지고 그 로비활동의 영역이 확대되고 있음을 밝힌다(김민전 1994 ; 백창재 1993 ; 이정희 1988).

III. 학문공동체의 연구·교육기능과 한계

미국 정치 연구는 학회와 연구회, 대학의 연구소를 매개로 개인적·집단적으로 이루어져 왔다. 지역연구의 성격과 비교정치학의 한 분야라는 성격을 동시에 지니고 있기에 학문공동체 역시 유사한 성격을 갖고 있다. 정치학 분야의 학회로서는 한국정치학회와 한국국제정치학회, 그리고 한국세계지역학회에서 미국 정치 연구의 성과를 발표하고 토론하고 있으며, 각 학회의 학술지에 연구논문을 게재하고 있다. 그러나 미국 정치 연구에 대한 관심이 상대적으로 낮은 편이다.

미국 연구의 중심에 서 있는 학회로는 한국아메리카학회가 있다. 인문사회 분야의 교수 및 전문학자들을 회원으로 1965년 5월에 창설되었으며, 학제간 방법을 통한 미국과 미국 문화의 연구와 이해를 주목적으로 하고 있다. 현재 약 500여 명의 회원으로 구성되어 있으며, 연간 주요 활동으로 "미국학 국제학술대회", "대학원생 워크샵", "목요강좌" 등의 대행사를 개최한다. 미국학 국제학술대회는 1966년 "미국의 대중문화"라는 주제로 제1회 대회가 열린 이후 지금까지 매년 열리고 있으며, 대학원생 워크샵은 1976년 "미국학 단기 세미나"라는 명칭으로 수유리 아카데미하우스에서 제1회가 개최된 후 5회까지 계속되었다가 1986년 "대학원생을 위한 미국학 워크샵"으로 개칭되어 지금까지 계속되면서 학문 후속세대인 대학원생들로 하여금 미국 및 미국학에 대한 관심을 갖게 하는 데 기여하고 있다. 미국학 목요 공개강좌는 1978년 미국공보원 강당에서 "미국의 가치"라는 주제로 처음 시작되었으며, 현재까지 인기 있는 공개강연 시리즈로 자리매김하고 있다. 한국아메리카학회에서 미국 정치 연구의 비중은 구성원의 비율이나 주제 선정의 차원에서 높은 편은 아니지만 학제간 교류의 측면에서 큰 의미를 갖는다.[10)]

미국 정치 연구자들의 연구모임인 미국정치연구회가 1996년 9월 발족되어 활발한 연구활동을 펼치고 있다. 월 1회 미국 정치와 관련된 주제로 연구모임을 지속하고 있으며, 미국 정치 관련 연구로 학위를 취득한 신진학자들이 학계에 입문하는 곳으로 인식하고 있다. 미국정치연구회는 수시로 독자적인 학술회의를 개최하며, 관련 학회에 패널을 구성하여 참여하기도 한다. 지난 10년간 여섯 권의 단행본을 출간하여 미국 정치 연구의 위상을 높이고 후속 연구자들에게 수준 높은 자료를 제공하고 있다.[11)]

대학연구소로는 서울대학교의 미국학연구소와 한국외국어대학교의 영미연구소가 미국 정치 연구의 주도적인 역할을 하고 있다. 서울대학교 미국학연구소는 미국의 정치, 경제, 사회, 문화 등 제반 분야를 종합적으로 연구하기 위해 1976년에 설립되었다. 학제적 접근방법을 통해 미국 문화를 탐구하여 미국 연구를 선도하고 있다. 특히 중장기적으로는 미국의 거버넌스와 문화의 쟁점들을 분석하고 미국의 학문, 제도, 문화가 한국에 미친 영향을 연구한다.[12)] 한국외국어대학교 북미연구소는 1993년 설립되어 미국과 캐나다 등 북미지역 연구의 중심 대상으로 삼았으며, 2003년 연구분야를 확대하여 21세기의 요구에 부응하고자 영미연구소로 확대 개편하였다. 영미연구소는 북미지역과 영국의 정치, 경제, 문화를 체계적으로 고찰하고 있다. 또한 지역에 대한 각종 정보를 수집 정리하여 산학협력을 꾀하고 있다. 정기적으로 세미나를 개최하고 있으며, 학술지 『영미연구』를 발간하고 있다.

미국 정치 연구의 후속세대를 양성하는 것은 연구활동에 못지않게 중요하다. 학부 차원에서 미국에 대한 기본적 지식과 지적 호기심을 자극하고 대학원에서 미국 지역 연구를 심화시킬 수 있는 프로그램이 마련되어 있으나 외국의 경우와 비교하면 만족스러운 수준은 아니다. 일부 대학교 학부에 정식으로 미국학과 또는 미국학 연계 전공을 설치하고 있으며, 또한 국제대학원과 일반대학원의 영문과 등에서 지역연구의 개념으로 미국학 석사학위 과정을 개설하고 있다. 학부의 미국학 전공 프로그램은 언어, 문화, 지역학의 기반으로 정치부분을 강의하고 있다. 9개의 학부 미국학 전공과 미국학과에서 공통적으로 제공하고 있는 미국 정치 관련 과목을 정리해 보면 10개 정도로 간추릴 수 있다.[13] 전국 대학의 규모나 학과와 전공의 범주를 고려한다면 미국 정치와 미국 지역연구에 대한 강의 개설은 미미한 상황이다.

대학원 수준에서 미국 정치를 연구할 수 있는 여지는 상대적으로 넓은 편이다. 지역연구로서의 미국학을 전공할 수 있는 국제대학원은 4개 대학에 설치되어 있으며, 대부분의 대학원 정치외교학과에서 미국 정치학을 전공할 수 있다. 그러나 국제대학원에서 개설하고 있는 미국 정치 관련 과목은 극히 제한되어 있는 상황이며, 일반대학원 정치외교학과에서 실제로 개설하고 있는 과목도 협소한 편이다.[14]

한편 미국 정치 연구 후속세대의 연구를 촉진하기 위하여 관련 학회에서 대학원생 패널을 구성하고 있으며, 앞서 서술한 바와 같이 한국아메리카학회는 매년 대학원생 워크샵을 개최하고 있다.[15]

IV. 미국 정치 연구의 과제

미국 국내 미국 정치 연구에 대한 기존의 평가와 현 시점까지 축적한 연구성과, 그리고 학문공동체의 현황을 견주어 보면 앞으로 미국 정치 연구가 나아가야 할 방향을 가늠할 수 있다. 미국 정치 연구의 기반이 취약하고 연구의 대상이 협소하며 불균형적이라는 지적, 그리고 독자적이며 자아준거적 미국 정치 연구가 이루어지지 못했다는 기존의 비판에 대해 강한 반론을 내세우기는 아직 어렵다. 그러나 1990년대 이후 연구성과와 학문공동체의 움직임을 살펴보면 현 수준의 미국 정치 연구는 결코 실망할 단계는 아니며, 오히려 더욱 발전시킬 수 있는 계기로 삼을 수 있는 단계이다. 따라서 구조적인 한계점을 넘어서기 어렵다 할지라도 우리 학계가 지니고 있는 역량을 투입한다면 미국 정치 연구가 더욱 활성화될 것이다.

우선 미국 연구의 사회적 수요가 점차 증가될 것이다. 외교정책이나 한미관계에 대한 연구로부터 미국의 정치과정 전반에 대한 관심으로 확장되고 있으며, 보다 실증적 연구결과가 필요해진다. 우리나라의 정치발전과 더불어 이러한 필요성은 더욱 커질 것이다. 과거 미국 사회에 대한 피상적 이해로부터 현실적 이해의 필요성 커지고 있기에 학문적 요구와 함께 사회적 요구도 커질 것이다.

또한 국내 정치학 연구의 역량은 지난 20년간 확장되었다. 1980년대 이후 한국 정치학은 연구방법 및 이론 등에서 크게 발전했고, 그 결과 더욱 다양하고 많은 연구결과를 생산했다. 연구의 영역은 확장되고 정치학자들은 더 좁고 특정한 하위영역으로 연구를 심화시켰다. 인식체계가 넓어짐에 따라 권력구조, 선거, 의회, 정당, 이익집단정치 등의 정치과정과 정치행위에 대한 연구가 증폭되었고, 이러한 추세는 미국의 정치과정과 제도에 관한 연구로 이어지고 있다. 아직 체계적으로 축적되고 있지는 않지만 다양성과 전문성을 확보해 나가는 단계에 진입하고 있으며, 실증적 연구의 토대를 구축하고 있다. 지방자치제도의 출범으로 지방분권과 연방제에 대한 관심이 높아지고 있으며, 헌법재판소의 정치적 행위에 대한 관심은 미국 사법제도의 연구로 이어질 것이다. 물론 한미관계, 미국의 외교정책, 동북아 질서의 연구도 계속될 것이다.

이러한 과정에서 정체성의 문제는 지속적인 과제로 남을 것이며, 미국의 문제를 우리의 인식과 시각으로 파악하려는 노력을 게을리하지 말아야 한다. 물론 한 국가의 정치상황을 우리의 시점에서 분석하고 규명한다는 것은 참으로 어려운 일이다. 정치현상은 그 사회의 문화와 역사, 경제와 사회, 과학기술의 발달과 같은 여러 측면이 복합적으로 나타나는 것이기에 단순한 척도나 분석틀을 갖고 한 국가의 정치를 규명하겠다는 것은 자칫 무모한 모험일 수 있다. 더욱이 외국 연구자의 입장에서 다른 나라의 정치를 분석하면서 부딪치는 인식의 벽은 비교연구의 여러 개념을 총동원해도 쉽사리 극복하기 어려운 경우가 많다. 미국 정치를 보편적 민주정치의 전형이라고 보기 이전에 한 사회의 특수한 정치현상으로 인식하고 이를 분석하는 것이 필요하다면 이러한 작업은 더욱 힘든 일일 수밖에 없다.

풍요 속의 빈곤으로 묘사되었던 미국 정치 연구는 앞으로 발전할 잠재성을 충분히 지니고 있다. 후속 연구자의 발굴과 지속적이며 체계적인 교육, 안정적 연구기반 조성이 전제조건이다.

참고문헌

가상준. 2007. "미시적·거시적 관점에서 본 2006 미국 중간선거." 『미국학논집』. 제39집 3호.

강주현. 2007. "Civil Liberties versus National Security : Political Tolerance in the United States in the post September 11 period." 『신아세아』.

_____. 2007. "선거 경합도와 정당파워가 정부정책에 미치는 영향에 대한 연구 : 미국 보육정책 분석을 중심으로." 『한국정치학회보』.

강호양. 1988. "전후 한미관계의 정치경제학적 연구 : 상호 의존 모델을 중심으로." 한양대학교.

구영록·서대숙 편. 1984. *Korea and the United States : A Century of Cooperation*. Honolulu : University of Hawaii Press.

권석우. 2005. "미국학(미국문화연구)의 역사적 전개과정에 대하여 : 패링턴으로부터 신화상징학파, 새로운 미국학에서 다문화주의에 이르기까지." 『미국학논집』 제37집 3호. 217–258.

김경일. 1996. "전후 미국에서 지역연구의 성립과 발전." 『국제지역연구』 제4권 1호. 1–21.

김기정. 1989. "Structural Conditions of the World–System and Foreign Policy–Making : A Study of United States Foreign Policy toward Korea, 1901–1905." The University of Connecticut.

김덕환. 1994. "Anti–Americanism in South Korea, 1945–1992 : A Struggle for Positive National Identity" (Ann Arbor : U. M. I.).

김동수. 1985. "U.S.–South Korea Relations in 1953–1954 : A Study of Patron–Client State Relationship." The University of Connecticut.

김동영. 1992. "Campaign Finance Decision Making and Strategies of Trade Association PACs : Two Case Studies." Georgetown University.

김민전. 1994. "U.S. Trade Policy and Party Politics in the House of Representatives, 1934–1988." University of Iowa.

김정기. 1996. "Utility Functions and Causality in U.S. Presidential Voting Decisions." University of Houston.

김정익. 1996. *The Future of the US–Republic of Korea Military Relationship*. New York : St. Mar-

tin's Press.
김철범. 1984. "U.S. Withdrawal Decision from South Korea, 1945–1949" (Ann Arbor : U. M. I.).
김혁. 1993. "Violences, Social Structure, and Municipal Policy Response." Northwestern University.
김현동. 1990. *Korea and the United States : The Evolving Transpacific Alliance in the 1960s*. Seoul : Research Center for Peace & Unification.
노규형. 1985. "Incumbency Effect and Congressional Voting Decisions." State University of New York at Stony Brook.
동덕모. 1990. 『미국외교정책과 한국』. 서울 : 법문사.
로렌스 에반스 · 월터 올레스젝 공저. 미국정치연구회 역. 2002. 『위기의 미국 의회 : 개혁정치의 허와 실』. 서울 : 오름.
로버트 디클레리코 · 알랜 하모크 편저. 박문갑 · 이준형 옮김. 1991. 『미국 민주정치의 이해』(*Point of View : Readings in American Government and Politics*). 서울 : 인간사랑.
문창극. 1994. 『한미 갈등의 해부』. 서울 : 나남.
미의회조사국(CRS) 국회사무처 법제예산실 역. 1991. 『미국의 연방예산과정』(*Manual on the Federal Budget Process*).
미국정치연구회 편. 2003. 『전환기 미국정치의 변화와 지속성』. 서울 : 오름.
______. 2008. 『미국정치의 분열과 통합 : 엘리트, 유권자, 이슈 양극화와 정치과정』. 오름.
미국학연구소. 1996. "미국사회의 지적 흐름에 관한 연구."
______. "21세기 미국의 역사적 전망에 관한 연구."
______. 2002. "현대 미국 소설과 희곡에 나타난 미국의 정체성과 소비자 문화 연구."
______. 2003. "미국의 문화와 거버넌스 : 쟁점과 과제."
______. 2007. "세계화에 대한 각국의 반응양상 및 대응전략–종합적 · 역사적 접근."
민만식. 1996. "미국 정치연구의 현황과 과제." 『현대 미국정치의 쟁점과 과제』. 서울 : 전예원.
박경산. 1991. "House Votes in Major Trade Bills : A Focus on Interests, Ideology, and Institutions." University of North Carolina at Chapel Hill.
박일근. 1981. 『미국의 개국정책과 한미외교관계』. 서울 : 일조각.
박찬욱, 이현우. 2004. 『미국의 정치개혁과 민주주의』. 서울 : 오름.
백광일. 1988. *Korea and the United States : A Study of the R. O. K.–U.S. Security Relationship within the Conceptual Framework of Alliances*. Seoul : Research Center for Peace & Unification.
백창재. 1998. "국내 미국연구의 현황과 과제." 이상섭 · 권태환 편. 『한국의 지역연구』. 서울 :

서울대학교출판부. 275–293.

______. 1993. "Politics of Super 301 : The Domestic Political Basis of U.S. Foreign Economic Policy." University of California at Berkeley.

서정갑. 1989. 『부조화의 정치 : 미국의 경험』. 서울 : 법문사.

서정갑 외. 1994. 『미국정치의 과정과 정책』. 서울 : 나남.

손병권. 1997. "Capturing the Rules Committee : The Rules Committee Enlargement Decision in 1961." University of Michigan.

______. 2003. "2002년 미국하원 중간선과와 공화당의 승리 : 공화당 승리에 대한 선거구 재조정의 영향을 중심으로." 『국제정치논총』 제43집 3호.

______. 2004. " '연방주의자 논고' 에 나타난 매디슨의 새로운 미국국가 : 광대한 공화국." 『국제지역연구』. 서울대학교 국제대학원.

손병권 · 신유섭 · 이현우 · 임성호. 2001. 『2000년 미국대선 : 민주주의의 위기인가』. 서울 : 오름.

송의달. 2000. 『세계를 움직이는 미국의회』. 서울 : 한울아카데미.

신욱희. 1993. *Dynamics of Patron–Client State Relations : The United States and Korean Political Economy in the Cold War*. Seoul : Institute of American Studies. Seoul National University.

신유섭. "근대 정치이념의 미국적 적용 : 건국 초기 문헌을 통해 본 미국의 전통 보수주의." 『한국정치학회보』 제41집 2호.

______. "Constituency Opinion and PAC Contribution : A Case of the National Abortion and Reproductive Rights Action League." *Public Choice*. vol. 118, no. 1–2.

______. "ODNI 창설을 통해 본 미국 정보계 개혁의 성격과 전망." 『국제정치논총』 제45집 3호.

안병진. 2004. "신보수주의의 이념적 뿌리와 정치적 함의 : 레오 스트라우스를 중심으로." 『한국정치학회보』.

안정애. 1996. "주한미군사고문단에 관한 연구 : 한국군 창군과정(1945–1950)에서의 역할 및 기능을 중심으로." 인하대학교.

알렉산더 해밀턴 · 제임스 매디슨 · 존 제이 저. 김동영 옮김. 1995. 『페더랄리스트 페이퍼』. 서울 : 한울.

오경택. 1990. "지구온난화 레짐형성에 관한 미국의 정책결정과정 연구 : 환경운동단체와 업계의 역할을 중심으로." 『한국정치학회보』 제33집 2호.

______. 1999. "미국 환경운동단체들의 발전 및 정치적 활동." 『국제정치논총』 제39집 1호.

옥태환. 1990. "President Carter's Korean Withdrawal Policy." Ann Arbor : U. M. I.

유성진. 2008. "미국정치 보수화의 한 단면 : 기독교 우파의 부상과 공화당 지지기반의 재편."

『국제정치논총』.
유성진 · 김희강 · 손병권. 2007. “2007년 미국 이민법 개정 논쟁 : 과정과 함의 그리고 미국의 다원주 의.” 『미국학논집』 第39집 3호. 139–172.
유해종 · 김세진. 1976. 『미국의 정치와 사회』. 서울 : 박영사.
이상섭 · 권태환 공편. 1998. 『한국의 지역연구 : 현황과 과제』. 서울 : 서울대학교출판부.
이정희. 1988. *Foreign Lobbying in American Politics*. 서울 : 서울대 미국학연구소.
______. 1994. “Interest Group Politics in the United States : Challenges and Responses.” *Journal of the American Studies Association of Korea*. vol. 25. 151–165.
이정희 · 주미영. 1996. “Korean College Students' Perception of the United States.” *Journal of the American Studies Association of Korea*. vol. 28, no. 2. 569–589.
이홍종. 2001. “지역연구로서의 미국정치 연구의 영역과 과제.” 『미국학논집』 제33권 1호. 273–289.
이현송. 2005. “미국 지역학의 개념과 교육 프로그램.”
임성호. 1995. “Jurisdictional Dynamics in Congress : The Case of Nuclear Power Policy.” Massachusetts Institute of Technology.
정도웅. “The Role of the U.S. ccupation in the Creation of South Korean Armed Forces, 1945–1950.” Kansas State University.
정상준. 1998. “미국학의 방법론과 실제.” 이상섭 · 권태환 편. 『한국의 지역연구』. 서울 : 서울대학교출판부. 569–586.
______. 2000. “지성사의 등장 : 패링턴.” 143–172. 『미국역사학의 역사 : 역사가를 통해 본 미국사 서술의 변 천』. 이보형 · 황혜성 공편. 서울 : 비봉.
정주호. 1982. 『한미안보정책론』. 서울 : 법문사
정진민. 1998. “전후 미국 정당기반 재편과 정당체계의 변화.” 『한국정치학회보』.
______. 2000. “1980년대 이후 미국정당정치의 변화 : 세대요인을 중심으로.” 『한국정치학회보』.
정연선. 2005. 『한국에서의 미국학』. 서울 : 한국외국어대학교출판부.
______. 1993. “포스트모던 시대의 미국학 : 다원론을 넘어서.” 『미국학논집』. 241–264.
정연선 외. 2005. 『한국에서의 미국학』. 서울 : 한국외국어대학교출판부.
정용석. 1982. 『미국의 대한정책 : 1846–1980』. 서울 : 일조각.
최명. 1975. 『미국정치론』. 서울 : 일신사.
최명 · 백창재. 2000. 『현대 미국정치의 이해』. 서울 : 서울대학교출판부.
최선근. 1993. “Special Interest Groups, Political Parties, and Economic Growth in the United States.” Purdue University.

한명화. 1986. "정치경제학적 시각에서 본 한미관계연구 : 1945–1985." 연세대학교.

현인택. 1990. "Between Compliance and Autonomy : American Pressure for Defense Burden–Sharing and Patterns of Defense Spending in Japan and South Korea." University of California.

Cecil F. Tate. 1973. *The Search for a Method in American Studies*. Minneapolis : University of Minnesota Press.

주

1 제2차 세계대전 중에 미국 정부의 주도로 지역연구를 지원하는 연구위원회들이 결성되었고, 각 위원회의 지역소위원회와 Smithsonian Institution이 협력하여 공동으로 Ethnogeographic Board를 구성하였다. 종전과 동시에 이 위원회는 발전적으로 해체되어 Exploratory Committee on World Area Research를 구성함으로써 명실상부한 지역연구의 전담기구가 탄생되었다. 그 후 사회과학연구협의회(SSRC)와 학술단체협의회(ACLS)가 공동으로 구성하는 10개(아프리카, 중국, 동유럽, 일본, 한국, 라틴아메리카, 중근동, 남아시아, 동남아시아, 서유럽)의 지역연구소위원회가 설치되었고, 이 위원회들은 포드 재단을 비롯한 10여 개의 재단들로부터 기금을 받아 지역연구를 심화시켰다

2 제2차 세계대전을 거치면서 미국은 정치·군사적으로 양극체제의 한 축을 담당하게 되었고, 그 후 지속된 미국의 경제적 풍요는 사회문화적 자의식의 발전으로 이어졌다. 미국학 연구자들은 미국 국민들의 긍지와 정체성 확립이라는 차원에서 미국 정신(American Mind)을 내세웠으며, 1950년대의 '미국 예외주의' (American exceptionalism)로 발전했다. 그러나 1960년대 미국 사회가 민권운동, 베트남 전쟁, 여성해방운동 등을 겪으면서 문화의 다양성과 정치사회의 지배구조에 관심을 갖게 되었다. 더 이상 통일되고 단일한 문화가 아니라 풍부한 하부 문화에 의해 미국은 새롭게 탄생할 수 있음을 인식하였다.

3 2000년도에서 2008년도까지 『한국정치학회보』에 실린 총 669편의 논문 중 미국 관련 논문은 59편이었으며, 『국제정치논총』에 실린 미국 관련 논문은 550편 중 76편이었다. 1960년에서 2008년까지 국내에서 25편의 박사학위 논문이 작성되었다. 이홍종, "지역연구로서의 미국 정치 연구의 영역과 과제," 『미국학논집』, 2001, 33권 1호 참조.

4 이 글을 작성하기 위해 참조한 서술을 모두 소개하지 못하였다. 모든 저작들이 각 분야에 공헌한 바 있으나 지면의 제약으로 일부 저술을 중심으로 경향성을 파악하였음을 밝힌다.

5 민만식 교수의 분석에 의하면 1962년에 거의 없다시피 하던 미국 정치학 박사학위 보유자가 1975년에 13%로 증가했다. 1962년부터 1993년 동안 배출된 한국 박사 10명 중 7명은 'made in USA' 로 나타난다. 민만식, 1993, "박사학위 논문을 중심으로 본 한국 정치학 연구의 경향," 『한국정치학회보』 제26집 3호, 315-341 참조.

6 1990년 이후 미국 정치 연구는 '외교, 안보, 군사' 나 '대외경제관계' 에 비해 '정치', 즉 미국 국내정치에 관한 연구가 증가하고 있다. 한국에서 정치학에 관련된 대표적인 학회인 한국정치학회와 한국국제정치학회의 논문집에 실린 미국에 관련된 논문들을 분석하면 1989-1990년 시기의 10년과 1991-2000년 시기의 10년을 비교하면 '정치', 즉 미국 국내정치에 관한 연구가 11%에서 28%로 증가했으며, '외교, 안보, 군사' 에 관한 논문은 76%에서 59%로 줄어들었다. 이홍종, "지역연구로서의 미국 정치 연구의 영역과 과제," 『미국학논집』, 33권 1호 2001 참조.

7 미국의 인문학적 접근방법을 어떻게 통합할 것인가 하는 과제로부터 미국학 연구가 독자적

으로 논의할 수 있는 문제점과 이슈들을 제시함으로써 이러한 연구과제를 다룰 수 있는 새로운 'discipline'을 창출하자는 노력이다. 미국학 연구자들은 기존의 형태로부터 뛰쳐나오려는 시도를 하지 않았으며, 단순히 여러 학문분야와 접근방법에 상호 협조를 강조하는 편이었다. 세계화와 초국가주의의 세대를 맞고 있으나 아직도 미국학 연구자들은 학제 간의 문턱을 넘어서지 못하고 있다. 기존의 학문분야에 엄격성을 지속적으로 받아들이면서 미국학의 새로운 연구과제를 어떻게 충실히 수행할 수 있는가의 문제는 미국학 연구자들의 딜레마이다.

8 알렉산더 해밀턴·제임스 매디슨·존 제이 저, 김동영 옮김 『페더랄리스트 페이퍼』(한울, 1995) ; 손병권 "'연방주의자 논고'에 나타난 매디슨의 새로운 미국 국가 : 광대한 공화국," 『국제지역연구』(서울대학교 국제대학원, 2004년 12월 13권 4호, 25–50) ; 로버트 디클레리코·알랜 하모크 편저, 박문갑·이준형 옮김, 『미국 민주정치의 이해』(원제 : *Point of View : Readings in American Government and Politics* 인간사랑, 1991).

9 전통적 논쟁점을 포괄적으로 다룬 저술은 무수하다. 그 예로 백광일, Korea and the United States : A Study of the R. O. K.–U.S. Security Relationship within the Conceptual Framework of Alliances(Seoul : Research Center for Peace & Unification, 1988) ; 김현동, Korea and the United States : The Evolving Transpacific Alliance in the 1960s(Seoul : Research Center for Peace & Unification, 1990) ; 정준호, 『한미안보정책론』(서울 : 법문사, 1982) ; 김정익, *The Future of the US–Republic of Korea Military Relationship*(New York : St. Martin's Press, 1996).

10 한국아메리카학회 홈페이지 www.asak.or.kr 참조.

11 미국정치연구회 편, 『현대 미국 정치의 새로운 도전』[Kenneth Janda, Jeffrey M. Berry and Jerry Goldman, *The Challenge of Democracy : Government in America*(brief ed. 2nd ed) (Boston, Houghton Mifflin Co. : 1994)]의 번역작업을 시작으로 미국 국내외 정치에 대한 주요 서적을 국내에 번역하여 소개하였으며, 미국 선거 관련 기획서 등을 출간하고 있다.

12 서울대 미국학연구소는 한국학술진흥재단의 중점지원연구소로 지정되어 "미국 사회의 지적흐름에 관한 연구"(1996), "21세기 미국의 역사적 전망"에 관한 연구(1998–2000) 등을 수행하였으며, 학술진흥재단의 인문학 육성지원 사업으로 "현대 미국 소설과 희곡에 나타난 미국의 정체성과 소비자 문화 연구"(2002)를 수행하였다. 그 외에도 『미국의 문화와 거버넌스 : 쟁점과 과제』를 미국학 총서 5권으로 출판(2003)하였고, 『세계화에 대한 각국의 반응양상 및 대응전략 : 종합적·역사적 접근』을 미국학 총서 6권으로 출판(2007)한 바 있다.

13 학부 미국학 전공과 미국학과로는 가톨릭대학교 국제학부 미국학 전공, 계명대학교 국제학대학 미국학과, 대진대학교 국제학부 미국학과, 부경대학교 국제지역학부 미국학(북미전공), 서강대학교 영미문화전공, 연세대학교 미국학 연계전공, 이화여자대학교 미국학 연계전공, 평택대학교 국제관계학부 미국학과가 있다.
공통적으로 개설하고 있는 과목으로는 '미국의 정당정치와 의회', '미국의 선거정치', '국제정치와 미국외교의 이론', '미국의 언론과 정치', '미국의 정치전통과 이데올로기', '현대 미국 정치의 이해', '미국정치과정론', '미국정치 영어강독', '미국의 외교정책론', '미국의 정치와 사회', '구미의 여성과 정치', '미국정치사상', '미국정치론', '미국정치제도', '미국행정입문', '미국정치문화' 등이 있다. 정연정 외, 『한국에서의 미국학 : 이론과 실제』(한국외국어대학교 출판부, 2003) 자료 재구성.

14 4개 국제대학원은 서울대학교 국제학대학원 국제지역학 전공, 연세대학교 국제학대학원 지

역연구 프로그램 미국학전공, 한국외국어대학교 국제지역대학원 북미학과, 한양대학교 국제학대학원 미국학과이며, 개설과목은 '미국정치론', '미국외교론', '미국의 연방정부와 주정부', '미국공공정책론', '한미관계사연구', '북미지역 의회론', '북미지역 선거론', '북미지역 이익집단론', '북미지역 정부론', '미국외교정책론', '한미안보체계론', '북미지역 정치세미나' 등이다. 정연정 외, 『한국에서의 미국학 : 이론과 실제』(한국외국어대학교 출판부, 2003) 자료 재구성.

15 국제학술회의 주제에 대한 오리엔테이션의 성격과 아울러 대학원생 패널을 준비하는 기회를 제공하고 있다. 최근 주제를 살펴보면 "Rethinking Traditional American Values in a Global/Korean Context", "Crossing America's Internal Borders", "American Order : Crises and Changes" 등이 있다.

제5장

한국 학자들의 태국 정치 연구에 대한 분석

학술논문을 중심으로*

서경교(한국외국어대학교)

I. 머리말

한국 학자들의 외국 정치에 대한 연구의 역사는 그리 오래되지 않았다. 정치학 분야에서 비교정치 영역에 해당되는 지역연구 또는 특정 국가의 정치에 대한 학문적 연구가 한국에서 본격적으로 시작된 것은 1950년대 후반 이후의 일이었다. 한국 정치학자들의 연구논문을 출간하는 대표적 학술지인 한국정치학회의 『한국정치학회보』가 1959년 창간되었고 한국국제정치학회의 『국제정치논총』 창간호가 1963년에 발간된 사실에서 이를 확인할 수 있다.

그러나 정치학 분야의 대표적 학술지인 위의 두 학회지에 발표된 총 논문들 중 지역연구와 관련된 논문의 비율은 그렇게 높지 않았다. 신윤환(1998, 451)에 의하면 『한국정치학회보』의 경우 1959년 창간호부터 1996년 여름호까지 게재된 총 775편의 논문 중 비교정치 및 지역연구와 관련된 학술논문은 118편으로 전체

* 본 논문은 『한국태국학회논총』 제16권 1호(2009. 8)에 수록된 것을 전재한 것임을 밝힙니다.

논문의 15.2%에 해당한다. 『국제정치논총』의 경우 1963년 창간호부터 1996년 제36집 1호까지 게재된 총 571편 중 139편인 24.3%가 비교정치 및 지역연구 논문으로 『한국정치학회보』보다는 높은 비율의 지역 관련 논문을 포함하고 있었다.

또 다른 자료로서 한국 학자들에 의한 비교정치 분야의 학술논문 관련 통계를 제시하고 있는 신명순(2000, 21)에 의하면 한국에서의 비교정치 및 지역연구 관련 학술논문들은 1950년대 이후 지속적으로 증가해 왔다. 10년 단위로 살펴보면 1950년대 15편, 1960년대 32편, 1970년대 212편, 1980년대 435편, 그리고 1990년대가 573편으로서 그야말로 괄목할 만한 증가세를 보이고 있다.

그러나 『한국정치학회보』에 게재된 지역정치를 다루고 있는 논문들 중 50% 이상이 한반도를 둘러싼 주변 4강(미국, 중국, 일본, 러시아)에 대한 논문이었다. 이에 대해 신윤환(1998, 464)은 한국 정치학자들의 한반도 주변 4강에 대한 연구의 비율은 시간이 경과하면서 점점 더 증가했으며, 그 이유는 학자들의 지역연구 역시 국가의 외교적·안보적·경제적 이익과 무관할 수 없기 때문이라고 설명하고 있다.

다른 한편 지역별로 나누어 살펴보면 다른 지역보다는 한국이 속해 있는 아시아 지역에 대한 연구의 비율이 전체 지역연구 논문들의 46.2%를 차지하여 가장 높았다. 그러나 아시아 지역 중에서도 개별 국가별로 게재된 논문 수로 보면 국가별 차이가 뚜렷이 나타난다. 즉 1957-1999년 사이 아시아 지역의 개별 국가 정치에 대한 사례연구 총 373편의 논문 중 중국(131편), 북한(92편), 일본(75편), 태국(14편), 필리핀(13편), 베트남(13편), 인도네시아(11편) 등의 순서이다. 물론 한반도와 주요 주변 국가들인 중국, 북한, 일본에 대한 학술논문 수가 상대적으로 월등히 많지만 그 밖의 다른 아시아 국가들 중에서는 태국에 관한 학술논문 수가 근소한 차이이기는 하나 선두를 달리고 있다(신명순 2000, 26-28).

이와 같이 한국에서의 비교정치 및 지역연구에 관해 제시된 통계적 숫자들과 관련하여 본 연구는 한국 학자들의 태국 정치에 관한 연구 중에서도 전문 학술지에 발표된 학술논문들이 어떠한 내용과 특성을 지니며 변화해 왔는지를 고찰해 보고자 하는 것이 그 목적이다.[1] 태국 정치는 다른 아시아 국가들의 정치와 유사한 점도 있지만 동시에 차이점도 지니고 있다. 유사한 점은 대부분의 아시아 국가들과 마찬가지로 전통적인 권위주의적 통치의 영향이 아직까지 남아 있다는 점과 군부에 의한 정치개입의 경험을 지니고 있다는 사실이다. 반면 가장 두드러진 차이점은 인접한 다른 동남아 국가들과는 달리 서구 열강들의 식민통치를 경험하지 않은 채 지속적으로 독립국가를 유지해 왔다는 점이다.[2] 그러한 점에서 한국 학자들의 태국 정치에 대한 연구가 어떠한 성향과 특성을 지니며 전개되어 왔는지를 살펴보는 것은 비교정치나 지역연구의 관점에서 학문적으로도 매우 의미 있는 작업이라고 생각된다.

이를 위하여 제2절에서는 본 연구를 위해 태국 정치를 다루고 있는 학술논문들의 수집기준과 방법에 대하여 설명하고 본 연구의 목적에 따라 분류한 내용들을 도표로 제시할 것이다. 제3절부터 5절까지는 제2절에서 분류한 내용들을 기초로 하여 한국에서의 태국 정치 연구를 세 시기로 나누어 각각 그 내용과 특성을 살펴볼 것이다. 마지막 절에서는 앞의 논의들에 근거하여 한국 학자들에 의한 태국 정치를 주제로 한 학술논문들에 대한 종합평가와 함께 앞으로 진행될 태국 정치 연구의 활성화와 발전을 위한 몇 가지 제언을 하고자 한다.

II. 연구자료와 분류내용

본 연구를 위하여 수집된 학술논문들에 대하여 먼저 설명하고자 한다. 본 연구의 대상이 태국 정치와 관련된 주제의 논문이라는 점을 감안하여 한국에서 태국 정치를 연구하는 비교정치학자들 및 태국을 전공으로 하는 학자들의 연구논문이 주로 게재되는 한국정치학회의 『한국정치학회보』, 한국국제정치학회의 『국제정치논총』, 한국동남아학회의 『동남아시아연구』, 한국태국학회의 『한국태국학회논총』, 한국외국어대학교 동남아연구소에서 발간하는 『동남아연구』, 그리고 서강대학교 동아시아연구소에서 발행하는 『동아연구』 등의 학술지에 게재된 태국 정치 관련 논문들을 수집하였다.[3] 각 학술지들의 창간호에서부터 2008년 12월까지 발간된 논문들을 본 연구의 대상으로 하였다.

이들 학술지에서 태국 정치 관련 논문들의 선별기준은 태국 정치와 관련된 연구는 태국만을 다루고 있는 단일 사례연구이든 또는 태국과 다른 국가들을 함께 비교하는 비교연구이든 모두 본 연구의 대상에 포함시켰다.[4] 간혹 정치학이 아닌 다른 분야의 학자에 의한 논문이라 할지라도 태국 정치와 관련된 연구 역시 포함했다. 그러한 기준으로 위에서 언급한 여섯 개의 학술지에서 2008년까지 발간된 태국 정치 관련 논문은 모두 62편이었다. 이들 62편의 논문을 학술지별, 그리고 연구의 편의를 위하여 10년 단위로 나눈 시기별 분류는 아래의 〈표 1〉과 같다.

표 1_ 태국 정치 학술논문–학술지별 · 시기별 분류

학술지별 \ 시기별	1980년대	1990년대	2000년대	합계
『한국태국학회논총』	7	12	14	33
『동남아연구』	0	5	6	11
『동남아시아연구』	0	2	5	7
『동아연구』	0	0	4	4
『국제정치논총』	0	2	2	4
『한국정치학회보』	0	1	2	3
합계	7	22	33	62

* 출처 : 선별한 자료들을 기초로 연구자가 정리한 것임(이하의 다른 표들도 동일함).

〈표 1〉에서 볼 수 있듯이 태국 정치를 주제로 한 학술논문의 경우 1980년대 이후에야 전문 학술지에 등장한 것을 알 수 있다. 그나마 1980년대에는 1988년

표 2_ 태국 정치 학술논문-주제별·시기별 분류

시기별 주제별	1980년대	1990년대	2000년대	합계
정당/선거	0	1	12	13
정치변동/민주화	0	3	6	9
군부	1	5	2	8
외교정책/국제관계	1	1	4	6
국왕	1	5	0	6
관료/정치 엘리트	2	3	0	5
시민사회/여성	1	0	4	5
정치제도/지방자치	0	1	2	3
종족갈등/종교문제	0	1	2	3
정치문화	1	1	0	2
기타	0	1	1	2
합계	7	22	33	62

창간한 『한국태국학회논총』에서만 태국 정치 관련 논문을 찾아볼 수 있었고 다른 학술지들에는 전무했다. 그러나 1990년대부터는 다른 학술지들에도 태국 정치 관련 논문들이 게재되기 시작했을 뿐만 아니라 양적인 증가세도 괄목할 만하다.[5)]

그러나 여전히 태국 정치에 관한 논문을 가장 많이 게재한 학술지는 62편의 논문 중 1/2이 넘는 33편(53%)을 게재한 『한국태국학회논총』임을 볼 수 있다. 그 다음으로는 『동남아연구』가 11편(18%), 『동남아시아연구』가 7편(11%), 『동아연구』와 『국제정치논총』이 각각 4편(6%), 그리고 『한국정치학회보』가 3편(5%)을 게재하였다.

다음으로는 62편의 논문을 주제별로 분류하였다. 일반적으로 비교정치학자들이 지역연구를 분류하는 기준(신윤환 1998 ; 신명순 2000 ; 서경교 2008)에 따라 본 연구에서도 태국 정치에 관한 학술논문들을 정당 및 선거, 정치변동과 민주화,

표 3_ 태국 정치 학술논문-연구자 분포(주제별 · 시기별)

주제별 \ 시기별	1980년대	1990년대	2000년대	합계
정당/선거		이병도(1998)	이병도(2000b) 이병도(2003) 진영재(2000) 이병도(2004a) 이병도(2001) 이동윤(2005) 이병도(2002) 이동윤(2006) 차상호(2002) 김홍구(2007) 이동윤(2003a) 이동윤(2008)	13
정치변동/민주화		서경교(1992/3) 차상호(1994) 서경교(1997)	김영애(2000) 최경희(2006) 이동윤(2002b) 박사명(2007) 김홍구(2003a) 이동윤(2007)	9
군부	황규희(1998)	황규희(1992/3) 차상호(1994/5) 서경교(1993) 윤진표(1996) 서경교(1994)	김홍구(2003b) 이동윤(2003b)	8
외교정책/국제관계	차상호(1988)	이병도(1997)	황규희(2003) 차상호(2006) 이동윤(2004) 차상호(2008)	6
국왕	문인원(1989)	송인서(1990) 이병도(1994/5) 김홍구(1991) 김홍구(1998) 송인서(1992/3)		6
관료/정치 엘리트	문인원(1988) 이병도(1988)	차상호(1991) 김영애(1998) 차상호(1998)		5
시민사회/여성	황규희(1989)		황규희(2000) 황규희(2007) 김홍구 · 윤진표(2002) 황규희(2005)	5
정치제도/지방자치		이병도(1993)	이병도(2004b) 송경아(2007)	3
종족갈등/종교문제		이병도(1997)	김영애(2003) 이병도(2008)	3
정치문화	김영애(1989)	이병도(1990)		2
기타		김홍구(1996)	박은홍(2008)	2
합계	7	22	33	62

군부, 외교정책과 국제관계, 국왕, 관료와 정치 엘리트, 시민사회 및 여성, 정치제도와 지방자치, 종족갈등 및 종교문제, 정치문화, 기타 등의 11가지 카테고리로 구분하였다. 이러한 분류에 따라 62편의 논문을 연구주제별 및 시기별로 구분한 내용이 앞의 〈표 2〉와 〈표 3〉이다.

〈표 2〉는 연구주제별 및 시기별로 출간된 논문 수를 표시한 내용이고 〈표 3〉은 각 항목의 연구자와 게재년도를 표시한 것이다. 〈표 2〉를 통해서는 태국 정치에 관한 학술논문들이 주제별로 각 시기에 따라 어떻게 변화했는지 일목요연하게 볼 수 있다. 〈표 3〉에서는 주제별 · 시기별 각 항목의 논문들이 누구에 의해 언제 출간되었는지를 바로 확인할 수 있다.

학술지별 · 주제별 · 시기별 분류에 덧붙여 62편의 논문들을 연구자료, 연구방법 및 지역 전문성을 기준으로 분류해 보았다. 연구자료의 경우 문헌자료만을 사용한 경우와 문헌자료 이외에 특정 연구를 위한 현지조사 자료나 경험분석을 위한 통계자료 등을 사용한 두 가지 카테고리로 나누어 분류하였다. 연구방법은 여러 가지 분류방법이 있을 수 있으나 한국에서의 태국 정치 연구의 특성을 감안하여 비교정치 분야에서 "전통적 방법"으로 불리는 서술적 · 역사적 및 법 · 제도적 접근방법을 하나의 카테고리로 묶고, 행태적 또는 계량적 방법 등을 포함하여 이론적 · 개념적 틀을 검증하거나 실증적 자료를 검증하여 일반 이론화에 이바지하고자 하는 접근방법을, 다른 하나를 "이론지향적 방법"의 카테고리로 분류하였다. 지역 전문성에 대한 분류는 연구를 위해 태국어 자료를 사용했는지 여부와 함께 연구를 위해 태국 현지조사를 수행했는지 여부의 두 가지로 나누어 보았다.[6)]

〈표 4〉에서 보면 태국 정치를 다룬 학술논문들의 연구자료로는 문헌자료만을 사용한 연구(56편, 90%)가 문헌자료 이외에 현지조사 자료나 경험분석을 위한 통계자료를 사용한 연구(6편, 10%)보다 월등히 많다. 같은 맥락에서 연구방법에 있어서도 이론지향적인 접근방법에 의한 연구(17편, 27%)보다는 전통적 접근방법을 택한 연구(45편, 73%)가 두 배 이상 많은 것으로 나타났다. 마지막으로 지역 전문성과 관련한 기준에서 태국어 자료를 활용한 연구(51편, 82%)가 활용하지 않

표 4_ 연구자료, 연구방법, 지역 전문성

		1980년대	1990년대	2000년대	합계
연구자료	문헌자료	7	21	28	56
	현지조사/통계자료	0	1	5	6
	소계	7	22	33	62
연구방법	전통적	7	16	22	45
	이론지향적	0	6	11	17
	소계	7	22	33	62
지역전문성	태국어 자료 활용	7	17	27	51
	태국어 자료 비활용	0	5	6	11
	소계	7	22	33	62
	현지조사(유)	0	1	4	5
	현지조사(무)	7	21	29	57
	소계	7	22	33	62

은 연구(11편, 18%)보다 많은 반면 현지조사를 수행한 연구(5편, 8%)는 수행하지 않은 연구(57편, 92%)보다 현저히 작았다.

III. 태국 정치 연구의 태동기 : 1980년대

이미 언급하였듯이 한국 학자들의 외국 정치에 대한 연구가 활성화되기 시작한 것은 1960년대 이후의 일이었다. 그러나 한국에서 태국 정치에 대한 연구의 활성화는 그보다 더 늦은 1980년대에 이르러서야 시작되었다. 1960년대와 1970년대의 태국 정치와 관련된 연구물은 각각 단행본 1권과 석사학위 논문 1편이 있었을 뿐이다.[7)]

앞의 〈표 1〉에서도 볼 수 있듯이 1980년대 이전 태국 정치를 연구대상으로 한 학술논문은 출간된 적이 없는 것으로 나타났다. 그 이유에 대해서는 여러 가지 유추가 가능하겠지만 이미 앞에서 지적한 바와 같이 한국 학자들의 외국 정치에 대한 연구가 한반도를 중심으로 한 강대국들에 집중되어 있었던 까닭과(신윤환 1998, 464) 함께 1960년대와 1970년대에 한국 학자들 사이에서 태국 정치에 대한 관심의 정도가 다른 국가들에 비해 상대적으로 낮았던 때문이라고도 볼 수 있을 것이다. 아울러 태국에 대한 전문인을 양성하는 대학교육이 당시로서는 1965년에 시작된 한국외국어대학교 태국어과가 전국의 유일무이한 학과였던 만큼 1960년대와 1970년대 태국에 대한 전문적 학술연구가 시작되지 못했던 것은 어쩌면 당연한 현상이었을지도 모른다.

그러한 측면에서 한국에서 태국 정치에 대한 연구가 시작된 1980년대는 이후의 태국 연구를 위한 태동기라고 표현할 수 있을 것이다. 〈표 1〉에서 볼 수 있듯이 1980년대 출간된 태국 정치에 관련된 논문은 『한국태국학회논총』에 게재된 7편이다. 주제별로는 〈표 2〉와 〈표 3〉에서 보는 대로 관료 및 정치 엘리트에 관한 논문이 두 편(문인원 1988 ; 이병도 1988)이었고, 군부에 관한 논문(황규희 1988), 국왕에 관한 논문(문인원 1989), 정치문화에 관한 논문(김영애 1989), 시민사회에 관한 논문(황규희 1989), 외교정책 및 국제관계에 관한 논문(차상호 1988) 등이 각각 한 편씩이었다.

이들 7편 논문들의 세부적인 사항을 간략히 살펴보면 다음과 같다. 문인원(1988)의 태국의 근대화와 관료 엘리트의 역할에 관한 논문은 전통적인 계급구조를 가지고 있었던 태국의 근대화 과정에서 관료 엘리트가 어떻게 형성되었으며, 그러한 관료 엘리트의 성격은 어떠했는지, 그리고 관료체제의 확립이 근대화에 미친 영향 등을 살펴보고 있다. 기존의 문헌자료들이 주로 연구자료로 이용되었고, 연구방법은 서술적·역사적 방법을 채택하고 있다. 지역 전문성의 척도가 되는 태국어 자료도 활용되었음을 알 수 있다. 그러나 논문을 위한 현지조사가 수행되지는 않았다.

관료제에 대한 또 하나의 논문(이병도 1988) 역시 태국 관료제의 발전배경 및 관료제의 특징과 역할, 그리고 관료제의 발전방향에 대하여 논의하고 있다. 연구자료 역시 기존의 문헌자료들을 주로 이용하고 있고, 서술적·역사적인 접근방법을 택하고 있으며, 태국어 자료도 활용하고 있다. 관료제와 관련된 두 편의 논문 모두 태국에서 관료제가 어떻게 형성되었고 그 성격과 특징이 어떠한지 등의 내용들을 포함하고 있다.

군부에 대한 황규희(1988)의 논문은 1932년 입헌군주제 확립 이후 태국 정치를 주도해 온 군부가 정치를 주도하기 위해 채택한 이데올로기와 정치·경제 영역에서 군부지도자들의 역할에 대하여 논의하고 있다. 역시 기존의 문헌자료들을 기초로 하여 서술적인 방법으로 논의를 이끌어가고 있다. 태국어 자료도 활용되었다.

문인원(1989)의 라마 5세의 근대화 정책에 대한 논문은 라마 5세에 의한 정치·외교적 개방정책 및 사회·행정제도의 개편과 함께 교육정책까지 다루고 있다. 기존의 문헌자료를 기초로 역사적·제도적 접근법을 취하고 있으며, 태국어 자료도 활용하고 있다.

정치문화를 다루고 있는 김영애(1989)의 논문은 정치문화에 대한 이론적 논의들을 기초로 하여 태국 정치문화의 형성요인과 함께 그 특성들에 대하여 살펴보고 있다. 역시 문헌자료들을 이용하여 역사적·서술적으로 접근하고 있으며, 태국어 자료도 활용하였다.

태국 학생운동에 대한 논문에서 황규희(1989)는 태국 학생운동의 역사 및 이데올로기에 대하여 논의하고 있다. 문헌자료들을 기초로 역사적·서술적인 접근방법을 채택하고 있다. 태국어 자료도 활용하였다.

마지막으로 제2차 세계대전 중 태국의 항일자유타이운동을 다루고 있는 차상호(1988)의 논문은 제2차 세계대전 이전 태국의 대외관계와 함께 제2차 세계대전 중의 항일자유타이운동이 어떻게 결성되고 활동하였는지, 그리고 전쟁이 끝난 후 자유타이운동이 종전 교섭에서 어떠한 성과를 이끌어냈는지에 대하여 논의하고 있다. 문헌자료에 기초하여 역사적 · 서술적인 접근법을 사용하고 있으며, 태국어 자료도 활용되었다.

이들 7편의 논문과 관련하여 흥미로운 사실은 모두 1988년 한국태국학회에 의해 창간된 『한국태국학회논총』의 창간호(1988)와 제2호(1989)에 실린 논문들이라는 점이다. 아울러 7편 논문의 저자 모두가 한국외대 태국어과 출신이라는 점도 매우 재미있는 사실이다. 그러한 점에서 1980년대 태국 정치 관련 학술논문들은 한국외대 태국어과 출신 학자들에 의해 주도되었으며, 『한국태국학회논총』이라는 학술지의 창간을 계기로 하여 태국 정치에 관한 학술논문들이 본격적으로 등장하기 시작했다고 하겠다.

요약하면 1980년대 태국 정치에 관한 연구들은 주제별로는 관료제나 군부, 국왕, 국제관계, 정치문화 등 정치권력과 관련된 주제들이 주류를 이루고 있음을 알 수 있다. 또한 〈표 4〉에서 볼 수 있듯이 연구자료는 모든 논문들이 문헌자료에 기초한 연구들이었고, 연구방법은 전통적인 접근법을 채택하고 있다. 지역 전문성의 척도가 되는 현지어 문헌의 활용도에서는 모든 연구자들이 예외없이 태국어 문헌을 활용하였지만 연구를 위한 현지조사는 없었다.

IV. 태국 정치 연구의 도약기 : 1990년대

1980년대 태국 정치 관련 연구들이 태동을 시작했다고 한다면 1990년대는 태국 정치 관련 연구가 괄목할 만한 성장을 이룬 시기였다. 〈표 1〉에서 볼 수 있듯이 1990년대 발간된 논문 수는 1980년대와 비교하여 세 배가 넘는 22편의 논문이 출간되었다. 이와 같이 1990년대에 들어 태국 정치 관련 학술논문의 수가 증가한 것은 1980년대와 1990년대 한국 내의 대학원에 제출된 석박사학위 논문의 수가 증가한 것과 무관하지 않을 것으로 생각된다. 1970년대의 경우 단 한 편의 석사학위 논문이 제출된 반면 1980년대에는 박사학위 논문 1편과 석사학위 논문 8편이 제출되었다. 1990년대에는 박사학위 논문 1편과 석사학위 논문 5편이 제출되었다.[8)]

1990년대 출간된 논문들을 〈표 2〉와 〈표 3〉에서 살펴보면 군부에 관한 연구(황규희 1992-1993 ; 서경교 1993 ; 서경교 1994 ; 차상호 1994-1995 ; 윤진표 1995)와 국왕에 관한 연구(송인서 1990 ; 김홍구 1991 ; 송인서 1992-1993 ; 이병도 1994-1995 ; 김홍구 1998)가 각각 5편씩으로 가장 많은 연구결과를 낸 주제였다. 다음으로 정치변동/민주화(서경교 1992-1993 ; 차상호 1994 ; 서경교 1997)와 정치 엘리트(차상호 1991 ; 김영애 1998 ; 차상호 1998)에 관한 연구가 3편씩이었다. 그 외에 정당(이병도 1998), 외교정책/국제관계(이병도 1991), 정치제도(이병도 1993), 종족갈등/종교문제(이병도 1997), 정치문화(이병도 1990), 기타(김홍구 1996) 등이 1편씩의 논문을 포함하고 있다.

구체적인 내용으로 먼저 태국 군부에 대한 5편의 연구 중 3편(황규희 1992-1993 ; 서경교 1994 ; 차상호 1994-1995)은 군부의 정치개입 원인과 관련된 내용인 반면 2편(서경교 1993 ; 윤진표 1995)은 태국과 다른 나라의 군부에 대한 비교연구이다. 연구자료 및 방법과 관련하여 군부의 정치개입 원인에 관한 앞의 세 편의 논문은 주로 문헌자료들을 이용한 역사적·서술적인 접근법을 사용하고 있는 공통점을 지니고 있다. 반면 태국과 아시아 다른 국가들을 비교하고 있는 뒤의 두 편의 논문은 문헌자료를 사용하고 있기는 하지만 이론지향적인 접근법을 사용하고 있다는 공통점을 발견할 수 있다. 아울러 전통적인 접근법을 사용하고 있는 세 편의 논문은 동남아 및 태국 관련 학술지에 출간된 반면 이론지향적인 접근법을 사용하고 있는 두 편의 논문은 정치학 분야 전문 학술지인 『한국정치학회보』와 『국제정치논총』에 게재된 논문이라는 사실이 흥미롭다. 그러나 이들 정치학 전문 학술지에 게재된 논문들 및 동일한 저자의 다른 한 편의 논문(서경교 1994)은 태국어 자료를 활용하고 있지 않다.[9)]

다음으로 국왕에 대한 5편의 논문 중 2편(김홍구 1991 ; 이병도 1994-1995)은 역사 속의 태국 왕조들의 왕권과 관련된 사항들을 다루고 있는 반면 나머지 3편(송인서 1990 ; 송인서 1992-1993 ; 김홍구 1998)은 모두 짜끄리(랏따나꼬신) 왕조와 관련된 내용들로 라마 1세의 즉위배경, 황태자제의 성립에 관한 것, 그리고 푸미폰 국왕의 카리스마와 정치적 역할 등을 다루고 있다. 그러나 다섯 편의 논문 모두 문헌자료들을 기초로 한 역사적·서술적 방법을 사용하고 있다.[10] 아울러 모든 논문이 태국어 자료들을 활용하고 있어 1990년대 태국 국왕에 관한 연구들의 지역 전문성이 우수함을 알 수 있다.

정치 엘리트에 관한 3편의 논문 중 2편(차상호 1991 ; 김영애 1998)은 피분(Phibun)의 랏타니욤(Rataniyom) 정책과 일제 하의 태국 민주주의를 다루고 있는 반면 나머지 1편(차상호 1998)은 1988년 총선 이후 1991년 군부 쿠데타까지의 찻차이 연립정부에 대한 평가를 담고 있다. 세 편 모두 문헌자료들에 기초하여 서술적 접근이나 역사적 접근법을 채택하고 있으며, 태국어 자료들도 활용하고 있다.

정치변동/민주화를 주제로 하는 3편의 논문 모두 태국의 민주화와 관련된 내용들이다. 3편의 논문 모두 1980년 쁘렘 정부의 등장 이후 1992년 5월 민중들에 의한 민주화 요구의 분출에 초점을 맞추고 있다. 또한 세 논문이 공통적으로 문헌자료들을 사용하고 있지만 서경교(1992-1993 ; 1997)의 두 논문은 이론적 분석틀을 제시하고 이에 기초하여 민주화 과정을 설명하려는 시도를 하고 있는 한편 차상호(1994)의 논문은 이론적 함의보다는 역사적 사실과 분석에 좀더 비중을 두고 있다. 그러나 후자의 논문은 태국어 자료를 활용하고 있는 반면 전자의 두 논문들은 그렇지 못하다.

그 밖에 1편씩만 논문이 존재하는 주제들에 관해 간략히 살펴보면 다음과 같다. 정당에 관한 이병도(1998)의 논문은 1932년 입헌군주제의 확립 이후 1997년까지의 시기를 권위주의 시기(1932-1997)와 민주화 시기(1980-1997)로 나누어 태국 정당정치의 특성, 문제점, 과제 등을 고찰하고 있다. 정치제도에 대한 논문(이병도 1993)은 태국 관료제도의 성장과 발전에 대하여 논의하고 있다. 종교문제를 다루고 있는 이병도(1997)의 논문은 타이 무슬림 사회의 역사적 근원, 특성 및 저항과정과 함께 태국 정부의 대무슬림 정책에 대한 내용이다. 태국과 캄보디아 간의 국제관계를 다루고 있는 이병도(1991)의 연구는 1977년 끄리앙싹 정부로부터 1988년 출범한 찻차이 정부까지의 캄보디아 문제에 대한 태국 정부의 입장과 정책에 대해 논의하고 있다. 김홍구(1996)의 논문은 태국 불교에 관한 연구로 불교의 정치적 정통성 및 근대화 과정에서 개혁운동으로서 불교운동에 대해 고찰하고 있다. 이상의 다섯 편의 논문은 모두 문헌자료를 기초로 한 역사적·서술적 방법을 채택하고 있으며, 태국어를 구사하는 연구자들에 의한 논문이다.

마지막으로 이병도(1990)의 「태국 남부 쏭클라 국립대학교 학생들의 민주정치 의식에 대한 고찰」은 유일하게 현지에서 설문조사를 통한 데이터를 확보하여 그에 근거한 연구결과물을 도출한 사례이다. 쏭클라 대학교 빳다니 캠퍼스의 남녀학생 1,200명을 대상으로 설문조사를 실시하여 응답자들의 민주주의에 대한 기본적·제도적·실천적 인식들을 고찰하고 있는 의미 있는 연구로 평가된다. 특히 기존의 연구들에서 시도되지 않았던 새로운 접근방법을 사용하고 있다는 점에서 획기적이라고 할 수 있다.[11)]

1990년대 출간된 22편의 논문들을 〈표 1〉에서 게재된 학술지별로 살펴보면 7편 모두가 『한국태국학회논총』에 실렸던 1980년대와는 달리 다양한 학술지들에 논문이 실린 것을 알 수 있다. 여전히 22편 중 55%에 해당되는 12편이 『한국태국학회논총』에 게재되었지만 『동남아연구』에 실린 논문이 5편(23%), 『동남아시아연구』에 게재된 연구가 2편(9%), 『국제정치논총』에 2편(9%), 그리고 『한국정치학회보』에 1편(4%) 등으로 나타나 있다.

연구주제별로는 〈표 2〉와 〈표 3〉에서 보듯이 1990년대 발간된 논문들 중 군부와 국왕에 관한 연구가 5편씩으로 가장 많아 이 시기 한국 학자들의 관심영역을 확인할 수 있다. 1980년대에 이어 관료/정치 엘리트에 대한 연구도 두 번째로 많은 3편으로 학자들의 관심을 확인할 수 있다. 새롭게 등장한 연구주제로는 정치변동/민주화에 관한 논문이 3편 출간되었다. 따라서 군부, 국왕, 관료/정치 엘리트, 정치변동/민주화 등 네 가지 연구주제에 관한 논문이 22편의 논문 중 12편

(73%)을 차지했다. 그리고 22편의 연구 중 2편은 태국과 인접국가들과의 비교연구로서 태국 정치를 다른 국가들과 비교하려는 시도가 1990년대 들어와 관찰되었다. 〈표 3〉에 나타난 바와 같이 이 시기 개인별로 발표한 논문 수가 가장 많은 학자는 이병도(6편, 27%)였고, 서경교(4편, 18%)와 차상호/김홍구(각각 3편, 14%)가 그 뒤를 따랐다.

〈표 4〉의 연구자료에서는 1편을 제외한 21편(95%)의 연구가 문헌자료만을 사용하고 있는 것을 확인할 수 있다. 연구방법에서는 6편(27%)의 논문이 이론지향적인 접근법을 채택하고 있다는 점에서 전통적인 접근법만이 사용되었던 1980년대와 차별성을 보이고 있다. 지역 전문성과 관련하여 5편(23%)의 논문이 태국어 자료를 활용하지 않았으며, 현지조사를 수행한 연구는 1편이었다.

V. 태국 정치 연구의 지속적 성장기 : 2000년대

1990년대가 태국 정치 연구의 도약기였다면 2000년 이후의 시기는 한국에서 태국 정치 연구가 지속적으로 성장하고 있는 시기라 할 수 있다. 그 근거로는 〈표 1〉에서 보듯이 1980년대와 1990년대를 합친 29편보다 더 많은 33편의 논문이 2000-2008년 사이에 발간된 것을 들 수 있다. 양적인 증가뿐만 아니라 연구주제의 측면에서도 많은 변화가 있었다.

〈표 2〉와 〈표 3〉에서 2000년대 출간된 논문들을 주제별로 살펴보면 정당/선거에 관한 연구(이병도 2000b, 2001, 2002, 2003, 2004a ; 진영재 2000 ; 차상호 2002 ; 이동윤 2003a, 2005, 2006, 2008 ; 김홍구 2007), 정치변동/민주화(김영애 2000 ; 이동윤 2002b, 2007 ; 김홍구 2003a ; 최경희 2006 ; 박사명 2007), 외교정책/국제관계(황규희 2003 ; 이동윤 2004 ; 차상호 2006, 2008), 시민사회/여성(황규희 2000, 2005, 2007 ; 김홍구 · 윤진표 2002), 군부(김홍구 2003b ; 이동윤 2003b), 정치제도/지방자치(이병도 2004 b ; 송경

아 2007), 종족갈등/종교문제(김영애 2003 ; 이병도 2008), 그리고 기타(박은홍 2008) 등의 33편이다.

선거와 정당에 관한 논문은 12편으로 2000년대 발간된 연구주제 중 가장 많은 수를 차지하고 있다. 동일한 주제에 대하여 1980년대는 한 편의 논문도 없었고 1990년대도 단 한편의 논문만 있었던 것과 비교한다면 짧은 기간 매우 놀라운 증가가 아닐 수 없다. 이러한 선거와 정당에 대한 연구자들의 관심 증가는 2001년 하원의원 선거를 통하여 타이락타이당을 기반으로 집권에 성공한 탁씬 정부가 2005년의 선거에서 태국 역사상 처음으로 단일정당의 의회 과반 이상 의석 확보라는 결과를 얻으며 재집권에 성공한 정치적 환경의 변화와 깊은 연관성이 있다고 생각된다. 아울러 연구자들 가운데 정당정치에 대한 주제로 박사학위를 받은 이병도(2000a)와 이동윤(2002a) 두 연구자의 왕성한 연구활동도 선거와 정당에 관한 연구물의 괄목할 만한 증가와 직결된다. 정당/선거에 관한 12편의 논문 중 이병도가 5편(42%), 이동윤이 4편(33%)을 게재한 사실에서도 이를 확인할 수 있다.

12편의 논문 중 선거에 관한 논문은 4편(차상호 2002 ; 이병도 2003 ; 이동윤 2005, 2006)이었다. 차상호의 논문은 2001년 하원의원 선거와 탁씬 정부에 대한 내용을 다루고 있고, 이동윤(2005)은 2005년 하원의원 선거를 통하여 태국 선거과정의 변화와 지속성에 대하여 논의하고 있다. 이병도는 선거자금에 관한 연구에서 선거 관련 일반법규, 선거비용 및 기부금의 규제, 선거자금의 투명성 및 정부 보조금에 관해 논의하고 있다. 이동윤(2006)은 1992년 민주화 이후 태국의 선거과정에서 심화되고 있는 남부지방의 지역주의에 대하여 분석하고 있다. 연구자료에 관하여는 이병도와 차상호는 문헌자료에 기초하여 법·제도적 및 서술적인 접근법을 사용하고 있는 반면 이동윤의 논문들은 문헌자료와 함께 연구를 위한 현지조사를 통한 자료들을 함께 사용하였다. 4편의 연구 모두 태국어 자료를 활용하고 있다. 정당에 관한 논문은 12편 중 5편(진영재 2000 ; 이병도 2000b, 2001, 2004a ; 이동윤 2003a)이었다. 진영재는 민주화 과정에서 태국 정당정치의 특성에 대하여 논의하고 있다. 문헌자료를 기초로 역사적·서술적 접근법을 채택하고 있으며, 태국어 자료는 사용하지 않았다. 이병도는 세 편의 논문에서 각각 정당정치의 제도화 수준, 태국의 정치문화와 정당정치, 그리고 정당의 정치자금에 관해 분석하고 있다. 세 편 모두 태국어 자료를 포함한 문헌자료를 사용하였고, 역사적·서술적 및 법·제도적 접근법을 채택하고 있다. 이동윤은 태국 정당정치의 변동과정과 민주주의의 발전경로를 '경쟁성'(competitiveness)과 '안정성'(stability)이라는 개념을 중심으로 변화와 지속성의 차원에서 설명하고 있다. 기존의 이론적 논의와 선거 관련 통계들을 활용하여 이론지향적인 접근법을 채택하고 있으며, 태국어 문헌도 포함하고 있다.

12편 중 나머지 3편은(이병도 2002 ; 김홍구 2007 ; 이동윤 2008)은 선거와 정당을 동시에 다루고 있는 논문들이다. 이병도는 1932-2001년 기간 중 태국의 선거제도와 정당체계가 어떻게 변화되어 왔는지를 문헌자료와 함께 서술적·역사적·제도적 방법을 통해 살펴보고 있다. 김홍구는 1997년 개정된 헌법에 따른 정치구조의 특징들이 2000년 이후 몇 차례의 선거를 치르면서 어떻게 변화되었는지 고찰하고 있다. 태국어 자료를 포함한 문헌들과 선거통계 등을 통하여 이론지향적인 접근을 시도하고 있다. 이동윤은 민주화 이후의 선거제도와 정당정치에 관하여 한국과 태국 두 나라를 비교하고 있다. 역시 문헌자료와 함께 이론지향적인 접근방법을 채택하고 있으며, 태국어 문헌도 포함하고 있다.

정치변동과 민주화에 관한 6편의 논문(김영애 2000 ; 이동윤 2002b, 2007 ; 김홍구 2003a ; 최경희 2006 ; 박사명 2007) 중 김영애의 논문을 제외한 나머지 다섯 편은 모두 태국의 민주화 과정에 초점을 맞추고 있다. 나라이 왕대의 정치변동을 고찰하고 있는 김영애의 연구는 17세기 나라이 왕의 통치 하에서 관료체계와 대외관계의 변화를 중심으로 당시의 정치변동을 설명하고 있다. 역사적·서술적 접근방법으로 태국어를 포함한 문헌자료들을 활용하고 있다.

이동윤의 2002년 논문은 1973년과 1992년 민주화 과정에서 태국의 국가-시민사회 관계에 초점은 맞추어 논의하고 있다. 서술적·역사적 접근법을 채택하고 있으며, 태국어 자료는 포함되지 않았다. 2007년의 논문은 탁씬 정부 출범 이후 민주주의 이행 및 공고화 대 민주주의 퇴보 사이의 논쟁을 이론적으로 점검하고 있다. 따라서 이론지향적 접근법을 사용하고 있으며, 연구를 위한 현지조사도 수행되었다. 김홍구는 태국의 경제발전, 사회구조의 변화, 그리고 정치변동으로 이어지는 연결고리를 정치변동의 주요 행위자인 '군, 기업가, 정당, 시민사회 운동세력, 국왕' 등을 중심으로 고찰하고 있다. 문헌자료에 기초한 역사적·서술적 접근법을 채택하고 있으며, 태국어 자료도 사용하고 있다.

최경희(2006)의 연구는 동남아 4개국(인도네시아, 말레이시아, 필리핀, 태국)에서 정치체제의 민주성을 결정하는 요인을 경험분석을 통하여 찾아내고자 하는 연구이다. 통계자료들을 활용하여 인과관계를 규명하기 위한 이론지향적 접근법을 채택한 비교연구이다. 태국어 자료는 포함되지 않았다. 박사명(2007)의 연구 역시 태국, 인도네시아, 말레이시아, 필리핀 등 4개국의 비교연구이다. 경제적 요인으로 촉발된 위기관리를 주도하는 리더십의 개인적 역량을 독립변수로, 제도적 조건을 매개변수로 설정하여 경제개혁과 정치개혁의 전개과정을 분석하고 있다. 이론지향적인 접근법을 채택하고 있으며, 태국어 문헌은 사용되지 않았다.

외교정책과 국제관계에 대한 4편의 논문(황규희 2003 ; 이동윤 2004 ; 차상호 2006, 2008)은 모두 문헌자료에 기초한 역사적·서술적 접근법을 채택하고 있으며, 이동윤의 연구만 현지조사가 수행되었다. 차상호의 논문은 각각 아유타야 시대의 태국과 네덜란드 및 태국와 영국의 관계에 대한 연구이다. 황규희의 연구는 쑤코타이 왕국(1238-1438) 이후 2003년 탁씬 정부 시기까지의 태국과 중국의 관계에 대한 역사적 고찰을 시도하고 있다. 역사적·서술적 접근법을 채택하고 있으며, 태국어 사료도 사용하고 있다. 이동윤은 2003년 1월 발생한 캄보디아인들에 의한 프놈펜의 태국 대사관 피습사건을 중심으로 태국과 캄보디아 관계의 역사적 변화와 역동성을 살펴보고 있다. 문헌자료를 이용한 역사적·서술적 접근법과 함께 현지조사도 병행하고 있으며, 태국어 자료도 활용하였다.

시민사회와 여성에 대한 4편의 논문(황규희 2000, 2005, 2007 ; 김홍구·윤진표

2002) 중 김홍구 · 윤진표의 논문만 시민사회에 관한 것이고 황규희의 세 편의 논문은 모두 태국 여성과 관련된 내용들이다. 김홍구 · 윤진표의 논문은 시민사회와 민주주의에 대한 이론적 논의를 기초로 태국과 인도네시아의 시민사회 운동을 비교하고 있다. 문헌자료에 기초한 비교연구로서 역사적·서술적 접근법을 채택하고 있으며, 태국어 자료는 사용되지 않았다. 황규희의 논문은 IMF 체제 하에서의 태국 여성의 지위, 1932년 이후 태국 여성의 정치참여와 관련된 논의, 1970년대 이후 여성단체들의 정치참여 등에 대하여 다루고 있다. 세 논문 공히 문헌자료에 기초하여 역사적 · 서술적 접근법을 사용하고 있으며, 태국어 문헌도 활용하고 있다.

군부에 관한 2편의 논문(김홍구 2003b ; 이동윤 2003b)은 모두 태국의 민-군 관계에 초점을 맞추고 있다. 김홍구의 연구는 1980년대 이후 민-군 관계의 변화에 중점을 두고 있는 한편 이동윤은 1932-2003년 사이 민-군 관계의 변화과정과 내용을 고찰하고 있다. 두 논문 모두 문헌자료를 사용한 역사적 접근방법을 취하고 있으며, 태국어 자료도 활용하고 있다.

정치제도와 지방자치에 대한 2편의 논문 중 송경아(2007)는 정치제도에 대하여, 이병도(2004b)는 지방자치에 대해 논의하고 있다. 이병도는 아유타야 시대에서 현대까지 태국 지방자치의 변화와 발전 및 지방자치의 구조와 조직 등에 대하여 논의하고 있다. 문헌자료들을 역사적 · 서술적 방법으로 설명하고 있으며, 태국어 자료도 활용하였다. 송경아의 연구는 2006년 9월의 군부 쿠데타 이후 태국의 정치현실에 대하여 민주적 제도가 만들어낸 비민주적 정치라고 설명하며 태국의 정치를 '신생민주주의의 제도적 역설'이라고 평가하고 있다. 문헌자료들을 법적 · 제도적 접근방법을 사용하여 분석하고 있으며, 태국어 자료는 활용되지 않았다.

종족갈등과 종교문제에 대한 2편의 논문(김영애 2003 ; 이병도 2008) 모두 태국 남부지역의 말레이 무슬림과 관련된 연구들이다. 김영애의 논문은 태국 남부 국경지역의 말레이 무슬림들에 대한 태국 정부의 통합정책을 1960년 이전과 이후로 나누어 고찰하고 있다. 태국어를 포함한 문헌자료들을 역사적·서술적 방법으로 고찰하고 있다. 이병도의 연구는 2004년 이후 더욱 심화된 남부 무슬림 지역의 폭력사태와 관련한 구조적 및 이념적 요인에 대하여 분석하고 있다. 서술적 접근방법을 사용하고 있으며, 태국어를 포함한 문헌자료들을 활용하였다.

마지막으로 기타의 카테고리에 포함된 경제자유화에 관한 박은홍(2008)의 논문은 1980년대 후반에 시작된 태국의 정치적·경제적 자유화가 지배계급이 직접 지배하는 민주주의에 이르기까지의 과정을 시장국가의 형성–진화–절정–위기라는 관점에서 설명하고 있다. 문헌자료들을 이론지향적 접근법으로 분석하고 있으며, 태국어 자료도 활용하였다.

연구주제별로는 〈표 2〉에서 볼 수 있듯이 2000년대 출간된 33편의 논문들 중 정당과 선거에 대한 연구가 12편(36%)으로 가장 많았고 정치변동과 민주화에 관한 연구가 6편(18%)으로 그 뒤를 이었다. 이 두 주제의 논문이 33편의 1/2이 넘는 18편(54%)을 차지한다는 사실에서 2000년대 태국 정치를 연구하는 한국 학자들의 가장 높은 관심을 끈 주제를 파악할 수 있다. 그 다음으로는 외교정책/국제관계 및 시민사회/여성의 카테고리가 각각 4편(12%)씩의 논문을 포함하고 있다. 군부, 정치제도/지방자치, 종족갈등/종교문제 등의 주제는 각각 2편(6%)씩의 논문이 있으며, 경제자유화에 대한 논문이 1편이었다.

연구주제와 관련된 변화에서 특이한 점은 앞서 설명한 정당과 선거에 관한 논문의 획기적 증가와는 달리 급격히 감소한 연구주제들도 있다는 사실이다. 그 예로서 1980년대와 1990년대 연구자들의 관심을 끌었던 주제인 국왕 및 관료와 정치 엘리트에 대한 연구는 2000년 이후 한 편도 찾아볼 수 없다. 군부에 관한 연구도 1990년대 5편에서 2000년대에 와서는 2편으로 감소했으며, 정치문화에 대한 연구도 없었다.

연구자료와 관련하여 문헌자료 이외에 통계자료 및 현지조사 자료를 활용한 논문은 33편 중 5편(15%)이었고 28편(85%)의 논문이 문헌자료만을 사용하였다. 연구방법에 있어서는 22편(67%)의 논문이 전통적인 접근법인 서술적·역사적 및 법·제도적 방법을 사용한 반면 11편(33%)의 논문이 이론지향적인 접근법을 채택하였다. 이는 1990년대 이론지향적 접근을 한 5편(23%)과 비교했을 때 논문의 수로는 두 배 이상, 비율로는 10% 이상 증가한 것이다. 또한 33편의 논문 중 태국을 다른 아시아 국가들과 비교한 연구도 4편으로 1990년대보다 두 배로 증가했다. 〈표 3〉에서 보듯이 이 시기 개인별로 발표한 논문의 수는 이동윤(8편, 24%), 이병도(7편, 21%), 김홍구(4편, 12%), 차상호/황규희(각각 3편, 9%)의 순서로 나타났다.

〈표 4〉를 보면 지역 전문성과 관련하여 태국어 자료를 사용하고 있는 연구가 33편 중 27편(82%)이고, 6편(18%)의 연구가 현지어 문헌을 활용하지 않았다. 현지조사를 수행한 연구는 4편으로 1990년대의 1편보다 네 배로 증가했다.[12] 따라서 지역 전문성 부분에서도 2000년대 이후의 연구들이 과거와 비교하여 더 개선된 것을 알 수 있다.

VI. 평가와 제언

지금까지 한국 학자들의 태국 정치에 대한 학술논문들을 여러 분류기준에서 살펴보았다. 1988년에서 2008년까지 20년간 학술지에 출간된 태국 정치 관련 논문들에 대한 분류기준별 간략한 평가와 그에 따른 제언을 아래와 같이 제시하고자 한다.

첫째, 지난 20년간 태국 정치 관련 학술논문의 양적 증가 및 질적 향상은 모두 괄목할 만한 것이었다. 특히 1990년대와 2000년대의 학문적 성과는 매우 뛰어난 것으로 평가된다. 아울러 1988년 창간된 『한국태국학회논총』은 한국에서의 태국 정치 연구에 촉매제 역할을 하였다. 이러한 점에서 한국태국학회의 역할과 기능이 매우 중요하다는 사실을 다시 한 번 확인할 수 있다. 따라서 태국 관련 학문적 연구의 지속적인 성과를 위해서 한국태국학회가 더욱 강화되고 발전되어야 할 것이다. 아울러 학회지인 『한국태국학회논총』을 더욱 훌륭한 전문 학술지로 발전시킬 수 있는 구체적 방안을 마련하여 실천해야 할 것이다.

둘째, 학술논문을 게재한 학술지의 경우 태국학회가 주도하는 『한국태국학회논총』이 차지하는 비중이 53%로 너무 높다. 반면 정치학 전문 학술지인 『국제정치논총』이나 『한국정치학회보』에 실린 논문은 상대적으로 너무 낮은 비율(11%)이다. 이는 태국 정치에 대한 연구라는 점을 감안하더라도 개선의 필요성이 분명히 있다. 따라서 이러한 상황을 변화시키기 위해서는 태국 정치의 연구자들은 태국이나 동남아 관련 학술지뿐만 아니라 정치학 전문 학술지에도 논문의 투고를 늘릴 것을 제안한다. 이는 정치학자 일반에게 태국 정치를 알릴 수 있는 학문적 기회를 증가시키는 것이기도 하다.

셋째, 지난 20년간 연구주제의 변화를 살펴보면 매우 다양한 양상들이 나타나고 있다. 특히 정치적 상황 및 시대적 요구의 변화에 따라 연구자들의 관심영역도 변화하는 것을 확인할 수 있었다. 태국의 민주화가 본격적으로 진행되기 이전에는 군부, 국왕, 관료와 정치 엘리트에 대한 관심이 높았지만 민주화 이후에는 정치변동, 민주화, 정당과 선거 등이 더욱 많은 관심을 끌고 있다. 이와 관련한 제언으로는 상황의 변화나 필요를 무시할 수는 없지만 다양한 연구주제들이 학문적으로 다루어지도록 노력해야 할 것이다. 특히 20년간 6편의 외교정책 및 국제관계에 대한 연구가 있었지만 한-태 관계에 대한 학술적 연구결과물이 없는 점은 매우 아쉬운 부분이다.

넷째, 1990년대 이후 소장 및 중견 연구자들의 연구업적이 매우 돋보인다. 특히 태국어를 구사하면서도 정치학적 훈련을 받은 소수의 연구자들이 태국 정치 연구에 중추적인 역할을 감당하고 있음은 매우 고무적이다. 이와 관련해서는 이러한 연구추세가 지속될 수 있도록 학문적 후속세대를 양성하는 일에 많은 노력과 투자를 아끼지 말아야 할 것을 제언한다.

다섯째, 연구자료나 연구방법 및 현지조사 수행에 대한 사항은 지속적으로 개선되는 추세를 보이고 있지만 많이 부족한 편이다. 여전히 단순한 문헌자료들에 대한 의존이 높고 전통적 접근법에 편중되는 경향이 있다. 현지조사의 비율도 매우 낮은 편이다. 이를 개선하기 위해서는 이론적 논의나 통계자료의 활용 등 여러 다양한 연구자료들을 활용하고 좀더 이론지향적인 접근방법을 채택할 필요가 있다. 아울러 외부 연구비의 지원을 확보하여 현지조사를 위한 비용을 마련하는 것도 현지조사를 가능하게 하는 중요한 조건이 될 것이다.

종합하면 지난 20년간 한국 학자들의 태국 정치 관련 학술논문들은 장족의 발전을 거듭했다. 그럼에도 불구하고 이미 지적하였듯이 개선되어야 할 점들도 많이 있다. 그러한 측면에서 본다면 지나온 성과에 만족하여 정체되지 말고 더욱 분발하여 앞으로 나아갈 수 있도록 노력해야 할 것이다. 특히 태국 정치 연구자들의 연구방법에 있어 더욱 이론지향적인 접근법을 채택하는 것이 가장 시급한 과제라고 판단된다. 또한 태국이 아닌 다른 국가나 지역을 연구하는 비교정치학자들과의 교류를 확대하는 것도 태국 정치 연구의 지평을 넓히고 발전시킬 수 있는 좋은 방안이라고 생각된다.

참고문헌

김영애. 1989. "태국의 정치문화론 서설." 『한국태국학회논총』 제2호. 83-102.

______. 1998. "일제하의 태국과 민족주의-근대국가 건설과 관련하여." 『동남아연구』 제7권. 1-42.

______. 2000. "나라이 왕대의 정치변동에 관한 연구." 『동남아연구』 제8권. 23-55.

______. 2003. "말레이 무슬림에 대한 태국의 통합정책-1960년 이후를 중심으로." 『한국태국학회논총』 제10호. 209-249.

김홍구. 1991. "태국 왕권의 유형에 관한 연구." 『한국태국학회논총』 제4호. 93-116.

______. 1996. "태국불교와 정치적 정통성." 『동남아시아연구』 제4호. 57-92.

______. 1998. "입헌군주제하에서의 태국국왕의 카리스마(Charisma)와 정치적 역할 : 푸미폰국왕을 중심으로." 『한국태국학회논총』 제7호. 133-177.

______. 2003a. "태국의 사회구조 변화와 정치변동." 『동남아시아연구』 제13권 2호. 1-38.

______. 2003b. "태국의 민-군 관계 변화 : 1980년대 이후를 중심으로." 『한국태국학회논총』 제10호. 251-279.

______. 2007. "태국의 선거와 정치구조의 변화." 『동아연구』 제53집. 175-217.

김홍구 · 윤진표. 2002. "태국과 인도네시아의 시민사회운동 비교." 『한국태국학회논총』 제9호. 89-133.

문인원. 1988. "태국의 근대화와 관료엘리트의 역할." 『한국태국학회논총』 제1호. 173-196.

______. 1989. "라마5세의 근대화 정책." 『한국태국학회논총』 제2호. 133-145.

박사명. 2007. "동남아의 위기극복과 정치리더십 : 태국, 인도네시아, 말레이시아, 필리핀의 비교연구." 『동아연구』 제53집. 145-183.

박은홍. 2008. "타이 : 경제자유화와 '지배하는 지배계급' 의 민주주의." 『한국태국학회논총』 제15호. 31-66.

서경교. 1992-1993. "태국의 민주화과정(1980-1992)에 대한 일고찰." 『한국태국학회논총』 제5호. 157-174.

______. 1993. "군부의 정치퇴진에 관한 비교연구 : 태국, 필리핀, 한국의 경우." 『한국정치학회보』 제27집 2호. 29-313.

______. 1994. "태국군부의 정치개입 원인에 관한 고찰." 『동남아시아연구』 제3호. 127-148.

______. 1997. "태국과 필리핀의 민주화 비교연구." 『국제정치논총』 제36집 3호. 355-381.
______. 2008. "한국에서의 태국정치 연구." 85-111. 한국태국학회 편. 『한 · 태관계의 어제와 오늘』. 부산 : 한국태국학회.
송경아. 2007. "민주적 제도, 비민주적 정치, 군사쿠데타 : 태국의 정치현실을 통해 본 신생민주주의의 제도적 역설." 『동아연구』 제53집. 221-254.
송인서. 1990. "라마1세의 즉위배경." 『한국태국학회논총』 제3호. 73-90.
______. 1992-1993. "타이의 황태자제 성립에 대한 일고찰." 『한국태국학회논총』 제5호. 35-48.
신명순. 2000. "한국에서의 비교정치연구의 변화와 과제." 13-42. 한국정치학회 편. 『21세기의 비 교정치학』. 서울 : 삼영사.
신윤환. 1998. "한국의 비교정치연구와 지역연구 : 비판적 검토." 이상섭 · 권태환 편. 『한국의 지역 연구 : 현황과 과제』. 445-467. 서울 : 서울대학교출판부.
윤진표. 1996. "태국과 인도네시아의 군부 비교연구." 『국제정치논총』 제36집 2권. 273-298.
이동윤. 2002a. "동남아시아의 정당정치와 민주주의 : 필리핀, 태국, 인도네시아의 사례 비교." 연세대학교 박사학위논문.
______. 2002b. "태국의 국가-시민사회 관계와 민주화과정 : 1973년과 1992년의 민주화과정 비교." 『동아연구』 제43집. 50-74.
______. 2003a. "태국의 정당정치와 민주주의 : 변화와 지속성." 『한국정치학회보』 제37집 3호. 265-290.
______. 2003b. "태국의 민군관계 변화와 정치발전." 『한국태국학회논총』 제10호. 309-352.
______. 2004. "태국-캄보디아 관계의 역사적 변화와 역동성 : 2003년 1월 폭력사태를 중심으로." 『한국태국학회논총』 제11호. 99-143.
______. 2005. "태국 선거과정의 변화와 지속성 : 2005년 하원의원선거를 중심으로." 『동남아시아연구』 제15권 2호. 259-299.
______. 2007. "민주주의 공고화와 퇴보사이에서 : 태국의 탁씬 정부와 민주주의 논쟁." 『국제정치논총』 제47집 2권. 173-196.
______. 2008. "선거제도와 정당정치, 그리고 민주주의 : 한국과 태국의 비교 연구." 『한국태국학회논총』 제15권 1호. 141-170.
이병도. 1988. "태국 관료제의 분석." 『한국태국학회논총』 제1호. 197-214.
______. 1990. "태국 남부 쏭클라 국립대학교 학생들의 민주정치의식에 대한 고찰." 『한국태국학회논총』 제3호. 123-154.
______. 1991. "태국 정부의 대「캄보디아」문제에 관한 정책." 『동남아연구』 제1호. 143-157.
______. 1993. "태국의 정치적 유산-관료제." 『동남아연구』 제2호. 91-105.

______. 1994-1995. “태국「아유타야」왕조의 정치적 권력투쟁에 관한 연구.”『한국태국학회논총』제6호. 15-34.

______. 1997. “태국의 이슬람과 정부.”『동남아연구』제6호. 59-84.

______. 1998. “태국의 정당정치와 민주주의의 발전에 관한 연구.”『한국태국학회논총』제7호. 179-208.

______. 2000a. “태국 정당정치의 변동과 제도화 수준에 관한 연구.” 한국외국어대학교 박사학위논문.

______. 2000b. “태국 정당정치의 제도화 수준.”『한국태국학회논총』제8호. 131-164.

______. 2001. “태국의 정치문화와 정당정치.”『동남아연구』제9호. 243-280.

______. 2002. “태국의 선거제도와 정당체계.”『동남아시아연구』제12권 1호. 45-79.

______. 2003. “태국의 선거자금에 관한 연구.”『한국태국학회논총』제10호. 352-386.

______. 2004a. “태국 정당의 정치자금에 관한 연구.”『동남아시아연구』제14권 1호. 41-85.

______. 2004b. “태국의 지방자치에 관한 연구.”『동남아연구』제13호. 193-218.

______. 2008. “태국 남부 이슬람지역 폭력사태의 구조적·이념적 요인.”『동남아연구』제17권 2호. 187-218.

진영재. 2000. “태국 정당정치와 민주주의의 공고화.”『국제정치논총』제40집 4호. 205-204.

차상호. 1988. “제2차 세계대전 중 태국의 항일자유타이운동에 관한 연구.”『한국태국학회논총』제1호. 145-172.

______. 1991. “피분(Phibun)의 랏타니욤(Rataniyom)정책에 관한 연구.”『한국태국학회논총』제4호. 23-51.

______. 1994. “태국의 1992년 5월 민주화 사태와 정치현실.”『동남아연구』제3호. 151-177.

______. 1994-1995. “태국정치위기의 갈등 양상(1932-1957).”『한국태국학회논총』제6호. 67-94.

______. 1998. “「찻차이」연립정부와 태국민주정치.”『한국태국학회논총』제7호. 223-240.

______. 2002. “2001년 태국의 하원의원 선거와 탁씬 정부.”『동남아연구』제10호. 187-216.

______. 2006. “아유타아시대 태국과 네덜란드와의 관계(1602-1765).”『한국태국학회논총』세13호. 119-141.

______. 2008. “아유타야시대 태국과 영국과의 관계(1612-1688).”『동남아연구』제17권 2호. 219-243.

최경희. 2006. “인도네시아, 밀레이시이, 필리핀, 태국의 정치체제민주성 결정요인에 관한 경험분석.”『동남아시아연구』제16권 2호. 67-114.

황규희. 1988. “태국의 군부와 정치발전.”『한국태국학회논총』제1호. 215-232.

______. 1989. "태국 학생운동에 관한 연구-역사적 approach." 『한국태국학회논총』 제2호. 103-132.

______. 1992-1993. "태국 군부의 정치개입 원인 분석 1976년 군부쿠데타." 『한국태국학회논총』 제5호. 49-99.

______. 2000. "IMF 관리체제하에서 태국여성의 지위." 『한국태국학회논총』 제8호. 237-257.

______. 2003. "태국의 대중국 관계 : 역사적 고찰." 『한국태국학회논총』 제10호. 449-479.

______. 2005. "태국여성의 정치참여." 『한국태국학회논총』 제12호. 149-177.

______. 2007. "태국의 여성단체와 정치참여." 『한국태국학회논총』 제14호. 73-104.

주

1 본 연구의 기초가 되었던 아이디어는 2008년 8월 한태수교 50주년을 기념하기 위해 태국 방콕에서 개최된 국제학술대회에서 발표했던 논문인 "한국에서의 태국 정치 연구"였다. 최초의 논문에서는 태국 정치 관련 단행본, 석박사학위 논문, 일반 학술논문 등 세 가지 카테고리를 모두 다루어 전반적인 개관만을 살펴본 반면, 본 연구는 일반 학술논문만으로 그 범위를 한정하여 한국 학자들의 태국 정치 연구의 내용과 특성에 대한 더욱 심층적인 분석을 목표로 하고 있음을 밝혀둔다.

2 이 점에 대하여 태국인들은 대단한 자긍심을 지니고 있는 것으로 파악된다. 물론 서구 열강들의 틈바구니에서 약소국으로서의 어려움이 없었던 것은 아니지만 특히 영국과 프랑스 사이에서 탁월한 외교적 역량을 발휘함으로써 식민국가로 전락하지 않고 독립을 유지할 수 있었다.

3 이 외 다른 학술지들 중에서도 간혹 태국 정치와 관련된 논문들을 게재하는 경우가 있으나 그 수가 많지 않음을 감안하여 위에서 언급한 학술지들에 한정하여 살펴보기로 하겠다.

4 단, 연구의 편의를 위하여 타이어나 영어로 작성된 논문은 포함시키지 않았고 한글로 작성된 논문만을 연구대상으로 하였음을 밝힌다.

5 각 시기별 더욱 자세한 내용에 대한 분석은 뒤의 3–5절에서 논의될 것이다.

6 이러한 분류방법은 신윤환(1998)과 신명순(2000)의 연구에서 사용된 것을 참고로 하여 연구자가 수정한 것임을 밝힌다.

7 1968년 문교부(현재의 교육과학기술부에 해당)의 해외개발 연구사업의 일환으로 발행된 『태국문제에 관한 연구보고서 : 경제 사회 문화』와 1972년 한국외국어대학교 석사학위 논문으로 제출된 김영애의 "제2차 세계대전의 시기를 중심으로 한 타일랜드 외교정책(1940–1946) : 독립 유지를 위한 역사적 고찰" 등이 1980년대 이전 출간된 연구물이다. 더욱 자세한 사항은 서경교(2008)를 참조하기 바람.

8 제출된 학위 논문들에 대한 자세한 사항은 서경교(2008)를 참조하기 바람.

9 이러한 차이점을 통해 학부에서 태국어를 전공한 학자들의 경우 좀더 전통적인 연구방법을 선호하는 경향이 있는 반면, 학부에서 정치학을 전공한 경우 좀더 이론지향적인 접근법을 추구하는 것이 아닌가 하는 유추를 하게 된다. 그러나 이를 일반화시키기에는 많은 위험성이 있음 또한 지적하지 않을 수 없다. 또한 후자의 학자들의 경우 현지어를 구사하지 못함으로 인한 지역전문성의 부족 역시 지적되어야 할 점이다.

10 단, 이병도(1994–1995)의 논문은 서술적이면서도 제도적인 접근법을 취하고 있다고 평가할 수 있다.

11 1980년대와 1990년대 발표된 총 29편의 학술적 논문 중 유일하게 현지에서 설문조사라는 수단을 통해 자료를 확보하여 연구결과물을 도출해냈다는 점에서 그 의의가 더욱 크다.

12 현지조사를 수행한 네 편의 논문이 모두 외부의 연구지원을 받은 과제라는 점에서 현지조사

를 위한 비용이 현지조사 여부에 중요하게 작용함을 알 수 있다.

제2부

한국 정치현상의 쟁점

제6장

민주화 이후 한국 정치에서 자유민주주의와 법치주의의 충돌*

강정인(서강대학교)

I. 글을 시작하며

서구의 정치(사상)사를 볼 때 발생사적으로 자유민주주의와 사회민주주의는 구분되지만 오늘날 민주주의 국가들을 살펴보면 서구 선진국가에서는 물론 전세계적으로도 자유민주주의와 사회민주주의는 그 이념적·정책적 수렴이 이루어지고 있음을 확인할 수 있다. 따라서 필자는 '헌정체제상'으로 양자를 구분할 커다란 실익이 없다는 입장을 취하고 그 논거를 간략히 제시할 것이다. 아울러 우리 헌법에 나타난 자유민주주의와 사회민주주의의 수렴현상을 확인하기 위해 헌법의 경제 관련 조항을 간략히 일별할 것이다. 이어서 우리 헌법의 해석에 있어서 일반적으로 민주공화국의 '민주', '민주적 기본질서', '자유민주주의', '자유민주적 기본질서'의 의미에 커다란 차이가 없다고 생각되지만, '민주적 기본질서'와 '자유민주적 기본질서'라는 구절들이 들어간 조항들이 명문화

* 본 논문은『법학』(서울대학교 법학연구소) 제49집 3호(2008)에 수록된 것을 전재한 것임을 밝힙니다.

된 당시의 입법연혁(또는 정치사)을 살펴보았을 때 '자유민주적 기본질서'는 '민주적 기본질서'에 비해 강한 반공주의를 내포하고 있으며, 오늘날 그 유산이 정치는 물론 법체계에서도 지속되고 있다는 점을 지적할 것이다. 또한 노무현 대통령 탄핵사건 및 행정수도 이전에 관한 헌법재판소의 판결과 관련하여 두 사건을 정치학계 일각에서 주장하는 것처럼 민주주의와 법치주의의 충돌로 볼 수 있는지 검토한 후, 이 두 사건을 민주주의와 법치주의의 본격적인 충돌로 보기는 어렵다는 필자의 의견을 밝힐 것이다. 마지막으로 한국 정치에서 필자가 우려하는 민주주의와 법치주의의 충돌을 민주주의와 자유주의의 충돌이라는 관점에서 논할 것이다.

II. 어떤 민주주의인가 : 자유민주적 기본질서와 민주적 기본질서

1. 자유민주주의와 사회민주주의는 구분되는가

서구의 정치사를 볼 때 '이념'적으로 자유민주주의가 자유주의로부터, 사회민주주의가 사회주의로부터 출발했다는 기원상의 차이점은 명백히 존재한다. 그러나 오늘날 대부분의 사회민주주의 체제가 자유민주주의 체제 내에서 자유민주주의의 헌정적 틀—다당제에 바탕을 둔 대의제도, 기본적 시민권의 보장, 권력분립, 선거를 통한 정권교체 등—을 수용하면서 발전해 왔기 때문에 '체제' 면에서 자유민주주의와 사회민주주의를 구분하기란 대단히 어렵다.

좀더 자세히 살펴보면, 우선 서구의 선진 민주국가들에서 목격되는 것처럼 자유민주주의를 표방하던 정당과 사회민주주의를 표방하던 정당들 간에 일어나고 있는 이념적·정책적 수렴현상을 들 수 있다. 나라마다 차이가 있겠지만 오늘날 사회민주주의를 운위할 수 있는 대부분의 서구 선진국가에서는 보수적인 또는 자유주의적인 정당들 역시 제2차 세계대전 종결 이후 복지국가 또는 수정자본주의의 이념을 받아들여 사회보장제도를 도입하고 확충하는 데 노력을 기울여 왔기 때문에 사회민주주의 정당과 비교할 때 정책과 정강에서 사실상 커다란 차이가 없다. 마찬가지로 대부분의 사회민주주의 정당 역시 비효율성, 관료제의 비대 등을 이유로 국유화 강령, 계획경제의 강화 등 사회주의의 본격적인 실현을 목표로 추진되는 정책들을 폐기함으로써 두 세력들은 어느 정도 정책적 수렴현상을 보여 왔다. 아울러 냉전종언 이후 신자유주의의 전세계적 확산으로 인한 이념적 지형의 변화와 함께 종래 진보적인 사회민주주의 정당들 역시 '제3의 길' 또는 '생산적 복지' 등을 주장하면서(기존 복지정책의 후퇴를 포함하여) 우경화된 노선으로 방향전환을 시도했기 때문에 기존에 관찰되던 수렴현상은 더욱 더 현저해지고 있다.

둘째, 현실정치에서 사회민주주의라는 독특한 정치체제를 식별해내기가 어렵다는 점을 지적하지 않을 수 없다. 예를 들어 우리는 가령 "전후 서독 또는 최근의 통일 독일에서 기독교민주연합이 집권하면 자유민주주의 체제이고 사회민주당 등 좌파연합이 집권하면 사회민주주의 체제라고 구분하는 것이 설득력을 갖는가?"라는 질문을 제기해 볼 수 있다. 이런 질문을 영국, 이탈리아, 프랑스, 스웨덴, 덴마크 등에 대해서도 제기할 수 있을 것이다. 만약 이런 질문에 긍정적으로 답한다면 이들 국가에서 보수적인 정당이 집권하다가 좌파정당이 선거를 통해 집권하면 그 체제는 사회민주주의 체제로 전환한 것이고, 반대로 좌파정당이 집권하다가 보수세력이 선거를 통해 집권하게 되면 이제는 자유민주주의 체제로 전환한 것이라는 주장 역시 긍정하지 않을 수 없을 것이다. 그렇게 되면 논리적으로 해당 국가가 동일한 헌정체제를 유지하면서도 유동적이고 우발적인 선거결과에 따라 자유민주주의 체제와 사회민주주의 체제를 오락가락한다는 결론이 나온다. 그러나 이 국가들의 정치현상을 관찰해 볼 때, 집권정당의 변화에도 불구하고 이 국가들의 헌정체제는 물론 대부분의 정책 역시 커다란 변화가 없었다. 의미심장한 차이를 꼽는다면 단지 복지정책에서 비교적 여러 변화가 있었다는 점 정도를 들 수 있을 뿐이다. 요컨대 자유민주주의를 표방하는 세력과 사회민주주의를 지향하는 세력은 각각 자유주의와 사회주의라는 상이한 이데올로기를 배경으로 출발했지만, 적어도 오늘날 서구 선진 민주국가의 현실에서는 선거에서 승리하기 위해 정책적으로나 이념적으로 수렴해 가는 현상을 보이고 있다.

지금까지의 논의를 종합할 때 자유민주주의와 사회민주주의를 체제 면에서 구분하는 것은 현재로서는 커다란 실익이 없다는 것이 필자의 소견이다. 나아가 우리나라 대부분의 헌법학자들 역시 제6공화국의 헌법이 사회민주주의를 수용할 수 있는 것으로 해석한다(성낙인 2008, 133 ; 정종섭 2007, 195 ; 홍성방 2008, 91-93). 예컨대 헌법 「전문」(前文)에 선언된 "국민생활의 균등한 향상"이라는 구절, 인간의 존엄과 가치, 행복추구권 및 평등권을 선언한 제10-11조, 재산권 행사를 공공복리나 공공필요에 따라 제한할 수 있게 한 제23조의 재산권 조항, 근로의 권리 및 최저임금제 시행을 규정한 제32조, 사회보장제의 실시를 규정한 제34조, 국민보건에 대한 국가의 보호를 규정한 제36조, 그리고 마지막으로 시장경제질서를 존중하면서도 다양한 목적으로 기업의 국유화, 부분적인 계획경제의 도입 및 경제민주화를 규정한 제119조에서 제127에 이르는 경제 관련 조항은 현행 헌법 하에서도 상당한 수준에서 사회민주주의적 개혁이나 정책을 가능케 하는 것으로 보인다. 따라서 한국 정치 역시 헌법개정 없이도 이른바 사회민주주의에서 강조하는 사회경제적 불평등을 해소할 수 있는 방향으로 성장 · 전화하는 것이 가능할 것이다. 헌법학자들이 우리 헌법의 기본원리로 "사회복지국가 원리", "사회국가 원리", 사회경제질서의 원리로 "사회복지주의", "사회적 시장경제주의" 등을 제시하는 것도 필자의 해석을 뒷받침한다(성낙인 2008 ; 홍성방 2008 ; 김철수 2006).

2. 우리 헌법에 나타난 자유민주적 기본질서와 민주적 기본질서

현행 헌법에서는 제1조 1항의 '민주공화국'이라는 표현 이외에도 '민주적 기본질서'와 '자유민주적 기본질서'라는 용어를 사용하고 있는데, 양자의 관계를 어떻게 볼 것인가, 구분의 실익이 있는가에 대해서는 헌법학자들 사이에 의견이 분분하다.[1] 헌법 「전문」(前文)은 "… 자율과 조화를 바탕으로 자유민주적 기본질서를 더욱 확고히 하여"라고 하고, 제4조는 "… 자유민주적 기본질서에 입각한 평화적 통일정책을 수립하고 이를 추진한다"고 하여 '자유민주적 기본질서'라는 용어를 사용하는 데 반해, 제8조 4항은 정당의 해산과 관련하여 "정당의 목적이나 활동이 '민주적 기본질서'에 위배될 때에는 … 헌법재판소의 심판에 의하여 해산된다"고 규정하고 있다. 아울러 흥미롭게도 현행 헌법 제32조 2항은 "국가는 근로의 의무의 내용과 조건을 민주주의의 원칙에 따라 법률로 정한다"라는 규정을 두고 있다.

필자는 헌법조항을 전체적으로 살펴볼 때 자유민주적 기본질서와 민주적 기본질서는 모두 우리 헌법이 궁극적으로 추구하는 가치라는 점에서는 큰 차이가 없다고 생각한다. 하지만 양자 가운데 어느 쪽이 더 강한 '방어적 민주주의'를 함축하고 있는가라는 점에서는 차이가 있다. 예컨대 서독 기본법에서 명문화된 정당조항과 기본권 상실 조항은 방어적 민주주의를 강조하기 위해 '자유민주적 기본질서'(freiheitliche demokratische Grundordnung)라는 용어를 사용하고 있는 데 반해, 우리 헌법의 정당조항은 방어적 민주주의의 취지로 '민주적 기본질서'라는 표현을 사용한다. 그런데 그 제정취지나 문구를 보면 '민주적 기본질서'가 오히려 서독 기본법의 번역어로 사용된 우리말의 '자유민주적 기본질서'에 비해 허용적이고 관용적인 성격이 강하다. 아래에서 구체적으로 논할 것처럼 「전문」과 제4조에서 평화적 통일정책과 호응하여 등장하는 '자유민주적 기본질서'는 북한을 의식하여 방어적 성격이 매우 두드러진다. 다시 말해 제8조 정당조항의

'민주적 기본질서'보다 「전문」과 제4조의 '자유민주적 기본질서'가 훨씬 강한 방어적 민주주의의 색채를 띠고 있다는 것이다.

민주적 기본질서와 자유민주적 기본질서를 구분하는 김철수 교수는 그 논거로 우리 헌정질서가 적극적으로 복지주의를 추구하는데, 만약 민주적 기본질서를 자유민주적 기본질서와 동일시하면 "사회민주적 기본질서에서 나온 복지주의를 배척하는 정당도 합헌이라는 곤란한 결과"가 나온다는 해석을 제시한다(김철수 2006, 116). 이런 해석에 담긴 진보적인 발상은 복지주의에 대한 김철수 교수 개인의 신념을 피력하는 것은 물론 우리 헌법조항들이 사회민주주의에서 주장되었던 복지주의를 많이 담고 있다는 점에서 상당한 설득력을 가지고 있다. 그러나 이런 해석은 민주적 기본질서를 자유민주주의와 사회민주주의의 공통개념으로 보는 김철수 교수 자신의 논리(김철수 2006, 113)와 모순되는 측면이 있다. 공통개념이라면 자유민주주의와 사회민주주의의 교집합을 의미하기 때문에 그 내용이 (양자의 최대공약수 선에서) '최소한'으로 설정되어야 할 것이다.[2] 그렇다면 역사적으로(발생사적으로) 사회민주주의가 자유민주주의와 비교할 때 큰 차이를 보이는 점인 사회적 기본권의 강조, 곧 사회적 정의와 복지의 추구—이것은 김철수 교수 역시 인정하고 있다—를 공통개념으로 상정하는 것은 논리적으로 무리가 있지 않은가?[3]

확인하건대 필자는 우리 헌법이 수정자본주의에 입각하여 사회적 기본권을 광범위하게 인정하고 있기 때문에 우리 헌법 하에서 사회민주주의를 추구하는 정당이 출현하여 집권하면서 정부의 적극적인 개입을 통하여 복지와 분배정책을 추구하더라도, 사유재산제도와 시장경제를 전면적 또는 원칙적으로 부정하지 않는 한, 그런 정책이 우리 헌법이 추구하는 '민주적 기본질서'는 물론 '자유민주적 기본질서'에 위배되지 않는다는 입장을 취한다. 그리고 국내의 많은 헌법학자들 역시 원칙적으로 필자와 비슷한 입장을 취하리라고 생각한다.

다른 한편 필자는 김철수 교수와 다른 이유로 사상사적인 차원 및 한국 헌법사적인 차원에서는 '자유민주적 기본질서'와 '민주적 기본질서'가 구분된다고 생각한다. 우리 헌법 「전문」에 '자유민주적 기본질서' (실제로는 '자유민주주의 기본질서')[4]라는 용어가 처음으로 들어간 것은 유신헌법 제정을 통해서이다. 그 전의 헌법 「전문」에는 '민주주의', '민주생활', '민주공화국' 등의 용어가 나오지만 '자유민주적 기본질서' 또는 '자유민주주의'라는 용어는 나오지 않았다. 헌법 「전문」에 '자유민주적 기본질서'가 최초로 삽입된 유신헌법의 「전문」에서 관련된 구절은 다음과 같다 : "유구한 역사와 전통에 빛나는 우리 대한국민은 3 · 1운동의 숭고한 독립정신과 4 · 19의거 및 5 · 16혁명의 이념을 계승하고 조국의 평화적 통일의 역사적 사명에 입각하여 '자유민주주의 기본질서'를 더욱 공고히 하는 새로운 민주공화국을 건설함에 있어서 … ." 여기서 새로 삽입된 "자유민주주의 기본질서를 더욱 공고히 하는" 과제는 "조국의 평화적 통일의 역사적 사명"과 연관되어 있다. 비록 「전문」에서 "평화적 통일" 운운하고 있지만 통일우선론, 통일에 대한 염원에 몰입하여 '자유민주주의 기본질서를 더욱 공고히 하는' 과제를 소홀히 해서는 안 되며, 자칫 소홀히 할 경우 제2공화국의 장면 정권에서처럼 혁신계와 학생들의 급진적인 통일논의 등을 통해 자유민주주의를 위협하는 정치적 혼란과 불안이 초래될 수 있다는 강한 우려와 경계심이 암시되어 있는 것이다.

그리고 현행 헌법의 「전문」 역시 유신헌법의 「전문」을 이어받아 또는 그 흔적으로서 "… 자유민주적 기본질서를 더욱 확고히 하여"라는 표현을 담고 있는데, 그 구절 앞에서 "… 조국의 민주개혁과 평화적 통일의 사명에 입각하여 … " 라고 하여 '민주개혁'이라는 단어가 추가되어 있기는 하지만 '자유민주적 기본질서'는 여전히 '조국의 평화적 통일'과 호응하고 있다. 마찬가지로 현행 헌법에 신설된 "… 자유민주적 기본질서에 입각한 평화적 통일정책을 수립하고 이를 추진한다"라는 제4조의 규정 역시 북한과의 통일을 위한 대화와 협상과정에서 야기될 수 있는 정치적 혼란은 물론 '통일 후의 정치체제를 둘러싼 이념적 논쟁과 혼란'을 염두에 두고 통일을 추진하더라도 '자유민주주의'는 결코 포기할 수 없다는 점을 못 박은 것이라 할 수 있다. 필자는 사회민주주의를 포함하는 넓은 의미의 자유민주주의 질서를 현실주의적 관점에서 수용하기 때문에 헌법의 이런 조항에 대해 반대하지는 않는다. 그러나 우리 헌법에서 '자유민주주의'의 동의어로서 나오는 '자유민주적 기본질서'는 북한을 의식한 대단히 방어적인 표현으로 사실상 강한 반공주의와 반북의식을 내포하고 있다는 점에서 주목할 필요가 있다.[5)]

그렇다면 '자유민주적 기본질서'가 명문화될 당시에 가졌던 구체적 의미는 무엇인가? 물론 오늘날 우리 헌법이 추구하는 궁극적 가치나 '자유민주적 기본질서'와 관련된 구절에 따르면, 우리는 북한의 인민민주주의는 배척할지언정 통일된(통합된) 한반도(조선반도)의 정치체제로서 형태상 연방제(국가연합, 흡수통일/통합)와 이념상 자유민주주의, 사회민주주의 또는 타협적으로 1국 2체제론(그러나 남한은 자유 또는 사회민주주의)을 받아들일 수 있을 것이다.[6)] 우리 헌법의 자유민주주의는 사회민주주의를 배척하지 않기 때문이다.

그러나 한국 현대정치사에서 분단정부 수립 또는 6·25전쟁 이후부터 민주화 이전까지 대부분의 기간 동안 자유민주주의는 적극적으로 실현되어야 할 '실질적 가치'라기보다는 북한의 위협으로부터 남한을 지켜야 한다고 언명할 때 동원되는 '명목적 가치'의 성격이 강했다. 그렇기 때문에 북한의 위협에 대비한 반공과 경제성장을 위해 자유민주주의적 가치가 상당히 희생될 수 있었던 것이다. 나아가 헌법상 정당조항의 존속 여부를 떠나 우리 헌정사에서 자유민주주의는 반북과 반공이라는 비수를 정치적 반대세력에게로 돌리는 다분히 선제공격적인 성격을 함축하고 있었다. 이런 사실은 한국 현대정치사에서 (민주화 이전의) 집권세력은 물론 우익단체들이 항상 반공을 주장하는 동시에 실현되지도 않은 '자유' 또는 '자유민주주의' 수호를 외쳤다는 점, 민주화 이후에도 여전히 정치판에서 색깔논쟁(색깔공세)이 제기되며 '친북좌파' 정권이라는 호칭이 운위되고 있다는 점에서 여실히 확인된다. '자유민주주의의 수호'라는 담론은 민주화 이전에는 실현을 위한 적극적 가치가 아니라 사상적으로 의심스러운 인사들 또는 정부에 반대하는 세력의 위협에 대처하려는 목적으로 행사된 공격적이고 적대적인 언술로 기능했으며, 민주화 이후에는 보수세력이 김대중·노무현 정부의 개혁조치에 제동을 걸기 위한 언술로 작동해 왔던 것이다. 이런 의미에서 민주화 이전 한국 정치에서 자유민주적 질서는 규범상 방어적 민주주의 개념에 입각한 것이라 할 수 있지만, 동시에 실현되지도 않은 자유민주적 질서를 방어하기 위해 정치적 반대세력에게 선제공격을 가할 수 있는 매우 적대적인 담론으로 활용되었다. 그렇기 때문에 북한을 의식하고 있는 "조국의 평화적 통일" 또는 "평화적 통일정책"이라는 구절 뒤에 '민주적 기본질서'라고 해도 무방할 것을 반공적 의미를 암묵적으로 부가하기 위해 '자유민주적 기본질서'라는 말을 붙인 것이라 사료된다. 이런 사실은 '자유민주적 기본질서'의 내용은 "… 모든 폭력적 지배와 자의적 지배, 반국가단체의 일인독재 내지 일당독재를 배제하고 … "라는 헌법재판소의 해석에서도 확인된다[헌재 1990. 4. 2 선고, 89 헌가 113 ; 김철수 2006, 116 주 1)에서 재인용]. 나아가 '자유민주적 기본질서'의 강력한 반공주의적 성격은 민주화 이후 개정된 국가보안법 조항들에서 "국가의 존립·안전이나 자유민주적 기본질서를 위태롭게 한다"는 구절이 반복해서 출현하는 것을 통해서도 여전히 지속되고 있다.

그렇다면 4·19혁명 이후에 개정된 제2공화국 헌법에서 제13조 2항으로 정당조항이 신설되면서 '헌법의 민주적 기본질서'라는 용어가 나온 것은 어떻게 볼 것인가? 김영수 교수는 『한국헌법사』에서 이 조항에 대해 "우리나라 헌정사상 최초로 정당에 관한 규정을 신설하여 정치발전을 도모하였다"고 평하면서 이렇게 말한다. "이는 제1공화국 당시의 거대여당의 위헌적 정당활동을 사전에 방지하려는 정치적 의도 및 정치·사회적으로 보호를 받는 정당을 기타 일반단체와 구별하여 헌법적 수준에서 보호를 받도록 함으로써 긍정적 정치발전을 이루는 한편, 반민주적인 정당의 활동을 금지하여 민주적 기본질서를 안정시키고 이를 통한 헌법의 수호를 완수하려는 데 그 주된 목적이 있다"(김영수 2001, 457). 그러나 김영수 교수의 이런 해석은 그 근거를 당시 국회에서의 헌법개정 과정과 관련된 사실(토론, 논쟁, 회의록)을 통해 입증하지 않고 있기 때문에 단지 추론의 수준에 머물러 있는 것으로 보인다.

당시 정당조항의 신설배경 및 김영수 교수의 해석과 관련하여 필자는 두 가지 의문이 있다. 첫째, 왜 우리 헌법에서는 정당의 해산기준으로 반공적 성격이 더 강하고 또 서독 기본법에서도 채택하고 있는 '자유민주적 기본질서'라는 용어 대신 '민주적 기본질서'라는 용어를 사용했는가? 둘째, 김영수 교수가 말하는 것처럼 정당해산 조항이 "당시 거대여당의 위헌적 정당활동을 사전에 방지하려는 정치적 의도"에서 기인한 것으로 해석할 수 있을 것인가? 이 두 개의 의문에 대한 필자의 추론은 김영수 교수와 다르다. 먼저 필자는 '자유민주적 기본질서' 대신 '민주적 기본질서'라는 용어를 쓴 것은 민주적 기본질서가 자유민주주의와 사회민주주의의 공통개념으로서 민주주의의 최소한을 지시하기 때문에 정당의 목적이나 활동에서 허용범위가 넓어지는 효과를 의도했다고 본다. '자유민주적 기본질서'라는 용어는 사회민주주의와 구분되는 협소한 의미의 '자유민주주의'로 받아들여질 여지가 있으며, 이 경우 자유민주주의 헌정체제를 받아들이지만 사회주의로의 평화적 이행을 전제로 주요 생산수단의 국유화, 복지제도의 광범위한 시행 등을 통해 자유시장과 사유재산권을 크게 제한하는 정책을 추구하는 (서구 헌정체제에서는 허용되는) 사회민주주의적 정당이 '자유민주적 기본질서'에 위배되는 것으로 해산될 수 있었기 때문이다. 따라서 당시 정당조항은 최소한 자유민주주의는 물론 최대한 사회민주주의를 주장하는 정당까지 그 활동을 보장하겠다는 허용조항으로 해석되어야 한다. 우리 헌법의 정당조항은 서독 기본법 등에 영향을 받아 방어적 민주주의 개념을 내포한 것이었지만, 한국 헌정사의 측면에서 볼 때에는 앞에서 언급한 자유민주주의처럼 선제공격적인 방어 개념이 아니라 정당의 헌법적 보호, 그리고 사회민주주의 정당까지 그 활동을 보장하려는(당시의 강한 반공적 풍토를 고려할 때) 매우 진취적인 허용규정의 성격이 강했다.[7)8)]

다음으로, 우리 헌법의 정당조항이 진보적인 사회민주주의 정당의 존재와 활동을 허용하려는 규정이라는 필자의 해석은 "당시의 거대여당의 위헌적 정당활동을 사전에 방지하려는 정치적 의도"라는 김영수 교수의 해석과 배치된다. 김영수 교수가 그런 추론의 근거로서 어떤 논리와 사실을 제공할 수 있는지는 모르지만, 이승만 정부 당시 벌어졌던 두 차례에 걸친 자유당의 불법적인 개헌 등 위헌적인 정치활동을 감안할 때 정당조항이 자유당과 같은 거대여당의 위헌적인 횡포를 장차 저지하겠다는 의도를 내포할 수 있었으리라는 점은 일견 수긍이 간다. 그러나 그 이후 전개된 제3공화국과 유신헌법 체제는 물론 전두환 체제의 헌정사를 고려할 때, 거대여당의 위헌적 활동을 문제 삼아 정당해산 판결을 내린다는 것은 일종의 사법 쿠데타로서 민주화 이전의 상황에서는 감히 상상하기 어려운 일이었다. 오히려 필자는 첫 번째 의문에 대한 필자의 추론적 답변의 연장선상에서 그 입법취지를 '진보당'과 같은 반공적이면서도 사회민주주의적인 정당을 정부가 강제해산하는 것을 막기 위한 의도로 해석하고자 한다. 제2공화국에서 여당이 된 민주당이 제1공화국에서는 같은 야당의 처지에 있으면서도 조봉암의 사형과 진보당의 강제해산을 사실상 묵인했기 때문에 이는 다소 의외로 여겨질 수 있다. 그러나 필자는 4 · 19 혁명공간이 가져온 민족사적 진보성이 그런 진보적 조항의 명문화를 가능하게 했을 것이라고 추론한다. 4 · 19 혁명공간은 민주당으로 하여금 가능한 한 민주적 색채를 강조하도록 했다. 이는 과거 같은 야당으로서 조봉암과 진보당의 성장에 위협을 느끼고 조봉암의 사형과 진보당의 강제해산에 암묵적으로 협조한 사실에 대한 보상조치를 전향적으로 취하는 것이 오히려 이제 정권을 잡게 된(될) 민주당의 정치적 기반을 공고히 하는 데 도움이 된다는 인식을 낳게 했을 것이다.

이런 해석의 타당성은 제2공화국 당시에 출간된 헌법 교과서에서 어느 정도 확인된다. 한태연 교수는 1960년에 출간한 『신헌법』이라는 저서에서 이탈리아 헌법과 서독의 본(Bonn) 기본법의 사례를 인용한 후, 신헌법에 신설된 정당조항에 대해 정당의 자유를 단순히 언론 · 출판 · 집회 · 결사의 자유의 측면에서 인정하는 것이 아니라 "좀더 고차적으로 보장하려는 데에 그 정치적 의의가 있다"(한태연 1960, 53)고 평가했다. 그리고 정당을 헌법재판소의 결정에 의해 해산하게 한 것은 정부의 일방적인 행정처분에 의해 정당을 불법화하고 해산하는 것을 방지하기 위한 것이라며 과거 진보당 해산의 경우가 바로 그런 사례라고 지적했다(한태연 1960, 54). 다시 말해 "후진국가에서 흔히 발견할 수 있는 정부에 의한 야당탄압을 방지"하기 위한 조항으로 해석했던 것이다(한태연 1960, 54). 필자는 당시의 정치상황에 근접해 있던 한태연 교수의 해석이 김영수 교수의 해석보다 더 설득력이 있으며 필자의 추론과도 부합한다고 생각한다.[9]

아무튼 자유민주주의에 대한 현행 헌법조항과 헌법학계의 일반적 해석에서 필자가 발견한 것은 헌법에 규정된 또는 헌법이 추구하는 자유민주주의가 사회민주주의를 절대 배제하지 않고 오히려 사회적 법치국가, 사회복지주의, 사회적 시장경제주의, 사회국가 원리, 실질적 법치주의, 사회적 기본권 등 사회민주주의 원리를 적극적으로 포용할 수 있는 많은 구절들로 충만해 있다는 사실이며, 나아가 헌법재판소 역시 그에 합당한 판례를 적지 않게 내놓고 있다는 것이다. 적어도 헌법, 헌법학계, 헌법재판소에서 자유민주주의가 방어적 차원에서 정부에 비판적인 정치세력이나 국민을 선제공격하는 무기로 인식되지 않고 있다는 점은 매우 의미심장하다.

그러나 민주화 이후 한국 정치는 헌법학계의 추세를 따라가지 못하고 있다. 과거 권위주의 시절에 집권세력이 자유민주주의를 규정한 헌법을 명목적 헌법으로 받드는 데 만족했듯이, 민주화 이후에 보수세력은 자유민주주의를 매우 협소하게 이해하면서 우리 헌법이 설정하고 있는 사회국가 원리의 실현을 시장경제와 법치주의의 논리를 내세우면서 반대하는 데 앞장서는 '역사적 지체현상'을 드러내고 있기 때문이다. 이에 대해서는 나중에 민주주의와 자유주의의 긴장을 검토할 때 좀더 자세히 논하기로 하고, 이에 앞서 노무현 정부에서 일어난 탄핵사건과 행정수도 이전을 둘러싼 정치권의 공방과 헌법재판소의 판결을 이른바 민주주의와 법치주의의 충돌이라는 관점에서 검토하도록 하겠다.

III. 민주주의와 법치주의[10]의 충돌

많은 학자들이 지적하듯이 한국 정치에서 1987년 민주화 이전 권위주의 시대에는 민주주의와 법치주의가 긍정적 상관관계에 있는 것으로 인식되어 왔다. 권위주의 정권이 불법적으로 개헌을 하거나 법을 위반해 가면서 장기집권을 꾀하고 국민의 인권을 탄압한 적이 많았으므로 민주화 운동의 목표는 권위주의 정권에 대항하여 민주주의를 쟁취함으로써 한국 정치에 (넓은 의미의) 법의 지배를 확립하는 것이라 생각되었기 때문이다. 그러나 1987년 민주화 이후, 특히 1997년 평화적 정권교체를 통해 집권한 김대중과 뒤이은 노무현 개혁정부의 출범 이후 한국 정치에서 민주주의와 법치주의의 갈등을 우려하는 목소리가 제기되어 왔다. 물론 한국 정치에서 (넓은 의미의) 법치주의의 비교적 명실상부한 실현은 민주화의 산물이며, 민주화 이후 지난 20년 동안 법치주의가 국민의 인권신장 및 민주주의에 기여한 측면을 결코 과소평가할 수는 없을 것이다. 그러나 김대중·노무현 개혁정부의 출범 이후 야당과 반대세력들이 헌법을 동원하여 법치주의를 주장하면서 두 정부를 공격함에 따라 그런 우려가 등장했다. 특히 노무현 정부에 들어와서는 2004년 3월 노무현 대통령이 국회에 의해 탄핵소추를 당하고, 또 2004년 10월에는 헌법재판소가 국정 최대 현안인 행정수도 이전계획의 근거법인 '신행정수도의건설을위한특별조치법' (이하 '특별조치법')을 위헌으로 판결함에 따라 민주주의와 법치주의의 갈등 또는 충돌에 대한 우려가 최고조에 달했다.

이런 우려를 최장집 교수는 이렇게 표현했다 : "… 헌법을 동원해 민주주의를 공격하려는 경향이 점차 노골화되는 오늘의 시점에서 헌법과 사법부의 역할, 나아가 헌정주의와 민주주의의 관계를 어떻게 이해할 것이냐 하는 문제는 더 이상 회피될 수 없는 한국 민주주의의 중심문제가 아닐 수 없다"(최장집 2005, 13).

박명림 교수 역시 한국 정치의 초기 민주화 과정은 법치로 인해 발전했지만 이제 법치가 "민주주의를 부정하는 동시에 심대하게 제약한다"고 언급했다(박명림 2005, 268). 두 학자들 공히 민주화 이후 한국 정치에서 목격되는 '정치의 사법화' 현상을 전세계적으로 점증하는 추세의 한국적 발현이라고 보며, 이를 민주주의를 위협하는 현상으로 염려한다. 이처럼 헌법재판소의 헌법재판과 탄핵심판을 통해 발생하는 정치권과 사법부 간의 긴장과 갈등은 흔히 민주주의(다수의 지배)와 법의 지배(소수의 지배)[11]의 충돌로 인식되고 있다. 특히 민주주의와 법치주의의 충돌에서 사법부의 법해석을 통한 법의 지배를 문제 삼는 이유는 다수의 지배로서 민주주의를 표상하는 대통령의 직무상의 활동이나 의회가 제정한 법률이 민주적 대표성이 결여된 사법부의 반다수결주의적인 결정(the countermajoritarian decision)에 종속당하기 때문이다. 아래에서 필자는 민주주의와 법치주의의 충돌 문제를 노무현 대통령의 탄핵심판과 행정수도 이전 위헌결정을 둘러싼 정치학계에서의 논의에 기대어 간략히 검토하고자 한다.

먼저 탄핵사태를 보자. 대통령을 헌법재판소에 탄핵소추하는 탄핵제도는 현행 헌법에 명문화되어 있는 제도이고, 대통령이 그 직무를 행사함에 있어서 중대한 위법행위를 저질렀을 때 국회는 권력의 상호 견제와 균형의 원칙에 따라 다수결에 의해 대통령을 탄핵소추할 권한이 있다. 그러므로 탄핵사태에서 대통령과 국회의 관계는 민주주의와 법치주의의 충돌로 보기 어렵고 오히려 삼권분립에 따른 권력의 상호 견제와 균형의 결과라고 해석하는 것이 합당하다.[12] 국민의 대표인 국회가 다수결에 따라 민주적으로 선출된 대통령의 위법행위를 문제 삼아 탄핵소추를 의결했기 때문에 이 점에서 보면 국회와 대통령의 충돌은 오히려 민주주의(다수의 지배 : 국회) 대 민주주의(다수의 지배 : 대통령)의 충돌이다. 또한 탄핵소추에 대한 심판권을 헌법재판소가 행사하고 민주적 대표성이 미흡한[13] 9인의 헌법재판관의 결정에 민주적 대표성을 지닌 대통령과 국회가 복종해야 한다는 사실 역시 입헌주의(또는 헌정주의)를 구성하는 권력분립주의에 따른 것이기 때문에 엄밀한 의미에서 법의 지배와 민주주의의 충돌로 보기 어렵다.[14] 더욱이 우리 헌법 제65조에 의해 대통령은 물론 행정부의 고위공직자, 헌법재판소 재판관, 법관, 중앙선거관리위원회 위원들 등도 직무상 위법행위로 인해 탄핵소추의 대상이 될 수 있다는 점을 고려한다면 탄핵제도 자체가 민주주의와 법치주의의 충돌의 사례로 파악되기 어려운 점이 있다. 그러나 미국의 경우 동일한 입헌주의 원리를 따르고 있으면서도 탄핵심판을 국민의 대표기관인 상원이 수행하기 때문에 국민적 대표성이 결여된 반다수결주의적인 소수의 지배라는 문제가 일어나지 않는다. 곧 상원의 다수결정에 의한 탄핵결정 역시 (달리 구성된) 다수의 지배로서 다수의 지배가 소수의 지배에 종속당한다는 불합리함이 일어나지 않는 것이다. 따라서 상원제도가 없어 국민적 대표성이 미흡한 헌법재판소의 결정에 의해 대통령의 탄핵 여부가 결정되는 우리나라의 탄핵제도는 민주주의의 입장에서 우려되는 대목이 있다. 특히 민주화 이후 대통령 선거주기와 국회의원 선거주기가 불일치함으로써 대통령의 소속정당과 국회의 다수당이 상이한 분할정부가 자주 발생하는 우리 헌정제도 하에서 이런 우려는 상당한 근거를 갖는다.

그런데 이런 원칙적이고 규범적인 측면에서의 우려를 더욱 증폭시키는 것은 우리의 정치현실, 곧 대통령과 국회, 여당과 야당이 정치적 대화와 타협을 통해 국정을 운영하기보다는 대립과 충돌을 일으켜 빈번한 정국경색이 나타나는 정치문화라 할 수 있다. 국회의 탄핵소추 의결절차상의 하자와 탄핵소추 사유가 된 노무현 대통령의 행위가 중대한 위법행위가 아니었다는 점을 고려할 때, 탄핵심판에 대한 결과 여하를 떠나 정치인들이 탄핵제도를 이용하여 민주적으로 선출된 대통령의 지위를 박탈하려고 시도한 사실은 탄핵제도를 정쟁의 도구로 활용한 것으로서, 정치적으로 볼 때는 분명히 법치주의의 남용에 의한 민주주의의 공격이라 할 수 있다.[15] 이 점은 탄핵소추에 앞장선 야당의 지도부가 행한 '대통령이 사과를 하면 탄핵소추를 철회하겠다' 는 식의 발언(사실상 탄핵을 추진할 정도로 위법이 아니었다는 점을 자인한 언행), 총선을 앞두고 탄핵소추에 대한 국민적 반발이 거세지자 탄핵소추 후 야당 내에서 나온 탄핵 철회 논란, 야당 내에서 탄핵을 추진한 핵심 세력들을 배제시킨 조치 등에서도 여실히 확인되었다(박명림

2005, 266-267). 이렇게 볼 때 현 단계 한국 민주주의의 미래와 관련하여 좀더 심각한 문제로 제기되는 것은 헌법재판소의 비민주적 구성이나 법리상 문제가 있는 판결, 민주주의와 법치주의의 충돌에서 빚어지는 갈등보다 법치주의를 빙자한 탄핵소추제도의 정치적 남용과 이로 인한 법치주의와 민주주의의 위상이 동반추락할 위험성이라 하겠다.

이처럼 당시 한나라당을 비롯한 야당이 법치주의를 정쟁의 도구로 남용한 결과 지난 대통령 선거에서 압도적인 지지로 당선되어 취임한 지 얼마 안 되는 이명박 대통령 역시 탄핵소추의 사유가 될 만큼 중대한 위법행위가 없음에도 불구하고 일련의 실정(失政)에 더하여 미국산 쇠고기 수입을 허용한 조치가 기폭제가 되어 최근 사이버 공간에서 탄핵청원 서명의 대상이 되었고, 네티즌의 열화와 같은 호응 및 이에 대한 정부의 미숙한 대응 등으로 인해 대통령 및 집권여당에 대한 지지율이 폭락하는 등 집권세력이 현실정치에서 심각한 정치적 타격을 입고 있다. 탄핵소추를 무분별하게 남용한 한나라당과 이명박 대통령은 그 부메랑 효과를 톡톡히 누리고 있는 셈이다.[16]

대통령 탄핵심판과 달리 행정수도 관련 '특별조치법'을 위헌으로 결정한 헌법재판소의 판결은 민주주의와 법치주의의 본격적인 충돌에 해당한다. '특별조치법'에 대한 헌법재판소의 위헌판결은 노무현 대통령이 선거기간 동안 선거공약으로 내세워 당선됨으로써 일단 국민적 승인을 받았다는 점, 그리고 국회에서 여야당 모두가 압도적 다수로 '특별조치법'을 통과시켰다는 점에서 다수에 의한 민주적 결정이 법치주의(사법심사)에 의해 전복된 것으로, 민주주의와 법치주의의 충돌의 전형적 사례다. 2004년 10월 21일 헌법재판소는 이석연 변호사 등이 제기한 '특별조치법'이 위헌이라는 헌법소원에 대해, 우리나라 수도가 서울이라는 것이 관습헌법에 해당한다는 점과 관습헌법의 개정은 원칙적으로 성문헌법의 개정절차에 따라야 한다는 점을 선언한 후, '특별조치법'은 수도 이전의 의사결정에 해당하기 때문에 헌법개정 절차를 거쳐야 하는바, 이에 필요한 국회의 헌법개정 절차와 국민투표 과정을 거치지 않았기 때문에 특별조치법이 국

민의 국민투표권을 침해한 위헌 법률이라고 판시했다(2004 헌마 554, 566 병합).[17]

위헌판결의 법적 논리가 적절하다는 전제 하에 정치학적 · 법학적인 입장에서 필자가 제기하고 싶은 문제는 두 가지다. 첫째, 위헌판결이 내려진 후 한나라당이 보여준 자기 모순성이다. 헌법재판소의 위헌판결이 내려지자 당시 야당이었던 한나라당은 헌법재판소의 판결을 환영했다. 박근혜 대표는 "국민들이 국가 정체성과 법질서가 무너지는 것을 보며 불안해했는데 법치주의가 살아 있다는 것을 일깨운 선고가 아니겠느냐"라는 발언을 통해 판결을 법치주의의 승리로 받아들였다(《세계일보》 2004/10/22). 나아가 한나라당의 어떤 의원은 "노 대통령이 행정수도 이전에 명운을 걸었는데 위헌결정이 났으니 내각이 총사퇴해야 하는 것 아니냐"라는 발언을 하여 논란을 빚기도 했다(《국민일보》 2004/10/21). 그러나 야당이자 다수당이었던 한나라당은 2003년 12월에 헌법개정 절차를 밟지 않고 하위법령에 의하여 헌법을 개정하려는 시도에 해당하는 '특별조치법'에 대해 임박한 2004년 총선을 의식하면서(내심 반대하지만) 충청권의 민심이반을 우려하여 대부분 찬성표결을 했었다. 그럼에도 불구하고 헌법재판소의 위헌판결이 내려진 후(비록 2004년 5월경부터는 일부 의원들이 국민투표 등 국민적 합의과정을 반드시 거쳐야 한다고 다소 막연하게 주장했지만) 위헌적인 헌법개정 시도와 관련하여 다수당으로서 자신들이 지닌 책임에 대해서는 별다른 언급 없이 이처럼 노무현 정부만을 비판한 것은 일종의 자기 모순을 드러낸 것이라 아니할 수 없다.[18]

둘째, 내각이 총사퇴해야 한다는 어떤 의원의 발언은 지나가는 정치공세로 들릴 수도 있지만, 사실 헌법재판소의 위헌결정이 지닌 중요한 헌법적 · 정치적 함의를 시사하고 있다. 즉 그 발언은 '행정수도 이전을 추진한 노무현 정부의 주요 공직자들은 탄핵감에 해당하고 이를 통과시킨 국회의원들은 사퇴를 해야 하는 것이 아닌가' 라는 비판을 잠재적으로 담고 있는 것이다. 만약 헌법재판소의 판결대로 헌법개정에 해당하는 사안을 국민투표에 회부하지 않음으로써 국민투표권을 침해했다는 논리를 받아들인다면, 노무현 정부는 물론이고 특별조치법을 통과시킨 국회 역시 부정투표나 불법개표 등의 작위를 통해 국민의 국민투표권을 침해한 것과 마찬가지로 부작위에 의해 국민투표권을 침해했다고 할 수 있다. 어떤 의미에서 후자는 국민의 국민투표권을 아예 처음부터 봉쇄했기 때문에 전자보다 더 중대한 위법행위에 해당할 수 있는 것이다. 따라서 취임 후 노무현 대통령이 행한 선거에서의 중립의무를 위반한 발언이나 재신임을 묻기 위한 국민투표 실시 의사표명 등이 다수의 국회의원들이 판단하기에 탄핵의 사유가 될 만큼 중대한 위법행위라면, 헌법개정에 해당하는 정책을 헌법적 절차를 거치지 않고 국민의 국민투표권을 침해하면서까지 추진하려고 한 노무현 대통령이나 이를 통과시킨 국회의 대다수 의원들 역시(고의 여부를 떠나) 위법행위를 저지른 것으로서 탄핵이나 국회의원직 사퇴 사유가 된다는 것이다.[19]

그런데 지금까지 진행된 민주주의와 법치주의(사법적 검토)의 충돌에 대한 논의는 일원적 민주주의관(monistic view of democracy)에 따른 것이다. 곧 선거에서 승리하여 다수의 지지를 획득한 대통령이나 국회의 다수당은 다음 선거까지 국가의 중요한 정책이나 법률을 자신들이 적절하다고 판단하는 바에 따라 채택하거나 제정할 수 있으며, 선거에서의 승자에 대한 제도적인 견제는 반민주적이라는 것이다. 이 입장에 따르면 민주적 대표성도 미흡한 헌법재판소를 포함한 사법부가 재판을 통해 국회나 정부의 결정을 전복시킨다면 이는 명백히 반민주적인 것이다.

그러나 이원적 민주주의관(dualist view of democracy)에 따르면 주권의 위임을 받은 국회의 다수파나 대통령의 결정이 곧바로 다수의 지배로 승인되지 않으며, 국정의 중요한 현안이나 사법적으로 문제가 제기된 사안(위헌 법령심사, 헌법소원의 대상이 된 사안)에 대해서는 국민여론 다수의 지지나 사법부의 검토에 의해 사법적 확인을 받을 것이 요청된다.[20] 이 점에서 국정의 중요한 현안은 국회나 정부의 일원적 다수의 동의가 아니라 '중첩적 다수'(overlapping majorities)의 동의를 요청한다고 할 수 있다. 따라서 대통령이 결정한 정책이나 국회가 제정한 법률이 심각한 국론분열을 야기하는 등 커다란 논란의 대상이 될 경우, 다수 국민의 지지 또는 사법적 검토를 통한 사법부의 '소극적 지지'[21]를 얻을 때 비로소 민주적인 다수의 지배로 승인되는 것이다.

이런 논리는 의회의 다수 또는 대통령의 입장이 국민 다수의 입장과 일치하지 않음으로써 야기되는 대의민주주의의 한계를 민주적으로 보정하는 함의를 갖는다. 대의민주제를 채택한다고 해도 주권자인 국민의 집합적 의사는 여전히 중요한 정치적 영향력을 행사한다. 더욱이 오늘날에는 정보사회의 도래와 함께 국민의 집합적 의사(= 민의, 여론)를 집계하고 파악하여 정책이나 입법에 반영하는 것은 과거와 달리 매우 용이한 일이 되었다.[22] 일반 국민의 여론은 수많은 언론매체와 사이버 공간을 통해 끊임없이 확산 · 유포되고 또 수렴 · 결집되고 있다. 과거 대의민주주의를 정당화하는 데에는 중요한 정책을 결정함에 있어 일반 국민의 정치적 식견을 신뢰하기 힘들다는 이유도 있었지만 그에 못지않게 수많은 국민이 동시에 한 장소에 모여 집단적 숙의와 결정을 내리기 힘들다(또는 일반 국민의 의견을 수렴 · 집계하기가 어렵다)는 행정적인 이유도 작용하고 있었다. 그러나 정보사회의 도래로 이러한 행정적인 어려움이 상당한 수준에서 극복되고 있기 때문에 오늘날 민주주의에서 대의제도의 정치적 비중은 19세기 민주주의에서보다 점차 감소하고 있다.

이런 상황에서 정치지도자와 일반 시민의 정치적 상호작용은 중요한 정치적 변수로 부각되며, 일반 국민의 여론이 차지하는 정치적 비중도 증대하고 있다. 따라서 대의민주주의를 취하더라도 오늘날 선거에서 다수표를 획득한 정치가나 정당은 과거처럼 다음 선거까지 위임된 주권을 국민과의 감응 없이 국민적 다수의 이름으로 일괄적으로 행사할 수 있는 것이 아니라, 그 국민적 다수의 지지를 확인하고 유지해야 한다는 부담을 안게 된다. 다시 말해 선거에서 승리한 정당이나 정치지도자의 민주적 정당성은 다음 선거까지 포괄적으로 부여된 것이 아니라, 이제 국민적 지지의 부침에 따라 지속적으로 확인되고 유지되어야 하는 것이다. 그리고 오늘날 많은 민주국가에서 여론조사기관과 언론매체는 대통령이나 정당에 대한 국민의 지지도를 조사하고 보고하는 임무를 수행하고 있다.

이처럼 대의민주제를 취하더라도 주권자인 국민의 집합적 의사를 국정의

지침으로 삼아야 한다는 이원적 민주주의관을 취하면 대통령 탄핵심판과 행정수도 이전 위헌판결을 보는 우리의 시각 역시 상당한 변화를 겪게 된다. 이런 이원적 민주주의관에 따라 탄핵사태를 보면, 국민의 대표로서 선출된 의회의 의사와 국민의 집합적 의사가 충돌할 때 '대의민주제 하에서 일단 국회에 대표권(주권의 행사)을 위임한 이상 국민은 묵묵히 복종해야 하는가'라는 문제가 당연히 제기된다. 당시 탄핵소추를 결의하는 데 앞장선 정당들의 지도부는 일반 시민들의 촛불시위, 가두시위 등 격렬한 반발에 직면하여 일단 헌법재판소의 심판을 기다리라는 식의 대응을 하면서 이런 입장을 취했다. 그러나 우리 국민들은 '절묘한' 기회를 통해 자신들의 의사를 표출할 수 있었다. 탄핵소추 결의 후 실시된 17대 총선에서 국민들은 주권을 행사하여 탄핵소추에 앞장선 정당들의 후보들을 대거 낙선시키고 다수당으로서 한나라당의 지위를 박탈함으로써 그들을 응징했던 것이다. 따라서 만약 총선에서 확인된 민의를 무시하고 헌법재판소가 노무현 대통령에 대해 탄핵결정을 내렸더라면 한국 정치는 예측할 수 없는 헌정적 위기로 내몰렸을 것이다. 노무현 대통령의 탄핵에 관한 한, 국민의 집합적 의사는 국회의 탄핵소추 이전이나 이후에도, 그리고 헌법재판소의 판결 이전까지도 줄곧 탄핵에 반대하는 입장이 우세했기 때문이다.

한편 이원적 민주주의론의 입장에서 '특별조치법'에 대한 위헌판결을 볼 때, 우리는 노무현 정부의 최대 국정과제인 행정수도 이전에 대한 국민의 지지가 취임 초에 현저히 증가했다가 그 후 지속적으로 감소하고 있었다는 사실에 주목하게 된다. 《한겨레신문》의 여론조사에 따르면 행정수도 이전에 대한 국민여론은 노무현 대통령 취임을 전후한 2003년 2월에는 국민의 57%가 찬성함으로써 대통령 선거 이전보다 찬성이 18% 정도 증가했으며, 이전보다 사전에 국민의 의견을 묻되 국회통과 절차(17.1%)보다는 국민투표 절차(80.4%)가 바람직하다고 생각하는 것으로 나타났다(《한겨레신문》 2003/02/26). 그러나 2004년 6월 《한겨레신문》의 여론조사에서는 서울에서 충청지역으로 행정수도를 옮기는 것에 대한 찬성과 반대의견이 각각 40.1%와 42.9%(무응답은 17.0%)로 반대의견이 다소 우세한 것으로 집계되었다(《한겨레신문》 2004/06/14). 나아가 헌법재판소의 판결을 2개월 앞에 둔 2004년 8월 초에 여론조사 전문기관인 〈현대리서치연구소〉가 행한 조사에 따르면 찬성이 36.7%, 반대는 57.4%로 이제 반대의견이 찬성의견보다 20% 가량 많은 것으로 나타났다(《동아일보》 2004/08/08). 그리고 이러한 조사에서 일관되게 발견되는 사실은 줄곧 60% 이상의 응답자가 수도 이전에 관해 국민투표의 실시를 요구했다는 점이다. 이런 사실은 판결 이후에도 확인되는데, 한국방송공사(KBS)가 2004년 10월 21일 헌법재판소 판결 직후 전국의 성인남녀를 대상으로 긴급 여론조사를 실시한 결과 '매우 잘한 결정'이 38.6%, '대체로 잘한 결정'이 24.7% 등 도합 전체 응답자의 63.3%가 '잘했다'고 답한 반면 '잘못했다' 응답은 32.2%에 그친 것으로 나타남으로써 국민들의 60% 이상이 헌법재판소의 판결을 지지한 것으로 드러났다(프레시생각 2004/10/22).

이처럼 국민의 다수가 행정수도 이전에 반대하고 또 추진하더라도 국민투표를 실시하기를 원했기 때문에 노무현 정부는 2004년 총선 이후 야당과 반대세력들이 행정수도 이전계획에 대해 문제를 제기했을 때, 행정수도 이전계획을 축소조정 또는 철회하든지 아니면 헌법이 허용하는 한도에서 국민투표 회부나 헌법개정 등 다른 정치적 방안을 강구해서 국민적 합의과정을 거쳤어야 했을 것이다.[23] 그러나 당시 국회의 다수를 확보하고 있던 열린우리당과 노무현 정부는 자신들이 총선에서의 승리를 통해 국민의 주권을 포괄적으로 위임받았다고 확신하는 일원적 민주주의관에 심취한 나머지 국민 다수의 반대를 정치의 합목적성의 차원에서 고려하지 않았다. 당시 정부와 열린우리당 및 그들을 지지하는 세력들은 행정수도 이전 등 개혁에 반대하는 보수세력의 책동에 헌법재판소 역시 공모하여 법치주의의 이름으로 민주주의(다수의 지배)를 전복했다고 비판하고 싶었을지 모른다. 그러나 국민 다수가 일관되게 행정수도 이전에 반대했다는 사실을 고려한다면 이런 비판은 성립하지 않는다. 그리고 상황을 바꾸어 최근 이명박 대통령이 선거공약으로 내세웠고 취임 후 추진하려고 하는 대운하건설에 대해 반대파의 입장에서 생각해 본다면 그런 비판의 취약성을 공감할 수 있을 것이다.

만약 이명박 정부와 국회의 다수석을 확보한 한나라당이 (여론조사를 통해 확인된) 다수 국민의 반대를 무릅쓰고 대운하건설 계획을 추진한다면[24] 이에 반대하는 정치세력이나 일반 국민은 이를 민주적 결정에 의한 것으로 받아들여야 할 것인가? 앞에서 제시한 이원적 민주주의관에 따른다면 그런 결정을 민주적 결정으로 받아들이기는 어려울 것이다.

결론적으로 탄핵사건과 행정수도 이전판결에서 헌법재판소의 결정은 대의적 다수의 결정이 아니라 국민적 다수의 의사를 수용한 것이었다. 따라서 형식적으로 민주주의와 법치주의가 충돌한 것처럼 보이지만, 이원적 민주주의의 견지에서 보면 대의적 다수와 직접적 다수의 충돌에서 헌법재판소가 직접적 다수의 손을 들어준 것으로 해석해도 무방할 것이다. 정치학자의 입장에서 볼 때 탄핵심판이나 행정수도 이전판결에서 헌법재판소는 애커만(Bruce Ackerman)이 말한 대로 "자신들의 혁신적 조치에 대해 광범위하고 심층적인 인민의 지지를 얻는 데 실패한 정치 엘리트에 의한 [민주주의의] 침식에 대항해" 국민 다수의 의사를 존중함으로써 "민주주의에 기여"했다고 할 수 있다(Ackerman 1991, 10). 이처럼 두 사건에 대해 헌법재판소는 민의의 수호자라는 역할을 수행함으로써 궁극적으로 한국 민주주의에 의미심장한 기여를 한 셈이었다. 그리고 헌법재판소가 내린 판결의 결론이 국민 다수의 지지를 받았기 때문에 그 결론에 도달하는 과정에서 나타난 법리상의 심각한 결함에도 불구하고 정치적으로는 후폭풍을 일으키지 않은 것으로 보인다. 물론 그렇다 하더라도 법리상의 결함을 국민의 지지가 치유하는 것은 아니므로 장차 헌법재판소는 판결문에 나타나는 법리상의 결함을 개선하기 위해 한층 더 노력해야 할 것이다.

마지막으로 우리는 국민의 대표자인 정치 엘리트의 행위가 전적으로 국민 다수의 의견과 헌법재판소의 판결에 의해 무효화·무력화되는 것은 아니라는 점에 주목할 필요가 있다. 비록 헌법재판소의 판결이나 심판이 단심제이기 때문에 상소의 기회가 주어지지 않는다는 불편한 점이 있지만, 대통령이 추가적으로 탄핵심판을 받을 만한 위법행위를 저지르면 국회의 다수는 다시 탄핵소추를 의결할 수 있고, 행정수도 이전 위헌판결 후의 정치적 사태전개가 보여주듯이 정부와 의회의 다수파는 행정중심 복합도시 건설을 위한 일종의 후속 대체입법을 통해 헌법재판소의 판결에 적시된 논지를 우회하면서 자신들의 정치적 목적을 원래대로 관철하거나 그것이 여의치 않으면 본래의 목적을 축소조정 또는 변경함으로써 부분적으로 본래의 목적을 달성할 수 있기 때문이다. 정치 엘리트에게 허용된 이런 정치적 활동의 반경은 대의제적 엘리트가 제기한 의제에 반응하는 방식으로 형성되는 국민여론의 소극적 성격과 제기된 소송에 대해서만 심판할 수밖에 없는 사법제도의 수동적 성격으로 인해 의외로 넓은 활동공간을 갖는다. 정치적 활동의 이런 여지는 헌법재판소 단심제적 판결이 추구하는 정치적 안정의 신속한 확보를 기하는 동시에 대의제적 다수에게도 일정한 범위 내에서 자유로운 행위를 허용하는 민주적 재량공간이라 할 수 있다.

IV. 민주주의와 자유주의의 충돌[25)]

1. 사회경제적 민주화의 장애물로서 (신)자유주의

영국의 사회학자인 마샬(T. H. Marshall)은 (영국을 중심으로 본) 서구의 민주주의 발전사를 시민권의 확장과 관련하여 3단계로 단순화시켜 고찰한 바 있다. 첫 번째 단계가 대략 18세기로서 시민권의 기본권적 측면—예를 들어 언론·사상·종교의 자유 등 기본적 인권의 보장—이 확보되는 국면이며, 두 번째 단계가 대략 19세기로서 시민권의 정치적 측면, 곧 참정권이 실현되는 국면이고, 세 번째 단계가 대략 20세기로서 복지국가가 출현하여 시민권의 사회경제적 측면이 보장되는 국면이다(Marshall 1965, 4장). 이 도식에 따르면 서구의 민주주의 발전사에서는 자유주의의 기본적 인권보장과 참정권 확대를 통해 정치적 민주주의가 확보되고, 이후 사회민주주의 또는 복지국가 이념의 확산과 더불어 일정한 수준에서 사회경제적 민주주의가 실현되었다. 필자 역시 한국을 비롯한 비서구권 국가의 민주주의의 발전단계를 '권위주의 체제 → 민주주의로의 이행 → 민주주의의 정착(공고화) → 민주주의의 내포적 심화'로 구분한 적이 있다. 여기서 민주주의의 '내포적 심화'란 정치적(절차적) 민주주의가 실질적 차원에서 민주화되는 것, 곧 노동자, 여성, (종교·인종·이념·문화 등의 면에서의) 소수집단, 장애자, 노인, 청소년 등 주변화되고 소외된 모든 계층의 정치적 평등은 물론 실질적인 사회경제적 평등이 확보되고, 나아가 민주주의의 실천이 단순히 공식적인 정치영역에만 한정되지 않고 직장, 기업, 학교, 병원, 가족 등 통상 사적인 영역으로 간주되는 일상적인 삶의 영역으로 확산되는 것을 포함한다. 요컨대 내포적 심화는 (정치적 평등의 전제조건인) 사회경제적 평등을 상당한 수준에서 확보하고 참여민주주의를 확산시킴으로써 정치적 민주주의에서 민주주의의 핵심 개념인 '평등'과 '참여'(또는 적극적 자유)의 요소가 강화되는 것을 그 요체로 한다(강정인 1998, 69-72).

압축적 민주화를 경험해 온 한국의 경우에는 1987년 민주화 이후의 변화가 주로 시민권의 기본적 인권과 참정권이 명실상부하게 확보되는 과정이었으며, 이제 이와 더불어 한국 민주주의는 사회적 시민권 또는 민주주의의 내포적 심화를 달성해야 하는 단계에 진입해 있다. 그러나 1997년 금융위기를 극복하기 위해 본격적으로 도입된 신자유주의적 개혁은 이러한 과제의 달성을 어렵게 하고 있다. 특히 민주주의의 내포적 심화에 해당하는 사회민주주의나 참여민주주의는 '시장에 대항하는 정치' 또는 '시장의 전횡을 거부하는 민주주의'로서의 속성을 강하게 지니고 있는데, '큰 시장, 작은 정부'를 모토로 하면서 시장지상주의적 자유주의의 성향을 띤 신자유주의는 더욱 더 민주주의의 내포적 심화에 적대적이게 마련이다.

서구의 선진 민주국가들 역시 '두 국민 헤게모니 프로젝트' 또는 '20 대 80의 사회'로 상징되는 전지구적 신자유주의의 공세에 의해 지금까지 성취한 사회민주주의적 성과를 잠식당해 왔다. 그러나 한국은 사회경제적 불평등을 완화하려는 시도를 본격적으로 시작해 보기도 전에 신자유주의의 거센 파고를 맞이했고, 상대적으로 진보적이었던 김대중·노무현 정부 역시 노동자 및 빈자를 위한 보상적인 분배정책을 제대로 수립·실천하지 못한 채 신자유주의적 개혁을 실시하도록 강요받았다.[26] 신자유주의적 개혁은 자본의 자유로운 활동을 보장하기 위해 시장의 자율성을 최대화하고자 하는데, 국가 주도 경제성장의 결과 왜곡된 시장이 제대로 개혁되지 못한 상황에서 이는 또 다른 부작용을 초래하고 있다. 김대중 정부 이후 추진된 일련의 경제개혁이 왜곡된 시장의 합리성과 투명성을 제고시키는 데 일정한 기여를 한 점을 부정할 수 없다. 그러나 국가 주도의 경제발전 과정에서 형성된 재벌 위주의 경제구조, 곧 불평등하고 비대칭적 경제적 구조가 상대적으로 평등하고 대칭적인 것으로 개혁되지 않은 상태에서 시장의 자율성 보장과 확대는 단지 사회경제적 불평등을 더욱 증폭·심화시키는 데 기여할 뿐이다(이광일 2003, 229). 그 결과 과거에 국제적인 냉전질서와 반공주의가 정치적 민주화의 걸림돌로 작용한 것처럼 이제는 신자유주의적 세계경제질서와 이에 부응하는 신자유주의적 개혁이 한국 민주주의의 심화에 장애물로 작용하고 있다.

2. 민주화 이후 한국 정치에서 민주주의와 자유주의의 충돌

최근 한국 정치에서 '헌법 등대지기'라는 영광스러운 별명을 얻을 정도로 법의 지배를 관철하는 데 헌신해 온 이석연 변호사는 『월간조선』과의 인터뷰에서 우리 헌법과 자신이 추구하는 헌법가치로 '인간의 존엄과 가치', '자유민주주의', '시장경제', '법치주의' (내지 적법절차)를 제시했다(이석연 2003). 그러나 그는 좁게는 자유주의와 민주주의 사이의 긴장과 충돌, 넓게는 법치주의·자유주의·시장경제와 인간의 존엄과 가치 및 민주주의 사이의 긴장을 심각하게 의식하지 않는 것 같다.[27] 이석연 변호사는 우리 헌법상 보장된 민주주의를 최소한의 민주주의로 이해하여 자유주의의 틀 내에서 작동하는 민주주의로 상정한다. "시민운동도 헌법적 테두리에서, 시장경쟁과 자유주의 정신의 테두리에서 해야 한다"(이석연 2004, 534). 나아가 그는 대부분의 헌법학자들과 달리 "우리 헌법은 경제에 대한 국가의 조정을 최소화한 법리를 적용해 '자유시장경제원리'를 채택한다"고 주장하면서 "경제는 민주화의 대상이 아니다"라고 못을 박는다(이석연 2004, 533). 그러나 이석연 변호사의 입장에서처럼 민주주의를 최소한으로 정의하면 민주주의는 자유주의의 부분집합으로서 양자의 충돌이 일어나지 않지만, 사회경제적 민주화와 참여민주주의를 민주주의의 핵심적 의제로 보는 입장에 따르면 민주주의와 자유주의의 충돌은 필연적이다.[28]

역사적으로 영미의 민주주의에서 민주주의와 법의 지배의 충돌이라는 형태로 일어나는 갈등은 그 내용상 민주주의와 자유주의의 충돌을 함축하는 경우가 많았다. 대표적으로 미국의 루즈벨트 대통령이 뉴딜정책을 실시하면서 의회에서 통과시켰던 많은 법들은 연방대법원에 의해 위헌판결을 받음으로써 무력화되었는데, 거기서 빚어진 다수의 지배와 법의 지배의 충돌은 그 내용상으로는 민주주의와 자유주의(특히 사유재산권과 계약의 자유의 보장)의 충돌이었다(Freejohn and Pasquino 2003, 257).

한국 정치에서도 김대중·노무현 정부에 들어와 민주주의와 자유주의의 본격적인 충돌이 발생하기 시작했다. 예를 들어 2004년 10월 20일 열린우리당이 4대 개혁법안을 국회에 제출하자 행정수도 이전 위헌판결로 기세가 오른 한나라당과 보수우익 단체들은 개혁법안의 위헌 가능성을 주장하면서 여당의 안대로 개혁법안이 통과되는 경우에는 위헌소송을 제기하겠다고 여당을 압박했다. 이런 대응은 의회의 다수를 차지한 여당이 수적 우세를 내세워 법안을 통과시킬 경우 헌법소원을 제기한다는 전략을 채택한 것으로서 민주주의와 법치주의의 충돌을 예고하는 것이었다. 당시 4대 법안은 '국가보안법 폐지안 및 형법 중 개정 법률안'(이하 '국가보안법'), '정기간행물의 등록 등에 관한 개정 법률안'(이하 '언론관계법'), '사립학교법 중 개정 법률안'(이하 '사립학교법'), '진실규명과 화해를 위한 기본법안 및 일제강점 하 친일반민족행위 진상규명에 관한 특별법'(이하 '과거사법')이었다. 그런데 여당의 개혁법안은 처음부터 위헌논쟁에 말려들었다. 그러나 표현의 자유, 양심의 자유 등과 관련된 '국가보안법'의 폐지 문제는 마샬의 분류에 따르면 사실상 자유주의적 의제에 속하는 시민적 기본권의 문제에 속하기 때문에 굳이 민주주의와 자유주의의 충돌의 문제로 볼 필요가 없는 것이다. 한편 '언론관계법'과 '사립학교법'에 반대하는 의원들은 개정법이 재산권 보장을 규정한 헌법 제23조 1항(+ 제37조 2항)을 위배한다는 근거로 위헌논쟁을 제기했다. 이는 법치주의가 사유재산권 등 자유주의적 가치를 옹호하기 위해 동원된 것이다.

이처럼 4대 개혁법안의 경우 열린우리당과 한나라당의 충돌이 형식적으로 다수의 지배라는 민주주의와 법의 지배의 충돌로 표면화되었지만 그 일부는 사실상 내용 면에서 민주주의와 자유주의의 충돌이었다. 물론 4대 개혁법안을 둘러싼 모든 공방이 민주주의와 자유주의의 충돌과 관련된 것은 아니지만, 계약 및 시장의 자유와 사유재산권의 존중에 근거하여 사회경제적 개혁이나 복지 확대를 추구하는 정책에 대해 필요하다면 헌법소원을 제기하겠다는 한나라당의 입장은 열린우리당이 국회 내 다수를 활용하여 그런 정책과 입법을 추구할 경우 헌법재판소의 판결을 통해 자신들의 자유주의적 이념과 가치를 방어하겠다는 것이기 때문이다. 여기서 그러한 자유주의적 신념과 가치는 '큰 시장, 작은 정부'라는 모토 하에서 가급적 모든 결정을 시장에 맡김으로써 정부의 역할을 축소시키겠다는 신자유주의에 의해 더욱 강화되었다.

신자유주의는 자본과 시장의 무제한의 자유를 옹호하는 시장지상주의적 자유주의로서, 우선적으로 돈에 의해 뒷받침되는 시장에서의 자유는 사실상 강한 자의 자유와 전횡을 표상한다. 이들에게 정부는 비효율성과 무능 그리고 자유의 제한과 억압을 상징한다. 그러나 민주적 정부를 지지하는 세력들에게 정부는 다수의 지배, 공공성의 상징인 것이다. 따라서 사유재산의 존중과 자유시장을 명분으로 사회적·시장적으로 중요한 사안을 개인의 자유와 자유방임적 시장에 맡기는 것은 민주적 통제를 포기하고 공적인 사안을 강한 자의 전횡과 시장의 횡포에 맡기는 것이다. 다시 말해 공기업을 민영화하는 것, 국민건강을 담보하는 의료보험 등 각종 복지제도나 공공 서비스를 민영화하거나 시장화하는 것은 그것이 사회적 약자의 보호를 위한 공공적 규제장치를 수반하지 않는 한, 자본과 시장의 자유를 극대화함으로써 민주적 통제의 영역을 포기하거나 축소하는 것이기 때문에 반민주적이 된다.[29]

이처럼 오늘날 한국 사회에 횡행하는 신자유주의는 공공성이 높은 수많은 의제들을 사사화(privatization : 사유화, 민영화)[30]하거나 시장화하여 공적 영역의 밖에 둠으로써, 곧 시장과 자본 그리고 개인들의 사적 결정에 맡기고 민주적 토론과 결정의 대상 밖에 설정함으로써 민주주의의 범위를 극도로 제약하고 위축시키려고 시도하고 있다.

서구의 역사를 보더라도 보통선거권이 보장된 이후 다수의 지배로 인해 기득권을 수호하기가 어렵게 된 자유주의 세력은 정치적 의제설정권을 선점함으로써 다수의 지배가 관철되는 민주적 영역을 축소하고자 했다. 물론 이 과정에서 자유주의적 기본권(인권)을 '다수의 지배'에 의해서도 침해하지 못하게 한 것은 커다란 수확으로서 자유민주주의 또는 입헌민주주의의 귀중한 성취였다.[31] 그러나 자유주의는 또한 사유재산에 기반한 개인의 자유로운 활동과 자유로운 시장의 결정에 방임되는 영역을 확대함으로써 민주적 결정의 범위를 축소하고자 했다. 그리하여 오늘날 시장지상주의적 신자유주의는 고전적인 야경국가관으로 돌아가 국제정치 영역, 국가안보나 치안유지를 제외한 거의 모든 영역에서 비효율성이나 부패를 이유로 정부의 개입을 축소하고 개인과 시장의 자유에 내맡길 것을 주장한다. 이와 달리 민주주의는 어느 것이 개인의 자유로운 활동과 자유로운 시장의 결정에 맡겨져야 하는지는 민주적 다수가 결정해야 한다는 입장을 취한다.

민주주의와 자유주의와 충돌은 자유민주주의가 주로 영국과 미국의 산물이듯이 영미식 민주주의에 전형적인 것이다. 민주화가 영국이나 미국보다 늦게 시작된 유럽대륙에서는 민주주의와 자유주의의 충돌이 영미처럼 두드러지지 않았다. 프랑스의 경우에는 국가와 공동체의 연대성, 애국주의, 시민의 참여를 중시하는 공화주의가 중심적 이데올로기로서 민주화를 선도했고, 또 사회주의(적 공화주의)가 정치에 적극적으로 참여했기 때문에 자유주의(적 공화주의)의 위력이 약했으며, 따라서 복지와 분배를 확대하는 정책에 대해 자유주의가 영국이나 미국처럼 강력한 반대를 제기하지 않았다. 독일에서도 비스마르크가 일찍이 1880년대부터 사회주의자들을 탄압하면서 권위주의적인 온정주의 전통에서 비롯된 보수주의적 정책의 일환으로 사회보장정책을 선진적으로 도입했으며, 당시 세력이 약했던 자유주의자의 반대는 쉽게 무력화되었다. 전반적으로 볼 때 제2차 세계대전 이후에도 공산당, 사회민주당, 노동조합 등 사회주의 세력이 상당한 정치적 지분을 확보하고 있던 유럽대륙의 민주국가에서 자유주의는 분배와 복지정책을 사유재산의 존중과 법의 지배를 주장하면서 효과적으로 무력화시킬 수 없었다. 이와 달리 정부의 간섭과 개입에 강하게 저항하는 개인주의적·자유방임주의적 자유주의의 전통이 강한 영국과 미국에서는 사회보장제도의 도입을 자유주의 세력이 강력하게 반대했다. 이런 역사적 전통의 차이 때문에 신자유주의가 득세한 이후에도 (신자유주의의 진원지인) 영국과 미국에서는 복지제도가 신속하게 후퇴하고 해체된 반면 프랑스, 독일, 이탈리아 등 사회민주주의의 전통이 강한 국가에서는, 비록 전세계적인 신자유주의 압력에 점차 굴복하고 있기는 있지만 여전히 사회복지제도의 감축이 점진적으로 진행되고 있다.

한국의 경우에는 전통시대부터 권위주의 시대에 이르기까지 연고주의, 집단주의가 강하게 자리 잡고 있고 개인주의적 자유주의의 전통이 미약하기 때문에 시장지상주의적 자유주의의 정착은 쉽지 않았다고 할 수 있다. 하지만 1997년 금융위기 이후 진행된 구조조정 정책으로 인해 노동의 유연성 확보를 포함한 신자유주의적 개혁이 강요되었고, 시장지상주의적인 자유주의의 최대 수혜자로 떠오른 대기업을 중심으로 하는 세력들이 신자유주의를 적극적으로 전개해 왔다. 그리하여 전경련과 긴밀한 관련을 맺고 있는 자유기업센터와 자유기업원, 한국 하이에크 소사이어티 및 미국식 경제학의 세례를 받은 경제학자들이 신자유주의의 복음을 전파하는 데 앞장서 왔다. 한국 정치의 이념적 지형에서 이들이 상대적으로 막강한 자금, 조직, 지식, 언론을 동원하여 신자유주의 교리를 설파할 수 있었던 데 반해 이를 저지할 수 있는 사회민주주의 세력은 모든 면에서 매우 취약했다. 따라서 이제 시장과 자본의 자유는 '선진화' 라는 담론과 함께 공공재로서의 성격을 우선적으로 부여받게 되었고, 시장의 무제한한 자유에 반대하고 정부의 개입을 통해 분배와 복지를 추구하는 정책은 '좌파' 라는 딱지를 부여받게 되었다.[32] 과거에는 사회주의를 지향하는 급진세력을 좌파라고 불렀는데, 이제 시장의 무제한한 자유에 반대하는 모든 세력을 좌파라 부름으로써 시장의 무한 자유에 발맞추어 좌파의 외연 역시 무한 확장되고 있음을 보여준다. 이들은 더 이상 우리 헌법이 허용하고 인정하는 민주세력으로 받아들여지지 못하고 '자유민주주의의 수호' 를 위해 선제공격이 가해져야 할 잠재적 대상인 '불온한 좌파' 가 되었다. 반대로 '진정한 좌파' 는 물론 민주적 개혁세력에게도 시장의 무한 자유를 옹호하는 '자유민주주의' 는 과거 권위주의 시대처럼 다시 한 번 '가까이 하기에는 너무나 먼 당신' 으로 비쳐지게 되었다.[33]

V. 글을 마치며[34]

종래 한국 정치에서 보수주의는 국가권력을 장악한 집권세력의 지배 이데올로기였다. 그러나 개혁적인 김대중 · 노무현 정부에 들어와 집권세력의 교체가 상당한 수준에서 이루어지면서 집권 보수세력은 정국의 주도권을 상실하게 되었다. 이에 따라 과거 집권세력의 비호 하에서 안주하고 있던 시민사회의 보수세력과 보수언론은 보수행동주의, 뉴라이트 운동 및 포퓰리즘 담론공세를 통해 조직적 · 이념적으로 보수세력을 결집 · 동원하여 시장경제와 자유민주주의의 옹호를 명분으로 내세우면서(이전 정권에 비해 상대적으로) 민주주의의 내포적 심화를 지향하며 복지와 분배를 강조하고 시민의 정치참여를 활성화하고자 한 김대중·노무현 정부를 '친북좌파' 정권 또는 '포퓰리즘'(= 중우정치) 정권으로 매도하며 맹공을 퍼부었다. 그리고 대안으로 신자유주의의 모토인 '작은 정부, 큰 시장'을 내세웠다.

여기서 '친북'이란 노무현 정부가(북한 인민에게 유례없는 인권탄압을 자행하는) 김정일 독재정권을 상대로 북한의 인권문제에는 침묵하면서 화해와 협력을 추구하는 정책을 취하는 것을 비판하기 위한 호칭이었지만, 동시에 노무현 정부에 포진해 있는 일부 386세대들이 과거 운동권 시절에 주체사상을 신봉한 이른바 '주사파'였다는 사실과 그들의 대북정책을 연관시켜 대중의 불안감을 선동하는 색깔공세도 내포하고 있었다. 앞에서도 언급한 것처럼 '좌파'란 노무현 정부가 성장보다는 분배와 복지, 경쟁보다는 평등을 중시함으로써 시장경제를 부정하는 '좌파'적 정책을 추진한다는 점을 지칭하는 것이었다.

그러나 서구 민주주의에서 좌파가 정당성을 가지는 개념인 데 반해 앞에서 헌법조문과 국가보안법상의 '자유민주적 기본질서'를 논할 때, 그리고 이석연식의 자유민주주의를 검토하면서 언급했듯이 민주화 이후 한국 정치에서도 좌파는 여전히 정치적 박해를 정당화하는 불온한 개념으로 남아 있다. 이처럼 좌파 개념이 지닌 선제적인(preemptive) 부정적 효과 때문에 이제 한국 정치에서는 신자유주의에 맞서 시장에 대한 정부의 개입을 옹호하는 입장, 다시 말해 민주주의의 내포적 심화를 추진하는 세력은 그 정도를 불문하고, 또 그 목적과 이유의 정당성을 고려할 필요도 없이 과거의 '빨갱이'처럼 불온시되고 배척되는 담론효과의 희생양이 된다. 이 점에서 뉴라이트의 좌파 개념은 다분히 의도적으로 설정되었다.[35)]

보수세력이 보수행동주의와 뉴라이트 운동을 통해 김대중·노무현 개혁정부를 '친북좌파' 정권으로 몰아붙이는 한편 보수언론과 지식인들은 개혁정부를 '포퓰리즘'(populism)이라는 담론공세를 통해 압박했다. 포퓰리즘에 대한 비판은 노무현 정부에 들어와서 더욱 강화되었는데, "보수적 지식인들은 노무현 대통령이 사상 최초의 '온라인 대통령'이라는 점과 참여정부가 인터넷 여론을 매우 중시한다는 점에 주목하여 '인터넷 포퓰리즘' 또는 '디지털 포퓰리즘'이라는 새로운 형태의 이데올로기적 담론"을 전개했다(이원태 2006, 95).[36]

'친북좌파'라는 담론공세가 일반 국민으로부터 개혁정부를 고립시키려는 공세였다면 '포퓰리즘'이라는 담론공세는 개혁정부는 물론 이를 지지하는 국민들을 싸잡아서 '인기영합주의'의 산물로, 민주주의의 타락된 형태인 '중우(衆愚)정치'의 표본으로 몰아세우는 담론전략이었다.[37] 곧 포퓰리즘 담론을 통해 보수세력은 노무현 정부가 제도권 정치, 특히 의회정치를 우회하여 국민에게 직접 호소하고 국민을 동원함으로써 자신들의 정치개혁을 정당화하고 경제정책에 대한 지지를 이끌어낸다고 비판했다. 그런 과정 속에서 보수언론은 '포퓰리즘 = 다수의 지배 = 중우정치'라는 공식을 이끌어냈다(홍윤기 2006, 22). 나아가 포퓰리즘에 대한 보수진영의 공격은 인민민주주의, 민중민주주의 등의 용어를 섞어 사용함으로써 김대중·노무현 정부가 이념적으로 자유주의와 시장경제에 적대적인 좌파정부라는 색깔논쟁을 머금고 있기도 했다.

그러나 이 과정에서 보수진영의 정치적 방어선이 자유민주주의라는 점은 민주화 이후 변화된 한국 정치의 이념적 지형을 반영하고 있다는 점에서 주목할 만하다. 첫째, 보수진영은 이제 과거처럼 경제발전의 필요성에 따라 권위주의를 옹호하고 자유민주주의를 비판하는 것이 아니라 자유민주주의의 '수호'라는 차원에서 포퓰리즘을 비판하는 논변을 구사했다. 둘째, 보수진영의 이런 비판에는 한국 민주주의가 이제 거의 완성된 것이나 다름없는 적정 수준에 도달했기 때문에 더 이상의 추가적 민주화는 필요하지 않으며, 따라서 김대중·노무현 정부가 추구하는 '더 많은' 민주주의의 추구는 다만 민주주의의 타락된 형태인 중우정치나 포퓰리즘에 불과하다는 논리가 함축되어 있다. 이처럼 보수진영은 사회경제적 평등의 강화를 추구하는 분배와 복지에 반대하면서 시장과 사유재산의 자유를 주장하고, 시민의 정치참여의 활성화를 반대하면서 슘페터가 주장한 바 있는 엘리트주의적(대의제적) 민주주의를 옹호하고 있다. 그러나 이들이 옹호하는 자유민주주의가 우리 헌법이 담아낼 수 있는 자유민주주의의 '최소한'이고 이들이 옹호하는 시장의 자유가 우리 헌법이 규정하는 사회국가의 원리를 심각하게 위협하고 있다는 점은 분명하다. 다시 말해 서구와 달리 복지와 분배정책이 미비한 신생 민주국가인 한국의 경우, 이들이 옹호하는 극우적 자유민주주의는 경제영역에서 자유와 시장경제에 대한 강조를 통해 사회적 약자의 경제적 지위를 더욱 악화시킴으로써 현재 성취한 정치적 민주주의의 존립마저 위태롭게 만드는 것일 수 있다.

참고문헌

강정인. 1998.『세계화, 정보화 그리고 민주주의』. 서울 : 문학과지성사.

______. 2005. "한국에서 자유민주주의와 헌정주의." (2005년 12월 헌법실무연구회 발표문, 미출간).

______. 2008. "개혁적 민주정부 출범 이후(1998-) 한국의 보수주의 : 보수주의의 자기쇄신?"『사회과학연구』(서강대학교 사회과학연구소) 제16집 2호. 6-41.

계희열. 2005.『헌법학(상)』(신정2판). 서울 : 박영사.

김경제. 2005a. "신행정수도건설을위한특별조치법 위헌결정(2004 헌마 554, 566 병합)의 헌법적 문 제점-적법성요건 판단과 관련하여."『헌법학연구』제11권 1호. 511-551.

______. 2005b. "신행정수도건설을위한특별조치법 위헌결정(2004 헌마 554, 566 병합)의 헌법적 문제점 : 본안판단과 관련하여."『공법연구』제33집 4호. 269-306.

김영수. 2001.『한국헌법사』(수정증보판). 서울 : 학문사.

김종철. 2004. "노무현 대통령 탄핵심판사건에서 헌법재판소이 주요논지에 대한 비판적 검토."『세계헌법연구』제9호. 1-22.

______. 2005. "'정치의 사법화'의 의의와 한계 : 노무현 정부 전반기의 상황을 중심으로."『공법연구』제33집 3호. 229-251.

김철수. 2001.『헌법학개론』(제13전정판). 서울 : 박영사.

______. 2006.『헌법학신론』(제16전정신판). 서울 : 법문사.

마르크스, 칼. 허교진 역. 1987.『프랑스 혁명사 3부작』. 서울 : 소나무.

박명림. 2005. "헌법, 헌법주의, 그리고 한국 민주주의 : 2004년 노무현 대통령 탄핵사태를 중심으로."『한국정치학회보』제39집 1호. 253-276.

성낙인. 2008.『헌법학』(제8판). 서울 : 법문사.

이광일. 2003. "성장·발진주의 지배담론의 신화와 딜레마." 201-236. 조희연 편.『한국의 정치사회적 지배담론과 민주주의 동학 : 한국민주주의와 사회운동의 동학(3)』. 서울 : 함께읽는책.

이석연. 2003. "이석연 변호사(전 경실련 사무총장)의 헌법적 가치관(인터뷰 기사)."『월간조선』10월. 64-75.

______. 2004. "자유시장·기본권 존중이 헌법정신의 토대다" (강연요약기사)『월간조선』

10월. 532-534.

이원태. 2006. "인터넷 포퓰리즘과 한국 민주주의." 『시민사회와 NGO』(한양대학교 제3섹터연구소) 제4권 1호. 81-110.

정종섭. 2007. 『헌법학원론』(제2판). 서울 : 박영사.

최장집. 2005. "민주주의와 헌정주의 : 미국과 한국." 7-69. 달, 로버트 저. 박상훈 · 박수형 역. 2005. 『미국 헌법과 민주주의』(제2판). 서울 : 후마니타스.

한태연. 4293[1960]. 『신헌법』. 서울 : 법문사.

홍성방. 2008. 『헌법학』(개정5판). 서울 : 현암사.

홍윤기. 2006. "한국 "포퓰리즘" 담론의 철학적 검토 : 현실능력 있는 포퓰리즘의 작동편제와 작동문 법 탐색." 『시민사회와 NGO』(한양대학교 제3섹터연구소) 4권 1호. 7-41.

Ackerman, Bruce. 1991. *We The People*. Cambridge : the Belknap Press of Harvard University Press.

Freejohn, John and Pasquale Pasquino. 2003. "Rule of Democracy and Rule of Law" in José María Maravall and Adam Przeworski. eds. *Democracy and the Rule of Law*, 242-260. Cambridge : Cambridge University Press.

Marshall, T. H. 1965. *Class, Citizenship, and Social Development*. New York : Doubleday.

인터넷 자료

《국민일보》 2004. 10. 21. "[수도이전 특별법 위헌 파장—정치권 반응] '할 말 없다'— '사필귀정' " (http://www.kukinews.com/news/article/view.asp?page=1&gCode=kmi&arcid=0919587346&code=11122000).

《동아일보》 2004. 08. 08. "[여론조사/현대리서치] '수도이전 반대' 51% → 57.4%" (http://www.donga.com/fbin/output?f=a_s&n=200408080189&main=1).

《세계일보》 2004. 10. 22. "노대통령 '관습헌법 처음 듣는 이론' " (http://www.segye.com/Articles/News/Politics/Article.asp?aid=20041021000254&subctg1=&subctg2=&DataID=200410211702000259).

《중앙일보》 2008. 05. 17. "18대 의원 85% '대운하 폐지 · 보류' " (http://article.joins.com/article/article.asp?ctg=1001&Total_ID=3148939).

《프레시안》 2004. 10. 22. " '헌재 판결에 승복해야' 여론이 다수" (http://www.pressian.com/scripts/section/article.asp?article_num=30041022085232&s_menu=미디어).

《한겨레신문》 2003. 02. 26. " '행정수도 이전해야' 57% … 대선전보다 18%P 높아져" (http://www.hani.co.kr/section-005000000/2003/02/005000000200302261906414.html).

《한겨레신문》 2004. 06. 14. "행정수도 이전 찬반 '팽팽' " (http://www.hani.co.kr/section-005

000000/2004/06/005000000200406131822019.html).
《한겨레신문》2008. 05. 23. "부유·빈곤층 가구 소득격차 사상 최대." (http://www.hani.co.kr/arti/society/society_general/289197.html).

주

1 앞에서도 언급한 것처럼 필자가 참조한 대부분의 학자들은 구별의 실익이 별로 없다고 생각한다(성낙인 2008, 133 ; 정종섭 2007, 195 ; 홍성방 2008, 91-93).

2 자유민주주의와 사회민주주의의 교집합으로서(최대공약수 차원에서) '최소한'의 민주적 기본질서를 강조하는 입장과 자유주의의 부분집합으로서 '최소한'의 민주주의를 요구하는 입장은 물론 다르다. 후자에 대한 비판은 아래에서 다시 구체적으로 제기될 것이다.

3 다만 복지주의를 배척하는 정당이 고전적인 자유민주주의보다 훨씬 더 광범위하게 사회(복지)국가 원리, 사회복지주의를 채택하고 있는 우리 헌법에 배치된다는 논거로 위헌 정당으로 규정될 수 있을 법도 하다.

4 여기서 필자는 '자유민주적 기본질서'와 '자유민주주의 기본질서'를 사실상 동일한 표현으로 본다.

5 "자유민주적 기본질서라고 할 때 자유의 의미는 인민민주주의(공산주의)와 구별하려는 의미 이상이 있다고 보기는 어렵다"는 견해(계희열 2005, 298 각주 207) 역시 자유민주적 기본질서의 '배제성'에 주목한 해석이라 할 수 있다. 성낙인 교수 역시 우리 헌법이 수용하는 정치체제로서 자유민주주의는 "다원성을 부정하는 전체주의와 인민민주주의"라고 하면서 자유민주주의의 배제성에 주목하고 있다(성낙인 2008, 133). 우리 헌법 전문(全文)에서 '자유민주주의'라는 단어는 나오지 않는다.

6 한편 이석연 변호사는 자유민주적 기본질서에 반하는 통일정책은 위헌적이라고 주장한다. 그는 "통일은 자유민주주의를 달성하기 위한 수단이어야지 자유민주주의가 통일의 희생물이 되어서는 결코 안 됩니다"라고 주장한다(이석연 2003, 72). 물론 남북통합의 형태로 연방제나 1국 2체제론을 받아들이더라도 북한의 인권이 현재보다 대폭 개선되지 않는다면 통합 반대론은 합당하게 제기될 수 있다.

7 이렇게 볼 때 "사회민주적 기본질서에서 나온 복지주의를 배척하는 정당도 합헌이라는 곤란한 결과"가 나온다는 김철수 교수의 해석은 적어도 1960년 당시의 시점에는 적합하지 않다고 생각된다. 물론 우리 헌법은 건국헌법부터 사회민주주의적 조항을 적지 않게 포함하고 있었지만, 그것은 주로 방침적 규정이었지 현실적으로 그를 실천할 수 있는 국가적 역량은 갖추지 못하고 있었기 때문이다. 그렇다고 하여 필자가 제정 당시의 시점에 적합한 해석이 항상 합당하다는 입장을 고수하는 것은 아니다.

8 나아가 필자의 이러한 해석은 앞에서도 인용한 바 있는 제32조 2항, "모든 국민은 근로의 의무를 진다. 국가는 근로의 의무의 내용과 조건을 민주주의 원칙에 따라 법률로 정한다"에 나오는 "민주주의 원칙"을 이해하는 데도 도움이 되는 듯하다. '민주주의 원칙'은 국민의 실업을 방임·방치할 법한 '자유민주주의 원칙'보다 훨씬 더 근로자에 우호적인 사회민주주의 원칙을 포함할 것이라는 점에서 정당해산 조항의 '민주적 기본질서'처럼 포용적이고 진보적인 느낌을 준다.

9 김철수, 홍성방 교수 역시 과거 정당조항의 신설취지를 진보당의 해산과 관련시켜 해석하고 있다(김철수 2001, 172 ; 홍성방 2008, 112). 필자의 이런 해석은 학생과 혁신계의 급진적인 활동으로 빚어진 정치적 혼란을 명분으로 5 · 16 군사 쿠데타를 일으킨 박정희와 군부세력이 반공을 국시로 주장하면서도 왜 그 후 헌법개정 과정에서 정당조항의 '민주적 기본질서' 라는 구절을 '헌법의' 라는 부분만 삭제한 채 그대로 존치시킴으로써 장차 혁신정당이 활동할 수 있는 여지를 법적으로 남겨두었는가라는 의문을 제기한다. 이와 관련해서는 1962년 12월 개정된 헌법개정안을 둘러싼 논쟁과 협상에 대한 역사적 사실을 검토해 보아야 할 것이다.

10 필자는 '법치주의' (the rule of law)를 넓은 의미와 좁은 의미로 구분한다. 넓은 의미에서 법치주의는 다음과 같이 정의한다. 첫째, 법치는 자의적(恣意的)인 권력에 의한 지배에 반대되는 관념으로서 일반적인 법의 최고성을 지칭한다. 이 점에서 법치는 인치(人治 : rule of men)에 대비되는 개념으로서 인간의 자의적인 정치권력을 규제하며 그것을 비인격적인 것으로 전화시킨다. 둘째, 법치는 법 앞의 평등, 곧 계급과 계층에 상관없이 공직자를 포함한 모든 사람들이 일반적인 법의 평등한 적용을 받는다는 관념을 지칭한다. 셋째, 법치는 최고의 법, 곧 헌법이 상위법으로서 통상적인 법을 구속한다는 관념을 지칭한다. 그리고 세 번째 요소를 위해서 독립된 사법부가 입법부나 행정부의 정치적 행위에 대해 헌법과 같은 상위법에 의거하여 사법심사(위헌 심사)를 할 수 있는 권한을 보유하는 제도가 오늘날 법치의 필수적 요소로 인식되고 있다. 이 점에서 법치주의의 세 번째 요소는 서구 근대사상의 전개과정에서 전통적으로 존재하던 입헌주의(또는 헌정주의 : constitutionalism)가 법치와 결합한 결과 추가된 것이다. 따라서 현대 법치주의는 기본권의 보장, 권력의 분립, 성문헌법의 존재와 함께 자유주의적 입헌주의(헌정주의)의 필수적 구성요소로 인정된다(강정인 2005 및 거기 인용된 문헌 참조). 그리고 이 글에서 민주주의와 법치주의의 충돌을 다룰 때는 주로 좁은 의미의 법치주의, 곧 법치주의의 세 번째 요소인 사법부에 의한 '사법심사' (위헌 심사)를 지칭한다. 한편 대통령제 하에서 법의 제정과 집행의 주체인 입법부와 행정부는 '민주주의', 곧 '다수의 지배' 를 상징한다.

11 좁은 의미에서 '법의 지배' 는 '법의 해석을 전담하는 소수 법조인의 지배' 를 초래한다는 점에서 '소수의 지배' 로 등치된다.

12 권력분립 원리의 한 표현인 권력의 견제와 균형이 탄핵소추와 탄핵심판처럼 법치주의를 매개로 한 경우도 있지만 그렇지 않은 경우도 있다. 주요 국가기관의 담당자를 임명하는 데 있어서 관련 기관들이 행사하는 동의권과 제청권 및 지명 · 선출권, 국회의 예산심의권, 국정감사 · 조사권, 국무위원 해임건의, 중요 정책에 대한 동의권, 대통령의 법률안 거부권 등이 그 예다.

13 헌법재판관 9인 중 대통령이 직접 임명하는 3인, 국회에서 선출되어 대통령이 임명하는 3인은 대법원장이 지명하여 임명되는 3인과 달리 어느 정도 민주적 대표성을 갖는다. 2005년 6월 30일 개정된 인사청문회법에 따라 헌법재판관과 선거관리위원 후보(피주천자)들도 청문회 대상에 포함되어 민주적 대표성이 보강되었다.

14 그러나 삼권분립의 원리에 따른 사법부에 의한 입법부와 행정부의 견제는 불가피하게(현실적으로) 소수의 지배로 다수의 지배를 압박하는 효과를 갖는다.

15 결과적으로 헌법재판소의 탄핵 기각 판결은 17대 총선에서 여당인 열린우리당의 압승이 노무현 대통령에 대한 신임투표를 상징하는 등 탄핵소추와 탄핵 결정을 전후하여 국민의 압도적 다수가 노무현 대통령의 탄핵에 반대했기 때문에 국민 다수의 의사와 부합한 민주적 결

정이었다고 할 수 있다. 그러나 헌법재판소가 국회의 소추 절차상의 하자를 국회의 자율성을 존중한다는 명분으로 문제 삼지 않은 점은 대통령의 사소한 위법행위를 문제 삼은 것과 대조해 볼 때 법치주의의 적용에 있어서 형평에 어긋난다고 생각된다. 또한 중앙선관위와 헌법재판소가 대통령의 광범위한 정치적 역할을 무시하고 노무현 대통령이 선거에서의 중립의무를 위반했다고 확인한 점 역시 법치주의의 남용이자 부적절한 '사법의 정치화'로 해석될 소지가 있음은 물론이다(김종철 2004 ; 최장집 2005, 60 ; 박명림 2005, 258).

16 『루이 보나파르트의 브뤼메르 18일』의 서두에 나오는 유명한 구절에서 마르크스가 말한 것처럼 중대한 역사적 사건은 한번은 비극적으로 일어나고 또 한번은 희극적으로 반복된다(마르크스 1987, 146). 그러나 우리를 더 슬프게 하는 것은 그 희극적인 재현이다.

17 행정수도이전특별법에 대한 헌법재판소의 결정과 관련하여 반론이 적지 않다. 그 요지는 헌법재판소가 관습헌법을 근거로 들었는데, 설사 수도가 서울이라는 점이 관습헌법이라 할지라도 헌법개정은 성문헌법의 내용을 수정·삭제·증보하는 것이기 때문에 관습헌법에 대한 헌법개정은 있을 수 없고, 따라서 있을 수 없는 헌법개정에 대한 국민투표권 침해 운운하는 것은 법리적으로 근거가 없다는 것이다. 헌법재판소의 이런 판결의 부당성을 비판적으로 분석한 대표적인 글로는 김경제(2005a ; 2005b)를 참조할 것.

18 당시 한나라당의 전여옥 대변인은 성명을 통해 "마음속 깊이 상처 입었을 충청도민에게 위로를 드린다. 한나라당도 국민 뜻을 헤아리지 못하고 신행정수도특별법을 통과시켰던 데 대해 사과한다"고 밝혔는데(《국민일보》 2004. 10. 21), 이는 국민의 뜻을 헤아리지 못한 점에 대한 정치 도의적 책임만을 언급한 것으로, 전여옥 대변인 역시 한나라당의 헌법적 책임에 대해서는 침묵했다.

19 물론 탄핵을 소추할 수 있는 대부분의 국회의원이 사퇴해야 한다면 새로 국회가 구성될 때까지 일종의 헌법불능 또는 헌법흠결 사태가 발생하는 것이 아닌가 싶다. 필자의 이런 의문은 '정치의 사법화'의 논리를 극단적으로 진행시켜 본 것으로 정치현실적으로 한국의 헌정질서가 감당하기 어려운 것임은 물론이다. 정치의 사법화의 의의와 한계에 대해서는 김종철(2005)을 참조할 것.

20 일원적 민주주의와 이원적 민주주의에 대한 필자의 구분은 애커만(Bruce Ackerman)의 구분에 착안한 것이지만 그의 구분과 일치하는 것은 아니다(Ackerman 1991, 1-33).

21 헌법재판소에서 위헌 법률심사나 헌법소원과 관련하여 정부나 국회의 결정에 반하는 판결을 내릴 경우 6인 이상의 찬성을 요한다. 하지만 '중첩적 다수'의 경우에는 정부, 국회, 사법부 및 국민여론의 동의가 상호 보완적인 역할을 하기 때문에 정부나 국회는 과반수에 미달하는 4인 이상의 지지를 확보할 경우에도 자신들의 결정에 대한 사법부의 승인을 받는 셈이라는 점을 말하기 위해 '소극적 지지'라는 표현을 사용했다.

22 물론 동시에 설문의 교묘한 조작, 표본추출 방법의 편향성 등에 의한 여론조사 결과의 왜곡현상이 중요한 문제로 거론되기도 한다는 점을 간과해서는 안 된다.

23 당시 대통령 지지도가 낮은 것은 물론 국민여론을 감안할 때 국민투표 통과를 낙관할 수 없었던 노무현 정부는 행정수도 이전정책에 관한 국민투표는 법규정과 법적 근거가 없다고 주장하면서 국민투표에 회부하지 않았다.

24 물론 최근《중앙일보》가 실시한 여론조사에 의하면 18대 의원 35%가 "환경보존에 역행하므로 무조건 폐지해야 한다"고 답하고, 50%가 "국민의견이 충분히 수렴될 때까지 보류해야 한다"고 답함으로써 대운하 건설계획에 대해 '폐지나 보류'가 85%에 달하는 것으로 나타났다

(《중앙일보》 2008. 05. 17). 흥미로운 점은 행정수도 이전 위헌판결을 교훈으로 삼아 국회의원의 다수 역시 이원적 민주주의관의 입장에서 답한 사실이다.

25 민주화 이전의 한국 정치에서는 권위주의가 자유민주주의를 압도했기 때문에 자유주의와 민주주의의 충돌을 논할 수 있는 이념적 여건이 조성되지 않았던 반면, 민주화 이후의 한국 정치에서는 복지정책의 도입 등 사회경제적 개혁과 관련하여 민주주의와 자유주의의 충돌이 예견되었다. 그러나 냉전종언과 사회주의권의 붕괴에 수반된 세계사적 이념지형의 급격한 변형에 따라 민주화 이후 한국 민주주의가 맞이한 것은 과거의 서구 민주국가들처럼 자유주의의 소극적·수세적 저항이 아니라 시장원리주의에 입각한 신자유주의의 적극적·공세적 저항이었다. 따라서 필자가 아래에서 한국적 맥락과 관련시켜 다루는 것은 주로 '민주주의'와 '신자유주의'의 충돌이라는 점을 미리 밝혀둔다.

26 통계청이 지난 5월 23일 발표한 1·4분기 가계수지 동향에 따르면, 상위 20% 가구의 월평균 소득(731만 2천 원) 대비 하위 20% 가구의 월평균 소득(86만 9천 원)은 8.41 : 1로, 2003년 관련 통계가 작성된 이래 소득격차가 최대로 벌어졌음을 보여준다(《한겨레신문》 2008. 05. 23).

27 여기서 법치주의는 민주주의에 보완적이기도 하고 갈등적이기도 하다. 그러나 이석연 변호사는 법치주의를 주로 적법절차로 이해함으로써 실질적 법치주의가 아니라 형식적 법치주의 수준에서 해석하고 있는 듯하다.

28 물론 필자가 앞에서 자유민주주의와 사회민주주의를 구분할 실익을 부정하면서 검토했던 우리 헌법의 여러 조항들은 이석연 변호사의 주장과 달리 우리 헌법이 민주주의와 자유주의를 조화시키기 위해 고심하고 있다는 점을 보여준다. 따라서 이하에서 한국 정치를 놓고 민주주의와 자유주의의 충돌에 관해 논의하는 것이 우리 헌법을 비판하기 위한 것은 아니라는 점을 미리 밝혀둔다.

29 필자는 2005년 헌법실무연구회에서 발표한 논문에서 거의 무제한적으로 축적이 허용된 사유재산이 삼성의 비자금 조성 및 불법 로비사건을 통해 나타난 것처럼 사적 영역에서 전제를 자행할 뿐만 아니라, 공적 영역에서의 정치적 민주주의마저 위태롭게 한다는 점을 지적한 바 있다. 또한 사유재산권의 엄격한 보호를 강조하는 자유주의는 사적 영역에서는 물론 공적 영역에서도 힘없는 다수를 거대한 경제적 부를 축적한 특권화된 소수의 전제에 방치할 가능성이 크다는 점을 강조했다. 그러고 나서 한국 사회를 특징짓는 거대기업(재벌), 거대언론사, 사학재단 등이 법상으로는 사유재산에 속하지만, 그 사유재산권의 행사는 접근 가능성(access)이나 영향(impact) 면에서 공공복리나 공공필요에 지대한 영향을 미치기 때문에 공적 통제(public control)를 받는 것이 당연하다는 논지를 전개했는데, 이는 공정거래법의 입법정신이기도 하다(강정인 2005 참조).

30 우리 정치학계에서는 '프라이비타이제이션'(privatization)을 '사유화' 또는 '사인화'로 번역하는 경향이 있는데, 좀더 정확한 번역어로는 사사화(私事化 : '사사로운 일로 만든다', 이로 인해 정치학에서는 부패의 의미도 함축한다)가 합당하다. 경제학에서 프라이비타이제이션은 국영기업의 '민영화', 국유화에 대응하는 개념일 경우 '사유화'로 옮겨지는 등 다양하게 번역되고 있다. 경제학에서 프라이비타이제이션은 긍정적인 언어로, 정치학에서는 부정적인 언어로 사용되는데, 이런 사실 역시 민주주의와 자유주의(시장의 자유, 자본주의 등)의 갈등관계를 시사하고 있다. 이와 달리 정치학에서 '정치화'(politicization)는 민주주의의 도래와 함께 긍정적으로 사용된다. 정치화는 일반 국민이나 국민의 대표자 또는 공직자들이 사

적인 또는 사회적인 갈등을 정치화(정치쟁점화, 정치문제화)시켜 갈등을 정치적 언어(시민의 권리와 의무, 공공선과 정의, 자유와 평등 등)로 표현하고, 공적 영역에서 여러 가지 정치적 대안들을 심의·숙고하면서 정치적 해결을 강구하는 것이다. 예를 들어 우리가 '여대생 취업문제, 직장에서의 성희롱 문제를 정치(문제)화하겠다'고 했을 때, 이는 이 문제를 사적인 영역에 국한된 개인의 자유와 책임의 문제, 시장의 자유에 맡겨야 하는 문제로 방치하지 않고 공적인 영역에서 의제화하고 공적인 정책과 입법을 통해 해결책을 마련하여 집행하겠다는 말이며, 이로 인해 그 문제가 사적인 또는 시장의 영역에서 민주적 결정, 다수의 결정이라는 공공의 통제로 이전하는 것을 뜻한다.

31 따라서 자유민주주의를 채택하고 있는 우리 헌법에서도 국민의 기본권의 본질적 내용의 침해를 민주주의의 이름으로 정당화할 수 없다.

32 다만 보수주의의 다른 요소인 '단일민족'이라는 보수적 민족주의의 신화와 '국리민복'이라는 유교적인 위민사상의 전통 때문에 한국 사회에서 시장지상주의자들이 원하는 만큼 신자유주의가 계속 위세를 떨칠 수 있는지는 의문이다.

33 뉴라이트 등 한국의 보수세력이 자유민주주의를 이처럼 협소하게 해석하는 것을 경계하기 위해서는 우리 헌법이 추구하는 자유민주주의가 복지와 분배에 중점을 두는 사회민주주의를 수용하고 있다는 점을 강조하면서 '자유민주적 질서'와 '민주적 질서', '사회민주주의'와 '자유민주주의'를 굳이 구분할 실익이 없다는 홍성방 교수의 입장 역시 경청할 만한 가치를 지니고 있다(홍성방 2008, 91-93).

34 이 글의 결론부분은 강정인(2008)의 주요 내용을 압축적으로 요약하거나 발췌한 부분이다.

35 그리고 이런 담론효과에 압도된 나머지 심지어 한국의 진보진영마저 시장의 자유를 주장하는 뉴라이트에 맞서 '시장에 대한 정부의 개입'이라는 전통적 용어로 맞서는 대신 '시장' 대 '공공성'이라는 우회적 이분법을 사용하여 맞서고 있다. 다시 말해 '시장의 자유'라는 무소불위의 신에 맞서 '신의 섭리에 대한 인간의 간섭', 곧 '시장에 대한 정부의 개입'을 감히 주장하지 못하고 '시장자유 대 공공성 강화'라는 우회로를 사용해야 하는 처지에 내몰리게 된 것이다.

36 여기서 자세히 논하지는 않겠지만 인터넷 정치참여는 대의제 민주주의를 보완할 수 있는 새로운 유형의 정치참여로서 시민참여 거버넌스로 적극 유도함으로써 질적 심화를 기하는 방향으로 순치되어야 할 것이다(이원태 2006, 100-101).

37 본래 포퓰리즘이라는 개념은 '대중영합주의'와는 차이가 있는 개념인데, 보수언론의 경우에는 '대중영합주의'라는 단어를 병기함으로써 라틴아메리카 포퓰리즘의 역사적 경험과 기억 속에서 포퓰리즘 정권의 '중하층 계급에 대한 분배위주의 정책으로 인한 경제실정'을 선택적으로 추려내어 '대중영합주의' 또는 '대중선동정치'와 연관시켰다.

한국 국가형태와 권력행사 방식의 전환

제7장

권위주의 개발국가에서 신자유주의 국가권력으로*

지주형(서강대학교)

I. 서론

1987년 이후 지난 20여 년 간 한국 사회의 변화의 폭은 그 이전 산업화-근대화 시기의 급속한 변화에 버금가는 것이었다. 권위주의적 개발독재의 붕괴, 민주적 선거 및 민간정부의 수립, 평화적 및 여야 간 정권교체, 시민/노동운동의 성장, 자유화, 시장경제의 활성화, 세계화/지방화 및 경제개방 등, 그 이전 산업화 시기에서와 마찬가지로 비교적 짧은 시간 동안에 급격한 변동이 일어났다. 본 논문의 목적은 이러한 변화에서 핵심적인 한 축을 담당하고 있는 1987년의 민주화 및 자유화 이후의 한국 국가의 변모를 살피는 것이다. 주지하듯이 한국의 발전에서 국가의 역할은 지대했으며, 민주화와 IMF 위기 이후에도 국가는 정치적·경제적·사회적 변동에 있어 핵심적인 역할을 수행하고 있다. 따라서 한국 사회의 변동을 이해하기 위해서는 국가의 변동을 이해하는 것이 필수적이다.

* 본 논문은 『한국정치학회보』 제43권 4호(2009. 12)에 수록된 것을 전재한 것임을 밝힙니다.

이를 위해 본 논문은 박정희 정부와 김대중 정부에 주목한다. 그 까닭은 다음과 같다. 첫째, 일종의 과도기였던 1988-1997년을 제외하면 각각의 정부는 서로 대조적인 1963-1987년의 권위주의 개발국가 및 경제체제와 1997년 IMF 경제위기 이후의 신자유주의 국가 및 경제체제의 발전경로와 전형을 성립시키는 데 있어 결정적인 역할을 한 정부이므로 민주화-자유화 이후 국가의 변화를 파악하는 데 적합하다. 둘째, 이러한 대조적인 성격을 띤 박정희 정부와 김대중 정부의 비교는 국가의 형태, 전략, 그리고 정치사회적 과정의 차이가 국가권력, 특히 국가자율성과 국가역량의 성격에 어떤 영향을 미치는지 살펴볼 수 있게 해줌으로써 국가권력에 대한 이론적 이해의 심화에 기여할 수 있다.

이러한 두 가지 목적을 위해 본 논문은 첫째, 국가권력에 대한 기존의 이론을 비판적으로 검토하고, 특히 국가의 자율성과 통치능력이 국가구조/형태 및 그것을 둘러싼 다양한 권력행사 방식(전략과 기획)뿐 아니라 보다 넓은 사회적 관계와 과정에 의해 규정된다고 주장할 것이다. 둘째, 박정희 정부의 국가역량을 이해하기 위해 국가형태, 국가전략 및 사회적 관계를 검토한다. 셋째, 1997년 경제위기 이후의 정치사회적 과정 속에서 형성된 김대중 정부에 의해 형성된 국가형태와 국가전략의 성격을 검토한다. 넷째, 박정희 정부와 김대중 정부의 국가체제(국가형태 + 권력행사 방식), 폭넓은 사회관계 및 그것의 함수로서의 국가자율성과 국가역량을 비교·평가한다.

II. 국가권력의 이론적 해부 : 국가자율성과 국가역량

1. 국가권력 이론들과 그 한계

국가권력은 국가자율성(state autonomy)과 국가역량(state capacity, 또는 통치역량

governing capacity)을 그 요소로서 포함한다. 여기서 국가자율성이란 국가관리자와 국가기구가 외적 영향으로부터 독립적으로 특정한 정치논리에 따라 권위적으로 정책을 결정하고 실행/관철하는 능력을 가리킨다. 한편 국가역량이란 일정 정도의 국가자율성을 토대로 하여 국가가 설정한 특정한 목표를 위해 국가 영토 내의 인구와 자원을 권위적으로 지배/동원/배분하여 시민사회와 경제상태를 조정 및 발전시킬 수 있는 능력을 가리킨다. 근대국가는 영토 내의 인구를 관리하려는 '통치심성/통치술' (governmentality)을 특징으로 하며, 이를 위해 사회/경제정책(policy)과 치안(policing) 및(인력과 자원의) 하부구조적 동원 등을 본질적 구성요소로 한다(Evans et al. 1985 ; Mann 1986 ; Foucault 1991 ; Neocleous 2000).

그러나 국가별로 국가자율성과 통치능력에는 상당한 차이가 있으며, 무엇이 이러한 차이를 낳는가는 국가론의 중요한 문제 중의 하나이다. 국가권력에 대한 그간의 주요한 설명들은 크게 국가를 사회의 반영으로 보는 다원주의(pluralism)의 사회중심적인 설명(Laski 1989 ; Dahl 1963 ; Lindblom 1977 ; Smith 2006), 자율적인 국가구조에 주목하는 국가주의(statism)적인 설명(Mann 1984 ; Skocpol 1985 ; Rueschemeyer et al. 1985 ; Evans 1995 ; Weiss et al. 1995 ; Weiss 1998), 그리고 국가 자율성이 지배계급에 의해 제한된다는 계급국가론의 설명 등으로 나뉠 수 있다(Miliband 1970 ; Poulantzas 1973). 하지만 이러한 국가권력에 대한 설명들은 매우 일면적이다. 다원주의는 국가 역할을 과소평가하는 대신 사회집단의 역할을 과장하며, 그 결과 전반적으로 국가구조에 무관심하다. 반면에 국가주의는 국가와 사회의 분리를 기정사실화하고, 독립된 관료제와 물질적 하부구조로 구성된 통치적 측면의 국가구조, 그리고 그에 따라 국가가 선택적으로 사회부문들과 맺는 관계들로 국가자율성과 국가역량을 환원시킨다. 그 결과 국가주의는 국가와 사회의 경계가 불명확하며 계속 변동(Mitchell 1991)하고 있으며, 국가역량이 국가구조뿐 아니라 그것을 둘러싼 폭넓은 사회관계에 의해서 본질적으로 규정되고 제약될 수 있다는 것을 간과한다. 한편 계급국가론은 얼핏 국가권력을 지배계급/집단으로 환원하거나 또는 국가구조로 환원하는 양 극단을 벗어나 국가권력을 국가구조와 사회집단 모두를 통해 설명하는 것처럼 보인다. 하지만 계급국가론의 '상대적 자율성' 개념은 '경제의 최종심급에서의 결정'과 같은 형이상학적 원리에 의존하고 있을 뿐이며, 그 결과 자본주의 국가의 자율성과 계급성의 한계가 어디까지인지를 설명하지 못한다.

2. 국가권력에 대한 전략관계론적 접근

(1) 전략관계론적 국가권력론

그렇다면 국가구조와 사회관계 사이에서 표류하는 국가권력, 그리고 국가 자율성과 역량의 이론을 어떻게 바로잡을 것인가? 필자는 사회중심주의/다원주의, 국가중심주의뿐 아니라 절충주의적 위험을 안고 있는 계급국가론과도 구별되는 제4의 입장으로서 후기 풀란차스와 제솝 등에 의해 발전된 전략관계론적 국가론을 수용한다(Jessop 1985, 1990 ; Poulantzas 1980, 128-129 ; cf. Foucault 1978). 전략관계론은 국가권력을 사회적 집단들의 경합, 국가구조, 또는 양자의 결합으로서의 상대적 자율성 등과 같이 일면적이거나 절충적인 용어로 규정하지 않는다. 그것은 다원주의가 함축하는 국가타율성, 국가주의가 주장하는 구조적 자율성, 그리고 계급국가론이 주장하는 상대적 자율성이라는 본질주의적인 국가규정들을 극복하고 종합한다. 전략관계론에 따르면 국가권력은 다원주의에서처럼 사회관계의 변동을 반영하지만 그것은 어디까지나 국가주의에서처럼 역사적으로 형성된 국가구조라는 조건 하에서, 그리고 계급국가론에서처럼 계급 또는 지배적 사회집단의 권력의 제약 하에서 그러한 것이다. 그러므로 국가권력은 가변적인 성격을 가지고 있는 것으로, 역사적으로 특정 세력과 전략에게 유리하게 형성된 국가의 구조 및 사회관계의 조건 하에서 벌어지는 사회적 · 전략적 실천들과 세력균형의 변동을 통해 행사되고 제약된다.

이렇게 보는 까닭은 (a) 국가의 독립적인 물질적·제도적 형태는 사회적 세력관계 속에서 형성되며, 권력 또한 국가가 소유하고 행사하는 것이 아니라 구체적 세력들과 전략들을 통해서 사회적 관계 속에서 행사되는 것인 반면, (b) 일단 형성된 구조와 틀은 역으로 다시 사회적 세력관계와 과정에 영향을 주기 때문이다. 따라서 전략관계론의 핵심은 국가가 "세력균형의 물질적[제도적] 응축"이자 "형태가 규정된(form-determined) 사회관계"라는 것이다. 이는 ① 국가권력의 성격이 여러 사회세력들의 전략적 경합과 각축의 진행에 따라 변화하지만, ② 그 결과가 지속적으로 국가체제와 그것을 둘러싼 사회관계에 제도적/물질적으로 각인되어 구조화되기 때문에 ③ 국가를 중심으로 한 정치사회적 과정이 특정한 종류의 세력이나 전략에 대해 보다 유리한 편향 또는 "전략적 선택성"(strategic selectivity)을 띠고 있다는 것을 뜻한다.

그런데 제솝의 전략관계론은 자본주의의 발전과 재생산에 필요한 국가의 기능과 형태분석에 치중했기 때문에 국가자율성과 국가역량을 설명할 수 있는 이론을 사실상 발전시키지 못했다는 한계를 가지고 있다. 제솝은 상대적 자율성의 개념을 '전략적 선택성'과 '작동적 자율성'(operational autonomy)의 개념으로 대체하지만 작동적 자율성의 실제적 사회적 조건을 분석하지 않는다. 또한 그는 국가를 상이한 역량(capacity)을 지닌 국가기구들의 제도적 앙상블로 보지만 그러한 역량이 구체적으로 무엇이며 어떻게 생겨나는지에 대해 분석하지 않는다. 따라서 본 논문은 먼저 전략관계론적 국가자율성과 국가능력 이론을 제시하려고 한다.

(2) 전략관계론적 국가자율성과 국가역량

전략관계론적인 국가자율성과 역량 이론을 구성하기 위해 필자가 선택하는 전략은 국가자율성과 역량에 대한 전략관계론적 연역, 그리고 국가중심적 접근법이 국가자율성과 국가역량에 관해 거둔 연구성과에 대한 전략관계론적인 비판, 변용 및 확대이다.

전략관계론적 국가자율성 및 역량 이론의 출발점은 국가권력이 사회적 관계와 맥락에 따라 가변적이라는 것이다. 이러한 관점에서 볼 때 국가의 자율성과 역량 또한 구체적인 사회적 관계와 전략적인 맥락 속에서만 생성되고 정의될 수 있는(그리고 따라서 일시적으로만 지속되거나 장기적으로 소멸할 수 있는) '관계적' 자율성과 역량으로 규정할 수 있다. 실제로 국가자율성과 역량은 부문별·국가별로 상이할 수 있다. 예를 들면 국가는 국내의 사회세력에 대해서는 자율적이면서도 동시에 외국의 압력에 대해서는 종속적일 수 있다. 또한 어떤 국가는 경제정책에 대해서는 높은 능력을 보이면서도 사회정책적 능력은 낮다거나, 정반대로 사회정책 능력은 높으나 경제정책 능력이 낮을 수도 있는 것이다. 또한 동일 부문에 대해 여러 다른 국가는 사회관계에 따라 상이한 자율성과 능력을 보일 수 있다. 이는 주로 국가 통치구조에 관심을 기울이는 국가주의적 접근법도 공유하는 견해이다(Rueschemeyer et al. 1985 ; Skcopol 1985 ; Weiss 1998 ; Jessop 2008).

그러나 전략관계론은 국가주의와 달리 국가자율성과 역량의 차이를 설명할 때 ① 국가가 선택적으로 관계를 맺는 사회집단뿐 아니라 국가를 둘러싼 폭넓은 사회적 관계와 국가에 침투하는 사회적 세력을 고려하고, ② 통치적 측면뿐 아니라 정치적 측면에도 충분한 관심을 기울이며, ③ 국가권력의 구조적 측면뿐만 아니라 전략적·행위적 차원 또한 인식한다. 국가권력, 그리고 국가자율성과 역량을 이해하기 위해서는 협소하게 규정된 (i) 국가 통치구조 외에도 (ii) 국가의 정치구조, (iii) 국가를 둘러싼 국가 내외부의 전략적 행위들과 (iv) 전반적인 사회적 과정을 분석해야 한다. 바로 이들의 '관계' 속에서 국가권력의 성격이 규정되는 것이다.

3. 국가체제와 사회형성/과정의 구조적 · 전략적 정합성

이상의 논의를 정리하자면 전략관계론에서 국가권력을 규정하는 요소는 다음과 같다. ① 통치구조, 정치구조, 국가-사회 연계로 이루어진 국가형태(state form), ② 국가를 통한 권력행사 방식으로서의 국가 프로젝트와 사회를 조직하는 권력행사 방식으로서의 헤게모니 프로젝트와 축적전략 등으로 이루어진 전략적 실천(strategic practices), ③ 그 결과 생성되는 광범한 사회적 관계의 패턴, 그리고 무엇보다도 ④ 이러한 요소들 사이의 상호관계가 그것이다.

이러한 요소들은 두 가지 방식으로 분류할 수 있다. 첫째, 국가권력을 규정하는 요소는 구조적 요인과 전략적 요인으로 나눌 수 있다. 국가형태와 그것을 둘러싼 광범한 사회적 관계, 그리고 그들 간의 상호관계는 그 자체로 권력을 행사하지 않지만 국가권력의 구조적 범위와 한계, 즉 '전략적 선택성'을 구성한다. 그리고 이러한 범위와 한계 내에서 국가권력의 행사를 구체화시키는 것은 국가형태를 둘러싼 '전략적 실천'들이다. 둘째, 국가권력을 규정하는 요소는 분석의 편의상 국가내적 요소와 국가외적(또는 사회적) 요소로도 나눌 수 있다. 우리는 국가형태와 국가 프로젝트를 합쳐 국가체제라 하고 헤게모니 프로젝트, 축적전략 및 이 모든 것들로부터 생성되는 사회관계를 합쳐 '사회형성/과정'(societalization)이라고 할 수 있다. 이하에서는 이러한 이론적 개념들을 통해 국가권력, 국가자율성, 국가역량을 설명할 것이다.

(1) 국가체제 : 국가형태와 국가 프로젝트

국가권력을 일차적으로 규정하는 것은 국가체제(state system)로서, 이는 국가를 조직하는 권력행사 방식으로서의 국가 프로젝트와 그것에 의해 형성되는 동시에 그것을 제약하는 국가형태로 구성된다고 할 수 있다(Jessop 2002, 42). 여기서 국가 프로젝트(state project)란 국가의 목표를 규정함으로써 분열된 국가기구를 통일하고, 국가역량을 설계함으로써 단일한 국가효과(state effect)를 낳거나 낳으려는 전략적 실천과 담론을 가리킨다. 분석적으로 볼 때 이는 다시 국가의 작동적 자율성 및 사회를 대표하는 방식을 규정하려는 정치 프로젝트와 사회에 대한 개입방식을 설계하려는 통치 프로젝트로 나뉠 수 있다. 한편 국가형태는 국가 프로젝트에 의해 형성된 국가제도를 가리키는데, 여기에는 국가기구 간의 관계(접합, articulation), 그리고 국가와 사회의 상호작용 패턴[사회를 대표(representation)하고 사회에 개입(intervention)하는 방식]을 가리킨다. 만약 국가 프로젝트와 형태들이 질서 있는 제도화된 국가체제를 이룬다면 일관되게 특정한 국가효과, 즉 통치 및 지배 권력의 강화가 발생할 것이다. 이러한 국가체제의 자율성과 역량을 규정하는 것은 다음과 같은 조건들이다.

첫째, 개발국가론에서 지적한 조건들이다. 우선 국가기구 간의 접합형태라는 측면에서 볼 때 특정한 국가전략에 합당한 자율적이고 합리적이며 내적으로 응집력이 있는 선도적 기구와 관료집단(예 : 일본의 통산성, Johnson 1982)의 존재는 국가자율성과 역량을 강화시킨다. 선도적 기구나 관료집단이 부재하고 국가기구의 내적 응집성이 약화되면 국가자율성과 역량 또한 약화된다. 다음으로 국가자율성과 국가역량이 서로를 약화시키지 않도록 국가의 '제도적 분리'와 '사회적 연계'(social embeddedness) 사이에 적절한 균형이 이뤄져야 한다[예 : '연계된 자율성'(embedded autonomy), Evans 1995]. 국가의 '제도적 분리'의 심화는 국가자율성을 강화시키지만 국가의 사회에 대한 개입과 통치를 어렵게 할 수 있다. 다른 한편 효율적 자원동원을 가능하게끔 하는 하부구조의 건설을 포함한 '사회적 연계'는 국가역량을 강화시키지만 국가자율성을 약화시킬 수 있다(Rueschemeyer et al. 1985 ; Mann 1984 ; cf. Offe 1984). 국가중심주의에서 제시하는 이 두 가지 조건이 결합될 때 국가는 선택적으로 특정 민간부문과 협조하면서도 동시에 그 민간부문을 일정한 방향으로 지도하고 규율할 수 있으며, 이러한 국가-사회관계는 "통치된 상호 의존"(governed interdependence)이라고 불릴 수 있다(Weiss 1998, 38 ; Weiss et al. 1995, 244 ; cf. 윤상우 2001, 167).

둘째, 하지만 전략관계론적 시각은 여기에 두 가지 조건을 부가한다. 먼저 국가의 통치(개입)형태와 정치(대표)형태 사이에 서로를 강화하도록 구조적 정합성(structured coherence)이 있어야 한다. 예를 들면 국가와 재계와 같은 특정 민간부문이 통치된 상호 의존의 관계에 있다고 할지라도 이것이 정치형태/체제와 부합하지 않으면 국가자율성과 역량은 감소할 수 있다. 민주주의 정치형태는 이러한 국가-재계의 특수한 관계를 해체하려는 압력을 지속적으로 가할 수 있기 때문이다. 다음으로 국가 프로젝트들, 국가형태 및 현실 환경 사이에 전략적 정합성(strategic coherence)이 있어야 한다. 예를 들어 '통치된 상호 의존'과 이에 부합하는 정치형태/체제가 존재한다 할지라도 국가 프로젝트가 이러한 관계의 해체(예 : 국가후퇴와 자유화)를 추구한다면 현실에서의 국가자율성과 역량은 약화될 것이다. 여기서 중요한 것은 국가의 접합, 대표, 개입형태, 그리고 이들 간의 상호관계로서의 국가형태는 그 자체로 권력을 행사할 수 없기 때문에 구조적 수준에서 국가자율성과 역량의 범위를 규정하는 데 그치고, 실제로 발휘되는 국가자율성과 역량은 국가 프로젝트 및 그것과 국가형태/현실과의 관계 속에서 규정된다는 것이다.

(2) 사회형성/과정 : 사회관계와 헤게모니 프로젝트

전략관계론은 국가주의와 달리 국가권력, 그리고 국가자율성과 국가역량을 국가체제만으로 설명할 수 없다고 본다. 그 이유는 다음과 같다. 첫째, 국가체제를 구성하는 국가형태와 국가 프로젝트는 국가 내부에서만 형성되지 않고 국가가 위치한 사회적 환경, 그리고 국가에 대한 사회의 압력에 대한 대응 속에서 형성된다. 둘째, 지배와 통치의 효과성은 집합적 결정이 해당 영토공간에 있는 '상상의' 정치공동체(Anderson 1991)를 결속시키고 설득하는 정도에도 달려 있다. 국가권력은 진공이 아닌 사회형성/과정 속에 행사되기 때문에 사회의 결속과 설득

없이는 지배 및 통치권력이 사회 속에서 전달될 수 없기 때문이다.

따라서 국가권력의 효과성은 선택적인 사회적 연계를 넘어서 국가체제, 즉 국가 프로젝트와 국가의 접합/개입/대표형태에 그것을 둘러싼 폭넓은 사회형성/과정이 얼마나 잘 조응하느냐에 달려 있다. 그리고 이 정치사회적 과정은 여러 다른 사회집단들의 세력균형(balance of forces)을 낳는다. 동일한 유형의 국가체제도 이 세력균형에 따라 국가자율성과 역량이 달라질 수 있다. 국가 주도 하에 국가가 특정 민간부문과 맺는 선별적 협력의 관계(연계된 자율성)는 사회적으로 국가의 비중이 크고 다른 민간부문이 허약할 때 국가역량을 강화시킨다. 그러나 다른 한편으로 이러한 국가-사회 관계는 정치사회가 시민사회의 균열을 선별적으로만 반영하고 특정 집단의 이해관계를 대변하는 것을 의미한다. 따라서 이러한 국가체제는 국가의 비중이 상대적으로 작아지고 다른 사회집단의 힘이 강화된 분산되고 민주화된 사회세력 지형에서는 '대표성'의 문제, 그리고 그에 따른 정치적 지지의 하락을 낳을 수 있으며, 이에 따라 국가의 자율성과 사회개입 역량은 크게 제약될 수 있다(cf. 최장집 2003).

그런데 이렇게 국가권력을 규정하는 사회적 세력균형은 사회를 조직하는 전략적인 권력행사 방식인 헤게모니 프로젝트(hegemonic project)와 경제성장 모델을 규정하는 축적전략을 매개로 하여 형성된다. 이 둘은 사회 전반적으로 피지배집단의 순응과 동의를 이끌어내는 동시에 특정한 지배/배제 관계를 사회적으로 제도화시키는 역할을 하며, 이렇게 해서 형성된 사회 전반의 관계가 국가체제와 정합적일 때 국가자율성과 역량은 강화된다.

〈그림 1〉은 이제까지 설명한 개념들의 관계를 정리해 보여준다.

결론적으로 국가권력, 특히 국가자율성과 국가역량의 성격과 효과성을 규정하는 것은 다음과 같다. 첫째, 국가자율성과 역량의 구조적 범위와 한계, 즉 전략적 선택성은 국가형태, 그리고 특정한 세력균형을 낳는 사회형성/과정에 의해 규정된다.[1] 여기에는 국가주의에서 강조하는 선도적 기구와 관료집단, 국가-사회의 연계 외에도 국가형태 간 관계, 그리고 국가체제-사회세력 지형 사이의

그림 1_ 국가권력의 요소들

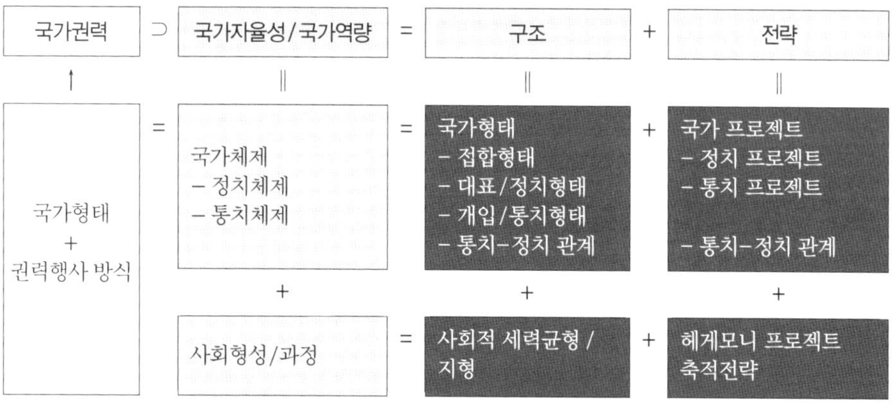

* +는 국가자율성과 역량의 강화를 위해 정합성이 요구되는 관계를 가리킨다.

상호관계가 포함된다(구조적 정합성). 둘째, 실제에서 구체적으로 발휘되는 국가자율성과 국가역량은 국가 프로젝트, 헤게모니 프로젝트, 축적전략과 같이 국가권력의 행사에 일관된 방향을 부여하고 그것을 현실에서 구체화시키는 전략적 실천들, 그리고 이러한 전략적 실천들과 국가체제와의 상호관계에 의해 규정된다(전략적 정합성) 이제 국가형태, 사회적 세력/지형 및 전략적 실천, 그리고 이들 간의 상호관계에 있어서의 차이가 박정희 정부와 김대중 정부의 국가권력의 성격, 국가자율성, 그리고 국가역량에 어떤 영향을 주었는지 살펴볼 것이다.

III. 박정희 정부의 권위주의 개발국가 체제

이제 II절에서 제시된 이론과 개념들을 통해 박정희 정부의 국가체제를 살펴보도록 하겠다. 단, 이 글에서 제시되는 서술은 일종의 '양식화된 사실'(stylized fact)이라는 점을 유념하길 바란다.[2] 박정희 정부 시기의 정치와 통치는 대체로 권위주의, 반공주의와 국가안보, 성장지향적 개발주의로 요약될 수 있다(조희연

2007). 이는 1971년에 야당 대통령 후보 김대중이 주장했던 서구식 자유민주주의, 평화통일을 위한 남북교류, 공정한 분배와 큰 대조를 이루었다(최장집 1993).

1. 반공적 국가 권위주의와 압축성장

(1) 사회적 세력균형

전후 한국의 정치경제는 특수한 경제·사회·정치 및 시공간적 조건의 산물이었다. 일제 식민통치(1910-1945년)의 잔재와 한국전쟁(1950-1953년)은 군부 엘리트와 관료가 과다하게 성장한 이른바 '과대성장 국가'(overdeveloped state)를 만들어냈다(최장집 1993 ; cf. Alavi 1972). 박정희 정부도 이러한 역사적 경로의 연장선상에서 경제와 사회 양자로부터 매우 자율적인 국가라는 특성을 띠었다. 자본주의 및 산업화가 진전되지 않았던 상태에서 기업과 조직노동 등의 사회적 영향력은 제한적이었던 반면 군사 쿠데타로 군부는 정치권력의 핵심이 되었다.

(2) 정치/대표형태와 정치 프로젝트

그리하여 이러한 사회관계를 바탕으로 한 박정희 정부의 국가체제는 정치적인 측면에서 1970년대의 유신헌법 개정 및 긴급조치 등 초법적 수단을 내용으로 한 권위주의적 군사독재를 특징으로 하였다. 특히 박정희 정부는 "총력안보", 의사결정의 효율성을 최우선시하는 이른바 "한국적 민주주의", 재벌과의 협력, 한·미·일의 동북아 냉전동맹을 내용으로 하는 정치 프로젝트를 추진하였으며, 중앙정보부, 국가보안법, 반공 이데올로기에 기초한 지속적인 감시와 고발을 통해 정치활동을 매우 제한하는, 반공적 국가 권위주의라 부를 수 있는 대표형태를 확립하였다. 특히 유신헌법은 박정희에게 종신 대통령직을 사실상 보장했고, 이에 대한 어떠한 정치적 도전도 용납되지 않았다. 또한 박정희 정부는 '국가조합주의' 체제를 통해 전국적 · 업종별 수준에서 친정부적 노동조합(한국노총)을 제도화함으로써 노동을 조직하고 억압하고 규율하였다(최장집 1997). 따라서 박정희 정부의 정치권력의 행사는 일차적으로 야당 및 유력 정치인 사회에 대한 직접적인(특히 노동과 학생/지식인 운동에 대한) 강제와 억압, 그리고 '수동혁명' 적인 위로부터의 동원을 특징으로 했다.

(3) 통치/개입형태와 통치 프로젝트

박정희 정부의 국가체제는 통치적 측면에서 볼 때 이러한 권위주의 정치체제에 의해 가능해진 장기적인 산업발전 계획(통치 프로젝트)에 기초해 있었다. 정부는 "자립경제", "조국근대화", "자주국방", "승공통일" 등의 구호에서 볼 수 있듯이 외국 원조로부터의 경제적 자립, 민주주의 없이도 정치적 정당성을 확보하고 유지하기 위한 경제성장 및 일본과 같은 선진 산업국가의 추격(예 : '극일' 과 같은 구호들), 그리고 1969년 1월의 박 대통령 암살 시도 및 1970년대 초 데탕트(Détente) 하 1971년 주한미군 부분 철수와 같은 상황 속에서 북한의 위협에 대한 독자적 대응능력 확보를 목표로 하였다(cf. 深川由起子 1999, 57). 1970년대에 들어서면 이렇게 정치적으로 추동된 목표를 위해 청와대 주도로 전체 경제가 문자 그대로 산업단계별 발전계획에 따라 '엔지니어링' 되었다(오원철 1996, 260-275). 특히 1970년대 추진된 중화학공업화 계획은 북한에 대항하는 방위산업을 건설하려고 한 것만이 아니라, 일본의 주요 산업을 모방하고 따라잡음으로써 산업을 고도화하려는 목적을 가지고 있었다(深川由起子 1999, 73). 박정희 정부의 국가는 기본적으로 이렇게 청와대가 직접 경제운영에 개입하고 정치논리/권력이 경제논리/권력 위에 서 있는 접합형태를 취하고 있었다.

그리고 그 결과 이러한 '엔지니어링' 프로젝트를 실행하기 위해 경제기획원이 투자를 조정하는 산업정책이라는 독특한 개입형태가 박정희 정부 하에서 탄생했다. 기획원은 중앙은행을 통제하고 한국은행의 보증 하에 해외로부터 자본을 차입하고, 국유화된 은행을 통해 금융자원을 시장 이하의 가격에 특정 산업 발전에 배타적으로 배분했다. 이렇게 하여 이른바 '주식회사 한국' (Korea, Inc.) 또는 '개발국가' (developmental state)가 탄생했다(Amsden 1989 ; Chang 1993 ; Hart-Landsberg 1993 ; Woo-Cumings 1999). 또한 수입대체 산업화 전략과 동시에 수출지향 전략이 채택되었다('복선적 산업화'). 여기에는 중상주의적 동기도 있었지만 더 중요한 것은 중화학공업화(수입대체 산업화)에 필요한 자본재를 수입하는 데 필수적인 외환을 획득하고 외채를 상환할 필요가 있었다는 것이었다(Haggard et al. 1991 ; 深川由起子 1999 : 54-56 ; 유철규 외 2001 ; 서익진 2003, 74-80). 이를 위해 관세 및 비관세 장벽을 통해 유치산업이 보호되고 노동 억압을 통해 저임금이 유지되었다. 그리고 물론 이러한 경제정책들은 국가의 일방적인 계획에 의해서 추진되었다기보다는 자본과 재벌과의 협의와 타협을 통해 진행되었다(太田誠, 2001)는 점에서 국가와 자본 간의 '연계된 자율성' 혹은 '통치된 상호 의존'의 결과였다(Evans 1995 ; Weiss 1998).

(4) 헤게모니 프로젝트와 축적전략

하지만 이러한 정치 및 통치권력의 행사를 뒷받침하는 헤게모니 프로젝트나 축적전략이 전혀 없었던 것은 아니었다. 그것은 북한과 외세에 대한 배격과 민족 단결을 내용으로 하는 '국시' (國是)로서의 반공 및 민족주의 교육과 이데올로기, 산업역군에 대한 찬양, 새마을운동, 기업가들의 정치자금 및 종종 수출성장과 동일시되었던 경제발전, 그리고 점증하는 지역주의(감정 및 분할)에 의해서도 뒷받침되었다(Han 1989 ; Lie 1998, 54 ; Cho 2000 ; 이병천 2003, 41-45). 결론적으로 한국의 권위주의 개발국가가 초래한 낮은 자본조달 비용, 새로운 산업의 개발, 국내시장 보호, 저임금, 그리고 정치적 의사결정에서의 반민주적 '효율성'은 한국을 '원조경제'에서 탈피시키고 자본축적과 경제성장의 속도를 가속화시켰다.

2. 권위주의 개발국가의 모순과 위기

하지만 이렇게 성공적으로 보이는 박정희 정부도 모순과 위기로부터 자유롭지 않았다. 무엇보다도 권위주의에 기초한 정부의 금융 및 다른 자원의 배분은 분명히 어떤 약점을 가지고 있었다. 첫째, 한국 정부의 '엔지니어링' 적 접근은 시간이 지남에 따라 균형 잡힌 경제발전보다는 선진국을 따라잡고 군사적으로 전략적인 산업을 건설하기 위해 산업발전 그 자체에만 집중하는 문제점을 낳았다(cf.《한국일보》2000.01.29). 둘째, 정부에 의한 자본배분은 재벌의 지대추구 행위를 강화했다. 예를 들면 정치인과 관료와의 좋은 관계 또는 정경유착이 사업성공에서 핵심적이었다(cf. 한국 경제의 '정실자본주의' 적 면모에 대해서는 Kang 2002를 참조). 또한 정부는 공격적인 (동시에 기본적으로 위험성이 큰) 투자를 통한 재벌의 성장전략을 고무하였고, 그 결과 재벌은 점점 더 '대마불사' 의 신화에 빠지게 되었다. 셋째, 외채, 외국기술 및 시장에 의존한 산업발전은 과잉투자 및 외채위기의 위험성을 안고 있었다(奧和意 1989, 223–224 ; 서울사회과학연구소 1991, 218–219 ; Hart-Landsberg 1993, 149–160). 고급부품들이 저임금 저부가가치 노동에 의해 조립되어 수출되는 이른바 '통과' (pass-through) 경제는 대미흑자에도 불구하고 막대한 대일무역적자(부품 및 기계 수입, 생산기술에 대한 로열티 등)를 초래하였으며, 그 결과 1980년대 중반까지 한국 경제는 대부분 대외적자에 허덕였다(Jeong 1997 ; 서익진 2003). 더구나 수출지향적 산업화 전략은 한국 경제를 고도로 해외시장에 의존적이게 만들고 과잉투자의 위험에 노출시켰다. 왜냐하면 저렴한 노동력의 유지와 소비의 억제가 국내 수요의 성장을 가로막았기 때문이다.

더구나 경제정책의 발전과 정교화에도 불구하고 다른 국내 통치의 영역은 상대적으로 덜 정교화되고 덜 발전된 편이었다. 예를 들면 노동의 기본권을 부인하고 노동운동과 학생운동에 강하게 대처하는 것 외에는 사회응집과 노동력 재생산을 겨냥한 사회정책은 거의 없었다(김삼수 2001). 또한 설사 있다고 해도 사회정책은 항상 경제정책 목표에 종속되어 있었다. 이는 권위주의와 정경유착으로 인해 민주적 정당성이 부재한 상황에서 계속적인 경제성장과 소득증대 외에는 실질적인 지지의 원천이 부재한 상황을 낳았다. 권위주의적 억압만큼이나 독재정부를 몰아낸 1960년 4 · 19 학생혁명의 경험 또한 반대세력을 종종 거리로 끌어냈으며, 여당과 야당 사이의 적대도 강렬한 형태를 띠었다(Kim 1971).

실제로 한국 정부가 추진한 (중화학)공업화는 1970년대 말까지 여러 번 과잉설비 및 과잉투자 위기 또는 외채위기로 이어졌다(1969, 1972, 1979/80년, 서울사회과학연구소 1991, 193–194, 226). 특히 권위주의적 정치탄압과 경제적 불평등의 증가와 더불어 1979년의 경제위기는 YH무역 여공들의 농성 및 이에 대한 탄압, 야당지도자 김영삼의 국회 제명, 공업화된 부산–마산지역의 항쟁, 군사정권 최상위층에서의 갈등과 알력, 10월 26일 박정희 대통령의 시해로 이어진 심각한 정치위기를 초래했다. 그러나 국가 권위주의 체제 자체는 이러한 종류의 모순과 정치경제적 위기를 충분히 관리할 수 있는 능력을 가지고 있었다. 즉 중산층과 시민사회의 성장은 불충분했고, 경제는 비교적 작고 효과적으로 폐쇄되어 있었으며, 여전히 고도성장의 여지가 남아 있었던 것이다. 정부는 기업을 위해 사채를 수년간 동결(1972년 8 · 3 조치 ; Lie 1998, 82)하거나 도산한 재벌의 자산을 다른 재벌에 싼값에 넘기는 방식(Kang 1996 ; 이한구 1996, 4–5장)으로 경제위기를 관리하고, 노동운동의 성장과 정치위기는 1972년 유신 및 긴급조치(그리고 1980년의 또 한 번의 쿠데타)를 통해서 효과적으로 잠재울 수 있었다. 또한 냉전이라는 지정학적 맥락은 1980년대 초 외채위기 시에 미국과 일본이 미화 40억 달러의 차관을 한국에 제공하게 만들었다(Cumings 1989).

IV. 김대중 정부의 신자유주의 국가체제

김대중 정부는 1997년 경제위기 이후의 개혁을 통해 개발국가주의와 결정적으로 단절한 새로운 국가체제를 형성시켰다고 할 수 있다. 위기 이후 김대중 정부 하의 새로운 국가체제 형성을 이해하기 위해서는 먼저 그것을 형성시킨 경제위기 이후의 정치사회적 과정을 살펴보아야 한다.

1. 김대중 정부의 위기관리와 국가 프로젝트

(1) 사회적 세력균형

1987년 민주화 이후 노동, 재벌, 시민사회가 성장하면서 권력은 이전에 비해 분산되게 되고 강제적 수단의 사용이 어려워짐에 따라 국가권력의 행사에 있어서 이들의 동의가 훨씬 더 중요하게 되었다. 간단히 말해 민주화 이후 이들은 많은 부분에서 비토권을 행사할 수 있는 힘을 가지게 되었던 것이다. 이는 이들의 조직력뿐만 아니라 선거정치가 작동하는 민주화 이후의 정치/대표형태에도 기인한 것이었다. 사실 이러한 사회세력들의 비토권은 1997년 각종 정치 스캔들로 인한 대통령의 권위실추, 노동 및 금융개혁의 실패, 기아사태의 처리 지연 등 위기관리의 실패에서 가장 극명하게 드러났다.

하지만 김대중 정부 하에서는 이러한 사회적 세력균형으로 인해 김영삼 정부 하에서 극히 약화되었던 국가의 리더십과 자율성이 IMF 체제와 더불어 일시적이나마 회복되고 강화되었다. 정권교체, 위기관리의 시급성, 그리고 IMF 구제금융이라는 외적 제약이 오히려 김대중 정부의 정치적 리더십 및 정당성과 대내적 자율성을 강화시켰던 것이다. 이러한 이유로 인해 김대중 정부는 소수파 정권임에도 불구하고 초기에 국민적 지지를 얻을 수 있었다. 특히 이러한 지지를 받으면서 IMF와의 협의를 통해 김대중과 재정경제부는 기존에 실패했던 기업·금융·노동분야의 제도개혁, 사회복지제도 확대, 중소기업(벤처기업) 활성화 등과 같은 자신들의 의제를 적극적으로 추진할 수 있었다(cf. Mathews 1998 ; IMF Independent Evaluation Office 2003).

(2) 국가 프로젝트와 헤게모니 프로젝트

김대중 정부가 공식적으로 내놓은 초기의 국가 프로젝트는 "민주주의와 시장경제"였다. 이는 비록 1971년 김대중이 내놓았던 형평성과 분배에 초점을 둔 국가 프로젝트보다 시장지향적인 것으로 변모했지만 박정희식 권위주의 체제와의 분명한 단절을 천명한 것이었다. 그러므로 정치적 측면에서 특기할 만한 것은 김대중 정부가 노사정위원회를 통해 '사회조합주의'를 추구했다는 것이다(Choi 1998). 다음으로 통치적 측면에서 "DJ노믹스"는 독일식 '질서자유주의'(Ordo-liberalism)의 이념 하에 반독점적·경쟁적 시장경제의 제도화, 그리고 "생산적 복지"의 구상 하에 '기초생활보장제도'의 도입 등 사회복지제도를 확대했다(대한민국정부 1998, 60-61 ; 재정경제부 1999). 또한 김대중 정부는 시민운동 단체를 통해 권력기반을 공고화하려는 "제2건국운동"과 같은 헤게모니 프로젝트를 시도했다.

그러나 김대중 정부의 민주주의적인 국가 및 헤게모니 프로젝트는 그다지 성공하지 못했다고 평가할 수 있다. 첫째, IMF와 재정경제부가 추진한 신자유주의적 구조조정이라는 보다 큰 틀 하에서 '노사정위'는 정리해고를 법제화하고 노동의 반발을 완화하는 수단으로 전락하여 조직노동의 탈퇴를 초래하였고, 결국 유명무실화되었다(유범상 2000). 둘째, 김대중 정부의 기업 지배구조 개혁에도 불구하고 대기업에의 이른바 경제적 집중은 해소되지 않았고, 오히려 일부 대기업이 경제에서 차지하는 비중은 더욱 확대됨으로써 반독점적·경쟁적 시장질서는 확립되지 않았다. 이는 (그 중 일부는 해체되었지만) 대재벌에 상당부분 개혁에 저항할 힘이 있었을 뿐만 아니라 구조조정에 의한 시장에서의 기업퇴출과 합병 등이 생존기업을 더욱 강화시켰기 때문이었다. 더구나 복지확대는 이러한 경제·노동정책을 용이하게 하기 위한 보조수단에 그쳤다(손호철 2005). 셋째, "제2 건국운동"은 권위주의적·하향적·관권운동적 특성으로 인한 시민단체의 외면으로 말미암아 실패하고 말았다(송백석 2005). 다시 말해 김대중 정부는 우호세력을 규합하는 데 실패했다. 이러한 하향적·관권운동적 특성은 김대중 정부의 리더십과 자율성이 시민사회에 기반한 것이 아니라 IMF 위기와 체제에 기초한 일시적이고 불완전한 것이었던 데 기인했다. 이는 부분적으로는 시민사회의 저성장 및 그 결과로서 발생된 시민사회의 균열구조를 반영하는 정당체계가 미발전된 결과이기도 했다(cf. 최장집 2003).

(3) 권위적 정치과정과 신자유주의적 통치

사실 김대중 정부는 위기 이후 초기의 실제 개혁과정 및 정책형성에서 주로 IMF 체제라는 알리바이와 신자유주의 관료의 정책능력에 의존했다. 특히 국내 정치적 측면에서 볼 때 태생적으로 '헤게모니가 취약한 소수정부의 한계' (최장집 2003)를 가진 김대중 정부는 시민단체-노동과 연합하여 사회적 헤게모니를 확대하는 데도 실패했고, 그 결과 야당 압박과 의원 빼내기 등의 현실정치(Realpolitik)적 수단을 통해 국회를 장악하고 행정부의 관료적·기술적 통치합리성에 의지하게 되었다. 그 결과 경제정책의 주도권은 청와대가 아닌 재정경제부와 금융감독위원회에 있었다. 한 예로 김대중 정부 하에서 사실상 구조개혁을 설계하고 지휘한 이헌재가 김대중 대통령과 독대한 적은 단 한번, 그것도 10분에 불과했다(김수길 외 2003). 김대중 정부 하에서 문화적·정치적 표현의 자유가 확대된 것은 사실이었지만, 관료주도적 경제위기 대처란 결국 경제문제에 있어서만큼은 '통치합리성'과 '경제논리'가 민주주의를 압도하는 권위적 의사결정을 의미했다.

관료주도적 경제위기 대처는 현상적으로는 신자유주의 또는 질서자유주의(시장개방, 자유화, 정부 지도 하의 금융주도적 구조조정), 개발국가주의(일시적인 은행 국유화 및 임의적 금융개입), 케인즈주의(재정확대 및 적자)를 뒤섞은 것이었지만 거기에는 일정한 방향성과 위계가 있었다. 한국의 경제적 틀을 새롭게 규정한 것은 금융 및 자본시장 개방과 자유화 및 금융지향적 기업 구조조정을 중심내용으로 하는 신자유주의와 질서자유주의였다. 경제관료들이 과거 여러 번 시도했지만 실패했던 한국 경제의 신자유주의적 전환이 마침내 결정적 문턱을 넘어선 것이다. 첫째, IMF의 요구대로 금융 및 자본시장이 개방화/자유화되었다. 둘째, 김대중 정부가 채택한, 은행을 통한 기업 구조조정 방식에 따라 공적 자금의 투입을 통해 상업은행이 먼저 선정상화되었다(김수길 외 2003 : 47 ; 이영렬 2000 : 48). 이제 은행은 과거처럼 기업의 확장을 도울 것이 아니라, 국가로부터 독립적으로 금융적/재무적 관점에서 경쟁력 없는 과잉 자본을 정리할 것으로 기대되었다. 또한 김대중 정부의 조직노동에 대한 태도는 1998년 여름의 현대자동차 파업 이후 구조조정을 명분으로 강경억압 쪽으로 기울었다. 이로부터 전통적인 산업적 논리의 금융적 논리에 대한 우위가 무너지고 신자유주의의 특징인 유연화와 '금융화'(financialization)의 계기와 경로가 마련되었다(cf. 홍기빈 2007 ; 유철규 2007 ; 금융화에 대한 상세한 설명은 다음 절 참조).

2. 김대중 정부의 국가체제 : 권위적인 위임 민주주의와 국가 주도 신자유주의

이렇게 김대중 정부 하에서의 정치경제적 변동과정은 국가의 취약한 사회적 헤게모니, 그리고 행정부 권력과 관료적-기술적 합리성에 대한 권위적 의존 등에 의해 규정되었다. 그리고 그 결과 형성된 김대중 정부의 국가체제의 성격을 우리는 권위적 위임 민주주의와 국가 주도적 신자유주의라고 규정할 수 있다. 즉 김대중 정부는 과거의 개발국가주의 및 산업발전 논리와 결별하고 신자유주의적 금융화로 이행할 수 있는 길을 열어놓았다.

(1) 권위적 위임 민주주의 정치체제

첫째, 김대중 정부 하에서 정치체제 또는 국가의 대표/정치형태는 권위적인 속성을 띤 '위임 민주주의'(delegative democracy)라는 다소 모순적인 특징을 가지고 있다고 할 수 있다(cf. O'Donnell 1994). 김대중 정부 하에서는 박정희 정부의 국가체제에서 볼 수 없었던 대의민주주의 제도의 작동(보통선거권 및 경쟁정당의 존재), 헌법적 한계 내에서의 정권교체 및 법치, 이데올로기적 기구의 법적으로 '사적'인 지위와 같은 것들이 보장되었다. 또한 김대중의 자유주의 철학이 반영되어 사회적·문화적 자유화가 매우 진전되었다. 이런 의미에서 김대중 정부가 가져온 것은 단지 경제적 신자유주의(노동 배제와 억압)뿐만 아니라 정치적·문화적 자유주의였다. 정상적인 선거를 통한 정권교체가 일어났으며, 신문과 같은 이데올로기적 기구가 정부로부터 분명히 독립되게 되었다. 이러한 의미에서 형식상 김대중 정부의 국가는 박정희 정부와 같은 초법적·억압적·강제적 형태의 권위주의 국가와 구별되는 대의제 자유민주주의 국가의 성립기준을 충족한다고 할 수 있다.

그러나 김대중 정부에서는 정부 여야를 포함한 사회세력 간의 강렬한 상호적대, 권위적 정치행태, 부정부패, 지역주의, 노동의 배제 등 권위적 정치 프로젝트와 대표형태도 온존하였다. 다시 말해 약화된 형태지만 노동의 억압/배제와 국가행정의 우위를 통해 권위주의적 정치 및 통치행태가 잔존했다. 그 까닭은 IMF 구제금융과 위기의 상황에서 김대중 정부, 한나라당, 재벌 그 누구도 사회적 헤게모니를 장악하는 데 실패했기 때문이었다. 그러므로 위기 이후 신자유주의적 위기관리 과정의 김대중 정부 및 그 이후 형성된 한국의 국가를 일종의 '권위적 위임 민주주의'라고 규정할 수도 있을 것이다.

(2) 국가 주도 신자유주의 통치체제

둘째, 이러한 권위적 위임 민주주의 하에서 김대중 정부 하에서 통치체제 또는 경제/사회적 개입형태는 국가 주도적 신자유주의를 특징으로 한다. 즉 한국의 신자유주의는 국가후퇴보다는 IMF 후원 하의 관료주도적 국가개입에 의해 가능해졌다. 그리고 이로부터 한국의 정치경제는 시장개방/자유화뿐 아니라 '금융화'를 지향하는 신자유주의적 발전경로를 본격적으로 밟기 시작했다고 할 수 있다. '금융화'란 신자유주의 하에서 금융적/금전적 수익논리 또는 계산양식(mode of calculation)이 다른 논리들이나 계산양식(산업발전 논리, 형평성 등)에 대해 우위에 서게 되고 금융적·재무적 수단에 의해 자본축적이 확대되어 가는 것을 가리킨다(cf. 홍기빈 2007 ; Veblen 2009).

우선 김대중 정부의 금융자유화, 규제혁파, 규제제도화 등은 신자유주의적 금융화가 전개될 수 있는 제도적 기반을 닦았다. 즉 국가는 외자유치를 위해서 금융-자본시장을 개방하고 자유화했을 뿐만 아니라, 금융 규제개혁을 통해 금융적/재무적 축적논리에 부합하는 새로운 규제구조를 만들어냈다. 첫째, 정부는 정보투명성, 외환보유고 증가, 단기채무 비율의 감시를 통해 외환위기 및 외채위기를 방지할 수 있는 능력, 그리고 위기에 신속하게/적시에 대처하는 능력을 확보했다(재정경제부 1999, 114 ; 2002, 210). 둘째, 한국은행의 독립과 금융통화위원회의 한국은행 산하로의 이전, 그리고 민간부문 출신 금통위 위원의 임명은, 국가의 물가안정에 대한 의지를 반영할 뿐만 아니라 산업논리와 독립적인 금융업계의 의견이 금융통화정책에 반영됨을 의미했다. 즉 산업적·국가주의적 논리가 금융부문에 침투하는 것을 제도적으로 방지했다. 또한 BIS 자기자본 비율을 기준으로 금융기관 허가를 취소할 수 있는 권한을 가진 금융감독위원회는 시장에 금융기관이 건전성을 제고하게끔 하는 압력을 만들어냈다(Pirie 2005). 셋째, 국가는 금융권에 공적 자금 투입을 통해 부실채권을 청산하여 선정상화시키고, '워크아웃' 등을 통해 은행이 우위에 서서 기업 구조조정을 주도하게 했다. 결과적으로 산업-기업체에 비해 채권은행을 특권화함으로써 금융자본의 재무적 이해관계를 우선시하게 되었으며, 이에 따라 장기적이고 산업지향적이었던 개발국가 체제에서와 달리 기업의 상태는 일차적으로 단기적인 금융/재무상황에 의해 평가되게 되었다. 또한 부실기업 및 금융기관의 퇴출을 공언하던 구조조정 과정에서 상업은행들은 산업자본을 희생시키면서까지 자신들의 생존과 금융적 이해관계를 추구하게 되었다.

다음으로 김대중 정부가 추진했던 금융개혁, 기업개혁 및 노동유연화는 경제조직들을 신자유주의적 금융화에 부합하게 재설계하였다. 국가는 앞서 언급했듯이 IMF 프로그램에 따라 BIS 비율을 도입하였을 뿐만 아니라, 외국자본 유치, 인수합병 및 금융지주회사 설립 등을 통한 은행과 금융기관 대형화를 독려하였으며, 상업은행에 겸업(universal banking)을 허용했다. 그 결과 금융기관들이 대출 대신 유가증권 투자의 비중을 높이고 대출의 경우에도 가계 및 신용카드 대출과 같은 소매 및 '거래지향적 대출'로 전환함으로써 긴밀했던 산업-금융자본 관계가 단절되게 되었다(유철규 2003). 다른 한편 이러한 금융/재무지향적 기업 구조조정을 통해 기업부문은 사업다각화, 공격적 투자를 통한 외형 및 시장점유율/매출 확대 등에서 업종 전문화, 노동(고용과 임금)의 유연화, 부채비율 감축 및 재무(현금흐름 및 수익성) 중심적 기업운영으로 전환했다(박상수 2001). 경제의 침체와 국가의 억압, 정리해고 위협 등으로 인해 조직노동 또한 상당히 온건화 되었다.

이렇게 김대중 정부의 통치체제는 박정희 정부가 남긴 개발국가적 통치체제와 분명한 단절을 이루어냈다. 공적 자금 투입을 통한 국가의 일시적인 은행소유 및 은행을 통한 기업통제는 금융정상화와 기업퇴출을 원활히 하는 일시적 수단이었다. 더구나 케인즈적 재정확대, 벤처기업 육성, 사회복지의 확대, 신용카드 또는 건설경기 부양 등 국가개입과 경기조절정책 또한 주로 구조조정 과정에서 사회적 불만을 완화하고 신자유주의로의 전환을 원활화하는 보조적 수단에 가까웠다(Shin and Chang 2003 ; 손호철 2005). 김대중 정부의 한국은행 독립을 포함한 금융자유화는 과거 개발국가에서와 같은 식의 금융통제를 통한 산업자원 배분, 투자조정, 그리고 기업규율(discipline)을 통한 산업발전 과정에 대한 개입에 확실한 마침표를 찍고 대신에 금융적 축적의 토대를 닦았던 것이다. 이에 따라 금융과 산업부문 양자에서 전통적인 산업화의 논리/계산양식 및 행태 대신에 신자유주의적인 재무적/금융적 계산논리와 행태가 지배적인 위치를 점차 차지하게 되어 매출보다는 현금흐름, 주가총액 등이 기업성과의 지표가 되었다(지주형 2007).

3. 김대중 정부의 성과 및 새로운 모순과 위기경향

김대중 정부의 권위적 위임 민주주의 및 국가 주도 신자유주의 체제는 단기간 내에 한국 경제를 회복시켰다. 새로운 통치체제는 금융시장개방 및 규제개혁 이후 금융부문을 비교적 독립적이고 건전하며 수익성 있는 사업영역으로 재탄생시켰다. 즉 공적 자금 투입과 해외자본 유치와 금융지주회사 설립을 통해 상업은행이 부실채권을 줄이고 BIS 자기자본 비율을 올렸으며, 수익을 증가시켜 경영을 크게 개선했다(재정경제부 2002, 58-59). 또한 대기업은 사업 구조조정, 재무구조 개선 및 노동유연화를 통해 금융 및 노동비용을 크게 줄임으로써 경상이익과 노동생산성을 향상시켰다(파이낸셜뉴스 2003/04/29). 뿐만 아니라 업종 전문화 및 사업 구조조정은 반도체, 자동차, 무선통신, 컴퓨터, 조선 등의 수출시장에서의 성공으로 이어진 것으로 보인다(cf. Kim 2001, 47).

그러나 새로운 신자유주의 국가체제는 몇 가지 측면에서 한계를 드러낸다. 첫째, 통치 및 경제/사회적 개입의 측면에서 새로운 신자유주의 체제는 국내의 대자본과 지구적 금융자본의 자본축적이 아닌 국민경제의 균형적 발전을 도모하는 데는 그다지 성공적이지 못했다. 구조조정의 결과로 투자, 시장점유율 및 성장 대신에 재무적 안정성, 현금흐름 및 수익성을 강조하면서(박상수 2001) 기업은 경기동향에 극도로 민감해졌다(재정경제부 2002, 36). 또한 금융권의 독립성이 높아지고 금융시장개방의 결과 금융권의 외국인 투자 비중이 높아지면서 금융-산업 간의 자금중개 기능이 약화되었으며, 그 결과 투자와 장기적 성장잠재력이 하락했다(이찬근 외 2004 ; 권순우 외 2001 ; Crotty et al. 2002 ; 이덕재 2004). 또한 일시해고, 정리해고, 명예퇴직, 비정규직 등의 증가로 인한 고용불안정과 높은 노동강도 및 연장된 노동시간으로 인한 사실상의 임금삭감이 소득격차를 확대했다(삼성경제연구소 2001 ; 파이낸셜뉴스 2002/05/07). 더구나 2001-2002년에 국내 소비자 수요를 지탱했던 가계대출 및 신용카드 대출은 수백만의 신용불량자를 양산하고, 케인즈적 건설경기 부양과 결합하여 수많은 사적 투자가의 유동성을 부동산에 묶이게 만듦으로써 결국은 국내 소비를 더욱 더 침체시켰다(김광수 2003). 마지막으로 완전히 자유화된 주식 및 금융시장은 외국자본의 영향에 상당부분 좌우되게 됨으로써 외부 경제환경의 변화에 취약하게 되었다(삼성경제연구소 2001, 125-216 ; 이병천 2001). 결과적으로 경제는 상위 재벌이 주도하는 수출지향적 하이테크 산업 및 외국인 지배 하의 금융산업 대 전통적이거나 내수지향적 경공업 및 굴뚝산업, 그리고 노동은 정규직 대 비정규직으로 양극화되어 부분적으로만 회복되었다.

또한 양극화로 인한 사회적-경제적 불안에 대응하는 김대중 정부의 케인즈적 경기조절은 정부의 부채를 1997년의 65.6조 원에서 1999년 108.1조 원으로 증가시킴으로써 정부의 재정부담을 증가시켰다(Bridges 2001, 87 ; cf. 재정경제부 2002). 더구나 김대중 정부의 사회정책과 노동정책은 신자유주의적 개혁이라는 경제적 프로젝트에 종속됨으로써 그 성과가 제한되었다. 김대중 정부의 노사정위를 통한 사회조합주의 시도는 노사정위가 정리해고 수단으로 변질되면서 좌초했으며 복지정책, 즉 공공근로, 기초생활보장제 및 직업훈련 등은 최소한의 안전망의 형태로 도입되는 데 그칠 수밖에 없었다. 이렇게 김대중 정부의 신자유주의적 구조조정은 한정된 자원을 금융산업에 배분하고 금융세계화를 추진하여

금융부문과 대기업부문을 회복시키고 자본축적을 재활성화했지만 이를 대가로 국민경제의 차원에서 볼 때 경제성장 잠재력을 낮추고 소득분배를 악화시켰다.

둘째, 김대중 정부의 권위적 위임 민주주의 정치체제는 정치사회 및 그 속에서의 의사결정이 시민/국민사회를 단지 부분적으로 선택적으로만 반영하는 한국 정치의 오래된 문제인 '대표성의 위기' 경향을 해결하는 데 실패했다. 정치사회적 지형과 국가의 접합형태의 측면에서 볼 때, 한편으로 김대중 정부에서 권력은 초기의 강화된 대내적 자율성에도 불구하고 IMF, 기술관료, 그리고 (그간 계속 진행된 민주화에 따라) 야당과 민간(재벌, 노동, 시민단체 등)에 분산되어 있었다. 특히 사회정책과 관련해서는 시민운동 세력이 상당한 영향력을 행사할 수 있었다. 하지만 그럼에도 경제정책과 관련해서만큼은 정치인 및 관료 엘리트, 재벌 및 외국세력(특히 미국 및 외국투자가) 등의 의견은 (특히 시간이 지남에 따라) 정부의 의사결정 과정에 크게 반영되는 반면에 노동, 시민사회 및 국민 일반의 목소리는 많은 부분 배제되거나 제한적으로만 수용되었다. 예를 들면 노동은 체계적으로 배제되어 있었고, 당시 가장 영향력이 있었던 시민단체인 참여연대의 목소리조차도 주로 재벌 지배구조 개혁과 관련해서만 반영(또는 이용?)되었으며 시간이 흐를수록 약화되어 갔다. 달리 말해 권력 블록은 여전히 정치 및 관료 엘리트들과 재벌에 협소하게 기초하였다.

그러므로 야당, 재벌, 노동, 시민단체 등도 권력을 분점하고 있는 상황에서 김대중 정부의, 행정부를 중심으로 한 권위적 위임 민주주의 대표형태는 거꾸로 국가권력의 효과적 행사에 한계를 부여했다. 최장집(2003)에 따르면, 이른바 '대표성의 위기' 또는 "대표된 정당체제와 대표되지 않는 사회 사이의 균열"이 지속되었다. 집권세력의 부정부패와 적대적이고 마키아벨리적인 정쟁과 결합하여 이것은 사람들 사이에 정치적 소외와 환멸만을 심화시켰을 뿐이다. 그 결과 정치적 불안정화의 리스크는 증가하고 사회적 지지를 동원하고(노사관계 등에서의) 사회갈등을 조정할 수 있는 국가의 '하부구조적 권력'은 제한되었다. 정권과 개혁에 대해 적극적인 국민적/시민적 지지를 동원하는 것을 매우 어렵게 한 것은 흔히들 지적하는 지역주의뿐만 아니라, 권위적 위임 민주주의 및 국가 주도 신자유주의가 초래한 경제적 양극화 및 이에 대한 정치적 대처의 실패였다.

V. 박정희 정부와 김대중 정부의 국가자율성과 역량 : 비교 및 평가

한국의 국가는 박정희 정부로 대표되는 반공 권위주의 개발국가에서 김대중 정부를 시발로 하는 신자유주의 국가로 이행하였다. 그러나 그 과정에서 국가자율성과 역량에도 변동이 발생했으며, 이러한 변화는 국가형태, 사회적 세력균형, 그리고 전략적 실천들의 변동에 따른 것이었다. 다음의 〈표 1〉은 박정희 정부와 김대중 정부의 성격과 목표를 요약하고 있다.

표면상으로 박정희 정부와 김대중 정부의 국가체제는 둘 다 나름의 한계는 있지만 그 내용적 차이에도 불구하고 정치적으로 안정되어 있는 편이었고, 하나는 고도경제성장을, 다른 하나는 경제위기를 성공적으로 극복한 것으로 보인다. 그러나 자세히 들여다 보면 박정희 정부와 김대중 정부의 국가자율성과 국가역량에는 분명히 차이가 있다. 비록 더 많은 시간이 주어졌고 또 궁극적으로 정치적·경제적 위기로 치달았지만 박정희 정부는 높은 수준의 자율성을 계속 유지하였으며, "자립경제", "근대화", "한국적 민주주의", 산업화 등 공언한 정치적/통치적 목표를 대체로 달성하였다.[3] 반면에 김대중 정부의 자율성은 집권 후반기에 크게 하락하였으며, IMF 졸업, 사회복지제도 확대 및 자본축적 재활성화의 측면에는 성공했지만 국민경제의 균형발전, 사회조합주의적 시도, 제2건국운동 등 정치사회적 측면에서 의도했던 목표를 달성하지 못했다고 평가할 수 있다.

이는 양 국가의 구조적 정합성과 전략적 정합성, 즉 국가형태의 내적 정합성, 국가체제와 사회적 세력지형 사이의 정합성, 그리고 국가형태와 전략적 실천들

표 1_ 박정희 정부와 김대중 정부의 성격과 목표

국가체제	박정희 정부 • "한국적 민주주의", "조국근대화"	김대중 정부 • "민주주의와 시장경제", "생산적 복지"
정치체제 • 정치 프로젝트 • 접합형태 • 대표형태	반공적 국가 권위주의 : • "한국적 민주주의" : 반공, 재벌과의 발전연합, 한미일 냉전안보 동맹 + • 정치논리 〉 경제논리/기술합리성 청와대 〉 경제기획원 • 권위주의 정치 : 군부독재 및 국가조합주의 → 장기집권 및 정치위기 빈발	권위적 위임 민주주의 : • "민주주의" (사회조합주의–실패) 및 • 경제논리/기술합리성 〉 정치논리 재정경제부/금감위 〉 청와대 • 권위적 위임 민주주의 : 관료 정책독점, 권위적 정당체계, 지역주의, 선택적 시민사회 반영 → 민주적 '대표성의 위기'
통치체제 • 통치 프로젝트 • 개입형태	개발 국가주의 : • "자립경제", "조국근대화" 등 – 산업화(공업 〉 금융) : 국가계획, 산업정책, 외자의존, 금융억압/할당, 유치산업 보호 등 • 통치(government) 또는 '통치된 상호 의존' : → 고도경제성장 및 대외의존, 만성적자, 외채위기 등	(국가 주도/개입적) 신자유주의 : • "시장경제", "생산적 복지" 등 • (국가 주도적) 금융화(금융 〉 공업) : 시장개방/자유화, 규제개혁 및 기업/금융/노동/공공부문 미시개혁(+ 케인즈적 재정확대 및 사회복지) → 경제회복, 경제양극화/침체 및 국가재정부담 증가
사회형성/과정 • 헤게모니 프로젝트/축적 전략 • 정치사회적 세력균형과 지형	강제 + 동원 • 반공, 민족주의, 새마을운동 및 경제발전 + • '과대성장국가' 및 국가 자율성, 재벌, 금융, 노동, 시민 세력 미약 및 권력 국가 집중 → 강력한 국가권력 행사	정치적 탈동원 • "제2건국운동" 등 동원전략(실패) • IMF 체제 종속 + 강화된 국가 대내 자율성, 재벌, 금융, 노동, 시민 세력 성장 및 권력 분산 → 약한 국가권력 행사

사이의 정합성 등에 차이가 있었기 때문이다. 박정희 정부는 구조적/전략적 정합성의 수준이 매우 높았으며, 이에 따라 국가자율성이 매우 높게 유지되고 설정된 목표를 달성할 수 있는 국가역량이 높았던 반면에 김대중 정부에서의 국가의 구조적/전략적 정합성의 수준은 낮았으며, 그 결과 국가자율성은 집권 후반기에 심

하게 제약되었고 목표를 달성할 수 있는 국가역량은 상대적으로 제약될 수밖에 없었다.

1. 국가형태의 내적 정합성

박정희 정부 국가형태의 내적 정합성은 매우 높은 편이었다. 첫째, 잘 알려져 있다시피 박정희 정부는 대통령 자신을 포함해서 청와대와 경제기획원과 같은 근대화에 대한 강력한 의지와 자율성을 가진 선도기구와 관료집단을 가지고 있었다. 둘째, 박정희 정부는 산업발전을 선도하면서 일부 재벌에 자원을 배타적으로 배분함으로써 민간부문과의 특수한 연계를 발전시켰다. 이는 박정희 정부의 대표/개입형태가 '연계된 자율성' 또는 '통치된 상호 의존'의 특성을 가지고 있었다는 것을 의미한다. 셋째, 한국적 민주주의, 국가조합주의 등을 내용으로 하는 박정희 정부의 반공적 국가권위주의 정치체제는 국가계획과 금융억압 등을 내용으로 하는 개발국가주의 통치체제와 조응하였다. 따라서 금융통제에 의한 자원배분과 투자조정이 정치권의 저항 없이 매끄럽게 이루질 수 있었다.

반면에 김대중 정부 국가형태의 내적 정합성은 의문시된다. 첫째, 재정경제부에서 예산기능이 분리되었고, 김대중 정부 초기에는 재경부 장관에게 경제정책을 총괄할 수 있는 경제부총리의 지위가 박탈되기까지도 하였다. 둘째, IMF 체제 하에서 구조조정을 주도한 김대중 정부와 구조조정의 대상인 재벌 및 금융 사이에는 일련의 긴장과 갈등관계가 존재했다. 김대중 정부의 자율성은 민간부문과 '연계된 자율성' 이라기보다는 IMF 체제라는 외부조건에 기초한 단절된 자율성에 가까웠던 것이다. 따라서 강력한 금융기업 구조조정을 추진할 수 있었으나 동시에 대우와 현대 같은 재벌들을 구제할 수 있는 능력은 제약될 수밖에 없었다. 셋째, 김대중 정부는 1997년의 IMF에 규정되는 통치체제와 1987년의 자유민주주의 정치체제에 의해 이중으로 규정되었으며, 이렇게 하여 약화된 국가 내부의 내적 정합성은 국가자율성과 역량의 범위를 구조적으로 제약했다. 즉 김대중 정부의 정치체제는 권위적 위임 민주주의, 그리고 통치체제는 국가 주도적 시장경제라는 다소 모순된 형태를 띠게 되었다.

2. 국가체제와 사회적 세력관계의 정합성

박정희 정부 하에서 이른바 과대성장 국가는 강력한 자율성을 가지고 있었고, 박정희 정부 후기에 들어갈수록 청와대에 권력이 집중되는 기구/조직형태를 띠었다. 이는 일차적으로 박정희 정부 하 개발독재 국가체제 하에서는 재벌, 노동, 시민운동의 세력이 미약했기 때문이다. 그리고 이러한 사회관계 하에서는 시민사회 및 민간부문의 저성장과 국가부문의 과대성장, 즉 국가에 의한 강제 및 동원, 그리고 의사결정 및 자원배분에 관한 권위적인 정치/통치권력(반공 권위주의 정치와 개발국가주의 통치) 사이에 일정한 정합적 관계가 있었다고 할 수 있다. 즉 강한 국가–약한 사회의 관계에서는 국가목표에 사회/경제적 기관들(기업, 금융, 노동)을 종속시키는 권위주의적 대표형태와 개발주의적 개입형태가 국가자율성과 국가역량을 강화했던 것이다. 물론 박정희 정부의 국가역량(그리고 이후 권위주의 정부의 국가자율성)은 경제성장의 결과 사회세력의 지형이 변화하면서 심각하게 약화되었으며, 끝내 집권 말기에는 심각한 경제적·정치적 위기가 초래되었다.

반면 김대중 정부에서 국가는 경제위기라는 초기의 긴급상황 속에서 강화된 대내적 자율성에도 불구하고 IMF, 야당 및 재벌, 노동, 시민단체 등과 같은 다른 사회적 세력에 의해 그 자율성과 권력이 제한되어 있었다. IMF 체제에 의존한 대내적 자율성이란 국가의 약화된 대외적 자율성을 의미했을 뿐만 아니라 그 효력이 한시적이라는 것을 뜻했다. 또한 경제관료의 정책독점과 정치부문에서의 권위주의의 잔재, 그리고 "제2건국운동"이라는 이름의 여전한 하향식의 시민단체 동원 시도는 1987년 민주화 이후 야당, 재벌, 노동, 시민단체들의 사회적 권력이 신장된 상황과 부합하지 않았다. 그 결과 김대중 정부가 구조조정을 추진할 수 있는 능력은 후반기에 들어서면서 급격히 약화되었다.

3. 국가형태와 전략적 실천들의 정합성

앞서 말했듯이 박정희 정부의 정치체제와 통치체제는 서로 정합적인 성격을 가지고 있었다. 이는 권위주의 대표/정치형태와 개발주의 개입/통치형태가 각각 한국적 민주주의, 국가-재벌연합 등과 같은 정치 프로젝트와 계획적 산업화 및 근대화와 같은 통치 프로젝트와 상호 조응했다는 것을 뜻한다. 또한 박정희 정부의 이러한 국가형태와 프로젝트들은 새마을운동, 민족주의 고취와 같은 헤게모니 프로젝트와도 부합하였다. 그 결과 산업화 및 근대화에 필요한 인적·물적 자원의 동원이 일어나고 자원배분, 투자조정, 기업규율이 효율적으로 이뤄졌으며, 경제는 급속히 성장했고 위기는 관리될 수 있는 수준으로 억제되었다.

반면에 김대중 정부의 정치체제(권위적 위임 민주주의)와 통치체제(국가 주도 신자유주의)는 일정한 긴장관계에 있었다. 첫째, 정치 프로젝트(민주주의)와 통치 프로젝트(시장경제)는 일정한 긴장관계에 있었다. 예를 들면 노사정협의회로 대표되는 사회조합주의 프로젝트는 정리해고로 대표되는 신자유주의적 통치 프로젝트와 부합하기 힘들었으며, 여기서 결국 승리한 것은 후자였다. 둘째, 민주화 이후의 사회환경에 제2건국운동과 같은 하향식 동원의 헤게모니 프로젝트는 부합하지 않는 것이었으며, 결국 실패했다. 셋째, 김대중 정부의 공식적 국가 프로젝트들은 실질적 수준에서의 제도화된 실천들, 즉 국가형태와 부합하지 않았다. '민주주의' 정치 프로젝트는 관료 정책독점, 권위적 정당체계 등과 부합하지 않았으며, 결국 '권위적 위임 민주주의'라 이름할 수 있는 정치형태를 낳았다. 또한 공정하고 경쟁적인 '시장경제'와 "생산적 복지"의 이상은 결국 국가의 권위적 개입과 자원할당을 통한 금융 선정상화, 노동시장 유연화, 그리고 제한적 사회안전망과 같은 '국가 주도적 신자유주의' 통치형태로 귀결되었다. 불확실한 위기상황과 IMF 체제라는 구조적 조건뿐만 아니라, 그러한 조건 하에서 김대중 정부의 선택 또한 이러한 전략적 혼란과 구조-전략 간 비정합성을 낳았으며, 결국 공언한 목표는 충분히 달성되지 못했던 것이다.

요약하면 박정희 정부에서의 권위주의 개발국가 형태와 국가-사회세력 지형의 구조적 정합성은 강력한 국가자율성과 금융통제를 통한 자원배분에 기초한 국가역량을 뒷받침하였고, 한국적 민주주의, 산업화/근대화, 새마을운동과 같은 전략적 실천들은 그러한 국가자율성과 역량을 실제로 발휘시켜 자원동원과 경제성장을 촉진하였다. 반면에 김대중 정부에서의 신자유주의 국가형태와 민주화된 사회세력 지형의 구조적 부정합성은 국가자율성과 국가역량을 제약하였고, 이러한 구조적 조건은 사회조합주의, 제2건국운동, 민주주의와 시장경제와 같은 전략적 실천들과도 충돌하여 국가권력의 행사를 제약했다.

VI. 결론 : 민주주의 심화를 통한 국가역량의 제고

본 논문은 박정희 정부와 김대중 정부의 사례를 통해 한국의 국가가 권위주의 개발국가에서 신자유주의 국가로 이행하였지만 실질적 민주주의의 지체로 인해 국가자율성과 역량이 제약되었음을 보여주었다. 또한 본 논문은 국가자율성과 국가역량이 국가형태 및 그것의 내적 관계, 국가-사회적 세력균형 관계, 국가구조/형태와 전략적 실천관계의 정합성에 달려 있음을 보여주었다.

박정희 정부는 시간이 지남에 따라 변화하긴 하였지만 기본적으로 높은 수준의 구조적/전략적 정합성을 가지고 있었던 반면 김대중 정부는 처음부터도 높은 수준의 구조적/전략적 정합성을 가지고 있지 못하였다. 박정희 정부의 반공

권위주의 개발독재 국가는 국가의 과대성장과 시민사회의 저성장이라는 환경에 부합하는 국가형태와 전략적 실천을 통해 강력한 국가자율성과 통치능력을 행사하였다. 그 결과 박정희 정부는 내적인 모순에도 불구하고 자신이 공언한 목표를 달성할 수 있는 국가자율성과 국가역량을 보유하고 또한 행사했다.

반면에 김대중 정부는 IMF 통치형태와 민주화된 정치형태 및 사회적 지형 사이의 구조적 부정합성이라는 문제를 처음부터 안고 있었다. 1987년 이후 민주화된 사회적 세력지형과 1997년 IMF 체제라는 이중의 환경을 둘 다 만족시키는 국가형태와 전략적 실천은 없었다. IMF 구제금융 조건이라는 구조적 조건은 김대중 정부로 하여금 권력행사를 위해 민주주의적 정치과정보다는 권위적이고 신자유주의적인 행정/정책수단에 의존하게 하였다. 하지만 IMF 체제를 졸업하게 되면서 이러한 전략적 실천과 민주화된 국가형태 사이의 전략적 부정합성이 표면화되었다. 그 결과 '대표성의 위기'가 심화되고 경제 양극화 및 국민적 지지(또는 헤게모니)가 악화되었으며, 김대중 정부의 자율성과 역량은 제약되고 자신이 공언한 목표 중 많은 부분을 달성할 수 없었다.

물론 이것이 박정희 정부의 국가체제에 어떠한 문제도 없었다는 것을 의미하는 것은 아니다. 예를 들면 절대적인 기준으로 보았을 때 박정희 정부의 정치체제야말로 계엄령과 긴급조치 등이 발동되었던 수많은 정치위기를 특징으로 했고, 반대로 김대중 정부의 정치체제가 보다 안정적이었다고 할 수 있다. 다만 여기서 지적하고자 하는 것은 박정희 정부에 비해 김대중 정부가 상대적으로 구조적·전략적 정합성이 떨어졌으며, 이 때문에 김대중 정부에서 민주주의 정치의 잠재력이 충분히 발휘될 수 없었다는 것이다. 민주화 이후 수립된 정부로서 김대중 정부는 과거의 권위주의 개발독재 체제보다는 훨씬 개방적·민주적이었지만 변화된 사회적 세력지형을 감안해 볼 때 근본적인 한계를 안고 있었다. 특히 경제라는 결정적인 부분에 있어 여전히(엘리트 지식인 위주의 시민단체와는 구별되어야 하는) 노동을 포함한 일반 시민/국민의 참여가 제한되어 있었다. 시민사회와 사회적 균열구조를 반영하는 정당체계가 들어갈 자리를 차지한 것은 IMF 체제 및 지구화의 압력, 그리고 기술관료에 의한 경제정책 형성의 독점을 특징으로 하는 권위적 위임 민주주의 및 국가 주도 신자유주의 체제였다. 권위적 잔재와 민주주의의 불일치, 그리고 국가 주도 신자유주의와 민주주의의 불일치는 국민의 정치에 대한 환멸을 낳고 국가역량 제고에 필요한 시민사회 역량의 발전과 동원을 제한했다. 또한 신자유주의적 구조조정은 한국 경제를 지구 금융자본의 축적공간으로 재구조화하는 데에는 일정한 성과를 거두었지만 국민경제적 차원에서 실질적 살림살이를 개선하는 데는 한계를 가질 수밖에 없었다.

결론적으로 김대중 정부에서 보이듯이 민주화 이후의 국가역량 저하는 관료의 정책독점, 권위적 정당체계, 시민사회의 저성장과 같은 구조적 조건, 그리고 신자유주의 프로젝트와 같은 전략적 실천들이 민주화 이후의 분산된 권력관계와 불일치하는 데 기인한다. 저발전 단계에서의 한국에서는 권위주의 개발국가가 국가 주도의, 위로부터의 근대화와 경제성장을 추진하는 것이 나름의 합리성을 가진 것이었는지도 모른다. 또한 경제위기 상황에서 신속한 대처의 필요성은 어느 정도의 권위적 개입을 요청하는지도 모른다. 그러나 현재의 사회적 교착상태를 극복하고 국가역량을 갱신하기 위해서는 민주화된 국가형태 및 분산화된 사회적 세력지형에 부합하는 제도적·전략적 대응이 필요하다. 그것은 정당체계의 민주화를 통해 '대표성의 위기'를 극복할 뿐만 아니라(지식 전문가와 유력가 집단을 넘어서) 시민사회를 활성화하고 민간의 지식과 지지를 동원할 수 있는 보다 실질적인 민주주의 프로젝트를 함축할 것이다.

참고문헌

권순우 외. 2001. "심각한 설비투자 부진과 긴급 대책." 삼성경제연구소 CEO Information 제307호(8월 1일).

김광수. 2003『현실과 이론의 한국경제』. 서울 : 김광수경제연구소.

김삼수. 2001. "박정희 정권 시대의 노동체제 : 단결금지의 노동정책과 기업 내 노사협의체", 한국사회경제학회 학술대회 2001년 겨울.

김수길 · 이상렬 · 이정재 · 정경민. 2003.『금고가 비었습디다 : DJ 정권 5년의 경제실록』. 서울 : 중앙 M&B.

대한민국정부. 1998.『국민과 함께 미래를 연다 : 〈국민의 정부〉 경제청사진』. 서울 : 대한민국정부.

박상수. 2001. "외환위기 이후 대기업집단의 10가지 경영행태변화."『LG주간경제』 623호(5월 16일). 4–11.

박정희. 2005.『한국 국민에게 고함』. 서울 : 동서문화사.

삼성경제연구소 편. 2001.『2001년판 한국경제리포트』. 서울 : 삼성경제연구소.

서울사회과학연구소. 1991.『한국에서의 자본주의 발전』. 서울 : 새길.

서익진. 2003. "한국산업화의 발전양식 : 축적과 조절의 관점에서." 이병천 편.『개발독재와 박정희 시대 : 우리 시대의 정치경제적 기원』. 69–97. 서울 : 창비.

송백석. 2005 "김대중 정부의 헤게모니프로젝트에 대한 비판적 고찰 : 재벌정책과 제2건국운동을 중심으로." 서강대학교『사회과학연구』 제13집 2호. 32–63.

손호철. 2005. "김대중정부의 복지개혁의 성격 : 신자유주의로의 전진."『한국정치학회보』 제39집 1호. 213–31.

오원철. 1996.『한국형 경제건설 : 엔지니어링 어프로치』. 제3권. 서울 : 기아경제연구소.

유범상. 2000. "한국의 노동정치와 공론장 : 노사관계개혁위원회와 노사정위원회를 중심으로(1996–1999)." 서울대학교 박사학위 논문.

유철규. 1997. "한국의 금융자유화와 금융개혁의 성격 : 1980년대 후반 이후를 중심으로." 269–308. 조원희 편.『한국경제의 위기와 개혁과제』. 서울 : 풀빛.

______. 2003. "한국경제위기 논란의 본질."『이론과 실천』.

______. 2007. "한국경제의 금융화에 관한 현상분석 : 구조조정, 한 · 미 FTA, 자본시장통합

법." 『동향과 전망』 71호. 205-224.

유철규 · 이경미. 2001. "축적체제의 제도적 창출과 발전 : 1970년대." 129-163. 김진업 편, 『한국자본주의발전모델의 형성과 해체』. 서울 : 나눔의 집.

윤상우. 2001. "동아시아 발전국가론의 비판적 검토 : 한국의 경험을 중심으로." 『경제와 사회』 50호(여름). 158-185.

이덕재. 2004. "위기 이후 설비투자동향과 축적론적 함의." 115-149. 전창환 · 김진방 외. 『위기 이후 한국자본주의』. 서울 : 풀빛.

이병천. 2003. "개발독재의 정치경제학과 한국의 경험." 17-65. 『개발독재와 박정희 시대 : 우리 시대의 정치경제적 기원』. 서울 : 창비.

이영렬. 1999. 『DJ 대 재벌 빅딜 게임 : 밀실협상, 그 숨가빴던 1년 6개월 추적 보고서』. 서울 : 중앙 J&P.

이찬근 외. 2004. 『한국경제가 사라진다』. 서울 : 21세기북스.

이한구. 1999. 『한국 재벌형성사』. 서울 : 비봉출판사.

재정경제부. 1999. 『경제백서 1999』. 과천 : 재정경제부.

______. 2002. 『경제백서 2001』. 과천 : 재정경제부.

조희연. 2007. 『박정희와 개발독재시대 : 5. 16에서 10. 26까지』. 서울 : 역사비평사.

지주형. 2007. "위기관리와 변동의 정치사회학 : IMF 경제위기와 신자유주의적 발전경로의 형성." 『한국사회학』 제41집 5호. 1-34.

최장집. 1993. 『한국민주주의의 이론』. 서울 : 한길사.

______. 1997. 『한국의 노동운동과 국가』(제2판). 서울 : 나남.

______. 2003. 『민주화 이후의 민주주의』. 서울 : 후마니타스.

파이낸셜뉴스. 2003. 4. 29 "[산은, 3489개 기업 조사 분석] 제조업 재무구조 대폭 개선".

______. 2002. 5. 7 "한국경제 양극화 어느 정도인가."

홍기빈. "IMF에서 FTA로 : 신자유주의적 축적기획." 『외환위기 10년 한국경제의 회고와 전망 10개 단체 심포지엄 자료집』. 서울 : 금융경제연구소 외.

奥和意. 1989. "한국의 경제발전과 채무누적." 203-231. 전창환 편역. 『현대제국주의와 동아시아 신흥국가』. 서울 : 태암.

深川由起子. 1999. 『대전환기의 한국경제 : 그 위기극복의 청사진』. 서울 : 나남.

太田誠. 2001. "후발산업화와 정치경제체제의 변화 : 한국의 경제정책을 둘러싼 경제권력과 정치권력." 서울대학교 석사학위 논문.

Amsden, Alice. H. 1989. *Asia's Next Giant : South Korea and Late Industrialization*. New York : Oxford University Press.

Anderson, Benedict. 1991. *Imagined Communities : Reflections on the Origins and Spread of Nationalism*, 2nd Edition, London : Verso.

Bridges, Brian. 2001. *Korea after the Crash : The Politics of Economic Recovery*. London : Routledge.

Chang, Ha-Joon. 1993. "The Political Economy of Industrial Policy in Korea." *Cambridge Journal of Economics*. vol. 17. 131-157.

Choi, Jang-Jip. 1998. "Korea's Political Economy : Search for a Solution." *Korea Focus*. vol. 6, no. 2. 1-20.

Crotty, James and Kang-Kook Lee. 2002. "A Political-Economic Analysis of the Failure of Neo-Liberal Restructuring in Post-Crisis Korea." *Cambridge Journal of Economics*. vol. 26. 667-678.

Cumings, Bruce. 1989. 'The Abortive Abertura : South Korea in the Light of Latin American Experience." *New Left Review* 173. 5-32.

Dahl, Robert. 1963. *Pluralist Democracy in the United States : Conflict and Consent*. Chicago : Rand McNally.

Easton, David. 1953. *Political System*. New York : Knopf, Inc.

Evans, Peter B., Dietrich Rueschemeyer, and Theda Skocpol. 1985. *Bringing the State Back In*. Cambridge : Cambridge University Press.

Evans, Peter. 1995. *Embedded Autonomy : States and Industrial Transformation*. Princeton : Princeton University Press.

Foucault, Michel. 1978. *The History of Sexuality, vol. 1 An Introduction-The Will to Knowledge*. Harmondsworth : Penguin Books.

______. 1991. "Governmentality." Graham Burchell(ed.). *The Foucault Effect : Studies in Governmentality*, 87-105. Nemel Hempstead : Harvester Wheatsheaf.

Haggard, Stephan, Byung-Kook Kim, and Chung-In Moon. 1991. "The Transition to Export-led Growth in South Korea : 1954-1966." *Journal of Asian Studies*. vol. 50. 850-873.

Han, Sung-Ju. 1989. "South Korea : Politics in Transition." Larry Diamond, Juan J. Linz, and Seymour Martin Lipset. eds. *Democracy in Developing Countries*. vol. 3, 267-303. London : Admantine Press.

Hart-Landsberg, M. 1993. *The Rush to Development : Economic Change and Political Struggle in South Korea*. New York, Monthly Review Press.

International Monetary Fund Independent Evaluation Office. 2003. *IMF and Recent Capital Account Crises : Indonesia, Korea, Brazil*. Washington, D. C. : International Monetary Fund.

Jeong, Seongjin. 1997. "The Social Structure of Accumulation in South Korea : Upgrading or

Crumbling?" *Review of Radical Political Economics*. vol. 29, no. 4. 92–112.

Jessop, Bob. 1990. *State Theory : Putting the Capitalist State in Its Place*. Cambridge : Polity Press.

______. 2002. *The Future of the Capitalist State*. Cambridge : Polity Press.

______. 2008. *State Power : A Strategic–Relational Approach*. Cambridge : Polity Press.

Johnson, Chalmers. 1982. *MITI and the Japanese Miracle : The Growth of Industrial Policy, 1925–1975*. Stanford : Stanford University Press.

Kaldor, Nicholas. 1985. *Economics without Equilibrium*. Cardiff : University College Cardiff Press.

Kang, David C. 2002. *Crony capitalism : Corruption and Development in South Korea and the Philippines*. Cambridge : Cambridge University Press.

Kim, Kwan Bong. 1971. *The Korea–Japan Treaty Crisis and the Instability of the Korean Political System*. New York : Praeger Publishers.

Kim, Kyeong–won (ed.) 2001. *Three Years after the IMF Bailout : A Review of the Korean Economy's Transformation since 1998*. Seoul : Samsung Economic Research Institute.

Laski, Harold J. 1989. "The Foundations of Sovereignty and Other Essays." In Paul Hirst. ed. *The Pluralist Theory of the State*. London : Routledge.

Lie, John. 1998. *Han Unbound : The Political Economy of South Korea*. Stanford : Stanford University Press.

Lindblom, Charles. 1977. *Politics and Markets*. New York : Basic Books.

Mann, Michael. 1986. "Autonomous Power of the State." John Hall. ed. *States in History*, 109–136. Oxford : Blackwell.

Mathews, John A. 1998. "Fashioning a New Korean Model out of the Crisis : the Rebuilding of Institutional Capabilities." *Cambridge Journal of Economics*. vol. 22, no. 6. 747–759.

Miliband, Ralph. *The State in Capitalist Society : The Analysis of the Western System of Power*. London : Quarter Books.

Mitchell, Timothy. 1991. "The Limits of the State : Beyond Statist Approaches and Their Critics." *American Political Science Review*. vol. 81, no. 1. 77–96.

Neocleous, Mark. 2000. *The Fabrication of Social Order : A Critical Theory of Police Power*. London : Pluto Press.

O'Donnell, Guillermo. 1994. "Delegative Democracy." *Journal of Democracy*. vol. 5, no. 1. 55–69.

Offe, Claus. 1984. *Contradictions of the Welfare State. Ed. John Keane*. Cambridge, The MIT Press.

Pirie, Iain. 2005. "The New Korean State." *New Political Economy*. vol. 10, no. 1. 25–42.

Poulantzas, Nicos. 1973. *Political Power and Social Classes*. London : Verso.

______. 1980. *State, Power, Socialism*. London : Verso.

Rueschemyer, Dietrich and Peter B. Evans, "The State and Economic Transformation : Toward an Analysis of the Conditions Underlying Effective Intervention." Evans et al., 44-77.

Shin, Jang-Sup and Ha-Joon Chang. 2003. *Restructuring Korea Inc*. London : Routledge.

Skocpol, Theda. 1985. "Bringing the State Back In : Strategies of Analysis in Current Research." Evans et al., 3-37.

Veblen, Thorstein · 홍기빈 역. 2009. 『자본의 본성에 관하여 외』. 서울 : 책세상.

Weiss, Linda and John M. Hobson. 1995. *States and Economic Development : A Comparative Historical Analysis*. Cambridge : Polity Press.

Weiss, Linda. 1998. *The Myth of the Powerless State : Governing the Economy in a Global Era*. Cambridge : Polity Press.

Woo-Cumings, Meredith. 1999. *The Developmental State*. Ithaca : Cornell University Press.

주

1 물론 사회형성/과정에는 국제환경, 즉 지정학적·지경학적 조건 등이 포함된다. 하지만 이 글에서는 논의를 간결하게 하기 위해 이를 생략한다.

2 '양식화된 사실'이란 세부사항에 있어서 틀릴지라도 모델 구성에 유용하게 쓰일 수 있는 단순화된 경험적 사실을 뜻한다(Kaldor 1985). 필자는 의회 및 선거정치가 작동하고 있었고 상대적으로 시장친화적이었던 1960년대의 박정희 정부도 권위주의 독재와 중앙계획적 경제통제(dirigisme)를 특징으로 하는 유신국가체제로 발전하는 도상에 있었다고 파악한다. 박정희 대통령의 집권과정에서 이미 정상적 의회정치가 중단된 바 있었고, 한일국교정상화 반대 시위에 대해 계엄령과 같은 권위적 수단이 동원되었으며, 경제개발계획, 수출지향-수입대체의 복선적 산업화, 국가의 금융억압적 자본할당 등이 이미 이 시기부터 시작되었기 때문이다. 따라서 박정희 정부를 완성된 '권위주의 개발국가'라는 양식화된 사실로 묘사하는 것은 정당화될 수 있다.

3 박정희에게 있어 "자립경제"란 미국의 원조로부터 자립한 경제이고, "근대화"란 종속과 가난으로부터의 해방 및 산업화와 경제발전이며, "한국적 민주주의"란 "근대화" 등의 국가목표를 효과적으로 달성하기 위해 갈등과 분쟁의 표출을 억누르는 정치제도였다(박정희 2005).

제8장

옴부즈만 기능의 분석적 조명
과제와 한계*

박재창(숙명여자대학교)

I. 서론

오늘날 정부의 실패는 이제 일상적 현상이 되었다. 정보사회로 들어서면서 사회구조가 급변하고 그 결과 산업사회의 사회관계에 기초한 근대 행정국가의 구성원리가 더 이상은 적실성이나 소구력을 갖지 못하게 된 것이다. 반추해 보면 행정국가의 구성원리 자체가 산업사회와의 관계에서 보더라도 불완전한 것이었음은 이미 우리 모두가 잘 알고 있는 바와 같다. 국가라는 대리인 체제를 통해 공적 유익이나 공공선을 관리하려는 것 자체가 근본적으로 한계를 갖는다는 인식도 이제는 낯설지 않다.

이렇게 정부의 실패가 불가피하거나 또는 불가역적인 현상이라고 한다면, 그런 정부의 실패에 따른 결과물 내지는 역작용을 어떻게 처리하거나 관리할 것인지가 우리에게 남겨진 숙제다. 그러나 대부분의 정부실패론은 정부의 개혁이

* 본 논문은『국가정책연구』제24권 3호(2010. 9)에 게재되었음을 밝힙니다.

나 혁신을 통해 어떻게 하면 정부의 실패를 최소화할 것인가에 초점을 맞추었을 뿐, 실패에 따라 발생하는 사회적 과제를 어떻게 관리할 것인가에 대해서는 크게 주목하지 않았다. 그렇다고 해서 정부실패를 초극할 만한 대안개발에 성공한 것도 아니어서 정부실패에 따른 사회적 과제는 사실상 방치되어 있는 것이나 다름없다.

정부의 실패에 따른 고충과 부도덕, 불편과 불합리가 방치되면서 국가에 대한 시민사회의 불신과 양자 간의 간극이 점증하고 있다. 이를 예방하거나 감독해야 할 사법기구나 대의장치마저 기능정지되어 있는 것과 같거나 또는 과부하 상태에 있어 문제의 심각성을 더하고 있다. 이런 상황 속에서 행정국가의 실패에 따른 고충이나 민원을 관리하거나 처리하기 위해 옴부즈만이 발흥하고 있다는 사실은 실로 다행스러운 일이며, 또 당연한 귀결로 여겨진다. 북구라파를 중심으로 시작된 옴부즈만은 이제 전세계 어느 대륙에서나 발견할 수 있게 되었고, 공적 영역뿐만 아니라 사적 영역에서도 손쉽게 찾아볼 수 있다.

같은 공적 영역에서도 입법부형, 행정부형, 절충형, 기관외부형, 기관내부형, 헌법기관형, 법률기관형, 주의주창형, 중립형, 일반가형, 전문가형, 혼합형 등 실로 다양한 형태의 옴부즈만이 생겨나고 있으며, 그들이 각기 다양한 역할을 강조하고 있어 과연 어디까지를 옴부즈만으로 규정해야 하느냐의 문제를 낳고 있다. 옴부즈만으로서 갖추어야 할 기본적인 요건을 갖추었다고 볼 수 없는 경우마저도 옴부즈만이라고 부르고 있어 유사 옴부즈만(quasi-ombudsman) 내지 가성 옴부즈만(pseudo-ombudsman)의 등장과 그에 따른 혼란을 우려하는 목소리도 적지 않다(Hill 1999, 5).

이로 인해 뉴질랜드에서는 일정한 조건을 갖추지 못할 경우에는 옴부즈만으로 부르지 못하게 하는 법률을 제정하는 일까지 벌어지게 되었다(Elwood 1996). 옴부즈만의 기능적 다기화와 다원화가 심화되면서 옴부즈만의 기능적 실체가 모호해지고 있으며, 그에 따라 이를 보다 체계적으로 규명해야 할 필요성은 보다 더 커지고 있다. 이런 문제의식과 현실인식을 토대로 여기에서는 기능론적인 관점에서 본 옴부즈만을 분석적으로 조명해 보고자 한다. 옴부즈만은 과연 어떤 역할을 수행하는 존재이며, 그 역할의 경계는 어디까지인지를 체계적으로 밝혀보자는 것이다.

이는 옴부즈만을 관리론 차원에서 평가하거나 그에 따라 개혁수요를 진단하고 대안을 개발하는 데 있어 매우 유용한 잣대로 활용될 것이다. 아니 옴부즈만이 정부기관의 일종으로서 정부의 실패를 반복하는 골무에 빠지지 않고 자신에게 부여된 과제를 보다 잘 소화할 수 있도록 향도하기 위해서도 필수적인 과제로 요청된다. 옴부즈만을 교육, 훈련한다거나 충원할 경우 어떤 자격요건이나 전문능력을 갖추도록 할 것인지를 정하는 데에도 필요한 일이다. 자칫 옴부즈만을 만병통치약으로 생각하거나 무소불위의 권력으로 간주하는 일을 경계하는 데에도 기여할 것이다.

그런데 옴부즈만을 이렇게 국가와 시민사회 사이에서 민원인이 제기하는 고충을 중개, 중재 또는 조정하는 정부기관의 일종이라고 한다면, 이때의 민원인은 정부와의 관계에서 행정국가의 실패를 시정·보완·수정하기 위해 정부와 공동기획, 공동집행 또는 공동평가하는 협력적 관계를 구축한다. 특히 전통적인 옴부즈만의 경우, 민원인에 의해 민원이 제기되어야만 옴부즈만에 의한 개입이 가능하다는 점을 상기해 볼 때, 정부의 실패를 극복하기 위한 옴부즈만의 활동은 시민참여를 필수적 전제조건으로 삼는다. 민원인과 옴부즈만 내지 정부는 일종의 거버넌스 체제를 구축하는 셈이다.

그럼에도 불구하고 기존의 거버넌스에 대한 논의는 정부과정의 투입이나 전환단계에 주목하는 것이 대부분이었고, 옴부즈만에 의한 것과 같이 정부과정의 평가 및 환류단계에서 구축되는 거버넌스(김상묵 외 2004, 862)에 대해서는 이를 크게 다루지 않았다. 따라서 거버넌스의 관점에서 옴부즈만의 기능적 실체를 규명하고자 하는 경우, 그동안 거버넌스에 대한 연구가 주로 정부과정의 투입이나 전환단계에 경도되었던 현상을 시정하고 나아가 거버넌스에 대한 인식의 지평을 넓히는 데에도 기여하게 될 것이다. 이를 위해 여기에서는 주로 공적 영역에서의 옴부즈만을 중심으로 논의를 진행하되 필요할 경우 사적 영역의 옴부즈만에 대해서도 이를 다루고자 한다.

II. 옴부즈만 기능 연구의 접근시각

옴부즈만은 일반적으로 정부와 민원인 사이에서 민원인이 지닌 고충을 정부에 전달하고 그 원인을 밝혀 해결하거나 보다 궁극적인 민원유발 요인을 찾아 제거하거나 원인제공자를 징계하는 일을 수행한다. 그런데 옴부즈만의 이런 순차적·단계적 역할 가운데 어느 곳에 주목해서 분석하느냐에 따라 대개 3가지의 접근시각을 대별해 볼 수 있다. 옴부즈만을 민원인 내지는 시민사회의 관점이나 그의 연장선상에서 이해하려는 경우를 시민 중심의 접근시각이라고 한다면, 정부와 민원인 사이에서 양자를 연계하거나 매개하는 존재로 이해하려는 경우는 행정 중심의 접근시각이라고 하겠다. 옴부즈만을 국가의 의사를 민원인에게 전달하고자 하는 존재로 파악하는 경우는 국가 중심의 접근시각에 해당된다.

1. 시민 중심의 접근시각

국가와 시민사회 또는 정부와 민원인 내지는 일반 시민과의 관계에서 일반 시민의 관점에 서 그의 의견이나 선호를 정부에 전달하거나 관철하고자 하는 것 가운데 하나가 옴부즈만이라고 보는 경우다. 옴부즈만을 대의적 기능(representative role) 수행자 가운데 하나로 보는 것이다. 정부의 실패에 따른 국민고충이나 민원을 해결하는 일은 결과적으로 국민이 원하는 바를 국정운영 과정에 전달하고 반영하는 것과 그의 본질에 있어 다를 것이 없다는 생각이다. 따라서 민주주의의 철학적 원리에 충실하자는 것이며, 정부과정의 정치적 합리성을 극대화하자는 것으로도 이해된다. 주로 영미문화권에서 인식하는 바와 같이 정부가 지향하는 공익은 사익의 총합과 서로 다르지 않다는 생각의 연장선상에 있다. 국가와 시민사회를 일원론적으로 파악한 결과다.

따라서 국민고충이나 민원이 발생하고 정부가 실패하게 되는 주된 이유를 대의과정의 왜곡이나 무력성에서 찾고자 한다. 주로 입법부형 옴부즈만에서 발견되는 바와 같이 옴부즈만은 기본적으로 의회를 대신해서 의회가 정한 법률이나 입법의도가 행정과정에 제대로 전달되고 또 준수되는지의 여부를 확인하고 관철하려는 것이라고 보고자 한다. 원래 의회에 의한 대행정부 통제는 의회의 존립이유에 해당될 정도로 의회의 핵심 기능 가운데 하나지만, 현대 사회의 정책과제가 고도기술화 · 전문화하면서 의회가 행정부를 상대로 전문성이나 기관능력을 효과적으로 다투기는 어렵게 되었다는 것이다. 따라서 의회의 행정통제기능을 확장하거나 지원해 줄 장치가 필요한데, 옴부즈만이 바로 그런 의회를 지원 또는 보완해 주는 장치라고 본다.

이를 위해 옴부즈만은 정부의 거의 모든 영역에 걸쳐 접촉 · 조사 · 정보수집에 나서며, 그 결과를 의회에 공식 · 비공식 통로를 통해 전달하고, 의회는 이를 활용해 대행정부 감독활동을 강화하게 된다. 객관적이고 중립적인 입장에서 행정부를 조사 · 감독하는 기관이 존재한다는 사실만으로도 행정부의 권한남용이나 행정실패를 미연에 방지하는 간접효과도 기대한다. 옴부즈만은 다양한 양식을 통해 의회의 대행정부 감독 내지는 권한남용 방지기능을 수행하는 것이다(National Democratic Institute 2005, 9). 옴부즈만은 정부의 책임성 확보를 주문하는 일종의 대표기구로 작동하는 셈이다(de Castro 1997, 2). 이렇게 의회를 지원하는 준입법적 기능(quasi legislative role)을 수행한다는 인식은(정순교 2005, 8-9) 고전적 옴부즈만 같은 초기 유형의 옴부즈만에서 주로 목격되었다.

이는 옴부즈만을 일반 시민의 의사를 대의과정에 전달하는 적극적 매개자로 파악하는 것이라는 점에서 "사전적 권익 보호기관"으로 이해하는 것이기도 하다. 관료제가 지배하는 행정국가 시대의 치자와 피치자 사이에서는 관료의 개입으로 인해 양자 간의 의사소통, 특히 일반 시민의 정부에 대한 의사전달이 지체되거나 왜곡되는 일이 적지 않고, 그렇기 때문에 이를 성공적으로 연계시켜 주는 연결핀(linking pin)이 필요하게 되는데, 이런 역할을 수행하는 것이 바로 옴부즈만이라는 것이다(Hill 1999, 5). 이는 옴부즈만을 치자와 피치자 간의 권력적 관계에 초점을 맞추어 인식한 결과다. 나아가서는 정치적 커뮤니케이션을 활성화함으로서 정부운영 과정의 민주성, 투명성, 참여성 유지에 기여하고, 그 결과 일반 시민의 개별 고충을 사전에 예방하거나 해소하고자 하는 것이기도 하다.

2. 행정 중심의 접근시각

국가와 시민사회 또는 정부와 일반 시민 사이에서 옴부즈만이 국가와 시민사회의 중간지대에 주목하면서 국가와 시민사회를 이어주는 행정장치를 의제해 자신의 기능적 좌표를 설정하는 경우, 옴부즈만은 치유적 기능(remedical role)을 강조하게 된다. 이때의 행정장치는 흔히 기계적 관료제 이론에서 보는 바와 같이 국가나 시민사회가 지향하는 목적가치가 무엇이든 그에 상관없이 수단적 합리성의 극대화를 지향하는 존재로 인식된다. 따라서 객관성, 과학성, 경제성, 생산성, 중립성 따위를 강조하고, 국가와 시민사회가 이원론적 관계를 구성하느냐 아니면 일원론적 관계를 구성하느냐 따위의 문제에 대해서는 이를 크게 유념치 않는다는 특성을 지닌다.

따라서 정부의 실패로 인해 국민고충이나 민원이 발생하는 경우, 이는 정부나 시민에 문제가 있어서라기보다는 양자를 연결시켜 주는 행정과정의 구조나 절차에 문제가 있기 때문이라고 보는 것이 일반적이다. 그럼으로 적실성, 효율성, 전문성 등을 확보하여 행정과정의 구조적 한계를 극복하고 치유하는 것이 국민고충이나 민원을 해결하고 정부실패를 만회하는 관건이라고 본다(국민고충처리위원회 2004, 8). 이는 행정과정이 그의 구조적 한계로 인해 법규중심주의에 함몰되어 적실성을 상실하거나 형식주의에 빠지고, 상급자에 의한 감독이 부진하거나 적정한 지침이 마련되어 있지 않으며, 명료하고 적실성 있는 지시명령의 체계가 결여되는 등 근본적으로 행정관리상의 규범이나 질서를 일탈하는 데에서 국민고충이 발생한다고 보기 때문이다.

말로만 고객중심주의를 주창할 뿐 행정운영 실제에 있어서는 관료중심주의를 벗어나기 어렵고, 관료제에 의존하는 행정과정은 그의 속성상 어떤 일을 한번 결정하면 그 결정된 내용을 선례 삼아 지속하려는 관성을 지녔다는 것이다. 그렇기 때문에 이를 행정기관 스스로 개선하기는 어렵다고 본다. 따라서 제3자의 입장에서 행정관행을 시정하거나 개선하도록 권고하고, 나아가 행정의 관성을 깨뜨려 잘못된 운영양식을 바로잡고 실질적인 고객중심주의를 실현하는 일이 필요하게 되는데, 바로 이런 일을 담당하는 것이 옴부즈만이라는 것이다(국민고충처리위원회 2004, 8).

옴부즈만의 기능을 관리론적 차원(managerial dimension)에서 파악한 결과다. 행정부의 기관 정체성 연장선상에서 옴부즈만을 인식한 것이기도 하다. 그런데 이런 관점에서 개별 민원을 면밀히 검토해 보면 재발 가능성이나 발생빈도 등에 따라 빈발유형을 구분해낼 수 있게 되는데, 이런 공통의 구조적 요인을 제도적으로 개선함으로써 유사한 사례가 다시는 발생하지 않도록 조치해야 할 수요가 생기게 된다(Wagner 2000, 100). 행정 시스템상의 개혁을 통해 보다 창의적이고 생산적인 대안 마련에 나서고자 하는 것이다. 행정부가 만든 각종 규정이나 정책을 제3자의 입장에서 재검토하고 대안을 제시함으로써 관행적으로 내려온 불합리한 규정을 개선하고, 다양한 민원의 원인을 분석하여 해결책을 모색하는 등 행정개혁에 나서고자 한다.

그런 점에서 옴부즈만은 주관적이며, 주도적(proactive)이고, 적극적인 민원대응양식 가운데 하나로 인식된다(Matsunaga 1999, 7). 무엇보다도 행정과정 내부의 문제개선을 통해 민원 유발요인을 근원적으로 제거하고자 한다는 점에서 볼 때 자기소멸지향적이라고도 말할 수 있다(Oosting 1999, 13). 자신이 파악한 문제해결 대안이 제대로 작동하는 경우에는 더 이상 국민고충이나 민원이 발생하지 않게 될 것이고, 그 결과 옴부즈만의 바로 이런 역할은 더 이상 필요치 않게 될 것이기 때문이다.

3. 국가 중심의 접근시각

국가와 시민사회 또는 정부와 일반 시민 사이에서 옴부즈만을 국가와 유사한 역할을 수행하는 존재라고 보는 경우, 옴부즈만은 징벌적 기능(punitive role)을 강조하게 된다. 이때의 국가는 대륙법 전통 하에서 흔히 논의되는 바와 같이 초이성적 존재로 간주된다. 정부는 공익의 증대를 위한 자신의 판단이나 의사결정에 있어 어떤 형태의 오류도 범하지 않는 것으로 가정된다. 사익추구로 인해 이전투구하는 시민사회와 유리된 채 독립적이고, 객관적이며, 성찰적인 자기 판단의 주체로 활동하는 존재다. 이렇게 볼 때 국가와 시민사회의 관계를 이원론적으로 접근하는 것이기도 하다. 따라서 정부의 실패로 인해 국민고충이나 민원이 발생할 경우, 정부 자체에 문제가 있어서라기보다는 이를 대집행하는 행정관료의 윤리적 타락이나 일탈에서 그 원인을 찾고자 하게 된다.

그럼으로 행정과정의 옳고 그름을 따져 평결하고 행정관료의 윤리 수준을 제고하는 일이 국민고충 해결과 정부실패 극복에 있어 핵심적 과제로 간주된다. 부언하면 행정과정에 내포되어 있는 합법성, 도덕성, 청렴성을 일정 수준 이상 유지함으로써 법의 사각지대에서 발생하기 쉬운 일반 시민의 기본권 침해를 응징하고 또 시정하자는 것이다. 그리고 바로 이를 위해 일반 시민과 행정기관 사이의 분쟁이나 갈등을 알선·조정·중재하는 것이 옴부즈만이라고 한다면, 옴부즈만은 행정실패에 대한 조응적 조치를 취하려는 것이라기보다는 오히려 국민의 권리구제에 초점을 맞추려는 것으로 이해된다.

그렇기 때문에 사법구제제도의 한계를 보완하기 위한 준사법적 장치(quasi judicial apparatus)로 해석된다(국민고충처리위원회 2004, 8). 사법부의 기관 정체성을 의제해 옴부즈만을 인식하는 셈이다. 이렇게 옴부즈만을 준사법적 장치로 다루는 경우, 옴부즈만의 독립성과 객관성을 유지하는 일은 선택사안이 아니라 필수적 과제가 된다. 또한 사법적 재결과 같이 발생 이후의 단계에서 문제해결을 위해 개입하는 "사후적 권익구제" 기관에 해당하기 때문에 주도성이나 능동성보다는 반응성(reactive)과 수동성을 기관 업무수행상의 행위규범으로 삼게 된다.

스웨덴에서 처음 옴부즈만이 설치되었을 때 주로 바로 이런 관점에서 접근했으며, 지금도 스웨덴이나 핀란드의 옴부즈만은 대체로 이런 기능에 주목하는 특성을 지녔다. 스웨덴 옴부즈만의 당초 역할은 행정관료의 위법한 행위나 부패, 의무위반, 게으름 등에 대해 법원에 기소하거나 징계조치를 취함으로써 공직윤리를 세우는 일이었다. 그 다음으로 행정제도나 정책이 불합리하거나 불공평한지를 검토하고, 이유가 있다고 판단되는 경우 개선을 권고하는 일이 추가되었다. 오늘날 옴부즈만이 행정관료를 기소하는 일은 이제 많이 줄어들게 되었지만 스웨덴 및 핀란드의 옴부즈만은 여전히 행정감시와 민원인 권리구제에 초점을 맞추고 있다.

그런데 이런 징벌적 기능의 배후에는 일반 시민을 옴부즈만이 조력하거나 지원해야 하는 분쟁이나 갈등의 피해자 내지는 열등한 존재, 나아가서는 제3자적 지위의 어떤 것으로 인식하려는 경향이 내포되어 있다. 반면에 옴부즈만에 대해서는 우월적 지위의 평결자 내지는 객관적 권위의 보유자로 가정하려는 의도가 실려 있다. 이로 인해 옴부즈만에 의한 일방주의가 정당화되고 있으며, 그런 점에서는 관료제가 시민과의 관계에서 우월적 지위를 전제할 때 성립 가능했던 것과 같은 이치로 옴부즈만의 기능적 좌표를 설정하려는 것이라고도 말할 수 있다.

이렇게 옴부즈만은 그의 기능적 실체를 국가와 시민사회 사이의 어느 지점에서 포착하느냐에 따라 서로 다른 기능을 강조하게 된다. 그러나 국민고충이나 민원을 처리하는 옴부즈만의 역할이 본디 그런 민원을 국가에 전달하고, 문제발생의 원인을 파악하며, 나아가 그 원인을 시정하거나 징계함으로써 완결하는 것이라고 한다면, 각 단계마다 강조하는 옴부즈만의 대의기능, 치유기능, 징벌기능은 서로 유리된 별개의 것이 아니라 상호 의존적·연계적 관계를 구성한다. 또 이들이 각각 입법부, 행정부, 사법부의 기능을 의제하는 것이라는 점에서 볼 때도 서로 격리되어 있는 것이라기보다는 국가의 총합적 운영을 위해 서로 연계되어 있는 전체의 일부분임을 알 수 있다. 다만 이해나 설명의 편의를 위해 개별적·순서적·분석적 구분을 시도한 것에 지나지 않는다. 여기에서 제시되고 있는 여러 기능들을 모두 총합적 관점에서 접근해야 하는 이유다.

III. 옴부즈만 기능의 결정요인

옴부즈만이 이렇게 국가와 시민사회 또는 정부와 민원인 사이에서 대의적·치유적·징벌적 기능을 수행하는 현상을 그가 그를 에워싸고 있는 환경과의 관계에서 어떤 영향을 미치는가를 중심으로 파악할 경우, 실로 다양한 형태의 체제유지 기능을 수행하고 있음을 알게 된다. 옴부즈만이 국민고충이나 민원을 해결하는 것은 이를 거시적 관점에서 볼 때 행정의 대국민 순응성 내지는 책임성 확보에 기여하고, 정서적 순화를 통해 정치체제가 폭발하기 전에 미리 안정시키는 효과를 낳기도 하며, 공적 자원의 재배분 효과를 불러오기도 한다. 한 나라의 민주성 진작이나 정치적 안정화에 기여하는 바가 크다는 의미다.

그러나 그렇다고 해서 정부 운용상의 생산성을 외면하자는 것이거나 민주성의 원리만을 기초로 정부를 운영하거나 스스로를 구축하자는 것도 아니다. 관료제의 한계를 절감하고 그로 인한 과제나 갈등을 해결하자는 것이 옴부즈만이기는 하지만, 그렇다고 해서 관료제를 철저히 대체하는 어떤 새로운 패러다임을 추구하거나 구축하자 것이 아니며, 그 자신의 운영에 있어서도 관료제적인 요소를 철저히 배제하자는 것은 아니다. 그렇기 때문에 옴부즈만이 관료주의와 민주주의 또는 생산성과 민주성 사이에서 빚어지는 갈등을 여하히 해결할 것인가를 두고 일종의 자기 모순에 빠지는 것은 당연한 귀결로 여겨진다. 이 점은 합리적 과학주의와 감성적 쾌락주의 가운데 어느 쪽을 지향해야 하느냐를 두고도 같은 모순에 직면하게 될 것이라는 점을 직감하게 되는 이유이기도 하다.

1. 긍정론과 부정론

이런 옴부즈만 기능의 모순적 구조는 옴부즈만에 대해 두 개의 대립적인 평가가 다툼을 벌이도록 유도하는 한 원인이 된다. 먼저 긍정론자들에 의하면 옴부즈만은 행정통제를 통해 일반 시민에 대한 행정권 남용을 방지하고(Center for the Study of Democracy 2002, 10), 행정관료의 불법행위를 포착하거나, 그런 행위의 시정을 위한 대안을 준비하고, 행정관료와 일반 시민 간의 대화를 촉진하며 중재하고, 행정개혁을 위한 대안을 제시하는 등 체제의 안정과 효율화에 적극적으로 기여한다. 격동기 사회가 빠지기 쉬운 인권유린을 방지하거나 시정함으로써 인권보호의 기능을 수행하는 것도 옴부즈만이다(Center for the Study of Democracy 2002, 10). 나아가 이런 행정의 쇄신이나 인권의 신장은 궁극적으로 일반 시민의 국가에 대한 신뢰를 제고하기 마련이며, 그 결과 정치적 안정을 촉진한다(Center for the Study of Democracy 2002, 10). 그뿐만이 아니다. 행정절차의 개선을 통해 국가 행정작용의 생산성을 높이는 것도 옴브즈만의 또 다른 주요 기능 가운데 하나다(Rowe 1991, 353).

그러나 부정론자들은 옴부즈만이 그렇게 체제의 안정화나 효율화에 기여하기만 하는 것은 아니라는 점을 지적하고자 한다. 옴부즈만은 기본적으로 기존의 제도나 질서에 내재되어 있는 정통성을 부정하고 추가적으로 문제해결을 위해 새로운 장치를 마련하자는 것이므로 제도론적(institutional) 관점에서 볼 때 오히려 체제의 질서유지나 운영양식에 혼란을 가져와 사회적인 안정을 해치는 결과를 낳는다. 새로운 차원의 비효율과 과비용 지출 요인을 유발하는 것이다. 인식론적(cognitive) 관점에서 보더라도 옴부즈만을 통해 특단의 문제해결 방식을 동원하는 것은 순율적이고 점증적인 절차와 과정을 중시하는 민주주의의 철학적 원리와 가치관에 역행한다. 그러니까 옴부즈만은 기본적으로 기존의 질서나 절차를 훼손하는 속성을 지녔고, 이는 결코 한 사회의 안정이나 제도화에 기여하지 못한다는 것이다.

그런데 이런 긍정론과 부정론은 그것이 무엇이든 기본적으로 옴부즈만을 사회변동의 독립변수로 간주한다는 점에서 공통점을 지녔다. 그러나 옴부즈만이 활성화되면 한 사회의 민주화를 촉진하고 나아가 정치발전을 향도하는 것이 사실이기는 하지만, 다른 한편에서 보면 정치발전이 되어 민주화가 선취되어 있어야 옴부즈만의 활동이 활성화되는 역순의 관계를 구성하기도 한다(Chambers 2001, 5). 전자를 기관결정론이라고 한다면 옴부즈만을 그가 속해 있는 정치사회체계의 종속변수로 본다는 점에서 후자를 환경결정론이라고 정리해 볼 수 있다.

2. 기관결정론과 환경결정론

기관결정론에 따르면 민주화 이행기 사회의 경우 옴부즈만은 그의 기관 속성상 민주화의 촉진, 인권보호, 부패추방, 대민관계 개선 등에 있어 매우 탁월한 기능을 수행한다(Center for the Study of Democracy 2002, 8). 옴부즈만은 그의 영향력과 보고권 및 공표권 행사, 그리고 일반 시민과 언론에 대한 관심의 유발 등을 통해 전환기 사회의 구조적 한계를 극복하는 데 있어 매우 효과적이다. 전환기 사회는 정치적 민주질서의 제도화 부진, 정부와 일반 시민 간의 의사소통 미숙, 국제 수준에 미치지 못하는 법률과 규칙의 일관성 부재, 구조개혁의 저속진행 등으로 인해 사회변화를 견인하는 데 있어 많은 곤란을 겪는 것이 보통이다. 그러나 옴부즈만은 바로 이런 기존의 사회구조적 한계에 의해 구속되거나 지체되지 않고 별도로 특단의 장치를 마련하자는 것이기 때문에 인권보호나 정부개혁의 촉진 등을 통해 이런 장애를 돌파하고 변화를 촉진하는 데 있어 매우 효과적인 장치로 이해된다(Center for the Study of Democracy 2002, 9).

대표적인 사례로 사회주의 체제 붕괴 이후 동유럽 국가에서는 옴부즈만이 시민사회 발전의 독립변수로 작동하면서 매우 중요한 시민권 보호(protection of civil rights) 수단으로 작용했다는 사실에 주목할 필요가 있다(Kostelka 1998, 1). 그러나 그렇다고 해서 그 과정이 순율적인 것만은 아니어서 사회적 저항이 적지 않았던 것도 사실이다. 그러니까 민주화가 아직 공고화되어 있지 않은 곳에서는 사회의 민주적 하부구조가 형성되기 이전 상태에 있기 때문에 민주화를 견인하려는 옴부즈만에 대해 기득권층으로부터의 반발이나 저항이 적지 않아 이를 극복하는 일이 선결적 과제일 수밖에 없다(Des Rosiers 2003, 4). 그런 점에서 옴부즈만의 활성화를 위해서는 환경적 조건이 주요 변수로 작용하는 것 또한 사실이다.

이런 환경결정론에 따르면 옴부즈만이 제대로 기능하기 위해서는 거기에 합당한 환경적 조건 즉 민주정부의 활착화나 공직자에 의한 법치주의의 준수 같은 정치사회적 여건이 선행되어 있어야 한다(Center for the Study of Democracy 2002, 8). 옴부즈만이 내생적 성장을 거듭한 서유럽 사회의 경우, 시민사회가 이미 정착되어 있었기 때문에 옴부즈만이 시민권 구현(protection of citizen's rights) 장치로 작동하기가 용이했다. 이런 사회에서는 견제와 균형의 원리나 책임성 확보의 장치 등이 이미 활성화되어 있어 옴부즈만이 기왕의 민주질서를 보완하거나 보충하는 장치로 작용하는 데 있어 장애요인이 크지 않았다(Des Rosiers 2003, 3).

그러나 이런 환경적 조건이 갖추어져 있지 않은 곳에서 이의 창출을 위해 구체적으로 어떤 노력이나 전략을 취해야 하는지를 밝히기란 쉽지 않은 일이다. 오늘날의 서유럽 사회는 그 사회가 성장해 온 역사적 궤적의 결과일 뿐, 이를 재현하기 위해 어떤 정책적 의지가 필요한 것인지에 대해서는 어느 누구도 해답을 내놓기가 쉽지 않다. 설혹 그런 전략적 대안이 개발되거나 제시된다고 하더라도 이를 통해 사회구조의 변화를 견인하기에는 회임기간이 길며 조작적 대안의 고안이 쉽지 않다는 문제에 당면하게 된다.

따라서 옴부즈만의 존재적 당위를 강조하는 경우 기관결정론적인 입장에 서게 된다. 옴부즈만의 활성화를 위한 구체적인 대안의 개발이 상대적으로 용이하고 대안 개발에 따른 성과의 회임기간이 길지 않아 실질적인 유용성이 크다고 보기 때문이다. 전자가 옴부즈만을 시민사회 발전의 독립변수로 간주한다면, 후자는 시민사회 발전의 종속변수로 보는 것이다. 이를 사회규율 장치로서의 법률과의 관계에서 본다면, 전자는 옴부즈만이 법률은 시민으로부터 비롯된다(come from the people)는 데에서 자신의 정당성 근거를 찾고자 하는 것이라고 한다면(Kostelka 1998, 2), 후자는 법률을 시민에게 환원하려는(come back to the people) 데에서 정당성 근거를 찾는 것이라고 하겠다(Rowe 1991, 353 ; Hill 1997, 2).

그러나 이런 논의들은 기본적으로 사회와 옴부즈만의 관계를 어떤 시점을 중심으로 정태적으로 진단한 결과일 뿐, 양자가 시간의 진행에 따라 교호적 관계를 갖는다는 사실을 외면한다는 한계를 지닌다. 옴부즈만이 한 사회의 민주화나 법치주의를 견인하는 것이 사실이기는 하지만, 동시에 옴부즈만의 활성화를 위해서는 그 사회의 민주화나 법치주의 따위가 전제되어 있어야 하는 상호작용적 관계에 있는 것이다.

따라서 여기에서는 옴부즈만을 한 사회의 민주화나 법치주의 따위를 견인하는 독립변수이기도 하지만 동시에 그 사회의 정치사회적 여건에 의해 구속되는 종속적 변수이기도 한 이중적 지위를 지니는 존재로 인식하고자 한다. 이런 동태적 접근시각에서 보면, 결국 옴부즈만은 주어진 사회의 환경과 상호작용하면서 좋은 정부(good governance)의 구현을 위해 지그 제그(zig zag)적인 과정을 거쳐 성장해 나가는 것으로 이해된다. 그러나 여기에서는 설명의 편의를 위해 우선 옴부즈만이 그의 환경조건에 미치는 영향을 그의 구체적인 활동내용에 대한 추적을 통해 파악하고, 나아가 옴부즈만을 둘러싼 환경조건에 의해 옴부즈만이 구속되는 정도를 규명해 보고자 한다.

IV. 기관결정론의 시각에서 본 옴부즈만의 역할[1)]

옴부즈만을 그가 제3의 조정자 내지는 중개자로서 민원당사자들 사이에 개입하는 적극성의 정도에 따라 가장 개입의 정도가 낮은 것에서부터 높은 것으로, 그리고 가장 처음 이루어지는 간여에서부터 가장 나중에 이루어지는 것의 순으로 정리해 볼 경우 실로 다양한 역할을 수행하고 있음을 순서적으로 파악해 볼 수 있다. 그리고 이들을 그것이 궁극적으로 지향하는 목적가치 내지는 기관역할이 무엇이냐에 따라 대의적 · 치유적 · 징벌적 기능으로 구분해 볼 수 있다.

1. 대의적 기능

(1) 의견의 청취

옴부즈만은 민원인의 진술을 경청하는 일로부터 자신의 업무를 시작한다. 이때 보다 적극적이고 동조적인 자세로 경청해야 할 것은 물론이다. 그런데 옴부즈만이 민원인의 감정을 이해하고 동조할 수는 있지만 그렇다고 해서 결코 사실관계를 벗어나 중립성을 훼손하거나 적극적인 지지자가 되어서는 곤란하다. 이는 옴부즈만의 역할범위 밖의 일이기 때문이다. 그러나 옴부즈만으로서는 민원인의 진술을 경청하고 겸손하게 질문하는 과정에서 문제의 핵심을 파악하고 문제를 보는 관점이나 시각을 정립하게 된다. 무엇을 정부 내지는 행정과정에 전달해야 할 것인지를 파악하게 되는 것이다.

이런 과정을 통해 민원인으로 하여금 자신의 분노나 불안 내지는 두려움에 대응할 수 있는 여건을 조성하고 위로하는 일도 옴부즈만이 수행하는 주요 역할 가운데 하나다. 민원인의 스트레스 해소에 도움을 줌으로써 시간을 가지고 자신이 당면한 과제의 실체를 보다 정밀하고 냉정하게 파악할 수 있도록 유도하는 것이다. 그런데 민원인의 진술을 중립적으로 경청한다는 일은 일상적인 의사소통 능력 이상의 것을 필요로 한다. 민원인이 자유롭게 자신의 의견을 피력할 수 있도록 민원인과의 사이에서 심리적인 거리감을 제거하고 매우 개방적이며 민주적인 대화환경을 조성하는 일이 필요하기 때문이다. 따라서 민원인과의 관계에서 자유로운 대화분위기를 조성하는 일은 옴부즈만 업무수행에 있어 가장 핵심적이고 또 일차적인 과제 가운데 하나다.

(2) 정보의 제공

민원인으로서는 자신이 정부에 전달하고자 하는 고충이나 민원의 성격을 규정하고 이를 조력하는 옴부즈만에게 무엇을 기대할 것인지를 정하기 위해 관련 정보를 수집하는 일이 일차적 과제로 제기된다. 따라서 민원인은 일반적으로 자신에게 필요한 정보가 일 대 일의 맞춤형 형태로 제공되기를 희망한다. 그러나 민원현장의 민원인은 자신에게 어떤 정보나 기록물이 법적으로 제공 가능한 것인지에 대해 잘 알지 못하는 경우가 보통이다. 이럴 때 옴부즈만이 관련 정보의 사본을 제공하거나 그것이 시사하는 의미를 구체적으로 해석해 준다면 그렇지 않아도 스트레스 상태에 있는 민원인으로서는 관련 정보를 처음부터 읽고 이해하는 수고를 덜게 된다. 이런 점을 고려하여 옴부즈만은 한두번의 접촉과정 속에서도 민원인에게 자신의 문제를 해결하는 데 필요한 정보를 제공하거나 제공 받을 수 있도록 주선하게 된다. 옴부즈만은 민원인의 관련 정보 수집과정에서 핵심적인 조력자 가운데 하나인 것이다. 작업환경이 불안전하거나 부당하고 비윤리적이며 범죄적인 처우를 당했다고 생각하는 민원인으로서는 자신의 신분이 노출되지 않는 가운데 필요한 정보를 제공받을 수 있다는 사실 자체가 위안이며 희망이다. 이런 때 옴부즈만이 정보제공의 핵심적인 조력자가 된다는 것은 민원인에게 있어 매우 다행스러운 일이 된다.

그뿐만이 아니다. 민원인에게 관련 정보를 제공해 주는 일은 일종의 교육효과를 동반한다(Des Rosiers 2003, 9). 정책을 설명하거나 문화적인 차이를 지적해 주고 서로 다름을 인정하고 존중해야 하는 이유를 제공하는 가운데 민원인 스스로 문제를 재인식하거나 새로운 깨달음에 이르도록 유도하는 결과를 얻게 된다. 바로 이런 정보제공 과정이야말로 교육을 통한 일종의 사회화 과정으로 작용하면서 갈등과 이해충돌의 유발요인 자체를 감소시키는 효과도 낳게 된다.

(3) 문제의 재규정

이렇게 옴부즈만은 민원인으로 하여금 그가 당면하고 있는 문제의 성질을 새로운 관점에서 이해하고 규정할 수 있도록 지원한다. 민원인이 옴부즈만을 찾을 때에는 그가 당면한 문제를 풀기 위한 대안이 없다고 생각하거나, 있다고 하더라도 차악의 것이 대부분이라고 생각하는 상태에 있는 것이 보통이다. 이런 때 옴부즈만은 문제를 재규정하거나 재해석함으로써 새로운 시각과 관점에서 문제를 조명할 수 있도록 지원해 주고, 그 결과 보다 책임 있고 효과적인 추가 대안을 제공하고자 노력한다. 옴부즈만의 이런 역할은 민원인으로 하여금 스스로 자신의 당면과제를 해결하고자 하는 의지력과 문제해결 능력을 제고하는 결과를 낳게 되며, 조직이나 기관의 관리자에게는 그가 당면하고 있는 인사관리나 기관감독 업무상의 어려움을 푸는 단초를 제공하는 결과가 되기도 한다. 따라서 이런 역할은 기관내부형 옴부즈만에서 보다 더 강조되는 경향이 있다.

반면에 기관외부형 옴부즈만의 경우에는 이런 역할에 대해 상대적으로 유의하는 정도가 낮다. 이는 기본적으로 기관외부형 옴부즈만이 갈등관리가 아니라 행정감독이나 권리구제에 우선적인 목표를 두고자 하는 경향이 있기 때문이다. 그러나 행정감독이나 권리구제 과정에서 현안과제의 의미를 설명하고 대안을 제시한 결과 관련 행정관료로 하여금 문제를 재인식하고 재규정하도록 유도하는 일종의 교육기능을 수행하게 되는 것은 숨길 수 없다(Jacoby 1999, 36-37). 그런 점에서 보면 기관내부형이냐 또는 기관외부형이냐를 막론하고 문제의 재규정 작업은 옴부즈만의 주요 활동양식 가운데 하나인 셈이다.

(4) 안건의 이첩

대부분의 민원인은 여러 곳으로부터 도움을 받고자 한다. 한 사람보다는 여럿이 연대해서 이루는 네트워크가 자신의 민원과 의견을 정부에 전달하는 데 있어 보다 유용하다고 생각하기 때문이다. 이것이 사회운동가나 변호사같이 보다 적극적으로 민원인의 동반자나 지지자 역할을 수행할 조력자를 구하고자 하게 되는 이유다. 그러나 옴부즈만은 그의 본질적 특성상 스스로가 그런 적극적 후원자나 지지자가 될 수는 없다. 따라서 옴부즈만은 바로 그런 조력자가 누구인지를 파악하고 민원인에게 소개해서 이들로부터 조력을 구할 수 있도록 알선하기도 해야 한다. 조직이나 기관 내부에서 민원인에게 도움을 줄 수 있는 다른 부서나 담당자가 누구인지를 파악하여 이를 소개하는 일도 옴부즈만이 해야 하는 일 가운데 하나다. 민원인에게 도움을 줄 수 있는 곳이 있는지를 알아보고 소개하는 일 자체가 민원해소 과정의 일부이기 때문이다. 그러나 그렇다고 해서 옴부즈만의 관할범위 내에 있고 그렇기 때문에 옴부즈만이 해야 하는 일을 다른 곳에 이첩하거나 이송하려고 해서는 안 된다. 옴부즈만은 모든 민원의 최종 종착지가 되어야 하기 때문이다. 다만 옴부즈만과는 다른 성격의 도움이 절실히 필요하다고 판단되는 경우에는 바로 그런 서비스를 제공해 줄 수 있는 곳을 소개하는 일이 옴부즈만이 담당해야 하는 일 가운데 하나라는 의미다.

(5) 당사자 해결 지원

옴부즈만의 가장 대표적인 역할 가운데 하나는 민원인으로 하여금 스스로 자신이 당면하고 있는 문제의 원인을 인지하고 직접 대처할 수 있는 능력을 지원·조장하는 일이다. 옴부즈만은 민원인으로 하여금 현안과제에 대한 이해력과 자신감을 높여 직접 갈등관계를 조정할 수 있도록 기술이나 능력을 개발하고 지원해야 한다. 여러 가지 방법을 통해 민원인으로 하여금 민원유발자를 직접 대면하여 문제를 해결하도록 지원하는 일이 포함된다. 예를 들어 민원인으로 하여금 민원유발자에 대해 관찰한 것을 기술하도록 하거나, 또는 그런 사실에 대해 느낀 점 내지는 문제해결 대안을 사적인 비망록이나 사신을 통해 민원유발자에게 전달하도록 지도하기도 한다. 어떻게 자신의 고충을 문서로 정리하고 또 민원유발자에게 전달할 수 있는지를 깨우쳐 주는 것이다. 또는 민원인이 민원유발자를 직접 대면해서 문제를 제기하고 해결책을 모색하도록 그 기술이나 방법을 지도하기도 한다. 이때 민원인은 민원유발자를 혼자 만날 수도 있고 친구나 동료 또는 제3의 조력자를 동행할 수도 있다. 옴부즈만은 민원인이 어떤 전략을 선택했는지를 확인하고 그 결과 상대방이 거절하지 않고 문제해결 대안에 응해서 문제가 해결되었는지를 확인하거나 또는 그렇게 되도록 지원하는 일을 수행한다.

2. 치유적 기능

(1) 비공식적인 제3자 개입과 왕복외교(Informal Third-party Intervention and Shuttle Diplomacy)

민원인은 자신이 당면하고 있는 민원을 해결하기 위해 제3자에게 A와 B 사이를 왔다갔다 하면서 왕복외교(shuttle diplomacy)를 펼치거나 A와 B를 비공식적으로 한 자리에 불러 조정해 줄 것을 기대하거나 요청하기 마련이다. 이때의 제3자에 해당되는 역할을 수행하는 것이 바로 옴부즈만이다. 민원인은 또 옴부즈만과 상담한 후 동료, 행정관료, 개인, 관리자, 자신이 소속되어 있는 기관의 수장 또는 기타 적절하다고 판단되는 사람이 민원해결 과정에 개입할 것을 원할 수도 있다. 이런 때 옴부즈만은 또 민원인이 관련 사안을 검토하거나 비공식적으로 해결하기 위해 자신의 상급자나 아주 고위직에 있는 관리자를 만나 직접 호소하도록 허용하거나 주선하기도 한다.

그러나 고전적인 옴부즈만은 일반적으로 왕복외교를 통해 문제를 해결하려 하지 않는 경향이 있다. 옴부즈만이 법률의 강제에 못 이겨 마지못해 나서는 경우 민원을 해결하기 어려울 것은 당연한 이치다. 또한 고전적인 옴부즈만은 왕복외교가 자신이 수행하기에는 적절치 않은 일이라고 생각하는 경향이 있다. 이는 고전적인 옴부즈만이 자신의 관할범위를 법, 규칙, 정책 혹은 절차의 맥락과 한계 속에서 민원을 검토하는 경계영역까지만이라고 보기 때문이다. 민원인과 행정기관 사이의 지리한 논쟁에 간여할 수는 있지만 이는 현행법에 비추어 민원인이 행정기관에 의해 공정하고 정당하게 다루어졌는지의 여부를 판단하는 경계선까지만이 자신의 업무관할영역이라고 보기 때문이다.

(2) 문제의 '조사'('Looking into' the Problem)

옴부즈만은 일반적으로 관련 행정관료가 속한 기관의 장이 보유한 거의 모든 정보에 대해 접근권을 갖는 것이 보통이다. 옴부즈만은 가끔 매우 심도 깊게 조사해서 보고서를 작성하기도 하는 데, 이를 고전적인 옴부즈만은 '수사'(investigation)라고 부른다. 옴부즈만의 이런 역할은 관련 공무원 소속 기관장보다는 그 기관 내부의 다른 누군가에 의해 요청되는 것이 보통이며, 결코 징계를 목적으로 삼지 않는다. 예를 들어 캐나다의 기관내부형 옴부즈만이 작성한 서면 보고서는 때때로 공식적인 청문회에 보고되기도 한다. 그런데 이런 경우 그 보고서에 자신의 성명이 기재되기를 허락한 사례를 제외하고 옴부즈만은 전적으로 그 정보원에 대한 신분확인을 거부하도록 되어 있다.

공적 영역 옴부즈만은 거의 대부분 조사결과를 직접 관련 관리자에게 보고하거나 왕복외교와 비공식적인 중재작업을 수행하는 데 활용한다. 만일 비공식적인 활동결과가 공식적인 조사를 필요로 한다고 판단되는 경우에는 감사실, 윤리위원회, 안전위원회, 보안부서, 캠퍼스 경찰(campus police) 또는 계선의 관리자 등과 같이 공식적으로 마련되어 있는 기관 내부의 관련 조사업무 담당자에게 의뢰하는 것이 보통이다. 그러니까 이런 사실조사는 조사결과를 기초로 문제의 소재를 파악하고 시정조치하려는 것이기도 하지만 조사과정을 통해 문제의 소재를 치유하거나 개선하려는 것이기도 하다.

(3) 전통적인 양식의 중재(Classic Mediation)

이는 거의 모든 유형의 옴부즈만이 수행하는 역할이다. 옴부즈만은 전통적인 중재양식을 통해 A와 B가 자신들의 해결책을 발견하도록 지원하고, 그 결과 문제를 개선하거나 치유하고자 한다. 옴부즈만은 A와 B가 서로 만나도록 하거나, 혹은 그들 사이를 왕래하면서 간접적으로 협상을 유도하기도 한다. 전통적인 중재는 A와 B 그리고 중재자 모두에게 있어 순전히 자발적이라는 점을 전제로 한다. 따라서 이런 문제해결 양식은 옴부즈만의 동의 하에 두 이해관계 당사자가 선택한 결과여야 한다. 중재의 결과는 이해당사자들의 선택에 따라 기록물로 남겨지기도 하고 비공식적으로 양해가 이루어진 상태로 종결되기도 한다. 공식적인 중재를 상대적으로 덜 선호하는 경향이 있는 것은 사실이지만 최근에 들어서면서 보다 더 보편화되는 경향이 있다.

이 가운데에서도 고전적인 옴부즈만은 단지 전통적인 양식의 중재역할만을 고집하는 경향이 있다. 전면적인 조사 없이 단순히 이해당사자들 간의 중재를 통해 민원해결에 이르고자하는 기법은 이를 잘 활용하려 하지 않는다.

(4) 시스템의 변경(Systems Change)

옴부즈만 협회의 조사에 따르면, 기관내부형 옴부즈만의 업무시간 가운데 3분의 1 정도를 기관의 감독기능, 인사관리, 갈등관리 등과 같은 기관 내부 시스템 정비를 위해 조직의 계선과 참모부서 관리자들과 상의하는 데 소비하는 것으로 나타났다. 옴부즈만은 자신이 속한 조직의 새로운 문제를 인지하고 적시에 이를 부상시켜 새로운 과제의 등장을 경고하는 역할을 수행한다. 옴부즈만은 일정한 행동양식이나 유사한 사건이 빈발하는 현상을 감지하고 파악한다. 이렇게 빈발하는 과제에 대해서는 관련 기관장이 필히 알고 있어야 하며, 이는 조직의 새로운 정책, 절차, 구조를 구상해야 할 필요성이 있음을 알려주는 신호이기도 하다. 그렇기 때문에 옴부즈만은 의사결정권자에게 필요한 정보를 제공하기 위해 현안과제유관 집단의 변화에 대한 주의를 게을리하지 않는다. 그에 따라 통계자료를 포함하는 연례보고서를 작성하고, 빈발하는 문제의 핵심이나 요점을 정리해서 보고서를 발표하기도 한다. 이는 당연히 옴부즈만 윤리강령에 따라 기밀성을 유지하는 가운데 이루어져야 한다. 많은 옴부즈만이 빈발하는 문제의 재발을 막기 위해 훈련 프로그램을 구축하고 교육하며 조직의 윤리적인 운영과 관련한 원칙을 정립하고 훈육하는 일을 지원하기도 한다. 이 가운데 소수의 경우는 다양성 교육에 적극적이기도 하다.

(5) 총괄적인 접근(Generic Approaches)

옴부즈만은 민원유발자의 신원을 구체적으로 밝히지 않고 그의 부적절한 행위에 대해 경종을 울리는 것 외에도 더 이상 그런 행위가 발생하지 않도록 기관 내부의 작업과정을 바꾸는 총괄적인 접근방법을 택하기도 한다. 옴부즈만은 관련 인사의 이름을 거명하지 않는 가운데 기관장과 민원 관련 사안을 논의하고, 기관장은 그에 따라 유관 정책내용을 관련 상급자들에게 일률적으로 배포하거나 토의하도록 하는 경우가 이에 해당된다. 예를 들어 직원에게 초과근무를 시키면서도 초과근무 수당을 지급하지 않아 민원이 발생한 경우, 그의 구체적인 사례를 적시하는 것이 아니라 관련 관리자에게 이를 금지하고 있는 정책내용을 숙지토록 하는 것이다. 또는 조직 내부에서 괴롭힘 문제가 발생하고 있다는 제보를 받은 기관장은 그런 행위를 근절하거나 또는 예방하기 위해 괴롭힘 방지 교육을 전 직원에게 실시할 수도 있다. 이런 총괄적인 접근은 특정의 민원유발자로 하여금 그런 행위를 더 이상 하지 않도록 유도하는 데 효과적일 뿐만 아니라 유사한 문제의 재발방지에도 기여하게 된다. 이런 접근방법은 특히 조직 내 다른 어떤 이의 권리나 사생활도 침해하지 않는다는 데에 특징이 있다.

3. 징벌적 기능

(1) 지속적으로 확인하기(Following Through)

옴부즈만은 종종 민원인이 요청한 대로 어떤 조치를 취하기도 한다. 또는 민원인이 직접 그런 조치를 취하기도 한다. 그런 연후 옴부즈만은 실로 다양한 방법으로 자신들이 취한 조치의 결과를 지속적으로 확인 · 조사한다. 예를 들어 옴부즈만은 민원인에게 모든 것이 잘 진행되고 있는지를 알려면 한 달 내에 연락을 달라고 말하는 것으로 민원을 종결지을 수도 있지만, 일 년이 지난 후 그 일이 잘 진행되었는지를 확인하기 위해 전화하는 것이 옴부즈만이 하는 일이기도 한 것이다. 옴부즈만은 어떤 행정행위가 효율적이었는지를 확인하기 위해 지속적으로 관리하고, 필요하다면 관련 관리자와 협의할 요량으로 해당 영역이나 유사 유형의 과제를 지속적으로 추적 · 조사하기도 한다.

공적 영역의 옴부즈만은 매우 많은 민원을 접수하기 때문에 이런 양식의 추적조사에 나서는 경우가 많지는 않다. 공적 영역의 옴부즈만은 문제가 해결되지 않았다든지 또는 행정기관이 계속해서 수용하기 어려운 양식으로 반응한다든지 해서 민원인이 문제를 다시 제기하여 주의를 환기시키는 경우 다시 들여다보게 되는 것이 보통이다. 그러나 바로 이렇게 옴부즈만의 주의를 환기시키는 일이야말로 민원인이 스스로 자신을 위해 할 수 있는 일이라는 사실을 알려주는 일은 상급 옴부즈만이 해야 할 과제 가운데 하나다.

(2) 조정 및 공식적인 문제제기(Investigation and Adjudication and Formal Appeals)

옴부즈만은 관행적이고 전통적인 행정구제 장치는 아니다. 그러나 반드시 고식적인 고충민원 처리과정을 알고 있어야 한다. 징계처분을 위해서는 공정한 조사과정을 필요로 하기 마련인데, 이에는 민원유발자에 대한 사전고지와 민원인에게 소명할 수 있는 기회를 제공하는 것을 포함한다. 이와 관련하여 옴부즈만은 어떻게 하면 보다 공정하게 조사하고 조정할 수 있는지를 가르쳐 주어야 하며, 또한 어떻게 하면 제기된 민원을 보다 공정하고 효과적으로 처리할 수 있는지를 관리자에게 알려줄 수도 있어야 한다. 옴부즈만이 고식적인 고충처리 과정의 세세한 부분까지를 알고 있어야 할 필요는 없지만, 최소한 그의 장단점쯤은 알고 있어서 갈등관리과정의 공정한 절차에 대해 조언해 줄 수 있어야 한다. 옴부즈만은 민원인에게 공식적인 민원처리 과정을 설명하고 안내할 줄 수 있어야 한다는 의미다. 그렇기 때문에 때로는 옴부즈만이 고식적인 고충처리 과정의 불공정성이나 비합리성으로 인해 야기되는 민원을 다루기도 한다.

같은 이치로 옴부즈만은 민원유발자 내지는 가해자를 다루는 데 있어 공정한 절차에 의하지 않고서는 공식적인 징벌을 가하지 않는다. 예를 들어 어떤 이를 보직이동하거나 업무를 재배정하는 것은 그것 자체가 징벌적인 의미를 내포하는 것은 아니다. 이는 관리자의 일상적이고 관행적인 관리책임 수행과정의 일부라고 볼 수 있다. 그러나 비록 그렇다고 하더라도 관리자로서는 그런 조치가 민원인이나 조사 대상자에게 어떤 영향을 미칠 것인가를 판단하고 평가할 줄 알아야 한다. 옴부즈만이 종종 자신의 비공식적인 개입이 민원을 해결했는지 또는 그에 대한 저항이나 반발은 없었는지를 확인하고 대처하고자 하는 이유가 바로 여기에 있다.

V. 환경결정론의 시각에서 본 옴부즈만의 한계

옴부즈만의 대의적 · 치유적 · 징벌적 기능은 그의 준사법적 · 준행정적 · 준입법적 기능에서 비롯된다. 그러나 옴부즈만의 이런 기능이 입법부, 행정부, 사법부의 그것과 일치하거나 대체적 관계를 구성하는 것은 아니다. 옴부즈만의 기관환경이라고 할 수 있는 입법부, 행정부, 사법부가 각기 자신의 기관존립 이유를 따로 두고 있으며, 이로 인해 옴부즈만과의 관계에 있어 일정 정도의 유보 내지는 기능적 제한을 두고자 하기 때문이다.

모든 사회적 관계나 갈등은 대개 3가지 양식에 의해 해결 또는 관리된다. 갈등 당사자 가운데 어느 한쪽이 일방적으로 직접 해결하거나 당사자 사이의 직접적인 상호 조정과 협의를 통해 해결되고, 아니면 제3자의 개입을 통해 조정하거나 합의에 도달한다. 이 가운데 옴부즈만은 제3자 개입에 의한 이해관계 조정에 해당된다. 그런데 제3자 개입에 의한 이해관계 조정은 전적으로 제3자의 자의적인 결정(total arbitrariness)에 의한 것을 한 축으로 하고 전적으로 관계자 간의 합의에 의한 결정(total consensus)을 다른 한 축으로 하는 연속선상에 정렬된다.

이들을 가장 자의적 성질이 강한 것에서부터 합의의 성질이 가장 큰 것의 순서대로 늘어놓으면 법관에 의한 판결 내지 심판, 중재 내지는 중개, 조정 또는 회유로 서열화해 볼 수 있다. 이 가운데 법관에 의한 판결 내지는 심판은 사법부의 고유기능으로 여겨진다. 조정과 회유를 통해 사회적 합의나 정치적 통합을 도출하는 것도 입법부 고유기능에 해당한다. 따라서 옴부즈만은 중개와 중재의 중간지대에서 때로는 중개양식을 택하고 때로는 중재양식을 택하면서 결과적으로는 민원 관련자 사이의 갈등과 대립을 조정 또는 해결하고자 하는 셈이다.

이 가운데 중개는 이해당사자들을 한 자리에 불러 중개자가 고안한 대안을 수용하도록 이해당사자들을 촉구하고 설득하는 것인 데 반해, 중재는 이해당사자들이 스스로 규정한 합의점에 도달하도록 간접적으로 지원하고 촉구하는 일이다. 따라서 옴부즈만은 그가 어떤 기능을 수행하더라도 자신이 이를 직접 강제할 수 있는 어떤 권한을 전재로 성립하는 것은 아니다. 옴부즈만은 기본적으로 일반 시민의 옴부즈만에 대한 신뢰를 토대로 관련 행정기관의 적정 계서 수준에서 중재와 중개를 통해 민원 해결에 나선다. 그런 점에서 옴부즈만은 간접적이고 비공식적인 문제해결 양식에 의존하는 민원처리기관인 셈이다.

따라서 옴부즈만에게는 해서는 안 되는 기능이 있으며, 이를 다른 행정기관이나 민원인이 기대하거나 요청해서도 안 된다. 그런 점에서 옴부즈만은 그의 기능수행에 있어 구조적 한계를 갖는다. 가장 대표적인 것으로는 3권분립의 원칙을 침해해서는 안 된다는 점이다.

1. 입법부와의 관계

옴부즈만이 준입법적 기능을 수행한다고 해서 의회의 기능을 대체하자는 것은 아니다. 그렇기 때문에 의회의 민원처리 기능이나 대의기능과 경쟁관계를 구성하는 것은 아니다. 의회가 접근하기 어려운 행정부의 내부 정보에 대한 접근가능성을 높여 의회의 대행정부 통제기능을 강화시켜 준다는 점에서 볼 때 오히려 보완적 관계를 구성한다. 보다 정밀하고 신속한 정보를 의회에 제공함으로써 입법활동의 질적 수준을 제고한다는 점에서도 의회와는 보완적 관계를 구축한다(Matsunaga 1999, 7). 만일 옴부즈만이 의회기능을 대체하는 경우에는 옴부즈만이 의회의 대행기관으로 변모하면서 옴부즈만 고유의 독자적 역할영역을 상실하게 된다(Center for the Study of Democracy 2002, 15). 이는 당연히 옴부즈만의 존재이유를 부정하는 결과가 된다.

예를 들어 옴부즈만은 노동조합의 대표가 없거나 또는 고용주가 옴부즈만으로 하여금 그렇게 하도록 명시적으로 허용한 경우를 제외하고는 단체교섭 결과(collective bargaining agreement)나 중앙정부 내지는 지방정부가 정한 노동법 및 고용법에 저촉되는 사안을 대리하거나 다루어서는 안 된다(American Bar Association 2010, 4). 관련 이해당사자들도 옴부즈만으로 하여금 이런 과제에 관여하도록 요구하거나 기대하지 말아야 한다. 비록 민원인이 단체교섭에 직접 연관되어 있지 않다고 하더라도, 민원인이 제기하는 과제가 노동법이나 고용법의 관할범위 내에 있을 경우에는 이런 법에 의해 보호되는 관련 당사자의 권익이나 책임에 영향을 미치게 되고, 이는 입법부의 법률제정권에 대한 침해를 의미하기 때문이다.

법률로 정한 과제를 다루는 경우에는 아무리 조심한다고 하더라도 어느 일방의 권리나 이해관계를 침해하거나 편들게 될 위험성이 크고, 그렇기 때문에 결과적으로 옴부즈만의 중립성이나 불편부당성이 훼손되면서 사회적인 신뢰를 잃게 될 위험성도 적지 않다. 옴부즈만이 사회적 신뢰를 잃을 경우 권위를 유지하기가 어렵고, 권위가 유지되지 않는 가운데 강제적 조치가 아닌 권고를 통해 비공식적이고 간접적인 문제해결기능을 발휘하기는 어려운 일이다. 이는 일종의 존재구속적 자기 한계에 해당된다.

따라서 옴부즈만 제도를 도입하는 단계에서부터 노동법과 같이 이해관계자의 이해가 첨예하게 대립되는 법규에 대해서는 종합적으로 검토한 후 이런 과제에 간여할 것인지의 여부를 미리 규정해둘 필요가 있다. 비록 간여하도록 하는 경우에도 옴부즈만으로 하여금 그의 운영 과정에서 독립성, 공정성, 기밀성 등을 견지하도록 하는 일이 매우 중요하다. 그렇다고 해서 옴부즈만이 이해관계가 첨예한 과제를 다룰 경우 부정적인 결과만 낳게 된다고 말하려는 것은 아니다. 이미 많은 옴부즈만이 이런 과제를 다루고 있고 관련 당사자들이 옴부즈만으로 하여금 이런 과제를 다루도록 요청하고 있는 것도 사실이다. 특히 기관내부형 옴부즈만의 경우에는 관리자나 고용인 모두 옴부즈만의 이런 역할을 오히려 확장하려는 추세에 있다. 그럼에도 불구하고 옴부즈만으로 하여금 이런 분야에 대해 간여하지 않도록 주문하는 이유는 이해관계가 첨예하게 대립하는 과제의 경우 관련 이해당사자들로부터 간여에 대해 공식적으로 허락을 받은 후 개입함으로써 중립성 유지에 대한 의구심을 원초적으로 해소할 필요가 있기 때문이다. 따라서 관련 규칙이나 정책을 미리 소상하게 규정해둘 필요가 있다(American Bar Association 2010, 16).

2. 행정부와의 관계

옴부즈만은 기존의 정책이나 행정조치 등을 새로 만들거나 변경하거나 무시해서는 안 된다(American Bar Association 2010, 4). 이는 기존의 정책이나 법규를 무시하거나 파기하는 것도 새로운 양식의 행정결정이라고 보아지기 때문이다. 그리고 이러한 새로운 행정결정은 그것 자체가 강제적 공권력의 행사를 전제로 하는 것인 만큼 옴부즈만의 권한행사 범위 밖에 해당되는 일이다. 이는 또한 이런 결정의 결과로 기존의 법질서나 행정체계가 와해되거나 무력화하게 될 것을 우려하는 때문이기도 하다. 그리고 그렇기 때문에 옴부즈만은 관료적 결정을 통해 보편적·일반적 조치를 취하자는 것이 아니라 개별적 사례의 조사와 시정을 통해 민원이나 관련 갈등을 해결하자는 것이다. 만일 그렇지 않을 경우에는 새로운 결정이 모든 경우에 일률적·보편적으로 적용되면서 행정의 계속성과 안정성을 위협하게 된다. 옴부즈만이 이렇게 권고적 기능을 수행하는 것이어야지 공권력을 배경으로 강제권을 행사해서는 안 되는 또 다른 이유는 그렇지 않을 경우 옴부즈만이 새로운 양식의 권력기관화하면서 민원유발의 새로운 요인으로 작용하게 될 것이기 때문이다(American Bar Association 2010, 4). 물론 옴부즈만도 자신이 권유하는 내용을 조속히 구현하기 위해 적극적으로 노력하고 다양한 압력을 동원하는 것이 사실이기는 하지만, 그렇다고 해서 강제권을 발동해서 일방적으로 자신의 의사를 관철하고자 해서는 안 된다. 이는 옴부즈만에 의한 간여가 행정적 왜곡이나 오류로 인해 유발되는 민원을 종국적으로 치유하는 최종적 조치로서의 의미를 지녀야 하고, 그렇게 되기 위해서는 관련 당사자들이 마음속으로부터 수용하고 이해하도록 유도하는 일에 주력해야 하기 때문이다. 따라서 옴부즈만은 권고의 제시나 중개 및 중재의 범위 내에서만 자신의 권한을 행사해야 하는 것이다.

같은 이치로 행정적 절차를 대신하는 성격의 조사를 실시해서도 안 된다(American Bar Association 2004, 4). 옴부즈만에 의한 조사는 어디까지나 단순히 실체적 진실이 무엇인지를 밝혀보려는 것이어야지 그 과정이나 결과로서 어떤 판단이나 조치를 새롭게 취하거나 부과하고자 하는 것이어서는 안 된다. 옴부즈만에 의한 조사는 기본적으로 관련 정보의 취합범위를 넓히거나 균형 있게 정보를 수집해서 이해의 편향화나 오해의 소지를 줄이자는 데에 일차적인 목적을 두어야 한다. 따라서 행정적 조치를 담당하는 이들이 옴부즈만의 조사결과로 인해 그의 업무수행에 있어 영향을 받거나 구속되어서는 안 되며, 마치 사안을 처음 접하는 것과 같은 자세(de novo)로 민원 관련 사안을 다룰 수 있도록 그의 업무환경이 보장되어야 한다(American Bar Association 2010, 16).

이런 이유로 인해 설혹 개별적인 당면과제가 해결되지 않는다고 하더라도 최소한 정부기능의 질적 성장을 촉진할 수는 있게 된다(Matsunaga 1999, 6). 아니 옴부즈만이 치유적 기능을 수행한다는 사실 자체가 행정관료로 하여금 보다 더 일반 시민의 요구에 부응하도록 독려하는 결과를 불러올 수도 있다(Matsunaga 1999, 7). 옴부즈만은 그것이 존재한다는 사실만으로도 행정관료로 하여금 자신의 행정실패나 부적절한 행동 내지는 민원대상이 되는 일 따위를 피해야 한다는 인식을 행정관료에게 심어줘 일종의 비공식적 행정개혁을 촉진하는 효과도 있다(Caiden et al 1993, 8-9). 나아가 행정과정 내부에 자체 진정처리기구를 설치하도록 촉구하는 결과가 될 수도 있다. 일종의 간접효과를 불러오는 것이다.

스웨덴의 옴부즈만은 불법성이 개제되거나 충분한 증거가 확보된 경우를 제외하고는 행정관서나 행정관료를 비방할 권한을 지니지 않는다(Center for the Study of Democracy 2002, 14). 또한 옴부즈만은 기존의 행정과정에 내포되어 있는 역기능이나 무력성을 시정하자는 것이기는 하지만 그렇다고 해서 기존의 행정질서를 송두리째 바꾸자는 것은 아니다. 그렇기 때문에 그의 기능 수행과정에는 일정한 한계가 설정되어 있다. 무엇보다도 관할범위를 벗어나거나 허용된 권한과 일치하지 않는 양식으로 업무를 추진해서는 안 된다(American Bar Association 2010, 4). 어디까지나 보충성의 원리가 허용하는 범위 내에서만 활동해야 한다는 뜻이다.

3. 사법부와의 관계

국가의 강제력에 기초하기 마련인 사법적 재결은 종국적인 문제해결 장치가 아니기 때문에 설득과 조정을 통해 궁극적인 화해와 납득을 이끌어내기 위한 대안적 갈등해결 방식(alternative dispute resolution : ADR)을 요청하게 된다. 그런데 옴부즈만은 비논쟁적인 문제해결 양식을 취하기 때문에 바로 이런 수요에 부합하고, 그렇기 때문에 그의 징벌적 기능에 주목하게 된다. 특히 개발도상국가와 같이 행정부에 의한 권한남용의 위험성이나 사법적 권익침해의 가능성이 큰 곳에서는 사법적 구제에 대한 예상 수요가 크고, 그런 만큼 옴부즈만의 징벌적 기능에 대한 요구가 큰 것이 보통이다.

그러나 옴부즈만의 징벌적 기능은 결코 이런 사법적 구제 보완에 대한 수요를 완벽하게 대체하는 것이 아니다. 우선 검찰과의 관계에서 보더라도 옴부즈만은 검찰과 이중적인 관계를 구성한다. 예를 들어 스웨덴의 경우 피의자를 기소하는 데 있어 검찰은 옴부즈만을 지원하도록 헌법에 명기되어 있다. 옴부즈만이 제소한 사건을 전담하는 검찰을 따로 두고 있을 정도다. 그러나 다른 한편에서 보면 옴부즈만은 검찰에 대해 일종의 감독권을 행사하도록 되어 있다. 그러나 이런 감독권 행사는 1년에 5–6회 정도 이루어질 뿐 거의 잘 활용되지 않는다(Center for the Study of Democracy 2002, 16). 보다 정교하게 말하자면, 옴부즈만의 검찰에 대한 감독기능은 어떤 특정한 사례를 다루고 있는 검찰 개인을 상대로 행사되는 것이 아니며, 검찰업무의 실체에 간여하려는 것도 아니다. 그러나 옴부즈만이 간여했기 때문에 결과적으로 일시 중단되었던 기소권 행사를 검찰이 다시 행사하게 된 사례는 적지 않다. 대부분의 경우 옴부즈만과 검찰과의 관계는 옴부즈만이 자신의 업무를 수행하는 과정에서 지득하게 된 범죄 관련 정보를 검찰에 제공하는 정도로 제한되어 있는 것이 보통이다. 그러나 어쨌든 옴부즈만의 운영 과정에서 검찰과 긴밀한 유대관계를 구축하는 것만큼은 틀림없다. 상생의 관계를 구축하는 것이다. 그러나 이는 어디까지나 검찰권 행사를 침해하지 않는 범위 내의 것이어야 한다.

또한 대부분의 나라들은 사법권 독립의 원칙에 따라 옴부즈만의 관할권 범위로부터 법원을 제외하는 것이 보통이다. 옴부즈만이 법원의 판결이나 활동에 대해 그의 타당성 여부를 평가하도록 해서는 안 된다고 보기 때문이다. 그러나 스웨덴의 경우는 예외다. 이는 18세기로 거슬러 올라가는 스웨덴 역사의 유산으로 여겨진다. 그러나 비록 공식적인 규정은 없지만 일종의 비공식적인 규범은 있어서 아무리 옴부즈만이라고 하더라도 법원의 효율성 여부와 법원에 의한 판결의 정당성 여부에 대해서는 관여하지 않는 전통이 확립되어 있다. 그러나 죄형법정주의에 따라 법률이 정한 형량을 초과하여 판결하는 것과 같이 법률적용 과정에서의 명백한 위법행위에 대해서는 옴부즈만이 법관에 대한 기소절차를 개시할 수 있게 되어 있다. 다만 그럴 경우에도 기소절차와 기소시효를 지킴으로써 옴부즈만의 이 분야 권한에 대해 공식적이고 법률적인 제어장치가 부족하다는 사실을 비공식적인 합의를 통해 보완하고 있다(Center for the Study of Democracy 2002, 17).

이렇듯 일반적으로 법원이 정의를 판단하는 과정에 대해서는 옴부즈만의 관할영역에서 제외하는 것이 상례이지만, 법원의 판단을 집행하는 과정에 대해서는 이를 관할대상으로 인정하는 것이 보통이다. 법원의 판단을 집행하는 과정에서 발생하는 비정규성이 일반 시민의 기본권을 위협하는 사례가 적지 않기 때문이다. 예를 들자면 보스니아와 헤르체고비나 연방국에서는 법원의 결정을 집행하도록 옴부즈만이 요구할 수 있고, 일정한 기한을 정해서 그 기간 내에 집행하도록 요구할 수도 있다. 만일 법원이 이런 요구에 응하지 않을 때에는 그 사실을 연례 보고서에 포함시켜 공개하고 의회에 알리기도 한다. 사법적 평결의 집행은 단지 행정적 과제일 뿐이며 결코 정의의 집행을 의미하는 것은 아니라고 보기 때문이다. 이렇게 사법적 결정의 집행이 행정적 과제로 인식되는 한 이를 옴부즈만의 관할권 아래 두는 것은 너무나도 당연한 일이다.

그러나 그렇다고 해서 옴부즈만이 당해 사법기관을 교체하거나 대행할 수 있는 권한을 지니는 것은 아니다. 단지 그 사법적 조치가 시한을 지키도록 독려하거나 권유할 수 있을 뿐이다. 만일 행정기관이 법원의 결정을 외면하는 경우에는 옴부즈만이 그 해당 부처의 장을 접촉해서 법원의 결정을 따르도록 촉구하고, 그래도 말을 듣지 않을 경우에는 이에 관련한 특별 보고서를 마련하여 의회에 보고하는 벨기에의 사례는 시사하는 바가 적지 않다. 특별히 중요하다고 판단하는 경우에는 언론에 공개하기도 한다(Center for the Study of Democracy 2002, 18). 마케도니아 같은 곳에서는 법률이 정한 방법에 따라 당해 사법 행정관료에게 압력을 행사하기도 한다. 그러나 실제로는 그런 압력이 행사되는 경우에도 거의 절반 정도만 옴부즈만의 권유를 따르는 것이 현실이다.

이렇게 볼 때 관련 당사자들 모두와 해당 기관의 수장이 명시적으로 동의하지 않는 한 옴부즈만이 사법적 기구나 준사법적 기구에 계류 중인 사안에 대해 간여하지 않도록 해야 할 것은 당연한 이치다(American Bar Association 2010, 4). 민원인도 이런 사안을 관련 당사자나 사법당국의 동의 없이 옴부즈만에게 민원으로 접수해서는 안 될 것이다. 물론 재판의 실체에 관련된 것이 아니라면 당연히 옴부즈만에게 문제제기할 수 있는 과제의 범위 내에 해당된다. 여하튼 옴부즈만을 행정적 구제절차나 사법적 판단의 결과에 대한 불만을 해소하기 위한 일종의 항소기구(appellate forum)로 이해하고 접근해서는 곤란하다는 의미다.

VI. 결론

오늘날의 국가 행정과정은 시민의 통제권 밖으로 벗어나 있다. 이로 인한 시민의 고충과 갈등이 적지 않다. 정부실패 이후 확인되고 있는 것 가운데 하나가 행정에 대한 제반 통제장치가 제역할을 다하지 못한다는 사실이라는 점도 분명하다. 그런 만큼 직접 민주주의에 대한 사회적인 수요가 높고 그렇기 때문에 행정과정의 대국민 책임성 확보에 대한 수요가 급증하고 있다. 옴부즈만은 바로 이런 직접민주주의에 대한 수요를 행정과정에 대한 대의적·치유적·징벌적 수요 차원에서 인식하고 또 해소하고자 한다. 어느 정부든 "국민의 원성"에 귀 기울이지 않는 정부는 그의 권력적 지위의 유지가 어렵다는 역사적 교훈을 되새긴 결과일 것이다.

그러나 그렇다고 해서 국민은 언제나 옳다는 민주주의의 기본 가정이 내포하고 있는 문제점을 인식하지 못하거나 애써 외면하려는 것은 아니다. 오히려 근거 없이 비난하거나 비합리적인 요구를 남발하는 민원인으로부터 정부의 관료를 보호하고, 관료와 정부의 정책과정에 대한 부정적인 이미지를 개선하여 국가에 대한 사회적인 신뢰를 회복하는 일에도 유의해야 마땅한 일이다. 대부분의 민원은 민원인의 오해나 이해의 부족에서 비롯되지만, 민원인과의 신뢰가 형성되어 있지 않은 정부관료 자신이 이런 민원인을 이해시키는 데에는 어려움이 따를 수밖에 없다. 그렇기 때문에 제3자의 입장에서 민원인을 이해시키고 관료에 대한 불신을 해소함으로써 정부에 대한 신뢰도를 높일 필요가 있다(Pickl 1983, 92). 조사결과 행정관료에게 문제점이 없었던 것으로 드러나는 경우에는 행정관료로 하여금 보다 더 자신의 역할수행에 대해 자신감을 가지고 전념해 나갈 수 있도록 사기를 진작하고 격려하는 효과를 불러올 수도 있는 법이다(Des Rosiers 2003, 12).

옴부즈만은 바로 이런 정부와 일반 시민 사이의 관계를 개선함으로써 혹시 있을지도 모르는 이들 사이의 물리적 충돌을 사전에 예방하자는 것이기도 하다. 바로 이 점을 인식한 미국 하와이 주의 옴부즈만은 잘못된 민원으로부터 공무원을 보호하는 일도 옴부즈만의 주요 임무 가운데 하나임을 명백히 하고 있다(Hill 1999a). 그러나 옴부즈만이 그의 존재이유를 관료제의 병리현상에 대해 대안적 조치를 취해야 할 필요성을 절감하는 데에서부터 찾는다는 점에는 췌언을 필요로 하지 않는다. 옴부즈만은 기본적으로 관료 내지는 그들에 의해 구축되는 관료 시스템 자체에 대한 불신으로부터 기관 출범의 당위성을 찾고 있다. 그런데 관료 시스템은 관료라는 인간에 대한 불신에 기초하여 이를 보다 효율적으로 통제하거나 관리하기 위해 고안되었다. 바로 이 점을 감안해 보면 옴부즈만은 인간에 대한 거듭된 불신으로부터 그의 존재이유를 찾는 셈이다.

그러나 다른 한편에서 보면 바로 이런 불신의 문제를 옴부즈만은 옴부즈만이라는 우월적 존재의 인간성에 대한 무한 신뢰를 토대로 해결하고자 한다. 옴부즈만은 관료제라는 시스템이 발현한 병리현상을 옴부즈만이라는 개인 기관의 독립적 판단을 통해 종국적으로 해결하고자 하기 때문이다. 바로 이런 모순이 관료제의 병폐를 절감하면서도 그의 해결을 위해 옴부즈만이 지향하고자 하는 대항관료제(counter-bureaucracy)의 실체가 모호하거나 때로는 지엽말단적인 차원의 서술적 설명 이상의 것을 시도하기 어렵게 하는 근인이다. 이렇듯 옴부즈만은 그의 기관특성상 스스로 한계지워진 영역 내에서 활동한다.

같은 이치로 옴부즈만의 기능적 좌표는 그 운영 실제에 있어 옴부즈만이 상대하는 기관이 옴부즈만과의 관계에 대해 어떤 태도정향을 정립하느냐에 따라 영향을 받는다(Center for the Study of Democracy 2002, 16). 이들 옴부즈만이 상대하는 기관은 자신의 한계나 과오 내지는 옴부즈만의 견해와 불일치하는 것이 무엇인지를 파악하고 이를 극복하고자 하는 데 일차적인 관심을 두어야 하며, 옴부즈만이 사회의 민주화나 법치주의의 구현을 위해 노력하는 기관이라는 확신을 갖고 있어야 한다. 옴부즈만도 상대하는 기관의 활동을 방해하거나 지장을 주려는 것이 아니라, 행정기관의 취약점을 포착하고 이를 치유하고 극복하는 데 필요한 중요 정보를 제공하려는 것이라는 믿음 위에서 활동해야 한다. 이런 관점에서 볼 때 옴부즈만과 그를 에워싸고 있는 환경의 구성인자 사이에는 상호 순응적 관계가 구축되어야 한다.

그러나 옴부즈만이 처음 도입되는 대부분의 개발도상국가에서는 옴부즈만에 대한 일반 시민의 기대값이 높기 마련이고, 그렇기 때문에 이런 환경과의 관계를 엄격히 준수하는 경우 쉽게 실망하게 될 가능성이 크다. 따라서 옴부즈만의 기능에 대해 적절한 정보를 미리 제공해 두는 일이 필요하게 되는데, 이를 위해서는 옴부즈만의 기능에 대해서 뿐만 아니라 그의 한계와 제약점에 대해서도 보다 적극적으로 홍보해 두어야 한다. 이를 위해서는 언론과의 관계가 매우 중요한 과제로 제기된다. 언론은 일반 시민과 공적 영역을 연계하는 핵심적 장치 가운데 하나이기 때문이다. 그리고 이를 위해서는 언론의 독립성과 중립성 유지가 관건인데, 이는 그 사회의 구조적 특성과 연동되어 있다. 옴부즈만이 너무 자주 언론에 등장해도 문제이지만 또 언론으로부터 소외되어 있어도 문제다. 언론에 너무 자주 언급되거나 보도문을 내는 경우 민원의 증가를 가져오고, 이는 옴부즈만으로 하여금 충분히 대응할 수 없도록 만드는 결과를 낳을 수 있다. 이 경우 옴부즈만에 대한 사회적인 신뢰가 훼손될 것은 물론이다.

반면에 너무 언론으로부터 소외되는 경우에는 옴부즈만에 대한 사회적인 관심을 떨어뜨리고 그 결과 옴부즈만에 대한 신뢰를 확보하기가 어렵게 되며, 나아가서는 효율적인 운영이 곤란하게 된다. 그러나 전체적으로 볼 때 비록 언론이 결코 불편부당하거나 전문성의 정도가 높다고는 할 수 없을지라도 언론이 옴부즈만을 외면하는 경우보다는 관심을 가지고 지켜보는 경우가 보다 더 옴부즈만의 활성화에 기여할 것은 물론이다. 왜냐하면 언론이 관심을 가진다는 사실이 알려지면서 행정관료가 자신의 행동에 보다 더 유의하게 되고, 나아가 옴부즈만과의 관계개선에도 주목하게 될 것이기 때문이다. 그렇기 때문에 보스니아와 헤르체고비나 연방국의 경우나 코소보의 경우에는 옴부즈만이 언론 담당 부서를 별도로 두어 언론과의 관계설정 문제를 기관 차원에서 관리하고 있다(Center for the Study of Democracy 2002, 19). 타산지석으로 삼아볼 일이다.

참고문헌

국민고충처리위원회. 2004.『옴부즈만제도 연구자료집-외국 전문옴부즈만 운영사례연구』. 서울 : 중앙인쇄사.

김상묵 · 이창원 · 한승환. 2004. "중앙정부 정책과정과 시민참여."『한국행정논집』제16권. 861-885.

정순교. 2005.『우리나라 옴부즈만 제도 개선방안』. 서울 : 국민고충처리위원회.

American Bar Association. 2010. "Standards for the Establishment and Operation of Ombuds Offices." 〈http://www.abanet.org/adminlaw/approvedstandards.doc〉

Caiden, G. E., MacDermott, N. and Sadler, A. 1993. *The Institution of the Ombudsman : International Handbook of the Ombudsman*. London : Greenwood.

Center for the Study of Democracy. 2002. "European Standards and Ombudsman Institutions in Southeast Europe." Summary of Discussions at the International Conference Held on June 6-8 in Sofia, Bulgaria.

Chambers, Gretta. 2001. "The Transition of Government and Its Consequences on Citizens." 〈http://www.ombudsmanforum.ca/documents/speeches/chambers_gretta_e.asp〉

de Castro, R. Adolfo. 1997. "Introduction : an Ombudsman for America."〈http://www.ombuds.uci.edu/JOURNALS/1993/america. html〉

Des Rosiers, Nathalie. 2003. "The Functions of an Ombudsman : Annotated Bibliography." A Note Presented at the Forum of Canadian Ombudsman Conference. Ottawa, Ontario. April. 1.

Elwood, Sir Brian. 1996. "How to Harmonize General Ombudsman Activities with those Related to Specialized Ombudsmen." Paper presented at the International Ombudsmen's Conference, Buenos Aires, Argentina. October 21.

Hill, Larry B. 1997. "American Ombudsman and Others ; or, American Ombudsmen and 'Wannabe' Ombudsman." Address Delivered at the 1997 Spring Meeting of the American Bar Association Section of Administrative law and Regulatory Practice. Hotel Washington, Washington DC. April 18.

______. 1999. "Institutionalizing Bureaucratic Monitoring Mechanism : The First Thirty Years of Hawaii Ombudsman, Americanizing Ombudsman." 〈http://www.abanet.org/adminlaw/ombuds/hill.html〉

______. 1999a. "Institutionalizing Bureaucratic Monitoring Mechanism : The First Thirty Years of Hawaii Ombudsman, Human Resources Management." 〈http://www.abanet.org/admin law/ombuds/hill.html〉

Jacoby, Daniel. 1999. "The Future of the Ombudsman." in Reif, Linda C. ed. *The International Ombudsman Anthology*. Hague : Kluwer Law International.

Kostelka, Peter. 1998. "Austrian Ombudsman Board : Fostering Democracy by Mediation Between Citizens and the State." 〈http://members.aon.at/eoi/uk/varia40_uk.htm〉

Matsunaga, Robin K. 1999. "The Ombudsman." A Paper Presented at the National Conference of State Legislatures Leadership Staff Annual Training Seminar, New Orleans, Louisiana, September 10.

National Democratic Institute. 2005. "The Role and Effectiveness of the Ombudsman Institution.〈http://www.accessdemocracy.org/library/1904_gov_ombudsman_080105.pdf〉

Oosting, M. 1999. "The Ombudsman and his Environment : a Global View." In Reif, Linda C. ed. *The International Ombudsman Anthology : Selected Writings*. Hague : Kluwer Law International.

Pickl, Viktor J. 1983. "Investigating Complaints : a Comments." In Caiden, Gerald E. ed. *International Handbook of the Ombudsman : Evolution and Present Function*. Westport. CT : Greenwood Press.

Rowe, Mary P. 1991. "The Ombudsman's Role in a Dispute Resolution System." *Negotiation Journal*. vol. 11, no. 3. 353–362.

______. 1995. "Options, Functions and Skills : What an Organizational Ombudsman Might Want to Know." *Negotiation Journal*. vol. 11. 103–114.

Rowe, Mary P. & Gottehrer, Dean M. 1997. "Similarities and Difference Between Public and Private Sector Ombudsman".〈http://www.abanet.org/adminlaw/ombuds/g&rsimilar.html〉

Wagner, Marsha L. 2000. "The Organizational Ombudsman as Change Agent." *Negotiation Journal*. vol. 16, no. 1. 99–144.

주

1 주로 Rowe & Gottehrer(1997, 7–13)를 참조하였다.

제9장

정치자금법의 변화와 정당민주주의의 발전*

이상묵(한국외국어대학교)

I. 들어가며

돈과 정치에 관한 문제는 정치학의 오랜 연구주제의 하나이다. 그 이유는 돈이라는 것이 정치의 필요악으로 자리 잡고 있기 때문이다(김영래 1999, 119). 돈 없이는 정치를 전문으로 담당할 세력의 활동이 위축되며, 반대로 돈의 영향력이 세지면 정치는 일부 돈 있는 세력의 권력독점과 이로 인한 부정과 부패가 발생하기 쉽다. 서구에서는 일찍이 금권정치의 폐해를 직시하고 깨끗하고 공정한 민주주의 정치를 확립하기 위하여 돈이 정치권으로 침투하는 것을 규제하는 법과 제도를 통하여 금권과 정치권력의 결합을 원천적으로 차단하려는 시도가 있어 왔다(김민전 2005 ; 심지연 2003).

우리나라는 과거 권위주의 정부 하에서 선거에서의 금권정치뿐만 아니라 기업과 정치인들의 정경유착의 폐해가 심각한 것으로 지적돼 왔으며, 민주화가

* 본 논문은 『21세기 정치학회보』 제19권 1호(2009. 5)에 수록된 것을 전재한 것임을 밝힙니다.

공고화되어 가고 있는 현재까지도 여전히 선거에서 돈 봉투가 오고 가는 실정이다. 정치권의 합의로 선거법 위반에 대한 엄중한 책임을 묻고 있다. 돈 선거에 대한 처벌이 정치인에게는 그들의 정치생명에 치명적인 손상을 입힐 수 있음에도 불구하고 여전히 정치자금과 관련된 선거부정이 끊임없이 나타나고 있다. 과거에 비해 국가 공무원에 의한 관권선거와 정경유착의 관행이 줄어들고 정치자금의 배분과 운영이 상대적으로 나아졌다는 평가를 받고는 있으나 최근에 치러진 18대 국회의원 선거에서도 돈 봉투를 제공한 국회의원 후보가 선관위에 적발되어 검찰에 고발되는 일도 있었고, 정당의 비례대표 후보자들이 소속 정당에 공천헌금을 납부하고 공천을 받는 문제가 발생하여 정치적 논란이 되고 있는 실정이다.

이처럼 선거민주주의를 이룩하고 민주주의의 공고화에 진입하고 있는 우리의 정치발전에 있어 정치자금과 선거 및 정당정치의 연관성은 여전히 유효한 연구주제임에 틀림없다. 현재까지 총 20차례에 걸쳐 정치자금법이 개정되어 오면서 정치자금의 배분과 운영에 있어서 공정성과 투명성을 제고시키기 위한 법·제도적 개선이 이루어져 왔다. 하지만 우리의 정당정치는 여전히 '고비용 저효율'의 구조를 갖고 있으며, 정당운영은 시스템보다는 인물에 의존하는 양태를 띠고 있다. 따라서 정책을 중심으로 뜻을 같이 하는 사람들로 구성되어 타정당과의 선의의 경쟁을 통해 권력을 차지하기 위한 조직으로서의 정당의 모습, 그리고 구성원들의 합의에 의한 정책결정 과정을 보여주는 정당민주주의는 단기간에 성취되기 어려운 과제일지 모른다.

그동안 정치자금법과 관련하여서는 단순히 그것의 변화와 법리적 기술에 치중해 왔으며, 나아가 규범론적인 측면에서 정치자금법의 바람직한 방향에 대해서 논의를 해왔다. 하지만 정치자금법도 다른 정치제도와 마찬가지로 정치인들의 필요에 의해서 또는 어떤 정치적 목적을 위하여 선택되고 변화되어 왔음에 틀림없다.[1] 그렇다면 정치자금법의 개정에는 어떠한 정치적 의도가 있었으며 그것의 정치적 효과는 무엇인지를 살펴보는 것은 연구자의 지적 호기심을 자극하기에 충분하다. 특히 정치자금법과 정당정치는 밀접한 관련이 있기 때문에 정치자금법의 개정이 우리나라 정당정치의 민주화에 어떠한 영향을 미쳐왔는지를 분석함으로써 정치자금법 개정의 정치적 효과를 분석하는 것은 의미가 있다.

본 연구는 정치관계법 중에서 특히 정치자금법에 한정하여 이것이 우리나라 정당민주주의에 어떠한 영향을 미치고 있는지를 분석하는 것이다. 특히 정치자금법과 관련하여 정당민주주의의 여러 내용 중에서 정당정치의 민주적 정당성, 정당 간의 공정한 경쟁, 그리고 당내 민주주의의 발전이라는 측면에서 그동안 어떻게 정치자금법이 정당민주주의에 영향을 미쳐왔는지를 분석하고자 한다. 이를 위해 우선 정치자금법과 정당민주주의의 관계에 관한 선행연구를 검토하고, 지금까지 진행되어 온 정치자금법의 내용과 특징을 살펴보고, 정치자금법이 어떻게 정당민주주의의 주요 지표인 정당성, 공정성, 민주성에 영향을 주어왔는지를 분석한다.

본 연구에서 사용되는 자료는 기존의 연구문헌과 함께 중앙선거관리위원회에서 매년 발행하는 『정당의 활동개황과 회계보고』에 근거하고 있다.

II. 선행연구의 검토

한국 민주주의 정치의 큰 문제점 중 하나는 정치자금과 관련된 정치인들의 부정·부패, 그리고 이로 인한 정치 불신의 증가이다. 기업과의 불건전한 거래를 통한 정경유착의 폐해는 IMF라는 경제위기를 초래하기도 하였으며, 정치인들의 정치활동에 비용이 많이 들어갈수록 고비용에 따른 정치인들의 저효율이 중요한 정치개혁의 대상이 되어왔다. 따라서 정치자금과 관련된 문제의 해결 없이는 정당민주주의의 발전을 담보하기 쉽지 않다. 특히 정당정치를 표방하는 한국 민주주의의 발전을 위해서 정치자금에 대한 지속적인 관심과 개선노력이 무엇보다 필요하다.

그동안 정치자금과 관련해서는 법학분야에서 법과 제도의 관점에 입각하여 많은 관심과 연구가 진행되어 왔다. 많은 연구가 정치자금법의 개정과 관련하여 그것의 내용과 법률적 특징을 소개하고 있다. 이들 연구는 외국 사례에 기초하여 우리나라 정치자금법의 문제점과 개선방향에 대하여 논하고 있다. 특히 이러한 연구는 규범적 차원에서 우리나라 민주정치의 발전을 위하여 정치자금법이 갖고 있는 문제점과 개선방향을 지적한다(최대권 1992 ; 장명봉 1995 ; 강경근 2003 ; 이관희 1997, 2004). 강경근(1999)은 우리나라 정치부패의 근본원인이 '고비용 정치구조'에 있음을 지적하고 정치자금의 불공정성과 불투명성이 그러한 구조를 공고화하는 데 일조한다고 주장하면서 정치자금법의 개선방향을 제시하고 있다.

정치자금의 문제는 독자적으로 다루어지기 어려운 부분이 있다. 사실 정치자금법은 선거·정당에 관한 법률과 함께 '정치관계법'이라는 범주에 포함되는 것으로 정당의 정치활동 및 선거운동과 밀접히 연관되어 있다. 정당의 자유에 관한 우리나라 헌법 제8조에서도 민주적 정당활동에 필요한 자금을 국가가 보조할 수 있음을 밝히고 있듯이 정치자금은 정당의 합법적 설립과 선거운동을 포함한 정치활동에 재정적 도움을 주어 정당민주주의를 실현할 수 있도록 법률적으로 규정되어 있다.[2] 장영수(1997)는 현대의 대의민주주의 하에서 정당에 의한 민주정치체제의 필요성에 입각하여 정당의 헌법적 지위와 기능이 제대로 발휘되기 위해서는 당내 민주주의가 실현되어야 하며, 이를 위해 정치자금에 관한 법률적·제도적 장치가 마련되어야 한다고 주장한다.

이종수(2007)는 정당민주주의의 실현을 위하여 헌법에 의해 부여된 정당의 역할과 기능을 살펴보고 정치자금법이 이러한 원칙에 어떻게 위배되는지를 밝히고 있다.[3] 이처럼 헌법적인 근거에 입각하여 정당민주주의를 위해서는 정치자금 운영에 대한 개선이 필요하다는 주장은 설득력을 갖고 있지만 여전히 이들의 설명은 규범적인 틀에서 벗어나지 못하고 있으며, 법률의 생성과 적용 및 해석과 관련된 정치적 요인 및 효과에 대해서는 관심이 미치지 못하고 있다. 즉 법학자들에 의한 규범적 연구는 정치자금법의 내용과 법률적 특징을 이해하는 데 도움을 주지만 정치자금법과 관련한 여타 정치적 상황과 이것의 적용 및 그것의 효과에 대한 보다 분석적인 면이 부족한 것은 사실이다.

정치학에서의 정치자금법 연구는 법률적 해석이나 평가보다는 그것의 정치적 성격이나 의미를 설명하는 경향이 있다. 특히 정치자금법 자체의 법률적 내용보다는 제도의 변천과정이나 특징을 서술하거나(김영래 1994, 2002 ; 오승용 2004, 2005) 정치개혁을 위한 정치자금의 개혁 필요성과 전략을 제시한다(임성학 2003). 그리고 외국의 사례연구와 함께 우리나라 정치자금제도의 문제점과 개선방향을 제시하기도 한다(김영래 1999 ; 김왕식 2000 ; 이내영 2001 ; 심지연 2003 ; 임성학 2004, 2005). 김민전(2005)은 2005년 개정된 정치자금법의 정치적 의미를 살펴보고, 미국이나 영국에서의 사례와 비교할 때 우리나라에서 정당 민주화를 위해서는 소액다수주의가 필요하고 이의 정착과 활성화를 위한 실천방안을 제시하고 있다. 그러나 이러한 연구들은 위에서 살펴본 법학자들의 연구에서와 같이 서술적이고 규범론적인 차원에서의 연구에 머물러 있다.

보다 실증적이며 분석적인 연구는 정치자금의 수입과 지출에 관한 구체적인 내용을 담고 있거나(김의성 · 임성학 2002 ; 정대화 2003 ; 임성학 2003), 선거운동이나 선거결과와의 관계에 초점을 두고 정치자금의 운용실태나 효과를 분석하는 것이 대부분이다(서정갑 · 정영국 1994 ; 김의성 2004 ; 백창재 2004 ; 임성학 2005).[4] 미국에서는 일찍이 선거경쟁이 치열해지면서 선거자금의 확보가 선거결과에 중대한 영향을 미치는 것으로 알려져 왔다(Jacobson 1980).[5] 김의성 · 임성학(2002)은 중앙선거관리위원회가 1996년 이후 매년 발행하는 정당과 후원회의 회계보고자료를 이용하여 국회의원 선거에 투입되는 공식적인 정치자금의 규모와 조달패턴을 객관적인 사실에 근거하여 실증적으로 분석하고 있다. 정대화(2003)는 중앙선거관리위원회의 공식적인 자료뿐만 아니라 국회의원들을 대상으로 한 설문조사를 토대로 국회의원의 정치자금에 대하여 그것의 수입과 지출에 대해 분석하고 있다.

정치자금의 선거결과에 대한 영향력을 회귀분석을 통하여 경험적으로 분석하고 있는 김의성(2004)은 국회의원 선거에서 후보자의 정치자금 규모가 그들의 득표율에 영향을 미치고 있다고 주장한다. 특히 정치자금의 효과는 현역의원보다는 비의원 도전자일 경우[6]와 야당 후보자의 경우에 더 높다고 주장한다. 백창재(2004)와 임성학(2005)은 17대 국회의원 선거를 앞두고 개정된 정치관계법(정치자금법 포함)의 효과를 분석하고 있다. 이들의 연구는 주로 선거과정에서 제기되어 온 정치자금의 공정성과 투명성에 관한 것으로 구체적으로 정치자금의 정치적 효과를 분석하고 있지는 않다.

정치자금의 영향과 효과를 분석하기 위해서는 그것으로 인해 영향을 받는 종속변수를 명확히 할 필요가 있다.[7] 그동안에는 선거결과에 대한 정치자금의 영향력 분석이 주로 연구되어져 왔던 반면에 정당활동이나 정당체제 및 정당민주주의의 발전을 종속변수로 한 연구는 미비했다. 김민전(2005, 122)은 정치자금과 정당정치와의 관계는 상호 의존적인 관계임에 틀림없지만 정당정치의 양태를 바꾸기 위해서 정치자금제도가 하나의 수단으로 작용할 수 있다고 주장하며 종속변수로서 정당정치에 대한 정치자금제도의 효과와 영향에 대해서 분석한다. 심지연 · 김민전(2001)은 정치자금이 구체적으로는 정당의 대표성과 정당과 의원 및 유권자와의 관계 등에 영향을 미치며, 궁극적으로는 정당의 민주성을 제고시키는 데 영향을 미치고 있음을 강조한다. 이들 연구는 정치자금이 어떻게 운영되어져 왔고 이것이 어떻게 정당활동에 영향을 미치는가에 초점이 두어져 왔다. 하지만 정당정치의 다양한 활동을 부분적으로 분석함으로써 정치자금법이 목표로 하고 있는 정당민주주의의 발전이라는 큰 틀 속에서의 조망이 이루어지않았다.

사실 정치자금이 선거뿐만 아니라 정당활동에 사용되어지는 자금을 포괄적으로 일컫는 것이기에 정치자금의 효과는 정당정치 전반에 걸쳐 나타날 수밖에 없다. 또한 정치자금의 운영과 관련된 정치자금법은 정당민주주의의 정착과 발전에도 깊이 연관될 수밖에 없다. 그동안의 20여 차례에 걸친 정치자금법의 변경은 결국 현실적인 문제들을 극복해 가면서 정당민주주의를 통한 우리나라 민주정치의 발전을 목표로 하는 것이었다. 따라서 정치자금법 변화가 과연 정당민주주의의 발전에 어떻게 영향을 미쳐왔는가를 경험적으로 분석하는 것이 필요하다.[8)]

III. 정치자금법의 변화내용과 특징

현행 우리나라 정치자금법에 따르면 정치자금은 음성적으로 정치활동을 위해 모금하고 사용되어지는 것보다는 공식적으로 나타나는 것에 대해서 규정하고 있다. 정치자금법의 입법취지는 적정한 정치자금의 제공과 그것의 수입 및 지출에 대해서 투명성을 제고시키고 정치자금과 관련된 부정을 방지하여 민주정치의 발전에 기여하는 것이다. 구체적으로 정치자금법에 따르면 정치자금은 "당비, 후원금, 기탁금, 보조금, 후원회의 모집금품과 정당의 당헌, 당규 등에서 정한 부대수입 기타 정치활동을 위하여 정당[정당법 제8조(신고)의 규정에 의한 중앙당창당준비위원회를 포함한다], 공직선거및선거부정방지법 제2조(적용범위)의 규정에 의한 선거에 의하여 당선된 자, 공직선거의 후보자 또는 후보자가 되고자 하는 자, 후원회 · 정당의 간부 또는 유급사무직원 그 밖에 정치활동을 하는 자에게 제공되는 금전이나 유가증권 그 밖의 물건과 그 자의 정치활동에 소요되는 비용을 말한다"(정치자금법 제3조 2항).

선거기간 이외에도 후원회나 의정활동, 그리고 기타 개인적 정치활동을 통해 비공식적 또는 음성적 자금이 투입될 수 있고, 이러한 부분이 정치자금과 관련한 부정의 소지가 크기 때문에 이 부분이 투명하게 밝혀질 필요가 있다. 하지만 현실적으로 모든 정치자금에 대하여 법으로 규정하기에는 한계가 있기 때문에 공식적인 정치자금의 수입과 지출에 대해서만 규정하고 있는 실정이다. 따라서 정치자금법의 입법취지에 맞게 투명하고 공정한 정치자금의 모금과 사용을 위하여 비공식적·음성적 정치자금이 투입될 여지를 줄이는 한편, 구체적이며 현실적인 정치자금법의 개정과 적용으로 부정이 일어날 소지를 줄이는 동시에 부정이 발견되었을 경우에 법집행을 엄격히 하여 법의 권위를 세울 필요가 있다. 정치자금법이 정치인에게 반드시 지켜져야 할 법으로 인정받고 위반 시에는 정치생명에 심각한 타격을 줄 때 정당의 활동 역시 이 법의 테두리에서 벗어나기 힘들 것이며, 궁극적으로는 정당민주주의에 기여할 것이다.

우리나라의 정치자금법은 1965년 2월 9일 법률 제1685호에 의해 처음으로 "정치자금에관한법률"로 제정된 이후 2005년 8월 4일에 명칭을 "정치자금법"으로 바꾸고 전문 개정한 것을 포함하여 2008년 2월 29일까지 총 세 번의 전문개정과 열일곱 번의 부분개정이 있어 왔다. 그 대부분이 1987년 민주화된 이후에 이루어진 것들이다. 무려 열다섯 번의 정치자금법 개정이 약 20년 사이에 이루어져 왔다는 것은 이 법의 입법취지를 살리기 위해 꾸준히 노력해 왔다는 증거가 될 수도 있겠지만, 한편으로는 법개정에 있어 정치인들의 대증요법적 처방과 자신들의 정치적 이해타산에 의해 주도되어 왔다고 평가될 수 있는 부분이다. 왜냐하면 정치자금법 개정이 매번 각급 선거를 바로 앞두고 짧은 시기에 처리되는 사례가 많았기 때문이다(심지연 2003, 239). 또한 최근에 치러진 18대 국회의원 선거가 비례대표의 돈 공천 파문이 일어나자 또 다시 정치자금법에 대한 개정 필요성이 제기되고 있는 실정이 그동안의 정치자금법 개정의 흐름과 무관하지 않음을 보여준다(《문화일보》 2008년 4월 29일).

우리나라 정치자금법의 변천과정에 있어서 그것의 법률적 내용과 특징을 시기적으로 나누어 살펴보면(〈표 1〉 참조) 다음과 같다.[9] 우선 1965년에 처음으로 정치자금법이 제정되었던 초창기를 거쳐 1980년 12월에 기존의 기탁금제도만 언급했던 정치자금법에 후원회제도와 국고보조금제도 등을 신설하여 오늘날의 정치자금법의 모습을 갖추었던 토대기가 있었다. 다음은 1987년 이후의 민주화 시기에 폭발적으로 증가한 정치참여의 욕구에 부응한 정치자금의 양적 성장기를 거쳐 1997년 IMF라는 한국전쟁 이후 최대의 국가위기를 맞아 정치자금에 대한 부정적 인식을 반영한 조정기와 소액다수기부제도의 채택으로 정치자금의 투명성을 강화하는 전환기, 그리고 2005년 8월에 전문개정을 통하여 기존에 정치자금과 별도로 관리하던 선거비용을 통합하여 정치자금의 수입과 지출과정을 간소화하여 보다 투명한 정치자금의 조달과 공개의 틀을 마련하는 재조정기로 구분할 수 있을 것이다.

표 1_ 정치자금법 개정의 주요 내용과 특징

	주요 개정내용	특징
초창기(1965-1979)	기업인들의 정치자금 제공의 합법화, 정치자금은 주로 기탁금제도에 국한	정치자금의 합법화 · 양성화
토대기(1980-1988)	현재 정치자금법의 기본 골격을 형성(당비, 후원회, 국고보조금, 회계보고, 기탁금 포함), 정치자금 조달의 다양한 통로를 마련	정치자금 조달 통로의 확대
성장기(1989-1996)	정치자금의 양적 성장을 위한 후원회와 국고보조금의 액수를 상향화, 후원금 모금 주체의 다양화(지구당과 국회의원 후보자도 포함)	정치자금의 형평성 강화
조정기(1997-2003)	지정기탁금제의 폐지와 국고보조금의 축소, 음성적인 정치자금의 처벌규정 강화	정치자금의 투명화 시도
전환기(2004-2005)	기업이나 단체로부터의 고액 후원금 수수를 금지, 소액다수기부제 도입, 후원금의 하향 조정, 후원금 모금 주체의 제한, 정치자금 지출의 부정방지 조치 신설	정치자금의 투명성 강화
재조정기(2006-현재)	대통령 선거 후보자 및 예비후보자, 광역단체장 후보자의 후원회 허용, 후원회 기부내역의 수시보고제도 폐지, 선거비용과 정치자금 지출절차의 통합 · 간소화	정치자금의 투명성과 형평성의 조화 시도

첫째, 초창기에 있어 정치자금법의 입법취지는 정치자금의 투명화를 위해 주로 정치인에게 정치자금을 음성적으로 제공하던 기업인들의 기부행위를 양성화하려는 것이었다. 그리고 정치자금법의 내용은 주로 기탁금제도에 관한 것이었다. 중앙선거관리위원회를 통하여 기업이나 개인이 기부한 기탁금을 정당의

소속 의원 수에 비례해서 배분하였다. 국가 주도의 경제개발정책을 펼쳤던 박정희 정부 하에서 정치자금의 원활한 조달을 위하여 정치인들에게 기업인들의 후원을 합법화·양성화하는 동시에 정치자금을 제공한 기업이나 사람에게는 소득세와 법인세를 감면해 주는 세제혜택을 부여하기도 하였다.

둘째, 오늘날 정치자금법의 외형은 토대기에 형성되었다. 1980년 12월에 전면개정한 정치자금법에서 당비제도, 후원회제도, 국고보조금제도, 회계보고제도 등을 신설하여 보다 다양한 방법으로 정치자금을 조달하고 투명성을 갖게 하는 계기를 마련하였다. 특히 국고보조금제도의 신설은 정당의 운영을 원활하게 하여 정당의 기능과 역할을 강화하려는 의도를 반영한 것이었다. 하지만 국고보조금과 후원회를 통한 정치자금의 조달이 중앙당에만 국한되도록 규정하여 중앙집중적인 정당정치를 강화하는 결과를 낳았다(김민전 2005, 132-3).

셋째, 민주화가 시작된 이후 정치자금의 조달은 양적 성장기를 맞는다. 정당에 대한 후원회와 국고보조금의 액수가 상향 조정되었고, 후원금 모금의 주체가 다양화되어 정당뿐만 아니라 국회의원 후보자 개인도 주체가 될 수 있었다. 이 시기에는 정당이 정치의 중심 역할을 할 것으로 기대되었고, 국민들의 정치참여 욕구가 증가한 상태에서 정당의 운영에 필요한 정치자금의 증가는 별다른 국민의 반대 없이 진행되었다. 1997년 IMF를 겪기 전까지 여섯 번의 부분개정을 통하여 다양한 후원회를 통한 정치자금의 조달과 국고보조금을 증가시켰다. 정치자금에 대한 부정적 시각보다는 민주정치를 위한 비용으로 간주하는 분위기가 지배하여 정치자금의 조달에 관심이 집중되었다(오승용 2004, 16). 상대적으로 정치자금의 공정한 분배라든지 불법 정치자금에 대한 규세는 덜 중요한 이슈였다.

넷째, 정치자금의 양적 증가현상은 IMF라는 경제위기를 맞으면서 조정기에 접어들었다. 사회 모든 영역에서 비용을 줄여 효율을 높이기 위한 구조조정이 확산되는 상황에서 정치인들에게 제공되는 정치자금에 대해서도 비용절감의 분위기가 팽배했었다. 이 시기에는 지정기탁금제도가 폐지되고 음성적인 정치자금조달에 대한 처벌규정이 강화되었다. 더욱이 지정기탁금제도의 폐지로 당비에 대한 수입구조가 좋지 않은 각 정당은 후원회와 국고보조금에 대한 의존도가 높아갔다. 그러나 국고보조금의 용도제한이 가해지면서 정당의 재정력은 약화되었다. 즉 정치자금의 조달에 대한 정부의 규제가 강화되면서 정당의 활동은 상당히 위축되는 결과를 낳았다.

다섯째, 조정기에서의 정치자금에 대한 규제는 소액다수기부제도를 도입한 2004년 3월의 정치자금법의 부분개정을 계기로 새로운 전환기를 맞이하게 된다. 2002년 대통령 선거의 후유증으로 불법 대선자금에 대한 수사가 진행되고 있던 상황에서 17대 국회의원 선거를 앞두고 정치권에서는 정치자금의 조달과 지출에 있어서 불법의 소지를 차단하려는 의도가 반영되었다. 소위 '오세훈법'으로 불리기도 했던 2004년 3월의 정치자금법 개정은 깨끗한 정치문화를 정착시키기 위하여 정치자금의 수입과 지출의 투명성을 제고시키기 위한 것이었다(이관희 2004 ; 오승용 2005 ; 전용주 · 서영조 2005). 우선 정치자금의 양과 조달방법에 있어서 변화가 있었다. 정경유착의 고리를 끊기 위해 기업이나 단체로부터의 후원금 수수를 금지시키고 대신 소액다수에 의한 기부금제도를 도입하였다. 정치인의 연간 후원금 한도도 하향 조정하였으며, 후원금 모금의 주체도 과거에는 지구당에서도 후원금을 모금할 수 있었으나 이제는 중앙당과 시 · 도당 후원회를 통해서만 가능하게 만들었다. 또한 정치자금의 지출에 있어서도 정치인의 기부 행위가 법에 의해 제한받도록 하였으며, 부정사용을 방지하기 위해 정치자금의 지출에 실명을 사용하도록 하는 등 정치자금에 대한 철저한 규제가 이루어졌다.

여섯째, 17대 국회의원 선거가 과거 그 어느 때보다 깨끗하고 돈 안 드는 선거로 치러졌다는 평가를 받았지만, 한편으로는 규제일변도의 정치자금법이 자유로운 선거운동까지 제한할 수 있으며 정치현실을 무시하고 정당 하부조직의 운영을 어렵게 할 수 있음을 인정하여 2006년 5 · 31일 지방선거를 1년여를 앞두고 정치권이 새로운 정치자금법을 2005년 8월에 전면개정하였다(조영식 2005, 85). 새로운 정치자금법 개정은 정치자금의 투명화 기조를 유지한 채 건전한 정치자금의 운용기반을 마련한다는 취지로 이루어졌기 때문에 이 시기를 제2의 조정기라고 할 수 있을 것이다. 즉 정치자금에 대한 지나친 규제는 정당활동을 위축시킬 수 있기에 정치자금의 투명화를 제고시킨다는 기존의 방침은 그대로 유지하더라도 자유로운 선거운동을 보장하고 건전하고 투명한 정치자금의 유입을 통해 정당이 정책형성 기능을 활성화시킬 수 있는 여건을 제공하고 있다고 볼 수 있다. 이후에도 최근까지 정치자금법의 개정이 이어지고 있는데, 정치자금의 투명화를 위한 제도적 장치의 유지와 건전한 정치자금의 조달과 운용을 위한 제도적 개선이라는 두 가지 목적이 상호 조화를 이루는 방향으로 진행되고 있는 것 같다.

IV. 정당민주주의 : 개념과 중요 지표

1. 정당민주주의의 개념

현대 민주주의의 발전은 시간적 · 공간적 한계 등으로 인해 직접민주주의를 대신하여 국민의 대표자를 뽑아 그들에게 권한을 위임하여 통치하게 하는 간접민주주의 형태로서의 대의민주주의 체제를 정착시키고 있다. 또한 국민의 의사를 국정에 반영하기 위하여 조직된 정당이 국민의 안전과 자유, 평등, 인권 등의 민주주의의 가치와 원리를 실현하는 핵심적인 역할을 담당하고 있다. 정당은 국민과 국가기관의 매개체 역할과 함께 보다 많은, 그리고 다양한 국민의 의사가 대변될 수 있도록 함으로써 민주주의 정치체제의 발전에 절대적인 공헌을 해왔다고 할 수 있다. 따라서 현대의 대의민주주의는 정당을 중심으로 운영되는 정당민주주의적 성격을 띠고 있는 것이다.

정당민주주의란 정당정치에 근거한 민주주의 정치질서를 의미한다(이경호 2005, 308). 즉 정당들의 경쟁과 합의를 통해 사회 내부의 여러 계층 간 · 세대 간 ·

지역 간 갈등요소가 해결되며, 정당이 국민들의 다양한 관심과 요구를 집약하고 표출하여 정책결정 과정에 반영함으로써 민주주의 정치질서를 유지·발전시키는 것을 말한다.[10] 또한 정당의 민주적 역할은 당내에서의 절차적 민주주의를 기반으로 하고 있다.[11] 정당 내의 의사결정 과정이 자유롭고 민주적인지, 또는 중앙과 지방의 정당조직 간의 권력균형이 제대로 이루어지고 있는지 등등의 당내 민주주의는 정당을 중심으로 한 민주주의 정치질서를 형성하는 데 필수적인 조건이 될 수밖에 없다. 이처럼 정당민주주의는 당내의 민주주의 절차와 내용뿐만 아니라 정당 간의 공정한 경쟁, 그리고 국민의 이익을 집약·표출시키는 민주적 역할까지 모두를 포함하는 넓은 의미로 이해될 수 있다.

본 연구에서는 정당민주주의의 발전에 정치자금법이 어떠한 영향을 미치고 있는가를 분석하는 것으로 정당민주주의의 내용 중에서 정당의 기능과 역할에 대한 민주적 정당성, 정당 간 경쟁의 공정성, 그리고 정당 내부 운영의 민주성 등에 대해 공정성과 투명성을 제고하기 위해 발전해 온 정치자금법이 어떻게 영향을 미쳐왔는지를 분석한다.

2. 정당민주주의의 중요 지표

(1) 정당의 민주적 정당성

정당민주주의의 중요 지표로서 정당의 민주적 정당성은 정당 본래의 기능과 역할을 다할 때 주어지는 것으로 정당이 민주정치의 중심 역할을 수행하는 것을 의미한다.[12] 그 중에서도 정당이 당원뿐만 아니라 대중들로부터의 지지를 기반으로 전국적인 조직망을 갖고 있는 대중정당으로서의 모습을 갖고 있는가를 통해서 알 수 있다(이관희 1997, 11). 이것은 정당의 제도화 및 안정화와도 관계 있는 것으로 정당조직의 구성이 소수 지도자에 의해서 이루어지며 그들에 의해 운영되는 것이 아니라, 독자적인 체계를 갖고 대중의 지지를 얻는 조직으로 정치과정의 중심 역할을 하는 것을 의미한다(김용호 2008, 145). 정당이 대중정당으로서의 위치를 확고히 하고 정당이 정치참여의 통로 역할을 하며 국민과 정부 사이의 매개체 역할을 충실히 할 때 정당 중심의 민주주의 정치체제가 형성·발전되는 것이다. 또한 정당이 사회의 다양한 목소리를 국정에 반영하는 역할을 수행할 때 정치적 정당성과 합법성을 얻을 수 있는 것이다.[13] 정치자금법의 제정과 여러 번의 개정을 통해 과연 우리나라가 정당 중심의 민주주의 체제가 어떻게 형성·발전되어 왔는지를 관찰한다.

(2) 정당경쟁의 공정성

정당 간의 자유롭고 공정한 경쟁이 이루어지는 것은 정당민주주의의 또 다른 중요한 조건이다(박명호 2003, 438). 정당정치에서 정당 간 경쟁이 없으면 일당의 독점으로 이어지기 쉽고, 그러면 권력의 부패로 이어질 뿐만 아니라 정당 차원의 경쟁이 불가능한 반대 정치세력과의 대립적 갈등관계가 형성되게 된다. 결국 상호 비판과 견제를 통한 민주주의의 가치와 절차가 지켜지기 어렵게 된다. 정당 간의 공정한 경쟁은 그들이 지닌 기회의 균등에서 오고, 그것은 그들이 갖고 있는 인적·물적 자원에서 온다. 그 중에서도 정치자금은 정당 간 공정한 경쟁을 위해 중요한 물적 자원이다.

정치자금의 공정성은 주로 그것의 조달과 관련이 있다. 정치자금의 모금에 있어서의 차별성은 없었는지, 또는 후원회나 기탁금 그리고 국고보조금의 분배가 공정했는지 등과 관련이 있을 수 있다. 그리고 정치자금의 공정성이 정당 간 경쟁구도에 어떠한 영향을 끼쳤는지를 검토할 필요가 있다.[14] 기존의 연구에서는 개인적인 차원에서 정치자금의 많고 적음이 선거에서의 유·불리와 관련이 있는지를 분석하고 있다. 김의성(2004, 289)은 16대 국회의원 선거를 중심으로 당선자가 낙선자에 비해 약 2배 이상의 정치자금을 모금하였으며, 특히 현역의원보다 비의원 도전자일 경우 정치자금의 효과가 더 컸다고 주장한다. 정당 차원에서 정치자금과 정당의 경쟁력 간의 관계를 관찰하기 위해서는 각 정당이 조달하는 정치자금의 현황을 파악하고 이것이 그들이 선거에서 얻은 득표율의 차이에 얼마나 영향을 주는가를 통해 관찰할 수 있다.

(3) 정당의 당내 민주주의

정당민주주의의 또 다른 중요한 지표는 당내 민주주의이다(이종수 2007, 107). 당내에서 의사소통이 원활하게 진행되고 있는지, 또는 중앙과 지방의 정당조직이 긴밀히 연계되어 있는지가 당내 민주주의의 정도를 가늠하는 척도가 될 수 있다. 민주주의는 보다 많은 사람이 결정 과정에 참여하는 것이다(강원택 2003, 8). 정당 내부에서도 의사결정 구조에 보다 많은 당원이 참여할 때 당내 민주주의가 발전할 수 있는 것이다. 과거 '3김정치'가 지배하던 시절에는 그들이 정치자금의 관리와 공천권을 장악하고 있었기에 당내의 의사결정 과정은 소수 몇 사람만의 특권처럼 간주되기도 하였다.

투명한 정치자금의 배분과 운영이 정당의 내부 민주화에 어떠한 영향을 미치는가를 분석하기 위해서 당내의 의사결정 과정의 민주성을 관찰할 필요가 있다. 특히 이를 위한 중요 지표로는 정당의 대표자 및 간부와 일반 당원과의 의사소통이 잘 되고 있는지, 그리고 중앙과 지방의 정당조직 간에 상호관계가 잘 되고 있는지 등이 있다. 또한 당의 의사결정 과정에 보다 많은 사람들의 참여가 가능한지가 정치자금과 관련한 정당 내부의 민주성을 볼 수 있는 지표가 될 수 있다(장영수 1997, 75).

V. 정치자금법의 변화와 정당민주주의의 발전

1. 정치자금의 합법화와 정당의 민주적 정당성

우리나라 헌법은 정당의 자유와 책임을 규정하면서 정당의 민주적 정당성을 부여하고 있다(제8조). 우선 정당의 설립과 활동의 자유가 민주적인 범위 내에서 허용되며, 이를 위반하였을 경우에는 제재를 가할 수 있게 된다(김명재 2007, 283). 또한 헌법(제8조 제3항)에서는 정당의 조직과 운영 및 활동을 위하여 국가가 정당 운영에 필요한 자금을 보조할 수 있는 법적 근거를 제공한다. 국가가 보조하는 정치자금은 정당활동을 보호하고 정책 중심의 정당으로 자리 잡을 수 있는 데 중요한 역할을 해오고 있다. 하지만 정당의 책임성과 생산성에 대한 문제점이 지적되면서 국가에 의한 국고보조금 지급에 대한 규제가 강화되기도 한다.

실질적으로 정당에게 정치자금이 제공되게 된 것은 1965년 정치자금법이 제정되면서부터이다. 정치자금법의 제정으로 정당에게 제공되는 정치자금이 합법화·양성화되어 정당의 운영과 활동에 필요한 재정적 뒷받침을 하게 되었다. 그리고 오늘날의 정치자금법의 골격을 마련한 1980년 12월에 전면개정한 정치자금법에 의하여 정당은 보다 다양한 방법으로 당의 재정적 지원을 받을 수 있게 되었다. 즉 개정된 정치자금법에 의하면 정당은 기탁금 이외에 당비, 후원금, 국고보조금 등을 통해 자금을 조달받을 수 있게 되었다(〈표 2〉 참조). 특히 국고보조금은 정당을 보호·육성한다는 명목으로 정치자금의 원활한 조달을 위하여 만들어졌다.[15]

정당 중심의 정치자금 조달은 전국적인 조직을 가지고 대중의 지지를 획득하는 대중정당으로서 자리를 잡을 수 있었고, 결과적으로 1987년 민주화 운동이 전개되었을 때 정당조직을 기반으로 한 구여권과 야당 간의 합의에 의한 선거민

표 2_ 정당의 수입구조 : 1995-2006

(단위 : 백만 원)

	이월금	당비	기탁금	보조금	후원회	차입금	기타수입	합계
1995	39,816	26,082	23,141	76,112	19,893	7,224	50,600	242,868
1996	24,512	37,774	34,079	47,743	34,348	12,697	124,616	315,770
1997	21,045	39,502	36,507	50,306	70,688	10,675	46,335	275,058
1998	12,652	25,969	0	77,596	50,270	9,420	44,368	220,275
1999	17,915	32,367	3	25,191	40,885	7,376	11,794	135,532
2000	15,886	40,708	1	51,578	75,512	18,570	71	256,649
2001	15,771	20,539	0.6	26,663	41,837	7,442	2,582	114,833
2002	20,062	41,975	0.9	113,390	101,752	15,450	3,942	296,572
2003	40,167	36,326	3	26,411	30,447	10,181	32,292	175,827
2004	14,305	24,331	1	52,822	9,365	8,310	58,463	167,597
2005	13,186	25,490	268	28,180	6,661	2,258	2,869	78,912
2006	16,377	59,531	2,299	57,536	5,567	11,182	35,668	188,160

자료 : 중앙선거관리위원회, 『정당의 활동개황 및 회계보고』(1996-2006)에서 재구성.

주주의를 이룩할 수 있기도 하였다(김용호 1994). 더욱이 민주화 이후에는 정당이 국민들의 정치참여 통로 역할을 수행하였다. 그리고 사회의 다양한 계층이익을 대변하는 정당이 생겨나기도 했다. 예를 들면 김대중 정부 하에서 민주노총이 합법화되었고, 이를 바탕으로 2004년 국회의원 선거를 통해 민주노동당이 국회에 진출하여 합법적 공간에서 노동자들의 권익보호를 위해 입법활동을 할 수 있었다. 이러한 진보정당이 발전할 수 있었던 이유 중의 하나는 2000년 2월에 있었던 정치자금법 개정에 의해 노동조합도 정치자금을 기부할 수 있는 법적 근거가 마련되었기 때문이다(김민전 2005, 133-134).[16]

위에서 설명한 정치자금의 초창기와 토대기 그리고 성장기를 거치는 동안 정치자금 조달의 다양화는 정치자금의 양적 증가를 가져왔으며, 이는 바로 정당정치의 활성화를 가져왔다(오승용 2004, 16). 1960년대의 우리나라 정당의 구체적인 활동상황을 보면, 먼저 정부 여당과 야당이 조직의 규모에 있어서나 당원의 수 그리고 활동에 있어서 차이가 많이 났다. 이 당시 정당의 주요 활동은 선거를 기획하고 준비하며 당의 조직을 확대하는 것이었다. 여당이나 야당은 각종 선거를 대비하여 여론조사나 당의 선전활동에 신경을 많이 썼으며, 여당의 경우에는 이밖에도 당원교육이나 간부교육에도 관심을 기울였다. 1970년대에 들어서도 정부 여당과 야당 사이에는 당원의 수나 조직에서 차이가 여전히 존재했으며, 활동영역과 규모 면에서도 차이가 컸었다. 1960년대와 비교하여 정당활동에 있어서 달라진 점은 조직의 규모가 점점 커지고 있는 것이다. 각종 분과위원회가 생겨났으며, 당기위원회나 재해대책위원회 등의 특별위원회가 구성되었고, 선거에서의 득표활동을 위하여 부녀분과와 청년분과 등의 위원회가 조직적으로 활동하였다. 1980년대의 정당활동에서는 야당도 점차 당원의 수가 증가하였으나 1980년대 초의 민주한국당의 경우에는 관제야당으로서 실질적인 야당활동을 했다고 보기는 힘들다. 정부 여당의 경우 그 활동내용을 보면 1970년대와 비교하여 큰 차이점을 발견하기 어렵다. 대신 1980년대 후반에 민주화의 시작으로 정부 여당에 못지않게 3김으로 대표되는 야당들은 조직과 인원 및 재정적 뒷받침을 얻어 활동의 폭을 넓혔다.

1990년대에 들어서 민주화의 영향으로 많은 정당들이 탄생하였고, 따라서 당원의 수가 과거에 비해 월등히 많아졌다. 그러나 실질적으로는 주로 3–4개의 대정당만이 조직, 홍보, 조사연구, 교육훈련 등과 같은 전통적인 정당활동을 한 반면 그 밖의 정당들은 조직의 유지를 위한 기본적인 활동만 하였다. 그리고 대정당의 경우에 있어서도 당의 기본적인 활동(조직, 홍보, 교육 등)에는 비교적 적극적이고 활발한 모습을 보였으나 연구활동 및 당내의 상임위원회와 분과위원회의 활동에는 상대적으로 부진한 모습을 보였다. 1980년대 후반부터 당의 활동 중에 불우이웃돕기 및 이재민 구호 등과 같은 대민봉사활동이 많이 늘어났으나 그 비율은 높지 않다. 2000년대에 들어와서는 특히 정당이 홍보책자 및 영상홍보물, 그리고 인터넷 홈페이지 등을 이용하여 당의 홍보기능에 보다 많은 관심을 갖는다.[17]

1997년 IMF 경제위기가 닥치기 전까지 정당에 대한 정치자금의 조달은 계속해서 증가하여 정당의 조직은 확대되고 사무직 인원은 크게 증가했다(〈표 3〉 참조). 하지만 조직의 확대는 정당의 생산성 약화와 맞물려 '고비용 저효율'이라는 비판을 받게 되고 정치자금 조달과 지출에 국가의 규제와 관리를 받게 된다.[18] 최근에는 각 정당의 지구당제도가 폐지되고 당원협의회가 대체되었으며, 2004년 3월에 개정된 정치자금법은 정당후원회를 통한 정경유착의 문제를 근절하기 위해 중앙당 및 시·도 당 후원회를 폐지하기도 하였다. 이로 인해 정당의 유급 상근자의 수가 급감하는 추세를 보여주고 있다.

표 3_ 정당의 유급인원 수

(단위 : 명)

연도	중앙당	시·도당	합계
1997	616	4,615	5,231
1998	795	3,259	4,054
1999	687	3,257	3,944
2000	417	54	4,71
2001	394	57	451
2002	5,130	11,153	6,283
2003	5,672	12,472	18,144
2004	4,667	2,899	7,566
2005	3,958	3,456	7,414
2006	33	29	62

* 2000년 8월 17일부터 정당법 제30조의 2에 의하여 중앙당은 15인 이내 당지부는 5인 이내의 유급사무직원으로 제한됨.

** 정당법 제30조에 의해 정당에 둘 수 있는 유급사무직원은 중앙당에는 100인을 초과할 수 없으며 시·도당에는 총 100인 이내에서 시·도당별로 중앙당이 정한다.

자료 : 중앙선거관리위원회, 『정당의 활동개황 및 회계보고』(1997-2006)에서 재구성.

민주주의 정치체제의 기본조건은 모든 행위자들에게 기회의 균등을 보장하는 것이다. 이러한 조건은 정당 간 경쟁에 있어서도 적용된다. 경쟁의 조건이 공

표 4_ 정당별 후원금 모금액 : 1981-2006

(단위 : 백만 원)

연도	여당	제1야당	제2야당	무소속 (기타 정당 포함)	계
1981	2,019	–	–	0.6	2,020
1982	2,400	–	–	1	2,401
1983	2,974	518	68	–	3,560
1984	3,339	1,181	66	–	4,587
1985	3,706	–	32	–	3,739
1986	3,497	–	34	–	3,531
1987	4,224	–	1	–	4,225
1988	4,803	–	–	–	4,803
1989	5,145	–	–	–	5,145
1990	27,346	2,733	–	56	27,404
1991	30,912	–	–	333	31,245
1992	36,818	318	758	499	38,393
1993	29,530	1,778	39	157	31,504
1994	37,674	6,577	209	497	44,957
1995	40,005	4,411	1,042	2,692	48,150
1996	44,580	11,291	3,246	1,887	61,004
1997	64,131	32,149	3,925	7,437	107,642
1998	58,096	14,816	16,940	287	90,139
1999	64,361	21,384	21,209	992	107,946
2000	100,864	27,669	14,295	1,937	144,765
2001	85,656	37,309	8,646	1,316	132,927
2002	88,011	78,374	8,262	9,460	184,107
2003	26,146	15,563	13,241	8,960	63,910
2004	30,293	20,428	2,035	6,492	30,293
2005	22,343	20,139	8,226	3,096	53,804
2006	24,184	25,863	4,636	4,002	58,685

자료 : 중앙선거관리위원회, 『정당의 활동개황 및 회계보고』(1988-2007)에서 재구성.

정하고 평등할 때 정당민주주의가 정당성을 확보할 수 있는 것이다. 정당은 상호 경쟁하며 권력을 획득할 목적으로 조직된 단체이다. 정당 간의 경쟁이 공정하게 이루어져야만 민주주의 정치체제가 국민의 지지를 바탕으로 발전할 수 있는 것이다. 우리나라는 이미 두 번에 걸쳐 정권의 수평교체가 이루어졌다. 정당 간에 공정한 경쟁이 있었다는 것을 방증하는 예가 될 것이다.

각 정당의 정치자금 모금에 있어서의 차이는 주로 후원금과 국고보조금에서 찾을 수 있을 것이다. 기탁금과 후원금의 모금에 있어서는 정부 여당과 야당과의 차이가 두드러진다. 기탁금의 경우에는 거의 모든 기탁금이 정부 여당에게 돌아가는 것으로 정치자금의 형평성 결여의 문제가 가장 극명하게 나타나지만, 전체의 정치자금 모금액에서 차지하는 비율이 낮기 때문에 본 논문에서 자세히 다루지는 않는다.[19] 후원금의 경우에도 1980년대 이후 여당과 야당 사이에 형평성 문제가 극명하게 나타나며, 특히 여당에게 편중되는 모습이 지배적이다. 그러나 1990년대 중반 이후부터는 수평적 정권교체가 이루어지면서 점차 야당도 후원금을 통해 조달하는 정치자금의 비율이 높아지고 있다. 특히 대통령 선거를 앞두고 여당과 제1야당의 후원금의 차이가 현격히 줄어들었다. 즉 정권교체의 가능성이 높을 때 야당에 대한 후원금 증가현상이 나타나고 있는 것이다(〈표 4〉 참조).

국고보조금은 각 정당의 수입구조에서 차지하는 비율이 가장 높기 때문에 각 정당의 경쟁력에 미치는 효과도 클 수밖에 없다. 국고보조금의 배분이 주로 원내교섭단체 위주로 배분되기 때문에 대정당 사이에서는 국고보조금의 배분에 이어서 큰 차이가 나타나지 않지만 대정당과 소정당 간에는 차이가 나타난다(〈표 5〉 참조).[20]

정당 간 경쟁력은 선거에서 각 정당이 얻은 득표율의 차이에서 나타난다.[21] 먼저 여당과 제1야당 간의 득표율의 차이를 보면, 1981년 선거에서는 약 14% 정도의 득표율 차이를 보이다가 계속 줄어들어 2000년대에 들어오면서 그 차이는 더욱 좁혀지고 있다. 1988년 이후 여소야대 국면에서 여당에 대한 야당의 득표율

표 5_ 정당별 국고보조금 분배현황 : 1981-2008

(단위 : 백만 원)

연도	여당	제1야당	제2야당	제3야당	제4야당	제5야당	기타	계
1981	353	218	119	67	18	14	11	800
1982	442	273	149	89	34	8	6	1,000
1983	445	272	149	89	32	8	4	1,000
1984	442	272	151	89	32	4	8	1,000
1985	413	322	137	119	6	2	–	1,000
1986	418	307	307	112	34	6	2	1,000
1987	422	206	206	119	87	6	2	1,000
1988	999	230	234	165	5	–	–	1,000
1989	924	581	570	410	14	–	–	2,500
1990	6,831	2,735	860	51	–	–	–	10,479
1991	7,056	1,504	1,342	577	–	–	–	10,479
1992	19,759	13,702	7,641	861	236	44	–	42,243
1993	8,434	6,724	2,045	116	34	–	–	17,402
1994	10,633	8,388	1,449	30	–	–	1,251	21,753
1995	33,242	24,567	15,073	1,806	12	–	709	75,410
1996	18,832	10,034	10,184	8,849	6	–	–	47,897
1997	16,271	17,429	6,117	7,116	1,795	1,652	–	50,381
1998	44,753	32,873	4,244	–	–	–	–	81,870
1999	14,813	10,378	6,541	–	–	–	–	25,191
2000	18,417	21,046	9,566	2,437	111	–	–	51,578
2001	10,663	11,203	3,967	830	39	–	–	26,702
2002	49,468	53,112	7,358	2,514	938	44	40	113,473
2003	11,490	11,571	2,139	772	536	26	40	26,576
2004	15,652	20,509	2,217	11,160	3,282	982	37	53,841
2005	11,895	11,454	2,036	2,010	784	–	–	28,180
2006	23,480	23,075	4,027	3,943	3,018	180	–	57,723
2007	24,884	21,460	4,073	3,461	3,022	21	21	56,944
2008	15,079	16,415	2,005	63	4,369	26	486	38,444

* 2008년도 자료는 1/4분기만 포함.

자료 : 중앙선거관리위원회, 『정당의 활동개황 및 회계보고』(1996-2006)와 각종 자료로부터 재구성.

이 훨씬 높아져 수평적 정권교체를 가능케 하기도 하였다.[22] 〈표 5〉에서 보는 바와 같이 정당에게 지급되는 국고보조금이 2000년 이후에는 제1야당이 여당을 능가하는 경우가 많아졌다. 이것은 선거에서도 그대로 적용되어 여당과 제1야당 간의 득표율 차이가 4–5%로 줄어들어(〈표 7〉 참조) 여 · 야 간 정권교체의 가능성이 그 어느 때보다 높아졌으며, 실제로 1997년과 2007년에 여 · 야 간 수평적 정권교체가 이루어졌다.

국고보조금이 원내교섭단체를 기준으로 분배됨으로써 소정당보다는 대정당에게 유리하게 작용하는데, 이러한 현상은 선거결과에도 나타나 2000년대 이후에는 대정당과 소정당 간의 득표율의 차이가 점점 커지고 있다(〈표 6〉 참조). 정치자금의 형평성 결여는 정당 간 경쟁의 공정성 훼손과도 관련이 있는 것으로 보인다.

표 6_ 역대 국회의원 선거결과 : 1981–2004

	정부 여당				제1야당				기타정당				무소속			
	의석비율			득표율 (%)	의석비율			득표율 (%)	의석비율			득표율 (%)	의석비율			득표율 (%)
	지역	전국	%		지역	전국	%		지역	전국	%		지역	전국	%	
1981 (11대)	90	61	54.7	35.6	57	24	29.3	21.6	26	7	12.0	29.7	11	0	4.0	10.7
1985 (12대)	87	61	53.6	35.2	50	17	24.3	29.3	43	14	20.7	30.8	4	0	1.4	3.2
1988 (13대)	87	38	41.8	34.0	54	16	23.4	19.3	74	21	40.7	46.7	9	0	3.0	4.8
1992 (14대)	116	33	49.8	38.5	75	22	32.4	29.2	25	7	10.7	21.8	21	0	7.0	11.5
1996 (15대)	121	18	34.5	34.5	66	13	25.3	25.3	50	15	21.7	28.3	16	0	5.4	11.9
2000 (16대)	112	21	48.7	39.0	96	19	42.1	35.9	14	6	7.3	15.7	5	0	1.8	9.4
2004 (17대)	129	23	50.8	42.0	100	21	40.5	37.9	26	12	12.7	15.5	2	0	0.7	4.6

자료 : 중앙선거관리위원회의 website 〈http://www.nec.go.kr〉에서 재구성.

2. 정치자금의 투명성과 당내 민주주의

정치자금의 투명성은 주로 정당에게로 들어오는 정치자금이 합법적인 절차에 의해서만 가능한 것이며, 그것의 지출이 회계보고에 잘 나타나고 있는지 여부와 관련이 있다. 각 정당은 수입과 지출을 중앙선거관리위원회에 보고하고, 이것은 일반 국민에게도 공개되고 있기 때문에 우리나라의 정치자금이 투명하다고 주장할 수 있을 것이다. 그러나 여전히 각종 선거에서 정치자금과 관련된 부정 및 불법사례가 꾸준히 나타나고 있으며, 정치자금의 수입에 있어 합법적인 부분 이외에도 다양한 경로를 통해서 들어오는 불법적인 정치자금에 대해서는 정확한 추적이 안 되고 있는 실정이기 때문에 정치자금의 투명성이 높다고 단정적으로 말하기는 어렵다. 그럼에도 불구하고 과거에 비해서는 상대적으로 많이 좋아졌다고 할 수 있다. 2004년도에 개정한 정치자금법에 따르면 기업이나 단체에 의한 '다액소수' 로부터의 정치후원금을 폐지하고 보다 정치자금의 투명성을 제고시킬 수 있는 일정 금액 이하의 '소액다수' 로부터의 후원금만을 받도록 되어 있다. 보다 많은 사람들로부터 후원받는 정당의 재원은 다수의 당원에 의한 지배의 원리를 실현할 수 있기에 당내 민주주의에 긍정적인 영향을 미칠 수 있다(최대권 2001, 8).

당내민주주의는 당내의 대표자, 간부, 일반 사무직 그리고 당원 간에 또한 중앙과 지방조직 간의 의사소통이 제대로 되고 있는지를 통해 알 수 있다. 과거에는 3김으로 대표되는 카리스마 있는 지도자들에 의해 당권이 장악되고 상명하달식의 조직운영이 이루어지고, 중앙과 지방조직 간에는 인적·물적 자원이 불균등하게 배분됨은 물론 중앙과 지방조직 간에 의사소통이 원활히 진행되지 못했다.[23] 그리고 정치지도자의 정치적 판단에 의해 정당의 운명이 달려 있는 상황에서 정당 내의 민주주의적 운영은 찾아보기 어려웠다.

3김의 정치적 영향력이 줄어들고 과거에 비해 정치자금의 투명성이 상대적

표 7_ 정당의 대표자 · 간부 · 공직선거후보자의 선출방식

		1997	1998	1999	2000	2001	2002	2003	2004	2005
대표자	경선	45	83	10	117	21	157	180	37	43
	추대	876	352	67	768	62	505	333	47	15
	임명	2	9	2	31	16	22	23	7	1
	기타	35	10	3	14	2	9	14	5	2
	합계	958	454	82	930	101	693	550	96	61
간부	경선	13	10	13	18	10	19	73	130	6
	추대	40	60	11	68	104	123	32	1	–
	임명	687	482	280	1,975	73	50	212	29	17
	기타	71	13	36	27	–	22	104	35	73
	합계	781	565	340	2,088	187	214	421	195	96
공직선거 후보자	경선	7	174	6	57	7	339	93	76	6
	추대	6	380	8	417	17	362	38	63	37
	임명	–	–	–	–	7	48	14	62	4
	기타	4	175	9	390	2	32	9	216	66
	합계	17	729	23	864	33	781	154	417	113

자료 : 중앙선거관리위원회, 『정당의 활동개황 및 회계보고』(1997–2005)에서 재구성.

으로 좋아진 상황에서 당의 민주적 운영은 우선 대표자 및 간부, 그리고 공직선거후보자에 대한 선출방식에서 보다 많은 사람의 의사가 반영되는지가 중요한 문제가 되었다. 1990년대 후반에는 대표자의 경우에 추대의 경우가 월등히 많았으나 점차 경선의 사례가 많아지고 있으며, 당 간부의 선출에 있어서도 임명이나 추대의 형식보다는 경선방식이 선호되고 있다(〈표 7〉 참조).[24] 지난 2004년 국회의원 선거를 즈음해서는 공직선거 후보자의 경우에는 당내에서 경선을 하는 경우가 많았다. 특히 열린우리당의 경우에는 17대 국회의원 선거에서 국민경선제를 통해 지구당 경선에서 당선된 후보자를 최종 공천하는 상향식 공천방식을 채택하였다. 물론 대통령 탄핵에 따른 정치적 후폭풍과 맞물린 요인이 주요하게 작

표 8_ 정당의 주요 회의 개최

	전당대회 (창당대회)	전국대의원회의	중앙위원회의	당무회의	의원총회	합계
1996	3	–	–	118	94	215
1997	–	15	8	149	63	235
1998	–	5	9	97	128	239
1999	–	–	6	136	97	239
2000	2	4	3	46	125	180
2001	1	5	15	198	86	305
2002	10	6	20	171	92	299
2003	4	16	49	105	161	335
2004	1	5	50	116	107	278
2005	–	2	113	99	62	276

자료 : 중앙선거관리위원회, 『정당의 활동개황 및 회계보고』(1996–2005)에서 재구성.

용하였지만 총선 결과는 민주화 이후 처음으로 여당이 과반수를 넘는 여대야소라는 결과를 낳았다.

하지만 18대 국회의원 선거에서는 또 다시 중앙당에 의한 하향식 공천방식으로 회귀하여 중앙과 지방 간의 상호 의사소통의 길이 막혀버렸다. 더욱이 정치자금법상에 지역의 기초자치단체장과 지방의회 의원의 경우에는 후원회를 통한 정치자금 및 선거자금 조달이 금지되어 있다. 지난 2006년 5 · 31일 지방선거에서 중앙과 지방의 유기적인 관계 속에 정당 책임정치를 강화하기 위한 목적으로 기초의회에까지 정당공천제가 확대 실시되었다. 하지만 지방정치가들이 합법적으로 정치자금을 모집할 수 있는 기회를 축소시킴으로써 지방의 중앙에 대한 예속화를 촉진하고 있는 실정이다(주용학 · 황아란 2002, 695).[25]

당내민주주의의 또 다른 지표는 당의 의사결정이 어떻게 이루어지고 있는가 하는 것이다. 각 정당의 조직에서는 당의 정책이나 의사를 결정하기 위하여 적법한 절차를 거쳐서 해결하도록 되어 있다. 각 정당은 대의기관으로 전국대의원회의를 두고 있으며, 당 운영의 각종 의결사항은 당무회의와 중앙위원회의를 통해서 해결하며 원내의 최고의사결정기구로 의원총회를 두고 있다. 당무회의가 주로 확대간부회의나 최고위원회의 등 당 간부 중심의 회의라면 중앙위원회의는 당 대표는 물론 전국대의원대회 의장 및 부의장도 포함하고 시 · 도당위원장과 당 소속 광역지방자치단체장과 광역의회 의장까지 포함하는 당무 집행의 최고의결기관이다. 〈표 8〉에서 보는 바와 같이 1990년대 중반에는 당무회의가 주요 회의의 다수를 차지하였는데 점차 보다 많은 사람이 참여하는 중앙위원회가 당 운영의 중심이 되고 있음으로 해서 당내 의사결정 과정이 민주화되고 있는 모습이 나타나고 있다. 특히 당의 예산과 결산을 심의 · 의결하는 최종 권한을 중앙위원회의가 갖고 있기 때문에 중앙위원회의 권한 강화는 당내에서 정치자금의 운영이 소수에서 다수에 의해서 이루어지고 있다고 할 수 있다.

VI. 나오며

본 연구의 목적은 정치자금법의 정치적 효과를 정당민주주의의 발전이라는 측면에서 살펴본 것이다. 정당법 및 선거법과 함께 정치자금법은 정당의 역할과 기능에 중요한 영향을 미치고 있다. 지난 1965년 정치자금법이 제정된 이후 현재까지 총 20차례에 걸쳐 정치자금법이 일부 또는 전문 개정되어 왔다. 개정의 목표는 정치자금이 보다 공정하고 투명하게 운영되어 정당민주주의가 뿌리내릴 수 있도록 하기 위함이다. 현실적으로 정치자금법의 변화과정은 당시의 정치적 상황에서 정치인들의 이해관계를 반영한 결과(최대권 1992, 161)라고 할 수 있지만, 그럼에도 불구하고 지금까지의 정치자금법의 개정은 분명 우리나라 정당민주주의의 양적 · 질적 발전에 이바지해 왔다고 할 수 있다.

1960년대 초반의 정치자금의 양성화와 1980년대 들어 다양한 정치자금 조달방식의 허용은 정당활동의 재정적 기반을 마련하였으며, 민주화 이후 국민의 정치참여 욕구의 분출은 정치자금의 조달이 민주정치를 위한 비용으로 간주되면서 확대되어 우리나라 정당이 대중정당으로 자리매김할 수 있는 바탕이 되었다. 특히 민주화 과정에서 보여준 정당 중심의 절차적 민주주의의 정착과정은 정당의 민주적 정당성을 확인시켜 준 계기가 되었다. 하지만 1997년 IMF 경제위기를 맞아 '고비용 저효율'의 정당정치에 대한 문제제기와 함께 비용절감의 차원에서 정치자금의 축소가 이어졌고, 정당들은 조직의 구조조정을 요구받았으며, 2004년의 정치자금법 개정으로 지구당 폐지와 같은 지역의 조직 축소와 함께 단체로부터의 후원금 수수를 금지하고 소액다수에 의한 정치자금 조달방식으로 전환하였다. 그동안 양적인 성장에 따른 정경유착의 폐해를 시정하고 정치자금의 수입과 지출에 대한 투명성을 제고시키려는 노력이 계속되고 있다. 정치자금의 수입과 지출이 투명화되면서 정당 간의 경쟁이 공정화 되고 있으며, 당내에서도 정치자금의 운영이 공적인 절차를 거쳐 이루어짐으로써 당내의 의사결정 과정에 보다 많은 사람들이 참여하여 당내 민주주의에 긍정적인 역할을 하고 있다.

한편 정치자금과 관련하여 여전히 여러 가지 문제점이 제기되고 있다. 현실적으로 선거운동 과정에서 직접적인 대민접촉은 줄어들었지만 방송이나 지면광고를 통한 캠페인 활동으로 선거비용은 더 늘어난 상황에서 돈 안 드는 깨끗한 선거를 위한 정치자금의 규제는 자칫 음성적인 정치자금의 확대로 인한 정당의 민주적 활동을 저해할 가능성도 제기되고 있다(심지연 2006). 또한 18대 국회의원 선거에서 나타난 비례대표 당선자의 불법 및 부정적인 공천헌금 수수와 관련한 문제는 정당의 당내 민주주의에 부정적인 영향을 미칠 수 있는 부분이다. 불법적인 정치자금의 유입은 그것을 관리하는 소수집단의 영향력이 배타적으로 작용할 가능성이 있다. 최근에 비례대표 공천과 관련한 제도적 보완의 이슈가 제기되고 있는데, 차제에 이 부분에서도 정치자금의 투명성을 제고할 수 있는 방안이 도입되어야 할 것이다.

독일의 경우 정당민주주의가 발전하는 과정에서 국민을 위한 정치행위의 매개체로서 정당의 정당성과 합법성이 법에 의해 인정되고 현실정치에서 정당의 활동에 대해 끊임없이 법률적 해석과 적용이 시도됨으로써 정당이 독일 정치체제의 중요한 주체이자 행위자로 자리매김할 수 있었다(이경호 2005, 309-311). 우리나라도 그동안 정당의 조직과 활동이 법적인 테두리 내에서 이루어지고 있었지만 여전히 정당이 정체체제의 주도적 역할을 한다고 보기는 어렵다. 그 이유가 크게는 정치자금과 관련된 법이 현실을 적절히 반영하지 못해왔고, 특히 법이 엄격히 집행되지 못해왔기 때문이다. 정치자금법의 제정과 개정만이 정당민주주의를 굳건히 할 수 있다고 볼 수는 없다. 다른 변수들이 고려되어야 할 것이다. 하지만 더욱 중요한 것은 그것을 운용하는 사람들의 책임의식이 수반되어야 할 것이다. 단기적인 이해관계에 매몰되지 않을 뿐만 아니라, 장기적으로 우리나라 정당민주주의의 발전을 위하여 바람직한 정치자금법의 마련이 필요할 것이다. 그것은 우리의 정치현실과 법의 원칙 그리고 법개정의 타당성 또는 합리성에 대한 심각한 고민을 전제로 할 때 가능할 것이다.

참고문헌

강경근. 2003. “정치자금법 어떻게 개정해야 하나 : 법학자의 견지에서” 『시민과 변호사』 제116호. 47-50.

______. 1999. “정치부패와 정치자금” 『범죄방지포럼』 제6호. 10-20.

강원택. 2004. 『정치개혁의 과제와 전망 : 정당, 선거, 정치자금』. 정보통신정책연구원.

______. 2003. “영국의 정당 민주주의 : 형성과 변화” 서강대 『사회과학연구』 제11집. 7-36.

김명재. 2007. “정당의 자유와 민주적 기본질서 : 헌법 제8조의 해석을 중심으로” 『헌법학연구』 13권 1호. 283-321.

김민전. 2005. “2005 개정 정치자금법의 정치적 의미 평가와 소액다수주의 활성화방안” 『선거관리』 51호. 121-144.

______. 2003. “정치자금제도와 정당정치 : 미·영·독·일 4개국 비교연구.” 『한국정당학회보』 제2권 1호. 147-175.

김왕식. 2000. “현행 선거제도 및 정치자금제도의 문제점과 개혁방향” 『한국민주시민교육학회보』. 55-72.

김영래. 2002. “정치부패와 정치자금 투명성 개선방안 연구” 『한국동북아논총』 22집. 125-142.

______. 1999. “민주정치발전과 정치자금 : 공정성과 효율성” 『정치·정보연구』 제2권 1호. 117-143.

______. 1994. “정치자금제도의 변천과정과 특징연구” 『한국정치학회보』 제28집 1호. 27-49.

김용희. 2005. “정치자금의 투명성과 형평성 제고에 관한 연구 : 제도개선을 중심으로.” 성균관대학교 행정대학원 석사학위논문.

김용호. 1994. “민주화와 정당정치” 87-160. 안청시 외. 『전환기의 한국민주주의 : 1987-1992』. 서울 : 법문사.

김의성. 2004. “정치자금과 선거결과 : 16대 총선결과를 중심으로” 『한국정치학회보』 제38집 2호. 285-302.

김의성·임성학. 2002. “한국정치자금의 규모와 조달패턴 : 선거관리위원회의 공식자료를 중심으로.” 『한국과 국제정치』. 121-149.

김종서. 1992. "정치관계법과 참여정치-정당법, 선거법, 정치자금법 : 국민주권의 3중차단 장치." 『민주 법학』. 191-216.

김호열. 2003. "정치자금제도의 문제점과 투명화 방안." 『국회보』 제442호. 61-66.

______. 2002. "고비용 정당구조와 정치자금제도 개선방안." 『대한정치학회보』 제10집 2호. 295-306.

______. 2008. "한국의 정당정치" 141-175. 한국정치학회 편. 『정치학 이해의 길잡이 ; 한국정치』. 서울 : 법문사.

바른사회를 위한 시민회의. 2003. 『바른한국, 이렇게 만들자』. 서울 : 나남출판사.

박명호. 2003. "정당정치와 민주주의." 심지연 편저. 『현대정당정치의 이해』. 서울 : 백산서당.

백창재. 2004. "정치자금제도 개선의 효과와 정치적 결과 : 제17대 총선의 사례." 『한국정치연구』 제13집 2호. 1-20.

서정갑 · 정영국. 1994. "선거자금과 선거과정." 『동서연구』 제7권. 235-272.

심지연. 2003. "정치자금제도의 개선방안." 『한국정당학회보』 제2권 1호. 239-273.

심지연. 2006. "비자금으로 치러야 할 17대 대선" (중앙일보 4월 4일).

안청시 · 백창재 편. 2003. 『한국정치자금제도 : 문제와 개선방안』. 서울 : 서울대학교출판부.

안희수. 1993. 『한국정당정치의 발전방향』. 서울 : 서울대 행정대학원.

엄기홍. 2004. "미국의 정치기부금 제한법과 이익집단 : 주 차원의 경험적 연구." 『한국정치학회보』 38집 3호. 459-482.

오승용. 2005. "정치관계법 개혁의 성격과 내용 : 2004년 개정 정치관계법을 중심으로." 『21세기정치학회보』 15집 1호. 155-179.

______. 2004. "정치관계법 개정과 17대 총선 : 정치개혁의 명암." 『선거관리』 50호. 12-36.

윤정석. 1991. 『전환기의 한국정치과정 : 정당 · 의회 · 선거』. 서울 : 인간사랑.

음선필. 2005. "정당과 정치적 경쟁 : 한국정당의 개혁을 위한 헌법적 설계." 『공법연구』 제33집 2호. 159-190.

이관희. 2004. "개정 정치자금법의 특징적 내용과 평가." 『헌법학연구』 10권 2호. 67-87.

______. 1997. "현행 정치자금법의 문제점과 개선방안 : 정당국가적 정치운영의 관점에서." 『공법연 구』 25집 3호. 11-32.

이경호. 2005. "독일 정당민주주의에 대한 고찰." 『국제정치논총』 제45집 4호. 307-330

이내영. 2001. "정치자금제도 재혁의 방향과 과제." 『계간 사상』 제49호. 26-53.

이정희. 1990. "한국공익단체의 이익표출구조와 로비활동." 『한국정치학회보』 24집 1호. 79-103.

이종수. 2007. "정당민주주의의 현안문제의 검토 : 현행 정당등록제도 및 정당등록취소제도와 정치자 금제도를 중심으로."『헌법학연구』제13권 2호. 103-136.

이화용. 2005. "올바른 정치관계법 개정방향."『국회보』461호. 56-60.

이현출. 2007. "효율성과 생산성 강화에 주력 : 정치관계법의 변천사."『국회보』제491호. 36-37.

임성학. 2008. "선거비용 및 정치자금의 적용 및 평가." 2008년 한국정치학회 특별학술회의 자료집.

______. 2006. "민주주의의 가치와 민주적 제도의 정합성 : 정치자금제도를 중심으로."『세계지역연구논총』제24집 3호. 247-269.

______. 2005. "정치자금제도와 정치개혁 : 캐나다와 한국의 비교연구."『한국외교사논총』제27집 1호. 139-160.

______. 2005. "17대 총선의 선거자금과 정치개혁의 효과."『한국정치학회보』39집 2호. 195-215.

______. 2004. "국회의원 선거운동과 정치자금제도 개혁방안."『한국정당학회보』제3권 1호. 253-278.

______. 2003. "한국대선 정치자금의 조달과 지출 : 16대 대선의 특징."『한국정당학회보』제2권 1호. 275-302.

______. 2002. "제16대 총선선거자금의 조달과 지출 : 인터뷰자료의 분석."『한국정치학회보』제36집 3호. 245-268.

장명봉. 1995. "정치개혁과 정치자금제도의 개선 : 개정 정치자금법을 중심으로."『법학논총』제7집. 69-101.

전용주 · 서영조. 2005. "개정 정치자금법에 대한 비판적 논의와 정책대안 : 정치자금 기부규제를 중심으로."『국가전략』제11권 1호. 93-119.

전선일. 2001. "정당국고보조금의 배분 및 집행실태분석."『한국행정학보』제35권 2호. 117-137.

정대화. 2003. "정치자금의 수입과 지출에 관한 연구 : 제15대 여 · 야 국회의원에 관한 비교를 중심으로."『동향과 전망』제58호. 70-101.

조영식. 2005. "개정정치관계법에 대한 소고 : 개혁기조 유지키로 한 정치권에 박수를."『국회보』465호. 85-90.

주용학 · 황아란 2002. "지방선거에 있어서 정당과 민주주의 : 법 · 제도의 개혁과제." 한국행정학회 학술대회 발표 자료집. 685-698.

최대권. 1992. "정치개혁을 위한 몇 가지 생각(I) : 정부형태 · 정당 · 정치자금 · 선거제도 등을 중심으로." 서울대『법학』제33권 1호. 156-180.

최대권. 2001. "헌법과 당내민주주의." 서울대학교『법학』제42권 1호. 1-22.

최형두. 2003. "정치자금법도 뇌물죄처럼 법정형을 높여야 한다." 『시민과 변호사』 116호. 42-46.

한국경제연구원. 2004. 『한국의 정치자금문제, 이렇게 풀자』 정책보고서 2004-01.

황아란. 1998. "국회의원선거의 당선경쟁과 선거구 요인 : 제15대 총선 당선자의 선거경쟁도를 중심으로." 『한국정치학회보』 제32집 3호. 163-186.

Gierzynski, Benjamin. 2000. *Money Rules : Financing elections in America*. Boulder : Westview Press.

Green, Donald and Jonathan Krasno. 1988. "Salvation for the Spendthrift Incumbent : Reestimating the Effects of Campaign Spending in the House Elections". *The American Journal of Political Science*. vol. 32. 866-884.

Jacobson, Gary. C. 1978. "Effects of Campaign Sepnding in Congressional Elections" *American Political Science Review*. vol. 72. 769-783.

______. 1980. *Money in Congressional Elections*. New Haven : Yale University Press.

______. 1990. "The Effcets of Campaign Spending in House Elections : New Evidence for Old Arguments." *American Journal of Political Science*. vol. 34. 334-372.

주

1 정치제도는 정치인들의 정치적 목적과 그것을 실현하려는 의도를 가진 합리적 선택에 의해 만들어졌고 또 변화되어 왔다. 헌법과 같은 법의 형성과 해석 및 적용에 있어서도 법리적 판단뿐만 아니라 정치적 판단의 문제가 있을 수 있다. 이종수(2007, 103)는 헌법은 정치과정을 통해서 정치와 밀접히 연관되어 있으며, 사회의 여러 가지 갈등을 해결하기 위해서는 정치력이 필요한데 그것을 위해서는 강제적인 법 이외에 다른 수단을 동원할 수 있다고 설명하고 있다.

2 정당의 자유를 규정한 헌법 제8조의 구체적인 내용으로 제1항은 복수정당제와 함께 정당 설립의 자유를 보장하는 내용이고, 제2항은 정당의 목적과 조직 및 활동이 민주적이어야 한다는 규정이며, 제3항은 "정당은 법률이 정하는 바에 의하여 국가의 보호를 받으며 국가는 법률이 정하는 바에 의하여 정당운영에 필요한 자금을 보조할 수 있다"라는 규정이고, 제4항은 정당의 목적이나 활동이 민주적 기본질서에 위배될 경우 헌법재판소의 심판에 의해 해산될 수 있다는 규정이다. 보다 자세한 내용은 김명재(2007)를 참조.

3 또한 김종서(1992)는 정치자금법을 포함한 정치관계법의 내용을 분석하면서 정치관계법이 우리나라 소수의 진보세력을 탄압하고 그들의 정치적 참여를 제약하는 역할을 하였다고 주장한다.

4 이 밖에 한국의 정치자금제도의 문제와 개선방안에 대한 실증적이며 분석적인 연구는 안청시·백창재(2003)를 참조.

5 한편, 정치자금의 선거결과에 대한 영향력 평가에서 다른 의견을 제시하기도 한다. 즉 정치자금 이외에도 후보자 개인의 자질 그리고 대중매체의 효과와 정당일체감 등의 변수들이 선거결과에 중대한 영향을 미치고 있기 때문에 정치자금의 영향력은 상대적으로 제한적일 수밖에 없다는 것이다. Gierzynski(2000) 참조.

6 이러한 경우를 제이콥슨 효과(Jacobson Effect)라고 부르는데, 현역의원의 경우에는 대체로 충분한 자금력을 확보하고 있어서 선거에서의 당락에 그다지 큰 영향력을 미치지는 않지만 비의원 도전자의 경우에는 정치자금의 규모가 당락에 결정적인 역할을 한다는 것이다. 제이콥슨(Jacobson 1978, 1990) ; 김의성(2004, 289) ; 최성재(2006, 72)를 참조. 반면에 그린과 크레이스노(Green and Krasno 1988)는 현직의원도 선거비용을 많이 지출할수록 득표율이 증가한다고 주장함으로써 제이콥슨의 이론과 상반되는 주장을 하기도 한다.

7 김용호(2002)는 그동안의 정치자금에 관한 연구가 그것의 공급측면(즉 독립변수로서)에만 치중하여 효과가 제한적이었다고 지적하면서 정치자금의 수요를 줄일 수 있는 고비용 정당구조를 개선하는 것이 더 필요하다고 주장한다. 즉 그의 연구에서는 정치자금이 종속변수가 되고 있다. 하지만 그는 양자 간의 관계를 명확히 하지 않았으며, 그에게 독립변수는 깨끗한 정치이며, 이를 위해서는 정치자금제도와 저비용-고효용 정당조직이 상호작용을 하는 것이 필요하다고 주장한다.

8 이 밖에 경제 관련 단체에서도 정치자금 문제에 대해서 연구가 있어왔다. 이들 경제계에서의 연구는 주로 기업과의 관계에 초점을 두며 보다 실질적인 차원에서 정경유착과 부패정치의 해소방안을 모색해 왔다. 한국경제원(2004)을 참조.

9 정치자금법의 변화과정을 시기적으로 구분해서 살펴보는 이유는 변화과정의 특징을 보다 명확하게 하기 위함이다. 이를 위해 정부의 변화를 기준으로 하는 것보다는 정치자금법의 내용을 중심으로 그것의 양적·질적 증가 여부, 정치자금의 형평성 또는 공정성 강조 등을 기준으로 하는 것이 더 적절하다고 판단된다.

10 윤정석(1991, 57)은 정당의 중요한 기능으로서 민주주의 사회에 있어서 정당의 경쟁기능과 통합기능을 들었다.

11 강원택(2003, 8)은 영국의 정당민주주의의 형성과 변화에 대한 분석에서 "영국 정당의 민주화 과정은 … 정당의 당내 권력과 정책결정에 보다 많은 당내 구성원들이 참여할 수 있도록 하는 당내 민주주의의 확대과정이라고 할 수 있다"고 주장한다.

12 정당의 민주적 정당성은 정당민주주의에 있어서 정당의 외형적 특징과 관련된 것이다. 정당의 목적이나 기능 및 역할의 민주성을 강조하는 것이다. 장영수(1997, 56) 참조.

13 서구 유럽에서의 정당형성의 배경에는 선거권의 확대와 선거에서의 승리를 위하여 지역에서의 하부조직이 발전하고 선거결과로 인해 다양한 의견이 반영되고 그에 상응하여 의회 내부의 집단이 형성되면서 정당이 발전하게 되었다. 홍태영(2003, 37) 참조.

14 음선필(2005, 165-166)은 정당 간 경쟁은 선거뿐만 아니라 정책형성이나 의정활동에 있어서도 분석되어야 한다고 강조하고 있으나 현실적으로 그 범위가 클 뿐만 아니라 정치자금과의 직접적인 연관성을 찾기가 쉽지 않기에 본 연구에서는 선거에서의 경쟁에만 초점을 둔다.

15 1980년 당시의 상황은 전두환 신군부가 군 내부의 권력을 바탕으로 새로운 권력을 창출하려던 상황이었다. 다양한 방법의 정치자금 조달을 위한 정치자금법의 개정이 명목적으로는 정당의 보호·육성을 위한 것이었지만, 당시에는 기성 정치인들의 정치행위가 금지되어 있었던 상황이었기 때문에 사실은 당시의 정치자금법 개정목적은 신군부가 주도하여 결성하려는 새로운 정당의 재정적 뒷받침을 위해 만들었던 것이었다. 심지연(2003, 248) 참조.

16 물론 2004년 총선에서 민주노동당이 원내에 진출하게 된 배경에는 정치자금의 제공뿐만 아니라 정당투표제의 실시 같은 선거제도의 변화도 중요하게 작용했던 것이 사실이다.

17 정당의 활동상황은 중앙선거관리위원회의 『정당의 활동개황 및 회계보고』에서 정리한 것임.

18 여러 여론조사 기관에서 실시한 결과를 보면 우리나라 정당에 대한 국민들의 신뢰도는 삼성, 현대, SK 같은 대기업에 비해 현저하게 떨어지는 것으로 나타난다(《중앙일보》 2007. 7. 3). 또한 한국정치학회가 실시한 여론조사에서는 군대와 언론 등에 대한 신뢰도가 높은 반면, 대통령, 정당, 국회 등에 신뢰도는 매우 낮은 것으로 나타났다(《조선일보》 2007. 6. 2).

19 1993부터 1997년 사이에 여당에게는 1,305억 정도의 기탁금이 들어갔으나 야당에게는 이 기간 동안 한 푼도 기탁되지 않았다(김용희 2005, 85).

20 국고보조금은 지급 당시를 기준으로 선관위에 등록된 정당에 대하여 지급하되, 우선 교섭단체를 구성한 정당에 총액의 50%를 균등 배분하고, 5석 이상 20석 미만의 의석을 가진 정당에는 총액의 5%씩을, 의석이 없거나 5석 미만의 의석을 가지면서 일정요건을 충족하는 정당에는 총액의 2%씩 각각 배분한다. 이러한 기준에 따라 배분하고 남은 잔여분 중 절반은 국회의석을 가진 정당을 대상으로 그 의석 수 비율에 따라, 그리고 나머지 절반은 역시 국회의석을 가진 정당에 대하여 최근 실시한 국회의원 선거에서의 득표 수 비율에 따라 배분·지급한

다(중앙선거관리위원회의 website 참조).

21 선거에서의 경쟁력은 개인적 수준에서는 1위와 2위 사이의 득표경쟁을 지표로 삼고 있다. 그러나 본 연구에서는 정당 간의 경쟁을 분석하기 때문에 정당의 득표율을 지표로 삼는다. 황아란(1998) 참조.

22 1988년 선거에서는 김대중의 평화민주당이 70석을 차지하여 제1야당이 되었지만 김영삼의 통일민주당이 의석 수(59석)는 적게 얻었지만 득표율(23.8%)은 앞섰으며, 김종필의 신민주공화당도 15.6%의 득표율을 얻어 야 3당이 합치면 여당인 민주정의당을 의석수나 득표율에서 월등히 앞서는 결과를 낳았다.

23 안희수(1993)는 당내 민주주의의 중요한 지표로 인물 중심의 일인독재체제의 해체를 들고 있다. 또한 중앙과 지방의 권한 분산도 중요한 지표로 보고 있다.

24 경선에 의한 지도부의 구성이 임명이나 추대에 의한 것보다 더 민주적이라고 말할 수는 없지만 상대적으로 과거에 비해 더 많은 구성원의 의사가 반영된 것으로 봐서 일단은 민주적인 방식으로 이해될 수 있다. 하지만 조직의 효율성을 제고시키고 경선으로 인한 갈등의 소지를 줄이는 차원에서는 반드시 경선이 더 낫다고 주장하기는 힘들 것이다.

25 지방정당 조직에까지 후원회의 허용이 되지 못하는 이유는 지방의 정당조직이 활성화되고 있지 않은 상황에서 후원회의 허용이 자칫 지역의 기업이나 후원단체와 정당의 유착 가능성을 염려해서이다.

제10장

선거와 정치변동*

이남영(세종대학교)

I. 들어가는 말

2008년은 건국 60주년을 맞는 매우 뜻 깊은 해이다. 지난 60년 동안 우리 사회가 겪은 경험은 세계사에서 그 유래를 찾기 어려울 정도의 엄청난 변화였다. 선진국들이 여러 세기를 걸쳐 이룩해 온 변화를 60년이라는 비교적 짧은 기간 내에 압축적으로 경험했다. 정치, 경제, 사회, 문화 등 각 부문에서 우리 사회는 엄청난 업적을 일궈냈다. 우리 사회는 독재와 압제로부터 정치민주화를 일궈냈고, 만성적 빈곤상태로부터 경제기적을 이룩해냈으며, 일원적 사회로부터 다원적 사회로 분화해 나가고 있으며, 문화적으로도 다양성을 바탕으로 세계화에 비교적 잘 적응해 가고 있다. 건국 이후 우리 한국 사회가 경험한 변화의 양은 거대했고 변화의 속도는 매우 빠른 것이었음에 틀림없다.

그러나 그러한 변화와 변동은 진공상태에서 저절로 이루어진 것이 아니다.

* 본 논문은 『한국정당학회보』 제8권 1호(2009. 2)에 수록된 것을 전재한 것임을 밝힙니다.

엄청난 소용돌이 속에서 많은 사람들의 희생을 담보로 하여 이룩한 변화와 변동이기 때문이다. 건국 이후에 우리는 동족 간의 전쟁을 치렀고, 독재자들의 압제를 경험했으며, 그간 이룩한 경제발전은 상당부분 한국 노동자들의 희생을 담보로 한 것이었다.

그럼에도 불구하고 우리 사회는 빠르게 진화해 가고 있다. 그 사회적 변화와 변동 가운데 이 논문은 정치변동에 주목한다. 또한 지난 60년간 우리 사회가 경험해 온 민주화 과정을 정치변동이란 개념의 핵심으로 삼고자 한다. 우리 사회는 지난 60년간 독재와 압제, 정치적 혼란과 무질서, 남북대결 등의 난제들을 나름대로 극복하고 새로운 민주질서를 확립해 나가고 있다. 많은 사회적 비용을 지불하고 이룩한 정치적 기적이라 할 수 있다.

동북아 3국을 비교해 볼 때 중국은 아직 일당독재국가에 머물러 있고, 일본도 자민당의 독주를 오랜 기간 경험해 오고 있다. 그러나 우리 사회는 평화적 정권교체를 이미 수차례 경험하고 있다. 우리 사회가 이룩해 가고 있는 민주화의 모습은 제2차 세계대전 이후 건국한 신생국들 중 유례를 찾기 힘든 사례이며, 여타 형태의 민주주의 국가들에 비해서도 크게 뒤떨어지는 것은 아니다.

우리 사회의 민주화 과정에 영향을 준 원인들로는 여러 가지를 들 수 있다. 예컨대 독재에 항거했던 시민사회의 끈질긴 투쟁, 경제발전으로 인한 중산층의 대두, 비판적인 지식인 그룹의 형성과 활발한 활동, 언론의 역할, 교육기회의 확대, 정당정치의 활성화, 의회권력의 대행정부 견제능력의 제고, 사법부의 정치적 중립화, 시민세력의 대두, 선거관리 장치의 신뢰성 확보 등 헤아릴 수 없는 많은 원인들을 열거할 수 있다.

이 논문은 여러 원인들 중 선거에 주목하면서 한국 사회에서의 선거가 정치변동, 즉 우리 사회의 민주화와 어떤 관련을 맺고 있는지를 서술적으로 규명해 보고자 한다. 이 논문은 명확한 가설을 중심으로 조사자료에 의한 검증을 시도하기보다는 가설을 제시하기 위한 예비 연구에 불과하다. 여기에서 필자는 우리의 역사적 경험을 잘 정리하여 여러 의미 있는 가설들을 제시하기 위한 이론적 여건을 마련하는 데 만족하고자 한다.

II. 선거, 독립변수인가 아니면 종속변수인가? : 신제도주의적 관점에서

거시적으로 볼 때 선거는 민주주의와 쌍방향의 관계를 맺는 것으로 이해되어 왔다. 즉 선거제도의 정착은 민주주의 발전을 위한 필요조건일 뿐만 아니라, 선거과정 자체가 정치적 자유 및 인권의 확대, 시민의 정치적 능력감 제고, 정치참여의 활성화 등 민주주의 발전을 위한 환경을 조성하기 때문에 민주발전에 대한 독립변수로서의 기능을 한다. 마찬가지로 체계 수준에서의 민주주의의 확대 및 발전은 선거제도를 비롯한 각종 하위 정치제도의 변화에 영향을 준다. 민주적 정치환경은 각종 제도(정당제도, 의회제도, 정부 형성구조, 법 집행구조 등)를 보다 공정하고 합리적인 방향으로 변화시켜 가기 때문이다. 그런 논리에 근거한다면 선거제도는 민주주의의 확대 및 발전에 따라 변화하는 종속변수가 된다.

또한 미시적으로 볼 때도 선거제도는 정치변동과 쌍방향의 관계를 맺는다. 선거제도에 따라 정치구조가 변화할 수 있다는 발견이 있다. 예컨대 국회의원 선거에서 소선거구제를 택할 경우 선거결과가 거대정당에게 유리하게 도출되며, 결과적으로 양당제도가 정착되기 쉽다. 반면에 비례대표제를 택할 경우에는 군소정당에게 유리할 수 있으며, 결과적으로 다당제도가 정착되는 경향을 보인다는 것이다. 이와 같이 선거 또는 선거제도를 독립변수로 사용하는 연구들이 적지 않다(Liphart 1994 ; Karz 1997).

다른 한편에서는 선거 또는 선거제도는 정치행위자들의 전략에 따라 변화될 수 있는 종속변수로 취급되기도 한다. 예컨대 한 신제도주의 학자는 박정희 시절의 국회의원 선거제도 변화의 원인분석에서 박정희 정권은 "단기적으로는 의석수 증대 전략, 그리고 장기적으로는 권력유지 전략의 일환으로 선거제도를 변화시켜 왔다"라고 주장한다(이상묵 2006, 184-185). 이러한 주장은 소위 신제도주의 중 합리적 선택 제도주의에 속하는 것으로 선거제도 변화의 원인을 소위 정치행위자들의 정치목표를 달성하기 위한 전략으로 간주한다.

이와 같이 선거와 정치변동은 쌍방향으로 영향력을 행사할 수 있다. 이러한 입장은 소위 역사제도주의의 인식과 맥락을 같이한다(김선명 2007, 225). 김선명은 "역사제도주의의 인식은 정치행위자의 목표, 전략, 선호를 이미 주어진 것으로 보지 않고 설명되어야 할 대상으로 인식함으로써 기본적으로 제도를 독립변수로서 설정한다. 이와 동시에 역사적 산물로서 제도가 행위를 제약하긴 하지만 제도 자체가 의도적 혹은 비의도적 전략, 갈등, 선택의 산물이라는 점에서 종속변수로도 상정한다"고 주장하고 있다.

특히 역사제도주의자들은 "정치투쟁이 제도 내에서 발생하기도 하고 미래의 특정한 제도적 유형을 놓고 발생하기도 하기 때문에 제도는 정치투쟁 자체의 유형과 성격에 커다란 영향을 미치는 구조로 작용한다"(김기석 2007, 98)고 주장한다. 한국 민주화 과정의 상당부분이 선거제도의 유형을 놓고 벌어진 정치세력 간의 투쟁의 결과로서 인식될 수 있다면 이는 역사제도주의적 입장을 반영하는 것이다.

여기에서는 이론적으로 선거와 정치변동 사이에는 쌍방향의 영향력이 행사되는 것으로 간주한다. 왜냐하면 한국의 선거는 한편에서는 한국 민주주의의 발전을 위해 중요한 역할을 수행하였으며, 다른 한편에서는 민주발전과 함께 선거제도가 많은 변화를 일으켰기 때문이다.

지난 60년간의 한국 민주주의 경험을 종체적으로 이해하기 위해서는 디욱 정교한 이론적 틀과 가설검증을 토대로 연구가 진행되어야 한다. 하지만 이 연구는 어느 특정한 이론적 입장이나 구체적인 가설을 검증하기 위한 것이 아니라 선거와 민주발전이라는 두 개념이 한국 정치사에서 어떻게 밀접하게 연관을 맺고 있으며, 그 관계의 방향은 시기에 따라 어떻게 다르게 나타났는가를 서술적으로 탐색해 보고자 한다. 때문에 이 논문은 탐색적 연구(explorative study)에 속한다.

III. 한국 선거의 정치적 충격

1. 선거와 한국 민주주의

과거 권위주의 시절의 선거는 정치적 의미를 적게 담고 있었다. 왜냐하면 선거과정이 혼탁하고 공정하지 않았기 때문에 선거결과 나타난 정치권력이 정당성을 확보하기 어려웠기 때문이다. 따라서 권위주의 시절의 선거란 기껏해야 정치권력자의 권력유지를 위한 도구에 불과했다. 한국의 선거가 독재자의 권력연장을 위한 도구에 불과했던 기간이 매우 길었다. 10개월로 단명했던 장 면 정권 시절을 제외하고 이승만 정권으로부터 전두환 정권에 이르는 오랜 기간(1948-1987) 동안 한국의 선거는 정치행위자들의 정권유지를 위한 방편으로 기능했다고 말할 수 있다. 39년 동안 8차례의 헌법개정이 있었다. 헌법개정의 주된 내용은 정권유지라는 목표를 향한 지배권력에 의한 기존 선거제도의 왜곡이었다.

이승만 정권 하에서 두 차례의 헌법개정이 있었다. 그 중 1952년에 시도한 제1차 개헌의 핵심은 대통령직선제 개헌이었다. 제1차 개헌은 이승만과 그 추종세력이 기존 대통령간선제로는 집권이 현실적으로 불가능하고, 따라서 재집권을 위해서는 개헌이 불가피하다고 생각했기 때문에 추진되었다. 마찬가지로 1954년 시도한 제2차 개헌내용도 집권세력이 대통령의 중임제한을 철폐함에 의해 장기집권을 도모하려는 의도를 반영한 것이었다. 이와 같이 이승만 정권 하의 두 차례의 개헌 모두가 집권세력의 권력연장을 위한 선거제도의 왜곡이었던 것이다.

이러한 왜곡된 선거제도에 근거하여 치러진 선거는 국민저항을 불러일으켰다. 1960년 3월 15일 치러진 부정선거에 대한 대대적인 국민규탄운동은 전국적으로 확산되었고, 드디어 4월 19일 혁명으로 이승만 정권은 무너지게 된다. 정치행위자들의 전략이나 목표는 선거제도 변화를 통한 정권유지였으나 그들의 의도와는 반대로 새로운 선거제도에 근거한 선거결과는 국민의 저항을 불러일으켰으며, 국민저항에 의해 정권은 막을 내리고 말았던 것이다. 한국의 선거제도는 독재자들의 전략적 입장에서는 강력한 권력연장 수단이었음에 틀림없었다. 그러나 선거과정에서 선거제도의 왜곡성이 드러나게 되고, 왜곡된 선거결과는 국민을 분노케 하여 결과적으로 시민에 의한 민주혁명으로 연결되었던 것이다. 이런 의미에서 4 · 19혁명은 제도가 가져오는 의도하지 않은 결과(unintended consequences)로 해석할 수 있다. 권력연장을 위한 선거제도의 왜곡이 오히려 혁명을 일으키는 도화선 역할을 담당하여 권력의 종식을 가져왔다는 것이다.

장 면 정권 하에서도 두 차례의 개헌이 있었다. 1960년 6월에 시도한 제3차 개헌의 핵심은 정부형태의 변경이었다. 정부형태를 대통령제에서 내각제로 전환하고, 국회를 양원제로 운영하며, 그리고 지방자치제도를 실시하는 것을 골자로 하였다. 따라서 선거제도도 엄청나게 다르게 변화하지 않을 수 없었다. 여기에서의 선거제도의 변화는 왜곡된 형태로의 변화가 아니라 정상으로의 회복이라는 차원의 변화였다. 김세균 교수는 "이승만 정권이 붕괴됨에 이르러 국가형태는 민주적 국가형태로 변모하게 되는데, 이를 통해 시민사회가 국가로부터 대폭적으로 자율성을 획득한다"(김세균 1995, 159)는 주장을 하고 있다. 김세균 교수의 주장은 5대 참의원 선거결과로 한국이 민주적 국가형태를 갖게 되었다는 것으로 선거의 독립변수로서의 중요성을 강조하고 있음에 틀림없다. 그리고 1960년 11월에 시도한 제4차 개헌은 3 · 15 부정선거 관련 반민주행위자 처벌을 위한 것으로 역시 선거 관련 개헌이었다.

그러나 5 · 16 군사 쿠데타로 장 면 정권은 무너지고, 군부세력은 1962년 12월 제5차 개헌을 통해 정부형태를 의원내각제에서 대통령제로 바꾸었다. 또한 대통령의 3선은 금지하고 의회를 단원제로 회귀시켰다. 이 또한 선거제도의 골간을 바꾼 개헌이었다. 이어서 장기집권을 원했던 군부정권은 대통령의 3선 금지조항을 철폐하는 것을 골자로 하여 1969년 제6차 개헌을 시도했다.

장기집권을 위한 여러 가지 공식적·비공식적 노력에도 불구하고 박정희는 1971년 4월 27일에 실시된 대통령 선거에서 김대중 야당 후보에 근소한 차이로 신승했다. 대통령 선거과정에서 박정희 독재에 대한 광범한 사회적 저항이 확인되었을 뿐만 아니라, 사회의 균열 축이 독재세력과 반독재세력으로 구분되는 정치전선이 형성되었다. 위기의식 속에서 박정희는 기존 선거제도가 정권연장에 도움이 되지 않는다는 판단 하에 유신이라는 반민주적 헌정질서를 국민에게 강요했다. 1971년 대통령 선거결과가 독재정권으로 하여금 선거제도 자체를 부정하게 하는 영향력을 행사했던 것이다. 박정희는 대통령 간접선거를 골자로 하는 전대미문의 비민주적 유신헌법을 1972년 제7차 개헌을 통해 채택하였다. 유신체제로의 이행은 기존의 선거제도 하에서 치러진 선거결과가 장기집권을 원하는 집권세력에게 위기의식을 심어줌에 의해 파생된 정치변동이었다고 해석된다. 이러한 해석에서의 선거는 역시 정치변동에 영향을 주는 독립변수적인 측면이 강조된다.

유신 이후 전두환 정권까지 치러진 다섯 차례의 대통령 선거(8대-12대)와 네 차례의 국회의원 선거(9-12대)는 국민 의사를 여과 없이 반영하는 행사가 아니라 관권개입, 탈법, 협박, 매수, 폭력행사로 얼룩진 국민 의사의 왜곡장치에 불과했다. 이러한 상황은 정치에 대한 국민 불신을 증폭시켜 권력 엘리트들이 국민으로부터 지지를 상실하게 하였다. 유신헌법과 정치체제에 대한 국민 불만은 점차 강화되어 갈 수 밖에 없었다.

이러한 상황에서 1985년 2·12 실시된 제12대 국회의원 선거는 전두환 정권에 대한 반대세력을 결집하게 하는 계기를 마련해 준다. 선거과정을 통해 시민에 의한 민주정치 회복운동이 본격적이고 조직적으로 나타나게 되었다. 이러한 반대 정치세력의 대두는 한국의 정치공간을 군부정권의 지속을 원하는 소위 체제세력과 직선제 개헌을 당론으로 한 신민당과 그 배후의 재야세력을 합친 민주화

추진 연합세력 사이의 첨예한 대결의 장으로 변화시켰다(한배호 1994, 423).

이러한 대결적 정치공간은 1987년 6월 발생한 민주화 운동의 배양기 역할을 담당했다. 6월 민주화 운동은 100만 명이 훨씬 넘는 군중이 참여했던 거대 민중연합이었다. 결국 전두환 독재세력은 대통령직선제 개헌을 요구하는 강력한 시민저항에 부딪혀 굴복할 수밖에 없었다. 대통령간선제를 폐기하고 대통령직선제를 채택하여 선거정치를 정상화하겠다는 독재세력의 약속이 바로 '6 · 29' 선언이었던 것이다.

이와 같이 선거제도를 둘러싸고 진행되는 각종 정치투쟁들은 한국 정치의 민주적 발전에 있어서 가장 중요한 역할을 담당해 왔다. 즉 선거가 한국 사회를 민주화시켜 나가는 추동력이 되었다는 것이다. 선거과정을 통해 한국인들은 정치적 자유와 평등, 인권신장, 경제적 불균형 해소, 지역발전, 교육제도의 개선, 복지의 증대 등 시민의 요구를 정치체계에 반영하고자 했다. 이러한 시민사회의 요구를 기존의 경직된 정치적 제도에 의존하는 정치권은 제대로 수용할 수 없었다. 이러한 시민사회의 요구와 정치체계의 산출 사이의 심대한 괴리는 결과적으로 4 · 19혁명이나 6월 민주화 운동 등의 시민운동을 야기하게 되었고, 기존 정치체계는 민주적인 방향으로 재구성될 수밖에 없었다.

1987년 이후의 선거는 한국 민주주의를 성숙시켜 가는 제도적 장치로서 정상 작동하기 시작했다. 김영삼, 김대중, 노무현, 이명박 대통령을 배출했으며, 그 과정에서 평화적 정권교체를 성공적으로 이뤄냄으로써 한국의 민주주의를 한 단계 높였다. 아직도 정권교체 과정에서 다소의 사회 심리적 혼란이 반복적으로 발견되고 있기는 하지만 그리 우려할 만한 정도는 아니다. 신정권의 구정권에 대한 몰염치한 정치적 보복이나 구정권의 신정권의 정권인수에 대한 의도적 방해 행위는 발견되지 않는다. 향후 한국에서의 평화적 정권교체는 일상화될 것으로 생각된다.

2. 선거정치와 민주화

1987년 6월 운동과 그 결과인 6 · 29선언은 한국 사회를 민주화시켜 나가는 중요한 분수령이었다. 비록 1987년 12월에 실시된 대통령 선거에서는 야당의 분열로 인해 군부의 잔여세력인 노태우 정권을 탄생시켰으나 그 이듬해 실시된 국회의원 선거에서는 야당의 승리로 인해 '여소야대' 정국이 형성되었다. 이러한 정치환경 하에서 노동계, 종교계를 비롯한 각종 사회계층의 민주적 역량은 지속적으로 강화되어 갔다. 이러한 시민세력의 대두와 자율역량 강화는 인권을 무시하는 군부통치 또는 권위주의적 통치가 향후 다시 전개될 가능성을 봉쇄하였던 것으로 판단된다.

1987년 이후의 선거는 과거에 비해 국민 의사 왜곡이 비교적 적은 선거였다. 가장 특기할 만한 사항은 선거관리의 공정성과 신뢰성이 확보되어 왔다는 것이다. 1987년 이후 선거관리위원회는 정치적 중립성과 선거관리의 투명성, 공정성을 제고해 감으로써 명실상부한 헌법기관으로서의 위상을 확립해 왔다. 지난 20년간 선관위는 고질적인 병폐였던 탈법선거, 금권선거, 관권선거를 차단하기 위해 적극적으로 기능해 왔다. 그 결과 한국 선거에서 투개표 부정이 거의 완전히 사라졌기 때문에 후보자, 정당들은 물론 일반 국민에 이르기까지 선거결과에 기꺼이 승복하는 관행이 정착되어 갔다. 이러한 선거관리 시스템이 제대로 기능하지 않았다면 선거에 의한 평화적 정권교체는 거의 불가능했으리라 생각된다.

그러나 한국의 선거는 민주주의를 위해 순기능만 담당했던 것은 아니다. 1971년 이후의 선거에서 본격적으로 구조화된 지역주의적 선거균열은 아직도 한국 민주주의의 발목을 잡고 있다. 대통령 선거는 물론 국회의원 선거에서도 지역변수는 맹위를 떨치고 있다. 이념과 정책을 중심으로 선거구도가 잡히는 것이 아니라 지역경쟁이 선거과정을 지배하고 있다는 것이다. 이러한 상황은 정당정치의 약화, 정책경쟁 부재, 의회정치의 약화라는 고질적인 한국 정치의 약점들을 한국 정치체계 내에서 구조화시키고 있다.

그럼에도 불구하고 전체적으로 볼 때 한국의 선거는 민주주의를 향한 긍정적인 역할을 더 많이 하고 있음을 부인할 수 없다. 김영삼, 김대중, 노무현, 이명박으로 이어지는 민주적 실험은 여러 가지 문제점을 내포하고 있기는 하지만 큰 방향에서는 한국 민주주의의 발전에 우호적임을 부정하기 어렵다.

김영삼 대통령은 군 내부의 사조직 제거에 성공함으로써 군의 정치세력화를 차단시켰으며, 금융실명제 실시로 한국 자본주의의 투명성 제고에 기여했다. 김대중 대통령은 남북 간의 화해로 한반도 긴장완화의 기틀을 마련하였고, 단시일 내에 IMF위기 극복과 IT산업 육성으로 한국 사회의 경제적 토대 재구축에 성공했다. 또한 사회복지 개념의 확산과 더불어 소외계층에 대한 배려의 정치를 시도했다. 노무현 대통령은 국민참여의 폭을 넓혔다. 전통적인 방식의 참여와 더불어 인터넷 공간을 활용한 쌍방향의 의사소통 방식을 정치영역에 접목시킴으로써 소외계층과 젊은 세대, 그리고 여성 등의 정치적 의사가 정치과정에 깊게 스며들게 되었다. 또한 탈권위적인 방법의 정치 스타일로 대통령과 국민 사이의 심리적 거리를 좁혔다.

어떻게 그러한 많은 일들이 짧은 시간 내에 한국 사회에서 일어날 수 있었던 것일까? 여기에서 선거의 중요성을 다시 한 번 실감하게 된다. 선거의 핵심은 경쟁이다. 경쟁을 위해서 후보자들은 우리 사회가 해결해야 할 많은 문제점들을 국민에게 알리고 그 해결방안을 공약으로 제시한다. 후보자 중 국민의 지지를 많이 받은 자가 당선자가 된다. 당선자는 선거과정에서 약속된 청사진들을 집권 기간 내에 성공적으로 추진하려 노력한다. 이러한 선거정치가 지난 10여 년 기간 동안 반복적으로 이뤄져 왔다고 생각한다. 이렇듯 한국의 선거는 한국 민주주의의 토대를 공고화 시키는 데 기여했음을 부인할 수 없다.

3. 선거와 정치의식

민주주의는 시민이 주체가 되는 정체(polity)이다. 여기에서 시민이라 함은 피동적 · 타율적 존재가 아닌 능동적 · 자율적 존재이다. 따라서 민주사회에서의 시민은 몇 가지 필수적인 문화적 요건을 구비해야 한다(J. Roland Pennock, 1979, 206-259). 첫째로 인간 존엄성, 자율성, 그리고 타인에 대한 존중이다. 둘째로 개인권리에 대한 신념이다. 셋째로 신뢰, 관용성, 그리고 타협에 대한 우호적 태도이다. 넷째로 민주적 절차와 가치에 대한 지지이다. 그러한 문화적인 요소들은 단시일 내에 형성될 수 없는 매우 체득하기 어려운 것들이다. 따라서 민주주의 공고화 과정은 시간이 오래 소요되는 지루한 과정인 것 같다.

그러나 공교육의 확산, 언론매체의 교육기능 강화, 각종 시민단체의 활성화 등이 한국 사회에 그러한 문화적 요소들을 확산시키는 데 크게 공헌하고 있다. 또한 한국의 선거과정도 예외는 아니다. 정상적인 선거과정을 통해 여야가 상호 공존할 수 있는 큰 정치적 공간이 마련되고, 개인의 권리가 신장되어 가며, 소수자가 보호되고, 다수의 횡포가 고발되며, 시민의 자율성이 제고되어 가기 때문이다.

그런 이유로 선거는 '민주주의의 꽃' 이라고 말 할 수 있다. 민주주의의 핵심인 선거의 요체는 정치적 경쟁이다(Lane 1986, 383). 경쟁과정은 중요한 정치적인 효과를 가져온다(김종림 · 이남영 1986, 70-71). 첫째, 정치적 경쟁은 한 지도자나 또는 한 정치적 기관에 의한 권력독점을 방지한다. 둘째, 정치지도자들의 응답성 제고이다. 공직을 계속 유지하기 위해서는 유권자들의 지속적인 지지가 필요하다. 따라서 유권자들의 정치적 감정이나 견해에 용의주도한 주의를 기울여야만 한다. 셋째, 경쟁과정은 대중의 정치참여의 폭을 넓혀준다. 정치 경쟁과정을 통하여 다양한 정치적 문제들이 사회적으로 거론되는 장이 마련된다. 그러한 정치의 장에 다양하고 광범한 사회 저변세력들이 정치생활에 접목될 수 있는 것이다.

시민의 정치생활 자체가 시민의식을 민주적인 방향으로 고양시키는 교육과정이기 때문에 선거는 민주발전의 필요조건이 된다.

현재 한국 사회는 빠르게 변화되어 가고 있다. 또한 정치권력의 이동을 평화롭게 시킬 수 있는 시민사회의 힘은 축적되어 가고 있다. 그리고 선거결과에 깨끗이 승복하는 성숙된 선거환경이 충분히 조성되어 가고 있다. 이와 같이 시민의식의 성숙이라는 측면에서도 현재 한국 민주주의는 발전되어 가는 방향으로 나아가고 있다고 진단된다(이남영 1985, 93).

IV. 선거와 사회적 균열

1. 한국 사회 내에서의 선거균열

과거 선거에서의 주요 정치적 균열은 시기에 따라 다르게 나타났다. 건국 후 1960년 4 · 19혁명까지는 반공이라는 관제 이데올로기 하에서 독재-반독재의 선거균열이 지배적이었다. 1961년 5 · 16 쿠데타 이후 1980년대 초까지는 경제발전이라는 이데올로기 하에서 안정-혼란이라는 개념 축이 선거균열의 핵심이 되었다. 그러나 1987년 6월 운동을 기점으로 하여 다시 독재-반독재의 균열이 선거과정을 지배했다.

그런 와중에 1970년대부터 고질적으로 정착된 지역균열 구조는 유지되어 왔다. 영남과 호남으로 양분되어 나타나는 지역패권주의는 대통령 선거는 물론 국회의원 선거과정을 압도했다. 매 선거마다 유권자의 정치적지지가 지역적으로 확연하게 분할되어 나타났고, 한국 정당체계를 지역주의 정당체계로 고착화시켜 왔다.

이와 같은 지역주의적인 선거균열 패턴은 1987년 이후 최근 2007년 대통령 선거, 2008년 국회의원 선거에 이르기까지 큰 변화 없이 지속되어 왔다. 물론 그동안 이념정당인 민노당의 의회진출이라는 예외적인 변수가 있었으나 워낙 강하게 유지되는 지역주의는 아직도 맹위를 떨치고 있다(이남영 1998, 40-42). 지역주의는 한 개인 내부에 자리하고 있는 심리적 성향이다. 이는 개인 사생활은 물론 사회관계, 정치행태 등에 영향을 주는 원초적 심리현상이다. 한국 선거에서 나타나고 있는 지역주의는 '자신의 출신지역을 아끼는 마음'이 아니라 '특정 지역을 혐오하거나 적대시하는 성향'을 갖는 부정적 심리구조이다. 이러한 선거균열은 우리 사회의 민주적 발전을 크게 저해하고 있다. 선거과정에서 정당이나 후보자들은 이념이나 정책대결이라는 positive 전략보다는 인신공격이나 지역감정에 호소하는 negative 전략을 구사한다. 그래서 한국의 선거과정은 이성적 경쟁으로 진행되기보다는 감정적인 대결로 귀착되고, 결과적으로 선거의 질(quality)을 낮추는 경향을 보인다.

그러나 최근의 연구결과들은 새로운 선거균열을 보고하고 있다. 세대(generation)와 이념(ideology), 그리고 가치(values)의 영향력이다(김 욱 2006, 98-107). 김 욱은 젊은 층의 탈물질주의적 가치를 통한 세대와 이념적 선거균열을 강조한다. 탈물질주의적 가치란 물질주의적 가치와 상치되는 개념이다. 사회경제적으로 궁핍을 경험한 기성세대가 물질주의적 가치를 소유하는 데 반해 비교적 풍요를 경험한 새로운 젊은 세대는 탈물질주의적 가치를 소유한다는 것이다(Inglehart 1990 ; 어수영 2004). 그리고 탈물질주의적 가치는 이념적으로 진보와 친화력이 있으며, 물질주의적 가치는 보수와 친화력이 있음을 밝혔다. 김 욱은 "그동안의 한국 선거에서 지역주의가 차지해 온 독점적인 위치를 감안할 때, 지역주의와 경쟁할 수 있는 새로운 균열구조가 탄생했다는 것 자체만으로도 한국 민주주의의 발전이라는 측면에서 커다란 의의를 부여할 수 있을 것이다"고 주장하고 있다. 위의 발견들에 기초하여 젊은 층이 체득하고 있는 탈물질주의적 가치들이 선거과정에 여과없이 투영된다면 고질적 병폐인 지역균열이 다소 약화될 것이라 전망된다. 우리 사회가 향후 선거과정에서 지역균열을 이념과 정책균열로 대체하는 데 성공한다면 비로소 정치선진화의 기틀이 마련될 수 있을 것이라 생각한다.

2. 선거와 정치문화, 그리고 민주주의

사회 구성원이 소유하고 있는 태도의 집합인 정치문화(Almond and Powell, Jr. 1978, 25)는 고정되어 있는 것이 아니라 항상 변해간다. 여기에서는 한국의 선거과정과 한국인들의 정치문화와의 관계를 살펴보고, 그 관계가 민주발전에 어떠한 영향을 주는지에 대해 논의하고자 한다.

비교적 공정한 선거체계를 마련해 나가고 있는 한국에서의 선거과정은 서로 다른 정치적 이해관계를 기초로 한 정치적 경쟁과정이 되어 가고 있다. 이러한 선거과정은 서로 다른 사회세력의 존재를 용인할 뿐만 아니라 오히려 바람직한 현상으로 간주하는 풍토를 조성해 준다. 그리고 비교적 자유로운 선거 분위기는 자유, 인권, 복지, 안전, 교육 등 여러 가지 분야의 문제점들을 들춰내도록 도와준다. 그리고 선거과정에서 여당의 이념이나 정책방향에 대한 야당의 비판이 허용되고, 야당의 비판에 대한 여당의 재비판도 허용된다. 선거과정을 통해 여당과 야당이 자신의 모습을 국민 앞에 적나라하게 드러내고 국민의 심판을 받게 되는 것이다.

선거를 통해 시민들은 심판자의 역할을 학습하게 되며 자신의 정치적인 힘을 느끼게 된다(political efficacy). 그리고 여당과 야당의 정치적 경쟁과정 속에서 자신과 반대의견을 가진 사람들에 대한 관용성(tolerance)을 습득하게 되며, 선거과정에서 제기된 여러 가지 이슈나 정책들에 대한 폭넓은 지식(political knowledge)을 취득하게 된다. 또한 선거결과에 기꺼이 승복함으로써 우리 사회가 하나의 정치적 단위임을 확인한다(national integration). 이러한 여러 가지 문화적 요소들은 민주주의가 기능하기 위한 필요조건이다(김종림·이남영 1986, 73-76). 따라서 최소한 1980년대 이후 한국의 선거역사는 점차 정치문화를 민주적으로 변화시키는 하나의 동력장치로 기능해 왔다고 볼 수 있다.

그러나 과거 권위주의 시절 한국의 선거가 오히려 독재자의 권력연장의 수단, 쿠데타 정권의 정통성 확보의 수단으로 전락해 왔던 역사적 사실을 잊어서는 안 된다. 또한 공정하고 투명한 선거제도의 확립이라는 오랜 기간에 걸친 노력을 간과해서도 안 된다. 그 투쟁과정에서 희생된 수많은 개인들과 단체들이 있었다. 또한 국민 여망에 따라 정치적 중립성을 확립해 온 중앙선거관리위원회, 선거법 위반자에 대한 벌칙을 강화해 온 입법부의 의지, 그리고 사법부의 공정한 법집행 의지 등은 높은 평가를 받을 만하다.

V. 한국 선거제도 개혁의 문제

거시적인 시각에서 보면 한국의 선거가 민주주의를 활성화시키는 방향의 역할을 담당해 왔음을 알았다. 그러나 아직 한국의 선거제도는 많은 문제점을 가지고 있음을 부정할 수 없다. 아직도 정당 내부의 하향식 공천과정은 불투명한 점이 많고, 선거구 획정은 표의 등가성 문제와 함께 논란의 여지가 많다. 그리고 여성 대표성 문제, 선거운동 방식의 문제, 정치자금 또는 선거자금의 투명성 확보 문제, 공천제도 문제, 비례대표 문제 등 향후 우리가 해결해야 할 문제들이 많음을 인정할 수밖에 없다.

그러나 지금까지 이뤄진 선거제도 개혁의 진화경로를 보면 공천과정은 보다 투명한 방향으로, 표의 등가성이 유지되는 방향으로, 여성이나 소수자의 대표성은 확보되는 방향으로, 선거운동 방식은 자유는 확대하되 선거법은 엄격히 준수하는 방향으로, 그리고 선거자금 사용은 최대한 억제하되 투명하게 검증할 수 있는 방향으로 진행되어 왔음을 알 수 있다.

1987년 민주화 운동 이후 명백한 관권의 개입은 거의 사라지고 선거운동 방식도 다양해져 왔다(심지연 · 김민전 2006, 466-468). 민주화 초기에는 대중집회가 선거운동의 중심이었지만 곧 그 자리를 미디어 선거운동에 내주게 되었다. 특히 인터넷 매체는 쌍방향으로 작동하는 것으로 후보를 유권자에게 알리는 도구일 뿐만 아니라 후보에게 유권자를 알릴 수 있는 도구였다. 그리고 인터넷 매체는 자원봉사자를 모집하고 선거자금을 모금하는 데도 매우 중요한 기능을 담당해 왔다.

'잘못된 것을 바로 잡는다는 의미'의 개혁이라는 어휘는 정치학에서 매우 유혹적인 개념이다. 그러나 선거제도의 개혁은 매우 조심스럽게 접근되어야 한다. 왜냐하면 선거제도는 그 사회 구성원들의 합의가 전제가 되어야 하기 때문이다. 선거제도의 변화는 후보자나 정당의 첨예한 이해관계를 조정할 수 있고, 더 나아가 사회 구성원 전체를 설득할 수 있는 내용을 가질 때 가능하다는 것이다.

국회의원 선거에서 1인 2표제의 도입, 당내 비례대표 공천에서 여성할당제 채택 등은 기존의 정치권과 국민의 명시적 · 암묵적 동의를 전제로 하여 실시된 것이다. 선거운동 방식에 대한 개혁과정도 마찬가지이다. 선거운동의 자유 확대는 후보자나 정당의 입장에서는 선거비용의 증대이다. 왜냐하면 선거운동 방법의 다양화는 새로운 선거비용 항목의 증대를 가져오기 때문이다. 따라서 후보자나 정당은 선거운동의 자유가 확대되는 것에 부담을 가질 수 있었다. 그리고 정치비용의 확대로 연결되는 선거운동의 자유에 대해서는 국민들도 부담을 느껴 왔다. 그 결과 선거운동 방식에 대해 합의된 규제가 이루어질 수 있었다.

그럼에도 불구하고 민주사회에서 정치 엘리트 간의 경쟁은 자유로운 환경하에서 진행되어야 한다는 원칙은 반드시 지켜져야 할 필요가 있다. 정치 엘리트 간의 경쟁방식을 지나치게 제한하는 사회는 바로 독재로 연결되는 경우가 많기 때문이다. 선거과정에서의 자유로운 분위기의 확보는 후보자와 유권자 사이의 의사전달 통로의 개방을 의미한다. 개방된 의사전달 통로를 통해 유권자들이 후보자에 대해 정확한 판단을 할 수 있는 정보를 획득하게 되기 때문이다.

선거비용은 줄이고 선거운동의 자유는 확대하는 개혁을 해야 한다는 것이다. 어려운 문제임에 틀림없다. 선거자금을 통제하면 선거운동의 자유가 훼손되며, 선거운동의 자유를 확대하면 선거자금을 통제하기 어렵기 때문이다. 이와 같이 선거제도의 개혁은 매우 어려운 과제임에 틀림없다.

선거제도 개혁의 문제는 정당, 의회 내에서 상시 논의되어야 하며, 중앙선관위나 학계, 그리고 각종 사회단체에서도 끊임없이 문제제기를 해야 함과 동시에 그 해결방안들이 모색되어야 한다. 완벽한 제도란 없다. 완벽을 향해 조금씩 이동해 나가야 한다는 것이다.

VI. 맺는 말

지난 60년간 한국의 민주주의는 많은 시행착오를 겪었으나 나름대로 성장을 하였다고 판단된다. 시민사회의 자율성이 강화되고, 지방자치가 활성화되어 가고 있으며, 국회와 법원의 대행정부 견제능력이 강화되어 가고 있으며, 인권보장이 견고화되어 가고 있고, 언론 및 출판의 자유가 증대되어 가고 있고, 또한 국민의 관심이 복지와 평등으로 확산되어 가고 있다. 이러한 정치사회적 흐름은 이젠 거역할 수 없는 대세가 되어 가고 있는 것 같다.

〈그림 1〉은 1987년 6 · 10 민주화 운동 이후 한국 민주주의의 각 부분이 얼마나 좋아졌는가에 대한 국민 여론조사 결과이다(이남영 2007, 30-42). 한국 사회를 9개 분야로 나누어 조사하였다. 가장 좋아진 부분은 의사표현의 자유 영역이다. 5점 만점에 4.16점을 받았다. 그러한 결과는 실제로 언론의 자유가 신장되었을 뿐만 아니라 집회결사의 자유, 그리고 인터넷 매체를 통한 일반 시민들의 표현의 자유가 확대되어 가고 있음을 반영하고 있는 것 같다.

다음으로 좋아진 분야는 평등권의 확대 분야이다(3.87점). 김대중 대통령 이후 한국 사회에는 평등과 복지를 강조하는 사회적 분위기가 확산되어 가고 있다.

특히 진보세력이 강화되어 감에 따라 남녀평등, 학력차별 철폐, 양극화 현상의 완화, 복지 강화 등이 사회적 담론의 주제가 되었고, 그러한 주제들이 실효성 있는 정책으로 전환되어 왔다. 과거 정부들이 평등보다는 발전에 치중해 왔던 것에 비해 김대중 정부 이후에는 발전 위주의 정책이 가져온 불균형·불평등을 해소하는 것에 치중한 결과 많은 국민들이 평등권의 확대가 이루어져 가고 있다고 평가하고 있는 것 같다.

세 번째로 좋아진 분야는 보통 사람들의 영향력 영역이다(3.60점). 이는 지난 20년간 이룩해 온 시민사회의 자율성 강화와 참여 수준의 향상을 반영한 결과라 생각된다. 각계각층의 시민세력들은 단체를 구성하고 그들의 집합적 이익을 추구하는 데 열중해 왔다. 각종 노동단체, 환경단체, 여성단체, 교육단체 등의 정치사회적 참여는 참여의 폭발이라 말할 정도로 최근 활성화되어 있음을 부인하기 어렵다.

그림 1_ ○○님께서 보시기에 현재 우리나라가 1987년 민주화 운동 이전과 비교해 다음 각 분야가 얼마나 좋아졌다고 생각하십니까? 혹은 나빠졌다고 생각하십니까? 다음 중에서 말씀해 주십시오(5점 척도로 측정 : 1=매우 나빠졌다, 2=약간 나빠진 편이다, 3=변함없다, 4=약간 좋아진 편이다, 5=매우 좋아졌다).

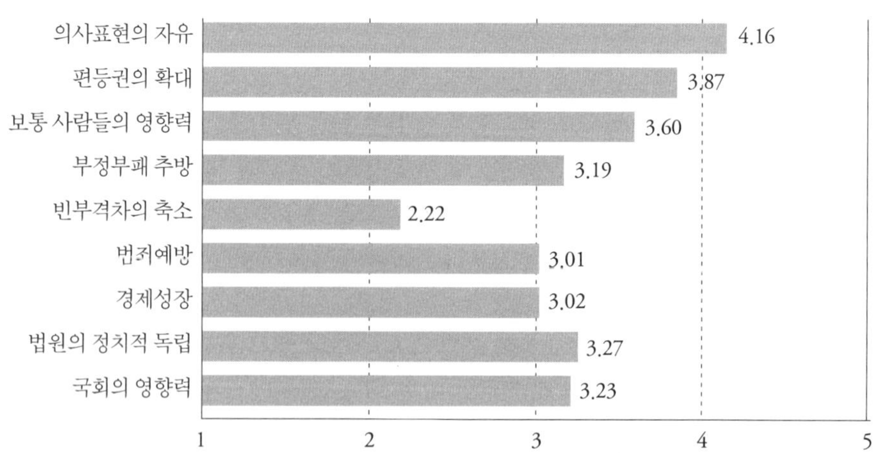

다음으로는 법원의 정치적 독립성(3.27점)과 국회의 영향력 증대(3.23점), 부정부패 추방(3.19점), 경제성장(3.02점), 그리고 범죄예방(3.01점) 등이다. 그러나 빈부격차 부분에 대한 국민평가는 매우 낮다(2.22점). 이는 점차 골이 깊어져 가고 있는 경제적 양극화 현상을 반영하는 것으로 향후 한국 민주주의가 해결해 나가야 할 중요한 부분임에 틀림없다.

위와 같이 6 · 10 민주화 운동 이후 우리 정치사회는 문자 그대로 민주주의 실험을 성공적으로 시행하고 있다. 한국 사회는 민주주의의 기적을 만들어내고 있다고 해도 과언이 아니다. 그렇다면 6 · 10 민주화 운동의 본질에 대해 보다 깊은 이해가 필요하다. 6 · 10 민주화 운동은 한국 사회의 보편적인 민주화를 지향한 운동이었지만 그 요체는 대통령직선제를 골자로 하는 개헌을 요구하는 거국적인 운동이었던 것이다.

이와 같이 선거를 둘러싼 논란, 선거과정 자체의 공명화 · 투명화 · 민주화 등은 한국 민주주의 발전에 엄청난 영향력을 행사하고 있다. 이제는 민주주의의 핵심으로서의 선거과정을 보다 심층적으로 이해하고자 하는 노력이 필요하다. 선거과정은 민주주의를 지키고 키우며 발전시킬 수 있는 민주주의의 산 교육장이기 때문이다.

지금까지의 논의를 요약하면 다음과 같다. 첫째, 거시적으로 볼 때 한국에서의 선거는 민주주의 발전을 위해 순기능적 역할을 담당했다는 것이다. 둘째, 선거과정을 통해 시민의식이 민주적 방향으로 성숙해 갔고, 이러한 민주적 시민의식이 경직된 정치체계의 재구성에 대한 요구를 증대시켜 왔다는 것이다. 셋째, 1987년 6월 민주화 운동은 정치체계 변동을 가져왔고, 정치체계 변동은 선거관리와 선거과정의 공정성 확보에 영향을 미쳤으며, 이를 바탕으로 평화로운 정권교체가 이뤄질 수 있었다는 것이다. 넷째, 국민 의사를 무시하는 장기집권을 위한 개헌이나 선거법 개정은 그러한 집권세력의 의도와는 반대로 정권붕괴로 연결되곤 하였다는 것이다. 다섯째, 향후 지역주의를 극복해야 하며, 기존 선거제도의 개혁을 위해 보다 합리적인 방향으로의 연구와 노력이 경주되어야 한다는 것이다.

이젠 한국의 선거과정이 보다 체계적으로 연구되어야 한다. 선거가 정당정치와 의회정치에 미치는 영향, 선거가 시민의 정치의식에 주는 영향, 선거가 권력구조 형성에 미치는 영향, 더 나아가 선거가 민주화에 미치는 영향이 규명되어야 한다. 그리고 기존 선거제도가 가져오는 의도하지 않은 결과—즉 4 · 19혁명, 6월 민주화 운동—들을 총체적으로 재점검해 볼 필요가 있다. 이와 같이 한국 민주주의의 기적은 한국 정치의 장을 학문적으로 많은 가설들을 제시할 수 있는 실험실로 만들었으며, 그 가설들의 상당부분은 선거와 정치변동에 관한 것이라고 생각한다.

참고문헌

김기석. 2006. "역사적 신제도주의와 현대 정치학 연구 : 1990년대 중반 이후의 동향." 『현대 정치학 이론의 발전』. 일산 : 인간사랑.

김선명. 2007. "신제도주의 이론과 행정에의 적응성 : 역사적 제도주의를 중심으로." 『한독사회과학논총』 제17권 1호.

김세균. 1995. "한국에서 국가와 사회와의 관계 : 한국 민주화과정의 경과와 성격과 관련하여." 『광복 50주년기념논문집 : 정치』. 광복50주년기념사업위원회, 한국학술진흥재단.

김 욱. 2006. "16대 대선에서 세대, 이념, 그리고 가치의 영향력." 『한국의 선거 V』. 서울 : 오름.

김종림 · 이남영. 1986. "투표자들은 후보자를 어떻게 선택하는가?." 『의정연구』 제4호.

______. 1986. "산업국가에 있어서의 신념체계와 정치현실-한국민주주의의 발전 가능성에 대한 소고." 『한국정치학회보』 제20집 2호.

심지연 · 김민전 공저. 2006. 『한국 정치제도의 진화경로 : 선거정당정치자금제도』. 서울 : 백산서당.

어수영. 2004. "가치변화와 민주주의 공고화 : 1990-2001년간의 변화 비교연구." 『한국정치학회보』 38집 1호.

이남영. 1985. "산업화와 정치문화 : 민주의식 변화를 중심으로." 『한국정치학회보』 제19집.

______. 1998. "1998년 지방선거와 지역주의-제15대 대통령선거와 비교의 관점에서." 『한국의 선거 IV』. 서울 : 푸른길.

______. 2007. "한국 민주화 20년에 대한 평가." 『한국 민주화 20년 : 민주주의와 리더십』 2007년도 한국정치학회 특별학술회의, 한국프레스센터.

한배호. 1994. 『한국정치변동론』. 서울 : 법문사.

Almond and Powell. 1978. *Comparative Politics*. Boston : Little Brown and Company.

Inglehart, Ronald. 1990. *Culture Shift in Advanced Industrial Society*. Princeton : Princeton University Press.

Lane, R. 1986, "Market Justice, Political Justice." *APSR*. vol. 80.

Pennock, J. Roland. 1979. *Democratic Political Theory*. Princeton : Princeton University Press.

제11장

통상외교와 국회의 역할
한-칠레 FTA와 한미 FTA의 사례*

유현석(경희대학교)

I. 서언

한국이 1999년 12월 칠레와의 첫 FTA 협상을 시작한 이래 7년여의 시간이 흘렀다. 그동안 한국은 동시다발적 FTA 전략을 수립하고 매우 빠른 속도로 FTA 협상을 추진해 왔다.[1] 칠레에 이어 싱가포르, EFTA(European Free Trade Area), 아세안, 미국과의 협상을 완료했고 현재 멕시코, 인도, 캐나다, EU, 일본(중단 중) 등과도 협상을 하고 있는 중이다. 중국과의 FTA 협상을 위한 산관학 공동 연구가 진행되고 있는 것을 고려하면 중국과의 FTA 협상도 멀지 않은 시점에 개시될 것으로 보인다. 그렇게 되면 한국은 머지않아 전세계의 주요 지역, 경제권, 국가들과 FTA 협정을 맺게 될 것으로 보인다.

이렇게 빠른 속도로 FTA 정책을 추진하고 있지만 FTA를 둘러싼 국내정치적 모습은 그다지 순조롭지 않다. 한-칠레 FTA가 2년여의 협상기간과 비준이

* 본 논문은 『한국외교사논총』 제29권 2호(2008. 2)에 수록된 것을 전재한 것임을 밝힙니다.

처리되기까지 1년 4개월 정도의 시간 그리고 비준과정에서 심각한 갈등과 사회적 비용이 소모되었다. 한미 FTA의 경우는 더욱 심각하다. 협상은 타결되었지만 협상의 내용(특히 소고기시장) 그리고 재협상 문제 등을 놓고 반대집단들은 목소리를 높이고 있고, 한미 FTA의 비준에 대해서도 낙관할 수많은 없는 상황이다. 현 시점에서 볼 때 FTA가 사회통합을 위협하는 중요한 갈등요인으로 부상하고 있다는 평가를 할 수 있을 정도이다. FTA 협상에 대한 국내정치가 이렇게 순조롭지 못한 이유는 FTA의 당위성이나 절차 등에 대한 사회적 합의가 이루어지지 않았기 때문으로 보인다. 사실 한국의 FTA 정책에 대한 많은 비판 중에서 가장 핵심적인 것은 국민여론의 수렴 혹은 이해당사자들의 이익이나 의사의 반영이 제대로 이루어지지 못하고 있다는 것이다. FTA 추진, 상대국가의 선정, 협상안의 마련 등에서 이해당사자들을 포함한 국민들의 의사가 적절히 반영될 수 있다면 FTA를 둘러싼 사회적 갈등은 크게 감소시킬 수 있을 것이다.

국민의 의견수렴이나 사회적 갈등을 조정하는 데 있어 국회의 기능은 매우 중요하다. 국회는 통상협상에 대한 비준권을 가지고 있을 뿐만 아니라 근본적으로 민의를 대변하는 대의기구이기도 하다. 지역, 직능의 이익을 대변하는 국회의원들의 활동을 통해 이해당사자들의 이익이 반영될 수도 있고 잠재적 피해자에 대한 보상책들이 마련될 수 있다. 또 통상문제를 담당하는 상임위원회 활동을 통해 통상정책의 방향에 영향을 미칠 수 있다. 이러한 책임과 권한에도 불구하고 한국의 국회는 FTA 정책, 협상의 추진 등에서 매우 한정적인 역할만을 수행해 왔다. 이러한 비판은 한-칠레 FTA 과정에서도 제기되었고, 한미 FTA의 경우에도 여전히 유효하다. 한미 FTA의 추진과정에서 국회가 보다 적극적인 역할을 했다면 한미 FTA를 둘러싼 논란과 혼란을 줄일 수 있었나고 생각하는 진문가들이 많다. 과연 한국의 국회는 한국의 주요 FTA 협상과정에서 어떠한 역할을 했는가? 국회의 역할에는 어떠한 문제점들이 있었는가? 한국에 있어서 국회의 제한적 역할은 어떠한 요인에서 기인하는가? 또 국회의 역할을 확대할 수 있는 방안은 무엇인가? 이 글은 이러한 문제에 대한 해답을 제공하고자 한다. 이러한 문제에 대한 해답을 통해 한국의 FTA 정책을 보다 효율적이고 안정적으로 추진할 수 있는 방안을 마련할 수 있을 것이다.

II. 왜 FTA에서 의회의 역할이 중요한가?

FTA는 양자 간 무역협정으로서 최근에 WTO 중심의 다자 간 무역체제가 진전을 보지 못하고 있는 상황에서 급속도로 확산되고 있다. 한국도 1998년 11월 대외경제정책조정위원회의 의결에 따라 FTA를 통상정책의 일환으로 추진키로 공식 결정했고, 1998년 첫 협상국가로 칠레를 선정하고 협상을 시작했다. 2003년 8월 정부 차원의 FTA 추진 로드맵을 확정하고 동시다발적인 FTA 체결 전략이 본격화되었다. 2003년 12월 일본과의 정부 간 협상이 시작되었고(현재 중단 중), 그 후 칠레(2004년 4월 발효), 싱가포르(2006년 3월), 아세안(2006년 9월, 상품분야) 그리고 미국(2007년 4월)과의 FTA가 타결되었으며, 현재는 EU, 캐나다, 인도, 멕시코와의 협상을 진행 중이고 중국과는 산·관·학 연구가 진행 중이다. 한국이 본격적인 FTA 중심의 통상정책을 추진하고 있지만 이러한 한국의 FTA 정책수립 및 추진에 있어 국회의 역할은 찾아보기 어렵다. FTA 중심의 통상정책이 바람직한 것인지, 어떤 나라와 FTA를 할 것인지 등의 결정에 있어 국회가 참여하거나 영향을 미친 흔적은 찾아보기 어렵다.[2] FTA 중심의 통상정책을 펼 것인가 아니면 WTO 중심의 통상정책으로 나갈 것이냐의 문제에서부터 FTA 상대국을 결정하는 일, 그리고 협상안을 마련하는 일 모두가 통상정책의 영역이다. 통상정책에서 국회의 역할은 그 나라의 특수성과 정치제도의 특성에 따라 차이가 있다. 일반적으로 미국 의회는 미국 통상정책에 있어서 절대적 권한을 가지고 있다고 알려지고 있다. 그에 반해서 한국의 경우는 제도적으로 매우 제한적인 역할만을 할 수 있을 뿐이다. 이것은 한국의 통상정책에 대한 권한이 행정부에 있기 때문에

불가피한 일이다.[3)]

미국의 경우 의회의 통상정책에 있어서의 권한은 헌법에 명시되어 있다. 미국 헌법은 의회의 대외무역에 관한 통제권을 인정하고 있다. 미헌법 1조는 "외국과의 통상을 규제하는 권한은 의회에 속한다"라고 규정함으로써 무역정책에 대한 궁극적 권한과 책임이 의회에 주어져 있음을 명백히 하고 있다. 따라서 미행정부의 각종 무역협정의 이행이나 관세의 부과를 비롯한 모든 수입제한조치는 의회가 주도적으로 입법한 각종 무역 관련법에 기초하여 그 범위 내에서 또는 의회로부터 명시적으로 위임된 권한에 입각하여 수행하지 않으면 안 된다. 의회는 행정부의 법 적용과 무역정책 권한의 행사가 의회의 의도에 맞게 이루어질 수 있도록 보장하기 위해 각종 무역법 속에 행정부에 의한 위임된 권한의 적용을 제한하는 규정, 행정부에 대한 의회의 효과적인 감독을 확보하기 위한 규정, 무역정책에 대한 궁극적 권한보유자로서 무역정책과 제도를 필요에 따라 적절히 변경하고 수정하기 위한 규정 등 각종 법적 요건을 상세하게 규정하고 있다(최병선 1996, 98).

실제적으로도 1930년대까지는 미국 의회는 무역정책에 관한 전권을 행사했다. 그러나 1934년 미국에서 상호무역협정법(Reciprocal Trade Agreements Act)이라는 법안이 제정되면서 의회는 무역정책 결정권한의 일부를 행정부에 위임하게 된다.[4)] 이 법안 이후 행정부의 통상정책 및 무역협상에 대한 권한은 계속적으로 확대되어 왔다. 특히 주목할 만한 것은 1974년 무역법에 5년의 기한으로 처음 도입된 신속처리권한(fast-track authority)과 협정이행 법안에 대한 의회의 신속처리절차(Congressional fast-track implementing procedures)에 관한 규정들이다. 이러한 법안은 미의회의 행정부에 대한 권한 위임을 공식화하고 있는 동시에 통상정책에 있어 행정부의 권한을 점차로 강화시키는 의미를 갖는다. 이 법안에 따라 의회가 대통령에게 외국과의 다자 간 또는 쌍무협정 체결을 위한 협상을 추진할 수 있는 권한을 부여하고, 협정이 체결되면 의회는 이에 대해 수정 없이 찬반 여부 만을 물어 입법절차를 마쳐야 한다.

미국에서 무역협상을 주도하는 USTR(United States Trade Representative) 역시 의회의 요구에 의하여 백악관의 대통령실 산하에 설치되었고, 케네디 대통령 시절에 신설된 States Trade Representative로 개편되었다. 의회는 무역정책의 궁극적인 권한과 책임을 가지고 있으나 실제적으로는 대외무역협상을 이끌 수 없으므로 행정부의 부서(주로 상무성)나 새로운 기관이 무역협상을 수행해 나가도록 하되 이 기관에 대하여 강력한 통제력을 행사함으로써 의회의 의도를 협상에 적극 반영시키려는 의도를 가지고 대통령실 내에 무역협상 특별대표부를 설치한 것이었다. 초기에 대통령의 소극적 태도로 별다른 역할을 하지 못했지만 의회는 계속적으로 이 기관의 규모와 역할을 증대시켰고, 1979년의 통상협정법에 의해 USTR로 다시 태어났다.[5)]

미국 의회의 이러한 통상정책에 대한 강력한 권한은 매우 예외적이고 세계적으로도 드문 사례이다. 대부분의 국가에서는 행정부에서 상무성(Department of Commerce)이 통상협상을 담당하게 된다. 한국의 경우는 통상교섭본부가 통상협상에 대한 업무를 담당하고 있지만 재정경제부 역시 무역정책에 있어 상당한 역할을 하고 있다.

한국의 의회, 국회가 통상정책에 대한 법적 권한을 가지고 있지 못하다고 해서 FTA 협상에 대해 아무런 역할을 할 수 없다거나 중요한 행위자가 아니라고 보는 것은 옳지 않다. 국회가 통상정책의 수립이나 무역협상의 지휘 등과 같은 직접적 역할을 할 수 없다 하더라도 국민의견의 수렴, 이해당사자 간의 이해갈등의 조정, 보상안의 마련 등 통상정책과 관련된 많은 다양한 역할을 할 수 있는 위치에 있다. 무엇보다도 통상협상의 국내정치에서 국회의 역할은 중요하다. FTA 협상과 같은 통상협상은 전형적인 양면 게임의 성격을 가지고 있다. 양면 게임이란 협상이 두 가지 차원에서 동시에 이루어지는 것을 의미한다(Putnam 1988). 기업의 임금협상도 양면 게임의 성격을 갖는다. 임금협상에서 회사의 대표와 노조의 대표는 서로 협상을 하지만 각 대표들은 또 동시에 자신들의 유권자(기업의 경우 주주를 대표한 경영진, 노조의 경우 조합원)들과 임금협상의 내용을 가지고 동시에 협상을 해야 한다. 통상협상의 경우 협상 대표는 상대편 국가의 협상자와 협상을 하지만 그와 동시에 국내적으로 그 협상의 결과에 영향을 받는 이해당사자들과 협상을 하게 된다. 통상협상이 전형적인 양면 게임의 성격을 갖는 이유는 통상협상이 비준이라는 절차를 거쳐야 하기 때문이다. 여기서 비준이란 국회에서의 비준처럼 공식적인 비준도 포함되지만 여론으로부터의 평가 등과 같은 비공식적인 형태의 비준도 포함한다. 만일 통상협상의 과정이나 결과가 이해당사자의 이익을 심각하게 침해할 경우 또는 이해당사자의 기대 수준에 못 미칠 경우 이해당사자들은 여러 가지 방법을 통해 협상에 영향을 미치려고 하거나 협상결과를 무효화시키려 한다. 국회의 비준과정에 영향을 미치기 위해 의원들을 압박하거나 거리에서의 대규모 시위와 같은 비정상적인 방법으로 정책결정자들의 선택에 영향을 미치기도 한다. 통상협상은 이러한 비준과정을 거치기 때문에 양면 게임에서 국내협상이라고 부르는 또 하나의 협상이 존재하게 되는 것이며, 이 국내협상의 성패가 많은 경우 국가 간 협상의 결과보다도 더 중요한 것이다. 다시 말해 국가 간 협상이 타결되었다 하더라도 국내협상에 제대로 되지 못하면 국가 간 협상 자체가 무위로 돌아갈 수 있다는 것이다.

퍼트남의 양면 게임 이론에 따르면 국내협상과 국가 간 협상은 동시에 이루어지며, 각 협상의 결과는 다른 협상에 영향을 미치게 된다. 국내협상의 결과는 국가 간 협상에 임하는 협상 대표의 전략과 목표에 영향을 미치게 된다. 국내 이해집단이 받아들일 수 있는 협상결과를 얻어내야 되기 때문이다. 따라서 양면 게임의 논리를 충실히 받아들인다면 협상담당자는 국내 이해집단의 의견에 의해 협상의 재량권을 상당부분 제한받게 되는 것이 사실이다. 그러나 현실에서 국내협상이 국가 간 협상에 얼마나 영향을 미치냐는 논쟁적이다. 국내협상의 내용이 단순히 이해집단의 의견을 국가 간 협상의 내용과 전략을 결정하는 데 반영하는 게 아니라, 국내집단을 설득하고 잠재적 피해에 대한 보상을 약속하는 내용을 포함하기 때문이다. 국가이익을 위한 국제협상에서 특정 이해집단의 이익이 협상의 성패에 결정적 영향을 미치는 것은 바람직하지 않으므로 현실에서의 국내협상은 이해의 반영은 물론 타협과 설득, 보상에 대한 논의가 더욱 중요한 부분일 수밖에 없다.

양면 게임에서 국내협상은 실제 협상담당자가 이해당사자들과 같은 테이블에 앉아 이해집단의 의견을 듣고 논의하는 공식적 협상만을 의미하는 것은 아니다. 국가 간 협상에 잠재적 이해당사자들의 견해를 청취하는 공청회서부터 업계의 의견을 청취하는 각종 협의회, 찬반단체의 대중집회, 대중매체에서의 토론회나 국회 상임위 보고 등도 넓은 의미에서 국내협상으로 볼 수 있다. 이 모든 형태의 국내협상이 제도화되기는 어렵지만 적어도 통상협상에서 협상의 목표와 전략을 마련하는 과정에서 이해집단의 의견을 청취하는 메커니즘이 존재해야만 한다는 것은 이론의 여지가 없다. 물론 국가이익을 전제로 하는 국가 간 협상에서 누가 국가이익을 규정하고 목표를 설정하는 데 있어서 얼마만큼의 사적 이익이 반영되어야 하는가는 국가를 운영하는 원칙에 관련된 문제일 것이다. 그러한 문제를 차치하고라도 이해집단의 의견들이 어떠한 방식으로, 또 어느 정도 국가의 통상정책과 통상협상에 영향을 미쳐야 하는지는 국가이익의 추구라는 측면에서 매우 중요한 부분이다.

통상협상에서 국내협상이 중요한 이유는 통상협상이 비준과정을 거쳐야 하고, 이 비준과정이 순조롭게 이루어지기 위해서는 국내협상이 성공적으로 이루어져야 하기 때문이다. 국내협상은 기본적으로 국내의 이해당사자와 협상주체(정부) 간에 이루어지기 때문에 이해당사자들의 의사를 파악하고 이익을 반영한 협상안을 만들고 협상을 벌여나가야만 성공적인 국내협상이 될 수 있고, 결과적으로 비준과정에서 문제점을 발생시키지 않는 것이다.[6]

국회의 역할은 포괄적 의미의 국내협상, 즉 FTA 협상의 국내정치에서 매우 중요하다. 국내협상을 담당하는 다른 기관이나 부서가 있지만 국회는 의견의 수렴이나 보상책의 마련 등에서 다른 부서들이 할 수 없는 중요한 역할을 하게 된다. 한국의 경우 국회는 미국처럼 통상정책에 대한 직접적 권한을 가질 수가 없다. 비준동의와 관련해서도 상정된 안에 대한 수정을 요구할 수도 없다. 그렇기 때문에 FTA 정책이나 협상에 있어서 한국 국회의 역할은 국민의견의 수렴과 공론화, 그리고 이해당사자들의 견해를 취합하여 행정부에 전달하는 것, 그래서 FTA 정책의 정치적 비용을 줄이는 데 집중될 수밖에 없다. 또 행정부의 일방적 독주를 견제하는 기관으로서 행정부의 협상방향에 대한 감시와 의견제시를 통해 바람직한 협상이 이루어질 수 있도록 해야 하는 것도 국회가 수행해야 할 역할이다.

III. 한-칠레 FTA와 한미 FTA에서 국회의 역할

국회가 국민의 의사를 대변한다는 대의민주주의의 원칙에서 볼 때 국회의 역할은 FTA 거버넌스에서 매우 중요한 부분이다. 통상정책 그리고 통상협상에 있어 이해당사자들의 의사를 정당이나 국회의원들이 적극적으로 대변하는 것이 대의민주주의적 참여행태일 것이다. 그러나 한국의 경우 통상정책이나 통상협상에서 국회의 역할을 매우 제한적이다. 한국의 최초의 FTA인 한-칠레 FTA의 경우 국회의 역할은 매우 제한적이었다. 국회는 협상과정 동안 당정협의회 차원에서 의견을 개진하는 수준의 역할밖에 하지 못했다. 비준과정에 있어서는 국회는 한국의 주어진 상황에서 나름대로 역할을 한 것으로 보인다. 특히 농어촌에 대한 지원을 이끌어내는 데 있어 상임위 그리고 비준과정에서의 농촌출신 의원들의 반대는 정부의 지원을 늘리는 데 중요한 역할을 한 것이 사실이다. 다만 한-칠레 FTA에 대한 대응을 국회의원 개개인의 차원에서 이루어지도록 했다는 점, 그리고 비준과정에서 잠재적 피해자들을 위한 입법과 같은 사후적 처리에 머물렀다는 점은 국회 역할의 한계로 볼 수 있을 것이다(유현석 2006). 한미 FTA의 경우는 한-칠레 FTA 비준 후 2년 후에 협상이 개시되었지만 국회의 역할에 있어서는 별다른 차이가 없다. 국회 내에 특위가 구성되었다는 것 말고는 별다른 움직임을 찾아낼 수 없으며, 한미 FTA가 가지는 중요성이나 그 영향의 크기를 감안해서 생각해 볼 때 국회의 역할은 오히려 더 미약했다고 보는 게 옳을 것이다.

1. 한-칠레 FTA 협상과정과 국회의 역할

한-칠레 FTA가 한국의 첫 번째 자유무역협정이었다는 점에서 보면 한국사회의 어떤 집단도 FTA에 대해 정확한 인식을 가지고 있지 못했다. 그에 더해서 칠레와의 무역규모가 한국 전체의 0.4%에 불과하기 때문에, 그리고 과수 몇 가지 이외에는 별다른 피해가 없을 것으로 예상되었기 때문에 협상과정 자체가 상대적으로 조용하게 진행되었고, 이것은 협상 시작 전부터 큰 논란을 빚었던 한미 FTA와는 근본적인 차이를 보인다. 1999년 12월 첫 번째 공식협상이 열렸고 2000년 12월 서울에서 4차 협상이 열림으로써 1년 사이에 4차례의 협상이 마무리 되었다. 협상은 5차 협상 때부터 예민한 문제들을 다루기 시작했다. 2001년 3월에 열린 예정이던 5차 협상은 칠레 측이 한국의 377개 민감 농산물에 대한 예외적 조치를 포함한 양허안에 대응해 우리 관심 품목인 공산품에 대한 관세유지를 골자로 하는 양허안을 제시하여 협상이 연기되었고, 교착상태는 계속되어 2002년 8월에야 5차 협상이 이루어졌다.[7)]

한-칠레 FTA에 대한 본격적인 국회 차원에서의 대응은 4차 회담이 끝난 시점에 와서야 이루어졌다. 그 이전까지는 관련 상임위 위원들 혹은 관련 농산물을 재배하는 지역구 출신의 의원들이 개인적 차원에서 FTA 협상에 대해 현황을 파악하고 관심을 보이는 수준이었다. 그러나 협상이 본격화되고 농민단체 등의 반대가 점차 거세지면서 국회가 좀더 확실한 의견표명을 하기 시작했다. 초기에는 이해관계가 걸린 지역구 국회의원을 중심으로 관련 상임위에서 의견이 개진되는 수준으로 시작하였고, 이후 시간이 걸리면서 당정협의회에서 당 차원의 의견표명이 이루어졌다. 민주당의 경우 2001년 3월 5일 재경, 외교통상, 농림분야 합동 당정회의에서 한-칠레 자유무역협정에서 포도, 사과, 배, 자두 등을 비롯한 농산물을 제외할 것을 정부 측에 강력히 요구했고, 이러한 요구가 관철되지 않으면 국회에서 비준에 반대할 것이라는 입장을 밝혔다. 또 이어 열린 최고위원 회의에서도 대부분의 최고위원들이 농산물 제외를 찬성해 논란이 벌어졌다. 정부측에서는 당의 의견을 충분히 수렴해 앞으로 협상과정에서 노력하기로 하였다고 발표했다(《한겨레신문》 2001. 3. 5)

이러한 당정협의회 수준에서의 국회의 의견개진이 협상안을 마련하는 데 얼마나 영향을 미쳤는지는 정확히 알 수 없다. FTA 정책결정 과정이나 협상안이 작성되는 과정에서 국회가 영향을 미칠 수 있는 제도적 장치는 존재하지 않는다. 다만 당정협의회에서 논의된 것이 행정부처에 전달되어 협상안을 작성하는 데 참고가 되었을 것이라는 것은 짐작할 수 있다. 기본적으로 한국의 국회가 통상정책을 결정하는 데 있어서 영향을 미치기는 매우 어렵다. 통상정책이나 대외정책이 법안으로 뒷받침되어야 하는 경우에 있어서는 법안 통과를 통해서 영향력을 행사할 수 있지만, 그렇지 않은 경우는 국회는 결정된 사항에 대한 비준을 통해서 만 영향을 미칠 수 있는 게 현실이다. 한-칠레 FTA의 경우도 국회의 역할을 비준과정에서 그나마 관찰할 수 있다.

2. 한-칠레 FTA 비준과정에서의 국회의 역할

한-칠레 FTA 비준과정에서 각 정당들은 매우 느슨한 형태의 당론을 마련하였다. 한나라당의 경우 권고적 찬성 당론을 내놓았고 열린우리당은 찬성 당론, 그리고 민주당은 당론 없이 자유투표를 결정했다(최태욱 2006). 이렇게 각 당이 강력한 당론을 내놓지 않은 것은 이미 각 당내에서 출신 지역구에 따라 반대의사를 분명히 한 의원들이 존재했기 때문이고, 선거를 앞둔 시점에서 이들의 의사에 반해 강제로 당론을 고집할 수 없다는 현실적 인식 때문이었다.

비준과정은 국회가 영향력을 행사할 수 있는 과정이고, 한-칠레 FTA 협정의 비준이 두 나라가 협정에 서명한 후 1년여 가량 걸렸다는 것은 한국의 국회가 비준과정에서 어떠한 형태든 중요한 역할을 했다는 것을 간접적으로 보여준다고 할 수 있다. 특히 농어촌에 대한 지원을 이끌어내는 데 있어 상임위, 그리고 비준과정에서의 농촌출신 의원들의 반대는 정부의 지원을 늘리는데 중요한 역할을 한 것이 사실이다. 그러나 한국의 국회는 비준과정에서 적극적인 역할(그것이 찬성이든 반대이든)을 했다기보다는 개개 의원의 재량에 맡기는 소극적인 태도를 견지했다고 할 수 있다. 특히 해당 상임위원회에서의 통과과정을 살펴보면 몇몇 의원들의 적극적인 반대로 인해 상임위에서 통과하는 데 어려움을 겪었고, 통과하는 데 있어서도 정부 측의 농어촌에 대한 지원법안들이 처리된 이후 겨우 통과되었다. 국회의 다른 관련 상임위(농림해양수산위원회)는 '농어업인부채경감특별조치법안'과 '농림어업인의 삶의 질 향상 특별법안'을 통과시킴으로써 한-칠레 FTA 비준동의안의 처리를 지원했다. 그러나 통일외교통상위원회에서는 농민지원안을 담고 있는 FTA 이행특별법안이 농림해양수산위원회에서 통과된 후에 통외통위에서 비준동의안을 처리하겠다는 의원들의 반대가 나왔다. 반대의원들은 농해수위에서 통과가 되는 것을 보고 비준동의안을 처리하겠다고 했고, 정부측에서는 FTA에 이행특별법은 FTA가 통과되어야 법적 근거가 생기는 이행법이기 때문에 통외통위에서 비준동의안이 통과되면 바로 통과될 것이라고 대응했다. 그러나 이것을 믿지 못하겠다는 통외통위 위원들의 반대가 있었고, 열띤 논란 끝에 투표를 통해 비준동의안이 가결되었다.

비준과정에서 가장 큰 역할을 한 것은 농어촌에 지역구를 둔 한나라당 의원들의 비공식적 모임인 '농어촌의정회'를 포함한 소위 '농촌당'이었다. 62명의 의원이 참여한 '농촌당'이라 불리는 의원집단은 농어촌에 지역구들 둔 의원들로 구성되며, 한-칠레 FTA 비준과정 이전부터 존재해 왔다. 정당을 불문한 이 조직은 한-칠레 FTA 비준협정 과정에서 비준안이 상정되는 것을 물리적으로 저지하는 방법으로 비준안 통과과정에 영향을 미쳤다.

정부와 여당은 이들의 압력과 시민단체들의 반대에 직면하게 되자 애초에 비준안을 처리하려 했던 2003년 6월 비준안 처리를 미루기로 하였다. '농촌당'은 정부가 준비 중인 농어민에 대한 지원법안이 충분치 못하다고 주장하면서 비준안을 저지하겠다는 의사를 밝혔다. 정부와 여당은 7월달로 비준안 처리 일정을 연기하였다. 7월 8일 정부가 국회에 비준안을 제출했지만 여당은 비준안을 처리하지 않았다. 12월 26일이 되어서야 비준안은 국회 통일외교통상 상임위를 통과했다. 12명의 상임위 위원이 찬성했고, 8명이 반대했으며, 3명은 투표에 참가하지 않았다. 비준안은 12월 30일 본회의에 상정될 예정이었지만 '농촌당' 소속 의원들은 법안의 상정을 물리적으로 저지했다. 박관용 국회의장은 비준안의 처리를 2004년으로 미룰 것이라고 밝혔다. 2004년 1월 8일 비준안에 대한 찬반토론이 예정되어 있었지만 '농촌당' 소속 40여 명의 의원들이 단상을 점거하고 찬반토론을 무산시켰다. 이날 오전 노무현 대통령이 국회를 방문하여 의장과 삼당의 당수들에게 비준안을 통과시켜 줄 것을 부탁했지만 물리적 단상 점거로 인해 비준안은 처리되지 못했다. 박관용 의장은 다시 비준안을 2월 9일 처리하겠다고 발표했다. 그러나 2월 9일 국회는 다시 비준안을 처리하는 데 실패했다. 쟁점은 비준안 투표를 공개로 할 것이냐 비공개로 할 것이냐에 대한 것이었다. '농촌당' 소속 의원들은 공개투표를 할 경우 투표 자체를 저지하지 않겠다는 의사를 밝혔다. 그러나 투표방식에 대한 합의가 이루어지지 못했고 투표도 이루어지지 못했다. 박관용 국회의장은 정부 측에 농민에 대한 추가지원을 검토할 것을 요구하고 비준안 처리를 미룰 것을 공표했다. 다음날 정부는 농가에 대한 보상 및 지원을 늘릴 것이라고 발표했다. 보상 및 지원액은 이미 8천억 원에서 1조 2천억 원으로 증가한 상황이었다. 2004년 2월 16일 한-칠레 자유무역협정 비준안이 국회에서 통과되었다. 234명이 투표에 참석해 162명이 찬성, 반대 71명, 1명 기권으로 통과되었다. '농촌당' 의원들은 정부가 피해농가에 대한 보상을 향후 7년간 1조 2천억 원으로 늘리고 농가 부채에 대한 이자 인하와 상환기간 연장 등을 약속한 이후 비준안에 대한 투표를 저지하지 않았다(Yu 2005).

만일 이들 '농촌당'의 저항이 없었다면 비준과정은 훨씬 신속하게 진행되었을 것이며, 한-칠레 FTA 협정에 대한 이면보상의 성격인 각종 지원법안도 적은 규모로 이루어졌을 것이다. 국회에서의 비준을 위해 정부는(정부안 8천억 원, 농해수위원회에서 증액) 1조 2천억 원의 특별기금을 조성하는 'FTA 이행 특별법', '농어민 부채경감 특별조치법' 개정안, '농어민 삶의 질 향상 및 개발촉진 특별법' 등의 지원법안을 내놓았고, 국회는 이를 통과시켰다. 이러한 성과에도 불구하고 국회는 정당이나 범국회 차원의 어떠한 입장도 마련하지 못했으며, 한-칠레 FTA에 대한 대응을 국회의원 개개인의 차원에서 이루어지도록 했다는 점, 그리고 사후적 처리에 머물렀다는 점은 국회 역할의 한계로 볼 수 있을 것이다.

3. 한미 FTA 협상과정에서 국회의 역할

한-칠레 FTA에서 국회는 보상책을 마련하는 사후적 차원에서 역할을 할 수 밖에 없었다. 한-칠레 FTA가 한국 역사상 최초의 FTA 협상이라는 점을 고려하면 국회의 소극적 역할을 어쩌면 이해할 수도 있는 현상이다. 그러나 한-칠레 FTA에서 국회가 받았던 비판과 자성의 목소리를 고려해 본다면 한미 FTA 협상과정에서 국회가 한 역할은 너무도 보잘것없다.

한미 FTA의 경우 협상상대의 선정이나 개시 등에 있어서 국회의 참여는 전혀 없었다. 협상 개시 자체가 워낙 갑작스럽게 대통령과 소수의 참모들에 의해 기획되고 시행되어서 국회가 이 과정에서 참여할 수 있는 여지는 없었다.[8] 이러한 문제는 제도적인 문제에 기인하는 바가 크다. 한국의 FTA 정책결정 구조를 보면 국회는 철저히 소외되어 있다.[9] 그러나 이러한 제도적 제약이 한국 국회의 소극적 역할에 대한 면죄부가 될 수는 없다. 국회는 협상 개시 이후에도 한미 FTA에 대해 매우 소극적인 태도를 보였다. 2006년 2월 한미 FTA 협상이 개시되었지만 국회는 아무런 움직임을 보이지 않았다. 미국 워싱턴에서 열린 제1차 본협상에 연락관은 물론 해당 상임위 전문위원 등을 한 사람도 보내지 않았다. 국회 내에서 한미 FTA 문제를 다룰 특위에 대한 논의도 전혀 없었다. 국회 한미 FTA 특별위원회 구성이 합의된 것이 6월 달이고 그나마 실제 특위가 구성되어 첫 회의가 열린 것은 2차 본협상까지 끝난 7월 31일이었다. 특위의 규모도 일반 상임위 정수에 못 미치는 20명으로 구성되었고(후에 30명으로 늘림) 찬반의견에 대한 배분도 찬성입장의 의원이 압도적으로 많게 구성되었기 때문에 애초부터 균형잡힌 논의가 이루어지기 어려운 한계를 갖게 된 것도 문제점이다. 특위의 위상도 모호해서 가장 중요한 의결권은 특위가 아니라 통일외교통상위원회에서 행사된다. 더욱 중요한 것은 실제로 특위의 활동이 협상결과를 보고받고 이에 대해 문제를 제기하는 수준 이상의 것이 아니었다는 것이다. 특위의 활동은 18차례의 회의를 열어 협상결과를 보고받은 것이 전부이기 때문이다. 회의내용도 행정부의 임의적인 정보공개와 의원들에 대한 제한적인 답변이 주를 이루었고, 여당의원들은 '편들어주기' 식 질문으로 일관하기도 하였다. 이러한 부실한 특위 운영은 국회 차원의 무관심과 국회의원들의 전문성 부족이 원인이다. 특위의 1차 회의에서 민주노동당의 심상정 의원이 국회의 전문성과 책임성을 강화하기 위해 분과별 '자문위원회' 구성을 제안했지만 결국 자문위원회는 구성되지 않았다. 특위가 전문성을 갖지 못하게 되었다는 것이다. 이러한 특위의 비전문성으로 인해 특위가 협상내용에 영향을 미친다는 것은 애초부터 불가능한 일이었다. 실제로 국회 특위가 협상내용이나 전략에 어떠한 영향을 미쳤다고 할 만한 증거는 없다.

국회가 협상안의 수정을 요구하거나 재협상을 요구할 권한이 있는지에 대해서도 논란이 많은 상황이다. 의원들은 정부가 공개하는 정보를 바탕으로 할 수밖에 없고, 전문성이 떨어지는 의원들은 알맹이 있는 지적이나 제안들을 하는 것은 거의 불가능했다고 볼 수 있다. 이러한 상황에서 의원들의 요구를 협상안에 반영하거나 협상전략에 반영하는 것 역시 불가능했다. 이렇게 국회의 역할에 근원적인 한계가 있었지만 대통령은 국회의 역할에 대해 부정적인 언급을 하며 적극적인 역할을 요청했다. 국회가 FTA에 대해 하는 일 없이 느긋해하고 있다고 말하기도 해서 특위 위원들의 반발을 사기도 했다. 특히 한미 FTA에 대한 국민적 동의가 부족하다는 지적에 대해 "국회에서 적극적으로 논의가 이루어지고 공청회도 국회가 주도했으면 좋겠다"고 언급했다(《경향신문》 2006. 6. 22). 하지만 대통령의 이러한 주문이나 언론의 국회에 대한 비판은 제도적 차원에서 권한이 없고 정보의 접근도 제한되어 있는, 그리고 전문적인 스텝의 도움도 받지 못하는 한국의 국회에게는 억울한 일일 수 있다.

정당 차원에서도 한미 FTA 협상과정에서의 역할은 매우 미약했다. 어쩌면 한-칠레 FTA 협상 때보다도 더 소극적인 활동을 했던 것으로 보인다. 이것은 아마도 대선을 앞두고 있는 상황에서 FTA 이슈를 가지고 당의 내분을 노출하는 것을 우려한 점, 또 FTA 이슈가 기존의 당내 균열구조(대권주자를 중심으로 한)를 복잡하게 할 수 있는 점 때문일 것이다. 여당 내부에서는 FTA에 대한 찬반이 비교적 명확히 갈려 있었고 대권주자들 사이에서도 이견이 있었기 때문에 당 차원에서의 적극적 역할을 하지 못했다. 한나라당의 경우에는 대부분이 찬성하는 상황이었지만 반대여론이 만만치 않은 상황에서 굳이 대통령이 나서서 추진하는 한미 FTA에 대해서 편을 들어줄 필요가 있느냐는 의견이 지배적이었던 것으로 보인다. 한나라당 대부분의 의원들은 한미 FTA에 대해 기본적으로 찬성하지만 서두를 필요는 없다는 식의 매우 방관자적인 입장을 보였다. 이런 소극적인 태도에 대해 한나라당 자체에서도 반성의 목소리가 터져 나오게 된다. 협상타결 4일전에 열린 회의에서 한미 FTA에 대해 한나라당이 수권정당답지 못하게 대처해 왔다는 발언들이 나왔다.

국회에 대한 비난이 높아지자 국회의원들은 한국의 의회인 국회가 FTA에 대해서 너무나 권한이 없으며 행정부가 협상을 독주하고 있다고 비난하기 시작했다. 결국 여야 의원 23명은 한미 FTA를 추진하는 정부를 상대로 국회의 조약, 체결·비준동의권을 침해했다며 헌법재판소에 권한쟁의심판을 청구했다. 비준동의권이 지나치게 좁게 해석되어 단지 국회는 비준할 권리를 갖는 것으로 되어 있다는 것이다. 비준동의를 하기 위해서 국회가 정보에 대한 완전한 접근 권한을 가져야 하고 협상내용에 대한 영향력을 행사할 수 있어야 한다는 논리인 것이다.

한-칠레 FTA와 한미 FTA에 있어서 국회의 역할에 대해 비교해 보면 첫째, 두 협상 모두 협상상대의 결정이나 시기 등에 대해서 국회의 참여가 이루어지지 못했다.[10] 둘째, 국회의 참여는 대체로 협상이 본격화되고 민감한 사안들이 논의되기 시작하는 시점에서 이루어졌다. 셋째, 참여의 형태로 볼 때 한-칠레 FTA의 경우는 의원 개인 차원의 참여가 주를 이룬 것으로 볼 수 있다. 농촌에 지역구를 가진 의원들이 농민행사에 참석한다든지 해당 상임위에서 문제를 제기하는 것이 주된 형태였다. 반면에 한미 FTA의 경우는 시기적으로 늦고 내용상으로 문제점을 가지고 있음에도 불구하고 한미 FTA 특별위원회라는 제도적 장치가 마련되었다는 점에서 그 의미를 찾을 수 있다. 넷째, 정당 차원의 역할이라는 점에서 볼 때 한-칠레, 한미 FTA 모두 정당 차원이라기보다는 정당을 초월한 이해를 같이 하는 의원집단의 차원에서 참여가 이루어졌다고 볼 수 있다. 한-칠레 FTA 비준과정에서 농촌당의 역할이라든지 한미 FTA 협상과정에서 여야의원 23명이 정부를 상대로 국회의 조약, 체결, 비준동의권을 침해했다며 헌법재판소에 권한쟁의심판을 청구한 것 등이 그 예이다. 마지막으로 두 경우 모두 잠재적 피해자에 대한 보상책 마련이라는 사후적 처방이 국회의 가장 중요하고 실질적인 역할이었다고 볼 수 있다.

IV. 통상정책에 있어 국회 역할의 한계 및 극복방안

한국의 국회가 한-칠레 FTA나 한미 FTA에서 아주 제한적인 역할만을 수행한 것에 대해 국회만을 비판하는 것은 어쩌면 부당한 일일 수도 있다. FTA 협상과 같은 통상정책에 있어 국회가 역할을 하기 어려운 점은 제도적인 제약에 기인하는 바가 크기 때문이다. 우선 통상정책에 있어 국회의 역할을 뒷받침할 만한 제도적 장치가 없다. 미국의 경우 미헌법 1조가 "외국과의 통상을 규제하는 권한은 의회에 속한다"고 규정함으로써 무역정책에 대한 궁극적 권한과 책임이 의회에 주어져 있음을 명백히 하고 있다. 이에 따라 미행정부의 각종 무역협정 프로그램의 이행이나 관세의 부과를 비롯한 모든 수입제한 조치는 의회가 제도적으로 입법한 각종 무역 관련법에 기초하여 그 범위 내에서, 또는 의회로부터 명시적으로 위임된 권한에 입각하여 수행되어야 한다. 제도적으로는 하원의 세입세출위원회와 상원의 재무위원회는 의회가 무역 관련 정책과 제도를 관장하는 핵심적 제도이다.

이와는 달리 한국에는 국회가 제도적으로 통상 관련 조약의 전 과정에 참여할 수 있는 제도적 장치가 없다. 한국의 국회는 통일 및 외교통상위원회에서 통상정책에 관련한 법률을 제정하거나 비준안을 통과시키는 것 이외에는 별다른 역할을 할 수 없는 상황이다. 헌법 제60조 1항에 따르면 "국회는 상호 원조 또는 안전보장에 관한 조약, 중요한 국제조직에 관한 조약, 우호통상항해조약, 주권의 제약에 관한 조약, 강화조약, 국가나 국민에게 중대한 재정적 부담을 지우는 조약 또는 입법사항에 관한 조약의 체결·비준에 대한 동의권을 가진다"라고 규정하고 있다. 이러한 권한 이외에도 국회는 상임위원회를 통해 행성부의 통상정책 입안과정을 감시하고 견제할 수 있다. 그러나 이것은 통상협상 자체에 영향을 미칠 수 있는 것을 의미하는 것은 아니다. 협상 대표(전권을 가진 대표)를 임명하는 것도 대통령의 단독 권한이다. 이렇게 헌법상으로 국회가 통상정책에 영향을 미칠 수 있는 수단은 매우 제한되어 있다.

그러나 한미 FTA가 진행되면서 국회의 통상에 관한 권한을 확대해서 해석해야 한다는 견해들이 제시되었다. 이것은 국회가 체결된 조약에 대해 비준할 수 있는 것 이외에 조약의 내용 등에 영향을 미칠 수 있도록 협상과정에까지 권한을 행사할 수 있어야 한다는 것이다. 우리 헌법 제60조 1항의 조약의 체결·비준에 관한 비준동의권을 좁게 해석하면 국회가 동의권만을 가진 것으로 되지만 좀더

넓게 해석한다면 협상의 개시, 협상과정에 대한 감독 그리고 동의권을 행사하기 위한 정보를 제공받을 권한 등이 포함된다는 것이다. 헌법 제60조 1항의 정신은 입법부가 행정부의 조약체결에 대해 견제와 감독을 해야 한다는 것이기 때문에 국회가 단순히 동의권만을 갖는 것으로 해석되어서는 안 된다는 것이다. 그러나 이러한 주장은 헌법해석의 문제이며, 따라서 비준동의권의 포괄적 해석이 받아들여지기는 어렵다. 따라서 통상에 관한 국회의 역할을 강화할 수 있는 새로운 법안을 통해 국회의 역할을 강화하려는 움직임이 나타나게 되었다.

한미 FTA 협상과정에서 경실련은 통상협상에서 국회의 역할을 강화할 것을 요구했다. 경실련은 2006년 6월 14일 성명서를 통해 "국회가 1차 FTA 본협상이 개시됐음에도 이에 관해 적극적인 노력 없이 수수방관하고 있는 것은 직무유기에 다름 아니다"라고 주장하면서 비준단계에서 정치적 공방만 할 것이 아니라 통상교섭본부에 대한 국회의 견제와 감독을 요구했다. 이러한 경실련의 성명 이후 국회에서 한미 FTA, 그리고 통상조약에 대한 국회의 권한이 강화되어야 한다는 논의들이 본격화되기 시작했고, 한미 FTA 3차 협상이 시작된 2006년 9월에는 국회의원 23명이 〈민주사회를위한변호사모임〉, 〈참여연대〉와 함께 국회 본청 기자실에서 헌법재판소에 권한쟁의심판을 청구하는 기자회견을 개최하였다. 의원들은 정부가 한미 FTA 협상 체결과정에서 헌법에 명시된 국회의 조약체결에 관한 동의를 받지 않은 채 협상을 진행하는 것과 협정문 초안 및 1, 2차 협상결과 등 일체의 정보를 제공하지 않는 행위는 명백한 위헌이라며, 헌법재판소에 권한쟁의심판을 청구한다고 밝혔다.

현재 국회에는 통상절차법에 대한 3건의 법안이 상정되어 있다. 송영길 의원안과 이상경 의원안, 권영길 의원안이 있는데 권영길 의원안이 국회 역할의 강화 면에서 가장 강력하다. 그러나 조약추진 국회동의권이나 협상단 일부 국회추천권 등 행정부의 통상에 관한 권한을 심각하게 침해하는 내용이어서 통과되기는 불가능할 것으로 보인다. 정부 지지안인 송영길 의원의 안은 정부 교섭권한을 분명히 하면서 국회의 협상비밀 엄수 의무 및 처벌규정을 마련하는 등 오히려 국회의 책임을 강조하는 등 국회 권한의 강화와는 거리가 있는 것으로 보인다. 다만 공청회, 설명회 등 다양한 방법으로 국민의견 수렴을 의무화한다는 조항이 국회의 의견수렴 기능에 대한 역할 강화를 담고 있다.

권영길 의원안 요지

1. 통상협상 등에 관한 정보에 대한 원칙적 공개(협상상대국이 공개적으로 요청하거나 국익을 현저히 해하는 경우 공개하지 않을 수 있음)
2. 국무총리 소속 하에 통상위원회 설치
3. 통상위원회의 자문에 응하기 위해 국무총리 소속 하에 대표자자문위원회 설치
4. 조약추진하고자 할 때 국회의 동의를 얻도록 하고, 국회는 조약추진 동의를 함에 있어서 특정조약추진계획의 변경을 요구하거나 협상, 추진방향, 조약의 범위 등에 대하여 조건을 부과할 수 있다
5. 정부가 이 법의 규정을 위반하여 협상상대와 합의한 협상안 또는 조약에 대하여는 국회가 그 위반이 심히 중대하다고 판단하는 때에는 국회는 그 체결·비준동의안의 심의를 거부할 수 있다.

송영길 의원안(정부지지안) 요지

1. 협상 전, 협상 중 주요 사항 및 협상타결 후 협상결과에 대한 국회보고를 의무화한다.
2. 정부는 비밀 또는 비공개 대상 정보에 대하여 [국회법]에 따라 설치된 특별위원회 또는 상임위원회와 협의한 후 그 소속 위원, 이 위원회 소속 직원 및 위원의 보좌관 1인에 한하여 그 소관사항에 한해 관련 자료를 열람하게 할 수 있다.
3. 국회 자료유출 및 누출 시 처벌조항
4. 공청회, 설명회 등 다양한 방법으로 국민의견 수렴을 의무화한다.

5. 통상정책 수립 및 교섭활동과 관련하여 관련 업계 및 관계 전문가의 의견을 청취하기 위하여 통상교섭본부에 통상교섭민간자문회의를 설치한다.
6. 통상협상 개시 여부, 협상안 마련 및 국내 보완대책 수립 등과 관련하여 국내 경제에 미치는 거시적·총괄적 영향 및 관련 산업에 미치는 영향 평가를 실시한다.

V. 결언 : 통상정책에서 국회의 역할 : 대안은 무엇인가?

국회를 통한 이해당사자의 참여는 제도적 미비로 인해 현재 한계가 있는 상황이다. 이러한 상황에서 통상문제에 있어 국회의 권한 강화를 통해 국회를 통한 이해당사자의 참여를 강화하려는 시도들이 나타나고 있다. 한미 FTA 과정에서 나타난 새로운 움직임은 시민단체가 정당이나 국회의원에 대한 압박을 통해 영향력을 행사하는 것에서 벗어나 국회의 역할 강화 모색을 통해 통상문제에 대한 이해당사자를 포함한 시민사회의 의견 반영을 강화하려는 것이다. 시민단체에서는 미국처럼 의회가 각계의 의견을 조정하고 민간이 참여하는 가장 중요한 통로로서 기능해야 한다고 주장하지만 몇 가지 측면에서 국회권한의 강화로 민의 반영 증대라는 결과를 얻기는 어려워 보인다. 우선 한국의 국회가 초당적 입장에서 국익을 위해 통상정책 및 통상협상을 다룰 수 있는가라는 면에서 우려가 있다. 그동안의 경험상 통상문제에 있어서는 당론도 통하지 않으며 농산물과 관련해서는 '농촌당'이라고 불리는 초당적 의원집단이 존재하고 있다. 한-칠레 FTA 비준과정에서 나타난 것처럼 국회가 냉철하고 정확한 사실에 근거로 통상문제에 접근하는 게 아니라, 정치적 계산을 앞세워 통상문제에 접근하는 경우 국회의 권한 강화는 오히려 엄청난 부작용을 불러올 수 있다.

우리는 미국 의회가 갖는 통상정책에 대한 막강한 권한을 모델로 놓고 우리 국회의 역할의 한계를 비판하는 경향이 있다. 과연 의회가 통상정책에 대한 권한을 갖는 게 바람직한 일인가? 필자의 의견은 부정적이다. 의회는 자신들을 대변하는 유권자의 이익을 반영하는 제도적 장치이다. 강력한 로비력을 가지고 있거나(예를 들어 총기협회나 담배산업) 정치적 힘을 가지고 있는 집단(몇몇 인종집단들)들의 이해는 국익과 관계없이 더 반영되는 것이 의회를 통한 미국 대의정치의 현실이다. 통상정책을 의회에 맡기게 되면 미국 전체의 이익, 즉 국익을 위한 방향으로 통상정책이 이루어지기보다는 영향력이 강한 산업이나 이해집단의 이익이 반영되는 방향으로 추진되기 쉽다. 특정 산업의 보호를 위해 그 나라 전체의 이익이 희생될 가능성이 있는 것이다. 미국의 스뭇-홀리법이 그 단적인 예이다. 그러나 대통령(혹은 행정부)의 경우는 특정 산업의 이해보다는 국가 차원의 이익 또 경제적 이해보다는 포괄적 이익을 고려해야만 하는 기관이다. 따라서 미국의 통상정책에 대한 권한은 교과서에 나온 대로 의회가 장악하고 있는 것이 아니라 의회와 대통령 간의 협상과 타협의 산물로서 추진되는 것이다. 미국 무역대표부(USTR)가 그러한 의회와 대통령 간의 권한의 타협을 상징적으로 보여주는 기관이다.[11)] 미국은 의회가 통상협상에 대한 권한을 가지고 있음으로 해서 협상에서 미국 정부가 한 약속을 미국 의회가 언제든지 뒤집을 수 있다는 의구심을 갖게 하였고(실제로도 많은 경우가 있음, ITO 설립 등등), 이로 인해 미국은 대외통상 협상에서 어려움을 겪고 있다. 이것이 의회가 통상정책에 대한 권한을 가지고 있는 미국 통상정책의 현실이다.[12)]

한국과 같은 통상국가에서 의회의 통상정책에 대한 권한 강화는 얻는 것보다는 잃는 것이 많을 수밖에 없다. 기본적으로 생산자의 이익을 보호할 수밖에 없는 국회가 통상에 대한 권한을 갖게 된다는 것은 통상정책의 정치·사회·경제적 비용이 엄청나게 증가됨을 의미할 수밖에 없다. 통상정책에 대한 권한 문제는 헌법과 관련된 사항이라서 개정의 가능성이 거의 없지만 조약 추진에 대한 국회 동의권을 담고 있는 통상절차 법안 역시 비현실적이다. 통상문제에 있어서 국회의 권한 강화는 국회가 수행해야 하는 여러 기능 중에서 국민여론의 수렴과 정부의 견제 그리고 보생책의 마련 등과 같은 분야에 한정에서 이루어지는 것이 바람직하다.

한국에서의 FTA를 비롯한 통상정책에 대한 국회 역할의 강화는 다음과 같은 방향으로 이루어져야 한다고 생각한다.

첫째, 국회의 통상에 대한 기능 강화를 통상정책에 영향을 미치는 데서 찾을 것이 아니라 국민의견의 수렴을 통한 정치적 비용을 감소하는 역할, 그리고 적절한 보상 시스템에 대한 지원을 제공하는 역할에 집중시키는 것이 바람직하다고 생각된다.

둘째, 국회의 통상정책에서의 역할은 통상정책 방향에 대한 감시와 견제에 초점이 맞추어져야 한다. 따라서 한국의 의회가 통상에 관한 중요한 기능을 갖기 위해서는 의회의 전문성이 강화되어야 할 것이다.

셋째, 이러한 지원 시스템과 함께 통상정책을 전담하는 국회 상임위원회가 필요하다. 한미 FTA 협상과정에서 구성된 '한미 FTA 특위'는 협상과정에서 심사만 하고 비준안 처리는 국회 통외통위에서 하게 되어 있어 매우 기형적인 구조를 가지고 있다. 따라서 심사와 비준권한을 갖는 전담 상임위원회가 필요하다. 또 통상과 관련된 통외통위, 재정경제위, 산업자원위, 농해수위 등 여러 위원회에 소속된 위원들로 구성된 상설 특별위원회의 설립도 필요하다(최병일 2006). 현재의 통외통위는 통상문제를 다루기에 적합한 위원회가 아니다. FTA 등 통상문제는 외교통상부에만 관련된 사항이 아니라 재정경제부, 산업자원부, 농림해양수산부 등 여러 부처의 업무와 직결되어 있기 때문이다. 현재 여성위원회와 예산결산특별위원회, 정보위원회 등의 상설 특위가 이미 존재하고 있기 때문에 통상교섭특위(가칭)를 설치하는 것도 충분히 가능한 문제이다.[13]

넷째, 국회의원들의 통상문제에 대한 전문적인 보좌를 지원하기 위한 입법지원처의 설치가 필요하다. 현재의 보좌진의 규모나 수준으로는 전문적인 입법활동을 기대하기 어렵다. 현재 [국회입법지원처 설치에 관한 법률]이 발의되어 있는 상태이다. 이 법안의 빠른 처리를 통해 국회가 필요로 하는 조사 서비스를 제공할 수 있도록 해야 할 것이다.

마지막으로, 국회가 통상문제에 있어 영향력을 행사하기 어려운 또 하나의 이유는 최태욱 교수가 지적하는 것처럼 한국의 정당구도가 이념이나 정책기조가 불분명한 지역기반 정당들로 이루어졌다는 점이다(최태욱 2002). 이러한 정당구도는 정당들이 통상 이슈에 대한 일관된 입장을 가지는 것을 불가능하게 하고 있다. 이러한 정당구도 하에서는 통상 이슈에 대한 당 차원의 입장이나 대책은 기대하기 어려우며, 의원 개개인의 차원에서 통상정책에 대한 입장이 정해질 수밖에 없다. 이것이 결국 한국 국회의 통상정책에서의 미미한 역할의 중요한 원인으로 볼 수 있을 것이다. 최태욱 교수는 이러한 문제의 근본적인 해결은 정당체제의 성격을 바꿀 수 있는 선거제도의 개혁이라고 주장하고 있다. 비례대표제 강화를 통한 이념과 정책을 중심으로 하는 정당 중심의 정당구도로 개편하게 되면 사회집단들의 다양한 이익표출과 집약과정이 정당에 의해 제도적으로 보장되며, FTA의 피해자에 대한 보상에 있어서도 관련 이익집단들의 정책 선호도가 적시에 제대로 반영될 수 있게 되어 FTA와 관련한 사회정치적 혼란을 줄일 수 있다는 것이다. 이러한 견해에 동의하는 것은 아니지만 우리의 정당정치가 FTA를 둘러싼 사회적 갈등을 조정하고 제도화하는 기능을 해야 한다는 데는 분명히 동의한다. 어쩌면 더욱 절실한 것은 정당정치의 구도 변화가 아니라 정당정치의 문화일지도 모른다.

참고문헌

강하연. 2007. “한미 양국의 통상협상 시스템 및 협상전략 비교.” 한미 FTA의 교훈과 미래 외교전략을 위한 제언. 새사회전략정책연구원 보고서.

유현석. 2006. “한-칠레 FTA 비준과정과 국회의 역할.” 한국정치학회 하계학술회의 발표논문.

______. 2004. “한-칠레 자유무역협정 협상의 국내정치 : 국내협상의 이해집단과 국내제도를 중심으로.” 모종린·최병일 편저. 『한국의 통상협상 : 쌀에서부터 스크린쿼터까지』. 서울 : 오름.

______. 2002. “한-칠레 자유무역협정 협상의 국내정치.” 『한국정치학회보』 제36집 3호.

장 훈. 2006. “한국의 민주화와 외교정책 : 비원에서 광장으로.” 한국정치학회 2006년 하계학술회의 발표논문.

전창환. 2006. “한미 FTA 협상 결정의 배경과 그 파장.” 『동향과 전망』 제67호 여름.

정인교. 2006. “한미 FTA 추진과정과 4대 선결조건.” 나성린 편. 『한미 FTA : 대한민국 보고서』. 서울 : 선진화 국민회의.

채 욱 외. 2006. “선진통상국가 실현을 위한 중장기 통상전략 연구.” 대외경제정책 연구원 정책보고서.

최병선. 1996. “미국 통상 정책의 결정 과정.” 김기수 편. 『미국 통상정책의 이해 : 국제정치경제적 접근』. 서울 : 세종연구소.

최병일 외. 2006. 『선진통상국가 실현을 위한 중장기 통산전략 연구 : 통상거버넌스』. 서울 : 대외경제정책연구원.

최태욱. 2002. “차기 정부의 FTA 추진 전략과 정당체계의 개혁.” 미래전략연구원 개인칼럼. 12월 30일.

______. 2006. “한국의 FTA 정책과 이익집단정치 III : 의사소통 채널의 제도화 필요성.” 미래전략연구원 개인칼럼. 3월 29일.

Robert D. Putnam. 1988. “Diplomacy and Domestic Politics : The Logic of Two-Level Games.” *International Organization*. vol. 42, no. 3.

Hyun-Seok Yu. “Ideas or Institutions? : Explaining the Protectionism in Korea.” 2005. 46회 미

국 국제 정치학회 연례대회 발표논문.

주

1 한국의 통상전략에 관해서는 채욱 외(2006)을 참조.

2 한국과 같은 무역국가에서 통상정책의 방향은 가장 중요한 대외정책 중의 하나이다. 그럼에도 불구하고 한국의 통상정책의 큰 방향을 결정하는 데 국회가 아무런 역할을 하지 못했다는 점은 그냥 간과해서는 안 되는 중요한 문제이다.

3 그럼에도 불구하고 대외정책의 민주화라는 측면에서 대외정책의 결정과 수행에 있어 행정부와 대중, 의회와 정당이 참여하는 대의제적 외교정책이 한국의 외교정책 모델이 되어야 한다는 주장도 있다. 여기에 대해서는 장훈(2006)을 참조.

4 이 법안은 대표적인 보호무역 법안이었던 1930년의 스뭇-홀리 관세법(Smoot-Hawley Tariff Act)에 대한 대응의 성격을 갖는다.

5 USTR의 역할에 대한 오해가 한국에서는 존재하는 듯하다. USTR이 막강한 권한과 역할을 가지고 있는 것 같지만 실제로는 USTR은 주무부처가 자체적으로 해결하지 못할 경우에만 선택적으로 개입하여 유연성 있게 정책을 조정하는 정부조직이다. 즉 USTR은 통상협상을 주로 담당하고 통상현안에 대한 정책적 판단 및 결정은 실질적으로 해당부처에서 하고 있다. 강하연(2007)을 참조.

6 한국의 경우는 협상과정에서 대내협상에는 소홀히 하고 비준과정에서 정부가 모든 역량과 자원을 동원하는 모델이다. 이러한 행태는 한-칠레 FTA는 물론 한미 FTA에서도 크게 다르지 않다.

7 한-칠레 FTA 협상 개요에 대해서는 유현석(2004)의 308-312쪽을 참조할 것.

8 노무현 정부의 한미 FTA 추진 배경에 대해서는 다양한 견해가 존재하고 있다. 여기에 관해서는 전창환(2006) ; 정인교(2006)를 참조.

9 한국의 통상정책 수립 및 협상, 이행과 관련한 제도적 특징에 대해서는 강하연(2007)을 참조.

10 대외경제장관회의가 이러한 문제에 대한 최종 결정권을 가지고 있다.

11 USTR은 대통령 직속기관이지만 의회의 통제 하에 있으며, USTR의 역할이나 위상은 대통령과의 친소관계, 미국의 경상수지 적자와 같은 경제상황 등에 따라 변화한다.

12 소위 credible committment(신뢰할 만한 약속) 문제로서 미국이라는 국가가 한 약속(대개 다사간 약속)이 얼마나 신뢰할 수 있는가에 관한 문제이다. 통상문제와 관련해서는 의회가 통상에 관한 권리를 갖고 있음으로 해서 미행정부가 한 약속을 지키지 못하게 되는 경우가 생기게 된다.

13 이러한 견해에 대해서는 최병일 외(2006).

제12장

안재홍과 신간회

노마연잔두(駑馬戀棧豆)의 경계와 백열(白熱)의 정치적 삶*

윤대식(충북대학교)

I. 문제제기

망국(亡國)이란 무슨 뜻일까? '나라가 망했다'는 사전적 풀이대로 하자면 그 내부 구성원들 개인에게 각자 어떻게 인지되고 어떤 상태에 놓여 있음을 전달하는 것일까? 국가로서 조선은 유교적 통치기제를 오랜 기간 작동했고, 망국의 결과로 인해 조선의 유교적 통치이념과 유리스틱은 식민지로의 전락에 무력했다고 비난받으며, 근대적 국민국가 건설과정에서 단절해야 할 역사적 유산으로 화석화되었다. 그렇다면 망국이란 단절되어야 하는 부끄러운 역사적 유산인 것일까? 그 정확한 이해의 단서는 유교적 인식에 바탕을 둔 수사로부터 찾아야 할지 모른다. 예를 들어 17세기 명청 교체기 명왕조의 멸망을 목도하고 이민족의 지배에 대한 자기 반성을 제기한 고염무의 말을 빌리자면, "나라가 망하는 것(亡國)이 있고 천하가 망하는 것(亡天下)이 있다. 망국과 망천하를 어떻게 구분하는가? 말

* 본 논문은 『동양정치사상사』 제9권 1호(2010. 3)에 수록된 것을 전재한 것임을 밝힙니다.

하자면 나라의 주인을 바꾸고 연호를 바꾸는 것이 망국이다. 인의가 막히면 짐승을 몰아 사람을 잡아먹게 하고 끝내 사람들이 서로 잡아먹게 되니 이를 망천하라고 한다 … 천하를 보존하는 것(保天下)을 안 뒤에야 그 나라를 보존하는 것(保國)을 안다. 나라의 보존은 군주와 신하, 그리고 귀족들이 도모하는 것이며, 천하의 보존에는 필부와 같이 비천한 자들도 더불어 책임이 있다"[1]는 동아시아의 정치적 인식을 엿볼 수 있다. 즉 대한제국의 멸망으로 종결된 조선왕조의 몰락과 식민통치는 망국의 개념에 해당한다. 그럴 경우 정치권위의 교체라는 형식상의 절차를 제외하고 각 개인의 삶과 운명은 영향받지 않는다. 따라서 이러한 개념화는 일본에 의한 식민지 근대화론을 합리화할 수 있는 위험성을 안고 있다. 또한 그것은 정치적 삶을 사적 영역에 국한시켜 정치의 제거를 가져올 수도 있다. 아마도 식민당국의 전략은 여기에 초점을 맞출 것이다.

반면 식민통치의 부당성에 대한 일관된 저항은 멸망한 왕조를 합리화하지 않아야 한다. 왜냐하면 망국과 보국 모두 왕조의 통치자가 부담해야 할 책임이기 때문이다. 그렇다면 식민당국에 저항하고 타협하지 않았던 지도자 또는 지식인들은 식민통치를 망국의 관점에서 접근한 것이 아닐 수 있다. 오히려 그들은 식민통치의 부당성과 저항의 당위성을 망천하의 관점에서 접근했을 수 있다. 그렇기 때문에 일관된 비판과 비타협의 태도를 견지했던 것일 수 있다. 즉 그들은 이전 왕조와의 어떠한 정치적 연대나 계승이라는 이해와는 상관없이 식민통치의 극복과 독립된 국가건설을 자신들의 책무라는 공적 영역으로 끌어올린 셈이다. 그 연장선상에서 접근하자면 식민통치에 저항했던 진영은 비타협적일 수밖에 없고, 순응했던 진영을 타협적으로 규정할 수밖에 없을 것이다(안재홍 1981, 188).

만약 이러한 기준에 따른 구분이 타당하다면 비타협적인 진영으로 구분되는 지도자 또는 지식인들의 이념적 스펙트럼을 통해 민족주의와 사회·공산주의로 나눌 수 있고, 그 중 민족주의 진영의 대표적 인물 중 하나로 안재홍에 주목해 볼 수 있다. 특히 1927년 신간회 창립을 전후로 안재홍은 식민통치라는 조건 하에서 "조선인의 정치적 생활은 결국 좌경이냐 우경이냐 하는 기로에서 그 하나를 찾아 나아가게 될 것"이라고 전망하고, 식민통치에 순응하는 타협운동의 진행과 저항하는 비타협운동의 추이를 검토할 시점으로 판단한다(안재홍 1981, 187-188). 왜 그는 이렇게 판단한 것일까? 또한 그 판단에 따른 해답은 무엇이었을까?

안재홍은 "둔한 말은 우리의 콩을 그리워하니 반드시 쓸 수가 없을 것"[2]이라는 노마연잔두(駑馬戀殘豆)의 고사를 비유하여 식민통치에 타협적이고 실력양성을 주장하는 진영에 대해 비판을 가하는 동시에, 비타협적이고 저항적인 민족주의 진영과 사회주의 진영의 융합과 포섭의 부재를 우회적으로 토로한다.[3] 그것은 안재홍 자신에게 국한시켜 적용한다면 스스로에게 타협과 비타협의 경계에서 어떤 선택을 할 것인지에 대한 해답을 묻는 모습일 수도 있다. 그렇다면 안재홍은 그 신념과 삶의 일관성을 유지했던 것일까? 만약 유지할 수 있었다면 그 동인은 무엇일까? 그 해답의 단서는 신간회 창설과 해소의 전 과정에서 보여준 안재홍 자신의 모습에서 명백해질 것이다.

II. 노마연잔두(駑馬戀棧豆) - 타협과 비타협의 경계

3·1운동을 기점으로 조선의 식민통치는 3대 조선총독으로 부임한 사이토 마코토(齊藤實)에 의해 문화정치를 표방한 전환을 가져온다. 그것은 명목상 문화적 제도의 혁신·문화의 발달과 민력의 충실에 따라 정치상·사회상 동일한 대우를 목적으로 하며, 이를 위해서 총독무관제와 헌병경찰정치의 폐지를 비롯한 한국인의 처우개선과 시정쇄신, 언론·집회·출판의 고려, 조선의 문화와 관습 존중 등 구체적인 시책으로 전개되었다(전상숙 2008, 14). 특히 통치방식의 전환을 가져온 근원적인 동기로서 3·1운동은 식민당국에게 10년간의 통치에도 불구하고 독립에 대한 조선인의 열망이 여전히 지속되고 있으며, 조선을 근대화한다는 자신들의 명분조차 제도적 뒷받침이 부족해서 자초한 결과로 인지하는 계기였

다. 따라서 문화정치의 표방은 언론·집회·출판의 자유를 허용하는 가시적 산물로서 언론활동을 허용하고, 이로부터 식민지 구성원들 스스로가 자기 사회의 근대성을 인식할 수 있도록 근대성을 확산시키는 전략적 효율성을 추구한 것이기도 하다(한기형 2005, 72). 그렇게 보자면 문화정치로의 전환은 이전 무단정치의 종결이 아니라 장기적인 전망 속에 점진적으로 조선인의 의식과 관습을 바꾸는 지배로의 전환을 의미한다(전상숙 2008, 10-15). 그렇기 때문에 통감정치 시기 식민지 검열체제의 법률적 기초로서 '신문지법', '출판법', '보안법', '경찰범처벌규칙'을 유지함과 더불어 '정치에 관한 범죄처벌의 건' 및 '치안유지법'을 개설하고 언론·출판·집회·결사의 자유를 제한하는 도구로 이용하는 이율배반적인 모습을 갖는다(이재진·이민주 2006, 231-240).

그렇다면 문화정치는 그 효과를 얻었던 것일까? 그 의문에 대한 해답의 단서 중 하나는 이 시기부터 본격적으로 선실력 후독립을 요구하는 또 다른 민족운동의 흐름이 발생했다는 사실을 거론할 수 있다. 그것은 실력양성 우선을 강조하는 입장이다. 1920년대 접어들어 최남선, 김성수, 이광수 등 식민당국과 정치적으로 타협하고 협력하여 민족이 독립할 수 있는 실력부터 길러야 한다는 입장은 민족성을 개조하고 조선인 각자가 근대 서구적 시민으로 타시 태어나야 할 것과, 조선총독부의 정책에 더 적극적으로 참여할 것을 주장하는 민족개조론과 자치론으로 전개된다(정윤재 2005, 37). 이미 민족개조를 통한 실력양성론은 개화기와 계몽기를 거쳐 3·1운동에 이르는 전개과정에서 제기된 연원을 지닌 것이기도 하다.[4] 예를 들어 1919년 5월 30일 《매일신보》에 3·1운동에 대한 세 번째 경고문을 게재했던 이완용의 논조는 일본인과 조선인의 차별과 조선인에 대한 멸시의 원인이 조선인에게 있으며, 일본이 도달한 문명화의 수준까지 자신의 실력을 끌어올리는 것이 조선인의 의무라고 강조했다.[5] 그것은 민족과 근대 중 근대에 방점을 찍은 실력양성론은 조선의 후진성으로부터 발전과 진보라는 방향성으로 전개되어야 한다는 강박에 놓여 민족을 발굴하고 근대화를 문명화로 등식화함으로써 조선 자체의 발전동력으로 자신들의 선도적 역할에 함몰되었던 엘리트주의의 또 다른 표현이기도 하다.[6] 민족개조론은 그 연장선상에서 도출된 결과이다.

민족개조론은 3 · 1운동의 실패와 문화정치로의 전환에 따른 1920년대 민족주의를 자처했던 일부 부르주아 세력들이 절대 독립을 포기하고 일제가 허용하는 범위 안에서 민족을 개량하려는 민족개량주의이다(김인식 2007, 85). 그것은 주권회복에 현실적 구속요건에 따른 포기와 함께 보다 관념적인 공동체 의식으로서 민족을 전면에 내세우고 민족성과 정신을 개조하는 것을 목표로 채택한다. 그 도화선은 널리 알려진 대로 1922년 『개벽』[7]에 발표된 이광수의 '민족개조론'이다. 이광수는 "개조라는 관념이 다수 세계인의 사상을 지배하게 된 표"라는 전제로부터 "오늘날 조선사람으로서 시급히 하여야 할 개조는 실로 조선민족의 개조"라고 강조하면서 "자기의 목적을 의식적으로 확립하고 그 목적을 말하기 위하여 일정한 조직적이요, 통일적인 계획을 세우고 그 계획을 실현하기 위하여 조직적이요 통일적인 노력"을 요구한다.[8] 이를 위해서 이광수는 민족개조라는 견지에서 조선의 혁신운동을 역사적으로 천착 · 비평하고 조선민족의 쇠퇴원인을 도덕적 원인으로 지적하면서 도덕적 개조를 근본으로 할 것을 강조한다.

그렇다면 '민족개조'로서 '도덕성 개조'란 무엇일까? 이광수는 "민족개조라 함은 민족성 개조라는 뜻"[9]이라고 단언한다. 왜냐하면 "조선민족 쇠퇴의 근본원인은 타락된 민족성에 있"기 때문이다.[10] 이광수는 그 타락된 민족성의 원인을 허위, 비사회적 이기심, 나태, 무신, 겁나(怯懦), 사회성의 결핍으로 분석하고 이를 타개하는 조직적이고 통일적인 노력으로 소수의 선인들이 민족의 개조에 대한 자각과 결심이 생겨서 자기 개조로부터 그 동맹을 확대함으로써 개조된 개인들로 민족의 중추계급을 이루면 구시대적 악성이 자연도태할 것이라고 전망한다.[11] 여기에서 주의할 점은 개조의 대상이 조선민족의 근본적 성격인 관대, 박애, 예의, 염결(廉潔), 자존, 무용, 쾌활함이 아니라 부속적 성격인 침략의 야심 부재, 치부지술의 치졸함, 상공업의 미발달, 허위, 심오한 철학적 사색이나 과학적 탐구에 대한 노력의 경시라는 사실이다.[12] 이광수는 부속적 성격에 해당하는 민족성의 개조이기 때문에 가능성이 풍부하다고 낙관하고 개조의 방법론으로 "민족개조는 오직 동맹으로야만 된다 … 오직 힘뿐이니 힘이란 무엇이뇨. 사람과 돈"[13]이라고 제시한다. 따라서 이광수의 민족개조론은 "우리가 근본적으로 할 일은 정경대도를 취한 민족개조요, 실력양성"임을 밝히고, "일 민족으로 문명한 생활을 경영할 만한 실력을 가지게 된 후에야 … 그때에야 동화를 하거나 자치를 하거나 독립을 하거나 또 세계적 의의를 가진 대혁명을 하거나 그네의 의지대로 자처할 것"을 요구했던 것이다.[14]

더욱이 1924년에 이르러 《동아일보》에 게재한 이광수의 사설 "민족적 경륜"은 조선민족의 백년대계를 확립하기 위해서 정치적 결사, 산업적 결사, 교육적 결사와 운동을 요구한다. 이로부터 이광수는 "지금의 조선민족에게는 정치적 생활이 없"는 이유가 "지금까지 하여 온 정치적 운동은 전혀 일본을 적국시하는 운동뿐이었"기 때문이라고 지적하고, "조선 내에서 허(許)하는 범위 내에서 일대 정치적 결사를 조직하여야 한다는 것이 우리의 주장"이라고 선언한다.[15] 그것은 "그 정치적 결사가 생장하기를 기다려 그 결사 자신으로 하여금 모든 문제를 스스로 결정케 할 것"[16]이라는 대답으로부터 일제와 타협한 자치운동을 공공연히 드러낸다(김인식 2007, 86 ; 김동명 1999).[17] 결국 민족개조론은 조선민족의 성공적인 민족성 개조 이후에 독립을 성취해야 한다는 내용으로 인해 사실상 민족의 독립을 포기한 주장으로 간주될 수 있다(정윤재 2005, 39).

궁극적 목표로서 독립과 해방, 그리고 근대 국민국가 건설을 전제로 할 때 민족운동 노선의 분열 내지 혼돈의 출발은 실력양성을 명분으로 한 민족개조론이었다. 더욱이 이광수의 글은 자치론이 대두되는 출발점이자 민족운동이 '타협'과 '비타협' 운동으로 나뉘는 계기로 작용했다(김인식 2007, 87). 물론 비타협적 민족주의자들의 운동 노선이 타협적 민족주의 운동 노선과 애초부터 명백한 경계를 가르고 출발한 것은 아니었다. 예를 들어 안재홍도 문화정치 그 이면의 폭압성에 초점을 맞추어 위장된 식민통치의 부당성을 논박하면서 "약자대두의 시대 및 피압복 민중의 해방의 투쟁을 고조하는 시대이기 때문에 다 각각 자주자립하는 견지에서 자발적의 상호 신뢰를 하여야 할 시대"[18]임에도 불구하고 일본만이 이러한 역사적 필연성을 거부하고 있다는 논거를 제시하고 식민통치의 부당성을 강조한다. 그것은 안재홍의 현실인식이자 동시에 당시의 지적 경향을 반영하는 것이기도 하는데, 항일무장투쟁의 실패 이후 식민통치의 구조화가 이루어졌다는 점에서 투쟁적인 태도보다 대세를 기다리며 독립을 준비해야 한다는 당시의 대세대비론과 실력양성론의 경향이 투영되어 있다.[19]

그렇다면 비타협적 민족주의 운동 노선은 어떤 차별적 근거로 비타협성을 확보하는 것일까? 그들 역시 1920년대 문화정치의 공간에서 문화운동과 실력양성운동에 참여했지만 동시에 비타협적인 정치투쟁의 필요성을 인식했다는 점에서 분화의 단서를 찾을 수 있다. 즉 정치사상적인 입장 차이로의 분화는 실력양성을 우선할 것인지 아니면 비타협적 정치투쟁도 동반할 것인지, 실력양성을 위한 물산장려운동을 자본가 중심으로 전개할 것인지 아니면 소생산자 중심으로 전개할 것인지, 사회주의 운동의 대두에 대한 부정적 태도인지 아니면 불가피성을 인정하면서도 계급주의로의 경도를 비판하는 입장 등에 따라 민족주의 우파와 좌파로 구별되며, 1924년 자치론의 대두를 통해 이에 대한 반대자로서 민족주의 좌파의 비타협성을 찾을 수 있다(박찬승 1993, 59-60). 그 중 안재홍의 인식과 논리로부터 추적하자면, 안재홍은 이 시기를 "평정한 현하의 조선에는 공포정치가 영속적으로 집행"되는 위기로 판단하고 식민당국의 정책을 '살기(殺氣)에 싸인 문화정치'로 규정한다.[20] 왜냐하면 "헌병정치 또는 무단정치에 대하여 문화정치라고 하는 것은 즉 입법적의 통치를 이름이다 … 그는 곧 무력의 단일한 표현이던 데라우치(寺內) 씨의 헌병정치에 대하여 그의 복식표현인 엄형준법의 가혹한 통치로서의 맹목적인 강압책을 영구히 지속하여야 할 것을 주장 또 고취하는 바"이기 때문이다.[21] 그러므로 문화정치의 내면은 "자기들의 손으로 파괴한 빈터에 자기들의 욕구와 이상에 합당한 신사회를 건설하도록 기회를 주었어야 되었을 … 조선인은 … 드디어 다시 실의낙백(失意落魄)하는 경지에 침륜"케 함으로써 조선인 스스로를 '심리적 무정부상태'로 전락시키는 것에 불과하다는 것이다.[22] 이렇게 보자면 "조선 민족은 지금 정치적 생활이 없다"[23]고 단언한 이광수의 인식과 마찬가지로 안재홍 역시 식민통치로 인해서 조선인이 정치참여의 권리가 배제되었으며, 결국 자신들만의 정치영역이 부재했다고 판단한다.

그럼에도 불구하고 이광수의 인식은 타협과 자치의 정당성을 위한 논리로 전개된 반면, 안재홍은 조선인들의 정치적 태도를 사상과 주의의 계통만으로 나눌 수밖에 없는 원천적 한계성을 기초로 조선인들의 정치적 태도가 특정한 방향으로 구속되었는데, 그 정치적 스펙트럼으로서 민족주의자, 사회주의자, 친일파로 나뉜다고 분석한다. 이로부터 안재홍은 사회주의자를 정치적 최좌익, 민족주의자를 정치적 중앙당, 친일파를 정치적 최우익으로 규정한다.[24] 우선 안재홍은 타협 = 친일파의 정치적 모호성을 지적하고, 당시 조선의 정치적 삶을 진행하는 주체로 사회주의적 좌익과 민족주의적 우익을 명명한다. 즉 "오인은 사회운동자와 민족운동자의 좌우의 양익이 있고, 그 외에 따로 친일자류라 범칭할 수 있는 자못 계선이 선명치 못한 일파가 있다고 평정함이 타당함을 믿으려 한다"[25]는 것이다.

그렇다면 사회주의자와 민족주의자는 그들의 정치적 삶, 즉 식민통치에 대한 투쟁의 양 날개로 기능하고 해방전선의 양대 진영으로 상호 병립하는 것이 피예속 민중의 정치적 삶을 위한 선택일 것이다. 안재홍은 "민족을 설하는 자, 필경 시대에 역행하여 범독일·범슬라브적 불합리 또 무모한 집단적 이기심을 품지 못할 것이라 반드시 최신의 이상정책에 회귀할 것이요, 사회운동을 고조하는 자 또한 조선인 대중을 그의 전우로 본위로 대상으로 최선의 존구적 탈투를 하영할 것이니, 우리와 대립할 자는 정면의 진영이요, 그와 추수타협하여 민중을 팔 자이요, 우리와 합치할 자는 결국 가장 비근한 동포 조선인의 운명을 백열적으로 걱정하고 또 고려하는 자일 것이니 이 양개의 진영은 금후 더욱 절연하여질 것"[26]으로 정언하면서 식민통치라는 정치적 삶의 원천적 구속요건으로부터 타협 = 우익 = 친일파 · 비타협 = 좌익 = 민족주의자로 규정했던 것이다.

만약 안재홍을 그 스스로도 밝혔듯이,[27] 식민통치에 저항했던 비타협적인 민족주의자로 규정할 수 있다면 비타협성은 민족 대 반민족, 반일 대 친일의 정치적 정향을 기준으로 하는 사회세력의 구분에서 명확해진다.[28] 즉 식민통치에 순응할 것인지 아니면 저항할 것인지의 여부만이 조선인에게 허용된 정치적 삶의 선택권이기에 안재홍은 식민통치에 순응하는 세력을 타협적인 우익으로, 저항하는 세력을 비타협적인 좌익으로 파악했던 것이다. 반면 1925-1926년도에 이르러 안재홍은 타협 = 우익, 비타협 = 좌익으로 구별하고 사회주의자, 민족주의자, 친일파를 좌익과 우익으로 구별했던 기존의 인식을 분화하기 시작한다.[29]

1926년 말에 이르러 안재홍은 "장래의 추세가 자못 흥미 있는 일이다. 그리고 근자에 가끔 문제되는 소위 민족적 타협운동이란 자가 어떻게 출현 혹은 진전될는지, 그에 대치할 비타협적 민족운동은 또 어떻게 될는지가 구체적으로 검토될 바이요, 그 외에 최좌익을 대표할 철저한 사회운동 전선은 어떠한 상태에 있게 될는지가 또 중요한 대상이 될 것"[30]이라고 전망한다. 즉 식민통치에 대한 순응과 저항은 이분법적으로 구별할 수 있지만, 조선인의 정치적 스펙트럼을 타협과 비타협으로 구별할 경우 불가피하게 독립을 주장하고 일제와의 타협을 거부하는 민족주의자·사회주의자를 좌익으로, 식민통치가 제공하는 경제적 사정에 순응하는 민족주의자와 친일파를 우익으로 구별할 수 있다는 것이다.[31]

여기서 주목할 사항은 식민통치에 대응하는 다양한 스펙트럼의 형성을 분열 또는 위기로 파악하지 않는 안재홍의 인식이다. 안재홍은 "천하의 사람이 모두 단일한 일주의로 돌아갈 수 없으니 오늘날의 형세로서 타협파의 출현이 있다 할지라도 놀랄 것도 없고 또 비관함을 요치 않는다"[32]고 낙관한다. 왜 그런 것일까? 그것은 "관제적 타협운동이 생긴다 하면 우선 그의 출발점부터 그릇된 것이라 할 것"이기 때문이며, 동시에 타협운동의 성공 여부야말로 "첫째 철저한 해방으로 가는 일단계로서 타협운동을 내세워야 한다는 것, 둘째 각종 이권으로 조선인의 투지를 소마(消磨)해야 한다는 점, 셋째 개인적인 허영심과 명예욕을 이용해야 한다는 것"임에도 불구하고 대중과 타협파 모두의 호응을 기대할 수 없기 때문이라는 것이다.[33] 이로부터 안재홍은 "오인은 분해를 역설한다 … 민족운동자이나 사회운동자이나 또는 참우하게 지사의 반열에서 우유하는 자이나 모두 색채선명 · 태도정확하게 분해하라. 분해할 터인데 분해치 않는 것은 오직 노마가 잔두를 그리워하는 것같이 타성적인 허예에 못 믿어할 일뿐인 까닭"[34]이라고 강조한다.

도대체 안재홍이 사용하는 '분해'란 무슨 뜻일까? 왜 분열의 현상을 다양성으로 인정하면서 분해라는 용어를 사용하는 것일까? 안재홍은 "재정리를 위한 분해"를 의미하며 그것은 "오직 정리, 즉 진정한 단합을 재현하여 그의 투력을 강대케 하기 위함"임을 설명한다.[35] 왜냐하면 "조선인의 공리론적 점진주의자와 및 피등 통치군들과의 호응에 인하여 조선인 대중의 돌진적 또는 좌경적 기세를 줄이고자 타협운동이 출현할 것은 명백"[36]하기 때문이다. 이로 인해 다양하게 분화된 운동 노선은 "산병적인 분투일수록 그 배후에서 투력의 원천되는 일대 진정한 단합을 요"하는 것이며, "노마가 잔두를 그립게 생각하여 오직 주저준순하고 석일의 저렴한 성예에 못 믿어하는 바 있는 것은 … 자못 비겁한 또 무기력한 것"이다.[37] 그것은 식민통치 자체가 역사에 반동적이며 "세계 문명제국의 자본적 제국주의는 다시 안정 및 발동을 자랑하고 있다. 그러나 그에 대한 반발운동 및 민족적 해방운동의 기세도 의연히 올라가고 있기"[38] 때문에 폭압과 전제로 경도된 식민통치 시기에 우리가 취할 태도로 "먼저 백열한 개척의 및 정전의 영속하는 의욕이요, 그리고 가장 엄숙한 이지적 비판 및 정리로써 다음의 시대에의 준비"[39]를 요구하는 것이기도 하다.

만약 안재홍의 역사관에 보이듯이 역사의 변전이 엄정한 법칙성을 갖는다고 수용할 경우, "금후 약 15년의 조선은 오늘날로써 상상하는 것보다는 괄목할 형세의 변천이 있을 것 … 통치군의 심모원려에서 나온 물질적 고압정책이란 자가 조선인으로 더욱 곤궁케 하고 그러나 더욱 백열적으로 쏠리게 하는 원인이 될 것"[40]이라는 안재홍의 예단은 백열적인 정치적 삶의 추구와 이익추구를 우선하는 현재의 정치적 삶을 대비한다. 따라서 안재홍에게 정치적 삶의 구속요건을 극복하기 위한 결집을 주저하는 모든 운동 노선은 오히려 구속으로서 현재의 식민통치가 제공하는 문화정치의 이면을 간파하지 못하고 순응하는 것에 불과할 뿐이다. 더욱이 “각 인의 의식 속에 잠재한 목적과 계획이 응집하여 체를 성하는 방법이 … 오직 단결의 일로가 있을 뿐”[41]이라는 타협적 운동 노선의 논리는 역설적으로 민족운동 노선의 ‘분해를 위한 분해’를 조장하는 위험한 도전이기도 하다. 결국 신간회는 타협적 민족운동 노선의 도전에 대한 비타협적 민족운동 노선의 응전인 셈이다.

III. 백열(白熱)의 삶 – 신간회 참여

신간회 결성에 대한 단서는 이미 1926년에 찾아진다.[42] “1926년 이른 봄 아마 1월 말경이었겠는데 모 지방에 가서 강연을 하는 중 사회운동이 상당히 치열한 그곳에서 민족운동이 약이를 주장삼어 떠듬떠듬 열을 내어 말하는데 군중의 속에서 아니오! 소리가 두어번 났습니다. 나는 … 구미선진국가 자체 내의 무산자의 이름으로 되는 계급의 운동과 주로 동방각지에 산재한 약소민족으로서의 특수운동 이 두 가지는 거의 불가분의 관계를 가진 인류 ○○운동의 양대 주조(主潮)인 것을 하나라도 간과하여서는 아니된다고 역설한 바”[43]라는 안재홍의 토로는 역사관으로부터 도출되는 현실분석이다.

안재홍은 “언론기관의 당사자로서 언론기관을 중심으로 이에 인연 있는 과거를 잠깐 회고”한다고 전제하고 “사이토 씨의 문화정치란 자가 시작되었다 … 눈에 띄도록 좀 달라진 것이 있다 하면 그는 부분적이나마 결사 집회 출판 및 언론의 자유를 허락하였다는 것이 그것이라 할 것”이라고 지적하면서 “이러한 자유의 허여를 거꾸로 이용하여 피등 통치에 비보(裨補)한 바 도리어 컸다 할 것”이라고 평가한다.[44] 이로부터 안재홍은 ‘무단정치로의 역전’ 또는 ‘의연한 무단정치’라는 표현을 통해 과거로의 회귀와 동일한 억압적 통치임을 비유하면서 역사는 엄정한 되풀이만 하는 것이라고 단언할 수 없다고 개탄한다. 왜냐하면 "데라우치(寺內) 씨의 무단정치나 사이토(齊藤) 씨의 소위 법의 위신을 중심으로 한 문화정치이나 무력의 지지에 의한 조선인의 강압인 것은 아무것도 구별할 바가 없는 것"이기 때문이다.[45] 따라서 이 시기 비등해진 자치론은 "경제적으로 사명(死命)을 제하고 정치상으로 자유를 허여한다는 것"이기에 조선의 독립과 해방이라는 정치적 삶의 최종목표와 양립불가능한 "체면정치"에 불과한 셈이다.[46] 이 점에서 안재홍은 조선의 독립과 해방이라는 정치적 삶의 목표를 곧 지배와 피지배의 식민구도로 전환시킬 수 있었고, 이를 통해 민족해방을 계급해방의 방법론과 정합시킬 수 있는 단초를 마련한다.

과연 정합의 실현에 대한 근거가 있는 것일까? 1926년 말 안재홍은 "금후 조선인의 정치적 생활은 결국 좌경이냐 우경이냐 하는 기로에서 그 하나를 찾아 나아가게 될 것"[47]이라고 예단했다. 그것은 식민통치에 대한 타협, 즉 자치는 곧 예종으로의 길을 선택하는 것이라는 사실을 명증하고 철저한 비타협만이 식민지배로부터 탈피할 수 있는 합리적인 선택이라는 사실을 시사한다. 즉 "번뇌의 속에서 부르짖던 오인은 … 다만 익신한 장지로서 투쟁의 길을 떠날밖에 없다. 그렇다, 투쟁. 영원한 투쟁의 의의 깊은 제일진의 길로 … 그리하여 우경 및 추락을 방지하면서 최종의 날가지 전진하여야 한다. 타협이냐. 그 타협이냐. 오인은 너를 사랑할 수 없다"[48]는 안재홍의 결의에서 보여지듯 비타협적 운동 노선의 결정체로서 신간회 참여야말로 안재홍의 정치적 삶이 일관성을 유지함으로써 결과한 합리적 선택인 셈이다.

그렇다면 비타협적 민족운동 노선의 다른 한 축으로서 사회주의 진영은 동일한 인식과 논리의 일관성을 유지한 것일까?[49] 1927년 2월 15일 이상재를 초대회장으로 신간회가 창립되고 35명의 간사로 집행부를 구성하는데 안재홍은 조사연구부의 간사로 선임된다. 신간회는 "우리들의 정치적 경제적 각성을 제창한다는 것과 단결을 공고히 함과 및 기회주의를 일체 부인함이 그의 강령으로 하는 바요 … 우경적 사상을 배척하고 민족주의의 좌익전선을 형성하여 써 변동되려는 시국에 책응하고 그 성과를 후일에 기코자 함이 그 목적"[50]으로 하고 있음을 천명함으로써 민족주의 세력이 중심이 된 전민족적·초계급적 투쟁의 통일기구로 가능할 것으로 기대했다.

사회주의 운동 노선 역시 단일노선으로의 집결을 선택한다. 과거 물산장려운동과 민립대학 기성운동 과정에서 민족주의 진영과 분기한 사회주의 진영은 농민운동과 노동운동으로 전환되면서 계급혁명보다 민족주의 운동 노선에 대한 거부의 성격으로부터 출발했다(이균영 1982, 112-113). 오히려 사회주의 진영의 계급혁명론은 민족협동 전선론과 동반되는데, 1923년 3월 전조선청년당이 개최한 전조선청년당대회에서 민족자결을 포기하고 무산계급의 해방을 제1의 급무로 채택할 것을 선언함으로써 사회주의 진영은 민족주의 진영과의 차별성을 부각시키게 된다. 반면 1924년 조선청년총동맹은 타협적 민족운동의 배척과 혁명적 민족운동의 찬성을 천명하면서 민족협동 전선의 가능성을 모색한다(이균영 1982, 113-115). 이러한 전환의 시점은 1922년에 이르러서야 조선정책을 국내로 전개한 코민테른에 의해 1923년 민족혁명투쟁의 협동전선 설립에 진력하도록 방침이 내려왔다는 사실과 연관되어 있는 것이기도 하다(최규진 1997, 263).

1925년 조선공산당의 창립은 통일전선전술의 주체가 마련되었다는 것을 의미하고, 동시에 민족주의 진영 역시 민족해방이라는 공동목표에 따른 협동전선의 필요성을 인식하게 된다. "순수한 민족운동으로부터 사회운동으로 방향을 전환하여 오인 해방전선에 양대진영의 병립을 보게 된 것은 … 다만 그 정전(征戰)의 과정에 있어서 견고한 공동전선의 편성을 절규하는 바"[51]라는 민족주의 진영의 호소와 대중의 정치적 성숙 및 식민당국의 사회주의 운동탄압에 따른 현실적 요구는 사회주의 진영으로 하여금 민족주의 진영과의 협동전선을 통해 주도권을 행사할 수 있는 자신감을 가질 것으로 판단하게 한다(이균영 1982, 117). 이어서 1926년 2차 조선공산당에 의해 민족통일전선이 추진되고 그해 9월 출범한 3차 조선공산당은 코민테른의 방침에 따라 민족주의자의 정당을 형성시키고 모든 정치운동을 단일기관으로 결속시키는 민족통일전선론을 추진한다(최규진 1997,

265-266). 그 과정에서 11월 15일 일월회에 의해 제기된 정우회 선언은 경제적 투쟁에서 정치적 투쟁으로의 방향전환과 비타협적 민족주의자와의 공동전선을 주장한다(이균영 1982, 127-129). 비록 정우회 선언이 구체적인 내용과 실행방법을 제시하지 못한 선언에 불과할지라도, 기존의 사회운동을 전면적으로 비판하고 사회주의 운동 노선의 새로운 방향성인 합법적 정치운동과 민족협동 전선의 단초를 제시하고 있다는 점에서 사회주의 진영의 동요와 분열을 가져올 정도로 충격적인 것이었다.[52]

신간회의 결성 이후 사회주의 진영은 "우리의 주체적 조건의 일정에 의하여 과감한 이론투쟁을 전개하면서 운동의 방향을 조합주의적으로부터 ××××으로 전환하게 된 것은 지난해 말(去年末)부터이다. 그때부터 우리의 운동은 협애(狹隘)한 과거 질곡을 벗어나서 광범히 전선적(全線的) 전개의 제일보를 걷기 시작했다"[53]고 전제한다. 이로 인해 민족운동의 한 축인 부르주아 민족운동 세력의 대응을 유도하고 이를 계기로 적극적인 진출을 시도할 수 있다는 것이다. 그런데 사회주의 진영은 "신간회는 … 엄정한 의의에 있어서의 당(黨)이 아니다. 협동전선이다. 그러나 현재상태에 있어서는 아직 협동전선으로서도 완성되지 못하여 있다"고 판단하고 "신간회는 현재단계에 있어서 … 농민 및 소(小)부르주아와 직접 접촉 교섭할 수 있는 특수조직형태"라고 규정한다.[54] 바로 헤게모니 전취론(戰取論)이다.[55] 그것은 "신간회에 있어서의 우리의 당면 긴급임무는 헤게모니 전취에 있다"[56]는 선제적인 태도를 보여주며, 민족운동의 단일당 또는 단일체로서 신간회 내부의 헤게모니 장악을 위한 사회주의 진영의 주도권 확보를 강조하는 것이었다.

한편 사회주의 진영의 헤게모니 전취론에 대한 민족주의 진영의 경계심을 안재홍에 비추어서 살펴보자면, 안재홍은 "신간회는 단일정당의 매개형태이니 오늘로써 곧 민족단일당으로서의 정비한 제조건을 구한다 하면 그는 소위 大早計인 자"라고 지적하고(한상구 1994, 239-242), "전위분자의 규합 및 통일이 우선 당면의 급무이요, 농민 노동 자본 등 각층 또는 기타 일반의 동작요소를 지을만한 층에 대하여 소위 비약적 침투 및 전개를 기하는 것은 아직도 차기의 일인 것을 만족하여야 할 이지(理智)를 가져야 할 것"[57]이라고 경고한다. 이미 좌우협력을 민족주의 좌익전선 또는 민족적 좌익노선으로 규정했던 안재홍의 신간회 참여는 협동전선운동을 민족주의 진영이 헤게모니를 행사하는 민족운동으로 발전시키려는 그의 의도를 반영한다.[58] 따라서 직접적인 교섭단체로서 신간회를 요구하는 사회주의 진영의 목표와 대비해서 안재홍은 신간회를 "오인은 지금 신간회 그것에 관하여 벌써 민족적 단일정당으로서 확립되었고 또 존재하는 것이라고 단정하지는 않는다"고 신중한 접근을 요구하고, "단일민족 정당이 나와야 할 것이 조선에 있어서의 객관적 필연의 추세이라 하면 지금 발생기 및 생장기에 있는 신간회가 아직 얼마 동안 사상단체와 정치투쟁단체의 두 중간에 걸쳐 있는 과도형태로서 존재할밖에 없는 것"임을 주지할 것을 지적한다.[59] 이러한 신중함은 협동전선 형성의 당위성으로 표출된다. 즉 "통일집중을 부르짖는 것은 현하 조선인의 전일한 의식"이며, "오직 대중과 그의 선구자들이 각자의 피 끓는 투쟁에 입각하여서의 뼈아픈 체험으로서 귀납하게 되는 존귀한 생존의식에서 나온 것"이라는 점이다.[60]

그럼에도 불구하고 안재홍은 조선의 객관적 정세로부터 민족적인 정치투쟁의 수단이 요구되기 때문에 이러한 직임을 수행할 신간회야말루 '민족적 총역량을 집중시키는 단일조직'으로 성장해 줄 것으로 기대한다. 안재홍—민족주의 진영—에게 신간회 같은 조직화는 식민통치에 대한 타협적 태도와 전략이 지닌 허구성, 즉 '점진적이요 또 계단적이란 구실로써 그 실은 타락한 기회주의로 기울지는 것'을 부인하는 것이며, '민족주의의 좌익전선을 형성'해서 전조선인의 목표인 '정치적 경제적 구경적 해결'을 위한 투쟁의 실천이었다.[61] 이러한 기대는 '현 단계에서 투쟁운동의 방향이 전 계층을 포섭하는 것'이어야 하기 때문에 '지금 발생기 및 생장기에 있는 신간회가 아직 얼마 동안 사상단체와 정치투쟁단체의 두 중간에 걸쳐 있는 과도형태로 존재할밖에 없는 것'이라는 신간회 탄생의 당위성으로 전개된 셈이다(이지원 1991, 51).

1927년 12월 27일에 이르러 신간회는 지회 100개 돌파 기념식을 거행함으로써 '민족적 총역량을 집중시키는 단일조직'으로 성장하는 양적 팽창을 이룬다. 그것은 "시대적 사명을 띠고 나온 만중지지의 신간회가 이만큼이나 급속하게 발전된다는 것은 도리어 당연한 일"[62]이라는 안재홍 자신의 자부심에서도 비치듯이, 신간회를 구성하는 협동전선 세력을 고무시키고 자치론을 주장하는 타협적 민족주의 세력과 비타협적 민족주의 세력의 선명한 구별과 우위를 제공하는 계기였다.[63] 그렇다면 안재홍의 정치적 삶과 신간회의 실천강령의 정합성 여부에 주목해 볼 만하다. 신간회는 초기 활동목표로 한글보급을 통한 문맹퇴치, 일본인화 교육의 배척, 조선산품의 애용선전, 일본 이민의 반대, 가내공업 장려를 통한 농촌진흥, 조선 역사관계 서적 발간, 만주 이민 동포의 산업실황 조사를 통한 원조대책, 남부와 중부 농민의 북부 이주 장려를 통한 인구밀도의 조화, 학생의 체육 장려와 사상적 혼란의 순화 등 비타협 민족주의자들의 일관된 관심사항을 반영했다. 그것은 노동자·농민문제에 대한 우선적인 관심과 소극적인 해결책의 모색에 불과했다(박찬승 1993, 80-81). 반면 전국적 조직화에 이르면서 신간회는 당면문제의 구체적 방침으로 농민교양, 경작권 확보 및 외래 이민 방지, 조선인 본위의 교육, 언론·출판·집회·결사의 자유 확보를 위한 운동, 협동조합운동 지지와 지도, 염색(染色)옷 착용, 단발의 실시, 백의 및 강건 폐지 등 자신감을 표출한다.[64] 이 시기 안재홍의 실천론 역시 이 부분에 집중되어 있다. 물론 그것은 지사적 투쟁으로서 언론을 통한 대중계몽과 교육에 주목했다는 점을 반영하지만 동시에 이를 통한 대중의 정치적 각성의 실천론이기도 하다.

안재홍의 실천론은 크게 민중교양, 문자보급, 생활개선으로 구성된다. 우선 안재홍은 "분산적인 무지한 무산인민은 시국개조에 대하여 아무 역사적 및 정치적 요소가 되지 못하는 것"이라고 정언하고 신간회와 같은 단일조직의 운동이 투쟁을 위해 긴요한 준비과정이듯이 교양운동 역시 모든 운동의 출발점이 되어야 한다고 지적한다.[65] 그 방법은 농촌 야학을 통한 문맹퇴치 운동이다.[66] 왜 그런 것일까? 오히려 교양과 문맹퇴치의 우선성은 안재홍의 실천론이 여전히 지사적 삶의 연장선상에 놓여 있다는 한계를 보여주는 것이 아닐까? 안재홍은 정치적 투쟁을 강화하기 위한 선결조건으로 무산인민의 계몽이 선결되어야 한다고 판단했다. 왜냐하면 "새 사회로 전환하는 시대의 중추세력을 짓는데는 학자, 신사 등 지식계급보담 소박하고 정직한 지혜있는 노역자들이 더 긴요 … 이러한 청년들로 그 감격 및 책동의 원천으로서의 배후의 단결을 요"[67]하는 신사회 건설의 배후로서 농촌이기 때문이다. 더욱이 '빈궁과 무지'의 두 요소가 민족적으로나 계급적으로 현재의 어려움을 보여주는 것이지만 경제적 빈곤함이 구조적 문제라면 무지의 문제는 시급히 해결될 수 있는 것이기도 하다.[68]

안재홍의 해답은 전위분자로서 학생들의 귀농운동을 격려하고 농민교양, 무지근절을 위한 농민학교와 가정학교의 설립이다. 만약 민중교양 훈련이 시대적 과제라면 대다수를 차지하는 농민의 교육이 가장 절실하며, 그 수단으로 농민학교의 설립이 현실적일 것이다. 또한 농민학교는 협동조합, 야학을 관리할 수 있는 상부의 단위로 기능할 수 있다는 점에서 사회적 안정을 기할 수도 있다는 것이다. 한편 가정학교는 교육과정에서 소외되어 있던 미취학 여성의 교육과 진취성을 배양한다는 타당성을 갖는다. 직업적으로나 사회적으로 여성의 진출을 도모하거나 교육된 여성이 가정을 통해서 사회적 봉사의 기능을 수행할 수 있다고 판단한다.[69] 이를 통해 농민들 스스로에게 "어떠한 허욕을 내어서는 안 되고 배울대로 배우기에 힘쓰며 농민 서로서로 진실하고 정직하게 계속 힘쓰고 의심없는 이들의 단결"[70]이 요구된다. 그것은 "조선이 농업국인 까닭으로써만이 아니요, 그야말로 전민족으로 부침존망의 기로에 서 있는 오늘날에 사멸로부터 탈출하려는 영구적 결사의 태도로써"[71] 안재홍이 제기한 농민도(農民道)－민중교양－이다. 안재홍이 요구하는 농민도는 단순한 "농업에 관한 지식 · 기술"만이 아니라 "수많은 조선 인민으로 농업민으로, 농업자로, 농업노동자로서 스스로 맨발에 땅을 밟고 땅을 파 흙을 주무르면서 질박굳강한 역자가 되는 정신을 가지는 것"을 의미한다.[72] 그 결과는 빈궁과 무지를 탈피하고 대중적 역량의 강화를 위한 시민적 덕목의 함양—대중생활의 개신(改新)—으로 귀착된다.[73] 그것은 전위적인 혁명운동과 동반되어야만 대중의 삶이 변화 가능하다는 판단 하에 색의단발, 건강증진, 상식보급, 허례폐지, 소비절약 등 다섯 가지 과제로 전개되었다.[74)]

그렇다면 개신(改新)—교육과 계몽—은 민중에만 국한된 것일까? 농민과 농촌을 대상으로 한 교양과 계몽사업이 어떻게 정치투쟁으로 전개될 수 있는 것일까? 사실 조선이 농업국이고 민중 대다수가 농민이라는 현실로 인해 농업의 진흥과 농민의 계몽이 요구되는 것이 아니다. 오히려 현실조건으로서 농업국, 농민으로서 조선의 상황에서 빈궁과 무지로부터의 탈피는 식민지에서 쟁취해야 할 경제적 자립의 기반을 구축하는 것인 동시에 학생들의 귀농과 교양사업 투신이야말로 취업의 문제를 해결할 수 있는 장기적인 전술이기도 하다.

안재홍은 "조선의 소위 관영되는 전문과 대학에서는 그 입학생이 그네들이 육칠할을 점하고 조선인은 근히 삼사할인 바 이것은 년년감소될 운명을 띄운 것"이라고 전제하고 "교육을 밨을 때부터 이러한 우월권을 가지고 위정자의 최선의 원조를 받는 그들은 실제사회에 나서는 날은 일층 우월권을 가지고 조선인을 아보합니다. 그래서 정치 · 실업(實業) · 무슨 기관을 물론하고 그네들이 차지하고 여유가 있기 전에는 발도 붙여볼 길이 없는 현상"이라고 경고한다.[75)] 따라서 "고등보통학교 졸업정도의 지식청년의 농촌진출"인 귀농운동이 청년자신들에게 간단치 않은 문제일지라도, "힘의 근원을 떠나지 않는 일"이며 "현하 조선의 처지로는 자연의 추향(趨向)보다도 의식고조가 좀더 필요"한 것이기도 하다는 점에서 귀농학생들의 역할은 지식인의 책무이자 이상의 실현이기도 한 셈이다.[76)] 동시에 식민통치로부터의 해방과 독립이 전민족적 투쟁의 당위성을 갖는 것이라면, 전민족적 투쟁의 선행조건은 투쟁력의 근원으로서 전민족적 개신 여부에 있을 것이다. 따라서 개신은 민중교양에 국한된 것이 아니라 전민족적이어야 한다.

안재홍은 "각종 농업학교를 통하여 매년 600명의 졸업자가 나오거니와 … 차차로 두절되게 됨에 따라 점점 특종의 실직자로 되어버리되 스스로 농촌에 돌아가 농민과 섞이어 신진한 농업자, 농업노동자로서의 생활을 하는 자는 극히 적고 뿐만 아니라 그것을 당연한 사명시하는 의식조차 결핍한 모양"이라고 지적하고,[77] 그 원인을 유교에 의한 '조선마음, 조선생각'이 "남의 나라만 대단한 줄 알고 조선이 장하다는 생각을 없이했습니다. 너무 모든 사상을 막고 과학과기술을 천대하여서 정신상으로나 물질상으로 사회문화의 자라나는 기운을 시들고 썩히게 한"[78] 병통이라고 한탄한다.[79] 이로부터 안재홍은 "동경에서 졸업한 조선인 유학생 학과별을 일람하건대 … 법(法)·정(政)·문(文) 등 정신과학에 속한 자가 181인이요, 순정한 기술적 노역자로 나설 만한 자는 공업(工業) 이외 34인을 산하나 대체로 퍽 영성한 형편이다 … 시국의 변동을 이해하고 민중의 지도를 민속히 하며 정치적 투쟁으로써 민족적 영고를 다투려고 하는 것은 가하겠지만 이와 같이 온갖의 식자를 몰아서 대부가 공막한 문학적 방면에 추향케 되는 것은 도리어 적세의 폐습이 오히려 그 병점을 짓는 것을 알 것"이라고 경고하면서 선구자로서 지식인의 '궁행솔선(躬行率先)의 도(道)'를 요구한다.[80] 그것은 "서생지배의 전통적 습상을 가진 조선에서는 학업을 마친 청년들에게 지금도 의연히 노동 천시의 양반도의 발호를 보게 되어서 청운을 꿈꾸는 과유식의 관념으로써 결국은 관공리 및 회사, 은행 등에 봉급인으로서 취직을 유일의 목표로써 하고 즐기어 스스로 노동력자 하는 길에 나아가고자 하지 아니하니 이는 일반적인 병폐이거니와 더욱이 농업학교 출신자의 상황에 돌아보아 가장 현저하다 할 것"[81] 이라는 진단과도 부합한다. 안재홍은 개신의 실천방안으로 농민의 교양과 계몽을 위한 학생의 귀농운동을 촉구하면서 한편으로 개신의 결정적인 역할을 담당할 지식인조차도 개신을 필요로 하는 대상임을 강조한 셈이다. 결국 그것은 안재홍의 정치적 삶이 사유에 머물지 않고 구체적인 활동으로 정합되었음을 시사한다.

Ⅳ. 노마십가(駑馬十駕)-관용과 협동의 호소

과연 신간회는 기대대로 전민족적 정치투쟁을 극대화하는 데 성공한 매개체의 역할을 수행한 것일까? 신간회 출범 이후 그 해 12월까지 전국적 조직으로의 확대라는 양적 성장이 절정에 이른 1927년 말에 이르러 내부균열이 본격화한다. 이미 안광천의 헤게모니 전취론으로 인해 신간회 내부의 논쟁이 가열되었지만 신간회 결성과 참여, 그리고 신간회에서 사회주의 운동의 주도권 장악이라는 과제를 전제로 할 때, 사회주의 운동이 신간회를 어떻게 규정해야 하는지를 둘러싼 논쟁은 신간회 참여 초기부터 제기된 것이었다. 따라서 신간회 해소라는 결과로부터 소급하자면 헤게모니 전취론의 제창은 양당론(兩黨論)과 청산론(淸算論) 비판의 연장선상에서 도출된 것이며, 그 시작점에 양당론과 청산론이 놓인다.

양당론은 1925년 11월 조선공산당 1차 검거를 계기로 대립관계인 서울청년회 사상단체인 전진회에 의해서 무산계급 정당의 준비를 위해 조선사회단체협의회 결성이 시도되고 신간회 창립을 두고 프로레타리아의 독자성과 이니셔티브 문제를 확보하기 위해 조직적 대립을 가져올 위험성을 타파하려는 이론적 명분으로 제기되었다(이균영 1985, 90-93). 그것은 사회주의 운동의 조직적 독자성을 확보한 바탕 위에서 민족협동 전선이 결성되어야 한다는 의미로 사회주의 운동진영이 통일적 조직을 먼저 조직해서 이와 민족주의 단체를 '협동 또는 대립' 시키자는 것이었다(김기승 1991, 124). 따라서 전진회의 입장은 중앙협의회를 장래 무산계급 정당의 상설 준비기관으로서 존재해야 하며, 신간회와는 반제투쟁에서는 협동, 계급적 독자성을 유지하기 위해서는 대립을 요구한다(이균영 1985, 94-95). 이에 반해 신간회를 민족협동 전선의 매개형태로 규정했던 조선공산당의 입장은 중앙협의회 진영의 입장을 "1926년 말부터 우리 운동이 종래의 경제주의-조합주의-××××운동의 否認으로부터 전환하여 정치운동의 문제를 제출하고 그것을 위한 당면의 조직으로서 ×××××××× 향하여 노력하기 시작했을 때 그것에 대한 우리 진영 내의 대립물은 최초에는 정치운동거절의 경제주의적 사상 그 다음에는 양당론 주장의 좌익소아병적 사상뿐"[82]인 양당론으로 비판한다. 민족단일 전선론의 입장에서 볼 경우 중앙협의회 상설론은 "사회주의 운동 자체의 필연성의 역사적 사회적 조건은 조금도 구명되"지 않는 당위론에 지나지 않으며, 조직의 원칙에 무지한 소부르주아적·비맑스주의적·비사회주의적 견해에 불과하다는 것인데, 양자의 대립은 협동전선의 '긍정 대 부정'이기보다 형식에 있었다(김기승 1991, 126).

한편 청산론의 경우, 1927년 12월 尾星生의 "신간회와 그의 임무에 대한 비판-노정환 씨의 이론은 배격함"이라는 글을 통해 프롤레타리아의 헤게모니 쟁취에 반대하고 소부르주아를 포함한 전민족적 단일전선의 형성을 강조하면서 헤게모니 쟁취론이 전술적 오류라는 비판으로 제기되었다(이균영 1985, 102). 그것은 계급적 독자성을 버리고 단일전선으로서 신간회에 참여하자는 것이며, 동시에 계급투쟁을 소아병적 환상이며 민족운동의 현 단계에서 가공의 독단이자 망상으로 비판하는 것이었다.[83] 이에 대한 대응으로 1928년 11월 안광천은 이들을 소아병적 환상을 청산한 청산주의자(淸算主義者)로 규정하고 부르주아를 대표한다고 비난한다. 이로부터 안광천은 청산론자들의 논리가 계급투쟁의 가능성이 희석된 상황에서 오히려 민족단일정당의 출현을 현실적 대안이라고 강조하는 것에 불과하며, 이 또한 기계적인 형이상학적 방법론에 입각한 청산파적 주장일 뿐이라고 평가절하한다.[84] 결국 양당론과 청산론은 민족협동 전선을 어떠한 조직형태로 구축할 것인지, 언제까지 제휴할 것인지, 제휴 이후의 구체적인 행동방향이 무엇인지에 대한 명확한 규정이 없었던 사회주의 진영의 운동방법에 대한 문제제기였다. 따라서 헤게모니 쟁취를 강조하는 안광천의 전취론은 소수의 지지를 받는 개인적 의견표명에 불과한 것으로 축소되었고, 사회주의 진영으로 하여금 신간회 조직재편과 구체적인 활동방향의 모색을 강구하게 하는 동기로 작용했다(이균영 1985, 109-110).

반면 안재홍을 비롯한 민족주의 진영은 신간회를 "정치적 특수지대인 조선에서 이 비타협적 민족주의의 입장에서 민족적 정치투쟁을 사명으로써 하는 단일정당의 매개형태"[85]로 규정하려고 한다. 즉 신간회는 모든 정치세력을 결집하는 '민족단일정당'으로 나아가는 경로일 뿐, 단일정당 그 자체가 아니라는 것이다. 따라서 매개체로 신간회를 규정할 경우, 신간회는 모든 정치세력의 결집체가 아니라 우선적으로 비타협적 민족주의·사회주의 진영을 포섭하는 '민족단일정당'의 선행단계에 불과하다. 따라서 비타협적 민족주의·사회주의 진영은 방법론상의 불일치만이 아니라 형식 그 자체에 대한 불일치를 노정한다. 결국 신간회는 태생적으로 비타협적 좌우세력 간 협력뿐 아니라 대립의 요소를 내재한 셈이다. 그것은 신간회 자체가 훗날 해소 논쟁을 불러일으킬 내외의 두 가지 압박요인을 이미 내재하고 있었다는 사실을 보여준다.

먼저 사회주의 진영의 '헤게모니 전취론'은 양적 성장에 치중했던 신간회의 취약성에 타격을 가했다. 즉 신간회는 명확한 지도정신도, 통일된 행동지침도 제시하지 못하며, 진정한 의미의 당도 아니고 협동전선의 완성체도 아니라는 것이다. 따라서 사회주의자들의 당면임무야말로 신간회의 헤게모니 전취에 있다는 것이다. 결국 헤게모니 전취론이 공개적으로 표현되는 순간 사회주의 진영의 주도권 장악을 경계했던 민족주의 세력과의 협동전선으로서 신간회는 위기에 직면한다(김형국 1997, 234-235). 그러므로 안재홍이 신간회를 단일정당으로 가는 경로라고 규정한 이유는 신간회를 단일정당이라는 종착지로 규정하는 순간 민족적 총역량의 결집에 실패하고 사회주의 진영의 헤게모니 전취를 가능하게 한다는 판단에 기인한다.

다른 하나는 신간회의 자가당착에 기인한다. 창립과 함께 조직의 급속한 성장이 이루어졌고 구성원 중 농민·노동자 비율이 76%에 이르렀음에도 불구하고 목표와 구체적인 방침의 설정이 뒤늦었고 전술적으로 민족의 역사와 민족의식 고취를 위한 계몽에 주력함으로써 소극적인 태도를 취했다는 점이다. 그것은 신간회에 대한 기대를 실망으로 바꾸었으며, 각 지회가 중앙본부의 통제를 거부한 원인으로 작용했다. 더불어 식민당국의 견제로 인해 창립과 해소 이외에 전국 차원의 대회를 가질 수 없었고, 대공황으로 인한 일본의 압박이 결국 식민지에 대한 전제적 지배강화라는 환경적 요인으로 인해 기대만큼 활동할 수 없었기도 했다. 따라서 신간회의 존재 자체가 민족주의와 사회주의 진영의 협동이 제한적일 수 밖에 없는 한계성을 노출시킨 계기이기도 했다(유병용 1985, 44-47).

그렇다면 안재홍은 어떤 생각을 가지고 있었던 것일까? 1928년에 이르러 안재홍은 '壯志益新한 新一年'으로서 1927년을 계기로 1928년을 "민족적 총역량을 집중하여서 점층적 훈련을 겪어가면서 투쟁적 결속을 굳건히 하여야 할 이 일년"으로 규정한다.[86] 그것은 "통일집중을 부르짖는 현하 조선인의 전일한 의식"[87]으로서 신간회의 급속한 성장에 따른 본격적인 정치투쟁을 기대의 표출이기도 하다. 안재홍의 기대는 "오인은 부르짖는다. 민족적 총동원을 하여라"[88]라는 선언으로 표출된다.

안재홍은 "통일을 주장한다. 유일전선을 말한다. 단일당을 촉성한다. 귀일당을 운위하고 있다. 그러나 파쟁은 드디어 그칠 수 없다"[89]고 고백하고 계급적 견지에 기초한 접근방식이 아니라 동일민족적 견지에서 접근하는 것이 민족단일당 성공의 객관적인 조건이라고 강조한다.[90] 왜냐하면 식민통치와 제국주의라는 내외적 조건에 놓여 있는 조선의 경우, 전민족적인 단결이 요구되며 대립되는 이념일지라도 동일한 목적을 향해서 협동적인 대립이 되어야 하는 책무가 있기 때문이다. 따라서 안재홍은 좌우 간 협동(協同)을 시대적 요구로 인식한 셈이다.[91] 이에 따라 안재홍은 "현하의 정세는 각각 그 계급적 종파적 견지를 떠나서의 정략적인 협동만이 가장 필요"[92]하다고 선언한다. '정략적 협동'이란 "계급적 및 종파적 견지에서도 정치적 관용성에 의한 정략적 협동을 목표로서 현명한 과정적적 임무를 하는 것이 가장 간절"[93]한 과제이며, '정략적 협동'이 불가능할 경우 일본의 식민통치와 이를 둘러싼 열강의 이해관계 충돌이라는 조건 속에서 해방이라는 목표를 성취할 수 없다는 것이다.

정략적 협동의 당위성은 신간회 해소 논쟁에서 극적으로 표출된다. 1930년 12월 6일 부산지회 김봉한에 의해서 최초로 제기된 해소론은 신간회가 "소부르주아적 정치운동의 집단으로서 하등의 적극적 투쟁이 없을 뿐 아니라 전민족적 총역량을 집중한 민족단일당이란 미명 밑에 도리어 노농대중의 투쟁욕을 말살시키는 폐해를 끼친다"[94]는 내용을 담고 있다.

여기에서 주목할 사항은 사회주의 진영이 신간회 해소의 논거로서 '객관적 정세의 성숙'과 '주관적 조건의 이에 대한 조응'을 거론한다는 점이다. 즉 1930년대에 이르러 대공황과 자본주의 체제의 위기라는 객관적 정세와 노동대중의 계급의식이 앙양되었기에 더 이상 신간회 같은 틀을 통한 운동이 필요하지 않다는 것이다(박찬승 1993, 82). 오히려 사회주의 진영은 현재의 운동단계를 민족해방단계이기에 반제국주의·반봉건운동이 노동자·농민·도시 소부르주아를 구성요소로 판단한다. 만약 신간회를 단일정당이라는 종착지로 규정할 경우, 프롤레타리아의 정치적 역할과 지위는 해방의 지도자이며 담당자로서의 성격을 지닌다. 그것은 환경적 요인을 강조함으로써 매개체로서 신간회 활동이 현실적으로 곤란하다는 점을 부각시키고 신간회 해소에 대한 외부적 요인으로 사회주의 진영의 헤게모니 전취론을 합리화하는 것이었다. 이로부터 신간회 해소론은 식민통치 하에서 전개되는 정치투쟁은 반제국주의 투쟁인 동시에 경제적 투쟁과 결부될 수밖에 없고 노동조합 운동의 확대강화가 결정적 요건임을 강조한다.[95]

해소파의 입장은 대략 ① 신간회 결성조건자체에 중대한 모순, 즉 어떠한 정당적 지도이론이 없고 노동자·농민·소시민 각층을 잡다(雜然)하게 망라했기에 조만간 해체할 수밖에 없다는 것, ② 조직상의 결함으로 협동전선의 역할을 다하지 못하고 농민·노동자의 조직과 활동을 구속했다는 것, ③ 현재의 지도분자가 소시민층이고 동시에 노동자·농민이 헤게모니를 전취해서 계급운동으로 전환케 할 수 없다는 것으로 정리할 수 있으며, 신간회발기 정신에 대한 반발이자 해소의 불가피성을 피력한다.[96] 결국 신간회 해소는 외형상 무산계급의 독자진영인 노동조합·농민조합의 확대강화라는 변증법적 발전의 담보를 의미하지만 실질적으로 해체의 의미를 지닌 셈이다.

안재홍을 비롯한 민족주의 진영은 신간회 해소를 반대한다. 1931년에 이르러 안재홍은 "답답한 분위기 속에 헐떡이고 있는 신사, 유생, 및 식자층의 사람들의 무위한 태도도 그다지 동떨이지게 약진적으로 변하리라고 보이지 않고 … 아무 큰 기대를 가지는 바는 없다. 다만 나 자신으로 희망이 있다면 조선인이 보담 더 조선의 현실문제를 구체적 수단에 의하여 두실로 도루 관심, 계획, 노력함이 있기를 구할 뿐"[97]이라고 1931년을 전망한다. 이러한 입장표명은 자신이 기대한 협력의 가능성이 붕괴되고 있는 시점에서 시사적이다.

김병로는 "헤게모니 전취의 근본목적이 달성되지 아니함으로 해소운동이 나온 것"이라고 전제하고, 신간회 해소의 반대논거로 "이론상 당연하나 현하의 정세에 비추어 신간회를 해소함으로써 그 이상의 어떤 투쟁력을 사실로 나타낼 조직으로 전화할 수 있는가가 의문"이라고 제기한다.[98] 이로부터 해소반대론은 대략 ① 해소는 원칙상 시인하지만 시기가 부적절하고 신간회의 임무가 반영구적이기에 활동을 활발하게 할 뿐이지 해소운운 자체가 패배주의라는 것, ② 신간회를 해소하고 더 능력 있는 형태의 조직을 발견할 수 없다는 것, ③ 관념적으로 합동이 분화되는 것을 한탄하며 기왕 결성된 조직력을 흐트러버리는 것이 안타깝다는 것으로 정리된다.[99] 즉 "신간회의 과거의 투쟁의 방법과 전술에 결함이 있다고 하면 그 결함으로 지적하고 이를 교정하여 더욱 힘있는 운동으로 전개시킨다면 모르거니와 그 나마인들 이미 조직된 힘을 해소한다고 주창하는 것은 그 나마 이미 결성된 진용을 각란하며 그나마 조직된 투쟁력을 여지없이 비산시키는 것 밖에 아무 다른 효과가 없을 것"이라는 점이다.[100]

특히 안재홍은 적극적으로 반대 입장을 표명한다. 안재홍은 "전 노농대중의 전투적 결성과 대중적 역량이 자리 잡을 기회조차 없었음에도 불구하고 최초의 전민족적 지지합작의 신간회가 양적 성장을 이루었기 때문에 내부의 헤게모니 장악으로 전개"[101]되었다고 진단하고, 이로 인해 현재 계급진영 본위로 진행하자는 해소론이 개진되었다고 분석한다. 더 나아가 안재홍은 해소론자의 기본취지—적극적 투쟁이 없을 뿐 아니라 민족단일당의 미명 밑에 도리어 노동대중의 투쟁욕을 말살시킨다—에 동감한다. 즉 "해소론의 대전제가 제3기적 위기에 빠져서 몰락과정을 달리고 있다는 현대 자본주의 그것에 본질을 둔 것이니 가장 총체적인 개괄적 입론이어서 논으로서 과오가 없다"[102]고 인정한다. 그것은 지부의 조직화에 성공함으로써 전국조직으로 확대되었지만, 구체적인 실천으로 진행되지 못했던 신간회의 역할에 대해 안재홍 자신도 공감했음을 보여준다.[103]

그럼에도 불구하고 해소론은 여전히 현재의 조선이라는 특수상황에 부합하지 않는다. 오히려 안재홍은 해소(解消)의 의미가 일본 노동당(勞農黨)의 용어와 이론을 빌려온 것으로 추단되며, 일본과 같이 해소 이후에 복귀할 합법적 노동조합, 농민조합의 조직도 존재하지 않는 조선의 상황에서 비현실적이며 주체적이지 못하다고 지적한다.[104] 해소반대론은 "사회운동 선상에 소위 해소라는 파문이 돌기 시작하기는 제삼국제당의지령에 의하여 작년 여름(夏間)부터 일본의 사회운동자간에 다소간 논의의 재료로 되다가 그것이 동년 팔, 구월경 노농당의 서기장이든 호소사코 가네미쓰(細迫兼光) 일파의 해소론 주장과 및 동당에서의 제명처분 당하든 시기가 소위 해소이론의 절정이었다고 볼 수 있다 … 제삼국제당에서 주장하는 해소이론이 아무리 훌륭하고 정당하다 할지라도 촌철의 소유나 일보의 행동에도 각종의 양심대로 할 수가 없게 되는 조선에서는 아직 그것을 신기하게 부합되는 투쟁술이라고 하기 어려울 것 같다"[105]는 판단에 기초해서 민족주의 진영의 일반적인 인식이기도 했다. 더 나아가 안재홍은 "이러한 현하 정세에 고려하여 협동을 위한 우의적 신의적인 선처와 한걸음 나아가서 공동한 현하의 정책을 수립 및 구현함이 오히려 긴요할 것"[106]이라고 역설한다. 그 근거는 찬성론자들의 기대처럼 해소 이후에 더 강고한 대중적 투쟁조직을 보장할 수 있는지 의문이며,[107] "노동자, 농민의 점층적 혹은 투쟁적의 결성이라는 것이 만일 진행되면 부유적 소부르란 자로 하여 외교적 또는 도덕적인 결합대로 나아가게 하는 것이 당면에 있어 매우 필요한 것"[108]이기 때문이다. 결국 안재홍은 "무권력한 현하의 조선인으로서 … 신뢰할 동지로써 당무케 하고 전연히 계몽적 또 교훈적 결성 및 생장의 길을 밟으면서 다난한 마음의 시기를 기다림도 가할 것"[109]이라고 신간회 존속의 의의를 제언한다.

반면 이광수와 같은 타협적 자치론자는 해소의 의미를 달리 전개한다. 이미 1931년 3월 박영효와의 면담에서도 이광수는 "'신간회도 무엇이 되나 하고 보고 있었더니 한 가지 일도 하기도 전에 벌써 해소운동인가가 일어났소 그려' 하여 신흥지식계급의 무진보·무능력을 암암리에 깨닫게(暗喩)"[110] 되었다는 박영효의 견해를 인용하면서 지도자론(指導者論)을 전개한다. 신간회가 해소된 후 1931년 7월 이광수는 "어느 단체든 반드시 일종의 기초적 이론 위에 서는 법 … 이러한 기초 이론이 없이는 단결의 존재는 무의미하고 … 그 이론이 무슨 원인으로 소멸된다 하면 그 단결도 소멸될 것이다. 금일에 떠드는 바 해소론이란 이러한 이론에서 온 것"이라고 전제하면서, 신간회가 "민족이 따를 만한 이론을 가지지 못한 점, 중심될 만한 지도자가 없는 점, 주의·정신을 생명으로 하는 단원이 희소하다는" 이유로 지도단체가 될 수 없었다고 폄하한다.[111]

사실상 "해소는 해체(解體)가 아니다. 해소는 '신간회라는 구형태가 다른 신여태로 지양하는 순간에 완성될 것이며 그때까지는 해소운동이 지속될 것' 이라는 하는 것"이라는 당시의 정의로 비쳐볼 때, "찬성 40여 표, 반대 근 4표, 기권 30여표라는 분야를 보이 소위 비해소파가 하등 통제된 행동이 없고 확고한 신념이 없이 오로지 해소파의 결속적 행동에 유유복종한 것이라고 볼 것밖에 없"던 해소 논쟁은 협동전선과 민족단일당의 완성을 포기한 것이 아니었다.[112] 더욱이 타협적 우파조차 신간회의 운동전개양상을 내부분열로 평가할 정도로 운동 노선의 모호함과 정체에도 불구하고, "신간회 해소에는 맹렬한 반대론자로서 반대론 대다수가 정면으로 반대를 제창하지 못하고 있을 때에 氏는 당당히 반대를 제창하였고 경성지회대회가 해소를 결정하는 때도 대회에서 고군분투하였다. 비록 해소반대가 참패를 하고 말았으나 당당히 소신을 피력하고 끝까지 항쟁하는 용기와 정열과 신조엔 당시의 해소파들도 그의 언동을 경청하지 않을 수 없었다고 한다"[113]는 당시 평가에서도 보이듯이 안재홍의 해소반대론은 안재홍 자신이 가진 사유와 활동의 정합성—정략적 협동—에 일관된다.

그렇다면 안재홍은 어떤 해법을 가졌던 것일까? 안재홍은 해소론의 반대논거로 "해소론의 골자는 결국 기본역량을 전투적이라고 믿는 노동자 농민층에 둔다는 점에서 출발한 것"이라고 전제하고, "처음에는 민족 계급 양당병립의 주장도 되었고 다음에 영도권 장악의 주장으로 되었고 지금엔 아주 계급진영 본위로 일체를 진행하자는 의미로서의 해소론으로 된 것"이라는 해소론의 내적 오류를 거론한다.[114] 그것은 "계급운동자들의 견지에 의한 신간회 인식 문제이요, 그의 전도정에 대한 일정한 기획에 따른 것"일 뿐이며, 오히려 공고한 계급진영을 만들지라도 현존하는 무소속의 소부르주아 또는 무산시민적인 사람들을 투쟁과정에 배제함으로써 "기성세력을 단 한번에 폐기하는 류의 비기술적 무기회적 혹은 비전술적의 조급한 처지"에 불과하다는 비판이기도 하다.[115] 반면 안재홍은 "조선내의 신간회에서는 … 어떠한 감정적 종파적의 분열 할거의 과거를 청산해 버리고 합동통일로 진출함이 내외의 제형세에 있어 매우 필요하다"[116]고 주의를 환기시킨다. 그것은 정략적 협동, 즉 신협동(新協同)이다.

안재홍은 '신협동'을 해소반대의 논거보다 신간회 재정비의 의미로 제시한다. 그는 "신간회 지지론이 그의 영원무궁의 존속을 의미하는 것이 아닌만큼 그의 해소론도 즉시 해당적(解黨的)인 것이 아니어야 할 것"[117]이라고 지적하고, 정치적 견해와 이념의 상이성으로 인해 민족주의 진영과 사회주의 진영의 평행선적 관계가 현실적으로는 극복되기 어려운 문제임을 인정한다. 이로부터 안재홍은 "공동목표 그것에 대하여서도 일주의자는 우선 최후적으로 인식하고 또 일주의자는 다만 과정적 방편으로만 인식한다는 점에서 본질적으로 다른 점이 있으므로 전인민을 통해서의 대동단결은 기할 수 없는 소이"[118]로 신간회 해소와 같은 상황에 직면했다고 판단하고, 그 이유를 비타협적인 좌익민족운동자와 국제적 횡단선의 일연쇄체로서 계급운동자의 순수한 단일체가 현실적으로 불가능할 정도로 "동지의 비난을 무릅쓰면서 일정한 계선에까지 과감한 행진을 지속하는 중간적인 투사가 없기" 때문이라고 분석한다.[119] 그렇기 때문에 해소론의 제기는 역설적으로 양 진영의 정치적 견해를 선명하게 개진함으로써 양자 간 대립과 갈등을 정리, 청산할 수 있는 기회로 삼을 수 있으며, 이를 통해 양 진영이 새로운 재(신) 협동으로 진출해야 한다는 것이다.[120] 즉 신간회 해소라는 상황에 직면해서 타결의 가능성은 "민족당 계급당이 전연 단일적 결합을 할 수 없는 곳에 … 병립함이 옳을 것이다. 원칙으로 동지적 협동을 일정한 시기까지 영속할 것이요, 줄잡아서 정책적 협동은 언제든지 할 것"[121]이라는 정략적 협동에 달려 있다는 것이다. 그 정략적 협동은 "전민족적으로 특수한 정세하에 놓여 있는 조선인에게 … 목하의 일정한 과정가지의 양개의 주의가 평행하고 있어야 할지라도 그는 반드시 협동적인 평행이어야 한다"[122]는 점에서 안재홍에게 좌우협력이야말로 관조와 활동의 일관성을 위한 당위의 문제였던 것이다.

그렇다면 안재홍이 신간회의 해소를 끝까지 반대하고 정략적 신협동을 요구했던 이유를 이해할 수 있다. 그것은 역사와 민족에 대한 지식인의 책무 때문이다. 즉 "조선의 지식군은 아직 그 본질적 특색인 고결 현명 및 광구적 誠忠으로 전연히 시대의 주인공연하지 못한 신흥계급보담 앞서서 대중지도의 일정한 사명을 다하여야 하겠는 까닭"[123]으로 인해 "단일 유일 및 귀일 등 통일을 절규하는 것이 현하 조선의 고조된 민중의식으로 표현되었기"[124] 때문이다. 비록 안재홍 자신의 인식과 논리가 "애국적 정주에 약간의 사회사상을 가미한 소부르주아의 이데올로기"로 '신예(新銳)한 좌익 논객의 독화살(毒矢)을 맞는 것'이 있었을지라도, "그는 신문인으로서나 사회생활로서나 성의있고 책임관념 있는 사람이었다"는 당대의 평가와 부합하는 삶을 전개했던 것이다.[125] 결국 안재홍은 "전민중적 결성체도 없이 또는 그를 통하여 수립 구현하는 민중적 총의를 가짐이 없이 일정한 힘찬(力的) 생장과 시국에의 책응 및 통과를 바랄 수 없는 것은 너무 명백한 일"이라고 판단하고, 그 매개체로서 신간회 해소를 반대한 것이며 협동을 역설했던 것이다.[126]

V. 맺음말

독립운동사에서 신간회는 희망과 좌절의 지표로 좌우 또는 민족주의와 사회주의 양진영의 대립과 분열로 인해 미완성인 채 남아 있는 역사적 유산으로 이해된다. 또한 누가 그 분열의 책임을 지니는지에 대한 엇갈린 해석과 평가로 남아 있는 논쟁적인 주제이기도 하다. 반면 신간회에 대한 희망과 좌절에 대한 일반적인 이해와 달리 그 정치적 유산—대립과 분열—이 여전히 현재의 한국, 더 좁게는 한국정치의 대립과 분열에 대한 반면교사라는 사실을 인식하지 못하는 부분도 일정 수준 존재한다. 그것은 왜 미완성으로 끝났는지에 대한 문제의식만큼이나 민족주의와 사회주의 진영 모두에서 그 미완성으로의 종결을 안타까워했던 구성원들에 대한 무관심이다.

신간회에 대한 문제의식만큼이나 그 구성원들의 면면을 정확하게 이해하는 방편은 무엇일까? 안재홍에 국한시켜 볼 때 그의 삶과 운동 노선에 대한 이해는 얼마나 되는 것일까? 단지 식민지 지식인으로서 당연히 독립과 해방이라는 민족적 과제에 대해 자신을 헌신해야 하고 그 책임을 부담했어야 한다고 생각하는 것은 아닐까? 반대로 안재홍 자신의 삶과 정신에 대한 약간의 이해를 기초로 그를 성화(聖化)하는 것은 아닐까? 일반적으로 안재홍의 항일투쟁은 비타협적 민족주의 노선으로 규정하고, 학적 활동을 통해 민족적 자존의 정체성 확립에 전력했다고 평가한다. 물론 이러한 평가는 정당하지만 한편으로 그의 삶 저변에 놓인 고단함을 성화함으로써 그의 순수한 책무과 소명의식을 화석화(化石化)할 수도 있다. 과연 어떻게 그를 평가해야 올바른 것일까?

이 글은 안재홍이라는 특정 행위주체와 신간회라는 행위공간 및 맥락의 교차를 통해 안재홍의 정치적 사유와 삶의 일관성을 추적한 것이다. 그 정신과 삶의 일관성 여부가 결국 그 자신의 표현대로 비타협적 민족주의자로 자리매김하는 원인이 되겠지만, 한편으로 그 일관성을 유지했던 안재홍 자신의 고뇌와 자괴감을 간과해서도 안된다. 신간회는 안재홍이라는 지사적 투사가 자신의 정치적 사유와 삶의 일관성에 부합하는 대상이었고, 이를 위해 전력했던 흔적은 명백히 검증된다. 이로부터 안재홍은 타협적 민족운동 노선의 거부와 비타협적 민족운동 노선의 최종적 완결체로서 민족단일당의 결성을 염원했고, 내부적인 대립과 분열의 현실에 직면해서 협동의 순수성을 강조했다.

양웅의 『반이소』에는 "화류로 타고 달려도 어렵구나, 노새와 나귀를 둔한 말과 묶어 발을 맞추는구나. 그러니 비루한 것은 쓸 수 없구나"(騁驊騮以曲囏兮, 驢騾連蹇而齊足. 則又賤之爲不堪用也)라는 글이 있다. 그러나 안재홍의 정치적 사유와 삶의 일관성은 이를 잃어버린 노마로서 타협적 운동 노선이 식민통치기구가 제공하는 편의와 이익에 매몰되어 연잔두할지 모르지만, 그 일관성을 잃지 않은 채 대립과 분열을 협동으로 이끌기에 힘이 부친 노마일지라도 준마가 한걸음에 달려간 그 길을 천천히 따라서 길을 잃지 않고 최종목표에 도달할 수 있다는 신념을 표출한 셈이다.

참고문헌

김기승. 1991. "1920년대 안광천의 방향전환론과 민족해방운동론." 『역사와 현실』 제6집. 105-140.

김동명. 1999. "지배와 독립의 접점-소에지마 미찌마사의 '자치론' 제창의 정치과정론." 『한국정치외교사논총』 제21집 1호. 61-84.

김명규. 2002. "1920년대 부르주아 민족운동 좌파 계열의 민족운동론." 『한국사학보』 제12호. 171-201.

김민환. 1996. 『한국언론사』. 서울 : 사회비평사.

김병로. 1931. "신간회의 해소론이 대두함에 際하야." 『동광』 제18호.

김인식. 1997. "안재홍의 신민족주의 사상과 운동." 중앙대학교. 박사학위논문.

______. 2007. "안재홍의 신간회 운동." 『애산학보』 제33집. 83-112.

김택호. 2003. "개화기의 국가주의와 1920년대 민족개조론의 관계연구." 『한국문예비평연구』. 269-287.

김형국. 1997. "신간회 창립 전후 사회주의자들의 민족협동전선론." 『한국근현대사연구』 제7집. 218-242.

內外大觀. 1931. "해소냐 분립이냐-중대한 위기에 선 운동선." 『동광』 20호(4월).

노정환. 1927. "신간회와 그에 대한 임무." 『朝鮮之光』 제73호.

______. 1928. "淸算派的傾向의 擡頭." 『朝鮮之光』 제75호.

박찬승. 1993. "1920년대 중반-1930년대초 민족주의 좌파의 신간회운동론." 『한국사연구』 80. 57-89.

안명호. 1934. "신간운동자들의 동태." 『신조선』 제5호(9월).

안재홍. 1926. "농촌문제를 가지고 걱정하는 이들의 의견." 『농민』 제2권 2호(2월).

______. 1927. "就職優越權爭覇戰을 促함." 『신민』 제23호(3월).

______. 1929. "농촌지도에 대한 문제-힘의 근원을 떠나지 말어라." 『신민』 제50호(6월).

______. 1930. "유교의 공죄와 그 특례-세 가지 큰 병통." 『농민』 제6권 3호(4월).

______. 1930. "駑馬戀棧豆와 舌禍." 『삼천리』(5월).

______. 1930. "농민대중에 대한 기대와 희망-슴슴하고도 꼭 필요한 세가지 말씀." 『농민』 (5월).

______. 1930. "현하 조선농촌구제의 삼대긴급책."『농민』(6월).
______. 1931. "신미년을 맞음-큰 기대를 갖지 않는다."『동광』17호(1월).
______. 1931. "농촌은 어대로-협동조합이 가장 긴요."『동광』20호(4월).
______. 1932. "大聖이 오늘 조선에 태어난다면?-공자에 대하야 안재홍씨와 語함."『삼천리』(1월).
______. 1935. "학생시대의 회고."『신동아』(6월).
______. 1947.『조선상고사감』. 서울 : 민우사.
______. 1949.『한민족의 기본진로』. 서울 : 조양사.
안재홍선집간행위원회. 1981.『민세안재홍선집 I』,『민세안재홍선집 II』,『민세안재홍선집 VI』. 서울 : 지식산업사.『日知錄』.『晉書』.
오미일. 2001. "1920년대 민족주의계열 경제운동론의 정치적 성격." 한국민족운동사학회,『한국 근현대 민족운동의 재인식』. 서울 : 국학자료원.
유광렬. 1932. "安在鴻論."『동광』(7월).
유병용. 1985. "신간회운동의 이데올로기적 경향."『한국정치외교사논총』제2호. 35-59.
黃 岡. 1931. "신간회해소와 운동선의 전망."『동광』23호(7월).
윤효정. 2007. "신간회 지회연구의 성과와 과제."『역사문제연구』제18호. 121-139.
이광수. 1931. "박영효씨를 만난 이야기-갑신정변회고담."『동광』제19호.
______. 1931. "지도자론."『동광』제23호.
이경돈. 2005. "1920년대초 민족의식의 전환과 미디어의 역할."『사림』제23호. 27-59.
이광수. 1981.『민족개조론』. 서울 : 우신사.
이균영. 1982. "신간회의 창립에 대하여."『한국사연구』제37호. 109-148.
______. 1985. "신간회의 결성에 따른 양당론과 청산론의 검토."『한국학논집』제7집. 한양대학교 동아시아문화연구소. 89-115.
이균영. 1993.『신간회 연구』. 서울 : 역사비평사.
이재진 · 이민주. 2006. "「1920년대 일제 '문화정치' 시기의 법치적 언론통제의 폭압적 성격에 대한 재조명."『한국언론학보』제50권 1호. 221-251.
이정식. 1976. "민세 안재홍의『자서전』."『신동아』11월.
이지원. 1991. "일제 하 안재홍의 현실인식과 민족해방운동론."『역사와 현실 6』. 23-64.
임경석. 2008. "3 · 1운동기 친일의 논리와 심리."『역사와 현실』제69호. 47-74.
전복희. 1993. "사회진화론의 19세기 말부터 20세기 초까지 한국에서의 기능."『한국정치학회보』제27집 1호. 405-425.
전상숙. 2008. "1920년대 사이토오 총독의 조선통치관과 '내지연장주의'."『담론 201』. 5-41.

정동호. 1993. "신간회해소론(속)." 『批判』(1931). 권희영·박성수 편. 『한국독립운동사자료집 : 좌우합작편』. 성남 : 한국정신문화연구원.

정윤재. 2005. "일제강점기 민족생존의 정치사상." 『동양정치사상사』 제4권 1호. 35-45.

최규진. 1997. "1920년 말 30년대 초 조선 공산주의자들의 신간회 정책." 『대동문화연구』 제32집. 259-299.

한기형. 2005. "문화정치기 검열체제와 식민지 미디어." 『대동문화연구』 제51집. 70-105.

한상구. 1994. "1926-28년 사회주의 세력의 운동론과 신간회." 『한국사론』 32. 193-249.

주

1 『日知錄』 卷13, 「正始」, "有亡國, 有亡天下. 亡國與亡天下奚辨? 曰, 易姓改號, 謂之亡. 國仁義充塞, 而至於率獸食人, 人將相食, 謂之亡天下 … 是故知保天下, 然后知保其國. 保國者, 其君其臣, 肉食者謀之. 保天下者, 匹夫之賤, 與有責焉耳矣."

2 『晉書』 卷1, 「宣帝紀」, "大司農桓範出赴爽. 蔣濟言於帝曰, '智囊往矣.' 帝曰, '爽與範內疎而智不及, 駑馬戀棧豆, 必不能用也.'"

3 1926년 1월 15일 안재홍은 《조선일보》에 "駑馬가 戀棧豆"라는 시평을 쓰고 각 운동노선의 단결을 결심하라고 촉구했고, 2월 12-15일 "勞農露國의 東進政策"이라는 사설을 게재했는데, 이로 인해 타협적 민족주의 진영과 사회주의 진영에 의해 공격을 당했던 설화(舌禍)사건을 겪었다.

4 개화파의 내면에 각인되어 있던 봉건적 신분의식에서 벗어나지 못한 엘리트 의식은 봉건적 신분제를 철폐하고 '우리'라는 연대의식을 심어줄 수 있는 새로운 질서 위에 근대적 국가라는 공동체를 재편해야 하는 조건과 정면으로 배치된다. 그것은 일반 백성들을 '우리'라는 공동체의식 속에 확대된 자아로 인식하지 않고 자신들이 대응하거나 교화해야 하는 대상으로만 파악하는 선각자 의식 또는 엘리트 의식을 취함으로써 위로부터의 계몽에 무비판적으로 반응해야 한다는 논리를 드러낸다(김택호 2003, 274-276).

5 실력양성론은 민족주의자뿐만 아니라 친일세력이 표방한 슬로건이기도 한데, 중요한 것은 자주적이든 예속적이든 근대화를 지향하는 부르주아적 사회집단의 공통된 슬로건이라는 점에 있다(임경석 2008, 56-57).

6 한국에서 사회진화론이 가장 활발하게 전개되던 시기는 애국계몽기로 불리워지는 1905-1910년 시기인데, 한국의 계몽가들은 사회진화론을 서구와 다르게 해석하고 패자가 승자가 되기 위한 의식적 행동의 필요와 요구라는 목적 아래에서 변형시켜 사용했다는 점에서 사회진화론의 기능적 특수성을 찾을 수 있다(전복희 1993, 415-416).

7 『개벽』·『동명』은 1920년대 초 민족담론의 성격을 총체적으로 드러내 주는 시사종합지이다. 일간지들이 신속성을 생명으로 하는 정보전달 기능, 즉 보도기사를 강화하는 반면 적극적 계몽의 역할이 일정 정도 제어될 수밖에 없는 한계성을 지니는데, 시사종합지는 정보의 동시적 유통이 아니라 정보의 재처리로서 풍부한 설명과 해석에 의존하고 성공을 거둔다. 따라서 근대 계몽기 신문이 포괄했던 정보성과 계몽성이 이 시기에 분화됨에 따라 시사종합지는 당대의 담론을 이해하는 첩경이 될 수 있다. 그 중 『개벽』은 1920년대 다양한 담론이 집결하고 투쟁하던 개방적 격론장으로 독보적인 위치를 점한다(이경돈 2005, 29-31).

8 이광수, "민족개조론," 『민족개조론』(서울 : 우신사, 1981), pp. 92-94.

9 이광수, "민족개조론," p. 109.

10 이광수, "민족개조론," p. 114.

11 이광수, "민족개조론," pp. 117-121.

12 이광수, "민족개조론," p. 127.
13 이광수, "민족개조론," pp. 156-157.
14 이광수, "민족개조론," p. 129.
15 이광수, "민족적 경륜," 『민족개조론』, pp. 64-68.
16 이광수, "민족적 경륜," p. 68.
17 조선의 자치론이 정치적 이슈로 표면화된 것은 《경성일보》의 사장으로 선임된 소에지마 미치마사(副島道正)의 자치론으로부터 촉발되었다. 소에지마는 제국주의 지배의 사명을 식민지 주민의 '문명에의 동화'로 인식했기에 식민지 주민을 영구히 피지배자의 지위에 방치할 수 없으며, 문명 정도의 향상에 따라 상응하는 정치적 권리를 부여해야 한다고 주장했다. 그러나 소에지마의 자치론은 3·1운동 이전 동화주의 지배체제의 한계를 인정하고 동시에 조선인의 강력한 저항운동을 무마시키기 위한 대안으로 제시된 것일 뿐이다.
18 안재홍, "살기에 싸인 문화정치," 『선집 I』, p. 46.
19 김민환은 당시의 대표적 민족지인 《동아일보》와 《조선일보》만을 대상으로 민족지에 내재한 사회사상의 구조를 분석하면서 대외문제와 대내문제에 대한 이들의 태도를 다음과 같이 규정했다. 우선 대외문제에 대한 민족지의 인식은 투쟁주의를 지양하고 독립에 장기적으로 대비해야 한다는 대세대비론의 성격을 분명히 하고 있으며, 대내문제에 대한 인식은 실력양성론을 바탕으로 하면서 정치, 경제, 사회 등 각 범주별로 통일전선론, 산업진흥론, 의식과 관습의 개혁론, 교육진흥론으로 구분된다는 것이다(김민환 1996, 241-242).
20 안재홍, "공포정치," 『선집 I』, p. 72.
21 안재홍, "그릇된 견해-박열문제 기타에 관하여," 『선집 I』, pp. 169-171.
22 안재홍, "그러면 이 일을 어찌하랴," 『선집 I』, pp. 54-55.
23 이광수, "민족적 경륜," p. 67.
24 안재홍, "조선인의 정치적 분야," 『선집 I』, p. 93.
25 안재홍, "조선인의 정치적 분야," p. 94.
26 안재홍, "解放戰線을 俯瞰하면서," 『선집 I』, p. 106.
27 안재홍은 신간회 출범에 대한 글에서 비타협적인 민족주의자를 '좌익'으로, 타협적인 친일세력을 '우경' 세력으로 구분하면서 스스로를 비타협적 민족주의 좌파로 규정했다. 안재홍, "신간회의 창립준비," 『선집 I』, p. 204.
28 타협성의 척도문제는 당시 민족주의 계열과 사회주의 계열을 망라하고 각 정파 내지 그룹 간의 내용을 어떤 기준으로 어느 수준에 위치지울 것이냐의 문제이기도 하다. 예를 들면 타협의 범주를 확대할 경우에 합법적인 공간에서 이루어지는 모든 운동은 일제와의 타협을 전제로 한 것이며, 신간회 또는 각종 농민, 노동단체도 마찬가지의 산물인 셈이다. 따라서 신간회 참여 여부가 비타협, 타협을 구분하는 준거가 될 수 없을지도 모른다(오미일 2001, 152-153).
29 김인식은 1926년 말에 들어와 안재홍의 좌우 개념이 이전과 다른 뜻으로 사용되었음을 밝히고 있다. 즉 조선의 정치정세에 기초해서 절대독립을 고수하는 비타협 민족운동 세력을 좌익으로 표현하고, 이때 좌익은 사회주의, 민족주의 세력을 모두 포괄하는 동시에 비타협이라는 의미가 전제되었다는 것이다(김인식 1997, 13).
30 안재홍, "조선 금후의 정치적 추세," 『선집 I』, p. 188.
31 이 점에서 안재홍은 아직 1925년도까지 해방전선의 진영을 민족운동과 사회운동 세력으로 구별하고 양자를 개별적인 것을 이해했다고 할 수 있다. 따라서 안재홍의 민족운동은 문자

그대로 민족주의자의 운동으로 이해되었던 것이고, 이로 인해서 공동전선의 형성을 주장한 것이다. 또한 이 시기까지 추수타협하는 정면의 세력 중 자치운동을 주장하는 자들이 포함되어 있는지도 분명치 않았다(김인식 1997, 16-17).

32 안재홍, "조선 금후의 정치적 추세," 『선집 I』, p. 189.

33 안재홍, "조선 금후의 정치적 추세," p. 190.

34 안재홍, "노마(駑馬)가 연잔두(戀棧豆)," 『선집 VI』, p. 29.

35 안재홍, "노마(駑馬)가 연잔두(戀棧豆)," p. 29.

36 안재홍, "조선 금후의 정치적 추세," p. 194.

37 안재홍, "노마(駑馬)가 연잔두(戀棧豆)," pp. 28-29.

38 안재홍, "백열 그러나 엄숙한 반동의 최중의 신일년," 『선집 I』, p. 130.

39 안재홍, "백열 그러나 엄숙한 반동의 최중의 신일년," p. 129.

40 안재홍, "조선 금후의 정치적 추세," p. 195.

41 이광수, "민족적 경륜," p. 65.

42 1926년 3월 10일 2차 조선공산당의 책임비서 강달영이 비타협 민족주의자 7인(권동진, 이종린, 안재홍, 박동완, 유억겸, 오상준, 신석우)과 만나 두 진영이 서로 협동하기를 제안했다. 그 자리에서 안재홍이 소에지마 미치마사와 이노우에 준노수케를 거론한 사실로부터 안재홍이 이미 자치운동의 관제성을 통찰하고 있었음을 엿볼 수 있다(김인식 2007, 90-91).

43 안재홍, "駑馬戀棧豆와 舌禍," 『삼천리』(1930. 5), pp. 40-41.

44 안재홍, "과거를 회고하면서," 『선집 I』, pp. 158-160.

45 안재홍, "그릇된 견해-박열문제 기타에 관하여," p. 171.

46 안재홍, "愛蘭문제와 朝鮮문제," 『선집 I』, pp. 178-180.

47 안재홍, "조선 금후의 정치적 추세," p. 187.

48 안재홍, "壯志益新한 又一年," 『선집 I』, pp. 200-202.

49 역설적으로 민족주의 진영과 사회주의 진영의 결집으로서 신간회를 규정할 경우 이전까지 양자가 분열되어 있는 상황이 전제되어야 한다. 즉 양자가 민족해방을 위해 협동전선을 형성하고 제휴했다는 기존의 설명방식은 그 타당성을 가지려면 두 진영의 인식과 논리가 처음부터 달랐고, 이로 인해 분열되었던 사실을 찾아야 한다(이균영 1982, 111).

50 안재홍, "신간회의 창립준비," p. 204.

51 안재홍, "조선인의 정치적 분야," p. 95.

52 정우회 선언의 또 다른 목적은 반파벌운동을 통한 사회주의 운동의 헤게모니 장악으로도 볼 수 있다. 국내 공산주의자들은 운동전선의 통일을 위해 노력하고 있었는 데 일월회가 가세하면서 3차 조선공산당을 장악하고 이들 ML계열이 정우회선언을 통해 사회주의 온동의 헤게모니를 장악하고 운동방향을 독점적으로 제시하겠다는 의지의 표현이기도 하다(김형국 1997, 220-222).

53 노정환, "신간회와 그에 대한 임무," 『朝鮮之光』 73호(1927. 11), p. 3. 본래 제명은 "신간회와 그것에 대한 우리의 당면임무"라고 노정환(안광천) 자신이 "清算派的 傾向의 擡頭," 『朝鮮之光』 75호에서 밝히고 있다.

54 노정환, "신간회와 그에 대한 임무," pp. 5-7.

55 1928년 안광천에 의해 제기된 사회주의 진영의 헤게모니 전취론은 3차 공산당에 의해 주도된 민족주의 세력과의 제휴로부터 사회주의 세력의 영향력과 지도성을 신간회에 접속시키

려는 구상에 기인한다. 조선의 정세 하에서 계급적 독자성을 기반으로 하는 합법적인 무산정당의 조직이 곤란해졌다는 현실판단 하에 합법적 정치투쟁의 공간으로 신간회를 이용하고 그 내부의 주도권을 확보함으로써 무산정당 조직으로서 단일당을 구축하려는 것이었다. 신간회를 민족단일당으로 밀어올렸을 때 비로소 계급적 독자성을 가진 무산정당적 조직을 실현시킬 수 있기 때문이다. 따라서 이미 신간회 가입 여부에서 발생했던 양당론이 호응을 얻지 못하고 사회주의 진영의 신간회 참여로 이어지지만 민족주의 세력이 주도권을 장악했던 현실로 인해 안광천에 의한 헤게모니 전취론으로 전개되었다(한상구 1994, 217-241).

56 노정환, "신간회와 그에 대한 임무," p. 6.

57 안재홍, "신간회의 경성대회-주목을 끌 이 회합," 『선집 I』, pp. 243-244.

58 신간회의 발기가 논의된 최초 시점에서 홍명희, 안재홍, 신석우 등은 '진순한 민족당'의 결성을 기대했다. 이 점에서 신간회가 사회주의자를 포함한 협동전선을 말한다고는 할 수 없다. 이후 신간회의 발기와 창립과정에 참여한 권동진, 박래홍, 박동환, 한용운, 신채호, 최익환 등은 좌익 민족주의자이며, 이들은 타협적인 자치운동에 대항하기 위한 세력결집의 의도를 가지고 있었다. 따라서 신간회가 협동전선체로 출발했다는 일반적인 인식은 사실상 신간회의 이후 방향이 협동전선을 지향했다는 사실에 기인한다(김인식 1997, 30-31).

59 안재홍, "민족단일당의 문제," 『선집 I』, pp. 223-224.

60 안재홍, "신간회의 급속한 발전," 『선집 I』, p. 285.

61 안재홍, "신간회의 창립준비," pp. 204-205.

62 안재홍, "신간회의 급속한 발전," p. 285.

63 신간회 지회는 지역의 청년단체가 주도하고 지회내 민족주의자와 사회주의자의 갈등이 나타나지 않았다는 점과 함께 1929년을 전후로 사회주의자들이 점차적으로 지회내 주도권을 장악해 나갔다는 사실이 이균영의 연구를 통해 밝혀졌다. 더욱이 지회가 개인가입제를 기초로 조직되었기에 노동운동을 비롯한 부문운동을 효과적으로 지도하지 못했다는 사실로부터 신간회 해소운동은 혁명적 노농운동과 결합하면서 단체가입제 형식의 민족협동전선을 추구한 해소운동이 올바른 민족협동전선으로 정리될 수 있다는 시각은 중요한 시사점을 던진다(윤효정 2007, 127).

64 안재홍, "실제운동의 당면문제-신간회는 무엇을 할까," 『선집 I』, pp. 270-274.

65 안재홍, "금년의 민중교양운동," 『선집 I』, pp. 235-236.

66 농촌구제의 긴급사안으로 제기된 문제는 소작쟁의, 농촌금융, 농민문맹이었으며, 안재홍은 그 해답으로 소작료를 병작의 오할, 지세의 지주부담/농촌의 소비조합결성/야학과 언문의 학습을 제시했다. 안재홍, "현하 조선농촌구제의 삼대긴급책," 『농민』(1930. 6), pp. 13-14.

67 안재홍, "농촌문제를 가지고 걱정하는 이들의 의견," 『농민』 2권 2호(1926. 2), p. 15.

68 안재홍, "향학생 문자보급반," 『선집 I』, p. 306.

69 안재홍, "농민학교와 가정학교," 『선집 I』, pp. 358-360.

70 안재홍, "농민대중에 대한 기대와 희망-슴슴하고도 꼭 필요한 세가지 말씀," 『농민』(1930. 5), pp. 18-19.

71 안재홍, "야인도와 노동도," 『선집 I』, p. 265.

72 안재홍, "농민노동도의 수립," 『선집 VI』, p. 71.

73 1931년 5월 신간회가 해소되기 직전까지 안재홍은 이 문제에 대한 자신의 입장을 일관되게 유지하면서도 긴급한 사안의 우선순위가 변화하고 있음을 보여준다. 즉 현재의 농촌문제에

서 시급한 과제로 생산증진을 위한 기술개량, 부업장려, 농업다각화를 거론하고 생활개신과 식자운동, 소작운동 역시 필요하지만 가장 긴급한 과제로 소비조합을 중심으로 하는 협동조합운동을 강조한다. 안재홍, "농촌은 어대로-협동조합이 가장 긴요," 『동광』 20호(1931. 4), p. 48.

74 안재홍, "생활개신을 고조함," 『선집 I』, p. 284.

75 안재홍, "就職優越權爭覇戰을 促함," 『신민』 23호(1927. 3), p. 18.

76 안재홍, "농촌지도에 대한 문제-힘의 근원을 떠나지 말어라," 『신민』 50호(1929. 6), p. 30.

77 안재홍, "농민노동도의 수립," p. 72.

78 안재홍, "유교의 공죄와 그 특례-세 가지 큰 병통," 『농민』 6권 3호(1930. 4), pp. 10-11.

79 안재홍의 유학비판은 민족의 자존적 역사관에 기초해서 공리공담으로 전락했던 병폐에 대해서 지적하는 것일뿐이다. 1932년 『삼천리』 신년호에 게재된 기독교, 공자, 석가에 대한 대담에서 안재홍은 공자의 사상을 간략히 설명하면서 개혁을 지향한 철인으로 규정한다. 또한 조선민족의 구제를 위한 공자의 노력이 어디에 집중할 것이냐의 질문에 가장 비참한 집단으로부터 구제하려고 애썼을 것으로 짐작한다고 답한다. "大聖이 오늘 조선에 태어난다면?-공자에 대하야 안재홍씨와 語함," 『삼천리』(1932. 1), p. 274.

80 안재홍, "야인도와 노동도," 『선집 I』, p. 269.

81 안재홍, "농민노동도의 수립," p. 72.

82 노정환, "淸算派的傾向의 擡頭," 『朝鮮之光』 75호(1928.11), pp. 10-12.

83 청산론자들은 尾星生, 장일성, 홍양명, 허 일, 박형병, 김만규, 권태석, HS生, 扶蘇山人 등이다(이균영 1985, 98).

84 노정환, "淸算派的傾向의 擡頭," pp. 12-13.

85 안재홍, "신간회의 경성대회," pp. 242-243.

86 안재홍, "보보전진의 신일년," 『선집 I』, pp. 251-252.

87 안재홍, "신간회의 급속한 발전," p. 249.

88 안재홍, "보보전진의 신일년," p. 253.

89 안재홍, "가증할 파쟁," 『선집 I』, pp. 262-263.

90 안재홍, "통일난과 통일의 요구," 『선집 I』, p. 297.

91 안재홍, "비판적 논쟁으로," 『선집 I』, pp. 379-80.

92 안재홍, "통일난과 통일의 요구," p. 299.

93 안재홍, "통일난과 통일의 요구(再)," 『선집 I』, p. 302.

94 안재홍, "해소론 냉안관," 『선집 I』, p. 369.

95 정동호, "신간회해소론(속)," 『批判』(1931), 권희영 · 박성수 편, 『한국독립운동사자료집 : 좌우합작편』(성남 : 한국정신문화연구원, 1993), p. 396에서 재인용.

96 內外大觀, "해소냐 분립이냐-중대한 위기에 선 운동선," 『동광』 20호(1931. 4), p. 3.

97 안재홍, "신미년을 맞음-큰 기대를 갖지 않는다," 『동광』 17호(1931. 1), pp. 52-53.

98 김병로, "신간회의 해소론이 대두함에 際하야," 『동광』 18호(1931. 2), p. 7.

99 內外大觀, "해소냐 분립이냐-중대한 위기에 선 운동선," p. 3.

100 김병로, "신간회의 해소론이 대두함에 際하야," p. 7.

101 안재홍, "해소 비해소," 『선집 I』, pp. 394-396.

102 안재홍, "해소파에게 與함," 『비판』(1931. 7-8), 박찬승(1993), 앞의 글, p. 83에서 재인용.

103 신간회 해소논쟁 과정에서 해소 반대론자들은 민족주의자들이고, 해소 찬성론자들은 사회주의자들이라는 이분법은 사실상 성립되기 어렵다. 양 진영 모두에서 해소 찬반에 대한 태도가 나타났기 때문이다. 따라서 해소논쟁에서 찬반의 태도는 크게 두 가지 쟁점을 통해서 구분해야 할 것이다. 그 하나는 객관적 상황에 대한 인식상의 차이다. 이 인식의 차이를 가름하는 주요대상 중 하나가 바로 노동·농민운동이었으며, 해소론자들은 조선에서의 협동전선이야말로 농민, 노동자, 소시민층의 협동이겠지만 자본가가 이미 투쟁의 능력을 상실했기 때문에 신간회로부터 노농조합을 대중적 기초 위에 확립시켜야 한다고 판단했다. 또 하나는 신간회의 조직형태에 대한 인식상의 차이다. 신간회가 다른 부문의 운동단체를 지도하지 못하고 있었던 상황과 신간회의 내부 이니셔티브를 온건한 소부르주아들이 장악하고 있었다는 해소론자들의 주장에서 신간회 해소를 둘러싼 인식차이를 안재홍 자신도 분명히 인지했던 것이다(이균영 1993, 524-527).

104 안재홍, "해소론 냉안관," p. 371.

105 고영환, "신간해소선후책," 『동광』 23호(1931. 7), p. 25.

106 안재홍, "총결에서 총검찰에," 『선집 I』, p. 377.

107 안재홍, "해소론 냉안관," pp. 369-370.

108 안재홍, "총결에서 총검찰에," p. 377.

109 안재홍, "해소론 냉안관," p. 371.

110 이광수, "박영효 씨를 만난 이아기-갑신정변회고담," 『동광』 19호(1931. 3), p. 16.

111 이광수, "지도자론," 『동광』 23호(1931. 7), pp. 8-9.

112 黃岡, "신간회해소와 운동선의 전망," 『동광』 23호(1931. 7), pp. 16-17.

113 안명호, "신간운동자들의 동태," 『신조선』 5호(1934. 9), p. 29.

114 안재홍, "해소 비해소," 『선집 I』, p. 396.

115 안재홍, "해소론과 오류," 『선집 I』, pp. 398-399.

116 안재홍, "비판적 논쟁으로," 『선집 I』, p. 379.

117 안재홍, "기로에 선 신간회," 『선집 I』, p. 407.

118 안재홍, "비판적 논쟁으로," p. 380.

119 안재홍, "기로에 선 신간회," p. 407.

120 안재홍, "비판적 논쟁으로," p. 381.

121 안재홍, "합법 비합법," 『선집 I』, p. 383.

122 안재홍, "비판적 논쟁으로," p. 380.

123 안재홍, "조선 지식군의 위기," 『선집 I』, p. 421.

124 안재홍, "통일난과 통일의 요구," p. 297.

125 유광렬, "安在鴻論," 『동광』(1932. 7), p. 56.

126 안재홍, "조선인과 단결난," 『선집 I』, p. 433.

제13장

그람시의 헤게모니론을 통해 본 이론적 쟁점과 한국화 가능성*

김종법(서울대학교)

I. 서론－글의 구성과 논점

21세기 세계는 어디로 가고 있는 것일까? 세계화와 신자유주의 체계의 유용성과 그 끝은 어딘가? 한국은 그러한 변화의 흐름 속에서 어떤 모습으로 남아 있고 또 앞으로 나갈 것인가? 아마도 이 모든 질문에 선뜻 답변할 수 있는 이는 그리 많지, 아니 거의 없을 것이다. 더군다나 격동적이고 다이내믹한 한국 사회를 예측한다는 사실 자체가 어쩌면 의미 없는 일일 수도 있을 것이다. 그러한 한국 사회 속에서도 여전히 학문적 지표와 유용성의 척도를 제시할 수 있는 몇 안 되는 서구 사상가의 한 사람이 그람시일 것이다. 한국 사회에 그람시가 소개된 지도

* 이 글은 2008년 한국정치학회 기획서[『현대정치사상과 한국적 수용』; 이정희 · 최연식 편저(서울 : 법문사, 2009)]에 포함되었던 저자의 글 "헤게모니론 : 쟁점, 문제점, 그리고 한국화"를 저서의 성격에 맞추어 수정 보완한 글이다. 이 글은 그동안 필자가 수행했던 그람시 연구 결과물들과 번역서 등을 종합 · 정리하는 내용의 형식을 띠고 있다. 지난 4반세기 동안의 그람시 연구 결과물들을 정리하고 그람시 이론의 한국적 적용 가능성에 보다 초점을 두고 전개시킨 글이다.

벌써 27년이 되었다.

그람시는 낯선 개념과 이론으로 우리를 당혹하게 하기도 했지만 새로운 학문적 이정표와 동기를 부여하기도 했던 이탈리아의 정치사상가였다. 헤게모니 개념과 시민사회론으로 한국 사회에 커다란 반향을 불러일으켰던 그람시는 1980년대 이후 현재에 이르기까지 한국의 수많은 지식인들에게 크고 작은 영향력을 행사했다. 그러나 그 영향력의 크기를 채 가늠하기도 전에 그람시는 한국 사회의 연구영역에서 사그라지고 말았다. 그람시의 유산이나 재해석에 대한 논쟁의 결론과 내용이 증명되기도 전에 무대 뒤로 사라졌다는 것은 그람시 이론과 개념의 경박함으로 해석해야 할 것인지, 아니면 우리 사회의 학문 풍조가 지나치게 유행이나 상황에 민감한 것인지 정확하게 지적할 수는 없지만, 분명한 것은 우리 사회가 학문에 대한 깊이나 태도의 경박함이 크다는 것을 반증하는 것이다.

1984년 최장집 교수에 의해 한국 사회에 처음으로 소개되었던 그람시의 헤게모니론 역시 이론적으로나 학문적으로 더 이상 유용하지 않게 된 것은 우리 사회의 학문적 풍조를 그대로 돌아보게 한다. 그렇다고 헤게모니 개념이 언제까지나 유용하고 참신한 '상품성'이 있다는 주장은 더더욱 아니지만, 적어도 헤게모니 개념과 이론은 한국 사회 분석을 위해서는 분명 보다 체계적이고 다양한 영역에서의 고찰과 연구가 이루어졌어야 한다는 아쉬움은 남는다. 그람시의 헤게모니 개념이 한국 사회 분석과 어떻게 연결될 수 있을지에 대해 의아해할 수도 있겠지만, 그람시 연구와 분석이 이탈리아의 사회적 상황과 역사적 분석에서 도출된 것이라는 사실과 그가 궁극적으로 자신의 저술과 연구를 통해 밝히고자 했던 것이 이탈리아 자본주의 체제의 성격이라는 점을 이해한다면 그람시를 원용하여 한국 사회를 분석할 수 있을 것이라는 주장은 타당할 것이다.

이 글은 그러한 연구의 출발점으로서 그리고 그람시를 어떻게 한국 사회에 적용할 수 있는가에 대한 사례의 예시라는 측면에서 시작할 것이다. 또한 지금까지 논의되었던 그람시의 헤게모니 이론에 대한 연구결과들과 그에 대한 한국적 유용성을 찾아보려는 시도를 전개할 것이다. 이러한 전개의 목적은 현재까지 축적된 헤게모니 관련 외국의 연구결과물들을 통해 그람시 해석의 방향과 내용을 고찰해 보고, 그람시주의의 가능성을 모색하고자 한다. 또한 영미 계열의 연구와 이탈리아와 프랑스 등의 라틴계 연구 및 기타 제3세계권 연구결과들 사이에 존재하는 차이를 비교하면서 국가와 지역에 따른 연구결과물들이 한국 사회에 적용할 수 있는가의 문제도 돌아볼 것이다. 따라서 이와 같은 목적과 의도에 부합하기 위해 다음과 같은 두 부분으로 대별하겠다. 첫 번째 절은 그람시 헤게모니 연구에 대한 외국의 결과물들과 방향을 다루게 될 것이고, 두 번째 절은 한국에서의 연구결과들과 경향에 대한 내용을 취급할 것이다. 이는 외국과 한국이라는 두 개의 공간을 기준으로 그람시 연구에 대한 비교를 진행함과 동시에 이를 통해 그람시 헤게모니 이론의 한국적 적용 가능성을 모색하고자 한다.

1960년대 이후 영어권 국가에서 본격적으로 시작된 그람시 연구는 헤게모니론 이외에도 다양한 개념과 영역에서 진행되어 왔다. 특히 1960년대 이후 영미권 국가들에서는 후기 산업사회의 사회분석에서 지체되고 좌절되어 온 연구의 실마리를 그람시 헤게모니론을 통해 분석하려고 했던 사례와 결과물들은 중심으로 주요 쟁점사항에 대해서도 함께 다루면서 아울러 현재의 연구방향과 결과물들에 대한 내용을 소개할 것이다. 동시에 그람시 연구의 본고장인 이탈리아에서 1950년대부터 행해졌던 연구사례와 결과물들은 영미권을 통해 어떻게 전달되었는가를 함께 돌아보고, 기타 프랑스를 비롯한 유럽의 여러 국가들에서 진행되었던 그람시 연구결과들과의 차이는 어떤 것이었는가에 대해서도 간략하게 소개할 것이다. 또한 이와 같은 서양에서 재해석되고 그려진 그람시의 이론과 논의들이 1980년대 중후반 한국 사회에 소개되면서 나타난 연구경향과 결과물들은 어떤 상호 연관성을 갖고 있으며, 한국적 상황에 적절하게 대응 또는 적용되었는가를 검토할 것이다. 결론부분에서는 그람시 헤게모니 개념을 중심으로 그람시 이론화, 나아가 그람시주의의 한국화가 가능할 것인가에 대한 전반적인 검토와 미래의 연구방향에 대하여 서술할 것이다. 지금까지 연구된 한국에서 그람시에 대한 전반적인 연구결과를 바탕으로 한국 사회 분석에 어느 정도 유용한 분석틀과 패러다임을 제공했는가를 살펴보고, 앞으로의 발전 가능성에 주목하여 그람시 이론의 한국화를 이야기하고자 한다.

II. 외국의 연구를 통해 본 그람시 헤게모니론

그람시 연구를 가장 먼저 시작한 국가는 이탈리아였다. 그러나 학문적인 영향력을 갖기 시작한 것은 신좌파와 프랑스 및 독일 등의 여러 국가의 정치사상가들에 의해 그람시가 원용되고 더불어 직간접적으로 여러 이론에 반영되면서부터였다.[1] 가장 먼저 그람시 연구의 초석을 다진 이들은 신좌파(New Left) 그룹이었다. 스튜어트 휴즈(Stuart Hughes), 페리 앤더슨, 에드워드 톰슨, 레이몬드 윌리엄즈, G. A. 윌리엄즈 등은 그람시에 대한 발견과 재해석을 통해 그람시 이론의 단초와 소개를 시작했다. 알튀세르, 발리바르, 부르디외, 그리고 데리다 등을 중심으로 프랑스에서도 1960년대 초반부터 그람시에 대한 본격적인 연구가 시작되었으며, 독일에서는 프랑크푸르트 학파가 중심이 되어 그람시에 대한 관심을 기울였다.

그람시의 다양한 개념과 이론 중에서도 가장 주목을 받았던 것은 헤게모니 개념이었다. 영어권 국가에서 그람시 헤게모니 개념을 가장 먼저 종합하고 해석한 이는 G. A. 윌리엄즈라고 볼 수 있다.[2] 그는 1960년 한 역사 저널에 그람시 헤게모니 개념에 대한 문화적인 해석을 담은 연구결과를 발표했다(R. Williams 1960). 문화적이고 지적인 측면에서의 헤게모니에 대한 역할과 기능을 설명한 윌리암스의 연구결과는 1960년대 오랫동안 많은 관련 연구가들에게 중요한 기준을 제시했지만, 그람시를 마르크스나 레닌과 결별시키면서 학문적 영향력은 축소되었다.

보다 학문적인 수준에서 반향을 불러일으켰던 것은 네언(Nairn)과 앤더슨의 연구였다. 데이빗 포가치는 네언과 앤더슨의 연구결과를 평가하면서 글이 갖는 그람시적 특징을 다섯 가지로 정리하고 있다(데이빗 포가치 저/김현우·신진욱·허준석 편역 1995, 262-263). 첫째, 이 글들에는 국민의 역사가 갖는 독특함에 대한 세심한 관심이 존재한다. 둘째, 네언과 앤더슨은 역사적인 장기 분석과 현재 상황에 대한 진단을 상호 교직시키고, [이를 통해] 좌파의 전략적 전방을 이끌어내려는 형식을 취한다. 셋째, 두 단계에서 분명히 했듯 그들은 경제주의와 확실히 결별한다. 즉 그들은 경제적 토대와 정치적 상부구조 사이의 직접적이고 기계적인 연결과 단절하며 정치적 지배에서 문화적·이데올로기적인 측면을 강조한다. 넷째, 그들은 역사적으로 임의적인 사회적 지배관계가 '상식'으로 영속화되고 자연스럽게 받아들여지는 과정에 대한 독특한 인식을 보여준다. 다섯째, 그들은 노동운동이 경제주의적·조합주의적에서 헤게모니적 문화로 길을 열어나가지 못한 것, 말하자면 사회적 세력들의 블록의 수위(首位)에서 스스로 서지 못한 것에 대하여 비판을 가한다. 네언과 앤더슨의 이러한 해석은 이후 영국에서의 그람시 연구에 하나의 방향성을 고정시켜 주었지만 보다 다양하고 다층적인 그람시 해석과 연구의 걸림돌 역할을 하기도 했다.

이후 1967년에 카메트(J. Camette)는 그람시의 전반적인 사상체계와 그러한 사상체계의 역사성을 설명하는 그람시 해설서를 출간했다(J. Camette 1967). 여기에서 카메트는 그람시 사상이 형성되어 온 과정을 그리면서 이탈리아의 사상적 전통 속에서 그람시의 위상과 중요성을 역설하고 있다. 그러나 그다지 깊이 있는 이론적 정교함을 가지고 그람시를 분석한 것은 아니었고, 간단한 해설서 수준이었다. 그람시 연구의 보다 독창적이고 의미 있는 결과는 1968년에 마르티넬리(Martinelli)와 메링턴(Merrington)에 의해 이루어졌다(A. Martinelli 1968 ; J. Merrington 1968). 마르티넬리의 연구에서는 서구 사회에서의 혁명에 대한 분석과 함께 그에 대한 그람시 평가의 유용성을 지적하고 있다. 메링턴 역시 그람시의 마르크스적인 측면을 강조하면서 헤게모니 개념을 비롯한 독창적인 그람시의 개념들을 역사적·정치적인 사건들과 연결시켜 분석하고 있다.

그러나 당시의 일반적인 그람시 연구는 그람시 저작에 대한 직접적 접근이 여의치 않은 상황에다 그람시를 정치이론가로서 정치학의 영역에서 다루기보다는 문화비평가의 모습이 강조되면서 영미권 초기 연구들의 한계를 노정시켰다. 이러한 한계를 조금이나 뛰어넘을 수 있게 해준 것은 1971년 호어(Q. Hoare)와 스미스(G. N. Smith)가 편집한 *Selections from the Prison Notebooks of Antonio Gramsci*(그람시의 옥중수고 편집본)이었다. 이 책을 통하여 비로소—그람시 저작의 일부이긴 하지만—그람시에 대한 비교적 전체적인 윤곽과 사상적 체계에 다가설 수 있었다. 헤게모니 개념에 대한 이론화와 천착 역시 이 편집본을 통해 이루어졌다.

그람시의 영어판 선집은 영미 계열의 많은 그람시 연구가들에게 상당한 반향을 불러일으켰고, 많은 연구결과들이 나올 수 있었다. 특히 68운동 이후 자본주의 체제의 공고성이라는 측면에서 후기 산업사회를 분석했던 좌파 계열의 학자들에게 그람시가 던져준 많은 미완성의 개념들과 이론들은 새로운 지평 확장을 위한 디딤돌이었고 계기였다. 헤게모니론 역시 단지 개념적인 측면이나 단편적인 해석 수준을 넘어 그람시 사상의 핵심 개념이자 이론으로 발전할 수 있었던 것은 편집본의 공헌이 컸다. 이 시기 그람시 헤게모니론에 대한 주요 연구결과들은 다음과 같다.

Adamson W. 1980. *Hegemony and Revolution : A Study of Antonio Gramsci's Political and cultural Theory*. Berkeley and Los Angeles : University of California Press.

Althusser L. 1977. *Lenin and Philosophy and Other Essays*. London : Verso.

Anderson P. 1975. *Consideration on Western Marxism*. London : New Left Books.

Anderson P. 1978. "The Antinomies of Antonio Gramsci." in *New Left Review* no. 100. London. New Left Books.

Bates T. R. 1975. "Gramsci and Theory of Hegemony." *Journal of the History of Ideas*. vol. XXXVI, no. 2. April–June.

Bocock R. 1986. *Hegemony*. London : Tavistock Publications Limited.

Boggs C. 1976. *Gramsci's Marxism*. London : Pluto Press.

Bucci–Glucksmann C. 1980. *Gramsci and the State*. trans. D. Fernbach. London : Lawrence & Wishart.

Femia J. 1981. *Gramsci's Political Thought. Hegemony, Consciousness and Revolutionary Process*. Oxford : Clarendon Press.

Geras N. 1978. *Marx and Human Nature. Refutation of a Legend*. London : Verso Press and New Left Books.

Hall S. 1978. "The 'Political' and the 'Economic' in Marx's Theory of Classes", Hunt A.(ed.), *Class and Class Structure*. London : Lawrence & Wishart.

Joll J. 1977. *Gramsci*. London : Fontana.

Laclau E. & Mouffe C. 1985. *Hegemony & Socialist Strategy*(trans.) Moore W. & Cammack P. London : Verso.

Mandel E. 1975. *Late Capitalism*. London : Verso.

Sassoon A. S. 1982. *Approaches to Gramsci*. London : Writers and Readers.

Sassoon A. S. 1980. *Gramsci's Politics*. New York : St. Martin's Press.

Simon R. 1982. *Gramsci's Political Thought. An Introduction*. London : Lawrence & Wishart.

Williams R. 1977. *Marxism and Literature*. New York : Oxford University Press.

Worsley P. 1982. *Marx and Marxism*. Chichester and London : Ellis Horwood and Tavistock Publications Limited.

열거한 저서들 외에도 많은 학자들에 의해 그람시 관련 논문과 저서들이 생산됨으로써 이 시기 영미 학계에서 그람시에 대한 연구는 오랫동안 독자적인 영역을 구축할 수 있었다. 이 시기 헤게모니론에 대한 연구는 일반적으로 자본주의 사회의 지배계급과 지배계층의 정치적 권력 유지와 연속성에 초점이 맞추어졌고, 그람시에게 영향을 미쳤던 많은 기존의 사상가들과의 접목을 통해 다양한 그람시 경향에 대한 연구가 주를 이루었다. 그람시의 마르크스주의적 경향, 레닌이즘적 경향, 유로 코뮤니즘 경향, 크로체주의적 경향, 다원주의적 민주주의 경향의 해석 등등의 수많은 해석의 문제가 붉어진 것도 이 시기이다.[3)]

그람시 해석의 다양성을 여기서 모두 다룰 수는 없겠지만 헤게모니론의 발전과정에서 학문적으로나 이론적으로 주요한 전기를 마련해 준 몇몇 연구결과들은 그람시 헤게모니론 이해의 필수적인 기초 자료들이다. 1978년 발표한 앤더슨의 연구는 그런 의미에서 그람시 해석의 주요한 전환기적 의미를 다룬 논문이었다(Anderson 1978). 앤더슨은 영국의 전통적인 그람시 연구의 한계를 뛰어넘음과 동시에 지나친 확장이나 무리한 해석에 대한 경고를 그람시의 이항대립적 용어의 분석을 통해 전개하고 있다. 특히 헤게모니와 관련하여 동구와 서구, 국가와 시민사회, 진지전과 기동전, 동의와 강제, 지배와 헤게모니 등의 이분법적 대립구조를 통해 헤게모니 개념이 갖는 서구적 의미에 대하여 비판적임과 동시에 절제된 분석의 틀을 보여주었다.

영미권의 그람시 연구는 다소 경직적이고 도식적이던 방향에서 탈피하여 최근에 보다 다양한 측면에서 논의되고 있다.[4)] 언어학적인 측면에서 헤게모니라는 용어 사용의 빈도와 내용 등을 분석하고 있는 피터 이브스의 저서는 그람시 저작이 갖는 언어적 모호성과 의미론적인 측면에서의 새로운 분석이라는 점에서 그람시가 사용했던 용어나 개념에 대한 새로운 접근에 해당한다. 르네 홀럽의 연구는 사회주의 국가들이 몰락하면서 자유민주주의 질서의 구축이라는 새로운 전환기인 1990년대에 그람시주의 혹은 그람시 연구에 대한 포스트모던적 접근의 필요성을 역설하고 있다. 크리언의 연구결과는 문화인류학의 토대 속에서 새로운 그람시에 대한 새로운 접근이라는 시각으로 21세기적 지평 확장의 단초를 열고 있다. 그녀의 연구에서 그람시에 대한 인류학적 접근의 필요성에 대해 서구사회와는 다른 새로운 사회, 예를 들면 개발도상국이나 신흥공업국 및 아프리카나 남미 국가들에 대한 접근방식과 분석에 대한 새로운 기준을 그람시를 통해 제시하고 있다. 모튼의 저작은 신자유주의 세계화 시대의 세계 경제의 새로운 구도 속에서 그람시가 주창했던 경제주의적 해석을 통해 국제관계의 영역에서 새로운 헤게모니를 지속시키고 있는 신자유주의 경제체제에 대한 새로운 분석틀과 질서를 모색하는 계기를 제공해 주고 있다.

특히 새로운 국제질서 속에서 세계 정치질서라는 보다 확장된 영역으로의 그람시적 시각에 의한 분석은 콕스(Cox) 이후 그람시에 대한 주요한 연구 흐름으로 자리 잡았다. 보편적이고 세계적 질서의 결합으로서 국제기구들의 총합과 세계질서의 집합적인 이미지를 통해 국제질서상의 헤게모니를 해석했던 콕스의 해석은 이후 많은 학자들에게 영향을 미쳤다(Cox 1981, 135–139 ; 1983, 168–174 ; 1987, 149–150 & 396–398). 자본과 노동의 요소를 새로운 전환기적 요소로서 중요한 분석요소로 상장했던 빌러(Bieler)나 유럽에서의 계급 형성과정을 통해 계급의 전환이라는 시각에서 유럽연합(EU)의 통합과정을 새로운 국제질서로 파악하고 있는 반 아펠돈(van Apeldoorn)과 모튼 등은 이러한 전통의 계승자들이다(Bieler 2000 ; van Apeldoorn 2002 ; Morton 2001).

영미권 국가에서의 그람시 연구는 오랜 전통 속에 문화주의적 출발을 통한 정통성과 환원론적 해석 등이 주를 이루었지만, 그람시 연구를 가장 먼저 시작한 이탈리아와 프랑스는 좀더 직접적이고 이데올로기적 방향에서 주요한 학자들을 중심으로 하는 학파들을 중심으로 이루어졌다. 이탈리아의 그람시 연구는 이미 알려진 대로 그람시의 처형이 그람시 사망 전에 소련으로 몰래 빼돌린 『옥중수고』(*Quaderni del carcere*)가 여러 경로를 거쳐 톨리아티 수중에 들어가면서 시작되었다.[5] 다시 말해 1940년대 후반부터 직간접적으로 그람시의 저작들이 출간되면서 그람시에 대해 주목하였다. 당시 반파시즘 투쟁의 중심 역할을 했던 PCI에게 그람시는 당세를 확장하고 정치적 헤게모니를 장악하는 데 유용한 정치적 수단임과 동시에 주요한 사상적 기반이자 유산이었다(Mouffe · Sasoon/김현우 · 신진욱 · 허준석 역 1995, 211–254). 특히 당시 PCI를 이끌고 있던 톨리아티는 이를 적극적으로 활용함과 동시에 그람시의 레닌주의적 경향을 강조하면서 그람시를 레닌주의자로 묘사했다. 레닌주의자로서 그람시 혹은 스탈린주의자로서 그람시에 대한 다소 경직된 연구방향은 당시 PCI가 소비에트 연방과 직접적인 교류를 하고 있었던 유럽 최대의 공산당이었다는 사실에 일부분 기인한 것이긴 해도 그람시에 대한 편향적이고 파편적인 해석이라는 비판이 제기되었다.

톨리아티로부터 시작된 이러한 경향은 그루피와 데 조반니 등으로 이어지면서 1960년대와 1970년대 초에 지배적이었던 유로 코뮤니즘으로 연결되었다. 이탈리아 내부에서 이러한 연구경향이 좀더 다양한 방향성을 갖게 된 것은 1960년대에 들어서였다. 톨리아티의 그람시에 대한 접근은 이탈리아 노동운동사와 PCI라는 역사적 맥락에서 이해될 수 있었지만, 그람시 연구의 새로운 지평은 헤게모니 개념에 대한 보다 다차원적인 접근에 의해 이루어졌다. 헤게모니의 형성과 유지 및 보존이라는 역사적 과업을 계급 차원에서 논의하면서 헤게모니 형성을 위한 수단의 다양성과 다수성에 초점을 맞추고, 지식인의 역할과 현대 군주로서의 당(공산당 PCI를 의미)을 강조했다는 점은 노동운동의 지평에서 정치적 권력과 정치로 확장시키는 분수령이었다. 이러한 분석에 가장 먼저 기여한 사람은 라지오니에리(Ragionieri)이다.

라지오니에리는 1967년 칼리아리에서 개최된 제2회 그람시 학술회의에서 자신의 논문에서 톨리아티의 입장에 대한 연장선에서 그람시의 국제적 지평의 확장을 주장하였다(Ragionieri E. 1967). 라지오네리가 주목한 그람시 사상의 핵심은 서구에서의 정치적 상황변화를 통해 그람시가 이탈리아적 상황, 즉 혁명 파고의 퇴조와 파시즘의 등장, 1929년 세계 경제위기와 그에 따른 적절한 전략의 부재 등의 국제적 경험을 통하여 다양하고 가변적인 전략의 창출을 국제 노동운동의 지형 위에 그리고 있다는 점을 강조했다. 라지오네리 이외의 또 다른 사상가로 꼽을 수 있는 이가 봅비오이다.

봅비오 역시 라지오네리와 함께 1967년 제2회 그람시 학술회의에서 그람시의 시민사회 개념을 설명하면서 그람시 시민사회 개념이 갖는 의미를 헤겔이나 마르크스와의 차이점을 통해 분석하고 있다(Bobbio N. 1967). 봅비오는 그람시 시민사회의 개념이 갖는 이데올로기적·문화적 복합체에 주목하면서 특정 사회계급의 헤게모니 조직의 수단으로서 그람시의 시민사회를 정의한다. 마르크스 역시 시민사회가 역사적 발전과정에서의 능동적이고 적극적인 계기에 대해 주목하지만, 그람시의 시민사회와의 차이는 마르크스의 경우 시민사회가 토대 안의 구조로서 존재하지만 그람시에게는 상부구조로서 정치의 영역에 속한다는 차이를 발견할 수 있다고 주장한 이다. 이는 마르크스가 경제로 설명하는 역사의 추동력이 그람시에게서는 이데올로기로 나타나는 이유가 되는 것이다. 이를 토대로 봅비오는 그람시를 단숨에 상부구조의 민주주자로, 그리고 정치사회보다 시민사회의 우월성을 주장하는 정치사상가로 규정했다. 이러한 봅비오의 주장은 서구 민주주의 사회를 분석하는 데도 유용한 그람시 해석의 중요한 기준을 마련해 주었다.

이 외에도 마시모 살바도리나 데 펠리체, 파올로 스피리아노, 아우치엘로(Auciello) 등의 연구들도 그람시 해석에 주요한 의미와 해석의 기준을 제시했다고 평가받는다. 살바도리의 경우 이탈리아 공산당과 공장평의회의 이중적 성격을 헤게모니 개념을 통해 설명하고 있으며, 역사적 과정 속에 구현되고 발전되어 온 헤게모니 개념을 이론적으로 치밀한 고증을 통해 증명하려고 하였다(M. Salvadori 1976, 33-54). 이탈리아 파시즘 연구가로 알려진 데 펠리체는 당대의 주요 인물들을 통해 그람시의 이론과 개념의 영향관계를 추적함으로써 헤게모니 개념과 이론이 발전경로를 돌아볼 수 있게 한다. 이에 반해 스피리아노는 전통적인 PCI의 입장에서 후기 마르크시스트 계열의 좌파 사상가로서 그람시에 대한 적극적인 해석을 추구하고 있다. 특히 그는 이탈리아 공산당의 역사를 다른 방대한 분량의 책을 통해 그람시의 사상과 주요 이론들에 대한 역사적 배경과 경과 등을 설명하고 있다(Spriano 1977).

지금까지 논의되고 진행되어 온 이탈리아에서의 연구결과물들은 양적으로나 질적으로나 측정이 어려울 만큼 상당한 분량과 결과물들이 축적되어 있다. 전술한 그람시의 연구결과들은 전통적으로 그람시에 대한 마르크스주의의 해석 논쟁이었다. 그러나 1980년대에 들어오면 그람시 연구에 대한 전환과 새로운 영역에서의 논쟁들이 야기되었다. 영국이나 앵글로 색슨계 국가들과는 달리 이탈리아에서 문화적·역사적 전통의 시각에서 문화적 그람시가 새로이 조명된 것이 바로 이 시기였다. 문학, 언어학, 희곡이나 드라마 그리고 영화 등을 아우르는 예술 전반에서의 그람시적 논의들, 변화하는 세계질서 속의 이탈리아에 대한 국가성과 자본주의 시스템에 대한 재해석 등이 이 시기에 제기되었던 그람시 연구들이다. 이러한 연구결과물들 중에서 주요한 것들을 간추려 보면 다음과 같다(편의상 연도별로 정리하였다).

Fondazione Istituto Gramsci. 1981. *Il laboratorio della riforma. Contenuti culturali, organizzazione didattica e valutazione nella secondaria superiore*. Milano : Angeli.

Paggi L. 1984. *Le strategie del potere in Gramsci : tra fascismo e socilaismo in un solo paese, 1923–1926*. Roma : Eiditori Riuniti.

AA.VV. 1986. *I giuristi e la crisi dello Stato liberale in Italia fra Otto e Novecento*, a cura di A. Mazzacane, Napoli : Liguori.

Badaloni N. et. al. 1986. *Marx e il mondo contemporaneo, Atti del convegno dell'Istituto Gramsci, Roma 16–19 novembre 1983*, a cura di C. Mancina, Roma : Editori Riuniti.

Sbarberi F. 1986. *Gramsci in socialismo armonico*. Milano : Angeli.

Spriano P. 1988. *Gramsci in carcere e il partito*. Roma : Editori Riuniti.

AA.VV. 1989. *Teoria politica e società industriale. Ripensare Gramsci*, a cura di F. Sbarberi. Torino Bollati Boringhieri.

Bobbio N. 1990. *Saggi su Gramsci*. Milano : Feltrinelli.

Fondazione Istituto Gramsci. 1990. *Gramsci e l'Occidente. Trasformazioni della società e riforma della politica*, a cura di W. Tega. Atti del convegno internazionale organizzato dall'Istituto Gramsci Emilia–Romagna, dalla Fondazione Istituto Gramsci e dal Partito comunista italiano, Bologna 9–11 settembre 1987. Bologna : Cappelli.

Fondazione Istituto Gramsci. 1995. *Gramsci nel mondo*, a cura di M. L. Righi. Roma : FIG.

Liguori G. 1996. *Gramsci conteso*. Roma : Editori Riuniti.

Gervasoni M. 1997. *Antonio Gramsci e la Francia. Dal Mito della modernità alla "scienza della politica"*, Milano : Edizioni Unipoli.

AA.VV. 1997. *Gramsci e il Novecento 2 voll.* a cura di G. Vacca. Roma–Bari : Laterza.

Fondazione Istituto Gramsci. cespe. 1997. *Centro per la riforma dello Stato, La transizione italiana. Alternative dell'integrazione sovranazionale dagli anni Settanta agli anni Ottanta*, a cura di A. Romano, Atti del convegno, Frattocchie, Roma 29 ottobre 1996. Roma : Manifesto Libri.

Fondazione Istituto Gramsci. 1998. *L'economia mondiale in trasformazione*, a cura di A. Graziani con la collaborazione di A. M. Nassisi, Atti del convegno organizzato dalla Fondazione Istituto Gramsci e dal Dipartimento di Economia Pubblica dell'Università di Roma "La Sapienza", *Roma 6–8 ottobre 1994*, Roma : Manifestolibri.

Vacca G. 1999. *Appuntamenti con Gramsci. Introduzione allo studio dei Quaderni del carcere*. Roma : Carocci.

Baratta Giorgio. 2003. *Le rose e i quaderni. Il pensiero dialogo di Antonio Gramsci*. Roma : Carocci.

Burgio A. 2003. *Grasmci storico. Una lettura dei 《Quaderni del carcere》*. Roma–Bari : Laterxa.

Frosini F. 2004. *Gramsci e la filosofia. Saggio sui Quaderni del carcere*. Roma. Carocci.

P. Togliatti. 2004. *Sul fascismo*. a cura di Giuseppe Vacca, Bari–Roma : Editori Laterza, Fondazione Istituto Gramsci,

AA.VV. 2004. *Gramsci e la storia contemporanea : i "Quaderni" come "teoria" e "crit-*

ica" *della storiografia in Gramsci il suo il nostro tempo*. a cura di Rita Medici. Bologna : Clueb. 135-159.

A. Gramsci. 2004. *Il lettore in catene, La critica letteraria nei Quaderni*, a cura di Andrea Menetti. Roma : Carocci.

AA.VV. 2004. *Le parole di Gramsci. Per un lessico dei Quaderni del carcere*. a cura di G. Liguori e F. Frosini. Roma : Carocci.

AA.VV. 2007. *Studi gramsciani nel mondo 2002-2005*, a cura di Giuseppe Vacca e Giancarlo Schirru. Bologna : Il Mulino.

Coutinho Carlos N. 2006. *Il pensiero politico di Gramsci*. Milano : Edizioni Unipoli.

Mordenti Raul. 2007. *Gramsci e la rivoluzione necessaria*. Roma : Editori Riuniti.

이 외에도 500여 편의 그람시 관련 연구논문들이 이탈리아의 주요 학술지에 발표되었다(Fondazione Istituto Piemontese Antonio Gramsci 1994 : Fondazione Istituto Gramsci 2006). 21세기 이탈리아에서 그람시가 여전히 유용한 학문적 지표이자 기준이 될 수 있을지에 대해서는 이론이 있지만 자본주의 사회의 생산관계와 국가의 성격, 그리고 세계 정치질서의 재편이라는 측면에서 그람시 헤게모니 개념의 유용성은 아직까지 유용할 것이다. 또한 그람시에 대한 최근의 연구경향 중에 두드러진 방향의 하나는 유럽통합과 관련한 것이다. 유럽연합을 하나의 국민국가(Nation State)의 부활로 볼 것인지, 새로운 국제 정치질서의 지역연합 단위인지에 대한 논란 속에서 그 성격과 내용에 대한 그람시적 접근은 상당히 유의미한 계기를 제공한다. 자본주의적 세계질서의 재편이라는 과정 속에서 새로운 헤게모니적 구성체이자 기구로서 등장하고 있는 다양한 종류의 네트워크와 국제기구들에 대한 성격분석은 여러 모로 유용한 것이다.

이탈리아의 그람시 연구결과들은 인접한 프랑스에서도 즉각적인 반향을 불러일으켰다. 전통적으로 사회주의와 진보적 성향의 철학적 특징이 강한 프랑스 사상계에 그람시가 끼친 영향은 작지 않았다. 알튀세르와 함께 비교적 먼저 그람시에 대한 연구에 주목한 이는 텍시에르(J. Texier)였다. 텍시에르의 주요 논점은 봅비오나 데 펠리체 등이 주장한 것과 같은 그람시와 마르크스 사이의 불일치를 인정하지 않고 마르크스에 의해 시작된 구조문제를 그람시가 상부구조 연구를 통해 완성했다는 점을 강조하였다(J. Texier 1966).

두 번째로 주목할 수 있는 이는 알튀세르이다. 그는 자신의 저서에서 그람시의 헤게모니 개념에 대해 비교적 상세하게 논의하면서 자신의 마르크스주의 철학의 기반으로 삼았다(L. Althusser 1969). 역사주의적 관점에 대한 비판의 연장선에서 그람시의 환원론적·마르크스주의적 경제주의를 비판하면서 구체성과 실천의 문제를 구현하는 경험론적이고 자율성을 구현할 수 있는 구조(토대)를 추구하고자 했다. 결국 알튀세르가 보기에 그람시의 "절대적 역사주의"를 극복하는 것이야말로 그람시 헤게모니 개념이 갖는 창조적이고 독특한 이론적 기여에 대해 논의가 가능하다고 보았다.

상부구조와 토대의 관계설정에서 주목할 만한 또 다른 프랑스의 그람시 연구자는 포르텔리(Portelli)이다. 그는 그람시의 역사적 블록(Blocco storico) 개념에 주목하면서 그람시가 발전시킨 역사적 블록 개념을 세 가지 차원에서 분석하고 있다(Huggues Portelli 1973, xi–xiii). 첫째, 상부구조와 토대 간의 관계를 분석하면서 이를 매개하는 일정한 계층, 즉 전체로서 지식인의 역할을 강조하고 있다는 점이다. 이는 지배계급의 헤게모니 유지와 재창출의 이론적 토양이 된다는 점에서 주요한 기준이 된다. 둘째, 역사적 블록 개념의 유지 원리로서 제시되고 있는 헤게모니 개념 차원에서 분석하고 있다는 점이다. 이는 그람시가 하나의 사회체계 내에서 제시하고 문화적·사회적인 가치들을 공고히 하기 위한 틀로써 헤게모니를 제시하고 있으며, 이를 담당하는 지식인 계층에 의해 제시된 헤게모니가 지배계층의 통치 이데올로기로서 작용한다고 설명할 수 있게 하는 근거이다. 셋째, 이와 같은 지배계급의 헤게모니가 공고하게 구축되면 새로운 경제 시스템이 구축되고 그럼으로써 새로운 역사적 블록이 탄생한다는 것이다.

포르텔리의 역사적 블록 개념 연구가 지식인이 갖는 역할에 대한 새로운 지평을 확장시켰지만 국가의 역할에 대한 지나친 경시라는 또 다른 비판에 봉착하게 되었다. 이를 분명히 지적한 사람이 부치 글룩스만(Buci-Glucksman)이다. 그녀는 그람시 저작, 특히『옥중수고』속에 나타난 국가 중심의 헤게모니의 이론적 규명에 집중하면서 진지전 개념을 그람시 사상의 핵심 개념으로 상정했다(Buci-Glucksman 1974, 19). 이를 위해 그는 동의를 수동적 동의와 능동적 동의로 구분하고 의회민주주의 하에서의 수동적 혁명 개념을 서구 자본주의 국가 분석의 주요 틀로 사용했다. 결국 서구 자본주의 국가에서의 권력구조 변형관계에 진지전 전략을 채택함으로써 사회주의 국가로의 이행의 가능성을 제시했다는 이론적 공헌을 하였다.

이러한 연구경향은 동시대의 다른 학자들에게도 유사하게 나타난다. 앤 소우스탁 사쑨(Anne Showstack Sassoon)이나 상탈 무페(Chantal Mouffe)와 에르네스토 라클라우(Ernasto Laclau) 등이 대표적인 학자들이라 할 수 있다. 사쑨은 역사주의적 관점에서 국가의 발전단계를 분석하고 있는 그람시의 분석틀을 활용하여 헤게모니가 작동하는 기제와 권력구조에 대해 설명하고 있다. 특히 그는 이탈리아의 역사를 통해 그람시가 지적하고 있는 예를 20세기 초의 자본주의 국가 위기에서 등장하는 수동적 혁명과 타협적 헤게모니로 설명함으로써 어째서 서구 자본주의 국가들이 지속될 수 있는가에 대해 규명하려고 하였다(Anne Showstack Sassoon 편저/최우길 역 1984, 139-160).

상탈 무페는 그람시가 마르크스적 경제주의 환원론을 비판하고, 국가 확장에 따른 사회적 토대의 확장 및 사회적 제관계들 간의 복합적 관계 확장을 통해 헤게모니 개념을 설명하고 있다. 변형주의(transformism)와 수동적 혁명(passive revolution)이라는 개념을 통해 헤게모니의 이데올로기적 특성에 주목하고 그 형성과정을 국민적·민중적인 수준에서 파악하고 있다. 그는 다음과 같은 세 가지 점에서 그람시의 헤게모니 개념 발전에 대한 이데올로기적 공헌을 이야기하고 있다(Chantal Mouffe 편/장상철·이기웅 역 1992, 238). 첫째, 그람시는 이데올로기의 물질성을 강조한 최초의 사람이었다. 둘째, 그람시는 이데올로기의 허구성을 부정하고 주체를 생산하는 실천요소로서 이데올로기 개념을 제시했다. 셋째, 이데올로기적 계급 귀속성을 부여하는 환원주의의 일반 원리에 문제를 제기했다.

사쑨과 함께 그람시의 비환원주의적 이데올로기 개념에 대해 연구했던 라클라우 역시 사쑨과 그람시의 가능성을 좀더 발전시켜 그람시에게서 나타나는 국민적·민중적인 개념의 이데올로기적 특성에 대한 과학적이고 사실적인 규명에 노력했다(E. Laclua 1977). 그람시가 제시하지 않았던 비계급적 특징의 이데올로기 요소가 갖는 본질에 대한 규명을 시도했다는 측면에서 라클라우의 작업은 의미 있는 것이었다. 이와 같은 프랑스에서의 그람시에 대한 연구경향은 이후에도 철학적 전통을 중요시하는 학문적 경향에 따라 다양한 영역들과의 접목을 통해 발전했다.

III. 이중적인 모습의 그람시[6]

1. 한국 사회에 그려진 그람시 헤게모니 개념과 이론들

한국 사회에 그람시가 알려진 것은 이미 언급했듯이 1984년 최장집 교수에 의해서였다. 이후 1980년대 새로운 지적 열망의 분출구로서 그람시가 한국 사회의 주요한 학문적 지표이자 해결책으로 떠오른 것도 이때였다. 영미권과 라틴계 국가들에서 그람시가 받았던 대접을 우리나라 학계에서도 거의 동일하게 받았던 것도 어쩌면 유사한 이유였을 것이다. 헤게모니 개념에 대한 논의와 시민사회 논쟁 등은 바로 그러한 결과물이었다.

1980년대 소개된 그람시와 그의 주요 개념들은 양적인 측면에서 상당하다. 헤게모니 개념을 비롯하여 혁명에 대한 문제 및 사회구성체와 분석에 대한 내용 등은 당시 한국 사회를 분석하고 해석하는 중요한 학문적 기준을 제공했다. 많은 논문들과 서적들이 한국 사회에서 출간되었고, 그람시에 대한 본격적인 연구자들이 생겨났다. 따라서 이 시기에는 많은 그람시 연구서들이 번역되거나 출판되었다. 이 중에서 1984년 이후 우리나라에서 출간된 주요한 그람시 관련 서적은 다음과 같다.

Adamson W. 1986. *Hegemony and Revolution*. 권순홍 역. 『헤게모니와 혁명』. 학민사.

Althusser L. 1992. *For Marx*. 고길환/이화숙 역. 『마르크스를 위하여』. 백의.

Althusser L. 1997. *Lenin and Philosophy and other essay*. 이진수 역. 『레닌과 철학』. 백의.

Althusser L. · Ballibar E. 1991. *Reading Capital*. 김진엽 역. 『자본론을 읽는다』. 두레.

Anderson P. 2003. *Consideration on Western Marxist*. 이현 역. 『서구 마르크스주의 읽기』. 이매진.

Bellamy R. & Schecter D. 1996. *Gramsci and the Italian State*. 윤민재 역. 『그람시와 민족국가』. 사회문화연구소.

Bobbio N. et al. 1992. *Which Socialism? : Marxism, Socialism and Democracy*. 구갑우/김영순 엮음. 『마르크스주의 국가이론은 존재하는가 : 보비오 논쟁』. 의암.

Bocock R. 1991S *Hegemony*. 이향순 역 『그람시 헤게모니 사회이론』. 학문과 사상사.

Boggs C. 1991. *Gramsci's Marxism*. 『다시 그람시에게로』. 한울.

Carillo S. 1992. *Eurocommunism and the State*. 『유로 코뮤니즘과 국가』. 새길.

Carnoy M. 1992. *The State and Political Theory*. 이재석 외 역. 『국가와 정치이론』. 한울.

Crehan K. 2004. *Gramsci, Culture and Anthropology*. 김우영 역. 『그람시 · 문화 · 인류학』. 길.

Fiori G. 1991. *Antonio Gramsci*. 신지평 역. 『그람시』. 두레.

Hobsbawm E. 1998. *The Age of Capital*. 『자본의 시대』. 한길사.

Holtz H. H. 1985. *Stömugen und Tendenze in Neomarxismus*. 주정훈 역. 『현대 마르

크스주의의 현재와 미래』. 한울.
Joll. J. 1982. *Gramsci*. 『그람시』. 까치.
Laclau E. & Mouffe C. 1992. *Hegemony and Socialist Strategy－Toward a Radical Democratic Politics*. 김성기 외 역. 『사회변혁과 터』. 터.
Mandel E. 1985. *Late Capitalism*. 이범구 역. 『후기 자본주의』. 한마당
Pieson C. 1989. *Marxist Theory and Democratic Politics*. 어수영 역. 『마르크스주의와 민주주의 정치이론』. 학문과 사상사.
Priester Karin. 1993. *Stuien Zur Staatstheorie Des Italienischien Marxismus*. 윤수종 역. 『이탈리아 맑스주의와 국가이론』. 새길.
Pulantzas N. 1945. *Political Power and Social Classes*. 박병영 역. 『정치권력과 사회계급』. 백의.
Simon R. 1985. *Gramsci's Politics*. 김주환 역. 『그람시의 정치사상』. 청사.
Urry J. 1994. *The Anatomy of Capitalist Societies*. 이기홍 역. 『경제, 시민사회, 그리고 국가』. 한울.
피오리 저/김종법 역. 2004. 『안또니오 그람시』. 이매진.
김학노 · 박형준 외. 1986. 『국가 계급 사회운동』. 한울.
김현우. 2005. 『안토니오 그람시』. 살림.
상탈 무페 편/장상철 · 이기웅 저. 1992. 『그람시와 마르크스주의 이론』. 녹두.
앤 사쑨 편저/최우길 역. 1984. 『그람시와 혁명전략』. 녹두.
이병천 · 박형준 편저. 1992. 『마르크스주의의 위기와 포스트 마르크스주의』. 의암출판.
임영일 편저. 1985. 『국가 계급 헤게모니』. 풀빛.
자빈 케비어 지음/이철규 옮김. 1994. 『안토니오 그람시의 시민사회』. 백의.

이 밖에도 50여 편의 학위논문들이 있으며, 그람시 관련 학술논문들이 다양한 학술지에 발표되었다. 이데올로기적 스펙트럼이 다양한 이론적 논쟁이 있었

고, 실제로 그람시의 개념과 이론에 대한 찬반양론과 관점에 대한 다수의 학술 논문들이 발표되어 한국 사회를 흔들어 놓았다. 최장집 교수와 김세균 교수 등을 비롯한 수많은 그람시 연구가들의 논쟁과 다양하고 독창적인 분석이 뒤따른 것도 이러한 학문적 분위기의 결과였다. 그러나 1980년대 중반부터 1990년대 초반까지의 그람시 열풍은 거의 모든 학문들이 그러했듯이 그저 스쳐 지나가는 유행과 바람이었다. 보다 발전적이고 활용 가능한 그람시 이론의 정착과 한국화는 더 이상 진척되지 않았다.

물론 여기에는 몇 가지 국내외적 요인들에 기인한 바가 크다. 국내적으로는 1987년 민주화 운동이 정점을 이룬 시기에 더 이상의 좌파 이데올로기적 논쟁의 학문적 유용성이 사라졌기 때문이었으며, 국외적으로는 1989년 베를린 장벽의 붕괴 이후 몰락하는 사회주의권 국가들을 목도하면서 마르크스주의나 사회주의에 대한 이데올로기적 논쟁에 대한 무관심과 무용성이 대두되었기 때문이었다. 결국 그람시에 대한 본격적인 재해석과 평가문제가 시작되기도 전에 학문의 장에서 사라져 버렸다. 한국적 상황에서 그람시가 어떤 의미가 있었던가에 대한 논쟁은 이런 상황에서는 그다지 큰 의미를 부여하기 어렵다. 그러나 적어도 그람시를 통해 한국 사회를 분석하는 유용한 기준점과 학문적 방향성은 분명히 제시받았다고 볼 수 있다.

그럼에도 불구하고 현재까지 한국에서의 그람시 연구가 갖는 몇 가지 난점과 한계를 지적하지 않을 수 없다. 첫째는 그람시 연구의 출발이 영미권 국가들의 그람시 연구자들에 의해 시작된 이차적 연구의 한국적 재해석이라는 점이다. 물로 영미권 국가들의 그람시 연구자들의 생각이나 연구결과물들의 무용성을 주장하는 것은 아니다. 다만 우리에게 필요한 그람시는 다른 이들의 머릿속에 그려진 서양인 그람시가 아닌 있는 모습 그대로의 이탈리아적인 그람시였을지도 모르기 때문이다. 둘째는 그람시 연구의 연장선에서 한국적 자본주의 체제 분석으로 이어지지 못했다는 한계를 지적할 수 있다. 그람시가 궁극적으로 원했던 이탈리아 자본주의 사회의 성격과 국가에 대한 분석이 우리에게도 유용하기 위해서는 반드시 우리나라의 자본주의 체제 성격에 대한 분석이 뒷받침되었어야 한다는 면에서 후속 작업이 절실히 필요했다고 볼 수 있다. 셋째는 그람시 원전에 대한 한국적인 접근작업이 미비했다는 점이다. 이는 첫 번째 문제와 연결되는 부분이고, 어쩌면 현 시점에서 우리에게 가장 필요한 내용일 수도 있다.

그람시 이론의 한국화가 필요한 것은 이러한 그람시 연구의 난점과 한계를 뛰어넘기 위한 가장 기본적인 작업의 단초일지도 모른다. 또한 그람시에 대한 연구영역을 헤게모니라는 개념에 국한해서 보기보다는 보다 총체적이고 다양한 개념들의 연관성을 통해 바라볼 필요성이 있는 것이다. 따라서 보다 확장된 그람시 연구와 헤게모니 이론의 한국화라는 측면만이 아니라 그람시 이론의 한국적 적용의 유용성과 한국화를 위해서 여기서는 그람시 이론의 전반적인 학문적 유용성에 평가를 전개하고자 한다. 이를 통해 그람시 이론의 한국화와 이론적 적용의 가능성을 모색할 것이다.

2. 학문적 지표로서의 그람시와 그 의미

어쩌면 그람시의 한국화를 말한다는 것 자체가 우리에게 어울리지 않는 표현일지도 모른다. 그는 자신의 사상과 이론을 이탈리아화하는 데 성공했을지 몰라도 여전히 미국화하거나 세계화하는 수준까지는 나아가지 않고 있기 때문이다. 그람시의 일차적 저작에 대한 전체 번역은 아직까지도 그 어느 나라의 언어로도 번역되지 않고 있다. 현재까지 그람시 저작에 대한 일차적 번역을 가장 많이 이룩한 언어는 인접한 프랑스어와 독일어판이 있으며, 영어와 일본어 역시 일정 수준까지는 번역작업을 완료했다. 그러나 그람시가 남긴 전(全) 저작에 대한 것은 아니었고, 주로 『옥중수고』(*Quaderni del carcere*)라 불리는 파시스트 감옥에서 남긴 수고가 대부분이었다. 여기에 그람시가 남긴 서간집이나 『옥중수고』 이전의 글들을 선별하여 번역한 정도이다.

상황이 이럴진대 한국 사회에서 그람시를 이야기한다는 것 자체가 어쩌면 무리일지도 모르겠다. 현재 한국에 소개된 그람시 저작에 대한 1차 번역서[7]를 정리하면 다음과 같다.

그람시 저/이상훈 역. 1986.『그람시의 옥중수고 1-정치편-』. 거름.

그람시 저/조형준 옮김. 1992.『그람시와 함께 읽는 문화-대중문화/언어학/저널리즘-』. 새물결.

그람시 저/이상훈 역. 1993.『그람시의 옥중수고 2-철학/역사/문화편-』. 거름.

린 로너 엮음/양희정 옮김. 2000.『감옥에서 보낸 편지』. 민음사.

리처드 벨라미 엮음/김현우 · 장석준 옮김. 2001.『안토니오 그람시 옥중수고 이전』. 갈무리.

그람시 저/김종법 옮김. 2004.『남부문제에 대한 몇 가지 주제들 외』. 책세상.

종류별로 보면 상당한 양이 번역되어 있는 것처럼 보이지만 실제로는 모두가 선집이나 편집 또는 영어나 일본어 등의 외국어 판본을 번역한 것들이다. 그러나 실제로 그람시가 우리에게 남긴 글은 어림잡아 대략 A4 용지를 기준으로 8,000에서 9,000여 페이지에 달한다. 그의 글은 크게 시기별 · 종류별로 분류해 볼 수 있다. 먼저 시기적으로 체포되기 전에 썼던 글과 체포된 후의 글로 나눌 수 있고, 종류별로는 이를 문화평론과 정치평론 및 이론적 글과 수필적 글, 그리고 서간문 등으로 나눌 수 있다. 체포되기 전에 썼던 글은 편지를 모은 1권 분량의 서간집과 총 5권에 달하는 글로 에이나우디(Einaudi) 출판사에서 연도별로 정리하여 출간한 글이 있다. 이 시리즈에는 1914년부터 1926년 파시스트에 의해 체포되기 전까지 각각의 시기별로 주요 사건과 연도에 따라 분류하여 편집한 글들을 모아놓고 있다.

이를 순서대로 열거하면 다음과 같다 :『상징 탑 아래서』(*Sotto la Mole*), Torino : Einaudi, 1972 ;『젊은 날의 글』(*Scritti giovanili*), Torino : Einaudi, 1972 ;『신질서』

(*L'Ordine nuovo*, 1919–1920), Torino : Einaudi, 1972 ; 『사회주의와 파시즘–신질서(1921–1920)』(*Socialismo e fascismo–l'Ordine nuovo* 1921–1922), Torino : Einaudi, 1972 ; 『이탈리아 공산당 창당』(*La costruzione del Partito Comunista*, 1923–1926), Torino : Einaudi, 1972. 이들 5권의 시리즈는 나름대로의 특징들이 있다. 특히 그람시 사고와 이론의 점진적 변화를 보여주고 있는 글로 볼 수 있기 때문에 여기에 수록된 글들은 초기 그람시의 사상적 기반과 이론적 개념들에 대한 동기를 찾아볼 수 있다는 점에서 의미심장한 부분들이 많이 존재한다.

먼저 『상징 탑 아래서』(*Sotto la Mole*)라는 책은 그람시가 또리노에서 문화평론가로서 문화와 관련된 수필이나 평론을 모은 글로 초기 그람시의 문화적 관점을 잘 알 수 있는 책이다. 또한 다소 거칠지만 분명하고 재기 넘치는 은유적 표현들을 많이 사용했다는 사실을 알 수 있고, 또한 그람시의 초기 문학적이고 인문적 교양과 독특한 글체를 많이 발견할 수 있는 책이다.

두 번째의 『젊은 날의 글』(*Scritti giovanili*)은 1914년 그람시가 후일 참전론자라는 불명예를 안게 했던 「능동적이고 절대적 중립」이라는 글을 첫머리에 실은 책으로 1918년까지 문화평론과 정치평론을 묶어놓은 책이다. 이 책에서 우리는 초기 그람시가 성숙되지 않은 사회주의의 영향을 어떤 식으로 전개해 나가고 있는지를 볼 수 있으며, 그의 사상적 · 개념적 단초들을 언뜻언뜻 알 수 있게 한다.

세 번째의 『신질서』(*L'Ordine nuovo*, 1919–1920)는 1919년 빨미로 똘리아띠, 안젤로 따스까, 움베르또 떼라치니 등과 함께 구상했던 새로운 시대의 사회주의 문화지 『신질서』의 본격적인 시작부터 그람시가 생각했던 초기 사회주의 문화 지의 성격을 그대로 보여주는 글들이 많이 수록되어 있다. 특히 이 시기는 『신질서』를 모태로 하여 공장평의회 운동을 전개하면서 그람시가 생각하던 노동자 운동과 조직에 대한 직접적인 언급을 담고 있으며, 초기 프롤레타리아 노동계급과 공산주의 혁명에 대한 그람시의 사상적 전개와 발전과정을 잘 알 수 있게 해준다.

네 번째 『사회주의와 파시즘–신질서(1921–1920)』(*Socialismo e fascismo–Ordine nuovo*, 1921-1922)는 그람시의 초기 공산주의 사상과 국가에 대한 분석 등을 잘 보여주는 글들이 많이 수록되어 있다. 특히 이탈리아적인 그람시에서 국제적인 그람시로의 시각전환과 보다 확장된 국제공산주의 노동운동과 연결된 글들이 수록되어 있으며, 이 책에서 보여주고 있는 파시즘의 등장과 발전과정에 대한 예리한 분석은 저개발국가나 아직 자본주의가 정착하지 않은 국가와 사회에 대한 분석의 모범을 보여주고 있다는 점에서 이 책이 갖는 의미는 작지 않다.

끝으로 『이탈리아 공산당 창당』(*La costruzione del Partito Comunista*, 1923-1926)은 그람시가 이탈리아 공산당을 이끌면서 정당지도자로서 그리고 국회의원으로서 현실정치 속에서 느낀 생각과 현실을 가감 없이 전달하고 있으며, 권력의 쟁취와 유지라는 측면에서 많은 관심과 이론적 공고화를 시도했던 글들이 보이는 책이다. 여기에는 헤게모니 개념의 단초로서 남부문제에 대한 그람시의 평론이 실려 있으며, 아울러 이탈리아 국내외의 정치적 상황에 대한 정교한 분석 글들과 자신이 향후 하나의 이론으로서 발전시키고자 하는 개념들에 대한 언급이 있는 글들이 수록되어 있다.

전반기의 이와 같은 분기점이 되는 책들은 다시 후반기라고 할 수 있는 옥중에서 또 다른 형식과 내용으로 모아지게 된다. 영어의 기간 동안 썼던 서간문 한 권과 우리에게 『옥중수고』로 알려진 책이 그것이다. 특히 그람시 사상의 집대성이라 할 수 있는 저작인 『옥중수고』는 모두 33권의 노트에 총 2,840여 페이지 분량으로 구성되어 있다.

이 책은 처음 출간되었을 때부터 논란의 여지가 많았던 그람시 저서로 당시 이 책을 편집하고 연구하던 책임자였던 똘리아띠의 자의적 판단에 따라 가감이 많았던 책이었다. 그러나 다시 5개의 주제(마키아벨리, 리소르지멘토, 현재와 과거 등등)로 분류하여 1960년대에 출판되었고, 다시 이를 보완하여 연대기 순으로 에이나우디 출판사에서 총 4권으로 구성하여 출간하였다. 그가 학문적 수준에서 본격적인 글을 남긴 것은 1914년일 것이라 추정하고 있다. 이후 그는 거의 모든 분야를 통틀어 잡다한 수준의 칼럼에서부터 이론적 정교함을 갖는 체계적 글까지 단편적이거나 논문형식으로 수많은 글을 남겼다. 우리에게 비교적 자세하고 빈번하게 소개된 『옥중수고』는 파시스트 감옥에서 자신의 마지막 생을 정리하는 과정에서 자신의 사상과 생각을 비교적 체계적으로 접근하면서 정리한 수고집이다.

그러나 여전히 파시스트의 감옥에서 죽어가던 그가 과연 어떤 생각과 개념을 진정으로 말하려고 했는지 아직까지 정확하게 모른다고 하는 편이 더 정확할 것이다. 생전에 남긴 글의 양이나 질 역시 아직도 정확한 평가가 이루어지지 않고 있는 시점에서 이차적 자료나 시각으로 접근해야 하는 우리는 더더욱 그람시는 난해한 서양의 사상가이자 단지 필요할 때만 자의적으로 인용할 수 있는 그런 서양 사상가일 따름이다. 다만 우리가 그를 이해하는 데 있어 중요하게 생각해야 할 부분이 있다면 이탈리아의 상황과 역사이다.

그람시는 자신이 살았던 격동의 시기 시기만큼이나 이탈리아적 상황을 자신의 생각과 사고의 중심으로 삼았다. 갓 통일한 이탈리아의 여러 사회문제들을 몸소 체험하고 느끼면서 자신의 사상을 구체화하였다. 통일이 되었다고는 하나 여전히 존재하고 있는 대중적이고 지방중심적인 사회구조, 북부의 산업과 남부 농업의 불일치에서 오는 지역문제로서 '남부문제', 유럽의 열강들에 둘러싸인 이탈리아의 현실, 급속한 자본가 계급의 성장은 전통적인 지배계급과 사회구조의 변화를 가져왔지만 이에 아무런 대책이나 전략을 세울 수 없었던 노동자 계급과 농민계급, 인민과 국민이 바탕이 되는 새로운 대중문화의 필요성이 요구되던 시기에서 대항 헤게모니를 창출할 수 없었던 프롤레타리아 대중, 이탈리아 내부적으로나 외부적으로 흔들리는 사회구조 속에서 파시즘이라는 새로운 정치체제의 임박이라는 위기상황 등등은 그람시에게 해결하기에는 너무나 심각한 이탈리아의 문제였다.

그의 문제제기와 고민은 바로 이러한 이탈리아적 상황에서 출발했다. 전형적인 남부 농촌사회이자 봉건적 사회구조의 사르데냐라는 섬에서 성장하면서 가졌던 '사르데냐주의'를 또리노라는 북부 산업도시의 대학생활에서 협소한 민족주의적 시각을 벗어던지고 '남부문제'라는 보다 확장된 문제의식으로 전환하였던 계기를 보여주었다. 또한 노동자들과 접하면서 노동운동이라는 틀에서 프롤레타리아 계급동맹의 문제와 이를 국가 지배구조 안에서 파악했다는 점은 훗날 그람시의 문제의식이 정치권력의 획득문제로 발전하게 되는 계기를 부여했다. 지배계급이나 산업자본가들에게 대항하기 위해서 노동자들만의 새로운 문화 필요성을 역설하고 이의 토대가 되는 '실천철학'을 전개하였다. 또한 모스크바 시절에 쌓기 시작한 국제적 차원에서의 노동운동과 새로운 문화의 조직화 문제는 그람시의 시각을 국내적인 범위에 머무르게 하지 않고 보다 확장된 국제적 노동운동가의 모습을 갖추게끔 하였다. 이후 국회의원 신분으로 현실 정치세계를 경험하면서 보다 구체적인 국가와 국가권력의 문제를 고민하게 되었고, 이는 자신의 사상체계를 총체적으로 정리해야할 필요성으로 연결되었다.

그러한 필요성의 계기는 외부로부터 찾아왔다. 파시즘에 의해 체포되면서 자연스럽게 자신의 생각과 개념들을 정리할 시간을 갖게 된 것이다. 파시스트 정권에 의해 영어의 몸이 된 뒤 집필한 『옥중수고』는 바로 그러한 정리를 기록한 저작이다. 이 책은 편집과정과 내용상의 논란에도 불구하고 그람시 사상을 집약하고 미완성적이긴 해도 비교적 이론적 일관성을 보이고 있다. 따라서 이 책의 체계적인 연구와 독해야말로 그람시를 보다 총체적으로 해석하고 발전시키면서 반쪽짜리 그람시를 온전하게 그려낼 수 있는 저서라는 평가를 받고 있다.

책에 수록된 많은 부분은 이전에도 그람시가 보여왔던 관심과 개념들을 보다 발전시킨 것들도 있어 전기와 후기 그람시의 연속성을 주장하는 학자들의 근거가 되기도 하지만, 일면 전기의 이론적 부분과 설명들이 다소 반대적 모습으로 나타나고 있기 때문에 전기 그람시와 후기 그람시를 분절시키는 근거로 활용되기도 한다. 그람시 글이 갖는 미완성적이고 일면 모순적인 특징들이 저서에까지 그대로 나타나고 있는 책이다. 서술 자체가 갖는 이중성이나 미완성적 특징들은 차지하고라도 이 책은 그람시 사상의 정리 편이라는 점에서 중요한 의미를 갖는다.

그람시는 이 책을 통해 적어도 다음과 같은 점들을 말하려고 했던 것으로 평가받는다. 그람시가 보기에 이탈리아적인 특수상황은 구체적이고 현실적인 정치세계나 정치이론에 커다란 동기부여를 할 수 있다고 믿었다고 보인다. 이는 마치 정치학의 시조로 일컬어지는 마키아벨리가 이탈리아의 당대 현실을 통해 정치학을 당위의 학문으로 정립하고자 했던 것과 유사한 의미인 것이다. 신학의 지배 아래 현실과 격리된 현실정치를 강하게 비판하고 통일 이탈리아를 꿈꾸면서 현재의 정치를 구현하고자 했던 마키아벨리에게서 단서를 구한 그람시가 정치학이라는 학문을 마르크시즘 안에서 현실의 학문으로서 구체성을 가진 토대의 학문으로 발전시키고자 한 자신의 의지나 시도를 서술한 저서로 평가받을 수 있다는 점이다. 아마 이것이 그람시가 오랜 기간 세상으로부터 격리된 감옥이라는 공간에서 현실을 구체화하고 행동으로 옮길 수 있는 영역으로서 정치학을 확립하고자 했던 의도가 아닌가 싶다.

실제로 그람시는 헤게모니 개념 이외에도 자신이 전개하려고 했던 많은 개념들을 이탈리아의 역사 속에서 구했다. 지식인 개념, 마키아벨리의 신군주를 원용한 현대 군주로서 정당의 역할과 기능, 진지전과 기동전에 대한 전술적 접근방법, 역사적 블록의 개념, 국민적이고 대중적인 문화, 파시즘을 통한 국가분석, 사회지도 원리로서 오랜 역사적 전통을 가진 가톨릭에 대한 비판 등등의 많은 개념들은 바로 이탈리아 역사 속에서, 또 그 역사를 이끌었던 지식인들을 통해 구하고자 했던 것이다. 이것이 그람시 이론이 여전히 살아 있고 앞으로도 생생하게 적용될 수 있는 이유인 것이다. 역사의 순환성을 굳이 이론적으로 이야기하지 않더라도 현재 이후 전개될 역사 안에서 반복될 가능성이 충분하기 때문이다.

IV. 그람시의 한국적 적용과 거대담론의 출발점

사회주의나 공산주의란 용어가 이미 역사의 박물관에나 전시될 개념으로 치부해 버린 한국 사회에서 그람시를 오늘이라는 시점에서 어떻게 읽어야하는가의 문제가 너무나 진부해 보일지 모른다. 아니 좌파 지식인의 마지막 발악이라고 폄하해 버릴지도 모를 것이다. 그람시가 제시했던 많은 개념과 이론들을 천박한 자본주의 사회의 전형이라 할 한국에서는 도대체 그 어떤 학문적 의미도 존재할 것 같지 않기 때문이다. 그러나 찬찬히 살펴보면 그람시가 제기했던 많은 논의와 개념들이 우리 사회의 많은 면들에서 충분히 적용 가능하다는 사실을 분명하게 알 수 있다.

그람시가 가장 먼저 관심을 두었던 '남부문제'는 영호남의 지역문제 외에도 통일 후 등장할 남과 북의 지역격차와 차이성을 극복하는 데 중요한 사례가 될 수 있으며, 또리노에서의 노동자 운동을 통해 그가 구현하고자 했던 새로운 문화로서 '신질서'는 급변하는 산업사회에서 노동자 계급에 적합한 '신사회운동'의 성격을 갖는다고 볼 수 있다. 더불어 '공장평의회'라는 노동자 조직은 신자유주의라는 거대한 파고에 맞서서 노동자 계급의 연대와 동맹을 국제적 차원으로 발전시켜야 할 우리 노동운동의 현실에도 적합한 것으로 평가받을 수 있을 것이다.

그람시가 공장평의회의 실패 이후 새로운 대항 헤게모니의 구축이라는 측면에서 문화의 조직화와 국민이라는 개념에 바탕한 대중문화의 형성에 힘을 쏟았던 사실도 앞서 언급한 우리나라 상황에서 절체절명의 시급한 과제라고 생각한다. 그는 이를 위해 당대 이탈리아의 현실을 직시하고 정치체로서 파시즘의 실체를 가장 먼저 파악하고 이해했던 인물이었다. 자신이 살고 있는 국가구조를 파악하여 그에 적합한 운동방식을 창출하고, 다가오는 위기에 대항하려는 그의 노력은 현재 대한민국의 정체성과 관련하여 의미 있는 암시를 하고 있다. 이를 위해 우리는 그의 주요 개념들, 다시 말해 역사적 블록(Blocco storico), 지식인 문제, 실천(prassi)철학의 개념, 시민사회론 등의 주요 개념들을 원용할 필요가 있다(김종법 2005, 81).

현재 우리 사회에서 벌어지고 있는 다양한 정치적 사건들이나 현상을 보면서 그람시가 제기했던 문제틀이 여전히 살아 있고 유용하다는 것을 느끼는 것이 비단 필자만의 생각일까? 해방 이후 50년이 넘게 한국 사회를 지배해 왔던 지배계급의 문제나 노동자와 농민 그리고 영세민으로 대표되는 기층 대중들의 연대 문제 등은 바로 한국 사회를 관통하고 있는 이론적 논의의 핵심 주제인 것이다. 지배 계급의 '헤게모니'를 유지하는 과정에서 '지식인'의 개입과 변절, 지배계급에 맞서는 하층 대중들의 저항과 새로운 헤게모니 창출의 노력과 시도, 국가권력의 교체에도 불구하고 여전히 견고하기만 한 전통적 의미에서의 시민사회 구성원들, 새로운 대항 헤게모니의 창출에 맞서는 지배계급 블록과 이를 무너뜨리려는 노/농/소시민의 동맹문제 등은 우리 정치와 학계에서 지속적으로 제기되어야 하며, 현재까지도 그 유용성이 분명한 주제들인 것이다.

더욱이 최근에 논의되고 있고 정치적 실체로까지 발전하고 있는 박정희 시대나 그 잔재들의 부활을 보면서 그람시가 가졌던 통찰력이 필요한 것은 아닌지 깊게 고민해 볼 필요가 있다. 2007년 대선과 2008년 총선결과를 보면서 역사의 순환성과 역사의 경로 의존성에 대해 다시 한 번 고민하게 된 한국 사회의 내면을 돌아보고 미래의 정치적 지형을 만들기 위해서 우리는 두 가지 점에서 그람시를 조명할 필요가 있다.

하나는 그람시가 1920년대 파시즘을 분석하면서 가졌던 통찰력이다. 당시 그람시는 유럽의 사회주의 정당이나 이탈리아 공산주의 정당까지도 제대로 파악하고 있지 못하던 파시즘의 실체에 대해 그 누구보다 분명하고 정확하게 짚어냈다. 대부분의 사회주의와 공산주의 사상가들과 지도자들이 파시즘을 자본주의에서 사회주의로 가는 중간단계라고 단정할 때에도 그람시는 자유주의 체제가 허약할 때 나타날 수 있는 전체주의 체제 성격을 갖는 체제로서 파시즘을 해석했다. 이는 자유주의 체제가 위기에 처하면서 자본주의 역시 심각한 위기와 어려움을 타개하기 위해 선택한 대안 체제로서의 성격을 갖는 것으로 분석한 것으로 볼 수 있다.

따라서 그람시의 분석에 따르자면, 자유주의 체제의 지속성을 보장받고 위기를 체감하고 있는 일반 대중에게 강력하고 카리스마 넘치는 새로운 지도자와 집권당의 등장은 더할 수 없는 매력이고 짧은 시간에도 열광할 수 있는 요인이라는 것이다. 그람시의 그러한 분석은 2007년 대선을 분석하는 독특한 해석이 될 수도 있다. 해방 이후 자유주의 정부의 위기 때마다 전체주의 성향의 독재정부나 군부정부들이 들어섰던 선례도 선례지만, 지난 전체주의 정부를 잇고자 하거나 부정하지 못하고 있는 현재 야당의 대통령 후보들에게 일반 대중과 극우 보수주의자들이 보내는 지지를 보면서 신자유주의 정부의 위기에 대한 선택이 어떻게 진행될 것인가를 짐작해 볼 수 있는 것이다.

그람시를 통해 볼 수 있는 두 번째 함의는 지배계급의 분석과 관련된 역사적 블록 개념이다. 그람시는 리소르지멘토 시기의 이탈리아의 지배계급 형성과 유지를 분석하는 과정에서 그들이 추구했던 지배계급 블록의 형성과정을 추적했다. 그람시는 이 과정에서 개입하고 발생한 지식인들의 역할과 그들의 이데올로기적 지도력과 민중에 대한 의식의 영향력 확산의 문제를 교육과 이데올로기 전파라는 측면에서 설명하고 있다. 이러한 문제제기는 지식인이 갖는 체제유지적 기능을 강조한 것이며, 하나의 블록 형성이 가능하도록 하는 사회적이고 정치적인 기능을 하는 것으로 해석할 수 있는 것이다.

다시 말해 그람시가 보기에 "국가는 생산영역의 구체적인 형태이고 지식인은 통치 요원을 배출하는 사회적 요소이므로 강력해진 경제집단에 긴밀하게 연결되어 있지 않은 지식인은 국가를 절대적인 것으로 내세우려고 한다. 그리하여 지식인들의 기능 자체도 절대적인 것으로 파악되며, 그들의 역사적 존재와 존엄성이 추상적으로 합리화된다"(Gramsci 1975, 1361). 이는 전통적으로 지배세력 혹은 기존의 경제적 기반과 연계되어 있지 않은 새로운 지식인들은 국가 자체를 절대시하고, 그러한 절대적 국가의 지식인으로서 자신들의 위치를 합리화하는 특성을 갖게 된다는 의미이다. 결국 하나의 블록 혹은 새로운 블록의 형성과정에서 지식인들의 국가지상주의나 역할을 지나치게 과장하는 특성을 지적한 것으로 볼 수 있다.

그람시 분석이 갖는 함의는 자본주의 사회에서 흔히 발생하는 지배계급의 확장이나 편입, 그리고 교체 시에 지속적으로 발생할 수 있다는 것을 의미하며, 유사한 자본주의 국가에서 적용 가능한 분석과 주제가 된다는 것이다. 따라서 한국의 경우 역시 국가의 위기 시기나 새로운 시대로의 전환과정에서 기존 지배계급과 새로운 지식인 계급의 협력과 동맹 등의 방식을 통해 지속적으로 형성·유지되었다는 유추가 가능한 것이다. 바로 이 점에서 그람시의 두 번째 함의를 찾을 수 있다. 그람시의 역사적 블록 개념을 빌리면 우리 사회에서 형성되었던 지배계급의 성격과 어떠한 방식으로 유지되어 왔던가를 비교하여 분석할 수 있으며, 국가적 위기 시마다 교체되지 않고 변형된 형태로 여전히 그 지배적 지위를 유지할 수 있는가에 대한 해답을 찾을 수도 있는 것이다.

그람시의 이론이나 개념들은 다른 이탈리아 지식인들이나 사상가들과 달리 자신이 살았던 이탈리아를 분석하고 연구하는 과정에서 도출된 것이다. 현실의 역사와 정치적 상황을 분석하면서 가장 유용하고 적절한 개념을 규정하고 이를 도식화하면서 발전시켰던 그람시의 사상과 개념은 지나치게 서양의 사상이나 이론을 무작정 끌어다 도입하는 풍토가 강한 한국의 지식인들과 학계에 의미 있는 시사점을 제시한다. 한국 사회 분석은 한국이라는 토양 위에 정교한 분석과 사례를 통한 이론화가 가장 중요한 것일 텐데, 여전히 서양의 저명한 이론가들이나 학자들을 빌려야 가능하다고 생각하는 경향이 강하다 보니 한국의 이론을 서양의 이론으로 덮어씌우는 경우가 발생하는 것이다.

그람시 역시 마찬가지이다. 무작정 그람시를 원용하자는 것은 분명 아니다. 중요한 것은 한국적 이론 정립을 위한 전제로서 그 이론을 도출하기 위한 보다 철저하고 과학적인 실례를 충분히 찾아내어 그러한 결과와 내용을 그람시 혹은 다른 서양 사상가들과의 비교를 통해 새로운 이론적 지평을 확장해 볼 수 있는 것이다. 결국 이러한 학문적 축적이 가능하게 되면 우리 사회를 분석하는 여러 담론이 가능할 것이고, 해방 이후 전개되었던 사회분석에서의 거대담론을 도출할 수 있을 것이며, 도래할 한국 사회를 예측하여 분석할 수 있게 됨으로써 바람직한 사회로의 모색을 도모할 수 있을 것이다.

V. 한국적인 학문적 지표로서 그람시

그람시 저서에 등장하는 개념이나 이론들은 그 하나하나에 의미와 학문적 의의를 갖고 있다. 지금까지 연구되었던 개념들과 주제들은 이미 잘 알려진 '헤게모니' 외에도 '정치사회', '시민사회', '진지전과 기동전', '수동적 혁명', '지식인', '대중문화', '민속', '상식' 등의 수많은 개념들이 있다. 그람시는 이 개념들을 이론적으로 규명하고 거론하는 방식에 있어서 기존 마르크스주의 연구자들과는 다른 방식을 선택했다. 당대의 주요 마르크스주의자들이 '프롤레타리아 혁명'을 위한 방법론이나 혁명의 완수를 위한 경제적 토대 분석에 초점을 맞추어 이론 전개에 치중한 반면, 그람시는 경제적 토대만큼이나 중요한 상부구조의 연결고리들, 즉 의식과 이데올로기의 문제로까지 연구의 초점을 확장시킴으로써 마르크스주의의 지평을 확장시켰다.

또한 여기에 그치지 않고 그람시는 앞서 열거한 수많은 개념들을 어느 정도 일관성 있게 종합하려는 시도를 했다고 보인다. '정치사회'를 비롯한 여러 개념들을 하나의 일관된 개념으로 묶으려고 했고, 그것이 의식과 이데올로기의 종합으로서 헤게모니 개념이라고 볼 수 있으며, 이를 하나의 구조로서 역사적 사례, 특히 이탈리아의 역사적 경험을 통해 구체화시킨 것이 역사적 블록이라고 볼 수 있는 것이다. 다시 말해 상부구조에 대한 분석에서 거론된 마키아벨리의 새로운 군주를 원용한 현대 군주로서 공산주의 정당의 역할과 기능, 진지전과 기동전에 대한 전술적 접근방법, 이를 하위 계급에게 적용하여 대항 헤게모니라는 관점에서 국민적이고 대중적인 문화에 대한 분석, 사회지도 원리로서 오랜 역사적 전통을 가진 가톨릭이 어떻게 형성되었는가에 대한 분석들은 그람시가 이탈리아뿐만이 아니라 자본주의 사회를 역사적 블록이라는 개념으로 종합화 하려는 의도를 가졌다고 상정할 수 있다.

그람시가 제기하고 분석했던 이와 같은 방법론적 측면은 자본주의 체제의 독특한 지형 위에 서 있는 한국 사회를 분석하는 데에도 어느 정도 유용하리라 생각한다. 1980년대 헤게모니론이나 1990년대 시민사회론, 그리고 앞서 제기한 역사적 블록 개념 등은 그러한 측면에서 충분히 상정 가능하고 유용한 분석의 예인 것이다. 물론 그렇다고 해서 그람시가 모든 것을 해결해 줄 수는 없다. 당연히 다른 역사적 배경과 정치적 내용을 무조건적으로 한국 사회에 적용하는 것은 무리가 있기 때문이다. 그럼에도 불구하고 오늘날 여전히 강고한 친일의 망령이나 박정희 체제에 대한 향수를 보면서, 그리고 좀처럼 바뀌지 않는 사회계층 구조를 바라보면서 새로운 한국 사회를 위해 공부하는 이들이 강구할 수 있는 작지만 실질적인 사고와 연구의 단초가 바로 그람시이기를 바라는 것이다. 한국 사회에서 항상 역사의 중심에 있다고 자부해 왔던 지식인들, 그러나 그람시를 통해 본 지식인들은 여전히 사회구조 고착화의 또 다른 원인을 제공하는 주인공이었다는 사실과 새로운 사회건설의 지도자가 될 수 있다는 이중적 특성을 갖고 있는 것이다.

우리가 한국 사회에서 그람시를 주목하면서 새로운 읽기와 해석을 시도해야하는 것은 바로 그러한 지식인의 사회적 역할과 책임이라는 측면에서도 중요한 의미를 갖는 것이다. 한국 사회 안에서 소위 대학물을 먹었다는 고급인력들이 권력과 국가 앞에 무릎 꿇고 아부하거나 변절하는 일 없이 보다 나은 국가와 사회의 발전을 위해 매진할 수 있어야 한다는 소박한 진리를 그람시를 통해 배울 수 있기를 기원하며, 배운 자들의 역량과 의지를 모을 수 있는 철학적 기반으로 그람시적인 '실천철학'을 제시함과 동시에, 지식인 사회의 외연 확대와 함께 다양한 계층을 아우르고 국가라는 정치사회에 대항할 수 있는 탄탄한 시민사회를 형성하는 데 최선을 다하도록 하는 것이다. 바로 이것이 그람시가 우리 사회에 주는 학문적 유용성이자 새로운 지표로서의 가능성이 아닐까 한다.

참고문헌

김종법. 2004.『안또니오 그람시』. 서울 : 이매진.

______. 2005. "발리에서 다시 태어난 그람시",『정치비평』제14호. 한국정치연구회.

______. 2007. "그람시, 그는 여전히 유용한 학문적 지표인가?"『마르크스주의연구』. 경상대사회과학연구소.

김학노 · 박형준 외. 1986.『국가 계급 사회운동』. 서울 : 한울.

김현우. 2005.『안토니오 그람시』. 서울 : 살림.

린 로너 엮음. 양희정 옮김. 2000.『감옥에서 보낸 편지』. 서울 : 민음사.

리처드 벨라미 엮음. 김현우 · 장석준 옮김. 2001.『안토니오 그람시 옥중수고 이전』. 서울 : 갈무리.

상탈 무페 편. 장상철 · 이기웅 저. 1992.『그람시와 마르크스주의 이론』. 서울 : 녹두.

앤 사쑨 편저. 최우길 역. 1984.『그람시와 혁명전략』. 서울 : 녹두.

이경일. 1995. "이탈리아 세기말 위기."『서양사 연구』제17집. 서양사연구회.

이병천 · 박형준 편저. 1992.『마르크스주의의 위기와 포스트 마르크스주의』. 서울 : 의암.

임영일 편저. 1985.『국가 계급 헤게모니』. 서울 : 풀빛.

자빈 케비어 지음. 이철규 옮김. 1994.『안토니오 그람시의 시민사회』. 서울 : 백의.

최장집. 1984. "그람씨의 헤게모니 개념."『한국정치학회보』제18집. 한국정치학회. 19-40.

______. 1996.『한국 민주주의의 조건과 전망』. 서울 : 나남.

피오리 저. 김종법 역. 2004.『안또니오 그람시』. 서울 : 이매진.

Adamson W. 1986. *Hegemony and Revolution*. 권순홍 역.『헤게모니와 혁명』. 서울 : 학민사.

Althusser L. 1992. *For Marx*. 고길환 · 이화숙 역.『마르크스를 위하여』. 서울 : 백의.

______. 1997. *Lenin and Philosophy and other essay*. 이진수 역.『레닌과 철학』. 서울 : 백의.

Althusser L. · Ballibar E. 1991. *Reading Capital*. 김진엽 역.『자본론을 읽는다』. 서울 : 두레.

Anderson P. 2003. *Consideration on Western Marxist*. 이 현 역.『서구 마르크스주의 읽기』. 서울 : 이매진.

Bellamy R. & Schecter D. 1996. *Gramsci and the Italian State*. 윤민재 역.『그람시와 민족국가』. 사회문화연구소.

Bobbio, N. et al. 1992. *Which Socialism? : Marxism, Socialism and Democracy*. 구갑우 · 김영순 역

음. 『마르크스주의 국가이론은 존재하는가 : 보비오 논쟁』. 서울 : 의암.

Bocock, R. 1991. S Hegemony. 이향순 역. 『그람시 헤게모니 사회이론』. 서울 : 학문과사상사.

Boggs, C. 1991. *Gramsci's Marxism*. 『다시 그람시에게로』. 서울 : 한울.

Carillo, S. 1992. *Eurocommunism and the State*. 『유로코뮤니즘과 국가』. 서울 : 새길.

Carnoy, M. 1992. *The State and Political Theory*. 이재석 외 역. 『국가와 정치이론』. 서울 : 한울.

Crehan, K. 2004. *Gramsci, Culture and Anthropology*. 김우영 역. 『그람시 · 문화 · 인류학』. 서울 : 길.

Fiori, G. 1991. *Antonio Gramsci*. 신지평 역. 『그람시』. 서울 : 두레.

Gramsci, A. 저. 이상훈 역. 1986. 『그람시의 옥중수고 1-정치편-』. 서울 : 거름.

_____. 조형준 옮김. 1992. 『그람시와 함께 읽는 문화-대중문화/언어학/저널리즘 』. 서울 : 새물결.

Gramsci, A. 저. 이상훈 역. 1993. 『그람시의 옥중수고 2-철학/역사/문화편-』. 서울 : 거름.

_____. 김종법 옮김. 2004. 『남부문제에 대한 몇 가지 주제들 외』. 서울 : 책세상.

Hobsbawm, E. 1998. *The Age of Capital*. 『자본의 시대』. 서울 : 한길사.

Holtz, H. H. 1985. *Stömugen und Tendenze in Neomarxismus*. 주정훈 역. 『현대 마르크스주의의 현재와 미래』. 서울 : 한울.

Joll, J. 1982. Gramsci. 『그람시』. 서울 : 까치.

Laclau, E. & Mouffe, C. 1992. *Hegemony and Socialist Strategy-Toward a Radical Democratic Politics*. 김성기 외 역. 『사회변혁과 터』. 서울 : 터.

Mandel, E. 1985. *Late Capitalism*. 이범구 역. 『후기 자본주의』. 서울 : 한마당

Pieson, C. 1989. *Marxist Theory and Democratic Politics*. 어수영 역. 『마르크스주의와 민주주의 정치이론』. 서울 : 학문과사상사.

Priester, Karin. 1993. *Stuien Zur Staatstheorie Des Italienischien Marxismus*. 윤수종 역. 『이탈리아 맑스주의와 국가이론』. 서울 : 새길.

Pulantzas, N. 1945. *Political Power and Social Classes*. 박병영 역. 『정치권력과 사회계급』. 서울 : 백의.

Simon, R. 1985. *Gramsci's Politics*. 김주환 역. 『그람시의 정치사상』. 서울 : 청사.

Urry, J. 1994. *The Anatomy of Capitalist Societies*. 이기홍 역. 『경제, 시민사회, 그리고 국가』. 서울 : 한울.

AAA. a cura di Vacca Giuseppe, 1999, *Gramsci e il Novecento I, II*. Roma : Carocci.

AA.VV. 1986. *I giuristi e la crisi dello Stato liberale in Italia fra Otto e Novecento, a cura di A. Mazzacane*. Napoli : Liguori.

______. 1989. *Teoria politica e società industriale. Ripensare Gramsci*, a cura di F. Sbarberi. Torino Bollati Boringhieri.

______. 1997. *Gramsci e il Novecento 2 voll. a cura di G. Vacca*. Roma–Bari : Laterza.

______. 2004. *Le parole di Gramsci. Per un lessico dei Quaderni del carcere. a cura di G. Liguori e F.* Frosini. Roma : Carocci.

______. 2007. *Studi gramsciani nel mondo 2002–2005, a cura di Giuseppe Vacca e Giancarlo Schirru*. Bologna : Il Mulino.

______. 2004. *Gramsci e la storia contemporanea : i "Quaderni" come 'teoria' e 'critica' della storiografia in Gramsci il suo il nostro tempo. a cura di Rita Medici*. Bologna : Clueb. 135–159.

Adamson, W. 1980. *Hegemony and Revolution : A Study of Antonio Gramsci's Political and cultural Theory*. Berkeley and Los Angeles : University of California Press.

Althusser, L. 1969. *For Marx*. London : Allen Lane.

______. 1977. *Lenin and Philosophy and Other Essays*. London : Verso.

Anderson, P. 1975. *Consideration on Western Marxism*. London : New Left Books.

______. 1978. "The Antinomies of Antonio Gramsci." in *New Left Review* no. 100. London : New Left Books.

Badaloni, N. et. al. 1986. *Marx e il mondo contemporaneo, Atti del convegno dell'Istituto Gramsci, Roma 16–19 novembre 1983*, a cura di C. Mancina, Roma : Editori Riuniti.

Baratta, Giorgio. 2003. *Le rose e i quaderni. Il pensiero dialogo di Antonio Gramsci*. Roma : Carocci.

Bates, T. R. 1975. "Gramsci and Theory of Hegemony." *Journal of the History of Ideas*. vol. XXXVI, no. 2. April–June.

Bobbio N. 1985. "Gramsci and the Conception of Civil Society." in Mouffe C. ed. Hegemony & *Socialist Strategy*(tran.) Moore W. & Cammack P. London : Verso.

______. 1990. *Saggi su Gramsci*. Milano : Feltrinelli.

Boggs, C. 1976. *Gramsci's Marxism*. London : Pluto Press.

______. 1982. *The Impasse of European Communism*. Boulder : Westview Press.

Bucci–Glucksmann, C. 1980. *Gramsci and the State*, trans. D. Fernbach. London : Lawrence & Wishart.

Buci–Glucksman, C. 1974. *Gramsci et l'état*. Paris.

Burgio, Alberto. 2003. *Gramsci storico, Una lettura dei Quaderni del carcere*. Roma–Bari : Laterza.

Camette, J. 1967. *Antonio Gramsci and the Origins of Italian Communism*. London : Palo Alto.

______. 1971. "Socialism and Participatory Democracy." in G. Fischer. ed. *The Revival of American Socialism*. New York : Oxford University Press.

Ceradi, Cosimo. 2002. *Gramsci e la costruzione egemonia*, La Mongolfiera.

Claudin, F. 1978. *Eurocommunism and Socialism*. London : New Left Books.

Coutinho, Carlos N. 2006. *Il pensiero politico di Gramsci*. Milano : Edizioni Unipoli.

Crehan, K. 2002. *Gramsci, Culture and Anthropology*. Califonia : University of California Press.

G. Eley. 1984. "Reading Gramsci in English : Observations on the Reception of Antonio Gramsci in the English–Speaking World 1957–1882." *European History Quarterly*. vol. 14.

Femia, J. 1981. *Gramsci's Political Thought. Hegemony, Consciousness and Revolutionary Process*. Oxford : Clarendon Press.

Fondazione, Istituto Gramsci. 1981. *Il laboratorio della riforma. Contenuti culturali, organizzazione didattica e valutazione nella secondaria superiore*, Milano : Angeli.

Fondazione, Istituto Gramsci. 1990. *Gramsci e l'Occidente. Trasformazioni della società e riforma della politica*, a cura di W. Tega. Atti del convegno internazionale organizzato dall'Istituto Gramsci Emilia–Romagna, dalla Fondazione Istituto Gramsci e dal Partito comunista italiano, Bologna 9–11 settembre 1987. Bologna : Cappelli.

______. 1995. *Gramsci nel mondo*, a cura di M. L. Righi. Roma : FIG.

______. cespe. 1997. *Centro per la riforma dello Stato, La transizione Italiana. Alternative dell'integrazione sovranazionale dagli anni Settanta agli anni Ottanta*, a cura di A. Romano, Atti del convegno, Frattocchie, Roma 29 ottobre 1996. Roma : Manifesto Libri.

______. 1998. *L'economia mondiale in trasformazione, a cura di A. Graziani con la collaborazione di A. M. Nassisi, Atti del convegno organizzato dalla Fondazione Istituto Gramsci e dal Dipartimento di Economia Pubblica dell'Università di Roma "La Sapienza." Roma 6–8 ottobre 1994*, Roma : Manifestolibri.

Frosini, F., Liguori, G. 2004. *Le parole di Gramsci. Per un lessico dei Quaderni del carcere*. Roma : Carocci.

Frosini, F. 2003. *Gramsci e la filosofia. Saggio sui quaderni del carcere*. Roma : Carocci.

Gentile, Emilio. 2004. *Storia e interpretazione*. Roma–Bari : Laterza.

Geras, N. 1978. *Marx and Human Nature. Refutation of a Legend*. London : Verso Press and New Left Books.

Gervasoni, M. 1997. *Antonio Gramsci e la Francia. Dal Mito della modernità alla "scienza della politica."* Milano : Edizioni Unipoli.

Gramsci, Antonio. 1972. *La costruzione del partito comunista (1923–1926)*. Torino : Einaudi.

______. 1975, *Quaderni del carcere*, a cura di Gerratana Valentino, Torino, Einaudi.

Gramsci, A. 2004. *Il lettore in catene, La critica letteraria nei Quaderni*, a cura di Andrea Menetti.

Roma : Carocci.

Hall, S. 1978. "The 'Political' and the 'Economic' in Marx's Theory of Classes." Hunt A. ed. *Class and Class Structure*. London : Lawrence & Wishart.

Hoare, Q. & Smith, G. N. 1971. *Selections from the Prison Notebooks of Antonio Gramsci*. New York : International Publishers.

Howard, D. · Klare. ed. 1972. *The Unknown Dimension : European Marxism since Lenin*. New York : Basic Books.

Hugues, Portelli. 1972. *Gramsci e il blocco storico*. Roma–Bari : Laterza.

Ives, P. 2004. *Language And Hegemony In Gramsci*. London : Pluto.

Joll, J. 1977. *Gramsci*. London : Fontana. Gramsci Antonio, 1978, *Socialismo e fascismo (L'Ordine Nuovo 1921–1922)*, Torino, Einaudi.

Karabell. 1976. "Revolutionary Contradiction : Antonio Gramsci and the Problem of Intellectuals." *Politics and Society*. vol. 6, no. 2.

Laclau, E. 1977. *Politics and Ideology in Marxist Theory*. London : New Left Book.

Laclau, E. & Mouffe C. 1985. *Hegemony & Socialist Strategy* (trans.) Moore W. & Cammack P. London : Verso.

Liguori, G. 1996. *Gramsci conteso*. Roma : Editori Riuniti.

Long, T. 1980. "Marx and Western Marxism in the 1970's." *Berkeley Journal of Sociology*. vol. XXV.

Mandel, E. 1975. *Late Capitalism*. London : Verso.

Markovic, M. 1967. "L'unita di filosofia e politica nel Gramsci." in P. Rossi. ed. *Gramsci e la cultura contemporanea*. Roma : Editori Riuniti.

Marramao, G. 1971. *Marxismo e revisionismo in Italia*. Bari : De Donato.

Martinelli, A. 1968. "In Defence of Revolution." *Berkeley Journal of Sociology*. vol. XIII.

Marzani, C. 1980. *The Promise of Eurocommunism*. Westport · Conn. : Lowrence Hill and Co.

Merrington, J. 1968. "Theory and Practice in Gramsci's Marxism." *The Socialist Register*. London. Bocock R. 1986. *Hegemony*. London : Tavistock Publications Limited.

Mordenti, Raul. 2007. *Gramsci e la rivoluzione necessaria*. Roma : Editori Riuniti.

Morton, A. D. 2007. *Unravelling Gramsci : Hegemony and Passive Revolution in the Global Political Economy*. London : Pluto.

Paggi, L. 1984. *Le strategie del potere in Gramsci : tra fascismo e socilaismo in un solo paese, 1923–1926*. Roma : Eiditori Riuniti.

Piccone, P. 1974. "Gramsci's Hegelian Marxism." *Political Theory*. Feb winter.

______. 1976. "Gramsci's Marxism : Beyond Lenin and Togliatti." *Theory and Society*. no. 3.

______. 1977. "From Spaventa to Gramsci." *Telos*. no. 31. Spring.

Paxton, Robert. 2005. *Il fascismo in azione*. Milano : Mondadori.

Renate, Holub. 1992. *Antonio Gramsci : Beyond Marxism and postmodernism*. London : Routledge.

Salvadori, M. 1985. "Gramsci and the PCI : Two Conceptions of Hegemony." in Mouffe C. ed. *Hegemony & Socialist Strategy*. tran. Moore W. & Cammack P. London : Verso.

Salvatore, Ludo. 2005. *Il fascismo. La politica in un regime totalitario*. Milano : Donzelli.

Sassoon, A. S. 1982. *Approaches to Gramsci*. London : Writers and Readers.

______. 1980. *Gramsci's Politics*. New York : St. Martin's Press.

Savio, Antonella. 2004. *Fascino e ambiguità di Gramsci*. Milano : Prospettiva.

Sbarberi, F. 1986. *Gramsci in socialismo armonico*. Milano : Angeli.

Simon, R. 1982. *Gramsci's Political Thought. An Introduction*. London : Lawrence & Wishart.

Spriano, P. 1988. *Gramsci in carcere e il partito*. Roma : Editori Riuniti.

P. Togliatti. 2004. *Sul fascismo*. a cura di Giuseppe Vacca, Bari–Roma : Editori Laterza, Fondazione Istituto Gramsci, Piccone P. 1971. "Phenomenological Marxism." *Telos*. no. 9.

Vacca Giuseppe. 1999. *Appuntamenti con Gramsci*. Roma : Carocci.

Williams, G. 1960. "The Concept of 'egemonia' in the Thought of Antonio Gramsci." *Journal of the History of Ideas*. vol. XXI, no. 4.

Williams, R. 1977. *Marxism and Literature*. New York : Oxford University Press.

Worsley, P. 1982. *Marx and Marxism*. Chichester and London : Ellis Horwood and Tavistock Publications Limited.

주

1 최장집 교수는 이를 다음과 같이 표현하고 있다. … 그람시 사상은 좌로는 유로 코뮤니즘의 극좌파로부터 우로는 페이비아니즘적 · 사회민주주의적 '개량주의'에 이르기까지 실로 광범위한 이데올로기적 스펙트럼상에서 영향을 미치게 되었다. 알튀세의 '이데올로기적 국가 아파라투수' 개념, 알튀세, 풀란차스, 발리바 등에 의해 대표되는 중층적 결정과 사회구성체론을 중심으로 한 구조주의적 마르크스주의 이론, 풀란차스의 시민사회에 대한 국가의 자율성을 중심으로 한 국가 이론, 크라우스 오페, 제임스 오코너를 비롯한 자본축적과 정통성화의 이중적 기능에 관한 제 이론, 아담 쉐보르스키와 마이클 왈러슈타인에 의해 대표되는 계급 간 타협의 이론, 훼르난도 카르도소, 귀레르모 오도멜에 의한 제3세계 국가 이론에의 수용, 그리고 비정치적 아카데믹 마르크스주의라 불릴 수 있는 … 이론의 제 변종 … 에 직접적이든 간접적이든 광범위한 영향을 끼쳤다. 최장집, "그람시의 헤게모니 개념,"『한국정치학회보』(한국정치학회, 제18집, 1984, pp. 19-40).

2 물론 그윈 윌리암스 이전에도 루이스 마크스(Louis Marks)나 핸더슨(H. Handerson) 또는 홉스바움(E. Hobsbawm) 등에 의해 그람시가 읽혀지고 원용되었다. 특히 마크스는 The Modern Prince and Other Writings라는 제목으로 International Publishers에서 1957년 출간되었다. 이 책은 그람시 사상의 정치적이고 체계적인 소개를 목적으로 했지만 당시 영국의 반스탈린주의 경향과 맞물리면서 신좌파의 문화적 조류 안으로 편입하였다. 그러나 소수의 독자들과 연구자들만이 주목한 책이었다. 이러한 상황에서 본격적으로 그람시 연구가 시작된 것은 레이몬드 윌리엄즈와 톰슨 및 앤더슨과 네언 등이었다. G. Eley, "Reading Gramsci in English : Observations on the Reception of Antonio Gramsci in the English-Speaking World 1957-1882," *European History Quarterly*. vol. 14, 1984, 참조.

3 그람시가 후기 마르크스주의자로 분류된다는 의미뿐만이 아니라 실제로 그의 정치적 이데올로기를 전통 마르크스주의자 혹은 수정 마르크스주의자로 해석하는 것은 오랜 전통을 가진다. E. Hobsbawm이나 Williams 등에 의해 시작된 이러한 논의와 주장은 1970년대 이후 본격적으로 여러 학자들에 의해 주장되었다. D. Howard Klare(ed.), *The Unknown Dimension : European Marxism since Lenin*(New York : Basic Books, 1972) ; M. Markovic, "L"unita" di filosofia e politica nel Gramsci," in P. Rossi(ed.), *Gramsci e la cultura contemporanea*(Roma : Editori Riuniti, 1967) : G. Marramao, *Marxismo e revisionismo in Italia*(Bari : De Donato, 1971) ; P. Piccone, "Phenomenological Marxism," *Telos*, no. 9. Autumn 1971 ; P. Piccone, "Gramsci's Hegelian Marxism," *Political Theory*, Feb. 1974 ; Piccone P. "From Spaventa to Gramsci," *Telos*, no. 31. Spring 1977 ; T. Long, "Marx and Western Marxism in the 1970's," *Berkeley Journal of Sociology*, vol. XXV. 1980) 등이 있다. 레닌이즘적 경향에 대한 연구는 주로 이탈리아에서 먼저 시작되었는데, 제2차 세계대전 직후 톨리아트(Togliatti)에 의해 지도되던 PCI에서는 레닌주의적 측면이 지나칠 정도로 강조되었다. 톨리아티 이외에도 그루피(Gruppi), 마키오끼(Macchiocchi) 및 데 조

반니(De Giovanni) 등을 중심으로 연구들이 이루어졌으며, 이를 비판하면서 레닌을 넘어선 그람시를 강조한 이들이 피코네와 보그스 등이다. 그러나 이들은 헤겔주의적 전통에 입각하여 그람시의 관념론적 마르크스주의에 경도된 후기 마르크스주의자로 해석하고 있는 한계를 나타냈다. 이에 대하여는 P. Piccone, "Gramsci's Marxism : Beyond Lenin and Togliatti," *Theory and Society*, no. 3. Winter 1976 ; C. Boggs, *The Impasse of European Communism* (Boulder · Colo. : Westview Press, 1982)를 참조하시오. 그람시에 대한 레닌이즘의 전통은 다시 유로 코뮤니즘으로 연결되는데, 이는 레닌이즘의 전통에 섰던 학자들을 중심으로 연결되면서 1970년대 후반 카릴로(Carillo)와 클라우딘(Claudin) 및 마르자니(Marzani) 등으로 이어졌다. 이에 대하여는 S. Carillo, *Eurocommunism and the State*(London : Lawrence & Wishart, 1977) ; F. Claudin, *Eurocommunism and Socialism*(London : New Left Books, 1978) ; C. Marzani, *The Promise of Eurocommunism*(Westport · Conn. : Lowrence Hill and Co., 1980)을 참조하시오. 그람시와 유로 코뮤니즘을 잇는 주요 연구들은 그람시에 대한 다원주의적 민주주의 경향의 해석은 전통적으로 1970년대 이후의 그람시 연구에 대한 이탈리아 PCI의 공식적인 입장의 하나였다. 그람시의 다원주의적 민주주주의적 경향에 대한 주요 연구로는 J. Cammett, "Socialism and Participatory Democracy," in G. Fischer(ed.), *The Revibal of American Socialism*(New York : Oxford University Press, 1971) ; Karabell, "Revolutionary Contradiction : Antonio Gramsci and the Problem of Intellectuals," *Politics and Society*, vol. 6. no. 2, 1976 ; W. Adamson, *Hegemony and Revolution : A Study of Antonio Gramsci's Political and cultural Theory*(Berkeley and Los Angeles : University of California Press, 1980) ; N. Bobbio, "Gramsci and the Conception of Civil Society," in C. Mouffe(ed.), *Hegemony & Socialist Strategy*(tran.) Moore W. & P. Cammack(London : Verso, 1985) ; M. Salvadori, "Gramsci and the PCI : Two Conceptions of Hegemony," in C. Mouffe (ed.), *Hegemony & Socialist Strategy*(tran.) W. Moore & P. Cammack(London : Verso, 1985) 등이 있다.

4 A. D. Morton, *Unravelling Gramsci : Hegemony and Passive Revolution in the Global Political Economy*(London : Pluto, 2007) ; P. Ives, *Language And Hegemony In Gramsci*(London : Pluto, 2004) ; Crehan K. Gramsci, *Culture and Anthropology*(Califonia : University of California Press, 2002) ; Renate Holub. *Antonio Gramsci : Beyond Marxism and postmodernism*(London : Routledge, 1992).

5 1940년대 이탈리아에서 전개된 그람시 연구와 저작들은 이미 상당한 양이 축적되고 있었으며, 톨리아티 등의 PCI 지도부에 의해 당 차원의 연구 사업이 진행될 정도였다. 이에 대하여는 다음의 자료를 참고하시오. Fondazione Istituto Piemontese Antonio Gramsci. 1994. *Gtamsci Nella Biblioteca Della Fondazione*. Regione Piemonte.

6 이번 장에서 설명하는 내용은 주로 다음의 논문에서 발췌하여 글의 성격에 맞게 편집한 것이다. 김종법. 2007. 『마르크스주의 연구』(제4권 2호).

7 2차적인 해설서나 비평서가 아닌 책으로 그람시 저작을 원전번역하거나 이탈리아어는 아니지만 다른 외국어를 번역한 서적을 말한다. 편의상 출판 연도순으로 배열하였다.

제3부

국제정치현상의 쟁점

국제정치에서 힘의 속성 변화

제14장

소프트 파워로서의 스포츠를 중심으로*

유호근(한국외국어대학교)

I. 서론

21세기 들어서면서 소프트 파워(soft power)[1]는 새로운 시대의 화두처럼 부각되고 있다. 이제 국제정치의 현상변화를 합리주의에 기초한 논리의 틀로 조망하기에는 이해의 빈곤이 초래되고 있다. 현실주의의 논리적 기반으로서 힘의 패러다임의 중점 전환이 주목되고 있다. 군사력과 경제력 등과 같은 하드 파워(hard power)에서 소프트 파워로의 이행이 그것이다. 갈등과 반목으로 점철되어 오던 국가 간에서조차 소프트 파워를 통해 상대국의 동조를 얻으려는 노력을 벌이고 있다. 특히 오바마 행정부로의 권력교체가 이루어진 미국의 경우 부시 행정부 때의 하드 파워적 외교노선을 수정하여 소프트 파워를 앞세운 외교로의 변환을 추구하고 있다. 이러한 흐름 속에서 세계 각국은 소프트 파워를 통한 미래의 경쟁력 육성에 중점을 두기 시작했다.

* 본 논문은 『한국정치학회 연례학술대회 논문집』(2009. 12)에 수록된 것을 수정하여 전재한 것임을 밝힙니다.

또한 글로벌한 차원에서 보면 세계화 과정이 가속화되면서 나이(조지프 S. 나이 2004)의 지적처럼 군사력, 경제력과 같은 '내가 원하는 것을 남이 하게 만드는 능력', 즉 지휘적 권력 또는 하드 파워(hard power)보다는 문화, 가치, 제도와 같은 '내가 원하는 것을 남이 원하게 만드는 능력', 즉 유인적 권력 또는 소프트 파워의 중요성이 점증되고 있는 현실 속에서 스포츠의 소프트 파워적 속성이 주목받고 있다.

오늘날 스포츠는 문화적 속성을 가지면서 국가의 안과 밖을 넘나드는 복합적 사회현상으로 부각되었다. 이에 따라 스포츠와 정치사회는 밀접한 상관관계를 맺게 된다. 특히 스포츠는 다른 국가와의 친선도모를 위한 좋은 수단으로 활용된다. 공식교류가 없는 국가 간에도 정치적 부담이 가는 고위 정치(high politics) 영역의 교류보다는 먼저 스포츠를 통한 상호 교류를 시행한다. 즉 대결보다는 협력, 갈등보다는 선린관계의 지향성을 담고 있다. 스포츠 경기 자체는 경쟁적 속성을 가지지만, 이러한 경쟁을 위한 만남의 장 속에서 상호 간의 이해와 친선을 도모할 수 있다. 과거 수교 이전의 미국과 중국 간의 탁구 교류를 비롯하여 동독과 서독 간의 통합과정에서 스포츠 교류는 상호 불신을 해소하고 협력의 기반을 다지는 데 중요한 역할을 수행한 것으로 보인다. 또한 스포츠는 공유의 장(場)이기도 하고, 통합의 장이기도 하며, 소통의 장이기도 하다.

따라서 이 글은 소프트 파워와 스포츠의 만남의 함의를 찾기 위해서 다음의 논리적 맥락을 갖는다. 우선 포스트 냉전질서 속에서 변환과정을 겪고 있는 힘의 속성 변화과정을 살펴본다. 힘의 양상의 전환은 국제정치의 패러다임 전환과도 밀접한 관련이 있다. 이를테면 20세기 말 21세기 초를 지나면서 정보에 기초한 초국가적 상호 의존 시대에 권력은 점차 무형화(intangible)되고 비강제적으로 되어 가고 있으며, 이에 따라 문화 · 가치 · 정보력 · 제도 등의 힘이 점차 중요시되고 있다. 특히 현상적인 면에서 누가 얼마만큼의 권력을 가지고 있는가라는 실체적 권력론이 포스트 냉전시대에는 그 유용성이 상대적으로 감소했다.

다음으로 이러한 과정을 거치면서 태동한 소프트 파워의 내포와 외연의 모습을 살펴본다. 물론 소프트 파워가 나이의 저작과 논문을 통해 국제정치 분야에서 뿐만 아니라 정치사회적으로도 중요한 의미를 갖는 사회과학적 용어로 등장했지만 이를 전혀 생경한 개념으로 치부할 수는 없을 것이다. 이미 국제정치의 현실주의적 관점을 견지했던 카(E. H. Carr)는 국제적 힘의 원천으로서 군사력과 경제력뿐만 아니라 여론을 움직이는 힘도 중요한 요소로 분류하였다(Carr 1964, 108). 중국의 고대 철학자 노자도 『도덕경』(道德經)을 통해 이와 비슷한 개념을 논급하였다.[2] 이러한 소프트 파워에 대한 심층 이해를 바탕으로 스포츠의 소프트 파워적 속성에 논의의 초점을 맞춘다. 결국 소프트 파워와 스포츠와의 접점을 탐색해 보려는 것이다.

II. 포스트 냉전질서와 힘의 속성 변화

1. 포스트 냉전질서의 변화양상

현존하는 국제관계와 국제사회를 단순한 '주권국가 간의 상호관계'로서만 파악할 수는 없을 것이다. 물론 베스트팔렌 조약(Treaty of Westphalia)의 체결 이후 이루어진 근대 국제사회의 성립은 주권국가를 상호 독립되고 평등한 국제관계의 주체로서 확인한 것이다. 19세기 이후에는 이러한 국가들을 구성원으로 하여 복수국가를 당사국으로 하는 조약을 체결하였고, 이에 따라 일정한 목적을 지향하는 제도화된 기구를 출범시키기에 이르렀다. 그러나 이제 개별 국가단위들로는 해결할 수 없는 이슈들이 광범위하게 존재하고 국가 간 상호작용이 복합적 양상을 띠게 되었다. 이에 민족국가 주권의 변화에 관해서도 다양한 견해들이 표출되었다. 즉 오늘날 국제정치학에서 가장 큰 논쟁 중의 하나는 근대 국민국가의 주권에 관한 것이다. 다양한 원인으로 인하여 국가가 소유하고 있던 전통적 주권의 변용에 관한 것이다.

이러한 문제제기가 이루어진 배경에는 경제적 세계화로 인한 국가의 자율성 약화 논쟁을 비롯하여 초국가적 제도들의 중요성 증가 등 다양한 원인들이 작용하고 있다. 이와 같은 논쟁의 저변에는 21세기 국제정치를 구성하는 기본단위가 이행하고 있으며, 국제정치의 기본원리 또한 변화하고 있다는 점을 시사하고 있다. 국제정치의 기본단위가 국민국가에서 다른 단위로, 예를 들어 유럽연합과 같은 지역공동체, 혹은 미국이 일면 보이고 있는 제국적 단위의 모습, 혹은 인권을 바탕으로 한 개인 등의 단위로 변화한다면 이는 근대 국제정치의 가장 중요한 요소인 국가의 주권성을 탈각하는 것이 된다(전재성 2006, 45).

탈냉전 이후에 전개되고 있는 새로운 국제질서 변화의 움직임은 국민국가 단위의 질서 수립과 동시에 국민국가의 속성변화에 기인한 새로운 질서변환의 서로 이율배반적인 것으로 비춰지는 현상들이 병존하고 있다. 이를테면 포스트 냉전시대에 수립되고 있는 이른바 '신국제질서' 혹은 '신세계질서'에서 포괄하고 있는 '질서'의 의미는 이러한 상충성을 반영하고 있다. 첫째로는 질서를 기본적으로 주권국가 간의 상호관계로 보아 세계질서 개념을 강대국 간 힘의 안정된 분배(stable distribution of power)의 소산이라고 보는 현실주의자들의 관점이다(Waltz 1979). 이를테면 단극질서든 다극질서든 힘의 분배 차원에서 조망한다. 실제로 다극화는 힘의 분배가 다극화되어야 국제질서의 다극화가 가능한 것이다.

이러한 맥락에서 냉전종식 이후 국제질서는 미국이 지배하는 단극이 되었다고 일컬어진다. 물론 코소보 사태나 이라크 전쟁에서 보듯이 미국의 군사력은 세계 최강의 위치에 있으며, 외교적으로도 주도권을 행사하고 있다. 따라서 정치·군사적인 차원에서 본다면 현존 국제질서는 단극체제라고 볼 수 있지만 경제적인 차원에서 보면 다극적인 성격을 띠고 있다. 다극적인 경제력 균형의 주요 세력은 유럽, 일본 등 전통적인 강대국에서 세계 금융위기 이후 중국의 부상이 주목되고 있다.

둘째로는 국가 간 관계뿐만 아니라 다른 비국가적 행위자의 관계도 포함하여 질서를 고찰하는 시각이다. 말하자면 세계질서는 국제법 또는 UN 등의 국제 레짐에 의하여 형성되며, 민주주의나 인권 등의 가치준거에 의하여 구성되기도 한다는 것이다. 이러한 맥락에서 세계질서의 내용은 세계지향적 · 가치지향적 요소를 가진다. 물론 세계지향적이라는 의미가 주권국가가 소멸해 간다든지 혹은 가까운 장래에 세계연방을 낳을 것이라는 전제를 가진 것은 아니다.[3] 이를테면 그로티우스적 국제주의의 관점에 입각하여 전쟁상태도 아니면서 그렇다고 인류 공동체도 아닌 일정한 규칙을 공유하는 국가들의 사회이다(Bull 2002).

셋째로는 세계 신질서의 의미가 국제법 질서를 초월하는 소위 세계 헌법을 토대로 일원화된 질서체계로서의 의미를 주장하는 견해도 있다. 말하자면 칸트적 보편주의에 입각한 질서관이라고 볼 수 있다. 이처럼 질서의 개념은 다양한 측면을 보여주고 있지만 실제로는 그러한 다양성의 복합 속에서 총체적 현실의 질서화가 구체화된다. 현재에 나타나고 있는 변환은 두 차례에 걸친 세계대전 이후에 비유되는 새로운 변동이라고 지칭할 수도 있을 것이다. 따라서 기존의 국제관계의 모습과는 질적으로 차별화된 모습으로 현재화되고 있는 것이다.

크라스너(S. Krasner)는 탈냉전의 세계 정치를 분석하면서 문제 있는 주권(problematic sovereignty)의 사례에서 정치적 가능성을 발견하려는 모습을 보여준다. 즉 새로운 상황에서는 새로운 규칙이 정의될 수 있다는 전제 하에서 주권 개념이 변용 가능성을 논의하면서 강제와 부과보다는 자발적인 이니셔티브에 의해서 대안적인 제도를 모색하는 것의 의미를 지적하는 것이다. 유럽연합에서의 주권의 부분적인 양도나 홍콩의 반환과 일국양제의 사례에서 보는 것처럼 권력분포의 변화와 현실적인 이익의 계산, 그리고 행위자의 목적과 의도에 따라 주권적 제도의 유연한 전환이 가능하다는 것이다(Krasner 2001).

2. 힘의 속성 변화 : 소프트 파워로의 이행

포스트 냉전질서 속에서 나타나는 또 다른 중요한 변화의 원천은 국민국가의 등장과 표리의 관계를 이루고 있었던 물질적 국력기반이 탈화되고 있는 것이다. 강대국의 힘의 원천으로 작용했던 주요 요소들이 변화되고 있는 양상을 보여주고 있다. 국가의 힘의 핵심적 구성요소를 이루고 있던 물질적인 차원의 힘으로 작용했던 요인들이 점차 정신적 차원의 무형의 힘의 요소들로 탈바꿈되고 있다. 즉 20세기 이후에는 보편적 문화, 초국가적 커뮤니케이션, 경제규모, 과학기술의 우위, 자유주의적 국제체제 등의 요소들이 국력의 주요한 원천으로 작용하고 있음이 지적되고 있다(Nye 1990, 34).

표 1_ 강대국과 힘의 원천의 변화

시기	강대국	힘의 원천
16세기	스페인	금, 식민지 무역, 용병부대, 왕실과의 유대
17세기	네덜란드	무역, 자본시장, 해군
18세기	프랑스	인구, 농업, 공공행정, 군대
19세기	영국	산업, 정치적 단합, 금융, 해군, 자유주의적 규범, 군사적 요충지(섬)
20세기 이후	미국	보편적 문화, 초국가적 커뮤니케이션, 경제규모, 과학기술의 우위, 군사력과 동맹관계, 자유주의적 국제체제

강대국의 힘의 원천으로 작용했던 주요 요소들이 변화되고 있는 양상을 〈표 1〉(Nye 1990)에서는 보여주고 있다. 물질적인 차원의 유형의 힘으로 작용했던 요인들이 점차 정신적 차원의 무형의 힘으로 작용하는 요소들로 변화되고 있는 것을 알 수 있다. 과거 유럽에서는 인구가 결정적인 파워 자산이었다. 조세와 군대 징집의 대상이 되기 때문이었다. 그런데 오늘날과 같은 정보화 시대에는 파워 자원의 배분이 이슈에 따라 상당한 편차를 드러낸다. 흔히 미국은 단극화한 세계에

서 유일무이한 초강대국으로 군림하고 있다고 한다. 그러나 전반적인 상황을 살펴보면 겉보기와는 달리 복잡한 상황이 내재되어 있다.

이를테면 국제정치상의 아젠다는 3단계의 체스 게임과 비슷해졌다. 맨 위의 차원에서는 전통적인 형태의 군사적 이슈들이 펼쳐지는데, 전세계 어느 지역에서나 군사적 조치를 취할 수 있는 미국이 유일 초강대국이 되는 만큼 종래와 같은 의미의 단극성이나 헤게모니 차원의 언급이 의미를 갖는다. 중간 차원에서는 파워의 배분이 다극적인 양상을 드러낸다. 이 장에서 통상문제 독점금지법 관련 이슈 또는 금융규제 문제가 전개될 때 미국은 유럽연합이나 일본, 중국, 그 밖의 여러 나라의 동의를 구하지 않고는 원하는 결과를 얻을 수 없다. 여기에서 미국의 패권을 운운하는 것은 사리에 맞지 않는다. 마지막 맨 아래 단계의 차원에서는 테러행위, 국제범죄, 기후변화, 전염병 확산 등의 초국가적 이슈들이 전개된다. 여기에서 파워는 광범위하게 분산되고 또 국가와 비국가적 관여주체들 사이에서 어지러운 형태로 편성된다.

오늘날 힘의 이러한 기반들이 세계 사회로의 급속한 변화양상과 맞물려 심대한 변화를 경험하고 있다. 민족국가는 세계 사회의 국면을 맞으면서 힘과 영향력에 있어서 심각한 도전을 받고 있다. 전통적인 의미에서의 힘으로 치부되었던 것 자체가 새로운 형태 혹은 새로운 속성으로 재편되고 있다. 특히 냉전종식과 함께 양극적 적대나 동맹에 근거했던 권력관계는 사회주의 블록이 해체됨에 따라 재구성되고 있다. 그러한 변화는 국제체제 속에서 다른 행위자들에 영향을 미치기 위하여 군사적인 자원과 같은 강제력에 의존하는 것을 회피하게 되는 경향이 점증하고 있다.

또한 이제 힘의 관계적 맥락이 더욱 중요한 의미를 가지게 되었다. 힘의 관계적 접근에 따르면 힘은 사회적 행위자의 조합에 따른 상호작용의 관점에서 측정되고 평가된다. A와 B가 어떤 상황에서 원하는 결과에 대하여 서로 상충되는 입장을 가지고 있지만, B가 A의 선호에 적합하게 행위를 했다면 A는 B에 대하여 힘을 가지고 있는 것이다. 강제적 권력관계의 양상은 A가 원하는 대로 B를 행위하도록 하기 위하여 A가 B를 위협하는 것이다. 설득적 관계양상은 A의 선호에 적합하게끔 B를 이끌기 위하여 A는 위협적이지 않은 방식으로 B를 설득하는 것이다. 이러한 권력은 객관적으로 계량화하기 어렵다. 왜냐하면 A와 B 사이의 상호작용의 이전 이후에 A와 B의 각자 원하는 바를 알아야 한다.

나이(조지프 S. 나이 1990)가 제창한 소프트 파워의 개념은 최소한 관계적 차원에서 정보화 시대에 힘을 이해하는 하나의 방식이 되고 있다. 소프트 파워는 강제보다는 유인을 통하여 원하는 결과를 도출해낼 수 있는 능력이다. 다른 행위자들이 특정한 바람직한 행위를 산출해내는 규범이나 제도에 동조하게끔 이끈다. 연성권력은 가치나 아이디어, 다른 행위자들의 선택을 도출하려는 방식에 따라 의제를 설정하는 행위자의 능력에 근거한다. 만일 어떤 국가가 새로운 레짐을 설립하고 지원하는 권력을 정당화하려 한다면 전통적인 군사적·경제적 자원에 대한 비용을 경제논리에 따라 최적화할 수 있어야 한다.

소프트 파워는 하드 파워만큼 국가 귀속성이 강하지 않다. 군사력과 같은 하드 파워의 자산은 분명 정부가 행사하는 것이다. 원유나 광물 매장량과 같은 다른 자산은 본래부터 국가에 귀속되는 것이고, 국가 비상시에 징발·동원되는 민간 항공기 같은 그 밖의 많은 것은 공공의 관리 아래 있다. 이와는 달리 소프트 파워의 많은 자원은 미국 정부와 분리되어 있어 정부의 목적에 부응하는 경우라도 그 정도는 제한적일 뿐이다. 또 정부의 입장과 배치될 수도 있다. 자유로운 사회에서는 헐리우드의 영화제작을 통해 기독교 원리주의 종파가 이슬람을 사악한 종교로 지탄하더라도 이를 정부에서 통제하지 못한다. 그러나 이런 행위는 이슬람 국가들과 관계를 개선하고자 하는 미국 정부의 노력을 훼손할 것이 분명하다(조지프 S. 나이 2004, 45).

발전단계가 상이한 다양한 국가들이 혼재해 있는 오늘날의 세계에서 세 가지 차원의 자원—군사력, 경제력, 소프트 파워—이 상관성에 따라 그 정도가 다르긴 하지만 계속 연관성을 지니고 있음을 〈표 2〉에서 보여주고 있다(조지프 S. 나이 2004, 70). 정보화 혁명과 경제의 글로벌화의 추세가 더욱 가속화할 세계는

표 2_ 파워의 3가지 형태

구분	행위	주요 수단	정부의 정책
군사력	강제, 억지력, 보호	위협, 군사력 행사	강압적 외교, 전쟁, 동맹
경제력	유인, 강제	보상, 제재	원조, 매수, 제재
소프트 파워	매력, 아젠다 설정	제반가치, 문화, 제반정책, 제도	일반 외교활동, 쌍무적·다변적 외교활동

점점 협소하게 되고, 이에 따라 파워의 세 가지 자원의 상호 연관성 속에서 소프트 파워가 차지하는 비중은 더욱 커질 것이다. 이런 상황 속에서 초국가기업과 비정부적 관여주체들이 앞으로 더욱 큰 역할을 할 것이다. 이런 조직 중 상당수는 독자적인 소프트 파워를 지니고 있기 때문에 국경에 구애받지 않는 제휴와 연합으로 사람들을 끌어들일 수 있을 것이다(조지프 S. 나이 2004, 71).

3. 소프트 파워의 작동

소프트 파워는 강제나 보상보다는 사람의 마음을 끄는 힘으로 원하는 것을 얻는 능력을 말한다. 이런 파워는 한 나라의 문화와 그 나라가 추구하는 정치적 목표, 제반정책 등의 매력에서 비롯되는 것이다. 다른 나라 사람들이 보기에 미국의 여러 가지 정책이 정당할 때 미국의 소프트 파워는 강화되는 것이다. 매력은 강제보다 효과적인데, 가령 민주주의와 인권, 개인적인 기회의 보장과 같은 여러 가지 가치는 사람들을 매료시키는 힘이 강하다(조지프 S. 나이 2004, 9).

한 나라의 소프트 파워는 주로 세 가지 형태의 자원에 좌우된다. 즉 그 나라의 문화, 그 나라의 정치적 가치관, 그리고 정당하고 도덕적 권위를 지니는 것으로 인식되는 그 나라의 대외정책이 그것이다. 문화란 어느 사회에서 의미를 만들어내는 가치체계와 관행을 말한다. 문화가 표출되는 형태는 사뭇 다양하다. 흔히 문화는 문학, 미술, 교육처럼 엘리트층에 어필하는 고급문화와 일반 대중의 오락거리에 초점을 맞춘 대중문화로 나눌 수 있다. 어느 나라의 문화가 보편적 가치를 지니고 또한 제반정책을 통해 다른 나라들이 공유하는 가치와 이익을 증진시킨다면 그 나라가 바람직한 성과를 얻을 가능성은 커지게 마련이다. 그런 문화가 만들어내는 매력과 의무 간의 연관성 때문이다. 편협한 가치와 지역에 한정된 문화는 소프트 파워를 생성하기 어렵다. 미국은 문화적 보편성 때문에 많은 이익을 본다.

미국은 매년 미국의 대학에서 공부한 후 고국으로 돌아가는 50여 만 명의 외국 유학생들 가슴 속에 미국의 가치와 이념을 심어준다. 실리콘밸리에서 성공한 뒤 본국으로 귀환하는 아시아 기업인들에게도 그런 가치와 이념을 심어준다. 이런 이념과 가치는 각국의 유력한 엘리트층으로 전달되기 쉽다. 미국은 파키스탄의 무샤라프 대통령이 정책을 바꿔 아프가니스탄에 대한 미국의 제반조치를 지지해 주도록 설득하고자 애썼는데, 이때 보스턴에서 근무하는 아들로부터 여러 가지 이야기를 들었을 것이고, 아마도 그런 점이 미국의 이런 설득에 도움이 되었을 것이다(조지프 S. 나이 2004, 42). 어느 나라 정부가 민주주의와 같은 국내에서 옹호하는 가치나 협력, 조화 등 국제기구에서 추구하는 가치도 다른 나라의 선호도에 큰 영향을 미친다. 각국 정부는 본보기가 되는 행위의 영향력에 따라 타국의 호감을 사기도 하고 배척을 당하기도 한다.

이러한 자원을 바탕으로 소프트 파워가 작동하는 기제를 살펴보면 우선 첫째는 유인과 설득의 기제이다. 즉 이것은 내가 원하는 것을 남이 원하게 만드는 능력이다. 그렇게 하려면 타자를 끄는 힘으로서의 매력(attraction)이 작용해야 한다. 이를테면 자기의 가치, 이념, 문화, 실천 등에서 우러나오는 호소력이 타자를 움직일 때 발현된다. 이 과정은 자발적·준자발적 동의의 과정이며, 주관적이고 정서적인 과정이다. 이러한 매력은 누구를 겨냥하는가에 따라 다르게 작동하기 때문에 소프트 파워는 관계적 성격을 갖는다(김상배 2009, 115-116).

이를테면 노르웨이 같은 경우는 통상적 의미의 하드 파워를 보유한 국가라고 생각되지 않음에도 지난 20여 년 간 지구상의 많은 분쟁지역에 대한 평화협상에서 중요한 역할을 하고 있다. "노르웨이는 이러한 활동이 루터의 정신을 전파해 온 오랜 전통에 기인한 것"이라고 말하지만 동시에 다른 국가들이 중요하다는 가치를 몸소 실천하는 것이다. 바로 이러한 점이 노르웨이의 소프트 파워를 강화시킨다(조지프 S. 나이 2004, 37).

둘째로는 소통의 기제이다. 새로운 세기에 들어서면서 전쟁보다는 오히려 테러가 보다 중요한 세계적 이슈로 등장했다. 21세기의 시작과 함께 테러의 공포가 가중되었다. 이에 미국은 하드 파워를 총동원하여 대응하고 있으나 별로 바라는 결과를 얻어내지 못하고 있다. 테러에 대한 하드 파워적 대응은 또 다른 물리적 대응을 불러오고, 이는 또 다른 공격으로 이어지는 하드 파워 사용의 악순환에 빠져들고 있다. 국제정치의 무대에서 갈등을 해결하는 방식으로서의 유용성이 상실되고 있는 만큼 반대로 소프트 파워의 실효적 측면이 강화되고 있다고 볼 수 있다. 소프트 파워는 타자가 보는 자기의 이미지와 이념, 정책에 대한 평가로서 정체성의 문제와 깊은 관련이 있다. 자기 정체성은 타자와의 끊임없는 상호주관적 소통과 관계의 결과이다. 자기 스스로 규정하는 정체성과 타자가 규정해주는 정체성이 일치할 때 소프트 파워는 발휘될 수 있다(김상배 2009, 135).

셋째로는 합법성과 도덕성을 바탕으로 한 외교정책의 구사이다. 소프트 파워가 비록 매력을 통한 타국의 자발성을 동력으로 하지만, 타국으로 하여금 내가 바라는 바를 하도록 하는 능력이기 때문에 근본적으로 지향하는 결과는 대외적 목표와 관련된 것이다. 또한 나이가 주장한 소프트 파워 자원 가운데 외교자원은 문화나 가치관과는 다르게 비교적 쉽게 조정 및 변화가 가능하다. 또한 정부의 통제 하에 있기 때문에 대외적 목표실현의 전략으로 우선적으로 고려해야 하는 자원이라고 할 수 있다.

한 나라의 외교정책은 그 나라의 소프트 파워를 강화시킬 수도 있고 약화시킬 수도 있다. 위선적이고 오만하면 타국의 주장에 귀를 기울이지 않거나 또는 편협한 국익추구 방식에 바탕을 둔 정책은 소프트 파워를 약화시킬 수도 있다.

1990년대 초에 미국이 아르헨티나에서 인기를 끌었던 것은 1970년대 카터가 펼친 인권정책 때문이었다. 아르헨티나 정부는 이런 인연 때문에 유엔과 발칸반도에서 미국의 여러 가지 정책을 적극적으로 지지하게 되었다. 그러나 10년 뒤 아르헨티나의 심각한 경제위기 상황을 미국이 지원하지 않으면서 미국의 소프트 파워는 크게 약화되었다. 2003년 이라크 전쟁이 벌어진 이후 진행된 여론조사 결과를 보면 미국에 대한 호감과 매력은 급격하게 줄어들었다(조지프 S. 나이 2004, 43).

III. 스포츠의 소프트 파워적 속성

1. 유인의 기제로서 스포츠

올림픽과 같은 메가 스포츠 이벤트(mega-event)[4)]가 시작되면서 스포츠가 국가에 의한 정치성과 경제적 요인의 영향으로부터 자유로웠던 적은 별로 없었다. 메가 이벤트는 전세계적으로 수많은 사람들이 이목을 집중하고, 국가적 차원에서는 대회유치를 위한 외교적 노력이 정책적 차원에서 추진되기도 한다(Manheim 1994, 13). 지난 100여 년 동안 올림픽은 모든 스포츠의 경쟁의 장이었다. 올림픽 경기를 위하여 많은 도시, 주변지역들, 심지어는 국가 전체가 공동의 노력을 경주한다. 이러한 올림픽과 같은 메가 이벤트를 유치하는 것은 다른 국제 스포츠 이벤트 개최와 유사한 속성을 지니지만 실제 규모나 전체 미디어 청중의 다국적 속성, 그리고 다른 스포츠 이벤트보다 더 많은 국가들과 방송, 인쇄 미디어들이 참여한다. 올림픽 경기들은 점차 규모가 커지면서 많은 스폰서십과 미디어들을 받아들일 수 있다. 예컨대 〈표 3〉(신현암 외 2003, 1)에 제시된 월드컵 대회 시청 인구 수를 보면 스포츠의 영향력을 단적으로 짐작할 수 있다.

표 3_ 월드컵 대회 등의 TV 시청인구 수 추이

(억명 : 연인원 기준)

분류	멕시코('86)	미국('94)	프랑스('98)	한 · 일('02)
시청인구	135	320	334	600

또한 올림픽의 유치를 통한 정치적 통합의 시도와 사회의 긴장완화, 국가 간 우호증진, 그리고 경제적 이익의 확장이라는 긍정적 측면들이 더욱 부각되고 있다. 올림픽이나 월드컵과 같은 대규모 스포츠 이벤트를 개최하려면 정치적 안정과 더불어 경제적 능력도 갖추어야 한다. 이러한 국제 스포츠 이벤트와 관련된 경제적 효과는 '수십억 달러짜리 게임'이라고 지칭하듯이 거대한 사업[5]이라고도 할 수 있다. 다음의 〈표 4〉(FIFA 2003)는 월드컵으로 인한 경제적 파급효과를 나타낸 것이다.

이러한 메가 이벤트의 개최는 세계 여론의 주목을 받고 개최국의 국가 브랜드 가치를 상승시킬 수 있는 중요한 원천이 되고 있다. 이에 따라 탈냉전 이후 올림픽 개최에 대한 국가 간의 경합은 더욱 심화되고 있다. 특히 2008년 제29회 중국 베이징 올림픽을 포함해 탈냉전기 하에서 시행된 총 4의 올림픽 유치경쟁에서 경쟁국가는 5개 국가를 넘어서고 있다. 그런데 이러한 경향은 더욱 강화되고 있다. 2016년 올림픽 개최 도시로 BRICs 중 한 나라인 브라질의 리오 데 자네이로가 미국 시카고를 물리치고 선정되면서 많은 신흥 경제권 국가들의 도시들이 2013년 IOC 총회에서 결정될 예정인 2020년 올림픽 유치 열풍이 거세게 일어나고 있다. 남아프리카 공화국을 비롯한 아프리카 3개국,[6] 스페인을 위시한 유럽 7개국,[7] 멕시코 등 미주 3개국,[8] 한국 등 아시아권 4개국[9] 등 20여 개국에 육박하는 국가들이 올림픽 유치경쟁에 뛰어들 채비를 갖추고 있다. 올림픽 역사상 가장 치열한 유치경쟁이 이루어질 가능성이 크다.

표 4_ 2002 월드컵의 경제적 파급효과

구분	지출	효과
직접효과	• 경기장 10개소 및 주변 도로건설 – 3년간 지출금액 2조 3,882억 원	– 고용창출 22만 명 – 부가가치 창출 3조 6,023억 원(연간 1조 2,000억 원)
	• 조직위원회 경상운영비 및 관광소비 지출 – 조직위원회 경상지출 4,000억 원 – 관광소비 : 6,825억 원	– 고용창출 13만 명 – 부가가치 창출 1조 7,334억 원
	• 대표팀 선전으로 인한 추가적 소비지출 – 1조 원(응원용품, 기념상품 등)	
	• 조업차질 – 한국전 응원 및 임시휴일 등으로 조업차질 (산업생산액 감소 : –4,098억 원) – 한국전 경기시간대 전력소비량 10% 감소	– 고용창출 –4만 명 – 부가가치 유발효과 : –6,100억 원
간접효과	• 수출증대 – 광고효과 등으로 향후 5년간 세계시장 점유율 0.055%p(매년) 상승	– 5년간 5,270억 원(4.1억 달러)의 수출증가 효과
	• 국내산업의 연쇄적 발달	– 단기적으로 건설, 관광, 마케팅, 방송, 광고, 스포츠 용품의 발전을 유발 – 중장기적으로 IT산업, 문화산업의 발전
	• 외국인 직접투자 촉진	– 6월중 외국인 투자는 13억 2,300만 달러로 전년 동월 대비 7.9% 증가

2. 소통 기제로서의 스포츠

스포츠가 사회 구성원을 집합시키고 조직의 일체감을 조성한다는 사실에서 스포츠는 소통을 통한 사회통합 기능을 수행한다고 볼 수 있다. 스포츠는 경쟁과 대결을 통해서 즐거움을 만끽하는 대중위락으로서 자리 잡고, 관중은 동일 팀을 응원함으로써 자신이 속해 있는 집단과 일체감을 갖게 되므로 사회통합과 화합을 이루게 한다. 스포츠 활동에는 참가자 개인을 그 팀이나 클럽으로 융화시키기에 충분한 상호 인간관계의 결속이 개재되어 있기 때문이다. 나아가서 스포츠는 서로 간의 유대감을 형성하고 연대의식을 조성함으로써 이러한 사회적 거리의 간격을 좁혀주는 촉매작용을 한다. 따라서 스포츠는 우호적인 인간관계를 형성하고 강화시키기 때문에 인간소외나 고립과 같은 사회적 괴리현상을 해소하는 데도 긍정적인 역할을 한다.

독일 통일의 과정에서 동서독 간의 스포츠 교류가 어느 정도 기여했는가에 관해서는 양론이 있다. 스포츠가 동서독 간의 화해를 촉진시키고 통합과정의 선도적 기능을 수행했다는 입장이 있고, 양독의 스포츠 교류가 국내외의 정치상황에 의존했을 수밖에 없기 때문에 제한적인 역할을 담당했을 뿐이라는 관점이 있다. 실제로 동서독의 스포츠 교류는 국내외의 정세변화에 따라 미감하게 반응하였다.

예컨대 동독이 국제적 승인을 획득하지 못했던 1950년대와 1960년대에는 스포츠를 외교적 승인을 얻기 위한 수단으로 적극 활용했다. 또한 미소 간의 대립구조가 스포츠를 통해 극명하게 표출된 1980년 모스크바 올림픽이나 1984년 LA 올림픽도 동서독의 스포츠 교류에 영향을 미쳤다. 서독은 1980년의 모스크바 올림픽을 보이콧하였고, 동독도 역시 1984년 LA 올림픽의 참가를 거부했다. 이렇게 보면 쉬운 분야 혹은 기술적인 분야로부터의 통합의 효과가 확산(spillover)되어 정치적 통합에까지 이른다는 기능주주의적 통합의 논리는 한계를 가질 수밖에 없음을 동서독의 스포츠 교류를 통해서 읽어낼 수 있다.

그러나 양독 간의 스포츠 교류가 동서독 국민들의 민족의식 고취, 동포애의 함양, 민족정체성에 대한 이해, 상호 이해를 증진시키는 사회·문화적 기능을 수행했다는 것은 부인할 수 없는 사실이다. 지금까지 남북한 간의 화해와 협력을 증진시키고 통일의 토대를 마련하기 위한 수많은 남북교류가 진행되어 왔다. 남북한 간의 스포츠 교류도 이러한 맥락에서 살펴볼 수 있을 것이다.[10]

3. 국가 브랜드 구축 기제로서 스포츠

국가 브랜드는 소프트 파워의 중요한 내적 자원이다. 메가 이벤트와 같은 스포츠는 국가 브랜드를 고양시키고 또 새롭게 구축하는 데 중요한 기제로 작용한다. 일예로 프랑스는 스포츠를 문화와 관광 등에 접목시키는 방식을 통해 기업들의 글로벌 마케팅을 지원한다(심상민 2002, 18). 말하자면 스포츠와 문화가 융합된 국가의 매력을 후광으로 활용하는 것이다. 한국의 경우도 2002 월드컵 당시 한국의 새로운 이미지를 창출했다. 《뉴욕 타임즈》(*New York Times* 2002. 6. 30)는 "이번 월드컵 경기의 초점은 축구 자체가 아니라 한국민들이었으며, 그들은 승리를 거듭할수록 도저히 상상할 수 없을 정도의 단결력을 과시하고 자신감에 차 있었다"고 보도함으로써 한국의 역동성과 열정을 전세계에 인식시켰다. 이를 계기로 외환위기를 맞은 국가 이미지를 불식시키고 대외신인도를 높이는 계기가 되었다.

또한 월드컵 행사 등을 통해 각인된 IT강국의 브랜드는 정보통신산업의 차세대 주자로서 한국을 지목하여 "지금 전세계가 한국을 주목하는 것은 비단 월드컵 때문만은 아니다. 현재 한국에서는 최신의 초고속 무선통신 시스템을 시험하고 있다. 이 첨단기술에 대한 한국인의 반응이 전세계 3세대 서비스의 향방을 가늠할 것이다" (*Far Easterm Economic Review*, 2002. 6. 20)라고 평가하기도 하였다.

중국의 경우도 스포츠를 통해 다양한 문화적 매력을 표출하고 있다. 책임 있는 대국의 평화적 이미지를 고양하려는 노력의 일환으로 볼 수 있다. 2008년 베이징 올림픽은 중국의 고유문화와 역사를 세계 만방에 알리는 절호의 기회였다. 개막식의 선수단 입장식에서는 그간의 관례와는 달리 국가명의 알파벳 순서가 아닌 중국어 간체자 획순 순서가 사용되었다. 이는 차이나 스탠다드(China Standard)를 내세움으로써 자국의 문화역량을 확고히 하겠다는 의지를 드러낸 것이다. 올림픽 개막식 공연에서는 종이, 인쇄술, 나침반, 화약 등 중국의 4대 발명품을 영상과 공연을 통해 형상화함으로써 중국 문화의 유구함과 찬란함을 역설했다. 그 외에도 전통악기, 태극권 무술 공연, 경극 공연 등으로 중국의 문화적 매력을 표출했다(채하연 2009, 327–328).

4. 스포츠를 매개로 한 제도적 인프라 구축

2009년 6월 오바마 미국 대통령은 '올림픽 운동의 가치를 증진하고 청소년들의 보다 증가된 스포츠 참여를 권장하기 위한' 방편으로 '올림픽, 장애인 올림픽 및 청소년 스포츠 관할 대통령 직속 상설체육청' (White House Permanent Office of Olympic, Paralympic and Youth Sport)의 신설 운영계획을 발표했다. 동 미국 체육청의 주된 기능은 미연방정부 차원에서 올림픽 운동의 정신을 고취함으로써 올림픽 운동에 대한 인식고양과 향후 미국 도시가 올림픽 및 패럴림픽 개최도시가 될 경우 해당 조직위원회에 대한 정부지원의 역할업무도 수행한다는 것이다.[11] 또한 미국은 이미 오래 전에 독자적인 '스포츠 법령' (Sport Act) 제정을 통하여 미국올림픽위원회(USOC)의 범국가적 재정자립의 바탕을 마련해 놓고 있다.

동 청소년 체육청은 미국 교육건강부(Department of Education and Health) 및 복지부(Department of Human Services)를 포함한 연방정부 핵심 부처들 및 연방정부 기관들과 유기적 협조체제 하의 업무추진을 비롯하여 더 나아가서 해당 주정부, 지방정부 관리들, 비영리단체들 및 민간부문 단체들과도 업무협조영역을 확대하며 연방정부 재원을 활용하여 미국 내에서 개최되는 올림픽 및 패럴림픽 대회 조직위원회들에 대한 업무협조를 원활히 하고, 미국올림픽위원회 및 가맹경기단체(national governing bodies)들과의 긴밀한 업무협조를 통하여 미국 청소년들의 스포츠 활동에 대한 접근과 참여기회를 확대해 주는 업무 등을 폭넓게 담당한다.

영국의 경우도 2012년 런던 올림픽을 겨냥하여 신설한 '올림픽장관' (Olympic Minister) 제도를 통하여 정부 차원의 올림픽 유치 지원은 물론 올림픽 대회 개최준비에 따른 정부의 가교역할을 수행하고 있다.

IV. 결론

소련의 해체에 이은 사회주의권의 변화, 양극체제의 붕괴, 그리고 새로운 국제제도의 등장은 탈냉전의 현실을 이해하기 위한 다양한 이론적 동기를 부여했고, 이에 더하여 세계화와 정보화의 진전은 이전의 국제정치학이 다루고 있던 주체(agent), 구조(structure), 그리고 과정(process)의 면에서 질적인 변화를 수용할 수 있는 새로운 이론적 틀을 요구하게 되었다. 다시 말해서 1980년대 후반 이후의 전환의 모습은 국제체제 내의 행위자의 권력분포의 단순한 재배열이 아니라 행위자 자체의 변화, 행위를 지배하는 요인의 변화, 그리고 행위가 이루어지는 유형의 변화를 포괄하는 복합적인 양상을 띠고 있다(신욱희 2008, 108).

국제정치학의 이론적 논의에서 중요한 것은 논쟁 그 자체가 아니라 논쟁의 결과물로서 현실의 설명과 이해에 좀더 적합한 이론적 함의를 추출해야 할 것이다. 국제정치적 현실은 전통, 근대, 그리고 새롭게 다가오는 탈근대의 동인들이 혼합되어 있는 양상을 보여주고 있다. 이러한 차원에서 보면 국가의 안과 밖에서 작동하고 있는 힘의 동태성과 그 전환의 모습을 살펴볼 수 있을 것이다(유호근 2010). 실제로 지구화가 급속히 진행되어 세계 구석구석에까지 그 영향을 미치고 있음을 전세계 사람들이 알고 있고 또 실감하고 있다고 말할 수 있다. 지구화는 경제의 국제화가 극도로 진행된 결과 발생한 변화를 나타내는 말로 사용되었는데, 그 영향을 받는 세계 사람들에게 지구화는 단순히 경제적 변화보다는 생활문화의 변화일 것이다. 최근 활발해진 국제교류와 문화교류 활동은 국제관계에서 일어난 행위주체의 다양화라는 변화에 자극받고 또한 그 변화를 촉진하고 있다(히라노 겐이치로 2004, 22-23). 이러한 상황변화는 소프트 파워의 의미를 더욱 부각시키게 된다.

물론 소프트 파워라는 개념은 그 자체가 강대국 중심의 세계 정치현실을 극명하게 반영하고 있다. 실제로 나이의 소프트 파워 개념은 탈냉전 이후의 세계전략이라는 차원에서 패권을 효과적으로 유지하려는 미국의 실천적 문제의식의 연장선에서 등장한 이데올로기적 성격이 강하다. 세계 정치의 일반적 작동원리에 대한 비판적 성찰이라기보다는 미국의 패권쇠퇴론에 대한 지적 반격이라는 현실적 관심을 바탕으로 전개된 담론이라고 할 수 있다(김상배 2009, 17-18). 소프트 파워를 바탕으로 한 현실 정치사회를 이해하기 위해서는 좀더 정교한 개념화와 이론화가 필요하다는 지적도 있다.

그러나 그럼에도 불구하고 소프트 파워의 개념은 문화, 가치, 믿음 등과 같은 감성적이고 비물질적인 변인들의 영향력을 새롭게 조망하면서 하드 파워에 매몰되어 있던 힘의 속성 변화를 추출해냈다. 또한 소프트 파워 개념은 행위자의 보유자원에서 비롯되는 힘의 차원을 넘어서서 행위자들이 설정하는 관계적 맥락에서 발생하는 힘에 대한 논의를 촉발시켰다. 이러한 요소들이 스포츠와 소프트 파워를 연계하는 측면이다. 따라서 소프트 파워적 의미를 갖는 스포츠의 다양한 속성들을 탐색하였다.

문화는 보이는 것보다 보이지 않는 부분이 더욱 강하다. 이는 나이가 정의한 21세기 소프트 파워인 유인하는 힘과 같은 의미이다. 문화는 그 국가와 그 국민이 갖는 매력이고, 그것이 곧 국가의 브랜드 파워가 될 것이다. 문화의 중요한 요소인 스포츠 분야도 간과할 수 없을 것이다. 스포츠가 갖는 문화적 힘은 월드컵이나 올림픽에서 분명하게 드러나기 때문이다. 즉 스포츠는 유인적 기제로서 작용할 뿐만 아니라 소통의 메커니즘으로 작동한다. 최근에는 국가 브랜드 가치의 구성에 스포츠의 영향력이 더욱 신장되고 있음을 반영하듯 선·후진국을 막론하고 세계 각국은 올림픽 유치경쟁에 더욱 몰입하고 있다.

한국은 세계 10위권의 국력을 보유하고 있으나 동북아라는 지역에서 상대적 약소국으로 남을 수밖에 없는 형국이다. 한반도 주변의 지정학적 동학(dynamics)을 살펴보면, 동북아에 가장 큰 영향력을 행사하면서 탈냉전 이후 소위 하이퍼 파워(hyperpower)로 지칭되는 미국이 있다. 또 과거 미국에 필적했던 소련 정도의 위상에는 미치지 못하지만 세계 최대의 채권국으로 부상하면서 미국과 함께 새로운 G2의 전략구도를 형성해 가고 있는 중국을 꼽을 수 있다. 1990년대 장기적 경기침체 속에서 '잃어버린 10년'을 겪었지만 세계 톱 클래스의 경제적 위상을 견지하고 있는 일본 또한 빼놓을 수 없다. 소비에트 제국 붕괴 이후 한동안 숨죽이고 있었지만 최근 에너지 자원을 바탕으로 세계무대에서 국가적 위상을 새롭게 하고 있는 러시아를 포함하고 있다. 동북아에 펼쳐진 경쟁적 국제정치 지형이다.

이처럼 여전히 안보영역의 불안정성이 지배하고 있는 것이 동북아 지역의 현실이다. 그러나 물질적 영역에서의 국력성장, 즉 하드 파워 영역의 성장과제가 19세기 이래 부국강병론의 유산이라면 이제 소프트 파워 병행전략을 진지하게 고려하지 않으면 안 된다. 한국으로서 특히 중요하게 생각해야 하는 것은 국가 이미지 문제이며, 국가 이미지를 어떻게 투사하느냐의 문제이다. 타국 국민들에게 한국의 매력을 보여주고 전파 · 확산하는 일이 외교적 영역에서 시의적절한 의제로 부상하고 있다. 한국이 생존하는 방법의 하나는 보편적 가치로서 평화를 내세우고 촉진시키는 것이다. 이를테면 평화촉진자, 평화창안자로서의 국가 이미지를 적절하게 투사하여야 한다. 이렇게 보면 소프트 파워로 힘의 무게중심이 이행되면서 스포츠의 정치적 함의를 새삼 자각할 수 있다.

참고문헌

김상배 편. 2009. 『소프트 파워와 21세기 권력』. 서울 : 한울.

박의경. 2007. "소프트 파워의 세계정치 : 여성의 렌즈." 『세계정치 7』 제28집 1호.

멜리센, 얀. 박종일 외 역. 2008. 『신공공외교 : 국제관계와 소프트 파워』. 일산 : 인간사랑.

송병록. 2004. "스포츠와 정치 : 동·서독 스포츠 교류가 남·북한 통합에 주는 함의." 『한·독 사회과학논총』. 제14집 2호.

신욱희. 2008. "구성주의 : 국제관계의 사회적 구성과 전환." 한국정치학회 편. 『정치학 이해의 길잡이 : 국제정치와 안보』. 서울 : 법문사.

신현암. 2003. "월드컵 이후의 8대 핵심과제." 『CEO Information』. 삼성경제연구소.

심상민. 2002. "문화마케팅의 부상과 성공전략." 『CEO Information』. 삼성경제연구소.

오연풍 외. 2004. 『선진국 체육정책의 동향과 추진체계』. 서울 : 국민체육진흥공단 체육과학연구원.

외교통상부. 2008. 『외교백서』. 서울 : 외교통상부.

전재성. 2006. "이행과 중첩, 복합의 국제정치학이론 : 유럽의 국제정치적 근대의 출현 연구." 『2006년 한국정치학회 하계학술회의 논문집』.

유호근. 2010. "국제레짐의 변환 : 아세안을 중심으로." 『동남아연구』 제19권 3호.

이우영 외. 2001. 『남북한 평화공존을 위한 사회·문화 교류·협력의 활성화 방안』. 서울 : 통일연구원.

이영학. 2009. "중국 소프트 파워 외교의 전개, 성과 및 한계." 『동서연구』 제21집 1호.

주독대사관. 1993. 『동서독 교류협력 사례집』.

조지프 S. 나이. 홍수원 역. 2004. 『소프트 파워』. 성남 : 세종연구원.

채하연. 2009. "중국의 소프트파워로서 공자콘텐츠의 전개현황 및 의의." 『유교사상연구』. 33.

한선 종합국력연구회. 2009. 『한선 종합국력 지수 분석 결과』. 서울 : 한반도 선진화재단.

히라노 겐이치로 저. 장인성·김동명 역. 2004. 『국제문화론』. 서울 : 풀빛.

J. Segave and D. Che. eds. 정성태 외 역. 1984. 『올림픽의 사회학』. 서울 : 중앙일보사.

Armitage, Richard L. and Nye, Jr. Joseph. S. 2007. *CSIS Commission on Smart Power : a Smarter,*

More Secure America. Washington, D.C. : CSIS Press.

Berg, Chris. 2008. "Politics, not sports, is the purpose of the Olympic Games." *IPA Review*(July).

Bull, Hedley. 2002. *The anarchical society : a study of order in world politics*. New York : Columbia University Press.

Carr, E. H. 1964. *Twenty years' crisis 1919–1939 : an Introduction to the Study of International Relations*. New York : Harper & Row.

Krasner, Stephan D. 2001. "Explaining Variation : Defaults, Coercion, Commitment." *Problematic Sovereignty : Contested Rules and Political Possibilities*. New York : Columbia University Press.

Kurlantzick, Joshua. 2007. *Charm offensive : how China's Soft Power is Transforming the World*. New Haven : Yale University Press.

Laker, A. 2002. *The Sociology of Sport and Physical Education : an Introductory Reader*. London : Routledge.

Manheim, Jarol B. 1994. *Strategic Public Diplomacy and American Foreign Policy : The Evolution of Influence*. New York : Oxford University Press.

Nye, Jr. Joseph S. 1990. *Bound to lead : the changing nature of American power*. New York : Basic Book.

______. 2008. *The powers to lead*. New York : Oxford : Oxford University Press.

______. 2004. "Soft Power and American Foreign Policy." *The Political Science Quarterly*. vol. 119, no. 2.

Riordan, J. and Krueger, A. 1999. *The International Politics of Sport in the 20th Century*. New York : Routledge.

Roche, Maurice. 2000. *Mega–Events and Modernity*. London : Routledge.

Waltz, Kenneth N. 1979. *Theory of International Politics*. New York : Addison–Wesley.

Far Eastern Economic Review. 2002. 6. 20.

New York Times. 2002. 6. 30.

주

1 소프트 파워는 연성권력, 매력, 연실력(軟實力) 등으로 번역되고 있지만 이들 용어들이 소프트 파워의 요소들을 포괄하기에는 다소 상이한 개념이고, 이미 소프트 파워라는 용어로 학술적인 차원뿐만 아니라 일반적으로도 상호 인식의 공통분모를 얻고 있으므로 이 글에서도 소프트 파워로 사용하기로 한다.

2 노자(老子) 『도덕경』(道德經) 제36장 「미명」(微明) 장에는 다음과 같은 구절이 있다. "柔弱勝剛强. 漁不可脫於淵. 國之利器不可以示人" "무릇 부드럽고 유연함이 굳세고 강한 것을 이긴다. 이는 물고기가 연못을 떠나지 못하는 것과 같다. 나라의 이로운 기틀이기에 뭇사람에게 보이지 않는다."

3 말하자면 주권국가에 대한 존재를 인정하고 그 총합으로서 세계가 있다는 발상에서 벗어나 세계라고 하는 하나의 상위체계의 존재를 인정하는 것이다. 그것의 하위 시스템으로서, 국가 그 외의 여러 가지의 차원의 집단이 존재한다는 입장이라고 볼 수 있다. 또한 '가치'의 내용은 적어도 평화, 경제적 복지, 사회적 정의, 환경과의 균형 등을 포함한 결집된 어떤 종류의 합의로서 인지할 수 있다.

4 올림픽이나 월드컵과 같은 메가 스포츠 이벤트는 대중들에게 호소할 수 있는 극적 성격을 지니는 국제적 차원의 대규모 문화(상업적 및 스포츠를 포함하는) 행사이다(Roche 2000).

5 LA올림픽은 메이저 리그 커미셔너 출신인 위버로스(Peter V. Ueberroth)를 대회 조직위원장으로 영입하여 미국이라는 거대시장을 배경으로 마케팅을 전개한 결과 올림픽 사상 최초로 2억 2천5백만 불에 달하는 사상 최대의 흑자를 기록하였다. 여기에는 34개의 공식후원업체(Official sponsors), 64개의 공식공급업체(Official Suppliers), 65개의 상품화권자(Licences)가 참여했다. 또한 TV중계권은 150개국에 판매되어 2억 8천7백만 불의 수입을 올렸다. 1984년 LA올림픽의 상업적인 성공에 고무된 IOC는 재정확보를 위해 보다 전문적인 마케팅의 필요성을 느껴 4년 주기의 TOP(The Olympic Partner) 프로그램을 제도화하였다. 또 TV 중계권료는 매 대회마다 50% 이상의 증가율을 보였다.

6 2010년 월드컵 개최의 여세를 모아 올림픽사상 최초로 남미대륙 개최 결정에 고무된 곳은 남아공이다. 남아공은 2004년 올림픽 유치 후보 도시로서 1997년 IOC 총회 투표에서 아테네, 로마에 이어 3위로 탈락한 바 있는 케이프타운과 2011년 IOC 총회 개최 도시인 더반 두 도시 중 한 개 도시가 남아공 대표 후보 도시로 2020올림픽 유치경쟁에 뛰어들 것으로 알려지고 있다. 아프리카 대륙의 다른 국가들인 이집트의 카이로, 모로코의 라바트 등도 희망하고 있는 것으로 알려져 있다.

7 유럽에서는 7개국의 주요 도시들이 올림픽 개최 희망을 공표하고 있다. 2012, 2016 올림픽 유치 실패를 경험한 스페인의 마드리드, 1920년 올림픽 개최 도시였던 벨기에의 앤트워프(Antwerp)가 올림픽 개최 100주년을 기념한다는 명분으로 나서고 있다. 또한 2004년 올림픽 유치 경쟁에서 아테네에 이어 2위를 한 바 있는 이탈리아의 로마, 터키의 이스탄불, 포르투갈

(포르투 또는 리스본), 러시아 상트페테르부르크(St. Petersburg), 폴란드의 바르샤바 등이 거론되고 있다.

8 미주대륙에서도 3개국에서 올림픽 개최 경쟁에 나설 것으로 보인다. 우선 멕시코의 과달라하라 또는 몬테레이가 나서고 있고, 캐나다의 토론토와 미국의 버밍엄, 보스턴, 휴스턴 등이 언급되고 있다.

9 2008년 북경올림픽 이후 아시아의 국가들이 왕성한 의욕을 보이고 있다. 아시아 대륙에서는 말레이시아의 쿠알라룸푸르를 비롯하여 일본의 도쿄, 인도의 뉴델리, 카타르의 도하, 한국의 부산 등이 거명되고 있다.

10 그렇지만 남북분단 이후 스포츠 분야의 남북관계에서는 국위선양이나 이데올로기 경쟁의 차원에서 스포츠가 도구화됨에 따라 스포츠의 정치화(politicization of sports) 현상도 나타났다(Segave and Che 1984, 103). 과거 스포츠의 제도화가 자본주의와 사회주의라는 체제적 차이에 상관없이 국가개입에 의해 추진되어 왔음은 주지의 사실이다. 국위선양이나 이데올로기 경쟁의 차원에서 도구화됨에 따라 스포츠의 정치화가 나타났다. 미국과 소련의 대립과 이념갈등에 따라 모스크바 올림픽이나 로스앤젤레스 올림픽이 국제적 희생물이 되었다. 또한 자본주의나 사회주의 국가들에서 국력 과시의 수단으로 스포츠가 수단화됨에 따라 이른바 국가 동원에 따른 스포츠 경쟁이 이루어졌고, 그에 따른 사회적 확대재생산의 단계를 밟게 된다.

11 연방정부 차원의 제반 정책수립과 프로그램 개발을 통하여 청소년들의 스포츠 활동 참여 및 접근기회 활성화에 대한 정책적 건의를 하고, 특히 도시지역 청소년들에 대한 스포츠 활성화 프로그램 등을 집중 교육하는 기능을 수행한다. 청소년들의 참여를 유도하고 올림픽 가치 실현에 근거를 둔 제반 프로그램을 포함한 스포츠·교육 및 문화행사를 촉진시킨다.

제15장

스포츠와 공공외교 수렴 가능성의 모색

한국의 경우를 중심으로*

정기웅(한국외국어대학교)

I. 들어가는 말

고대 그리스 시대부터 오늘에 이르기까지 스포츠와 정치는 불가분의 관계를 맺어왔다. 스포츠는 표면상으로는 비정치적 태도를 견지해 왔고, 상업주의나 맹목적 애국주의에 의한 스포츠의 이용 가능성을 감소시키고자 하는 다양한 시도가 이루어져 왔다. 그러나 날이 갈수록 그 규모를 더해가는 올림픽과 월드컵 같은 메가 스포츠 이벤트들의 경우 다양한 시도에도 불구하고 회를 거듭할수록 정치, 민족주의, 상업주의 등과 관련된 논쟁점들이 증가하고 있으며, 정치 엘리트들과 거대자본이 정치적·경제적으로 결합하여 스포츠 활동에 영향력을 행사함으로써 스스로를 재생산하는 데 이용당하고 있다.

다른 한편으로 "협상에 의하여 국제관계를 다루는 일이며, 국제관계가 대사나 사절에 의하여 조정·처리되는 방법이며, 외교관의 업무 또는 기술"로 정의되

* 본 논문은 『동서연구』 제21권 2호(2009. 12)에 수록된 것을 전재한 것임을 밝힙니다.

었던(Nicolson 1988, 4-5) 근대 외교는 냉전의 해체와 국제적 상호 의존의 증가, 정보화 시대의 도래로 인하여 국가안보 우위라는 명목 아래 정책결정 과정에의 접근을 어렵게 하였던 전통적 외교정책의 특질에 근본적인 변화를 맞이하게 되었다. 정보화 시대의 도래는 외교정책의 특질을 완전히 바꾸어 놓았으며, 외교의 수단과 형태, 외교의 내용, 외교의 주체 면에서 많은 변화를 가져왔다. 외교의 수단적 측면에서 보았을 때 인터넷으로 대표되는 정보화 기술의 발전은 커뮤니케이션의 비약적 증가를 가져왔고, 이를 여하히 사용하는가에 따라 외교의 역량이 달라질 수밖에 없다. 외교의 내용 면에 있어서는 정보화와 관련된 내용을 다루는 외교가 중시되어 인터넷 거버넌스, 지적 재산권 등이 주요한 안건이 되었으며, 외교의 주체 측면에서는 그 주체가 개인, 시민사회단체, 전문가집단 등으로 확장되어 다차원적 외교가 가능해졌다(이정희 · 정기웅 2009, 214-218).

이처럼 시대와 상황의 변화는 외교정책 결정과정에 참여하는 행위자의 범주를 확대시켰으며, 새로운 행위자의 출현과 함께 행위자들의 상대적 중요성 또한 달라지게 되었다. 동시에 외교정책의 중심이 안보 중심의 전통적 외교정책으로부터 통상과 경제정책, 더 나아가 환경, 인권에 관련된 외교정책으로 옮겨가고 있다. 이러한 가운데 '공공외교' 의 등장은 특히 주목을 받는다.

카(E. H. Carr)는 일찍이 '의견을 장악하는 힘' 은 "정치적 목적을 달성하는 데 있어서 군사력이나 경제력 못지않게 중요하며, 군사력 및 경제력과 항상 밀접하게 연관되어 있다"라고 지적한 바 있다(Carr 1983). 나이(Joseph S. Nye)의 말을 빌리자면 "'하드 파워' 와 '소프트 파워' 는 뗄 수 없는 관계다"라고 할 수 있을 것이다. 탈근대 국제관계에서 매력적인 국가는 국제적 쟁점을 설정할 수 있고, 지배적 국제규범에 가까운 문화와 생각을 가졌으며, 그들 국가의 가치와 정책으로 자국에 대한 국제적 신뢰감을 높일 수 있는 국가들이라는 나이의 주장은 광범한 지지를 받고 있다(Nye 2004, 31-32).

이러한 흐름 속에서 21세기의 외교는 여론의 영향력을 제한하기보다는 적극적으로 이용하는 방향으로 발전하게 될 것으로 예측되는바, 이는 공공외교의 강화로 귀결될 수 있다. 자국은 물론 타국의 시민들에게 영향을 미침으로써 자국의 국가이익을 달성하고자 하는 보다 적극적인 외교행태가 지배적인 흐름이 될 것이다(Leonard 2002).

본고에서는 이와 같은 공공외교와 스포츠의 수렴 가능성에 대해 고찰함을 목표로 한다. 스포츠는 오래도록 탈정치성을 표방해 왔음에도 불구하고 정치적 · 외교적 도구로서 사용되어 왔음을 부인할 수 없으며, 세계화된 세상에서 타국의 국민들에게 국가 이미지를 개선시키고 호의적인 반응을 끌어내는 것을 목표로 삼고 있는 공공외교에 있어 스포츠만큼 효과적인 도구도 찾기 힘들다고 할 수 있다. 스포츠의 정치 · 외교적 사용이 피할 수 없는 현실이라면 이들 간의 관계를 단절시키는 것이 아니라 개입의 적정 수준과 합리적 개입방식을 모색하는 데서 해결책을 찾아야 할 것이다. 세계화 시대 이 두 영역의 수렴 가능성이 그 어느 때보다도 높아지고 있으며, 상호 간 개입의 수준은 전체 공동체의 공동선을 증가시키는 방향으로 조절되어야 할 것이다.

이를 위해 본고에서는 먼저 공공외교에 대해 정의하고, 스포츠의 정치적 · 외교적 도구성을 살펴본 다음, 이를 중심으로 한국의 경우에 비추어 스포츠 외교와 공공외교의 수렴 가능성을 점검하는 순서로 논의를 전개시킨다.

II. 공공외교

1. 공공외교의 정의

공공외교[1]에 대한 정의는 다양하다. 그 주체와 시기, 초점의 대상을 어디에 맞추느냐에 따라 각기 다른 정의가 내려지곤 하지만 일반적으로 타국의 대중을 목표로 한다는 공통점을 갖는다. 일찍이 투흐(Hans Tuch)는 공공외교를 "자국의 국가적 목표와 정책뿐 아니라 사상과 이상, 제도와 문화에 대한 이해를 증진시키기 위하여 정부가 타국의 대중과 의사소통하는 과정"이라고 정의하였으며(Tuch 1990), 샤프(Paul Sharp)는 "공공외교는 (국가/정부에 의해 대표되는) 국민들의 이익을 증진하고 가치를 높이기 위하여 다른 국가의 국민들과 직접적인 관계를 추구하는 과정"으로 정의했다(Sharp, 박종일 역 2008).

공공외교는 전통적 개념의 외교와 구분된다. 전통외교가 국가나 그 밖의 국제행위자의 대표자들 사이의 관계라면, 공공외교는 다른 사회의 일반 대중 및 비공식적인 특정 집단, 기구, 개인을 대상으로 한다는 점에서 다르다고 할 수 있다(Melissen, 박종일 역 2008).

공공외교의 개념은 완전히 새로운 것은 아니다. 전통적으로 선전(porpaganda)은 각국의 외교정책에서 중요한 부분을 담당해 왔다. 냉전기 동·서 간 이념적 갈등의 무대에서 공공외교는 선전의 수준을 벗어나지 못했다. 미국과 소련을 중심으로 한 양대 진영이 자국의 상황에 대한 진정한 의미의 정보를 제공한다기보다는 이념적 선전을 광고하고 시민들을 동원하는 데 훨씬 많은 노력을 기울였기 때문이다. 그러나 냉전종식과 민주주의의 심화, 정보화 혁명, 세계화로 인한 상호 의존성의 증가, 특히 9·11 테러의 발생은 국경을 넘어 존재하는 공중(public)의 태도가 특정 국가의 이익실현에 결정적 영향을 미치고 있음을 보여주었고, 전세계 여론동향이 각 국가들의 이익에 얼마나 중요한가를 단적으로 보여주는 계기를 제공했다. 이로써 외교는 타국 정부와의 교섭이라는 의미보다는 전세계의 시민들에게 자국의 정책과 이념을 알리고 전파하는 공공정보화되었다고 볼 수 있다(전재성 2006, 53).

2. 각국의 공공외교

공공외교에 있어 선두주자는 미국이라고 할 수 있다. 1999년 10월 1일 미국

국무부는 공공외교 및 대민담당차관(Under Secretary for Public Diplomacy and Public Affairs)직을 신설했다. 대민담당차관의 신설로 미국 대외정책에 있어 공공외교는 정무외교, 경제외교, 국제안보외교 등과 어깨를 나란히 하는 분야가 되었다. 미국 국무부는 공공외교를 다음과 같이 정의하고 있다. “공공외교는 정부 대 정부(government-to-government)의 관계를 넘어 타국의 국민들을 이해하고(understanding) 정보를 제공하며(informing) 그들을 포용하고(engaging) 그들에게 영향을 미침으로써(influencing) 자국의 국익을 증진하는 것을 목적으로 한다.”[2] 이와 같은 전략목표를 놓고 보았을 때 미국의 공공외교는 상대를 이해하고 포용하는 것에 중점을 두고 있다고 할 수 있다. 즉 타국 국민들의 미국에 대한 태도나 이해가 미국의 대외정책 집행에 있어 성공과 실패를 가름할 정도의 영향력을 가지고 있음을 인식하고, 그들로 하여금 미국에 대해 긍정적 이미지를 가질 수 있도록 펼치는 다양한 외교활동을 펼치게 되는 것이다.

공공외교는 유럽에서도 많은 주목을 받고 있다. 유럽에서는 공공외교가 국제관계의 대표적인 상품이 되었다. 독일 외무부(Auswärtiges Amt)의 2002년 보고서는 다른 회원국 내의 EU 대사관의 역할에 대하여 “유럽에서는 공공외교가 모든 문제에서 최우선 순위를 차지한다”라고 결론내리고 있다(Paschke 2002).

유럽에서 공공외교의 대표주자는 영국이라고 할 수 있다. 영국 공공외교전략위원회(the Public Diplomacy Strategy Board)는 2003년 보고서를 통해 영국 공공외교를 “해외의 개인과 단체들의 영국 및 영국과의 관계에 대한 인식에 긍정적 영향력을 행사하고자 하는 활동”으로 정의하고 있다.[3] 2002년의 윌튼 보고서(Wilton Review)를 거쳐 2005년 12월 카터 상원의원이 작성한 카터 보고서(Public Diplomacy Review by Lord Carter of Coles)[4]에서 영국 공공외교의 전개방향을 확인할 수 있는바, 영국 공공외교의 주된 주체로서 영국문화원(British Council)과 BBC World Service를 제시할 수 있다. 영국은 공공외교의 목표로 “테러와 대량살상무기로부터 더 안전한 세상 만들기, 강력한 국제체제를 통한 분쟁 예방과 해소, 지속 가능한 발전이나 빈곤해소 촉진” 등의 9대 과제를 선정하고 있으며(British Foreign & Commonwealth Office 2006, 27−40), 영국 외무부가 공공외교에 사용한 금액은 2006년 기준으로 6억 1천7백만 파운드(파운드당 2,000원 환율로 계산했을 때 1조 2천3백40억원)에 달한다.

영국 외에도 흔히 '틈새외교'(niche diplomacy)로 지칭되곤 하는 캐나다와 노르웨이의 공공외교는 대표적인 성공사례로 자주 인용되곤 한다(Henrikson, 박종일 역 2008 ; Leonard 2002).

미국과 유럽에서 공공외교가 차지하고 있는 위상은 공통적으로 시민사회 차원에서 상호 연결의 정도가 높고 경제적·정치적 상호 의존도 또한 높은 지역에서는 공공외교가 외교관계에서 필수적인 부분이 되었음을 보여주고 있다.

아시아에 있어 대표주자는 일본이다. 일본은 일찍이 공공외교의 유용성에 눈을 뜨고 활발한 활동을 전개해 왔다. 1972년 5월 '국제교류기금법'을 제정하고 10월 일본국제교류기금(The Japan Foundation : 이하 JF)을, 1974년에는 일본국제협력기구(The Japan International Cooperation Agency : 이하 JICA)를 발족시킴으로써 일본에 대한 이해 확대와 외국과의 상호 이해증진을 도모해 왔으며, 이 두 기구는 일본 공공외교의 대표주자로 자리매김해 왔다. 2007년 9월 아베(安倍) 총리는 국회에서 행한 소신표명 연설을 통해 "일본의 이념, 일본의 모습을 세계에 발신하기 위해 대외홍보 등 공공외교를 적극적으로 추진할 것"을 밝혔으며,[5] 아소(麻生) 외상은 '가치외교'(value oriented diplomacy)[6]를 전면에 내세워 인권·민주를 공공외교의 중심으로 설정하였다. 아소 외상이 언급한 '가치외교'는 일본이 자유와 민주주의라는 보편적 가치에 기초한 외교를 수행하는 것을 의미한다. 그리고 유라시아 대륙 주변의 신흥국의 근대화 지원을 위해 '자유와 번영의 호선'(自由と繁栄の弧, Arc of Freedom and Prosperity : Japan's Expanding Diplomatic Horizons)을 일본 외교의 중요 정책목표로 제시하였다(정기웅·윤석상 2009, 146−158).

공공외교의 추진에 있어서 후발주자이지만 결코 무시할 수 없는 강국인 중국의 경우 외교부 산하 신문사(新聞司 : The Information Department)에서 공공외교를 담당하고 있다. 중국의 공공외교는 자국이 보유하고 있는 비강제적인 힘(경제,

문화 등)의 사용을 통해 세계적 영향력을 획득하는 데 목표를 두고 있으며, 이는 중국의 국제적 지위 상승에 따라 더욱 강력해질 것으로 예측된다. 즉 개방 이후 30년간의 고속성장을 통해 이룩한 물질적 요인(경제력, 군사력)을 기반으로 21세기 강대국으로의 부상을 꿈꾸고 있는 중국은 최근 자국이 보유하고 있는 소프트 파워 자원(resources)을 활용하여 더욱 숙련되고 자신감 있는 외교정책을 펼침으로써 본격적인 '강대국화'의 길을 모색하고 있다. 특히 중국은 개발도상국에 대한 경제원조 제공은 물론 이들 지역 국가들과의 인적 교류와 민간 문화교류 활동 및 국제 학술교류 활동 등을 펼침으로써 자국의 국가 이미지를 제고하고 영향력을 확대하는 등의 소프트 파워 외교를 강화하고 있다(신종호 2009, 34).[7]

한국의 경우 정부 부처들과 유관기관, 민간단체 등을 통해 공공외교 활동이 전개되고 있으나 정부 차원의 통합적 개념정의와 전담부서는 아직 설치되어 있지 않다. 한국 공공외교에 대해서는 본고 5절 2에서 좀더 자세히 다루고자 한다.

III. 정치적 도구로서의 스포츠와 분석시각

끊임없는 비정치성의 표방에도 불구하고 스포츠의 정치적 도구성은 부인할 수 없는 현실이다. 1970년대 사회학자들은 대부분 사회생활에 관한 두 개의 일반이론(기능주의 이론과 갈등 이론) 중 하나를 이용해 사회 속에서의 스포츠를 분석했다(Coakley, 안민석 외 편저 2002, 41-72). 스포츠는 기능주의 이론의 관점에서 보면 사회의 가치와 규범을 전파해서 사회를 통합하는 기능을 수행하고, 갈등 이론의 관점에서 보면 지배-피지배 관계를 은폐하고 고착하는 이데올로기적 국가기구의 하나이다. 두 이론 모두 공통적으로 지적하고 있는 것은 스포츠가 산업사회와 국가의 요구에 맞게 구성되어져 왔다는 것이다.

산업사회와 국가의 요구에 맞게 구성되어진 스포츠는 정치적인 측면에서 대내적으로는 정치적 상징조작의 수단을 제공함으로써 다양한 정치적 목적에 기여하고, 대외적으로는 다양한 외교적 목적에 활용될 수 있는 비정치적 형식의 정치적 수단을 제공하며, 경제적인 측면에서는 산업사회의 발달한 생산력 수준 하에서 새로운 자본축적의 장을 제공하는 것으로 파악되어졌다(임현진 2002).

그러나 세계화 물결의 범람 이후 스포츠의 위상은 정치적 도구에서 목적 그 자체로 변화하고 있는 듯하다. 이와 같은 스포츠의 정치적 도구성에 대한 접근들은 국제무대에서의 행위자에 대한 구분, 스포츠 활동에 있어 국가 영향력의 작동방식, 스포츠의 도구성에 대한 구분양태 등에 따라 다양하게 분류될 수 있을 것이다. 본고에서는 스포츠 활동에 있어 행위자의 영향력 정도를 중심으로 크게 국가우위론, 스포츠 국제기구우위론, 초국적 자본우위론으로 분류하고자 한다.[8]

1. 국가우위론

국가우위론은 스포츠의 정치적 도구성을 설명하는 가장 전통적인 방법이다. 정준영은 스포츠의 의미를 결정하는 데 일차적 힘을 발휘하는 것은 국가, 대중매체, 상층계급 등이라고 규정하면서, 이들이 스포츠 활동의 틀을 적극적으로 만들고 규칙을 제정하며 스포츠의 특정한 의미를 정립하여 확산시킨다고 주장했다(정준영 2003).

역사적 사건들을 검토해 보았을 때 개발도상국가에서 국가와 정치 시스템에 대한 우월성을 드러내기 위하여 정치지도자에 의해 스포츠가 장려된 많은 예들을 찾아볼 수 있다. 세계 강대국들과 겨루어 승리한 스포츠의 성공은 애국심을 함양시키고, 다민족 사회에서는 민족을 초월한 통합에도 도움을 준다. 이러한 이유로 아직도 많은 개발도상국가에서 스포츠는 중요하게 여겨지고 있다(조문기 2007, 130-131).

스포츠에 있어 국가개입의 유형은 여러 형태로 나타난다. 먼저 근대 초기에 이루어졌던 특정한 스포츠에 대한 통제나 배제를 위한 간섭이다. 둘째는 제1차 세계대전 직후 보다 유용한 군사적 능력을 갖추기 위한 국민배양의 목적으로서 국가에 의해 행해졌던 스포츠 활동의 격려이다. 세 번째는 스포츠 활동의 참여를 통한 사회적 통합의 촉진이다. 네 번째는 국민적 일체감의 조성이나 국가건설(nation-building)을 위한 스포츠 활동의 장려이다(Houlihan 2007, 215-218). 보다 최근의 국가개입은 주로 경제발전을 위한 노력으로 나타나고 있다.

국가우위론적 논의들은 스포츠가 국가의 의도에 의해 정치적 도구로 사용되고 있다는 점을 강조하고 있으며, 스포츠와 정치의 관계에 있어 국가에 의해 수행되는 정치의 역할을 강조한다는 공통점을 갖는다고 정리할 수 있다.

2. 스포츠 국제기구우위론

스포츠 국제기구우위론은 세계화론과 밀접한 연관을 갖는다. 세계화는 국제 스포츠 무대에 있어 국가가 갖는 우월적 지위를 약화시켜 왔다. 스포츠의 국제체계 내에서 국가들의 중요성은 과거에 비해 훨씬 감소했으며, 그 결과 스포츠에 있어서 국가들은 일반적으로, 그리고 상당한 정도로 초국적 기업들과 국제적 스포츠 비정부기구들에 의하여 설정된 의제 내에서 서로 경쟁하고 있다(정기웅 2008a, 47).

스포츠 국제기구우위론자들은 규모나 조직 면에서 보았을 때 국제올림픽위원회(IOC : International Olympic Committee)와 국제축구연맹(FIFA : International Football Federation) 같은 국제 스포츠 기구들을 국가의 통제에서 벗어나 '자율적' 권위를 갖는 '국제체제'로 파악해야 한다고 주장한다(Bairner 2005, 87-100 ; 임현진·윤상철 2002, 125-127). 즉 '관세와 무역에 관한 일반협정'(GATT : General Agreement on Tariffs and Trade), '국제통화기금'(IMF : International Monetary Fund), '세계무역기구'(WTO : World Trade Organization) 등의 대표적인 국제체제와 같이 파악되어야

한다는 것이다. 이들은 국제 스포츠 기구의 강대화와 이와 결합한 상업자본의 영향력 확대가 스포츠 무대에서 국가의 영향력 작용을 감소시킴으로써 메가 스포츠 이벤트를 통해 국가의 정치적 목적을 달성하고자 하는 각국 정부의 목표를 더욱 달성하기 어려운 것으로 만들고 있다고 주장한다.

스포츠 국제기구우위론은 세계화되는 세상에서 최소한 스포츠 활동에 있어서는 국가의 영향력보다 스포츠 국제기구의 영향력이 더욱 강하게 작용하고 있다는 입장을 취하고 있다.

3. 초국적 자본우위론

초국적 자본우위론은 대개 스포츠에 대한 정치·경제적 접근을 시도하는 학자들에 의해 채택된다(Sage 2007 ; 김방출·권순용 2007 ; 이강우·김석기 2006 ; 정희준 2008). 이 입장에 따르면 국제 스포츠 기구의 강대화를 가져온 세계화와 상업화, 스포츠 경기와 거대자본의 결합은 동시에 이와 같은 국제 스포츠 기구의 권력을 약화시키는 역할을 하게 된다는 것이다. 왜냐하면 이들 또한 조직의 존속과 팽창을 위해서는 거대자본의 눈치를 볼 수밖에 없고, 이들 기구나 기구를 장악하고 있는 회장들의 권력이란 스포츠 부문에 한정되어 있는 특수하고 전문적인 것이기 때문이다.

IOC와 FIFA를 위시한 거대 스포츠 조직들에 의한 스포츠의 상품화는 정도 이상으로 심화되고 있다. 몇몇 종목의 경우 프로구단들이 국가대표팀보다 더 큰 힘을 갖게 되었고, 그들 중에서도 자산규모가 큰 구단들만이 살아남고 있다. 이들은 국가적 경계를 넘어 선수를 확충하고 구단을 운영함으로써 일종의 초국적 기업으로서의 성격을 갖게 된다. 메가 스포츠 이벤트는 시간이 흐를수록 그 행사 규모를 확대하고 관객 수를 늘리고 있으며, 이는 동시에 스포츠 마케팅 분야 다국적 기업들의 영향력을 증가시키는 결과를 가져왔다. 자본가의 입장에서 볼 때 국제적 스포츠 행사는 자국 내의 문제해결을 위해 타국의 자본가들을 압박하는 자본 간의 경쟁이 행해지고 있는 영역이라고 할 수 있다. 갈퉁(J. Galtung)이 지적하듯이 스포츠는 "팽창주의적인 서구중심적 우주론에 전형적인 결합물을 완벽하게 전달하는 기능"을 수행할 것이며(Galtung 1991, 150), 따라서 후진지역의 상대적으로 열악한 자본들에 대한 세계적 대자본의 지배도 심화될 것이다. 이와 같이 초국적 자본우위론은 국제적 스포츠 행사가 갈수록 대자본의 경제적 이해관계에 의해 더 강한 제약을 받게 될 것임을 시사하며, 이 과정에서 국가 또한 자본의 지배에 휘둘리는 종속적 존재일 뿐인 것으로 간주한다.

초국적 자본우위론은 세계화된 시장에서 국가와 스포츠를 자본의 도구 및 종속적 존재로서 간주하는 분석 및 접근법을 제시하고 있다.

IV. 스포츠와 공공외교의 수렴

1. 외교적 도구로서의 스포츠와 스포츠 외교

스포츠는 정치적 도구로서 사용될 뿐만 아니라 다양한 외교적 상징성을 내포하고 있다. 현대 사회의 스포츠는 스포츠맨십, 페어플레이, 평화, 우애 등과 같은 가치의 추구를 표방하지만 실질적으로 스포츠 대회가 구현하고 있는 상징들은 국기, 국가, 성화, 시상식 등과 같은 국가적 요소들을 포함하여 나타나고 있다(이강우 외 2006, 167-168). 이는 스포츠의 외교적 도구로서의 사용을 촉진시킨다.

외교를 국가목표와 국익을 위한 수단이라고 정의한다면 스포츠 외교는 그 하위 개념으로서 외교의 수행에 스포츠를 이용함으로써 국가의 이익을 극대화하기 위한 정책 선택 및 그 집행이라고 이해할 수 있을 것이다. 말하자면 생존, 번영, 그리고 국가위신 등의 국가이익을 스포츠를 통해 달성하고자 하는 것이다.

또 다른 측면에서 구분한다면 우리가 일반적으로 외교라고 말할 때는 상위정치(high-politics)의 외교를 의미한다면 스포츠 외교는 저위정치(low-politics)의 외교라고 말할 수 있을 것이다.

이와 같은 저위정치의 스포츠 외교가 상위정치의 외교와 구분되는 측면으로는 세 가지를 들 수 있다. 첫째, 외교적 기능 수행의 측면에서이다. 스포츠 외교는 국제 스포츠 이벤트의 개최, 선수들의 교류, 주요 스포츠 관련 인사들의 방문 등의 기능적 분야에서 수행된다. 둘째, 시민사회와의 연계성 측면에서이다. 상위정치의 외교의 경우, 그 집행의 대상이 최고정책결정자 및 관료집단이라면 스포츠 외교의 경우 시민사회와의 연계성이 중요하게 다루어진다. 셋째, 행위자의 측면에서이다. 스포츠 외교에서는 초국가적 행위자, 비정부행위자들의 활동이 활발하다. IOC와 FIFA 등과 같은 국제 스포츠 기구는 올림픽과 월드컵 등의 개최지 선정, 방송중계권 배분, 공식 스폰서의 선정 등 제반 사항과 관련하여 지배적 힘을 발휘하고 있다(유호근 2008, 66-67).

이와 같은 저위정치로서의 스포츠를 국가들은 외교관계에 있어 크게 세 가지 주요한 방식으로 사용해 왔다. 하나는 국가들이 스포츠 활동을 통해 스스로를 팔아 자국의 이미지를 고양하는 '이미지 확장'의 측면에서이고, 또 다른 하나는 자국이 찬성하지 않는 국제적 행위에 대해 특정 경기에의 참여 여부로 의사를 표명하는 방식이다. 또 다른 하나는 타국과의 스포츠 경기를 활용함으로써 국가정체성을 확립하거나 타국과의 관계개선을 위한 도구로서 사용하는 방식이다.[9]

'이미지 확장' 효과는 성공의 문제와 수용의 문제로 대별할 수 있다. 성공의 문제는 경기장에서의 성공과 직결되어 있다. 즉 어떤 경기에서의 우수한 성적 달성을 국가의 우월성과 동일시하는 것이다. 또 다른 하나인 수용의 문제는 더욱 국제적이다. 많은 국가들은 자국이 국제공동체의 한 일원으로서 받아들여지고 있다는 것을 상징화하기 위해 스포츠에 의존해 왔으며, 이는 특히 한국, 중국, 독일과 같은 분단된 국가들의 경우에 더욱 명백히 드러났다. 1969년에는 오직 13개국만이 동독을 승인했으며, 2000년 올림픽에서는 대만 선수들이 '중화공화국-대북' 이라는 깃발 아래 행진했음이 기억되어져야 할 것이다. 1970년대 한국도 북한과의 정통성 다툼에서 유엔에서의 표 대결은 물론 국제 스포츠 행사에의 참여를 통해 꾸준히 국가의 정통성을 주장해 왔다. 그러나 그 존재 자체가 전혀 의심받지 않는 몇몇 확립된 국가들조차 자신들의 지위를 표명하기 위해 스포츠를 사용한다. 광범하게 주장되어져 온 바와 같이 올림픽에 대한 중국의 열정은 주로 자국이 국제체제 내에서 하나의 성숙한 국가로서 받아들여지고 있음을 확인하고 과시하기 위한 열망에 의해 동기부여되어지고 있다고 판단되어지곤 한다(Allison 2005, 5-6).

국제적 스포츠 행사에서는 특정 국가의 참가문제가 논란의 대상이 되곤 한다. 이런 경우 스포츠는 그 본질에 있어 정식외교와 다를 바 없다. 식전 행사에서 볼 수 있는 경기 참가국들의 국호사용, 국기게양과 국가연주, 그리고 경기에서 승리한 팀의 국기게양과 국가연주와 같은 의식(儀式)적 행위들은 매우 훌륭한 도구가 된다. 비록 국제사회에서 배척받는 가장 악랄한 독재정권이라고 할지라도 일단 경기에 참여하게 되면 이와 같은 일련의 의식적 과정을 통해 마치 국제적인 승인을 받고 세계무대에서 당당하게 활동하고 있는 정권인 듯한 환상을 연출해 낼 수 있게 된다. 이와 반대로 국제적인 스포츠 행사에 참가를 거부당한 국가의 경우 그 국가는 현실적으로도 외교적 승인을 받지 못하는 경우가 허다하다. 또한 중국과 대만 간의 관계에서 확인할 수 있는 바와 같이 국제적 스포츠 행사에서의 특정 국가에 대한 승인의 수준은 일상의 국제정치 영역에서도 선례로 남는 경우가 드물지 않다(양순창 2003, 61).

흔히 스포츠 보이코트는 각국 정부들에게 다른 정치적 수단들에 대한 저비용의 전략적 대안으로서 매력을 갖는다고 언급되곤 한다. 예로서, 만약 영국이 남아프리카공화국에 대하여 경제나 무역제재 조치들을 가했더라면 이는 영국 노동자들과 자본가들에게 높은 비용을 부과하는 행위였겠지만, 이를 남아프리카공화국과의 스포츠 접촉으로 대신하였을 경우 그에 소요되는 비용은 전자의 경우와 비교조차 할 수 없는 소소한 것에 그치게 된다(Allison 2005, 6-7).

이와 같이 국제적 스포츠 행사가 외교적 제재의 수단으로 사용된 사례들은 매우 쉽게 발견할 수 있다. 독일, 이탈리아, 일본 등 제2차 세계대전의 패전국들은 1948년 런던 올림픽 참가를 거부당했으며, 네덜란드, 이집트, 이라크, 스페인 등은 영국과 프랑스의 수에즈 침략에 항의하여 1956년 멜버른 올림픽에 불참했다. 로디지아(지금의 짐바브웨)가 영연방으로부터의 독립을 일방적으로 선언하자 영국은 로디지아에서 행해지고 있는 인종차별정책을 이유로 1972년 뮌헨 올림픽에 로디지아가 참가하지 못하도록 압력을 행사했다. 뉴질랜드는 인종차별정책으로 국제적인 비난을 받고 있던 남아프리카공화국과 스포츠 교류를 계속하고 있었는데, 이를 이유로 아프리카의 20개국이 뉴질랜드를 올림픽위원회에서 축출할 것을 주장하며 1976년 몬트리올 올림픽 참가를 거부했다. 1979년 소련이 아프가니스탄을 침공하자 미국은 1980년 모스크바 올림픽에 참가했던 미국 선수단을 철수시켰고, 이에 대한 보복으로 소련과 공산권 국가들은 1984년 로스앤젤레스 올림픽에 참가하지 않았던 것이다.

스포츠가 타국과의 관계개선을 위한 도구로 사용되었던 가장 대표적인 사례로 1970년대 초반 미국과 중국 사이에 벌어졌던 소위 '핑퐁외교'를 들 수 있다. 양국은 관계개선을 위한 시도로 스포츠 팀의 교환을 실시했는데, 미국은 중국에 탁구팀을, 1년 후 중국은 미국에 농구팀을 보냈다. 종목의 선택이 실로 정치적이라 아니할 수 없다. 미국은 탁구에서 강자가 아니었으며(당시만 하더라도) 중국은 농구에서 강자가 아니었다. 미국 탁구팀이 중국과의 경기에서 승리할 것이라고 기대하는 사람도, 중국 농구팀이 미국과의 경기에서 승리할 것이라고 기대하는 사람도 없었다. 따라서 상대방에게 진다는 것이 국가위신의 실추로 이어질 이유가 없었고, 양국은 실로 우호적인 분위기에서 경기를 진행할 수 있었다(Kropke 1974). 이 핑퐁외교는 1972년 닉슨 대통령의 중국 방문으로 귀결되었고, 미·중 화해 무드의 절정을 장식했다(Nafziger 1978).

이상의 사례에서 볼 수 있듯이 스포츠는 외형상 비정치적이며 대중문화라는 형태를 띠고 있는 까닭에 스포츠를 통한 외교적 접촉이나 거부 표시의 행사는 당사국들을 정치적으로 구속하지 않는다는 점에서 매우 편리한 외교수단이 된다. 하지만 현실적으로 스포츠는 일정한 정치적 메시지를 전달하고 있다. 오늘날 국제적 스포츠 행사는 과거 파시스트 정권들처럼 정치적 선전의 장으로 활용하거나 냉전시절처럼 이데올로기적 경쟁의 장으로 활용되지는 않고 있지만, 그럼에도 불구하고 그 속에 내재된 외교적 상징성은 여전히 다양한 형태로 표출되고 있으며 활용되고 있다(양순창 2003, 62).

2. 공공외교와 스포츠 외교의 수렴

현대 스포츠의 본질적인 특성은 승패를 가르는 경쟁이다. 모두가 승리 또는 일등을 목표로 하는 스포츠에서 경쟁상대는 물론 정복해야 할 대상이지만, 경쟁상대가 없이는 경기가 성립되지 않기 때문에 또한 상대방이 반드시 필요하다. 따라서 현대 스포츠의 본질을 '우호적인 경쟁'이라고 할 수 있을 것이다(Dunning 2001, 94).

이와 같은 우호적인 경쟁은 타자를 전제할 수밖에 없다. 즉 타자와 비교해서, 또는 타자와 대항해서 우리라는 의식이 정립되기 때문에 '우리 의식'은 타자와의 경쟁을 통해서, 또는 타자와 경쟁을 할 때 첨예하게 드러나기 마련이다. 스포츠에서는 가장 단순한 방식으로, 그리고 명확하게 나와 남이 구별되고 승리자와 패배자가 결정되기 때문에 '우리 의식'이 타자와의 직접적인 대면을 통해 구현되는 계기가 된다. 국가 간의 전쟁이 가장 극단적인 방식으로 나와 남을 구별하고 '우리 의식'이 고양되는 순간이겠지만, 현대에는 국제적인 스포츠 경기야말로 클라우제비츠식의 표현대로 하자면 '다른 수단에 의한 전쟁의 연장'이라고 할 수 있다(이대희 2002, 107).

그러나 이와 같은 '우리 의식'과 '타자와의 경쟁'은 오늘날의 세상에서 반드시 상충적인 것으로 작동하는 것은 아니다. 세계화의 조류 속에서 국제관계,

혹은 외교문제와 국내정치와의 상관관계는 본질적인 변화의 모습을 노정하고 있다. 분석의 영역에 있어 각각 별개의 무대로 간주되던 국제정치와 국내정치는 이제 그 어느 때보다도 상호 밀접하게 연관된 모습을 보여주고 있으며, 서로의 경계를 애매하게 만들고 있다. 물론 국제관계와 국내정치의 상호 침투성은 국가의 존재만큼이나 오래된 것이긴 하나(Gourevitch 1978, 911), 세계화라는 거대한 조류가 휩쓸어 오고 있는 오늘날 국가 간의 상호 의존을 한때나마 막고 있던 이념과 체제의 장벽이 의미를 상실하게 됨으로써 국내정치와 국제관계의 연계성은 더욱 심화되고 있다. 이는 외교정책 수행에 있어 타국의 시민사회를 대상으로 하는 공공외교의 담당영역이 늘어날 수밖에 없는 까닭이 되며, 스포츠는 이와 같은 공공외교의 수행에 있어 효과적 도구로서 사용될 수 있다. 즉 공공외교의 적극적 수행을 통한 '우리 의식'의 전파는 '타자와의 경쟁'을 갈등적인 것이 아닌 협력적인 것으로 변화시킬 수 있을 것이라는 희망적 예측이 가능한 것이다.

스포츠와 공공외교의 수렴 가능성은 무엇으로부터 유래하는가? 여러 가지 가능한 답변이 있겠지만 본고에서는 세 가지로 정리하고자 한다.

첫째, 스포츠와 정치가 갖는 상호 연관성 때문이다. 고대 그리스 시대부터 오늘에 이르기까지 스포츠와 정치는 불가분의 관계를 맺어왔다. 그런 까닭에 오늘에 와서 스포츠가 정치에서 완전히 분리되기를 바라는 것은 비현실적이며, 그 역의 경우 또한 마찬가지이다. 오히려 스포츠와 정치의 상호 연관성을 당연한 것으로 받아들이고, 이것이 어느 한 방향으로 쏠리는 극단적인 것이 되지 않도록 조절하는 것이 현실적인 지향점일 것이다.

둘째, 전쟁이 국가 간의 갈등을 해결하는 용이한 수단으로 사용되기 힘들고 경제적 가치가 최우선적인 것으로 여겨지는 세계화된 세상에서 스포츠는 국가 간의 서열을 과시하고 자존심을 확보하는 총성 없는 전쟁의 장으로서 작동한다. 이는 스포츠가 효과적 외교수단임을 보여주며, 국가이익의 추구를 위한 도구로서의 유용성을 증명한다. 중국은 왜 베이징 올림픽에 그토록 열중했는가? 런던은 왜 다시 올림픽 개최를 희망했는가? 이들 질문에 대한 답변은 왜 스포츠와 공공외교가 수렴 가능한가를 보여준다. 스포츠는 그 시대의 사회, 경제, 문화, 산업구조 등 모든 영역과 밀접하게 연관되어 있을 뿐만 아니라 당대의 철학, 과학, 이념, 문화사조 등에 많은 영향을 받으며 시대적 상황과 더불어 발전하기 때문이다(조문기 2007, 130).

셋째, 스포츠 외교와 공공외교 모두 장기적이고 점진적인 효과를 추구한다는 점에서 그러하다. 스포츠 외교와 공공외교의 성과는 즉각적으로 나타나기도 하지만 그보다는 오랜 기간을 두고 점진적으로 드러난다. 국제경기에서의 한 번의 승리가, 타국에 대한 한 번의 지원이 즉각적 국가 이미지의 상승으로 이어지는 것은 아니다. 그러나 반복된 승리와 반복된 지원은 국가의 정책수행에 있어 틀림없이 양의 방향으로 작용한다.

V. 한국 스포츠 외교와 공공외교의 수렴을 위한 모색

앞장의 서술을 감안할 때 스포츠와 공공외교의 수렴 가능성은 충분하다고 판단된다. 본장에서는 스포츠 외교와 공공외교의 수렴 가능성을 한국의 경우를 중심으로 살펴볼 것이다. 이를 위해 먼저 한국 스포츠 외교와 공공외교를 제도적 측면에서 고찰하고, 두 영역의 수렴 가능성을 모색하는 방식으로 전개될 것이다.

1. 한국 스포츠 외교

한국의 경우 스포츠 외교정책을 담당하고 있는 부문은 관료(정부)부문과 민간부문으로 이원화되어 있다. 스포츠와 관련된 정부부처로서 제1공화국 시절에 처음으로 문교부가 창설(이학래 외 1994, 195-197)된 이후 박정희 정부 시대에는 문교부의 체육담당국에 머물렀다. 전두환 정부의 등장과 더불어 중앙정부의 독립된 부처로서 체육부가 신설되어 스포츠 관련 업무를 담당하였다. 체육부는 노태우 정부 시기 스포츠 업무와 청소년 업무를 통합함으로써 체육청소년부로 개편되었다. 2007년 현재 정부부문은 문화체육관광부 체육국 국제체육과가 주무부서로서 국제체육교류, 즉 각종 국제경기대회 유치 · 개최 · 참가에 관한 사항과 국제체육기구와의 협력, 그리고 스포츠 국제회의에 관한 사항, 국가 간 체육교류협정 체결 및 체육교류사업의 추진 및 스포츠 외교인력 양성 지원 등에 관한 사항을 담당하고 있다. 1982년 체육부 설립 당시 2개과(국제경기과, 해외협력담당과)에서 스포츠 외교 관련 업무를 담당한 것에 비하면 매우 위축된 것이다(문화체육관광부 2007, 429).

민간부문에서는 체육단체[대한올림픽위원회(KOC : Korean Olympic Committee), 대한체육회, 각 경기단체, 국민생활체육협의회]와 임시조직으로서 주요 국제대회 조직위원회가 있다. KOC의 주요 업무는 대한체육회 국제교류팀과 국제경기팀에서 이루어지고 있으며, 학교생활체육팀에서도 국제생활체육 교류 관련 업무를 일부 수행하고 있다. 각 경기단체에서는 이사회에서 국제체육에 관한 사항을 관장하며, 사무국 내에서 외교 관련 업무를 수행하는 형태와 국제이사의 책임 하에 사무국에서 행정지원을 수행하는 형태가 있다(문화체육관광부 2007, 430). 그러나 후자의 경우 원활하고 지속적이며 전문적인 체육외교 업무를 수행하는 데는 조직의 구조적 한계가 있다는 지적이 존재한다. 국민생활체육협의회에서는 사업협력부 국제협력팀에서 생활체육 국제교류 업무를 수행하고 있다. 대한체육회의 경우 국제기구부 및 국제협력부에서 KOC의 주요 기능을 수행하는 가운데 많은 국제경기 업무와 다양한 스포츠 국제기구 관련 업무 등 스포츠 외교업무를 수행하고 있으며, 주요 대회조직위원회는 위원장, 사무총장, 그리고 해외업무를 담당하는 부서장이 스포츠 외교분야에 대한 전문성을 갖추고 있다. 그러나 각 경기단체의 경우 대부분 스포츠 외교 담당 상근 전문인력이 부족한 상황이다(문화체육관광부 2007, 431).

이러한 약점 극복을 위해 정부는 체육외교 전문인력 양성계획을 입안하고 추진하였다. 체육 전문인력 양성은 제1차 국민체육진흥 5개년 계획(1993-1997)에서 입안되어 추진되었다. 1-2차 5개년 계획에서는 체육지도자, 선수, 국제심판, 공무원, 경기단체 대한체육회에서 추천한 자 등을 대상으로 KOC가 주관하여 근무시간 후 6개월 또는 어학연수기관의 교육이수를 통해 체육외교 전문인력을 매년 10-100명씩 양성한다는 것이었다. 그러나 근무시간 후 교육에 따른 교육시간의 부족, 집중교육의 어려움, 그리고 외국어 연수교육의 한계, 예산부족 등으로 제대로 실행되지 못하였다. 또한 단기 어학교육과 소양교육에만 초점을 둔 나머지 외교실무, 정치외교관계론, 체육학 관련 분야(스포츠 외교론, 스포츠 마케팅, 체육행정 등)에 대한 교육이 포함되지 않았다(문화체육관광부 2007, 433). 결국 참여정부 5개년 계획(2003-2007)에서 체육외교에 관한 전문교육을 교육·양성 분야에서 권위와 경험을 갖춘 기관에 위임하기로 결정되어 국제경쟁력을 갖춘 전문요원 양성을 위해 1-5년의 중장기 사업을 추진하게 되었다.

그러나 참여정부의 스포츠 외교 인력강화 방안 역시 현실적인 전문인력을 양성하는 데 성공했다고 평가하기는 힘들다. 참여정부는 '스포츠 외교력 강화방안'을 수립하고 올림픽 메달리스트인 전이경 등을 미국 대학 및 올림픽위원회 등에 파견하고 전문인력 양성을 위한 어학연수 과정과 해외유학 등을 지원하였으나, 정부의 지원이 주로 올림픽 메달리스트들에게 한정되어 있다는 점은 약점으로 작용할 수 있으며, 장기적 관리가 효율적으로 이루어지고 있는지의 여부에 대해서도 다양한 평가가 존재할 것이다. 현재의 추진상황이 과연 '스포츠 외교력 강화방안'이 목표하고 있는 바와 일치하고 있는지에 대해서는 차후적인 평가를 기약할 수밖에 없다.

정부부문 조직은 스포츠 외교에 관한 정책입안과 지원분야에서 활동이 이루어지는데, 스포츠 외교 담당인력이 전문성을 갖추기 위해서는 장기적 근무가 필수적이다. 그러나 정부 내 업무의 순환근무 등으로 스포츠 외교에 대한 전문성을 갖는 행정을 수행하는 데 한계가 있다. 지방자치단체의 경우도 관내 스포츠 행사에 대한 지원적 성격의 행정업무에 초점을 두고 있어 국제적 차원의 외교전문행정과는 다소 거리가 있다고 할 수 있다(유호근 2008, 74).

2. 한국 공공외교

한국의 경우 공공외교는 정부 차원에서는 문화관광부, 외교통상부, 국정홍보처, 해외홍보원, 재정경제부, 산업자원부, 국가브랜드위원회 등이, 유관기관으로는 한국국제교류재단(KF : Korea Foundation)과 한국국제협력단(KOICA : The Korea International Cooperation Agency), 재외동포재단, 한국관광공사, 국제교육진흥원, 한국학술진흥재단, 한국문화예술진흥원, 국제방송교류재단 등이 각자의 역할을 담당하고 있다. 민간단체로는 사이버 외교사절단 반크(VANK : Voluntary Agency Network of Korea)가 대표적인 단체이다. 이와 같이 많은 기관들이 공공외교의 노력을 펼치고 있으나 한국의 경우 정부 차원에서 공공외교에 대한 통합적 정의를 내린 적은 없으며, 공공외교 전담부서 또한 개설되어 있지 않다. 외교부 내에 공공외교를 담당하는 부서와 예산 항목은 존재하지 않는다.[10)]

한편으로는 공공외교를 국가 브랜드 고양과 동일시하는 경향이 있는바, 노무현 정부에서는 국무총리소속 하에 국가 이미지위원회가 운영되었고, 이명박 정부에서는 대통령 직속기구인 국가 브랜드위원회를 2009년 1월 22일 공식 출범시켰다. 국가브랜드위원회는 공격적 활동목표를 설정하고 활발한 활동을 전개하기 시작했으며, 특히 공적개발원조(ODA : Official Development Assistance)의 확대를 목표로 하고 있다.[11)]

지금까지 한국 공공외교의 중심에는 KF와 KOICA가 자리해 왔다고 할 수 있다. KF는 1991년 12월 설립된 이래 국제사회에서의 한국에 대한 올바른 인식과 이해 도모 및 국제적 우호친선 증진을 목표로 설립된 이후 활발한 활동을 펼쳐오고 있고, KOICA는 1991년 4월 정부출연기관으로 설립된 이래 정부 차원의 대외무상협력사업을 전담 실시하는 기관으로서 우리나라와 개발도상국가와의 우호협력관계 및 상호 교류를 증진하고 이들 국가들의 경제사회 발전을 지원함으로써 국제개발 협력을 증진하는 것을 주 업무로 하고 있다.

KF는 한국학 육성과 관련하여 외국의 주요 대학을 대상으로 한 한국학 육성과 외국의 전문가 및 연구집단(think-tank)의 한국 관련 연구 · 회의 · 출판 등을 지원하고 있으며, 해외 한국학 인력양성을 목적으로 장학사업과 연구지원을 실시하고 있다. 그리고 문화예술 교류와 한국어 교육지원, 한국 문화에 대한 이해증진을 위해 문화센터를 운영하고 있다.

한편 KOICA는 개발도상국의 지속 가능한 경제 · 사회발전 지원, UN 천년개발 목표 등 국제사회의 빈곤퇴치 노력에 적극 참여, 인도주의적 지원 및 인간안보(Human Security) 강화라는 사업추진 목표를 갖고 있으며, 교육, 보건의료, 행정제도, 농촌개발, 정보통신, 산업 에너지, 환경여성, 기후변화 대응이라는 8개 중점 사업분야를 전세계의 지원국들에 공통적으로 적용하고 있다. 2007년 KOICA의 무상원조 액수는 2억 6,900만 불을 기록하고 있다(외교통상부 2008, 99).

그러나 한국의 경우 본고 2절 2에 제시한 타국의 경우와 비교해 보았을 때 정부 차원의 공공외교 노력이 절대적으로 부족한 것으로 보인다. 무엇보다도 비슷한 인구 및 경제규모의 다른 국가와 비교해 보았을 때 외교부의 예산과 역할이 절대적으로 부족하다. 외교부 재정기획관실이 작성한 '세계 주요 20개국 외교부 예산 및 인력의 비교' 자료에 따르면, 2005년 기준으로 한국 정부예산(기금과 특별회계 포함)에서 외교부 예산이 차지하는 비중은 0.43%이다. 한국과 국민총소득(GNI)이 엇비슷한 캐나다(0.9%), 스페인(0.8%), 호주(1.5%)보다 많이 떨어진다. 외교관 수에서도 캐나다 4,700명, 스페인 6,000명, 호주 2,000명인 데 비해 한국은 1,700명선이다. 외교부 정규직원 수도 15년 전보다 적다. 2006년 6월 현재 외교관 수는 1906명으로 1991년(1,954명) 수준을 밑돈다. 인구가 우리와 비슷하거나 적은 스페인(6,091명), 캐나다(4,702명), 이탈리아(5,208명)에도 한참 뒤지는 수준이다(뉴스위크 한국판 774호).[12] 이러한 상황에서는 정부 차원의 공공외교 전담

부서를 운영한다는 것 자체가 어쩌면 무리일 수도 있을 것이다.

3. 한국 스포츠 외교와 공공외교의 수렴을 위한 모색

한국 스포츠 외교와 공공외교는 현재 각각의 영역에서 독자적으로 추진되고 있으며, 어떤 종합적이고 유기적인 관계가 이루어지고 있다고 말하기는 어렵다. 이는 무엇보다도 공공외교와 스포츠 외교의 추진이 정부와 민간의 다양한 기관들로 나뉘어서 추진되고 있으며, 정부 차원의 통합된 공공외교 전담부서가 없는 것에 기인한 바 크다고 할 수 있을 것이다.

그러나 글로벌(the global)과 지역(the local)이 서로 분리된 용기(containers)가 아니고 상호 구성적인 사회과정(mutually constitutive social processes)이라는 인식(Tomlinson 1999, 182)이 시사하듯 스포츠 외교와 공공외교는 글로벌과 지역의 상호 구성에 있어 일정한 역할을 담당할 수 있으며, 상호 수렴의 많은 가능성을 내포하고 있다.

지금까지의 한국 외교에 있어 스포츠 외교와 공공외교의 양 측면을 동시에 가장 훌륭하게 충족시켜 온 것은 태권도였다. 태권도는 국제무대에서 가장 많은 호응을 받는 한국의 문화·스포츠·외교 상품 중 하나이다. 정부의 태권도사범 해외파견 업무는 지난 1972년 이래 외교통상부와 국정원이 제각기 진행해 왔으나 업무 효율성의 극대화를 위해 1991년 4월 KOICA 설립 이래 전문가(태권도, 의사 등)의 해외봉사단 파견 등 대외무상협력사업으로 추진돼 왔다. 이와 같이 정부 차원에서 지속적으로 벌여오고 있는 태권도사범 해외파견과 태권도 시범단 파견은 태권도의 보급과 확산은 물론 한국에 대한 이해 제고 및 각국과의 우호친선 관계를 증진시키는 데 큰 역할을 해왔다고 평가된다.

그러나 태권도만으로는 부족하다. 그렇다고 해서 태권도 이외의 다른 스포츠 종목의 해외진출을 적극적으로 추진해야 한다는 뜻 또한 아니다. 국가 주도

하의 스포츠 엘리트 시스템 하에서 한국 스포츠가 많은 성과를 거두어 온 것은 사실이다. 전통적으로 강세를 보여온 축구, 양궁, 쇼트트랙, 탁구 등의 종목 등은 물론 근래에 들어서는 야구와 피겨스케이팅, 수영, 체조 등 국제무대에서 상대적으로 약세에 있던 종목의 선수들이 활약함으로써 한국의 국가 이미지를 긍정적으로 형성하는 데 많은 역할을 한 것은 사실이다. 그러나 이와 같은 스포츠 경기에서의 승리와 이를 통한 국가 이미지 고양은 일회적이고 일방적인 성격을 갖는다. 좀더 장기적인 측면에서 보았을 때 상호적이고 지속적인 프로그램이 필요하다.

어떠한 접근방법이 가능할 것인가? 글로벌과 지역의 상호 구성, 스포츠 외교와 공공외교의 수렴 가능성, 상호성과 지속성의 결합을 보여주는 가장 좋은 예로서 평창의 드림 프로그램을 제시할 수 있다. 드림 프로그램은 평창 2018년 동계올림픽 유치의 주요 전략 중 하나로 겨울 스포츠가 발달하지 못한 국가의 청소년을 초청해 동계 스포츠 꿈나무로 키운다는 목표를 갖는다. 평창은 2010 동계올림픽 유치운동 당시 드림 프로그램을 제안했으며, 유치가 실패한 뒤에도 이 프로그램을 지속해 왔다.

드림 프로그램은 2004년 1회부터 2008년 5회까지 39개국 578명이 참가했으며, 2009년에는 아시아, 아프리카, 중남미 유럽 등 29개국 116명의 청소년과 지도자가 참가했다. 지금까지 이 프로그램에 참가했던 '꿈나무들' 은 각국의 꿈을 이루는 데 보탬이 되었다. 인도의 '만갈 스탄진', 몰도바의 '브라이 일리애' 등 5개국 9명의 꿈나무는 자국 주니어 대표 또는 국가대표로 선발돼 쇼트트랙 월드컵, 2006 토리노 동계올림픽, 2008 4대륙 선수권 피겨 선수 등으로 출전했다(《조선일보》 2009. 2. 17).

공공외교란 "자국의 국가적 목표와 정책뿐 아니라 사상과 이상, 제도와 문화에 대한 이해를 증진시키기 위하여 정부가 타국의 대중과 의사소통하는 과정"이라는 투흐(Tuch 1990)의 정의에 비추어 봤을 때 평창의 드림 프로그램은 매우 훌륭한 본보기로서 작동한다고 할 수 있다. 스포츠 활동을 통한 호의적이고 선진적인 국가 이미지의 형성, 국제사회에 대한 책임 있는 국가로서의 한국 이미지 형성, 일회적 원조가 아닌 지속적이고 반복적인 원조와 이를 통한 지한파 인사의 형성과 같은 다양한 목적을 동시에 충족시키고 있는 것이다.

평창의 드림 프로그램과 같은 성공적인 작품이 더욱 다양하게 개발되고 지속적으로 유지되기 위해서는 몇 가지 조치가 필요하다.

첫째, 스포츠 외교 전문기구의 수립이다. 현재 KOICA와 KF는 외무부 산하에 속해 있지만 독립된 재원을 갖는 정부출연기관으로서 일관된 방향 하에서 독립적인 활동을 벌이고 있다. 스포츠 외교에 있어서도 KOICA와 KF와 같은 성격을 갖는 독립적 전문기구의 수립이 요청된다. 그리고 그 소속을 문화체육관광부로 하는 것보다는 스포츠 외교를 전담한다는 의미에서 외교통상부 산하로 이관할 필요가 있다. 국제경기에 관한 사항은 현재의 조직을 유지시키고 국제교류에 관한 항목은 전적으로 새로운 독립기구를 창설함으로써 업무의 분담이 이루어지도록 하고, 공공외교 분야와의 일관성을 추구하는 것이 바람직할 것이다.

둘째, 민간부문과 정부부문으로 나뉘어져 있는 스포츠 관련 업무를 통합하여 단일화시킬 필요가 있다. 현재 정부부문은 문화체육관광부 체육국 국제체육과가 담당하고 있으며, 민간부문은 KOC와 대한체육회, 각 경기단체, 국민생활체육협의회와 임시조직으로서 주요 국제대회 조직위원회가 주요 행위자들이다. 이와 같은 행위자의 분산은 효과적인 정책의 조율을 어렵게 할 뿐더러 재원의 집중적 투자와 사용을 불가능하게 한다. 갈수록 커져가는 스포츠 시장과 공공외교적 성격을 감안한다면 정부부문의 창구확대와 민간부문의 통폐합을 통한 단일화가 반드시 필요하다.

셋째, 지역 차원에서 추진되는 메가 스포츠 이벤트 유치운동에 반드시 정부 차원의 조정이 존재해야만 한다. 이는 전술한 첫 번째와 두 번째의 항목이 실현된다면 저절로 이루어질 문제라고 생각한다.

사실 국가의 역할에 대해서는 다양한 견해가 존재할 수 있다. 공공외교가 국가행위를 강조하고 있긴 하지만 공공외교 또는 외교행위 전반을 국가행위만으로 규정하기는 힘들다는 입장 또한 존재한다. 오늘날의 세계에서는 크고 작은 비국가행위자들과 초국가적(supranational) 혹은 국가내부(subnational)의 행위자들도 그들 자신의 공공외교 정책들을 개발한다(Olins 1999). 세계시장에서 활동하는 국제적 기업들도 자신들의 사회적 · 윤리적 책임을 자각하고 자신들의 공공외교 정책을 가다듬기도 하고, 일부 기업의 경우에는 전문성과 신속성을 갖추고 공공외교의 최선봉에 서기도 한다. 즉 오늘날의 세계에서 외교는 위계적인 국가 중심의 국제관계 모형에서보다 네트워크 환경에서 더 효율적으로 기능한다는 것이 확실해지고 있다. 그러나 외교의 영역이 아무리 다양화하고 비정부행위자들의 힘과 영향력이 확대되었다고 할지라도 그 방향성을 제시하는 것은 국가행위자들이다. 국가가 어떠한 모습으로 외교정책을 추진하고 있는가 하는 것은 그 국가에 속한 많은 기업들과 비국가행위자들에게 영향을 미치기 마련이다. 따라서 스포츠 외교와 공공외교에 있어 국가행위자에 의한 주도적 조정은 필수불가결한 과정이라고 판단된다.

VI. 나오는 말

작금의 세계화된 세상에서 "국가들과 국가들이 배태돼 있는 국내적 · 국제적 사회와의 관계가 국가의 선호가 기초하고 있는 사회적 목적들에 영향을 미침으로써 국가들의 행위를 결정적으로 형성한다"는 모라브직(Moravcsik 1997, 516)의 주장은 분명히 설득력이 있다. 세계화 · 정보화 시대의 도래는 국제정치 무대에서의 행위자의 다양성을 증대시켰고, 이에 따라 국가의 외교정책이 목표로 삼는 대상 또한 다원화될 수밖에 없었다. 그러나 국제정치 무대의 행위자가 다양화되고 외교정책의 대상이 다원화되었다고 해서 외교정책 수행에 있어 국가가 차지하고 있는 핵심적 위상이 흔들리는 것은 아니다. 여전히 국가는 저위정치와 상위정치 모두의 영역에 있어 중요한 행위자이며, 이는 국민국가(nation state)가 존재하는 한 쉽사리 변경되기 어려운 측면이라 하겠다. 따라서 스포츠와 스포츠 외교의 실행에 있어 국가의 개입은 어느 정도 필수적이다. 왜냐하면 스포츠 또한 그것이 속한 사회의 지배적 구조와 가치를 반영하고 있기 때문이다.

본고는 공공외교와 스포츠의 정치적 · 외교적 도구성에 대해 살펴보고, 스포츠와 공공외교의 수렴 가능성을 검토 한 후, 이를 중심으로 한국의 경우에 있어서 스포츠 외교와 공공외교의 수렴 가능성을 점검하고 그 방안을 제시하고자 하였다. 세계화된 세상, 국제정치의 무대에서 행위자의 다양화와 함께 그 중요성이 더욱 부각되고 있는 공공외교의 영역은 전통적 의미의 스포츠 외교와 많은 부분에서 유사점을 갖는다. 이들 두 영역의 능동적 결합과 실행은 긍정적 국가 이미지 형성을 위한 효율적 도구로서 작동할 수 있을 것이다.

끊임없는 비정치성의 표방에도 불구하고 스포츠의 정치 · 외교적 도구성은 부인할 수 없는 현실이다. 스포츠의 정치 · 외교적 사용이 효과적이고 불가피한 것이라면 이들 간의 관계를 단절시키는 것이 아니라 개입의 적정 수준과 합리적 개입 방식을 모색하는 데서 해결책을 찾아야 할 것이고, 상호 간 개입의 수준은 전체 공동체의 공동선을 증가시키는 방향으로 조절되어야 한다. 본고에서는 이에 대한 답으로서 스포츠 외교와 공공외교의 수렴을 제시했고, 그 가능성을 모색해 보고자 하였다.

한국에서 스포츠 외교와 공공외교의 수렴을 위해서는 무엇보다도 정부 차원의 전담부서 및 통합적 조정기구의 설립이 시급하며, 이를 뒷받침할 수 있는 재원의 확보와 민간의 노력과의 결합이 추구되어야 한다. 이후 수렴된 외교의 작동방향은 쌍방향적이고 지속 가능한 것이어야 하며, 이러한 노력들이 효과적으로 작동될 때 지구공동체의 공동선 또한 증가할 것이라는 예측으로 결론에 대신하고자 한다.

참고문헌

김명섭 · 안혜경. 2007. "9 · 11 이후 미국 공공외교의 변화." 『세계지역연구논총』 제25집 3호.

김방출 · 권순용. 2007. "스포츠 민족주의 재인식 : 전지구화, 스포츠, 기업 민족주의." 『체육과학연구』 제18집 1호.

문화체육관광부. 2007. 『체육백서』. 서울 : 문화체육관광부.

신종호. 2009. "중국의 소 프트파워 외교의 전개와 국제정치적 함의." 『국가전략』 제15권 1호.

양순창. 2003. "스포츠의 정치적 상징성과 상징조작 기제에 관한 연구." 『국제정치논총』 제43집 3호.

외교통상부. 2008. 『외교백서』. 서울 : 외교통상부.

유호근. 2008. "한국스포츠외교정책 : 분석틀의 모색." 『글로벌정치연구』 제1권 1호.

이강우 · 김석기. 2006. "메가 스포츠 이벤트의 정치경제학." 『한국체육철학회지』 제14권 2호.

이대희. 2002. "세계화와 민족주의의 공존 : 스포츠의 세계화를 통한 민족주의." 『21세기 정치학회보』 제12집 2호.

이정희 · 정기웅. 2009. "국내정치적 요인과 미국 외교정책." 이범준 외. 『미국외교정책』. 서울 : 박영사.

이학래 외. 1994. 『한국체육사』. 서울 : 지식산업사.

임현진. 2002. "전지구화, 한국사회 및 스포츠." 『계간사상』 여름호.

전재성. 2006. "미국 부시 행정부의 변환외교 : 정보화시대 제국적 지식외교의 등장." 『국가전략』 제12권 4호.

정기웅. 2008a. "스포츠를 통한 국가위신의 고양." 『글로벌정치연구』 제1권 1호.

______. 2008b. "스포츠의 정치적 도구성에 대한 재고찰 : 2008 베이징 올림픽을 중심으로." 『한국시민윤리학회보』 제21집 2호.

정기웅 · 윤석상. 2009. "일본 공공외교, 한국에의 함의 : 일본국제교류기금과 일본국제협력기구를 중심으로." 『국제문제연구』 제9권 1호.

정준영. 2003. 『열광하는 스포츠 은폐된 이데올로기』. 서울 : 책세상.

정희준. 2008. "스포츠 메가이벤트와 경제효과 : 그 진실과 허구의 재구성." 『한국스포츠사회학회지』 제21권 1호.
조문기. 2007. "2008년 베이징 올림픽 슬로건("One World One Dream")의 중화민족주의적 성격에 관한 연구." 『한국사회체육학회지』 제31호.

Allison, Lincoln. ed. 2005. *The Global Politics of Sport : The Role of Global Institutions in Sport*. London : Routledge.
British Foreign & Commonwealth Office. 2006. Active Diplomacy for a Changing World : The UK's International Priorities.
Carr, E. H. 1983. *The Twenty Years' Crisis 1919–1939 : An Introduction to the Study of International Relations*. Basingstoke : Macmillan.
Coakley, Jay. 2002. "사회이론은 스포츠에 대해 우리에게 무엇을 말해 줄 수 있는가?" 안민석 · 정홍익 · 임현진 편저. 『새로운 스포츠사회학』. 서울 : 백산서당.
Dunning, Eric. 2001. "Le role du sport dans le procesus d' europeanisation." *Pascal Boniface. L'Europe et le sport*. Paris : IRIS/PUF.
Galtung, Johan. 1991. "The Sport System as a Metaphor for the World System." F. Lindry, M. Lindry and M. Yerles eds. *Sport : The Third Millenium*. Quebec : University of Laval Press.
Gourevitch, Peter B. 1978. "The Second Image Reversed : The International Sources of Domestic Politics." *International Organization*. vol. 32, no. 3.
Henrikson, Alan K. 2008. "세계 공공적 영역에서의 틈새외교 : 세계의 '코너', 캐나다와 노르웨이." 박종일 역. 『신공공외교 : 국제관계와 소프트 파워』. 일산 : 인간사랑.
Houlihan, Barrie. 2007. "Politics and Sport." in Jay Coakley & Eric Dunning. ed. *Handbook of Sports Studies*. London : Sage.
Kropke, R. 1974. "International sport and the social sciences." *Quest*. vol. 22(June).
Leonard, Mark. 2002. *Public Diplomacy*. London : The Foreign Policy Center.
Melissen, Jan. 2008. "신공공외교 : 이론과 실제." 박종일 역. 『신공공외교 : 국제관계와 소프트 파워』. 일산 : 인간사랑.
Moravcsik, A. 1997. "Taking Preferences Seriously : A Liberal Theory of International Politics." *International Organization*. vol. 51, no. 4.
Nafziger, J. A. R. 1978. "The Regulation of transnational sports competition : down from Mount Olumpus." in B. Lowe, D. B. Kanin and A. Strenk. eds. *Sport and International Relations*. Champaign, IL : Stipes.
Nicolson, Harold George. 1988. *Diplomacy*. Washington, D.C. : Institute for the Study of Diplomacy. Georgetown University.

Nye, Joseph S. 2004. *Soft Power : The Means to Success in World Politics*. New York : Public Affairs.

Olins, Wally. 1999. *Trading Identities : Why Countries and Companies are Taking on Each Others' Roles*. London : Foreign Policy Centre.

Paschke, K. T. 2002. *Report on the Special Inspection of 14 German Embassies in the Countries of European Union*. Berlin : Aswärtiges Amt.

Putnam, Robert D. 1988. "Diplomacy and Domestic Politics : the Logic of Two-Level Games." *International Organization*. vol. 42, no. 3.

Sage, George H. 2007. "Political Economy and Sport." in Jay Coakley & Eric Dunning. ed. *Handbook of Sports Studies*. London : Sage.

Sharp, Paul. 2008. "혁명정권, 비합법정권, 그리고 공공외교의 기술." 박종일 역. 『신공공외교 : 국제 관계와 소프트 파워』. 일산 : 인간사랑.

Strenk, Andrew. 1977. "Sport As an International Political and Diplomatic Tool." *Arean Newsletter* 1.

Tomlinson, John. 1999. *Globalization and Culture*. Cabmridge : Polity.

Tuch, Hans N. 1990. *Communicating with the World : U.S. Public Diplomacy Overseas*. New York : St. Martin's Press.

『衆議院本會會議錄』. 2006. 9. 29.

《뉴스위크 한국판》2007. 4. 4. 774호.
『월간중앙』2009년 4월호.
《조선일보》2009년 2월 17일.

주

1 본고에서 사용하고 있는 '공공외교'는 'public diplomacy'를 우리말로 옮긴 것이다. 국내에서 번역된 일부 저술들의 경우 'public diplomacy'를 '이미지 외교'로 번역하고 있으나 정치학이나 국제정치학 관련 학술지에 게재된 논문들의 경우 '공공외교'로 번역하여 사용하는 것이 일반적이다. 본고에서는 '공공외교'를 택하고 있다. '공공외교'란 용어는 1965년 터프츠 대학 플레쳐 스쿨(Fletcher School of Law of Diplomacy, Tufts University)의 학장이었던 에드먼드 걸리온(Edmund Gullion)이 에드워드 머로우 공공외교 센터(The Edward R. Murrow Center of Public Diplomacy)를 세우면서 처음 사용한 것으로 알려져 있다. '공공외교'란 용어의 유래와 정의에 대해서는 http://fletcher.tufts.edu/murrow/public-diplomacy.html(검색일 : 2009. 4. 15)을 참조할 것.

2 Strategic Goal 11 : Public Diplomacy and Public Affairs, http://www.state.gov/s/d/rm/rls/perfplan/2004/20495.htm(검색일 : 2009. 4. 15).

3 이 내용에 대해서는 http://www.parliament.the-stationery-office.co.uk/pa/cm200506/cmselect/cmfaff/903/90305.htm을 참조할 것(검색일 : 2009. 4. 15).

4 카터 보고서는 http://www.fco.gov.uk/resources/en/pdf/public-diplomacy-review에서 확인할 수 있다(검색일 : 2009. 4. 15). 카터는 보고서에서 영국 공공외교에 대한 정의를 "정부 매체 및 장기적 목표와 일치하는 방식으로 영국에 대한 이해 및 영향력을 향상시키기 위해 해외의 개인과 집단에게 정보를 제공하고 영향력을 행사하고자 하는 활동"(work aiming to inform and engage individuals and organisations overseas, in order to improve understanding of and influence for the United Kingdom in a manner consistent with governmental medium and long term goals)으로 수정하고 있다.

5 『衆議院本會會議錄』(2006. 9. 29).

6 일본 외무성은 "'가치외교'를 '보편적 가치'(자유, 민주주의, 인권, 법의 지배, 시장 경제)에 기반 한 외교이며, '자유로운 국민'에 의한 정치적 안정과 경제적 번영이 달성되는 것처럼 시민사회의 구축을 목적으로 하고 있다"고 정의하고 있다.

7 소프트 파워 개념과 공공외교에 대한 중국의 인식 및 해석에 대해서는 신종호(2009, 38-41)를 참조할 것.

8 이하 분석시각에 대해서는 정기웅(2008b, 266-270)을 수정 · 보완한 것임을 밝힌다.

9 이 외에도 스트렝(Andrew Strenk)은 스포츠가 국제정치에서 활용되는 유형으로 외교적 승인 또는 승인거부의 수단, 정치이념의 전파수단, 국가위상의 제고수단, 국제적 이해와 평화증진의 수단, 저항수단, 그리고 무기 없는 전쟁수단의 여섯 가지를 제시하고 있다(Strenk 1977, 3-10).

10 일부는 "외교부 산하 148개 재외공관과 국정홍보처 소속 해외홍보원, 문화관광부 산하 재외한국문화원, KF, KOICA 등이 해외에서 하는 활동 모두가 공공외교"라는 입장을 견지하고

있기도 하다(뉴스위크 한국판 774호).

11 개도국과 선진국 사이의 경제·사회적인 발전의 격차가 점점 심화되고 있는 상황에서 국제사회는 개도국의 빈곤 완화와 지속 가능한 발전 지원을 위해 UN 천년개발목표(MDGs : Millennium Development Goals)를 설정하고 개발협력과 범지구적 과제 해결을 위한 공동의 노력을 기울이고 있다. ODA는 이러한 노력의 가장 적극적인 움직임의 하나로 기술과 물자의 지원과 발전경험의 공유를 지원하는 활동이다. OECD 개발원조위원회(DAC : Development Assistance Committee) 22개 회원국들은 2007년도 1,037억 불(잠정통계)의 원조를 제공하였으며, 이는 국민총소득(GNI : Gross National Income) 대비 0.28%에 해당한다. ODA 공여금액 기준으로 살펴보면 미국, 독일, 프랑스, 영국, 일본 순이며, UN MDGs 이행 목표치인 국민 총소득 대비 원조액 0.7% 초과달성 국가는 덴마크, 룩셈부르크, 네덜란드, 노르웨이, 스웨덴 5개국이다(외교통상부 2008, 93). 현재 한국의 ODA 자금 규모는 국내총생산(GDP) 대비 0.07%에 불과하며, 이는 OECD 국가들 중 뒤에서 두 번째를 차지한다. 국가 차원에서는 2015년까지 ODA를 2%까지 증가시키는 것을 목표로 하고 있다(어윤대 국가브랜드 위원장과의 인터뷰, 월간중앙 2009년 4월호).

12 한국 외교 예산은 http://www.mofat.go.kr/introduction/budget/index.jsp에서 확인할 수 있다(검색일 : 2009. 4. 15).

제16장

9·11 테러 이후 미국의 대테러리즘
조직, 정책 및 한국에 대한 함의*

윤태영(경남대학교)

I. 서론

9·11 테러사건 이후 국제사회는 비국가 또는 초국가행위자들의 '화생방, 핵, 초고성능 폭발물' (CBRNE : Chemical, Biological, Radiological, Nuclear, Enhanced High Explosive) 등을 사용한 심각한 비대칭적 또는 비전통적 위협에 직면하게 되있다. 9·11 테러 이후 특히 급증하고 있는 테러리즘은 다음과 같은 추세를 보이고 있다. 첫째, 테러분자의 느슨한 조직, 자립재정 및 국제 연계망을 통한 활동이 대두되고 있다. 둘째, 테러분자들의 성향이 종교적 또는 이념적으로 동기화된 경향을 띠고 있다. 과격한 이슬람 근본주의 또는 종교적 일부 그룹들은 국제사회와 특히 미국에 대한 다양한 위협을 가하고 있다. 셋째, 서로 다른 테러조직 간의 군사훈련, 재정확보, 기술이전 및 정치적 조언 등의 영역에서 교차국가적 연계가 증대되고 있다(Perl 2007a, i ; Perl 2006, ii). 2008년 4월 30일 국무부 '대테러리즘 조정관

* 본 논문은 『세계지역연구논총』 제26권 3호(2008)에 수록된 것을 전재한 것임을 밝힙니다.

실' (S/CT)에서 발간한 연례보고서 「2007 국가별 테러리즘 현황보고서」에 따르면 2007년 국가 간 협력의 확대에 힘입어 대테러 노력에 진전이 있었지만 테러집단의 전술변화, 이란 등 테러 지원국의 역할 및 WMD 확보를 추구하는 경향에 따라 세계 안보가 위협을 받고 있다고 적시하고 있다. 동 보고서의 '국가 대테러리즘센터' (NCTC)의 자료에 따르면, 2007년 범세계적으로 14,499건(43%는 이라크에서 발생)의 테러공격이 발생했으며, 이 중 민간인은 72,066명이 공격목표가 되었고 22,685명이 사망했다고 밝히고 있다. 2006년과 비교하면 2007년도에 공격 횟수는 비슷하나 사망자 수는 1,800명이 늘어 9%가 증가했고, 테러공격에 의한 부상자 수는 2006년에 비해 15%나 증가했다(U.S. Department of State 2008 ; U. S. Department of State 2007, 327).

9 · 11 테러사건 이후 이러한 위협에 직면한 미국 부시 행정부는 대테러리즘과 반WMD 정책을 핵심적 안보정책으로 추진하고 있으며, 관련 법령을 제정하고 국가안보기구를 개혁하였다. 부시 행정부는 우선 2001년 10월 '애국법' (USA Patriot Act, 반테러법)을 제정하고 2003년 1월 미국 본토 내 테러 방지에 역점을 두면서 새로운 비대칭적 · 비전통적 위협에 대비하고, 발생 가능한 공격으로부터 피해의 최소화 및 복구지원에 역량을 집중하는 '국토안보부' (DHS)를 신설했다. 또한 CIA와 FBI 등의 대테러리즘 센터를 통합하여 2003년 5월 '테러리스트위협통합센터' (TTIC)를 신설하고, 2004년 8월에는 '국가 대테러리즘센터' (NCTC)가 신설되어 TTIC를 흡수 · 통합하였다. 아울러 정보공동체의 통합적 운영과 개혁을 위해 2004년 12월 '2004년 정보개혁 및 테러리즘 예방 법안' (IRTPA)이 통과되어 미국 정보공동체를 지휘 · 감독하는 '국가정보국장' (DNI) 직위를 신설하였다. 한편 부시 행정부 NSC는 국가 안보전략과 관련해 2002년과 2006년 「국가안보전략보고서」(NSS) 및 대테러리즘 전략과 관련해 2003년과 2006년 「대테러리즘 국가전략 보고서」(NSCT)를 발간하여 이를 기반으로 대테러리즘 정책을 추진하고 있다.

범세계적 차원에서 대테러리즘 정책을 주도하고 있는 미국의 대테러리즘 관련 조직의 개편 배경, 법률, 조직 및 운용체계, 그리고 전략에 대한 연구는 9·11 테러 이후 테러리즘 위협에 대한 국제사회의 대응을 이해하는 데 필수적이다. 또한 현재까지 대테러리즘 관련법을 제정하지 못해 정보활동과 대테러리즘 작전을 효과적으로 수행하는 통합된 대테러리즘 체제를 갖추지 못하고 있는 한국에게 중요한 함의를 제공하고 있다. 이러한 배경 하에 본 연구는 첫째, 9·11 테러 사건 이후 미국의 국제안보 환경에 대한 새로운 인식과 평가에 기반하여 대테러리즘 조직 및 정보공동체의 개편현황, 조직 및 운용체계를 분석하고자 한다. 둘째, 미국의 대테러리즘 정책을 분석하기 위해 4가지 전략보고서를 살펴본다. 셋째, 미국의 대테러리즘 조직과 정책을 평가하여 그 문제점을 지적하고, 이러한 분석과 평가에 기초해 한국의 대테러리즘 조직과 전략에 시사하는 함의를 도출하고자 한다.

II. 미국의 대테러리즘 조직 개편

1. 국가안보회의(NSC)의 대테러리즘 조직 개편

미국의 국가안보회의(NSC) 체제는 1947년 '국가안보법'(National Security Act)에 근거하여 국가안보와 관련 대통령의 자문기구로 설치되었고, 외교·국방·국내 정책부처 간의 통합 및 대통령 보좌기능을 담당하고 있다. NSC의 대테러리즘 관련 조직으로는 클린턴 행정부 당시 1998년 5월 22일 '대통령결정지시서 62호'(PDD-62)에 의해 '대테러리즘국가조정관'(National Coordinator for Counter-Terrorism)을 신설하였다. 대테러리즘국가조정관은 위기시 '부처간 업무조정반'(NSC/IWGs : NSC Interagency Working Group)중의 하나였던 '대테러리즘안보그룹'(CSG : The Counter-Terrorism Security Group) 의장으로 NSC 각료급 위원회에 직접 보고하는 체제를 갖추었다(The White House 1998, 1 ; Cressey 2000, 1). 대테러리즘안보그룹(CSG)은 부시 행정부 초기인 2001년 2월 13일 NSPD-1에 의해 폐지되고 정책조정위원회의 '대테러리즘 및 국가대비' 조직으로 변경되었다(The White House 2001, 5).

한편 9·11 테러 직후인 2001년 10월 8일 부시 행정부는 비대칭·비재래식 위협에 효과적으로 대처하기 위해 백악관 내에 테러업무를 총괄하는 '국토안보국'(Office of Homeland Security)을 창설하고, 10월 9일 대통령 산하 대테러리즘 정책의 강화를 위해 10월 9일 '대테러리즘 국가안보 부보좌관'(National Director and Deputy National Security Advisor for Combating Terrorism)과 '사이버 안보담당 특별보좌관'(President's Special Advisor for Cyber Security) 직위를 신설·임명하였다. 10월 29일에는 '국토안보 대통령지시서 1호'(Homeland Security Presidential Directive-1)에 의거하여 '국토안보회의'(HSC : Homeland Security Council)를 설치하여 부처 간 안보정책과 관련한 협의기반을 강화하였다(The White House, October 9, 2001 ; The White House, October 29, 2001 ; 김열수 2005, 106 ; 조성권 2003, 308). 현재는 자레이트(Juan Carlos Zarate)가 2005년 5월 25일 '대테러리즘 국가안보 부보좌관'에 임명되어 미국 정부의 대테러리즘 전략의 발전과 효과적 집행을 감독하고 있다(The White House 2005).

2. 본토 방어 및 국내 대테러리즘 관련 조직 통합·신설 : 국토안보부(DHS) 창설

2001년 10월 26일 승인된 '애국법'에 의해 테러리즘에 대응한 국내 안보 강화, 감시절차 강화, 국제 돈세탁 방지 및 법집행기관 권한 강화 등의 대책을 마련하였다. 2002년 10월에는 국방부에 '북부사령부'(Northern Command)를 창설하여 본토에 대한 테러 공격시 민간지원 등을 전담하게 하였다. 이후 대테러 및 보안,

재해재난, 국경 및 출입국 등 모든 국가 안전관리 기능과 연관된 연방 주·지방정부에 소속된 기존의 87,000개 관할권을 핵심적으로 연결하고 효과적으로 통합하기 위해 2002년 11월 25일 승인된 '국토안보법'(Homeland Security Act of 2002)에 근거하여 2003년 1월 24일 '국토안보부'(DHS)를 신설하였다. 이에 따라 DHS는 22개 행정부처와 유관기관에 분산되어 있던 본토 방어 및 대테러업무 관련 조직과 연방비상관리처(FEMA) 등을 흡수·통합하여 창설되었다(U.S. 107th Congress, 2001 ; 이응영 2007, 80 ; 김태준 2006, 389).[1)]

DHS의 임무는 미국 본토를 보호하기 위한 국가적 노력을 통합하고, 테러분자의 공격을 예방·억제하고 위협과 위험에 대응하며, 국경안전의 보장, 합법적인 이민자 및 방문자와 무역의 촉진 등이다. 이러한 임무를 수행하기 위한 전략목표로 보호, 비상 대비능력 향상, DHS 활동과 관리 강화·통합 등을 설정하고 있다(Department of Homeland Security, September 16, 2008, 3, 6, 18, 22). DHS는 장관 아래 부장관, 차관(5개 국장) 및 기타 18개 참모부서 등 총 18만여 명으로 워싱턴 본부에 1,200여 명이 근무하며, 예산은 약 4,000억 달러(약 38조원)이다. 이는 연방부처 중 인원 수로 국방부, 보훈부 다음으로 세 번째로 큰 조직이다. 실무부서는 행정국, 국가보호와 프로그램국, 정책국, 과학과 기술국, 정보와 분석국, 이민과 세관집행국, 교통안전국, 연방비상관리처, 비밀경호대(Secret Service), 대마약집행국, 국내 핵탐지국 등과 관리·보안 및 관련 분야 조정부서로 구성되어있다(Department of Homeland Security, February 1, 2008).

3. 대테러리즘 관련 정보 및 전략기획 조직 통합 : 국가 대테러리즘센터(NCTC) 신설

(1) NCTC 신설배경

기존의 미국의 대테러리즘 체제는 CIA를 중심으로 운용되었다. 대테러리즘을 위한 CIA의 역할과 임무는 (1) 해외테러 단체에 대한 정보수집, 분석 및 전파의 역할 수행, (2) 테러집단의 와해와 분쇄를 위한 비밀공작과 특수활동 수행, (3) 정보수집 수단으로는 신호정보, 인간정보, 공개자료 정보 등이 있다. 이러한 CIA의 대테러리즘 노력에 대한 조정은 '대테러리스트센터' (CTC : Counterterrorist Center)에서 수행되었다. CTC는 1986년 각 기관 간의 정보활동을 시급히 조정하기 위해 CIA 본부에 설립되었다. 이후 모든 테러분자에 대한 첩보가 CTC로 통합되었다. 이러한 첩보수집은 분석과 작전적 능력 차원에서 융합되어 CTC가 정보분석, 기획, 작전적 지원을 모두 통합하고 아울러 미국의 일반적 대테러리즘 정책의 포괄적 기조를 수행하도록 하였다. 또한 1990년 설립된 'IICT' (Interagency Intelligence Committee on Terrorism)는 장기적인 측면에서 대테러리즘과 관련해 CIA 국장을 자문하고 지원하며, 각 정보기관 간의 정보활동을 조정하는 역할을 수행하였다(CIA 2008).[2)]

그러나 9 · 11 테러 이후 테러정보의 공유 및 통합 등에 문제점이 지적되어 정보기관의 대테러리즘 기구의 개편 필요성이 제기되었다. 부시 대통령은 2003년 연두교서에서 '테러리스트위협통합센터' (TTIC : Terrorist Threat Integration Center)의 창설 필요성을 언급하였고, 2003년 5월 1일 CIA의 CTC와 FBI의 '대테러리즘국' (Counterterrorism Division)을 통합하여 대테러 공격에 대한 정부 내 기관 간 협력 및 능력 증진을 위해 TTIC를 창설하고 CIA 국장이 TTIC장을 임명 · 감독하게 하였다. TTIC는 국가 대테러리즘 업무와 체제를 감독하고 테러 혐의자에 대한 최신정보를 관리하며, DHS와 긴밀히 협력하며 테러분자 위협에 대한 모든 정보를 제공하였다(The White House 2003, 1-2).

한편 2004년 7월 '9·11 위원회 최종보고서' (The 9·11 Commission Report : Final Report of the National Commission on Terrorist Attacks upon the United States)에서 CIA, FBI 등 미국 정보공동체의 대테러리즘에 대처하기 위한 정보통합 활동의 실패가 지적되었고, 통합된 정보 및 대테러리즘 기구의 필요성이 제기되었다. 이에 따라 2004년 8월 27일 '대통령 시행령 13354호' (Executive Order 13354)에 근거하여 '국가 대테러리즘센터' (NCTC : National Counterterrorism Center)가 창설되었고, TTIC는 NCTC에 흡수되었다(The White House, 27 August 2004, 1). NCTC 설치의 또 다른 법적 근거는 9·11 테러방지 실패를 계기로 정보기관 간의 정보통합을 위해 2004년 12월 17일 의회에서 통과된 '2004년 정보개혁 및 테러리즘 예방 법안' (IRTPA : Intelligence Reform and Terrorism Prevention Act 2004 Public Law 108-458)이다. 동 법안에 의해 미국의 16개 정보기관의 수장으로 국가안보 관련 정보활동을 지휘·감독하는 '국가정보국장' (DNI : Director of National Intelligence) 직위가 신설되고 중앙정보장(DCI) 직위는 폐지되었으며, NCTC를 '국가정보국' (ODNI : Office of Director of National Intelligence)에 배속시키게 되었다. 이에 따라 NCTC장은 상원의 승인에 따라 대통령이 임명하게 되었다(U.S. 108th Congress 2004, 118 ; Masse 2005, 1, 6).

(2) NCTC 조직과 임무

NCTC의 신설과 임무는 '대통령 시행령 13354호'와 '2004년 정보개혁 및 테러리즘 예방 법안' (IRTPA) 2가지 법적 근거에 기초하고 있다. CIA, 국방부, FBI 등 16개 기관으로부터 파견된 400여 명의 직원으로 구성된 NCTC의 주요한 임무는 다음과 같다. 첫째, 순수한 국내 대테러리즘 정보를 제외한 모든 테러리즘과 대테러리즘에 대한 정보를 융합, 분석 및 전파하는 주무기관으로 테러리즘 정

표 1_NCTC 조직도

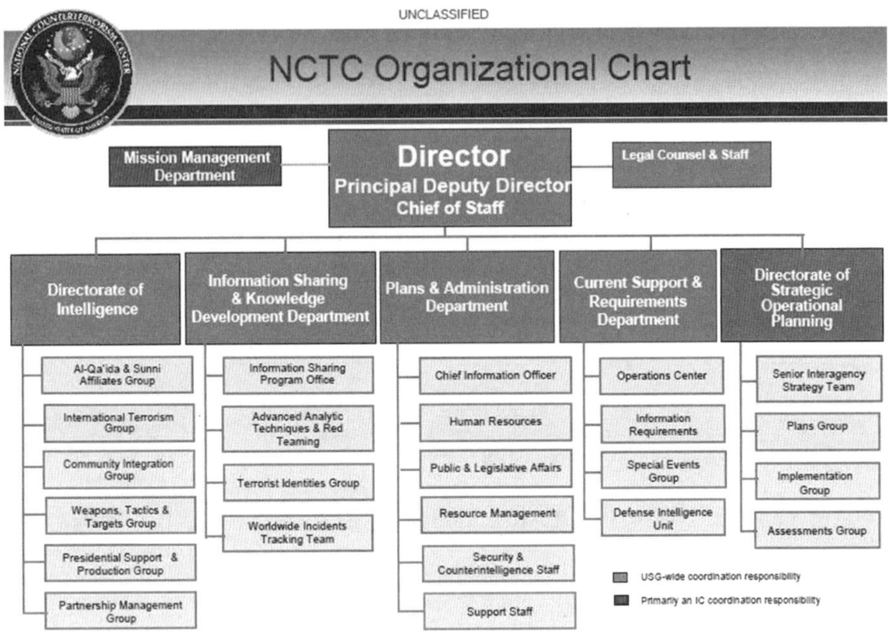

* 출처 : "National Counterterrorism Center," http://www.dtic.mil/ndia/2006solic/brock.pdf(검색일 : 2008. 10 16), p. 3.

보의 지식은행 역할을 수행한다. 둘째, 외교, 재정, 군사, 정보, 국토안보 및 법집행 등 모든 국가적 수단을 포함한 대테러리즘 활동에 대한 전략적 작전기획을 수행한다. 즉 미국의 대테러리즘 활동과 조치들의 우선사항이나 목적에 통일되도록 하기 위해 CIA, 법무부/FBI, 국무부, 국방부, 국토안보부 등 유관기관과 협력하여 업무를 수행한다. 셋째, NCTC는 대통령, NSC, 국토안보회의(HSC)의 정책적 지시 하에 작전 책임을 대테러리즘 활동을 수행하는 집행기관에 부여한다. 대테러리즘 정보에 관해서는 NCTC장이 DNI에게 보고하고, 국가 대테러리즘 전쟁계획인 전략적 작전기획에 관해서는 NCTC장이 대통령에게 직접 보고한다(The White House 2004 ; Redd 2007, 2).[3]

NCTC의 주요 조직은 정보국, 정보공유와 지식개발국, 계획과 행정국, 지원과 요구국, 전략작전기획국 등으로 구성되어 있다. 정보국은 정보융합과 통합기능을 수행하고, 전략작전기획국은 전략기획 및 감시기능을 수행한다. 정보국과 정보공유와 지식개발국의 조직원 대부분은 정보공동체로부터 파견되고 있으며, 기타 부서는 ODNI, 국방부, DHS, 법무부, 국무부 등에서 파견되어 근무한다(Reinwald 2007, 9).[4] 아울러 NCTC는 'NCTC 온라인'(NOL)이라는 보안 웹사이트를 통해 국내외 대테러리즘 관련 기관에 테러리즘 정보의 배포를 통해 정보공유 능력을 향상시키고 있다. 또한 'Terrorist Identities Datamart Environment'(TIDE)라는 정보 공유체제를 통해 테러분자와 테러조직에 대한 정보를 FBI의 '테러리스트감시센터'(TSC)에 제공한다. NCTC의 '24-7 Operations Center'는 5개 팀이 교대로 매일 24시간 CIA와 FBI 유관 부서와 협력하여 11개 다른 대테러리즘 공동체 작전센터와 테러위협 및 관련 사건을 인지하고 03 : 00와 15 : 00 12시간 간격으로 '테러리즘 상황보고서'(terrorism situations reports)와 일일 '위협기반'(Threat Matrix)을 정보공동체에 생산·배포한다. 아울러 심도 있는 분석을 거쳐 '대통령일일브리핑'(Presidents Daily Brief)과 '국가테러리즘공보'(National Terrorism Bulletin) 등을 생산한다. 한편 브리핑 룸에서는 하루에 3번, 01 : 00, 08 : 00, 15 : 00에 '보안비디오화상회의'(SVTCs : Secure Video Teleconferences)를 주관하여 각 정보기관들과 정보를 공유하고 대테러리즘 공동체의 최근 테러리즘 관련 정보에 대한 대응방안을 조정한다(National Counterterrorism Center 2006, 4 ; Redd 2007, 3).[5]

4. 기타 대테러리즘 관련 기관

법무부는 2003년 12월 1일 대테러리즘 관련 법집행기구인 FBI 산하에 대테러 유관 기관 간 정보공유 부재를 극복하기 위해 '테러리스트감시센터'(TSC : Terrorist Screening Center)를 설치하였다. TSC는 국무부와 NCTC의 정보자료, FBI의 국내 테러혐의자 관련 정보, 기타 연방기관의 테러 관련 정보를 제공받아 연방·주·지방정부 요원들에게 자료를 제공하며 경찰, 공항 보안요원 및 비자발급

표 2_ 미국의 대테러리즘 조직도

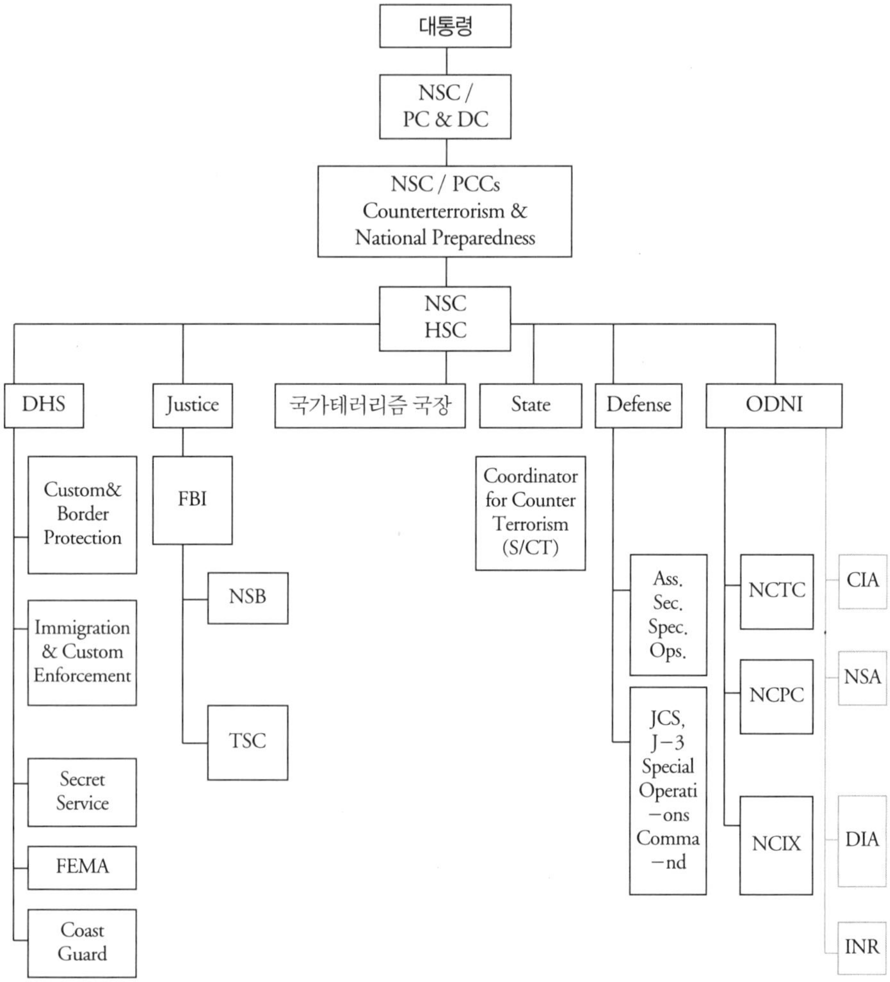

* 출처 : United States General Accounting Office, "Combating Terrorism : Federal Agencies' Efforts to Implement National Policy and Strategy," *Report to Congressional Requesters*, GAO/NSIAD-97-254, September 1997, p. 21의 그림을 기본으로 필자가 수정 · 보완. 이창용, 『뉴테러리즘과 국가위기관리』(서울 : 대영문화사, 2007), p. 218 참고.

관리들이 10만 명 이상 등록된 감시리스트를 열람할 수 있도록 하였다(최성재 2004, 8).[6] 한편 FBI는 9 · 11 이후 '합동테러리즘특공대' (JTTF : Joint Terrorism Task Force)를 강화하였고, FBI 본부에 National Joint Terrorism Task Force를 신설하고

'24-7 Counterterrorism Watch Center'를 설치하였다. 아울러 2005년 12월 9일 '국가안보처'(NSB : National Security Branch)를 신설하여 대테러리즘, 방첩 및 정보 업무를 강화하였고, 2006년 7월에는 NSB 산하에 WMD국을 신설하여 WMD 테러리즘에 대비하고 있다(The White House 2003, 1-2).[7)]

CIA는 2005년 10월 13일 기존의 '공작국'을 흡수하여 '국가비밀공작국'(NCS : National Clandestine Service)을 신설하고 정보공동체 내에서의 비밀 인간정보(HUMINT) 활동을 조정·평가하는 역할을 수행하도록 하고 있다. NCS는 비밀 정보수집뿐만 아니라 대통령의 지시 하에 방첩 및 특수임무 활동을 수행한다(전웅 2008, 91).[8)]

국무부의 대테러리즘 관련 부서는 '대테러리즘조정관실'(S/CT : Office of the Coordinator for Counterterrorism)과 '정보조사국'(INR : Bureau of Intelligence and Research)이 있다. S/CT는 해외에서 테러분자 격퇴를 위한 전략개발과 비국가행위자, 다자기구 및 외국 정부와의 국제협력을 위한 핵심 역할을 수행하고, 국무부가 2001년 4월부터 매년 발간하는 「국가별 테러현황 보고서」(Country Reports on Terrorism)를 작성하는 주무부서이다. INR은 미국 정보공동체의 일원으로 국가안보와 외교정책을 지원하기 위한 정보의 수집·분석 및 방첩과 법집행 활동에 대한 정책 검토 역할을 수행한다.[9)]

국방부의 대테러리즘 담당 부서는 'The Assistant Secretary of Defense for Special Operations/Low-Intensity Conflict and Interdependent Capabilities'(ASD/SOLIC&IC)이고 실무부서는 'Office of the Deputy Assistant Secretary of Defense for Special Operations Capabilities'(SOC)이다. SOC는 민감한 특수작전 임무의 정책적 감독과 국방부의 지구적 대테러리즘 전략을 기획한다. 실제 작전을 수행하는 조직으로는 합동참모본부(JCS) J-3 작전국과 특수전사령부가 있다.[10)]

III. 미국의 대테러리즘 정책

1. 「국가안보전략보고서」(2002/2006)

9 · 11 이후 급변한 안보환경에 직면하여 부시 행정부는 새로운 공세적 전략을 채택했고, 2002년 9월 20일 백악관이 발표한 「국가 안보전략보고서」(NSS : National Security Strategy of the United States)에 집약되어 있다. NSS 2002 보고서에 나타난 전략목표는 정치 및 경제적 자유, 타국과의 평화로운 관계 및 인간 존엄성 옹호이고, 주요 내용은 (1) 테러리즘 억제 및 반테러리즘 국제연대 및 동맹 강화, (2) WMD 반확산 노력 강화, (3) '불량국가들'과 테러분자의 WMD 위협과 적대적 행동을 사전에 막기 위한 예방적 선제공격 강조, (4) 국가안보기구 개혁 강조 등이다(The White House 2002, 14-15 ; 김성한 2002, 2-4 ; 이상현 2002, 17).

한편 NSS 2002에 이어 두 번째로 2006년 3월 16일 발표된 NSS 2006의 전략목표는 폭정을 종식시키고 민주적이고 선정을 펼치는 국가를 창출하는 것으로 명시되었다. 주요 내용은 (1) 인간의 존엄성 제고를 위한 폭정종식 및 민주주의 확산, (2) 지구촌 테러리즘의 패배와 미국의 동맹국들에 대한 테러 방지, (3) 미국과 우방국들의 지역분쟁 해결 노력, (4) WMD 위협으로부터 미국과 동맹국 · 우방국들 보호, (5) 자유시장과 자유무역에 기반한 지구촌 경제성장, (6) 사회개방과 발달지역 확대, (7) 강대국과의 협력적 조치를 위한 현안 개발, (8) 21세기 도전과 기회에 적응할 수 있는 미국가안보기구 개혁, (9) 세계화에 대한 도전과 기회 등이다(The White House, March 2006, iii ; 송대성 2006, 1 ; 김열수 2006, 1). 동 보고서에서는 미국의 테러와의 전쟁은 아직 끝나지 않았으며, 테러와의 전쟁은 종교전쟁이 아닌 무장과의 전쟁이며 이상의 차이에서 오는 전쟁이라 규정하고 있다. 테러리즘이 발생하는 근원은 (1) 정치적 소외, (2) 복수심을 보유하고 있는 타자에 대한 불만, (3) 음모와 오인된 정보로 구성된 특수한 문화, (4) 살인을 정당화 하는 이념 등이라고 설명한다. 이에 대한 장기적 대책은 민주주의를 통한 자유와 인간 존엄성 증진이며, 단기 대책으로는 (1) 테러분자 연계망의 공격 예방 (2) 불량국가와 테러분자의 WMD 확보 및 사용 노력 차단, (3) 불량국가들의 테러분자 지원과 도피처 제공 차단, (4) 테러분자들의 특정국가 기지사용 차단 등을 강조하였다(The White House, March 2006, 9-12 ; 송대성 2006, 2).

NSS 2006과 NSS 2002를 비교할 때 NSS 2006에서는 미국의 국가안보 측면에서 강대국 간의 관계 강조보다 다자적 협력을 더욱 강조하고 있다. 또한 위협평가 측면에서 NSS 2002에서는 실패 또는 불량국가들, 테러분자, 폭군 및 WMD로부터의 위협을 강조한 반면, NSS 2006에서는 이러한 위협을 동의하면서도 증오와 살인에 기반한 공세적 이념에 의해 촉발되는 테러리즘 위협 또는 투쟁적 이슬람 과격주의에 의한 이념적 위협을 강조하고 있다. 국가안보 달성 수단적 측면에서 NSS 2002는 전례에 없는 압도적인 미국의 군사력을 강조한 반면 NSS 2006에서는 효과적인 민주주의에 초점을 두고 있다. 아울러 제도적 변환 측면에서 NSS 2002에서는 정보공동체 변화를 강조하고 있으나 NSS 2006에서는 국무부의 '변환외교'(transformational diplomacy)를 더욱 강조하고 있다(Suleman 2007, 574-577).

2. 대테러리즘 국가전략 보고서(2003, 2006)

NSS 2002의 기조에 근거해 2003년 2월 14일 '대테러리즘 국가전략 보고서'(NSCT : National Strategy for Combating Terrorism)가 발표되었다. 동 보고서에서는 미국의 대테러전쟁 추진 4대 목표로 (1) 테러분자와 그들 조직 척결, (2) 테러분자에 대한 재정, 지원 및 은신처 제공 차단, (3) 테러분자의 활동환경 축소, (4) 국내외에서 미국 국민과 이익 보호 등을 설정하였다. 이러한 4대 목표달성을 위해서는 외교적·경제적 수단, 정보활동, 법집행, 재정적 및 군사적 수단 등을 포함하는 모든 국력수단들의 지속적이고 확고하며 체계적인 적용을 통해 격퇴, 차단, 축소 및 보호 노력을 다해야 할 것임을 강조하였다. 또한 미국은 모든 국가 자원을 총동원하여 테러조직을 직접적·간접적으로 공격할 것이고, 테러 지원국을 강압하며, 아울러 이러한 노력은 국제사회와의 협력을 통해 추진될 것임을 분명히 하였다(The White House, February 2003, 15-29 ; 국가정보원 2006, 14).

2006년 9월 두 번째로 발표된 NSCT 2006은 2003년 2월 발표된 NSCT 2003과 2006년 3월 발표한 NSS 2006을 토대로 미국에 대한 향상된 적에 대한 인식을 구체화하였으며, 대테러전 승리를 위한 방향을 설정하였다. 미국은 증오, 억압 및 살인이라는 급진적 이데올로기로 무장한 초국가적 테러조직과 전쟁 중에 있으며, 대테러전 초기부터 이 전쟁이 단순히 2001년 9월 11일 테러공격을 계획하고 실행한 테러범들을 체포하여 처벌하는 것에 그치는 것이 아니라 그 이상을 수반한다는 사실을 인식해야 한다고 강조했다(The White House, September 2006, 1). 동 보고서에서 미국이 직면한 도전은 (1) 테러분자 연계망의 분산과 비집중화, (2) 모든 테러공격을 예방하기 힘든 상황, (3) 미국 본토가 공격의 안전지대가 아니라는 사실, (4) 테러분자의 WMD 획득 의도와 사용 위협 증대, (5) 테러분자들의 첨단화되고 있는 인터넷과 언론매체 사용으로 개인적 접촉의 위험 없는 통신, 인력충원, 훈련, 지원획득, 선전확산 용이함 등을 제시하고 있다. 이러한 테러리즘 도전에 직면하여 미국의 전략목표는 자유롭고 개방된 사회로서의 미국의 생활방식에 대한 위협인 폭력적 극단주의 격멸과 폭력적 극단주의자와 그 지원자들이 자리 잡을 수 없는 범세계적 환경 창출 등으로 설정되었다(The White House, September 2006, 4, 7). 아울러 대테러전의 상기직 성공을 위해서 전략은 제도화할 필요성을 강조하며, 국제적 책임규범 신설과 유지, 국제연대 강화, 대테러리즘 정부조직(DHS, ODNI, NCTC 등)과 정부 간 기구 협력 향상 및 지적·인적 자산 증진을 강조하고 있다(The White House, September 2006, 19-21).

한편 NSCT 2006에서 제시하는 테러리즘 발생원인과 대테러전 승리를 위한 접근방법은 장단기 접근방법은 NSS 2006에서 제시된 내용과 동일하다. NSCT 2006은 NSCT 2003과 비교할 때 목표를 달성하기위한 전략적 수단 또는 대테러리즘 방법의 우선순위에서 민주화에 대해 강조하고 있는 것이 근본적인 차이이다. 또한 NSCT 2006은 저개발·실패·불량국가들의 테러분자 은신처에 대한 거부작전을 더욱 강조하고 있다. 반면 NSCT 2003보다는 테러분자 영향 확산에 취약한 국가들에 대한 경제적·정치적 수단의 사용은 덜 강조하고 있는 것이 특징이다(Perl 2007b, 3).

IV. 미국의 대테러리즘 조직 및 정책 평가

1. 대테러리즘 조직 평가

9·11 테러 이전에는 대통령 보좌관이나 NSC 및 CIA의 '대테러리스트센터'(CTC) 중심의 분화된 조직 하에 미국의 대테러리즘 활동을 조정하는 체제가 운영되어 왔다. 그러나 9·11 테러 이후 테러분자로부터의 위협에 효과적으로 대체하기 위해서는 단순히 조정역할을 넘어서 대테러리즘 활동을 위한 국가의 모든 조직과 수단의 '동시화'(synchronization)가 핵심적 사안으로 부각되었다. 이에 따라 NCTC 중심의 단일화되고 통합된 테러리즘 정보수집 및 전파, 국가적 대테러리즘 수단의 통합 및 전략기획 체제로 개편되었다(Reinwald 2007, 6). 2006년 9월 NCTC에서 9·11 이후 5년간의 대테러리즘 조직과 정보공유에 대한 평가를 위해 발표된 보고서에 의하면, 9·11 이후 통합된 테러리즘 정보수집·통합·분석·공유체계가 발전하였다고 평가하고 있다. 그러나 여전히 정보수집 부서와 분석 부서 간의 긴장 존재, 민감한 정보의 전파가 정보 및 법집행기관 활동에 미치는 부정적 영향, 원활한 정보공유, 정보배포와 정보출처의 신뢰성, 정보기술,

정부와 민간부문 간의 국토안보와 테러리즘 관련 정보공유의 미비점, 테러리즘 정보수집에서 법·관료적 복잡한 절차 등이 문제점으로 지적되고 있다(National Counterterrorism Center 2006, 8).

아울러 NCTC 임무와 운영체계에 있어 다음과 같은 관료적·법적 문제점이 상존하고 있다. 첫째, NCTC장의 이중 보고체계가 지적된다. 센터장은 NCTC의 예산과 정보 및 다른 정보공동체의 정보활동 수행에 관련해서는 DNI에게 보고한다. 그러나 전통적으로 국방부가 역할을 수행했던 '합동 대테러리즘 작전의 기획과 진행'에 관련해서는 대통령에게 직접 보고하는 체계를 유지하고 있다. 대통령에게 직보하는 체계는 센터장에게 정부 기관 간 조정에 있어 잠재적 권한을 부여하고 있다. 그러나 ODNI 소속 하에 조직으로 센터장의 권한에 제약이 따를 가능성이 있다. 둘째, NCTC 요원의 파견 근무로 인한 소속기관 중심의 행태이다. 16개 연방부처와 기관에서 파견된 요원의 임시적이고 비정규적인 순환근무 체제는 NCTC 자체보다 소속기관에 충실한 행태가 나타날 문제점을 안고 있다(Masse 2005, 6–7 ; Reinwald 2007, 9). 셋째, 전략작전기획국은 대테러리즘 작전기획과 전략개발의 핵심 부서로 정책방향은 ODNI나 NSC 대테러리즘안보그룹(CSG)을 통해 대통령으로부터 하달된다. 여기서 제기되는 문제점은 NCTC 전략작전기획국은 전략적 작전기획의 수행에 감독역할을 수행하나 대테러리즘 작전의 집행에는 권한이 없는 규정이다. 이러한 체제는 전략적 작전 기획과 집행에 있어 NCTC와 대테러리즘 작전을 수행하는 CIA와 국방부 간의 갈등을 야기할 수 있다. 즉 미국의 대테러전의 효과적 추진을 위한 정보통합, 정부 기관 간 조정 및 국가적 수단의 통합 차원에서 혼선을 야기할 가능성을 내포하고 있다. 향후 효과적인 미국의 대테러리즘 작전 기획, 전략개발 및 집행을 위해서는 이에 대한 조정이 필요하다(Masse 2005, 10–11 ; Reinwald 2007, 12, 15).[11]

한편 ODNI는 정보공동체 조직 개혁에 대한 평가와 관련하여 2007년 7월 21일 '100일 계획 : 통합과 협력' 보고서를 발표하여 법, 정책, 기술, 과정 및 문화 등의 분야에서 문제점을 적시하고 정보공동체의 효과적이고 단일화된 조치를 위한 개선책을 제시했다. 동 보고서는 국가정보전략 목표를 달성하기 위한 노력으로 (1) 공동 협력의 문화 조성, (2) 수집과 분석 변환 증진, (3) 최상의 정보획득과 기술 지도력 증진, (4) 업무 실제의 현대화, (5) 정보공유 가속화, (6) DNI의 권한 명확화 및 정렬화 등 6가지 사항을 제시하고 있다. 이러한 '100일 계획'을 중 · 장기적으로 발전시키기 위해 ODNI는 2007년 10월 10일 '500일 계획 : 통합과 협력' 보고서를 발표하고 추진 중에 있다(Office of the Director of National Intelligence, July 27, 2007, 1 ; Office of the Director of National Intelligence, October 10, 2007).

2. 대테러리즘 정책 평가

2001년 아프가니스탄 공격과 2003년 이라크전 이래 미국은 아프가니스탄과 이라크 지역에서 대테러리즘에 동참할 강력한 동맹국을 재건하려는 목적 하에 국가건설과 대전복전 역할에 초점을 두고 테러리즘에 대한 '지구적 전쟁'(Global War on Terrorism)을 전개해 오고 있다(Burton 2008, 1). 그러나 이러한 노력에도 불구하고 국제사회에서 테러리즘은 여전히 감소하지 않고 있다. 2001년 이후 발표된 NSS와 NSCT 보고서에 기초한 미국의 대테러리즘 정책과 군사작전은 문제를 정확히 인지하지 못하고 있으며 부작용을 야기하고 있다는 비판적 견해가 많다.

우선 NSS 2002와 NSS 2006을 평가하면 첫째, 국익과 전략목표가 좀더 현실적으로 정의되어야 한다는 비판이 제기된다. 단기적으로 대테러리즘 활동에 있어 비민주적 국가들과의 협력은 미국의 안보이익을 보호하기위해 필수적이기에 지구적 차원에서 폭정의 제거는 신중치 못한 무모한 목표일뿐만 아니라, 이러한 미국의 행태는 미국의 명성을 손상시키고 반미선전과 인력충원을 야기하게 된다는 지적이 있다. 즉 미군에 의한 대규모 군사적 개입은 오히려 분노를 초래해 국제 테러리즘을 촉발시키는 원인이 되기도 한다는 것이다(Suleman 2007, 596 ; Burton 2008, 1). 둘째, 적대자와 위협에 대한 구체적인 명시가 필요하다는 의견이다. 예를 들면 '하마스'와 '헤즈블라'의 테러리즘 수행목표와 이익은 '알카에다'와 서로 다르기에 미국의 정책과 전략은 다양한 조직, 목표, 범위 및 능력에 따라 다르게 정의되어야 한다는 비판이 제기된다. 미국은 테러 지원국의 테러분자에 대한 은신처 제공 차단에 초점을 두고 있으나 '알카에다'와 연계된 조직은 지원국의 은신처 제공 없이도 선진국에서 비밀리에 활동 가능하다(Suleman 2007, 596-597 ; Burton 2008, 1). 셋째, 테러분자 활동에서 이념적 측면의 강조는 실제 불만의 원인을 간과하는 위험을 야기하고 있다. 대테러리즘 활동에서 이념과 함께 사회적·정치적·경제적 요인에서의 불만과 좌절을 인식할 필요성이 제기되고 있다(Suleman 2007, 598 ; Crenshaw 2006).

또한 NSCT 2003과 NSCT 2006에서 나타난 전략 비전은 다음 몇 가지 중요한 문제를 간과하고 있다. 첫째, 대테러리즘 전략은 극단적 이슬람에 기반한 테러분자 위협에 초점을 두고 있으나 다양한 극단주의적 원인 및 이념과 연계된 조직과 개인들로부터의 잠재적 위협도 있을 수 있다. 둘째, 대테러전은 장기적으로 답보상태에 빠질 가능성이 높기에 대테러전에서 승리하지 못할 경우 이에 대한 우발계획 시나리오에 대한 논의가 필요하다. 현재 9·11 테러 이후 7년 이상이 경과된 상황에서 미국의 대테러리즘 전략의 성공과 실패에 대한 합의된 기준이 없는 상황이다. 셋째, 장기적 대테러리즘을 위한 대책으로 민주주의 증진 노력은 미국의 공세적 제국주의 발로로 보여 오히려 테러리즘의 확산에 기여할 가능성이 있다는 지적이 제기된다(Perl 2007b, 5-6). 넷째, 미국의 고립과 제재정책이 소위 '불량국가'들에 대해 테러리즘과 테러리즘 조직에 대한 지원을 포기할 때까지 적용될 때의 효과에 대한 논란이다. 특히 시리아와 이란에 대한 정권교체 노력은 실현 가능성이 낮으며 역효과를 불러온다는 의견이 제기되고 있다. 아울러 민주주의 증진을 위한 군사력 수단의 사용은 목표와 수단 간의 괴리를 보여주고 있다(Perl 2007b, 11-12 ; Crenshaw 2006, 5, 7).

V. 한국의 대테러리즘 조직과 정책에 대한 함의

이상 살펴본 미국의 대테러리즘 조직과 정책에 대한 분석에 기초해 도출할 수 있는 한국의 대테러리즘 조직과 정책에 대한 함의는 다음과 같다. 첫째, 미국은 9·11 테러 이후 2001년 10월 애국법을 시작으로 다양한 테러 방지 관련 법안과 대통령 시행령을 통과시켜 제도와 국가안보기구를 개혁하였다. 한국의 상황은 2001년 11월 28일 정부가 제안한 '테러방지법'은 통과되지 못하고 16대 국회 임기만료로 폐기되었다. 17대 국회에서 상정·계류 중인 테러 방지 관련 법안은 '테러대응체계의 확립과 대테러활동 등에 관한 법률안'(2005. 3. 15, 공성진의원 대표발의), '테러방지 및 피해보전 등에 관한 법률안'(2005. 8. 26, 조성태의원 대표발의), '테러예방 및 대응에 관한 법률안'(2006. 2. 14, 정형근의원 대표발의), '테러자금 조달의 금지를 위한 법률안'(2007. 1. 15, 정부 발의) 등이 있었다(윤태영 2007, 96-97). 2007년 11월 21일 국회 정보위를 법안심사소위에서 조성태 의원이 대표 발의한 법안과 공성진·정형근 의원 등이 발의한 법안을 함께 심의하여 '테러방지 및 피해보전 등에 관한 법률안'이 통과되어 22일 전체회의에서 의결하기로 했으나 무산되었다. 소위를 통과한 법안은 국정원장 산하에 대테러센터를 두고 일반 행정기관의 대테러활동을 기획·조정할 수 있는 권한을 부여하고, 테러 위험인물에 대한 출입국·금융거래 및 통신이용 등 관련 정보를 수집·조사할 수 있도록 하며, 테러 발생시 군병력을 동원할 경우 시설의 보호 및 경비에 필요한 최소한의 범위 안에서 국무총리가 건의하고 대통령이 결정, 국회에 통보하도록 하는 내용을 담고 있다(국가정보원 2007 ; 조성태 2005 ;《국민일보》07. 11. 22 ;《경향신문》07. 11. 22). 그러나 다행스러운 일은 '테러자금 조달의 금지를 위한 법률안'은 통과되지 않았으나 2007년 12월 21일 '공중 등 협박목적을 위한 자금조달행위의 금지에 관한 법률'이 대안으로 제정되어 한국 국회가 2004년 2월 비준한 '테러자금 조달의 억제를 위한 국제협약' 이행을 위한 국내 법적 근거를 마련하였다는 것이다(금융위원회 2008).[12] 현재 18대 국회에서는 2008년 10월 28일 공성진의원이 대표 발의한 '국가 대테러활동에 관한 기본법안'이 있다. 동 법안은 국가 대테러 기본계획 수립·시행과 대통령 소속의 '국가 대테러대책회의' 및 국가정보원장 소속의 '국가 대테러센터'의 신설 등을 핵심 내용으로 제시하고 있다(공성진 2008). 향후 법적 근거를 마련하여 테러 징후·예측정보의 수집과 판단, 정보분석·전파, 협상, 인질구출, 사후수습 등 임무에 관한 조직과 업무분장을 규정하여 총괄적 대테러리즘 조직 구축과 활동을 강화해야 할 것이다.

둘째, 과거 한국인에 대한 직접적 테러위험 가능성이 낮았으나 2004년 6월 김선일 사건, 이라크 파병(3위 파병국)에 따른 알카에다의 테러 대상 지목, 2007년 1월/5월 나이지리아 대우건설 근로자 피랍, 2007년 2월 아프간 주둔 다산부대 병사 사망, 2007년 5월 소말리아 피랍 마부노 12호 사건, 2007년 7월 아프가니스탄 피랍사태 등이 보여주듯 한국도 테러위협으로부터 안전한 상황이 아니다. 또한 세계화 추세에 따른 한국인 해외여행자(2007년 1천 300만명 돌파)와 이민자 급증 및 기업들의 해외활동 증가로 인해 향후 해외에서 한국 교민, 여행객, 기업 등에 대한 테러 위협이 증가하고 있다(국가정보원 테러정보통합센터 2008, 23-25). 따라서 외교통상부 다자외교조약실 산하 '안보대테러협력과'의 조직과 기능을 강화해야 한다. 현재 행정지원 인력 2명을 포함하여 9명으로는 테러리즘 관련 외교정책의 수립·시행, 국제협력 및 국제기구 및 비확산 및 초국가적 범죄 등의 업무를 효과적으로 수행하기 어려운 상황이다. 아울러 국가정보원, 재외동포영사국 재외국민보호과, 해당 지역과 및 현지공관과의 원활한 공조체계를 구축해야 할 것이다(외교통상부 2007 ; 최진태 2007, 18-20).

셋째, 국방부, 경찰청 및 해양경찰청의 대테러활동과 관련 법령에 있어 국정원과의 통합된 체계가 필요하다. 우선 국방부 차원에서 대테러리즘과 관련된 국방부 훈령이 없으며, '대테러 실무편람'만이 존재한다. 군의 대테러 특수부대는 육군 특전사 예하 707 대테러 특수임무대대와 해군 특수전여단 예하의 대테러 특수임무대 등이 임무를 수행하고 있다. 경찰은 2005년 7월 19일 경찰청 경비국에 대테러센터를 신설하고 경찰기본 작전계획의 수립시행 및 지도·감독, 국가 대테러 관련 대책수립 시행 및 기구운영, 치안상황실 운영 등의 업무수행과 경찰특공대를 운용하고 있다. 이렇게 군과 경찰은 대테러 특수부대를 운영하고 있으나 임무 한계가 명확하지 않고 대테러리즘 활동의 총괄, 기획, 지휘통제, 정보 등의 역할은 국정원이 주관·담당하고 있어 이들 기관간의 통합된 법적 체계를 갖추어야 할 것이다(이태윤 2005, 54–57 ; 조성권 2008, 163 ; 최진태 2006, 298).[13]

넷째, 대테러리즘 전략적 차원에서 한국도 외교적 협상뿐만 아니라 공공외교, 경제 제재 및 유인, 비밀활동, 송환/법집행 협력, 정보제공에 대한 보상, 군사력, 국제협정 등에 대한 다각적 전략을 검토·개발해야 할 것이다(Perl 2007a, 11–20). 특히 국제 대테러리즘 공조와 테러자금 차단체제를 구축하기 위해 주요국들과의 양자 대테러 협력 채널 확보, 테러 위험지역 국가들과 전략적 협의 채널 구축 및 UN 등 다자차원의 범세계적·포괄적 협력에 적극 참여해야 할 것이다. 아울러 한국 내 자생적 테러리즘에 대한 대응태세도 갖추어야 한다. 즉 한국 내 정치·경제·사회적 불만 계층의 존재와 다문화 사회(2007년 8월 국내체류 외국인 100만명)로 접어들고 있는 상황에서 테러주체의 다양화 가능성에 대한 검토와 대응태세를 구축해야 할 것이다(김열수 2007, 10).

다섯째, 한국 정부도 현재 국정원의 테러정보통합센터의 임무를 확대하여 미국의 NCTC와 유사한 조직을 신설하여 대테러리즘 정보와 작전기획 등을 총괄하는 조직을 신설해야 할 것이다. 아울러 미국 정보공동체(Intelligence Community)의 운영처럼 정보공동체 개념을 도입하고 국정원, 국방정보본부, 기무사, 경찰, 검찰, 관세청 등 유관 정보기관을 정보공동체의 일원으로 규정하고 이를 조정, 통제 및 총괄하는 직위를 검토할 필요가 있다. 이러한 노력을 매년 평가·발전시키기 위해 한국 정부도 「국가 대테러리즘 보고서」를 발간할 필요가 있다. 현재 국가정보원 테러정보통합센터는 「월간 테러정세」, 연도별 「테러정세」, 「대테러정책 연구논총」 등을 발간하고 있으나 국정원, 외교통상부, 국방부, 경찰청 등 대테러리즘 관련 부처의 통합된 전략, 임무수행, 및 방전방향 등을 제시하는 보고서를 발간하지 못하고 있다.

VI. 결론

9 · 11 테러 이후 국제 안보환경은 복합적 · 불확실 · 기습적 및 비정규적 위협이 증가하고 있는 상황이다. 알카에다의 완전한 소탕이 이루어지지 않고 있는 가운데 테러수단이 첨단화 · 교묘화되면서 테러발생 건수가 지속적으로 증가하고 있다. 미국은 국내외에서의 테러리즘과 테러조직의 WMD를 사용한 미국과 동맹국 · 우호국에 대한 재앙적 공격을 예방 및 격퇴하기 위해 대테러리즘 및 정보조직과 관련한 법률 제정과 관련 조직의 대대적인 개혁을 진행하였다. 이러한 제도적 개혁을 기반으로 백악관 NSC, 국방부, DHS, ODNI, NCTC 등에서 주기적으로 조직의 혁신과 대테러리즘 국가전략을 개발하고 이에 대한 보고서를 발간하고 있다. 미국은 대테러리즘 전략의 수행을 위해 외교적, 경제적, 재정적, 법집행, 정보 및 군사적 수단 등을 포함하는 모든 국력수단들의 지속적인 직접적 · 간접적 사용과 더불어 대테러리즘 국제공조와 전통적 동맹국과의 합동 및 연합 전쟁 수행체제를 공고히 하고 있다.

그럼에도 불구하고 부시 행정부의 대테러전을 적극 지지했던 영국과 스페인 등 유럽 국가들이 테러리즘의 표적이 되었고, 중동지역에서 반미 이슬람 세력의 정치적 기반이 강화되는 추세가 진행되고 있다. 이러한 상황에서 미국의 대테러리즘 활동에 수반되는 재정의 부담 급증, 시민자유의 제한 및 테러 용의 수감자 학대 등이 발생해 국내외에서 비난도 대두되었다. 향후 국제테러 정세는 미국의 대테러리즘 활동 강화와 이에 대한 이슬람권의 보복테러가 심화되는 악순환이 계속될 것으로 예상된다(국가정보원 2006, 16-17).

그러나 인간의 존엄성과 자유에 대한 심각한 폭력행위인 테러리즘에 대한 미국 및 국제사회의 노력은 더욱 가속화될 것이다. 한국 정부도 2004년 6월 김선일 사건을 계기로 2005년 3월 15일 '국가 대테러활동지침' 을 전면 개정하여 2005년 4월 국가정보원에 테러정보통합센터를 신설하는 등 테러리즘 대응체계를 개선에 많은 노력을 하고 있다(국가 대테러활동지침 2008). 그럼에도 불구하고 대테러리즘 조직과 정책의 핵심적 기반인 테러리즘 관련법이 2001년 이후 7년 동안 추진되었음에도 아직 제정되지 못하고 있다. 향후 한국은 미국의 대테러리즘 법률, 조직 및 전략을 심도 있게 검토하여 체계적인 대테러리즘 체제 구축과 전략의 개발 및 국제 대테러리즘 협력에도 적극 참여해야 할 것이다.

참고문헌

공성진 의원 대표발의. 2008. “국가대테러활동에 관한 기본법안”(10월 28일).

“국가대테러활동지침.” 대통령훈령 제47호, 2008. 8. 18 일부개정, http://www.tiic.go.kr(검색일 : 2008. 10. 3).

국가정보원. 2006. “9 · 11 5주년 : 미국의 대테러전 공과와 시사점.” 『주간 국제이슈 분석』. 2006-37. 제59호(9월 14일).

국가정보원 보도자료. 2007. “국정원, 테러방지법 조속한 입법요망”(11월 22일).

국가정보원 테러정보통합센터. 2008. 『2007년 테러정세』(3월).

금융위원회 금융정보분석원, “주요국가 운영사례.” http://www.kofiu.go.kr/sub2/7.jsp(검색일 : 2008. 11. 11).

김성한. 2002. “미국의 신안보전략과 북미관계 전망.” 『주요국제문제분석』(11월 16일). 외교안보연구원.

김열수. 2005. 『21세기 국가위기관리체제론 : 한국 및 외국의 사례 비교연구』. 서울 : 오름.

______. 2006. “미국의 국가안보전략보고서와 한국안보.” 『u-안보리뷰』 vol. 3(4. 15). 국방대학교 안보문제연구소.

______. 2007. “한국에서의 새로운 테러 주체의 등장 가능성 : 유럽의 자생적 테러 주체와의 비교를 중심으로.” 『한국위기관리논집』 제3권 제1호(여름).

김태준. 2006. 『테러리즘 : 이론과 실제』. 서울 : 봉명.

사이버경찰청. “대테러센터.” http://www.police.go.kr/DEFPOL/index.jsp?_page=7(검색일 : 2008. 4. 20).

송대성, 2006. “2006년 미국의 국가안보전략(NSS) 핵심 내용과 의미,” 『정세와 정책』(4월호) 통권 118호. 세종연구소.

외교통상부. 조직현황, “안보대테러협력과,” http://www.mofat.go.kr/main/index.jsp(검색일 : 2008. 11. 7).

윤태영. 2007. “한국의 국외 대테러 위기관리 체계와 정책 : 김선일 피살사건을 중심으로.” 『세계지역 연구논총』 제25집 3호.

이상현. 2002. “미국의 신 국가안보전략과 한반도 안보.” 『정세와 정책』(10).

이응영. 2007. “미국 국토안보체제의 핵심요소를 수용한 국가위기관리 및 비상대비체제 재편 방향.” 『비상대비연구논총』 제34집.
이창용. 2007. 『뉴테러리즘과 국가위기관리』. 서울 : 대영문화사.
이태윤. 2005. “테러방지를 위한 문제와 대안 : 한국의 경우.” 『2005년도 한국국제정치학회 연례학술회의 논문집』(12월 10일).
전 웅. 2008. “9/11 이후 미국의 정보공동체 개혁.” 『국방연구』 제51권 제2호(8월).
조성권. 2003. “9·11 테러 이후 미국 대테러정책의 변화에 대한 분석과 전망.” 『국제정치논총』 제43집 2호.
______. 2008. “9/11 이후 미국의 테러관련 정책 및 법체계.” 『2008년도 국가정보 학술회의 논문집』(8월 26일).
조성태 의원 대표발의. 2005. “테러방지 및 피해보전 등에 관한 법률안”(8월 26일).
최성재. 2004. “테러리즘과 인권문제.” 『2004년도 한국세계지역학회 연례학술회의 및 정기총회 자료집』(12월 16일).
최진태. 2006. 『테러리즘의 이론과 실제』. 서울 : 대영문화사.
______. 2007. “테러시대 한국의 대테러 발전방안.” CFE Report, no. 18(9월 17일), 자유기업원.

Burton, Brian. 2008. “The Counterterrorism Paradox.” *Armed Forces Journal*(June).
CIA. “DCI Counterterrorist Center.” http://www.intellnet.org/documents/1000/040/1040.html (검색일 : 2008. 3. 11).
Crenshaw, Martha. 2006. “The War on Terrorism : Is the US Winning?” Area : International Terrorism-ARI 105/2006(February 10), Real Instituto Elcano.
Cressey, Roger. 2007. “U.S. Counter-Terrorism Policy and Organization.” MIT SSP, Wednesday Seminar Series(September 27). http://web.mit.edu/ssp/seminars/wed_archives_00fall/cressey.htm(검색일 : 2008. 10. 16).
Department of Homeland Security. 2008. “Organization Chart.”(February 1), http://www.dhs.gov/xabout/structure/editorial_0644.shtm(검색일 : 2008. 3. 10).
______. 2008. “One Team, One Mission, Securing Our Homeland : U.S. Department of Homeland Security Strategic Plan Fiscal Years 2008?2013”(September 16).
Department of Defense. “Special Operations/Low Intensity Conflict & Interdependent Capabilities(ASD SO/LIC & IC).” http://www.defenselink.mil/policy/sections/policy_offices/solic/index.html(검색일 : 2008. 10. 16).
FBI. “National Security Branch.” http://www.fbi.gov/hq/nsb/nsb.htm(검색일 : 2008. 10. 16).
Masse, Todd. 2004. “The 9/11 Commission and a National Counterterrorism Center : Issues and

Options for Congress." CRS Report for Congress(Updated October 22).

______. 2005. "The National Counterterrorism Center : Implementation Challenges and Issues for Congress." CRS Report for Congress(Updated March 24).

National Counterterrorism Center. 2006. "NCTC and Information Sharing : Five Years Since 9/11 : A Progress Report" (September).

______. "The NCTC Video Transcript." http://www.nctc.gov/docs/nctc-video-transcript.pdf (검색일 : 2008. 4. 4).

______. National Counterterrorism Center, "Terrorist Identities Datamart Environment(TIDE)." http://www.nctc.gov/docs/Tide_Fact_Sheet.pdf(검색일 : 2008. 11. 7).

Office of the Director of National Intelligence. 2007. "100 Day Plan : Integration and Collaboration." *Follow-Up Report*(July 27).

______. 2007. "500 Day Plan : Integration and Collaboration" (October 10).

Perl, Raphael. 2006. "Terrorism and National Security : Issues and Trends." CRS Issue Brief for Congress(Updated April 21).

______. 2007a. "International Terrorism : Threat, Policy and Response." CRS Report for Congress(Updated January 3).

______. 2007b. "National Strategy for Combating Terrorism : Background and Issues for Congress." CRS Report for Congress(November 1).

Redd, John Scott. 2007. "Confronting the Terrorist Threat to the Homeland : Six years after 9/11 to the Senate Committee on Homeland Security and Governmental Affairs(10 September), Statement for the Record by the Honorable John Scott Redd, Director, National Counterterrorism Center(NCTC).

Reinwald, Brian R. 2007. "Assessing the National Counterterrorism Center's Effectiveness in the Global War on Terror." USAWC Strategy Research Project(30 March).

Suleman, Arsalan M. 2007. "Strategic Planning for Combating Terrorism : A Critical Examination." *Cardozo Public Law, Policy and Ethics Journal*, vol. 5, no. 3.

The White House. 1998. "Combating Terrorism : Presidential Decision Directive 62." *Fact Sheet*(May 22).

______. 2001. "National Security Presidential Directive 1(NSPD-1)" (February 13).

______. 2001. "Fact Sheet on New Counter-Terrorism and Cyber Space Positions" (October 9). http://www.whitehouse.gov/news/releases/2001/10/20011009.html(검색일 : 2008. 3. 10).

______. 2001. "Homeland Security Presidential Directive-1" (October 29).

______. 2002. "The National Security Strategy of the United States of America" (September).

______. 2003. "Fact Sheet : Strengthening Intelligence to Better Protect America" (January 28), http://www.whitehouse.gov/news/releases/2003/01/20030128–12.html(검색일 : 2008. 3. 11).

______. 2003. "National Strategy for Combating Terrorism" (February).

______. 2004. Executive Order 13354, "National Counterterrorism Center" (27 August).

______. 2005. "Personnel Announcement," http://www.whitehouse.gov/news/releases/2005/05/20050525–8.html(검색일 : 2008. 10. 16).

______. 2006. "The National Security Strategy of the United States of America" (March).

______. 2006. "National Strategy for Combating Terrorism" (September). United States General Accounting Office. 1997. "Combating Terrorism : Federal Agencies' Efforts to Implement National Policy and Strategy." *Report to Congressional Requesters*, GAO/NSIAD–97–254(September).

U.S. 107th Congress. 2001. 1st Session, H. R. 3162, In the Senate of the United States, An Act, "Uniting and Strengthening America by Providing Appropriate Tools Required to Intercept and Obstruct Terrorism(USA PATRIOT ACT) Act of 2001" (October 24).

U.S. 108th Congress. 2004. "Intelligence Reform and Terrorism Prevention Act of 2004" (December 17).

U.S. Department of State. 2007. "Country Reports on Terrorism 2006" (April).

______. 2008. "Country Reports on Terrorism 2007" (April). "Writing the Nation's War Plan" Shipmate(May 2007).

주

1 2006년 3월 애국법이 개정되어 법집행기관에게 테러 의심자에 대한 조사권한, 감시절차 및 국제 돈세탁 및 테러재정 통제 등이 강화되었다(Perl 2007a, 21).

2 9·11 테러 이후 IICT는 확대·개편되어 현재 100명 이상으로 구성되어 매달 NCTC에서 모임을 갖고 핵심적 대테러리즘 문제를 조정하고 있다(National Counterterrorism Center 2006, 6).

3 National Counterterrorism Center, "What We Do," http://www.nctc.gov/about_us/what_we_do.html, "How We Do It," http://www.nctc.gov/about_us/how_we_do.html(검색일 : 2008. 10. 19) ; "Writing the Nation's War Plan," Shipmate, May 2007, p. 22.

4 "National Counterterrorism Center," http://www.dtic.mil/ndia/2006solic/brock.pdf(검색일 : 2008. 10. 16), p. 3.

5 National Counterterrorism Center, "The NCTC Video Transcript," http://www.nctc.gov/docs/nctc–video–transcript.pdf(검색일 : 2008. 4. 4), p. 2 ; "Writing the Nation's War Plan" (2007), p. 24.

6 National Counterterrorism Center, "Terrorist Identities Datamart Environment(TIDE)," http://www.nctc.gov/docs/Tide_Fact_Sheet.pdf(검색일 : 2008. 11. 7), p. 1.

7 FBI, "National Security Branch," http://www.fbi.gov/hq/nsb/nsb.htm(검색일 : 2008. 10. 16).

8 CIA, "Clandestine Service," https : //www.cia.gov/offices–of–cia/clandestine–service/index.html(검색일 : 2008. 10. 16).

9 U.S. Department of State, "Office of the Coordinator for Counterterrorism," http://www.state.gov/s/ct(검색일 : 2008. 3. 15) ; U.S. Department of State, "Bureau of Intelligence and Research," http://www.state.gov/s/inr(검색일 : 2008. 3. 20).

10 Department of Defense, "Welcome to Special Operations Capabilities(SOC)," http://www.defenselink.mil/policy/sections/policy_offices/solic/ct/index.html(검색일 : 2008. 10. 16) ; Department of Defense, "Special Operations/Low Intensity Conflict & Interdependent Capabilities(ASD SO/LIC & IC)," http://www.defenselink.mil/policy/sections/policy_offices/solic/index.html(검색일 : 2008. 10. 16).

11 전략적 작전기획과 집행의 문제에 대한 배경에 대해서는 Masse 2004, 12–14 참고.

12 공중 등 협박목적을 위한 자금조달 행위의 금지에 관한 법률," [제정 2007. 12. 21 법률 제8697호 시행일 2008. 12. 22] 참고.

13 대한민국 해군, "해군특수전여단," http://www.navy.go.kr/sub_guide/sub_data.jsp?menu=3&smenu=4(검색일 : 2008. 4. 20) ; 사이버경찰청, "대테러센터," http://www.police.go.kr/DEFPOL/index.jsp?_page=7(검색일 : 2008. 4. 20) 참고.

제17장

민주주의 체제 하에서의 경제와 정치참여
2000년 미국의 대통령 선거를 중심으로*

권의순(Western Michigan University)

I. 서론

정치참여와 행태의 연구, 특히 투표참여의 연구에서 경제가 선거참여에 어떻게 영향을 미치는가에 대한 문제가 많이 제기되어 왔다(Arcelus & Meltzer 1975 ; Fiorina 1978 ; Kinder & Kiewiet 1979 ; Rosenstone 1982 ; Markus 1988 ; Kinder, Adams & Gronke 1989 ; Radcliff 1992 ; Jackman & Miller 1995). 이 문제에 대해서는 아직도 학자들 간에 다양한 견해들이 존재하지만 지난 몇십 년간의 연구를 통해 몇몇 중요한 지식들이 축적되어 온 것 또한 사실이다. 먼저 투표행태에 어떤 종류의 경제가 영향을 미치는가에 대해서는 대략 일치된 견해가 존재하고 있다. 즉 거시경제에 대한 인식이 개인이 인식하는 수준의 개인경제보다 우선한다는 것인데, 투표참여 여부를 결정하는 데 있어 개인들이 자신의 주머니 경제에 대한 투표(pocket-book voting)보다는 거시적 경제를 고려한 전반적 사회경제에 대한 투표(sociotropic

* 본 논문은 『비교민주주의 연구』 제2권 1호(2006. 6)에 수록된 것을 전재한 것임을 밝힙니다.

voting)를 한다는 것이다(Markus 1988 ; Radcliff 1992 ; Rosenstone 1982). 그렇다면 거시경제가 어떤 형태로든 유권자들의 투표참여 의지에 영향을 미친다면 어떻게 일반 유권자들의 투표행태에 영향을 미치는지, 또한 빈곤층과 비빈곤층에 미치는 영향이 동일한지 아니면 다른지에 대한 문제가 제기될 수 있으며, 이에 대한 설명을 시도하는 것이 본 연구의 궁극적인 목적이라고 할 수 있다. 나아가서는 빈곤층과 비빈곤층의 투표참여 양상이 다르다면 민주주의 정치체계 안에서 경제적으로 다른 계층들의 정치참여 양상에 따라 정책결정 과정에서 다수의 의견을 반영하는 메커니즘이 어떤 양식으로 존재할 수 있는지에 대한 차후 논의도 가능해지리라 기대해 볼 수 있다.

II. 투표 연구에 있어서 집합적 요인의 연구

바텔스(Bartels 2001)에 의하면 National Election Study(NES)와 Current Population Survey(CPS)의 자료가 풍부해짐에 따라 선거에서의 집합적 요인(contextual factors)의 영향을 체계적으로 분석할 수 있는 경시적 자료(longitudinal data)들이 사용되기 시작했다. 하지만 래드클리프에 의하면 주로 선거에 있어서의 거시경제 조건의 영향은 참여 여부보다는 후보자 선택의 문제에 초점이 맞추어져 왔다고 볼 수 있다. 특히 마커스는 NES 자료를 이용하여 8년 동안의 선거 연구를 통해 후보자 선택에서 경제의 집합적 효과를 분석하였다(Markus 1988). 그 연구에서 마커스는 국가 경제가 개인의 투표에서 어떤 후보자를 선택하는 데 영향을 미쳤고 그 개인이 어떤 경제적 상황에 놓여 있는지는 그 개인이 어떤 후보자를 위해 투표할 것인지에 대해 영향력이 없다는 것을 발견했다. 비록 그의 연구가 투표참여보다는 선택의 문제에 초점이 맞추어져 있었지만 거시경제의 효과를 설문조사 자료를 통하여 체계적으로 다루었다는 점에서 주목받을 만하다.

래드클리프(Radcliff 1992) 또한 경제의 중요성을 언급하면서 경제와 투표와의 관계에 대한 이해 없이는 전반적인 투표 연구는 의미가 없다고 주장하고 있다. 산업화국가와 발전국가를 포함하는 29개국의 선거 연구를 통해 경기동향에 반응하는 양상이 산업화국가와 발전국가 사이에 차이점이 존재한다고 주장했다. 경제 조건이 약화되었을 경우 개인들의 관심은 정치에서 개인적인 경제문제로 이동하고, 결국에는 그들 스스로 정치과정에서 일탈하는 현상이 발생한다는 것이다. 하지만 경제적으로 구제 프로그램이 잘 되어 있는 나라에서는 거시경제의 변화가 구제 프로그램이 잘 되어 있지 않은 나라보다 투표행태에 많은 영향을 미치지 않는다는 것이다. 힐, 레일리, 힌튼 앤더슨(*Hill, Leighley, and Hinton-Andersson* 1995) 역시 비슷한 연구결과를 발표했는데, 그들에 의하면 주 수준에서 전향적인 사회보장정책과 빈곤층의 투표참여에는 상관관계가 있다는 결과를 발견하였으며, 또한 국가 경제가 침체기에 있을 때에는 이러한 관계가 약화된다는 사실을 발견하였다.

III. 연구 가설

앞에서 언급된 바와 같이 경제 조건은 투표율과 연관이 있다고 볼 수 있다. 울핑거와 로젠스톤(Wolfinger and Rosenstone 1980)은 부유층은 체제로부터 더 많은 몫을 가질 수 있고, 따라서 그들의 조건을 충족시킬 수 있는 선택을 하기 위해 투표에 더 참여하는 양상을 보이고 있다. 힐, 레일리(1996)에 의하면 경제가 침체기에 있을 때에는 주로 빈곤층의 참여가 감소되는 경향이 있고 안정기에 있을 때에는 빈곤층의 참여가 증가하는 경향이 있다고 얘기하고 있다. 하지만 본 연구의 가설은 래드클리프(Radcliff 1992)의 영향으로부터 도출되었는데, 래드클리프에 의하면 경제 조건이 좋지 않을 때 사람들의 관심은 개인적인 문제로 옮겨지게 되고 결국에는 정치과정으로부터 일탈하게 된다. 또한 경제침체기 하에서는 빈곤층과 저학력층이 거시경제의 영향을 다 받는 것으로 나타나고 있다. 하지만 한편으로는 구제가 잘 이루어지고 있는 경제체제 하에서는 전반적인 거시경제 조건이 투표에 미치는 영향력은 거의 없다고 보여지고 있다.

따라서 본 연구에서는 다음의 가설을 제시하고 분석한다. 먼저 빈곤층과 비빈곤층의 투표율에 대한 거시경제의 영향을 분석하기에 앞서 빈곤층과 비빈곤층의 투표율이 어떻게 다른가에 대한 설명이 선행되어야 하므로 먼저 빈곤층의 투표율이 비빈곤층의 투표율보다 낮을 것이라는 가설을 제시하고 분석할 것이다. 둘째, 거시경제 조건과 투표율과의 관계에서 거시경제 조건이 나빠질수록 투표율은 떨어질 것이다. 셋째, 빈곤층은 각종 구제 프로그램의 수혜자들일 것이므로 거시경제에 별로 영향을 받지 않고 투표율의 감소는 주로 비빈곤층 사이에서 더 급격히 나타날 것이다.

IV. 연구방법과 자료

1. 연구방법

(1) 생태추론

본 연구는 주로 생태추론(Ecological inference)의 방법을 적용하여 이루어졌는데, 생태추론이란 개인의 행태를 개인 수준에서의 자료가 아닌 집합 수준에서의 자료를 가지고 추론하는 연구방법을 의미한다. 하지만 개인행태를 개인 수준 자료가 아닌 상위 수준인 집합적 개념의 자료로 추론하는 문제에 대해서는 많은 논란이 이어져 왔다.

로빈슨(Robinson 1950)에 의하면 개인행태를 집합 수준의 자료를 가지고 추론하는 것은 항상 오류일 가능성을 내포하고 있으며, 또한 문제는 그러한 추론이 논리적인 오류가 있는지 혹은 집합적으로 편향되어 있는지 확인할 방법이 없다는 것이다. 로빈슨의 이 같은 주장은 그가 예로 든 인종과 문맹률의 관계에서 잘 나타나고 있다. 즉 그에 의하면 비록 흑인과 문맹률의 관계가 생태학적으로는 관계가 있는 것으로 나타나고 있지만, 특정 흑인이 문맹인지 아닌지를 규명할 수 있는 장치가 없는 한 생태학적 관계가 나타내고 있는 심도만큼의 관계가 개인 수준에서도 발견되는지에 대해서는 대답할 근거가 없다는 것이다. 이러한 생태학적 오류(Ecological fallacy)의 문제가 제기된 이후 생태추론 형태의 연구는 거의 자취를 감추고 개인행태에 대한 연구는 오로지 설문조사기법에 의존하는 경향이 만연했다. 하지만 최근 여러 학자들의 공헌으로 생태 연구는 새로운 국면을 띠게 되었고, 우려되던 논리적 오류의 문제도 세련된 방법론의 발달로 인해 많은 부분이 극복되었다고 볼 수 있다.

표 1_ 2×2 생태추론표(Ecological Inference Table)

	Y = 0 (non vote)	Y = 1 (vote)	
X = 0 (lower class)		Y_{0i}	N_{0i}
X = 1 (non lower class)		Y_{1i}	N_{1i}
	$N_i - Y_i$	Y_i	N_i

생태추론의 기본적인 구조는 〈표 1〉에서 보이는 바와 같이 2개의 행과 2개의 열을 가지고 있는 테이블로 나타낼 수 있는데, 각 열과 행의 합을 아는 상황에서 테이블의 개별적인 cell의 숫자를 추론하는 것이다. 즉 〈표 1〉에서 보여지는 바와 같이 전체 투표자 수와 전체 빈곤층 유권자 수를 아는 상황에서 빈곤층 유권자 중 얼마나 투표에 참여했는지를 추론하는 것이 생태추론의 기본적인 구조이

며 궁극적인 목표인 것이다.

N_{0i}, N_{1i}, Y_i과 N_i-Y_i는 관측이 가능한 양의 정수이고 분석단위 시에서의 빈곤층 유권자 수, 중산층 이상 유권자 수, 투표자 수, 기권자 수를 나타내고 있다. Y_{0i}와 Y_{1i}는 직접적으로 측정할 수 없으며, Y_{0i}는 빈곤층 투표자 수를 나타내고 Y_{1i}는 비빈곤층 투표자 수를 나타내고 있다. 생태추론에 있어서 다음의 수식을 가정할 수 있는데, 즉 $Y_{0i} | N_{0i} \sim \text{Minomial}(N_{0i}, P_{0i})$과 $Y_{1i} | N_{1i} \sim \text{Minomial}(N_{1i}, P_{1i})$이며, 여기서 P_{0i}와 P_{1i}는 각각 빈곤층 유권자가 투표할 확률과 비빈곤층 유권자가 투표할 확률을 나타낸다.

개별유권자가 투표할 확률 q_i는 단순히 빈곤층 유권자가 투표할 확률 P_{0i}와 비빈곤층 유권자가 투표할 확률 P_{1i}의 두 독립적인 확률의 가중합이기 때문에 개별유권자가 투표할 확률은 아래와 같은 주변확률(Marginal probability)의 형태로 나타낼 수 있다.

$$q_i = p_{0i}\, x_i + P_{1i}(1 - x_i)$$

여기서 $x_i = N_{0i}/N_i$과$1 - x_i = N_{1i}/N_i$는 각각 빈곤층 유권자와 비빈곤층 유권자의 비율을 나타낸다. 위의 기본적인 구조의 생태추론은 뒤에서 베이즈 접근법(Bayesian approach)에 대한 토의에서 다시금 언급될 것이다.

(2) 생태추론의 역사

굳맨(Goodman 1959)의 회귀분석과 던칸과 데이비스(Duncan and Davis 1953)의 한계방법(method of bounds)을 포함하여 다양한 종류의 생태추론이 소개되어 왔다. 비록 위의 방법들이 생태추론에서 많은 한계들을 내포하고 있긴 하지만 최근에 소개된 진보된 방법의 생태추론에 많은 기여를 한 것도 또한 사실이다. 굳맨의 회귀분석 방법은 최초 1953년에 소개되었으며, 생태추론에서 가장 빈번하게 사용되었던 방법이다. 굳맨의 회귀분석 방법은 항등식(accounting identity)의 원리에 기초하고 있다. 즉 위에서 개인이 투표할 확률을 주변확률(marginal probability)의 형태로 아래와 같이 나타낸바 있는데, 즉

$$q_i = p_{0i} x_i + P_{1i}(1 - x_i)$$

위의 식을 다시 x_i를 중심으로 다시 나타내면 다음과 같이 나타낼 수 있다.

$$q_i = p_{1i} + (P_{0i} - P_{1i})x_i$$

위의 식에서 보듯이 투표할 확률 q_i는 빈곤층비율의 함수로 나타낼 수 있다. 위의 식은 또한 p_{0i}와 p_{1i}의 두 값을 알 수 없기 때문에 시(MCD)의 분석 수준에서는 성립되지 않는다는 것을 나타내고 있다. 굳맨의 회귀분석은 이 문제를 p_{0i}와 p_{1i}를 상수로 가정하여 연구대상이 되는 모든 시에서 동일할 것이라고 가정함으로써 해결하고 있다. 이로서 p_0과 p_1, 즉 빈곤층 투표율과 비빈곤층 투표율은 빈곤층 비율과 전체 투표율의 회귀분석을 통해 획득할 수 있다. 하지만 굳맨의 회귀분석은 빈곤층 투표율과 비빈곤층 투표율이 연구대상의 모든 시에서 동일할 것이라는 비현실적인 가정이라는 문제를 내포하고 있다.

기존의 자료로부터 너 나은 정보를 취득하기 위한 방법들이 행해져 왔는데, 그 중 대표적인 것이 던컨과 데이비스(Duncan and Davis 1963)의 범위방법(method of bounds)으로서, 이 방법을 통해 논리적인 범위를 추정하는 구간을 줄일 수 있게 되었다. p_{0i}과 p_{1i}이 직접적으로 관측되지 않기 때문에 〈표 1〉을 통해 얻을 수 있는 정보는 한정되어 있다. 하지만 극단적인 경우 그 정보를 얻는 것이 불가능한 것은 아닌데, 즉 특정 시에서 빈곤층의 비율이 0인 경우가 그 예로서, 이 경우 비빈곤층에 의한 투표율이 관측될 수 있는 경우를 말하고 있다. 그와 같이 특정 시에서 빈곤층의 비율이 매우 낮은 경우에는 논리적인 범위를 추정하는 구간을 매

우 좁은 단계까지 줄일 수 있는 것이다.

(3) 베이지 위계 접근방법(Bayesian Hierarchical Approach)

본 연구는 기본적으로 베이지의 위계생태추론(Bayesian hierarchical ecological inference) 접근법을 사용하여 빈곤층이 투표할 확률을 추론하고자 한다. 〈표 1〉에서 보여진 생태추론의 기본적인 형태에서 MCD에서의 총 투표 수는 파라미터 x_i와 N_i을 가지는 이항분포(binomial distribution)로부터 나타났음을 알 수 있다. 또한 〈표 1〉에서 본 바와 같이 개별유권자가 투표할 확률 x_i는 빈곤층 유권자가 투표할 확률 p_{0i}와 비빈곤층 유권자가 투표할 확률 p_{1i}의 두 독립적인 확률의 가중합인데, 이 단계에서 자료에서 나타난 논리적인 범위를 이용하는 항등식(accounting identity)이 사용된다. 총 투표 수 V, 빈곤층 유권자 수 L, 비빈곤층 유권자 수 U의 세 가지 정보가 가능도(likelihood)를 통해 분석되는데, 빈곤층 유권자들이 투표할 확률과 비빈곤층 유권자들이 투표할 확률은 로지스틱 변환(logistic transformation)을 통해 정규화(normalized)된다. 이상을 수식으로 나타내면 아래와 같이 나타낼 수 있다.

$$V_i \sim \text{bin}(x_i, N_i)$$
$$q_i = p_{0i}x_i + p_{1i}(1 - x_i)$$
$$N_i = U_i + L_i$$
$$x_i = L_i/(U_i + L_i)$$
$$p_{0i} = e \times p(\theta_{0i})/(1 + e \times p(\theta_{0i}))$$
$$p_{1i} = e \times p(\theta_{1i})/(1 + e \times p(\theta_{1i}))$$

이 과정에서의 주요 가정은 각각의 MCD에서 나타난 빈곤층 투표율의 로짓은 정규분포로부터 도출되었고 비빈곤층 투표율의 로짓은 다른 개별적인 정규분포로부터 도출되었다는 것이다. 위계 모델은 본 연구에서 사용된 바와 같이 MCD 수준과 주(state) 수준의 각각 다른 연구 수준에서 정보를 획득할 수 있을 때 유용하게 사용될 수 있다. 모델의 위계구조는 MCD 로짓을 기술하는 정규분포를 명확하게 함으로써 시작된다. 두 번째 단계에서는 각각의 MCD 수준에서의 확률분포가 평균 μ과 분산 σ^2를 가지고 있는 정규분포로부터 도출된 것으로 가정하며, 이는 다음과 같이 나타낼 수 있다. 즉 $\theta_{0i} \sim N(\mu_0, \sigma_0^2)$ $\theta_{1i} \sim N(\mu_1, \sigma_1^2)$ 여기서 θ_{0i}는 모든 분석단위 i에서 θ_{1i}의 선행독립(prior independent)이라고 가정된다. 더불어서 주(state) 수준에서의 평균과 분산은 모델에 새로운 정보를 제공하지 않는 수준에서 규정되는데, 그러한 초선행(hyper prior)은 아래와 같이 나타낼 수 있다. 즉 $\mu_0 \sim N(m_0, M_0)$, $\mu_0 \sim N(m_1, M_1)$, $\sigma_0^2 \sim IG(\nu_0/2, \sigma_0/2)$, $\sigma_1^2 \sim IG(\nu_1/2, \sigma_1/2)$. 여기서 균일분포 혹은 0을 중심으로 하는 상대적으로 평평한 정규분포가 평균값으로 적당하고 분산 또한 유사하게 평평한 선행분포로 적당할 것이다.

코더와 울브레히트(Corder and Wolbrecht 2004)에 의하면 베이지 전략(Bayesian strategy)은 개인행태의 추론뿐만 아니라 개인행태에 대한 집합적 요인(contextual factor)의 영향을 탐구할 수 있는 분석틀을 제공하기도 한다. 즉 베이지 전략을 통해 빈곤층 투표율과 비빈곤층 투표율뿐만 아니라 집합적 요인의 회귀계수까지도 동시에 추정될 수 있다. 이 경우 빈곤층 유권자가 투표할 확률은 집합적 변인에 따라 달라지는데, 즉 본 연구의 경우 실업률에 따라 빈곤층의 투표확률과 비빈곤층의 투표확률이 각각의 MCD에서 달라진다는 것을 의미한다(킹 1997).

빈곤층이 투표할 확률과 비빈곤층이 투표할 확률의 가능한 값에 대한 벡터가 결정되면 각각의 이항확률(binomial probability)은 로짓으로 변환되고, 그러한 로짓값들은 집합적 요인들과 독립적으로 회귀분석이 이루어진다. 이렇게 해서 인구가중선형회귀계수(population weighted linear regression coefficients)가 얻어지면 벡터들은 유지되고 차후 가능도(likelihood)의 계산을 위해 사용된다. 이후 가능도(likelihood) 분석단계를 통해 새로운 값들이 선택되고 회귀계수도 업데이트되는데, 이 단계에서는 말코프 체인 몬테카를로(Markov Chain Monte Carlo)방법이 사용된다(코더, 울브레히트 2004).

본 연구에서 사용된 말코프 체인 몬테카를로 방법은 통계 프로그램 R의 패키지 중 하나인 마틴과 퀸(Martin and Quinn 2003)에 의해 개발된 MCMCpack과 코더와 울브레히트에 의해 개발된 변형된 MCMCpack을 통해 수행되었다. MCMC는 모델이 수렴될 때까지 반복적으로 모의실험을 계속하는데, 본 연구의 경우 70,000번의 모의실험이 반복되었고 최초의 15,000번은 무시되었다. 각 체인의 중앙값이 추론하고자 하는 빈곤층 유권자의 투표확률의 값으로 채택되었고 뒤의 결과편에서 표로서 언급될 예정이다. 또한 각 체인의 사후밀도(posterior density)의 상위 95% 구간값이 중앙값과 더불어 표기되었는데, 이는 베이지 신뢰구간(BCI : Bayesian Credible Interval)으로도 불리운다.

2. 자료

본 연구의 목적은 2000년도의 미국 대선에서 4개주에서의 빈곤층 유권자의 투표율을 추론하고 거시경제와 계층 간 투표율의 관계를 살펴보는 것이다. 4개주는 각각 캘리포니아 주, 미시간 주, 미네소타 주, 그리고 뉴욕 주이다. 미국 내에서 4개주만이 선택된 관계로 이 연구를 통해 일반적인 미국민의 투표생태를 추론하는 것은 무리일 것이다. 하지만 이 연구를 통해 거시경제가 얼마만큼 계층 간의 투표행태에 영향을 미치는가에 대한 대략적인 아이디어를 얻을 수 있을 것으로 기대된다.

(1) 변인과 자료수집(Variables and Data Collection)

본 연구에서 사용된 변인들은 전체 유권자 수, 실업률, 빈곤층 유권자 수, 총투표자 수 등이다.

• **전체 유권자 수**(Voting age population)[1)]

전체 유권자 수는 인구조사국에서 조사한 18세 이상의 성인남녀의 수이며, 미국인구조사국 2000 요약파일 3(census 2000 Summary File 3)에 나타난 수를 참조하였다.

• **빈곤층**(Lower class)

계층의 조작 정의는 특정 가정이 1년에 벌어들이는 수입의 양에 의해 규정된다. 인구조사국에서 나타난 빈곤상태가 미국 연방정부나 주정부의 각종 구제정책을 수행하는 데 기준이 되는 통계이기 때문에 계층을 정의하기 위해 빈곤상태라는 개념을 사용하는 것은 타당하다고 보여지며 따라서 빈곤층을 정의하기 위한 도구로 빈곤상태를 사용하는 것 또한 타당하다고 할 수 있다. 이 개념은 또한 힐, 레일리와 힌톤-앤더슨(Hill, Leighley, Hinton-Anderson 1995)에 의해 사용되었는데, 이들은 계층을 정의한 다양한 연구를 종합했을 때 빈곤층 개념이 미국연방정부의 빈곤 개념과 가장 근접한 결과를 보인다고 주장했다.

미국의 인구조사국에 의해 보고된 공식적인 빈곤의 척도는 백악관의 Office of Management and Budget에서 발행하는 Statistical Policy Directive 14에 의해 수립되었는데, 비현금 수입이나 자산의 증식을 제외한 온갖 종류의 수입을 포함하고 있다. 수입의 수준에 따라서 빈곤상태는 빈곤분계점(poverty thresholds)에 의해 결정되는데, 만약 전체 가족의 수입이 그 가족의 적정 분계점에 도달하지 못하면 그 가족은 빈곤층이라고 하고 그 가족의 모든 구성원은 빈곤층에 속하게 된다. 미국인구조사국의 2000년도 빈곤상태와 분계점에 대해서는 〈표 2〉에서 자세히 나타나고 있다.

전체 유권자 중에서 빈곤층의 숫자는 〈표 2〉에서 나타난 기준에 의해 인구조사국이 보고한 자료를 바탕으로 하여 계산되었고, 〈표 3〉에서 각 주에서의 빈곤층과 비빈곤층의 비율을 나타내고 있다. 〈표 3〉에서 보는 바와 같이 모든 연구

표 2_ 2000 빈곤분계 : 가정의 크기, 18세 이하 자녀 수

가정의 크기	Weighted Average Thresholds	18세 이하 자녀 수								
		0명	1명	2명	3명	4명	5명	6명	7명	8명 이상
1인 가정	8,794									
65세 미만	8,959	8,959								
65세 이상	8,259	8,259								
2인 가정	11,239									
가장 65세 미만	11,590	11,531	11,869							
가장 65세 이상	10,419	10,409	11,824							
3인 가정	13,738	13,470	13,861	13,874						
4인 가정	17,603	17,761	18,052	17,463	17,524					
5인 가정	20,819	21,419	21,731	21,065	20,550	20,236				
6인 가정	23,528	24,636	24,734	24,224	23,736	23,009	22,579			
7인 가정	26,754	28,347	28,524	27,914	27,489	26,696	25,772	24,758		
8인 가정	29,701	31,704	31,984	31,408	30,904	30,188	29,279	28,334	28,093	
9인 이상 가정	35,060	38,138	38,322	37,813	37,385	36,682	35,716	34,841	34,625	33,291

* 출처 : 미국 센서스, Current Population Survey.

대상 주에서 빈곤층의 비율은 대략 10% 선에서 정해지고 있고 미네소타 주가 빈곤층의 비율이 가장 작고 7.3%, 뉴욕 주가 빈곤층의 비율이 가장 높은 12.4%를 보여주고 있다.

표 3_ 각 주별 빈곤층

주	빈곤계층	비빈곤계층
캘리포니아	0.120	0.880
미시간	0.091	0.909
미네소타	0.073	0.927
뉴욕	0.124	0.876

• **총 투표**(Voting Turnout)

총 투표는 각 주의 선거 관련 기관의 기록에서 나타난 2000년 대통령 선거에서 특정 후보에게 투표한 모든 대통령 후보의 득표를 합한 값이다. 노동통계국과 인구조사국에 의하면 실업자란 일할 의사가 있고 직업을 갖기 위해 4주간에 걸쳐 노력했으나 직업이 없는 사람들을 가리킨다(Joint Project between the Bureau of Labor Statistics and the Bureau of the Census, 1996). 인구조사국에서는 매 센서스마다 실업률 통계를 Census Summary File 3에서 발표하고 있으며, 본 연구에서는 실업률을 위해 이 자료를 사용하였다. 〈표 4〉는 연구대상이 된 4개주의 1999년 실업률을 보여주고 있다.

표 4_ 각 주별 실업률

주	실업률
캘리포니아	7.5%
미시간	6.2%
미네소타	4.9%
뉴욕	3.6%

* 출처 : 2000 U.S. Census Summary File 3.

하지만 미국인구조사국에서는 오직 지난 해의 평균 실업률만을 발표하고 있기 때문에 경기동향을 반영할 수 있는 실업률의 변동을 관찰하는 것은 사실상 불가능하다고 볼 수 있다.

• **자료의 통합**(Merging Data)

생태추론의 핵심 부분 중 하나는 선거변인들, 즉 전체 투표율은 미국의 인구조사국이 발표한 인구통계 자료와 통합되어야 한다는 것이다. 선거자료와 센서스 자료를 통합하기 위해서는 몇 가지 절차를 필요로 한다. 첫째, 선거자료는 고유한 지리적 이름에 따라 저장되었다. 둘째, 지리적 고유성을 가진 유권자 수, 실업률, 그리고 빈곤층 상태 등의 센서스 정보는 선거정보와 동일한 수준에서의 집합체로 저장되었다. 셋째로, 선거정보와 센서스 정보는 고유한 지리적 고유성에 따라 통합된다. 이 과정에서 몇몇 지리적 단위들은 그 수준이 높아지기도 하는데—시 수준에서 카운티 수준으로 높아지는 경우가 있는데—이는 두 정보들 사이의 지리적 고유성을 발견하지 못할 때 발생할 수 있다. 본 연구에서 사용된 지리적 단위에 대해서는 〈표 5〉에서 나타내지고 있다.

표 5_ 각 주의 지리적 분석단위

주	분석단위	관측 수
캘리포니아	Precinct	7003
	County	2
미시간	Minor Civil Division	1493
	County	1
미네소타	Minor Civil Division	2617
	Minor Civil Division with Multi County	43
	County	2
뉴욕	County Subdivision	989
	County	5

V. 결과

1. 투표율(Turnout Estimates)

집합적 요인을 포함한 투표율(Turnout Estimates)의 추론결과는 〈표 6〉에 나타나 있다. 빈곤층의 투표율은 기존의 연구에서와 같이 비빈곤층의 투표율에 비해 현저히 낮다고 볼 수 있다. 특히 낮은 투표율과 더불어 캘리포니아의 빈곤층 투표율이 다른 주에 비해 특이 낮다는 것을 볼 수 있다. 흥미로운 점은 미네소타의 전체 투표율이 미시간의 전체 투표율보다 상당히 높은 반면 빈곤층의 투표율은 미네소타가 미시간보다 낮게 나타나고 있다. 미네소타가 유권자 등록을 선거당일에 허용한 반면 미시간은 유권자 등록을 30일 전에 마쳐야 하는 차이가 있음에도 불구하고 미시간의 빈곤층이 더 많이 투표했음을 나타내고 있다. 이는 등록절차의 간소화가 이루어져도 빈곤층에 미치는 영향은 미미하다는 점을 시사하고 있다고 볼 수 있다.

표 6_ 계층별 투표율 추정

주	관측된 전체 투표율*	빈곤층 사후중앙값	빈곤층 95% BCI	비빈곤층 사후중앙값	비빈곤층 95% BCI
미시간	0.577	0.375	[0.358−0.395]	0.601	[0.595−0.606]
미네소타	0.637	0.309	[0.294−0.324]	0.657	[0.652−0.662]
뉴욕	0.564	0.333	[0.309−0.357]	0.589	[0.584−0.594]
캘리포니아	0.453	0.248	[0.245−0.251]	0.478	[0.477−0.479]

* 본 연구에서 관측된 투표율은 각주의 선거 관련 부서에서 발표된 실제 투표율과 약간의 차이를 보이고 있는데, 이는 측정오차로서 센서스 자료와 선거자료의 통합과정에서 필연적으로 발생하는 문제라고 볼 수 있지만 연구결과에 미치는 영향은 미미하다고 할 수 있다.

MCMC 분석을 통해 얻어진 경험결과는 그 사슬(chain)이 정상분포(stationary distribution)에 도달했다는 증거가 명백할 때까지 그 신뢰성에 대해 확증할 수 있다. 특정 모델의 신뢰성을 확인하기 위해서는 수렴성의 속성(convergence properties)들을 관측하는 방법이 있다. 본 연구에서 사용된 모델을 통해 얻어진 점추정치(point estimates)의 수렴 여부를 확인하기 위해 임의적으로 미시간 주의 칼라마주 시를 선택하여 이 특정 시에서 MCMC가 어떻게 분석을 시행하였고 수렴의 속성들이 어떻게 나타났는지를 살펴보도록 하겠다.

질(Gill 2002)에 의하면, 모델에서 사후분포(posterior distribution)가 수렴되지 않았을 경우 나타나는 대표적인 현상 중의 하나는 사후밀도(posterior density)가 복수의 최대빈도값(multimodality)을 가진다는 것이다. 〈그림 1〉에서 보다시피 빈곤층과 비빈곤층의 사후분포에서 모두 단수의 최대빈도값을 보여주고 있다. 또한 비빈곤층의 사후분포가 점추정치를 중심으로 좁은 구간에 형성되었다는 것이 명백히 나타나고 있다. 이 경우 좁은 사후분포 또한 모델이 수렴되었다는 것을 나타내는 하나의 지표라고 볼 수 있다.

그림 1_ 빈곤층과 비빈곤층의 사후분포 : 미시간 주 칼라마주 시

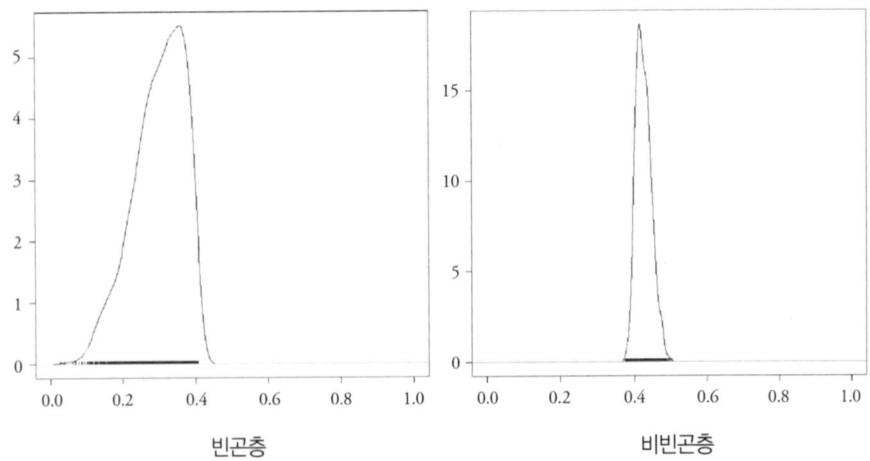

그림 2_ 빈곤층과 비빈곤층의 시뮬레이션 값의 추적도 : 미시간 주 칼라마주 시

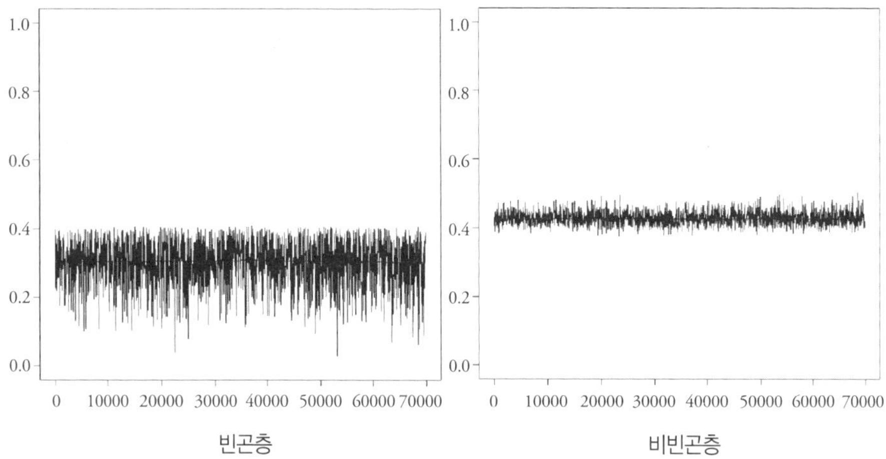

그림 3_ 빈곤층과 비빈곤층의 사후 자기 상관관계 : 미시간 주 칼라마주 시

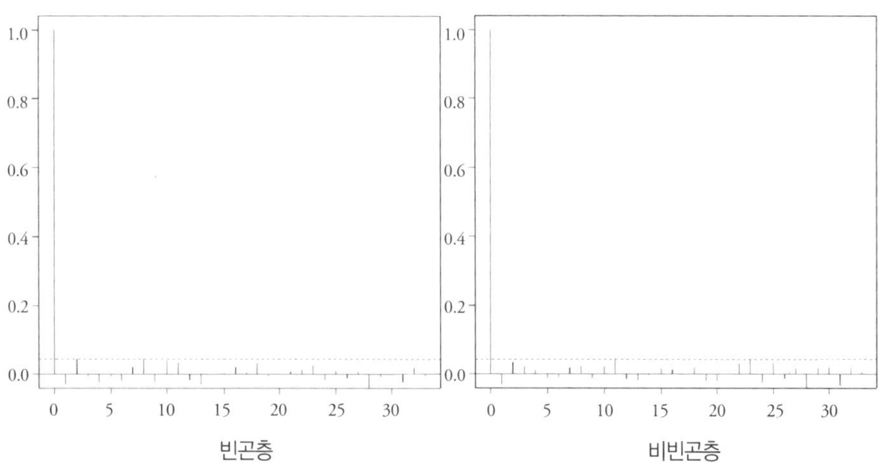

위의 〈그림 2〉는 수평적으로 평평한 경향선(trend line)을 보여주고 있는데, 이는 시뮬레이션에서 뚜렷한 경향성(trend)이 발견되지 않았다는 것을 나타내고 있다. 수렴된 모델에서는 경향성이 발견되어서는 안 되기 때문에 경향성이 발견되지 않았다는 것은 다시 말해서 모델이 수렴되었다는 것을 나타내고 있다. 〈그

림 3>은 모델의 자기 상관관계(autocorrelation) 여부를 나타내고 있는데, 보는 바와 같이 자기 상관관계가 발견되지 않고 있다. <그림 1>에서 <그림 3>까지 보는 바와 같이 여러 수렴의 속성들을 볼 때 시뮬레이션 사슬(simulated chain)이 정상적이라는 것을 나타낸다.

2. 투표율에 대한 실업률의 영향

외부의 자극에 대해 빈곤층과 비빈곤층이 어떻게 다른 반응을 나타내는가를 알아보는 일차적이며 단순한 방법은 빈곤층 투표율과 비빈곤층 투표율의 공변양상을 관측하는 것이다. <표 7>은 각 주에서의 빈곤층 투표율과 비빈곤층 투표율의 상관계수(correlation coefficients)를 나타내고 있는데, 표에서 보다시피 미네소타에서 가장 높은 상관관계를 보여주고 있고 뉴욕에서 가장 낮은 상관관계를 나타내고 있다. 낮은 상관관계를 통해 볼 때 뉴욕의 빈곤층이 외부의 경제적 자극에 대해 반응하는 양상이 비빈곤층이 반응하는 양상과 상대적으로 다르다는 것을 시사한다고 볼 수 있다. 이러한 단순한 관측을 통해서도 집합적 자극에 대한 계층간의 반응이 다를 것이라는 가정을 확인할 수 있다.

표 7_ 빈곤층과 비빈곤층 투표율의 상관계수*

주	연도	상관계수(Correlation Coefficients)
미시간	2000	0.68
미네소타	2000	0.71
뉴욕	2000	0.56

* 상관계수는 생태추론 결과 빈민층의 점추정치(point estimate)와 비빈곤층의 점추정치를 이용하여 윈도우용 STATA 7.0에 의해 계산되었다.

빈곤층과 비빈곤층의 투표율과 외부자극에 대한 반응은 단순한 상관계수를 통한 일차적인 관측과 더불어 궁극적으로 베이지의 위계생태추론 방법을 통하여 체계적으로 분석되었다. 2000년도 대통령 선거에서 나타난 빈곤층과 비빈곤층의 투표율이 어떻게 경제적 외부요인에, 본 연구의 경우 실업률에 의해 다르게 나타났는지가 연구되었다. 회귀계수는 베이지의 위계생태추론에서의 확대 모델을 통해 얻어졌고, 구체적인 정보는 〈표 8〉에서 자세히 나타나고 있다. 베이지 신뢰구간(BCI : Bayesian Credible Interval)은 가장 높은 확률을 가진 사후분포(posterior distribution)의 95%를 포함하는 가장 높은 사후밀도(posterior density) 값을 나타낸다. 만약 베이지 신뢰구간에 0이 포함되어 있다면 투표율에 대한 집합적 요인의 영향력은 미미하다고 볼 수 있고, 만약 0이 베이지 신뢰구간 밖에 위치하고 있다면 실업률이 투표율의 변화를 설명하는 의미 있는 설명변인이 된다고 할 수 있다.

표 8_ 실업률과 계층별 투표율과의 상관관계

	캘리포니아	미시간	미네소타	뉴욕
비곤층				
Regression Coefficient	−6.044 [−6.476−5.637	−2.811 [−9.596 1.364]	−6.746 [−10.591−2.295]	−7.011 [−15.233−0.206]
Constant	−0.784 [−0.819−0.748]	−0.340 [−0.608−0.024]	−0.712 [−0.929−0.512]	−0.359 [−0.779 0.130]
비빈곤층				
Regression Coefficient	−7.477 [−7.677−7.291]	−6.341 [−7.244−4.826]	−11.139 [−11.978−10.331]	−9.064 [−10.162−7.19]
Constant	0.422 [0.408 0.436]	0.753 [0.684 0.796]	1.075 [1.041 1.108]	0.697 [0.631 0.760]

비고 : 종속변인은 로짓으로 변환된 투표율이고 MCMC(Markov Chain Monte Carlo)를 통해 분석되었다. 95% 베이지 신뢰구간은 괄호안에 표기되어 있음.

〈표 8〉에서 나타난 값들을 애초에 세웠던 가설의 범주를 벗어나지 않는다는

것을 볼 수 있다. 가설의 수립에서 토의되었던 것처럼 빈곤층이 외부의 경제 조건에 대하여 비빈곤층에 비해 덜 반응한다는 것을 알 수 있고, 결국 빈곤층의 투표 여부를 결정하는 데 중요한 변인으로 작용하지 않는다는 것을 알 수 있다. 〈표 8〉에서 나타난 회귀계수 또한 앞에서 언급한 바와 같이 MCMC를 통해 도출되었기 때문에 모델의 수렴성 여부를 측정하는 것이 중요하다고 할 수 있다. 수렴성 여부를 측정하기 위한 하이델버거와 웰치테스트의 결과가 〈표 9〉에 나타나 있는데, 보다시피 모든 회귀계수들이 정상(stationary)으로부터 도출되었고, 따라서 위의 방법을 통해 도출된 점추정치(point estimates)에 기초한 모든 해석과 분석들은 모두 신뢰할 만하다고 할 수 있다.

표 9_ The Heidelberger and Welch Test

	Stationarity test	Halfwidth Test	Mean	Halfwidth
미시간				
빈곤층	Passed	Passed	−3.550	0.1440
비빈곤층	Passed	Passed	−6.200	0.0314
미네소타				
빈곤층	Passed	Passed	−6.780	0.094
비빈곤층	Passed	Passed	−11.100	0.0184
뉴욕				
빈곤층	Passed	Passed	−7.530	0.1860
비빈곤층	Passed	Passed	−9.030	0.0319
캘리포니아				
빈곤층	Passed	Passed	−6.060	0.0111
비빈곤층	Passed	Passed	−7.480	0.0048

회귀계수와 상수를 로짓 모형에 대입하면 빈곤층과 비빈곤층의 투표율에 대한 실업률의 영향을 그래프를 통해 관측할 수 있는데, 즉

$$E(Y) = \frac{1}{1 + e^{-\alpha - \beta Xi}}$$

위의 식에서 $E(Y)$는 빈곤층 유권자자 투표할 확률을 나타내고, α와 β는 각각 상수와 회귀계수를 나타내며, X는 각 MCD에서의 실업률을 나타낸다. 〈그림 1〉에서 〈그림 4〉까지 위의 식을 각 주의 2000년 대통령 선거에 대입하여 얻은 투표율과 실업률의 상관관계를 나타낸다.

다음의 〈그림 4〉과 〈그림 5〉에서 보여지듯이 실업률이 증가함에 따라 투표할 확률은 감소하고 있다. 이러한 결과는 앞에서 토의한 바와 같이 래드클리프(1992)의 결과와 일치하고 있다. 또한 실업률이 전반적으로 낮은 상태에서는 실업률이 투표율에 강한 부정적 영향을 미치는 것으로 보여지지만, 실업률이 일정 수준 이상으로 높아지면 실업률의 영향력은 감소하는 것으로 보여진다. 이러한 양상은 비단 미네소타에서 뿐만이 아니라 미시간을 제외한 모든 연구대상 주에서 공통적으로 발견되고 있다.

비빈곤층의 투표율에 대한 실업률의 영향 역시 빈곤층에 대한 영향과 비슷한 관계를 나타낸다. 실업률이 높아질수록 투표율은 낮아지는데, 빈곤층의 경우에서와 같이 실업률이 일정 수준 이상 높아지면 그 영향력은 감소하는 것으로 나타나고 있다. 다만 비빈곤층의 경우 실업률이 높아질 때 감소하는 투표율의 폭이 빈곤층의 그것보다 더 크다는 사실을 알 수 있다. 즉 거시경제의 조건이 나쁜 경우 비빈곤층의 투표과정에서 일탈하는 현상이 빈곤층이 일탈하는 경우보다 더 강하게 나타나는데, 이 역시 가설과 같이 빈곤층이 각종 구제 프로그램으로 최소한의 경제적 수입을 보장받는 반면, 비빈곤층의 경우 경제 조건이 나빠질수록 정치참여보다는 경제적 문제해결이 더 시급한 문제로 인식되기 때문인 것으로 보여진다. 또한 실업률이 증가할수록 투표율이 감소하는 현상은 빈곤층과 비빈곤층에서 공통적으로 나타나는 현상이지만 빈곤층이 실업률에 반응하는 시간보다 비빈곤층이 실업률에 반응하는 시간이 훨씬 짧게 나타나고 있다. 이는 비빈곤층이 경기동향에 더 민감하게 반응하고 있으며, 정치과정에의 참여와 경제문제의 해결이라는 측면에서 훨씬 일찍 경제문제의 해결에 우선순위를 두게 되는 것으로 여겨진다.

그림 4_ 실업률에 의한 투표확률의 변동 : 2000년 미국 대통령 선거(미네소타)

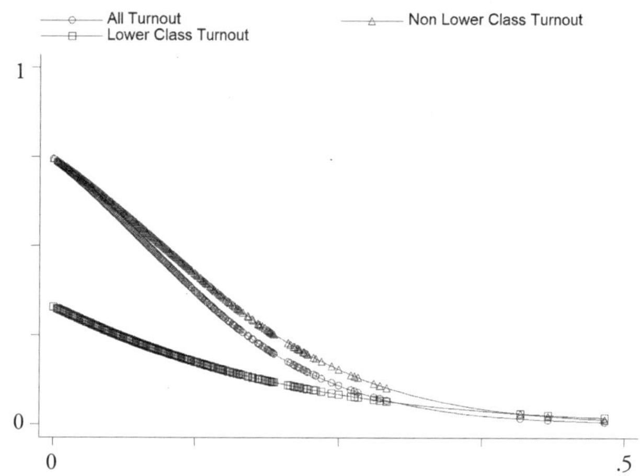

그림 5_ 실업률에 의한 투표확률의 변동 : 2000년 미국 대통령 선거(미시간)

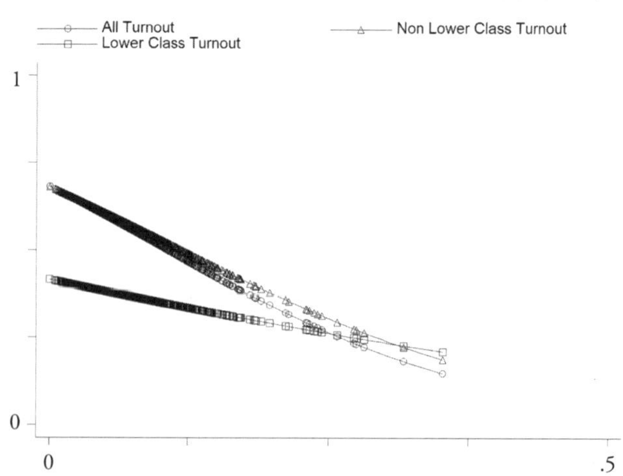

〈그림 6〉과 〈그림 7〉에서 보여지는 속성 역시 앞에서 언급한 속성들과 동일하다고 할 수 있다. 즉 실업률과 투표율과의 관계에서 비빈곤층이 빈곤층에 비해 경기동향에 대해 더욱 민감하게 반응하며, 정치참여에서 일탈하는 현상도 빈곤층에 비해 더 일찍 관측되어지고 있다.

그림 6_ 실업률에 의한 투표확률의 변동 : 2000년 미국 대통령 선거(뉴욕)

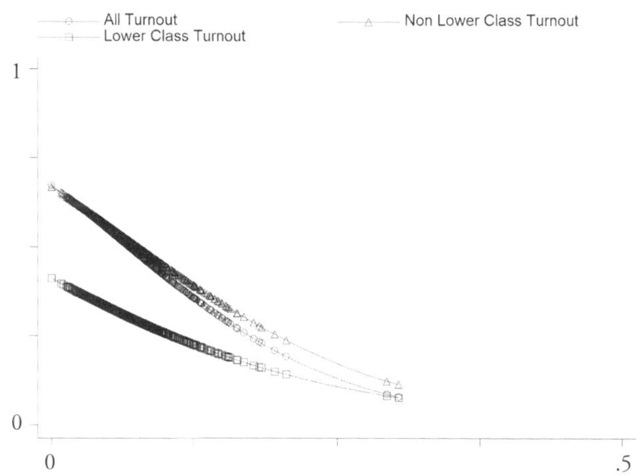

그림 7_ 실업률에 의한 투표확률의 변동 : 2000년 미국 대통령 선거(캘리포니아)

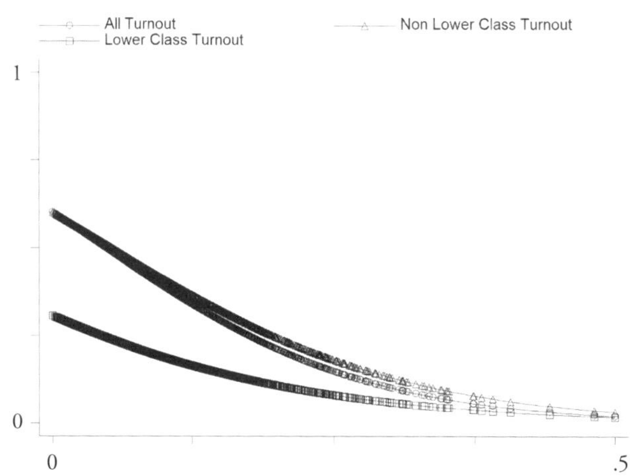

VI. 결론

본 연구를 통하여 미국민의 투표행태에 대한 기존의 연구를 비교적 새로운 방법을 통하여 재확인할 수 있게 되었다. 또한 이 연구를 통하여 경제적 계층과 투표행태와의 관계에 대한 새로운 지식을 획득할 수 있게 되었고, 거시경제 조건이 각각 다른 계층에 어떻게 영향을 미치는지에 대한 지식도 획득할 수 있게 되었다. 또한 참여민주주의라는 의미에서 볼 때 본 연구결과에서 나타난 대로 빈곤층의 투표에의 참여가 계속 저조한 상태를 유지한다면 정책결정 과정에서 빈곤층의 목소리를 대변할 수 있는 기회가 개선되지 않는다는 문제를 가질 수밖에 없을 것이다. 한편 이 연구를 통해 거시경제의 조건이 나빠지는 상황에서 비빈곤층이 투표참여로부터 비교적 급격하게 일탈하는 문제점을 밝혀냈는데, 이는 거시경제가 어떻게 그리고 어느 정도로 각 계층의 투표행태와 연관되어 있는지를 밝혀냈다는 점에서 의미를 찾을 수 있다 하겠다.

참고문헌

Adams & Gronke. 1989. "Economics and Politics in 1984." *American Journal of Political Science*. vol. 33. 491-515.

Arcelus & Meltzer. 1975. "The Effect of Aggregate Economic Variables on Congressional Elections." *The American Political Science Review*. vol. 69, no. 4. pp. 1232-9.

Corder and Wolbrecht. 2004. "Using Prior Information to Aid Ecological Inference : A Bayesian Approach." In Ecological Inference : New Methodological Strategies.

Duncan & Davis. 1963.

Duncan & Davis. 1953. "An Alternative to Ecological Correlation." *American Sociological Review*. vol. 18. 665-6.

Hill, Leighley and Hinton, Andersson. 1995. "Pathways of Representation : A Causal Analysis of Public Opinion-Public Policy Linkages." *The American Journal of Political Science*. vol. 39. 924-935.

Joint Project between the Bureau of Labor Statistics and the Bureau of the Census, 1996.

Jackman, Robert W. and Ross, A. Miller. 1995. "Voter Turnout in the Industrial Democracy in the 1980s." *Comparative Political Studies*. vol. 27. 467-92.

Kinder & Kiewıet. 1979. Economic discontent and political behavior : the role of personal grievances and collective economic judgments in congressional voting.

Rosenstone. 1982. "Economic Adversity and Voter Turnout." *The American Journal of Political Science*. vol. 26. no. 1. 25-46.

Wolfinger and Rosenstone. 1980. *Who Votes?* New Haven : Yale University Press.

주

1 여기서 전체 유권자 수란 투표가 가능한 나이의 인구 수(voting age population)를 가리킨다. 최근 몇몇 학자들은 투표 연구에서 투표가 가능한 나이의 인구 수를 사용하는 것에 대한 유용성에 대하여 의문을 제기하고 있다(McDonald and Popkin 2001 ; Martinez 2003). 그들에 의하면 투표 가능한 나이의 인구 수가 아닌 투표권이 있는 유권자 수(Voting Eligible Population)가 더 유용하다는 것인데, 왜냐하면 투표가 가능한 나이의 인구수(VOP)에는 투표권이 없는, 미국 시민이 아닌 사람이나 실형을 살고 있는 죄수들도 포함하고 있기 때문이다. 하지만 자료수집의 한계로 인해 본 연구에서는 투표 가능 나이 인구 수를 사용하고 있고, 편의상 전체 유권자 수 혹은 개별유권자 수로 상호 호칭하고 있다. 미국에서는 유권자 등록의 책임이 국가에 있는 것이 아니라 개인에게 있고, 각 주마다 각기 다른 형태의 등록제를 운용하고 있으며, 주마다 정확한 유권자 수를 기록하고 있는 주가 거의 없는 실정이다. 이러한 한계로 인하여 본 연구를 통해 얻어진 결과가 빈곤층의 경우 사실보다 낮게 추정될 개연성이 있다고 볼 수 있다. 왜냐하면 실형을 살고 있는 죄수들이 주로 빈곤층 출신일 가능성이 비빈곤층 출신일 가능성보다 상당히 높기 때문이다.

제18장

동아시아 민주주의 국가의 정치저항

한국, 일본, 대만을 중심으로*

김영철(University of Evansville)

I. 서론

투표참여, 로비, 이익단체 활동과 같은 전통적 형태의 정치참여(conventional forms of political participation)와 마찬가지로 서명운동, 불매운동, 시위, 파업, 점거농성 등 비전통적 형태의 정치참여(unconventional forms of political participation) 또한 민주화 과정에 있어서 매우 중요한 요소이다(Dalton 1988). 즉 권위주의 체제에 대한 시민들의 자발적 정치저항은 민주화 과정에서 흔히 나타나는 현상이다. 예컨대 1980년대 후반 동유럽 사회주의 국가의 민주혁명과 1990년대 필리핀과 남아프리카공화국의 민주화 과정은 모두 시민들의 자발적 정치저항(people power protest)으로부터 시작되었다. 시민들은 정상적인 정치참여 통로가 제한되거나 억압될 경우 여러 가지 형태의 저항방식을 선택하게 된다. 노동자와 농민단체의 정치저항은 서구 민주주의 국가뿐만 아니라 신생 민주주의 국가에서도 쉽게 발견

* 본 논문은 『비교민주주의 연구』 제2권 2호(2006. 12)에 수록된 것을 전재한 것임을 밝힙니다.

되며, 특히 신생 민주주의 국가들은 민주화 과정에서 정치경제적·사회적 문제들과 관련된 다양한 형태의 정치저항을 경험하게 된다.

수많은 정치학자들이 민주화가 진행됨에 따라 시민들의 정치저항이 점차 줄어들 것으로 예견했지만 실제 정치저항의 빈도는 오히려 산업화와 민주화를 이룩한 국가들에서 증가되었다(Jennings and van Deth 1989). 즉 포웰의 국가 간 비교 연구에 따르면 시민들의 정치저항은 선진 민주주의 국가에서 더 빈번히 발생한 것으로 나타났다(Powell 1982). 이러한 경향에 대해 일부 학자들은 서구 민주주의 국가에서의 정치저항은 오늘날에 이르러 비전통적 정치참여의 유형이라기보다는 정상적 정치참여의 한 방편이 되었다고 주장한다(Flanagan and Lee 2000).

시민들은 종종 다양한 형태의 시위와 정형화된 서명운동, 불매운동, 파업, 공공건물 점거와 같이 보다 직접적인 방법을 통해 자신의 정치적 견해를 밝히고 목적을 성취하고자 한다. 그렇다면 평화적 정치저항(peaceful political protest), 즉 비전통적인 정치참여(unconventional political participation) 또는 비정통적인 정치행위(unorthodox political behavior)는 어떠한 요인에 의해 유발되는가? 본 연구는 이러한 정치저항의 유발요인을 탐색하기 위해 한국, 일본, 대만 등 동아시아 민주주의 국가의 정치저항 양상을 분석하고자 한다. 이를 위해 동아시아 민주주의 국가의 민주화 과정과 정치저항에 관한 제 이론들을 고찰한 다음 경험적 분석을 위한 연구자료와 연구방법에 대해 논의하고, 동아시아 민주주의 국가의 정치저항에 대한 연구결과가 기존 이론들을 확증하는지를 밝히고자 한다.

II. 동아시아 국가의 민주화

동아시아 민주주의 국가인 한국, 일본, 대만은 정치문화의 측면에서 상당한 유사성을 갖고 있다. 즉 이들은 불교, 도교, 유교 등 정치, 사회, 문화를 공유하고 있고, 특히 유교주의 전통에 따라 개인행위의 기반으로서 단체와 집단의 이익, 사회적 협력과 조화, 부조화와 마찰의 금기 등을 강조한다. 특히 정치적 측면에서 유교사상은 국가의 권위를 존중하고 위계질서의 틀에 기초한 서열, 안정, 수양 등을 중요시한다. 예컨대 군주와 스승과 부모는 동격으로 가장 권위적인 존재이며, 개인의 권리와 이익보다는 책임과 의무가 우선시되고, 이에 따라 정치지도자들의 통치행위는 사회질서 및 공익과의 조화를 위한 것이라면 비록 개인, 정당, 노조, 학생 등 다양한 이익집단을 희생시킨다 해도 정당화되었다. 또한 유교의 전통은 가족, 직장, 사회를 위한 개인의 헌신과 희생을 강조했다. 이러한 특성 때문에 많은 학자들은 유교주의 전통이 동아시아 국가의 경제적 번영에 크게 기여했다고 주장하고 있다(Danziger 1994).

그러나 문화적 유사성에도 불구하고 한국, 일본, 대만은 정치적 경험과 제도에 있어서 여러 가지 상이성을 갖고 있다. 우선 일본은 경제적으로 가장 성공한 국가 중의 하연령이지만 정치적으로는 그에 미치지 못하고 있다. 일본은 제2차 세계대전 이후 1993년까지 하나의 거대정당이 정치를 독점하는 가운데 극심한 정치적 혼란 없이 사회발전을 이룩했다. 그러나 거의 40여 년 동안 정치를 독점해 오던 자유민주당(LDP : Liberal Democratic Party)은 여러 가지 부패 스캔들을 노정하는 가운데 결국 1993년 분열되어 정치적 혼란을 야기했고, 이에 따라 1994년에는 자민당을 배제한 최초의 연립정부가 수립되기도 했다. 그럼에도 불구하고 일본 정치에 있어서 신생정당의 탄생과 소멸, 그리고 정치적 불확실성과 불안정은 비교적 짧은 기간 동안에 나타났으며, 자민당은 여전히 일본 정치의 중추이다. 이처럼 일본은 하나의 정당이 대부분의 정치권력을 독점하는 정치구조를 갖고 있지만 경쟁적 다당제, 의원내각제 국가이자 헌법에 기초한 양원제 의회민주주의 국가이다. 상원에 해당하는 참의원(the House of Councillors : Sangi-in)은 모두 242명이며, 이 중 146명은 지역구에서, 96명은 비례대표로서 선출된다. 참의원 절반이 매 3년마다 새로이 선출되고 임기는 6년이다. 한편 하원에 해당하는 중의원(the House of Representatives : Shugi-in)은 모두 480명으로 구성되어 있으며, 이 중

300명은 소선거구에서 직접 선출되고 나머지 180명은 11개 지역에서 비례대표로 선출된다. 하원의 임기는 4년이지만 총리에 의한 의회해산 등을 통해 단축될 수도 있다. 일본은 전통적으로 중대선거구제를 선호했으나 1990년대 후반 이후 선거법 개정으로 소선거구제를 채택·유지해 왔다.

한국과 대만은 1950년대 이후 괄목할 만한 경제성장을 이룩한 신흥산업국가(NICs : Newly Industrial Countries)이다. 1990년대 후반 외환위기를 겪기도 했지만 한국과 대만의 경제규모와 산업화의 수준은 이미 일부 전통적 선진국을 능가하고 있다. 또한 민주주의의 역사는 비교적 짧지만 1980년대 후반 이후 지속적인 민주발전을 이룩하였다.

한국과 대만의 입법부는 전통적으로 국민의 직접선거에 의해 구성되었지만 국가권력은 1980년대 후반까지 소수 엘리트에 의해 독점되었다. 예를 들어 한국은 1948년부터 1987년까지 40여 년 동안 이승만, 박정희, 전두환으로 이어지는 세 명의 권위주의적 대통령에 의해 통치되었고, 대만 역시 1949년부터 1987년까지 40년 가까이 계엄령 하에서 장개석과 장경국 부자에 의해 통치되었다. 또한 대만은 1990년 초반에 이르기까지 국민당(National Party : Kuo-min Tang)이 정치권력을 독점하였다.

국가권력을 독점한 소수 엘리트들은 1980년대 후반까지 학생, 시민, 노동단체의 민주화 요구를 지속적으로 억압했다. 특히 한국에서는 시민들의 민주화 요구에 대한 정부권력의 폭력적인 탄압이 빈번한 시위와 민중봉기를 초래하기도 했으나 대만 국민들은 강력하고 엄격한 계엄령 통치 하에서 정치권력에 보다 순종적인 경향을 보여 왔다.

한국과 대만은 지속적인 경제발전을 통해 중산층을 확대했고, 이러한 중산층의 민주화 열망이 1980년대 말엽 권위주의 정부를 종식시킨 이래 지속적인 민주주의 발전을 이룩했다. 즉 한국은 1992년 국민의 직접투표에 의해 대통령이 선출되었고, 진정한 의미의 다당제가 실현되었다. 대만 역시 건국 이후 50여 년 만에 처음으로 1992년 진정한 의미의 국회의원 선거를 실시했다.

한국은 대통령중심제를 채택하고 있으며, 연임 불가능한 5년 임기의 대통령은 국가의 수반이자 행정부의 수장으로서 국민에 의해 직접 선출된다. 입법부(the National Assembly)는 단원제로서 소선거구제와 다당제를 채택하고 있다. 4년 임기의 국회는 299명으로 구성되며, 이 가운데 243명은 소선거구에서 직접 선출되고 56명은 비례대표로써 선출된다. 대만 역시 전통적으로 대통령제를 채택하고 있으며, 행정부의 수반인 대통령은 1990년대까지는 의회에서 선출되었으나 2000년 이후 국민의 직접선거를 통해 선출되고 있다. 특히 건국 이후 처음 실시된 대통령 직접선거에서 야당인 민주진보당(DDP : Democratic Progressive Party : Min-chu Chin-pu Tang)의 천수이벤(Chen Shui-bien) 후보가 대통령으로 선출되었다. 4년 임기의 대통령과 부통령은 국민의 직접선거에 의해 동시에 선출되며 연임이 가능하다. 최근까지 대만의 입법부는 입법유안(the Legislative Yuan)과 국민대회(the National Assembly)로 구성된 양원제였으나 2007년 헌법개정을 통해 국민대회가 폐지되었고 입법유안도 225명에서 113명으로 대폭 축소되었다. 입법유안의 임기는 3년이며, 국민의 직접선거에 의해 선출된다. 1986년까지 여당의 선거참여가 허용되지 않았지만 민주화 이후 70여 개의 신생정당이 탄생·소멸하였고, 현재 3개의 정당이 대부분의 의석을 차지하고 있다.

III. 정치저항에 관한 기존 이론과 분석모형

정치저항에 대한 연구는 주로 두 가지 방법으로 진행되어 왔다. 첫 번째는 정치저항 행태에 대한 국가 간 비교 연구(cross-national analysis)이며, 두 번째는 특정 국가의 정치저항 양상에 대한 심층연구이다. 체계 수준 연구(system-level analysis)로서의 국가 간 비교 연구는 정치저항 행태에 있어서 특정 국가와 여타 국가 간의 유사성과 상이성을 탐색하는 데 초점을 둔다. 일반적으로 체계 수준 연구는 집적자료(aggregate data)를 사용하며, 분석모형의 종속변인(dependent variable)은 개별국가의 정치저항에 대한 참여도가 된다. 버바 등이 이러한 방법을 통해 정치저항에 대한 연구를 진행해 왔다(Verba et. al. 1978 ; Glass et. al. 1984 ; Grofman and Lijphart 1986 ; Powell 1986 ; Jackman 1987 ; Dalton 1988). 체계 수준의 연구는 국가 간 상이성을 탐색하는 데 매우 유용하지만 특정 국가 내에서 발생하는 정치저항의 행태변화를 설명하는 데에는 한계가 있다. 예를 들어 선거제도는 일반적으로 모든 국민들에게 동일하게 적용되기 때문에 선거제도의 변화가 국가 내 일부 집단의 정치저항의 변화를 초래했다고 설명하기는 어렵다. 따라서 특정 국가의 정치저항에 대한 행태변화를 연구할 경우에는 주로 개인 수준 연구(individual-level analysis)를 수행하게 된다. 사회심리적 연구(socio-psychological)라고도 불리는 개인 수준 연구는 주로 설문조사 자료를 사용하며, 종속변인은 응답자들의 정치저항 성향이 된다. 이러한 연구방법을 사용한 정치저항에 대한 연구는 1960년대 이래 장기간에 걸쳐 진행되어 왔으며(Campbell et. al. 1960 ; Lipset 1960 ; Marsh 1990 ; Verba et. al. 1978 ; Barnes et. al. 1979 ; Wolfinger and Rosenstone 1980), 사회경제적 배경 모형, 인지능력 모형, 가치변화 모형, 불만족 모형 등으로 집약·분류될 수 있는 세 가지 유형의 분석모형들을 제시하였다.

1. 사회경제적 배경 모형

사회경제적 배경 모형(Socioeconomic Status Model)은 '기초 모형' (Baseline Model) 혹은 '사회구조 모형' (Social Structure Model)이라고도 불린다. 정치사회학 연구에서는 개인의 정치행태를 설명하기 위하여 연령, 성별, 소득, 직업, 교육 수준, 종교, 결혼 여부 등을 주목하였다. 만약 상이한 신분과 배경을 가진 사람들이 무작위적 혹은 임의적 정치행태를 나타낸다면 개개인의 신분과 사회적 배경은 그들의 정치행태를 설명하는 데 아무런 의미가 없을 것이다. 즉 개개인의 정치행태는 신분과 상관없는 의지에 따라 표출된다고 볼 수 있으며, 따라서 오로지 개인의 신념, 감정, 가치, 태도와 특정 사안에 대한 판단이 정치행태를 결정하게 될 것이다. 그러나 이러한 경우는 현실적으로 불가능하다.

사회경제적 배경 모형은 사회적 위상(social location)을 중심으로 미국 국민의 정치참여를 설명한 버바와 나이의 초기 연구에 기초하고 있다(Verba and Nie 1972 ; Harper and Row 1972). 버바와 나이는 사회경제적 신분이 높을수록 사회적 영향력이 증대되며 높은 정치참여를 나타낸다고 주장했다. 이러한 계층의 사람들은 정치 엘리트와 사회적 동질성을 공유하고, 정치제도에 대해 일반 노동자들과는 다른 기대감을 나타낸다고 보았다. 대개 일반 노동자들은 정당과 노동단체 등 기존 조직의 역할에 대해 큰 기대를 갖고 있고, 정치적 목표를 달성하기 위해 요구를 집단적으로 표출한다. 반면 사회경제적 신분이 높은 사람들은 정치·사회문제의 전반적 해결에 정치행위의 초점을 맞추는 경향이 있다(Marsh 1990).

또한 정치참여에 대한 기존의 연구들은 전반적으로 볼 때 연령이 높은 사람, 여성보다는 남성, 하위계층보다는 중산층, 미혼보다는 기혼자, 높은 교육 수준과 소득 수준을 가진 사람들이 보다 강력한 정치참여 성향을 보인다고 주장한다. 따라서 사회경제적 배경 모형은 투표참여와 같은 전통적인 정치참여를 설명하는 데 매우 유용한 모형이다. 그렇다면 사회경제적 배경 모형이 정치저항과 같은 비전통적인 정치참여를 설명함에 있어서도 여전히 유용한 모형인가? 개인의 사회경제적 배경은 정치저항 행태를 설명하는 데에도 적실성을 발휘할 수 있다고 본다. 그러나 정치저항에 관한 기존 연구에 따르면 '연령'의 설명력은 전통적 정치참여의 경우와 상반된 것으로 나타난다. 즉 연령이 높은 사람들보다는 젊은 사람들이 정치저항과 같은 비전통적인 형태의 정치참여에 쉽게 접근하는 것으로 밝혀졌다(Inglehart 1977 ; Dalton 1996). 공공건물의 점거나 시위와 같은 정치저항 행위는 많은 시간과 힘이 요구되기 때문이다. 이러한 사회경제적 배경 모형의 설명력을 검증하기 위하여 본 연구는 개개인의 연령, 성별, 사회계층, 직업 등을 독립변인으로 상정하였다.

2. 인지능력 모형

인지능력 모형(Cognitive Skills Model)은 모든 정치행위는 정치현상에 대한 개개인의 생각(think)과 느낌(feel)에 기초한다는 가정에서 기초하고 있다. 심리학자들에 따르면 생각과 느낌은 정신세계의 감성적인 측면과 인지적인 측면으로 나누어진다. 즉 정치적인 문제에 대한 지식과 이해가 인지적 측면이라면 긍정적 또는 부정적 가치판단, 열망, 느낌 등이 감성적인 측면인 것이다. 이러한 두 가지 측면은 모두 어떠한 정치적 행위를 선호하느냐를 결정하는 중요한 기준이 된다.

인지능력 모형 또는 인지적 동원(mobilization) 모형에 따르면 개인은 정치현상에 대한 지식과 이해가 확장되면 될수록 보다 쉽게 정치행위에 참여하게 된다(Inglehart 1977 ; Shiverly 1979 and 1984). 즉 정치현상에 대한 빈번한 토론, 타인에 대한 영향력의 확대, 교육 등을 통해 정치현상에 대한 인식이 증대되면 정치참여 욕구가 늘어나게 된다. 또한 부모로부터 학습하거나 이익집단 활동을 통해서 획득한 정치적인 지식과 경험들 역시 정치참여를 증대시킨다(Verba et. al. 1978 ; Powell 1986).

이러한 모형은 시민주체 모형(CVM : Civic Voluntarism Model)으로 불리기도 한다(Verba, Schlozman and Brady 1995). 정치참여의 결정요인으로서 개개인의 정치적 성향, 경제사회적 위상과 배경을 중시하는 사회경제적 배경 모형과는 달리 시민주체 모형은 비정치적이고 자발적인 이익단체 활동 등이 시민들의 정치참여를 증대시키는 중요한 요인이 된다고 주장한다. 시민들의 자발적인 이익단체 활동은 단순히 개개인의 정치참여 성향을 증대시킬 뿐만 아니라 성치참여를 위한 여러 가지 유용한 기회, 수단, 능력도 확대시킨다는 것이다.

전통적으로 서구 민주주의 사회에서는 이념적·종교적 결속이 정치참여의 중요한 결정요인으로 작용했다(Rose and Urwin 1969 ; Klingemann and Inglehart 1975 ; Lewis-Beck 1983). 개개인은 자신의 이념에 기초하여 정치현상을 이해하고 판단하였다. 특히 좌파-우파, 자유주의자-보수주의자 등의 이념적 분류는 개개인의 정치참여 행태를 이해하는 중요한 척도가 되었고, 여러 가지 연구들이 이를 뒷받침하고 있다. 정치저항 행위에 대한 인지능력 모형의 설명력을 검증하기 위하여 본 연구는 정치적 토론, 노조의 가입, 좌파/우파에 대한 인식 등을 독립변인에 포함시켰다.

3. 가치변화 모형

가치변화 모형(Value Change Model)은 사회가 지향해야 할 가치와 목적에 대한 개인의 정치적 판단에 주목한다. 정치현상에 대한 지식의 증대는 정치적 문제에 대한 가치판단을 가능하게 하고, 이러한 가치판단들은 개개인의 정치참여의 형태를 결정하는 중요한 요인이 된다. 즉 어떠한 유형의 정치참여 방식을 선택하느냐는 개인이 내리는 정치적 가치판단에 달려 있다. 이와 같은 견해는 오랫동안 대중의 정치적 행위를 이해하는 유용한 맥락이 되어 왔다. 예를 들어 마르크스(Karl Marx)는 개인의 정치적 가치판단에 주목하는 가운데 노동자들의 잘못된 자의식과 자본가들이 제시한 가치와 목적에 대한 맹목적 수용이 그들로 하여금 정치적으로 결집하고 궁극적으로는 혁명에 참여하는 것을 방해하는 가장 심각한 장애물이라고 보았다.

이 같은 이유로 현대 마르크스주의자들은 1960년대 서구 민주주의 국가에서 발생한 사회저항 운동에 지대한 관심을 보였다(Marsh 1990). 1960년대 이후 서구 민주주의 국가의 젊은 중산층을 중심으로 새로운 정치적 가치들이 등장하게 되었다. 특히 새로이 등장한 신좌파주의자들은 산업적 계급갈등에 주목했던 전통적 좌파와는 다른 새로운 가치들을 추구했다. 즉 신좌파주의 지도자들에 의해 주도된 노동운동은 사회공동체의 모든 의사결정 단계에서의 참여, 표현의 자유, 창의성 등을 요구했다. 서구 사회의 경제적 안정이 급속도로 이루어지자 그동안 활발했던 정치적 투쟁의 점차 종식되었으며, 인권이나 환경문제 등 새로운 대립요인들이 대두되었다.

이전 세대가 경험한 심각한 경제적 빈곤과 육체적 고통을 벗어나 비교적 자유로운 성장기를 보낸 제2차 세계대전 이후 세대는 계급 간의 대립과 경제적 투쟁에 기반을 둔 서구 민주주의의 정당구조를 점차 부적절한 것으로 인식하게 되었다. 이에 따라 이전 세대가 안정과 성장 등 경제적인 문제에 집착한 반면 전후세대는 정치적·사회적 문제에 보다 많은 관심과 가치를 부여했고, 점차 질적·양적으로 서구 민주주의 사회를 주도하게 되었다.

정치학에 있어서 이러한 경향에 대한 연구는 잉글하트(Ronald Inglehart 1977)에 의해 주도되었다. 잉글하트는 서구 민주주의 국가에서 새로이 등장한 전후세대를 후기 물질주의자(Postmaterialists)라 규정했다. 그들은 새로운 정치의 첨병이 되었다. 즉 1960년대 미국을 포함한 서구 민주주의 국가에서 발생한 정치적·사회적 저항운동은 전후세대가 새로운 국가적 과제를 제시한 운동이었다. 그들은 무엇보다 성적·인종적 불평등의 해소와 환경의 개선을 요구했으며, 새로운 형태의 민주적인 정치참여와 사회공동체의 자주적인 결정권을 주장했다. 또한 좌파와 우파로 나눠진 기존의 정치체제는 이러한 요구들을 효율적으로 수용할 수 없으며, 오직 시민들의 정치·사회 저항운동을 통해서 실현될 수 있다고 믿었다. 후기 물질주의자들의 등장과 정치적·사회적 저항운동은 여러 유럽 국가의 정치체제, 특히 정당구조의 변화를 초래했다. 본 연구는 정치저항 행위에 대한 가치변화 모형의 설명력을 검증하기 위하여 잉글하트가 제시한 물질주의자/후기 물질주의자에 대한 개인적 판단을 독립변인에 포함시켰다.

4. 불만족 모형

불만족 모형(Dissatisfaction Model)은 기본적으로 정치행위는 사람들이 정치적 불균형을 바로잡고 정치적 목적을 달성하기 위해 사용하는 수단이며, 만족이나 불만족과 같은 감정을 분석함으로써 정치참여 욕구를 이해할 수 있다는 이론적 전제에 기반을 두고 있다. 따라서 이 모형은 개별국가나 사회의 혁명을 설명하는 데 매우 유용하다. 특히 혁명의 동인으로서 상대적 박탈감(relative deprivation)에 대한 연구는 매우 유용한 것으로 밝혀졌다(Gurr 1970).

거의 비교 연구에 따르면, 사회적으로 타당한 대우나 충분한 물질적 보상을 받지 못했다고 생각하는 사람들은 상대적으로 쉽게 정치적 저항에 동참하게 된다. 기존의 정당제도가 그들의 상대적 박탈감을 해소시켜 주지 못한다면 국가는 심각한 정치저항을 맞이하게 된다. 이러한 국가에 대한 실망감은 절망과 혐오로 이어지고, 결국 정치저항을 초래하게 된다는 것이다. 심화된 상대적 박탈감으로 인한 정치저항 운동은 주로 제3세계 국가에서 나타나는데, 1960년대 미국의 도시 흑인사회에서 발생했던 저항운동도 이러한 범주에 속한다. 거(Gurr 1970)는 명백한 좌절에 대한 반항인 저항운동은 보다 성숙된 정치·사회제도를 통해 최소화될 수 있다고 보았다.

수많은 학자들이 불만족이나 상대적 박탈감을 측정하는 방법을 제시하였지만 여전히 이견이 있다. 다양한 종류의 만족과 불만족 중에서 어떠한 것이 가장 중요한가는 복잡한 일련의 평가과정을 거쳐 정치적 요구(political demand)로 나타나게 되는데, 이것을 정치적 전개(political evolution)라 한다. 정치적 전개는 정치체계가 지닌 능력에 대한 체계 구성원들의 평가에 기초한다. 이스턴(David Easton) 이후 많은 정치학자들이 '정치적 불만족'(political dissatisfaction)을 계측하기 위한 다양한 방법들을 제시했는데, 이러한 방법들은 주로 사용된 연구자료와 밀접한 관계가 있다. 예컨대 일부 학자들은 전체적인 정치제도에 대한 평가자료를 사용했다. 즉 정치제도에 대한 일반적 지지성향은 투표참여와 같은 전통적 형태의 정치참여를 유도하는 중요한 동기가 된다는 것이다. 다른 학자들은 국가권위(authorities)에 대한 태도에 주목했다. 국가권력에 대한 공감의 결여가 정치저항을 야기한다는 것이다. 또 다른 학자들은 개별 사안이나 정책에 대한 판단에 주목하기도 한다.

어떠한 정치적 사안들이 가장 중요한 것인가? 국가는 그 책임을 다하고 있는가? 어떻게 다양한 공공정책들을 평가할 수 있는가? 기존 정치제도의 안정성을 신뢰할 수 있는가? 이러한 질문들에 대한 사람들의 직접적 판단을 중심으로 정치적 만족과 불만족의 수준을 측정할 수 있을 것이다. 정치저항 행위에 대한 불만족 모형의 설명력을 검증하기 위하여 본 연구는 정부에 대한 신뢰도를 독립변인에 포함시켰다.

IV. 분석방법과 결과

본 연구는 한국, 일본, 대만을 대상으로 정치저항 행위의 결정요인에 관한 일단의 가설을 개인 수준 연구를 통해 검증하고자 한다. 독립변인과 종속변인의 변량으로는 1990년대 후반 진행된 제3차 World Values Survey(이하 WVS) 자료를 사용하였다. WVS는 잉글하트(Inglehart 2006)의 주도 하에 지금까지 모두 5차례 수행되었는데, 각 설문조사를 통해 구축된 자료는 개별국가의 정치·경제·사회적 가치와 규범에 대한 체계적 비교 연구와 통시적 변화 연구에 있어서 대단히 큰 유용성을 갖는다.

제3차 WVS는 한국, 일본, 대만을 포함한 60개 국가에서 진행되었는데 직업, 경제적 상황, 정치이념, 사회문제와 전통적 가치관에 대한 견해 등 다양한 문항들이 포함되었다. 즉 정치행위에 대한 의견과 정부기관에 대한 평가, 국가 목표 등에 대한 의견 등이 포함되었고 연령, 성별, 직업, 소득, 교육, 종교, 정당이나 노조가입 여부, 좌파/우파 등 정치이념에 대한 개인적 인식 등 인구통계학적인 자료들도 추출되었다. 표본의 규모는 개별국가당 약 1,000명 정도의 응답자로 구성되었고, 수행방식은 면접조사이다. 설문조사의 수행기간은 1995-1997년으로서 한국과 대만의 경우는 민주화의 전환기, 그리고 일본의 경우는 정치제도의 개혁기에 해당된다. 가설검증 방식으로서는 다중회귀 분석(multivariate regression analysis)을 채택하였다.

1. 작동변인

(1) 종속변인(Protest Potential)

본 연구의 종속변인은 정치저항에 대한 참여성향이다. 설문조사의 대상자들은 다양한 유형의 정치저항에 실제로 참여하였는지, 혹은 참여할 의사가 있는지에 대해 응답하였다. 즉 WVS에는 서명운동 참여(Signing a petition), 불매운동 참여(Joining in boycotts), 합법적 시위 참여(Attending lawful demonstrations), 파업참여(Joining unofficial strikes), 공공건물이나 작업장의 점거(Occupying buildings or factories) 등 가장 단순한 유형으로부터 보다 급진적인 유형에 이르기까지 다양한 유형의 정치저항 참여에 대해 문항이 포함되었다. 응답의 유형은 각 정치저항에 대해 ① 참여한 경험이 있다, ② 참여할 의사가 있다, ③ 참여할 의사가 전혀 없다 등 세 가지이다.

본 연구는 정치저항에 관한 기존 연구(Marsh 1990 ; Dalton 1996)에 기초하여 종속변인을 몇 가지로 조정하였다. 우선 '참여한 경험이 있다'와 '참여할 의사가 있다'는 두 가지의 응답을 '예'로 통합하였고, '참여할 의사가 전혀 없다'라는 응답은 '아니오'로 분류함으로써 응답을 '예-아니오' 두 가지 범주로 단순화시켰다. 다음으로 달톤(Dalton 1996)의 연구와 같이 다섯 가지 유형의 정치저항에 대한 응답을 하나로 통합하였다. 즉 다섯 가지 유형의 정치저항에 모두 참여할 의사가 전혀 없다는 응답 0, 오직 한 가지 유형의 정치저항에 대해 참여하였거나 참여할 의사가 있다는 응답은 1, 두 가지 유형의 정치저항에 대해 참여하였거나 참여할 의사가 있는 응답은 2로 기록하였고, 최대치인 5는 모든 유형의 정치저항에 참여하였거나 참여할 의사가 있다는 응답을 의미한다.

이와 같은 설문조사 자료의 조정은 기존 연구를 통해 개인의 정치저항에 대한 참여성향이 점증적이라는 사실이 증명되었기 때문에 타당성을 가진다고 말할 수 있다(Marsh 1990 ; Dalton 1996). 예를 들어 급진적 유형의 정치저항에 참여하는 사람들은 보다 단순한 유형의 정치저항들을 쉽게 수용하고 참여하는 경향이 있다. 아래 〈표 1〉은 이러한 경향이 사실임을 보여준다. 즉 응답자의 67%가 가장 단순한 유형인 서명운동에 참여한 반면 12%의 응답자만이 가장 과격하고 급진적인 유형인 점거농성에 참여한 것으로 조사되었다. 또한 73.7%의 응답자가 최소한 한 가지 유형의 정치저항에 참여하였고, 응답자의 26.3%만이 모든 유형의 정치저항에 참여할 의사가 없음을 밝혔다.

표 1_ 1990년대 동아시아 민주주의 국가의 정치저항(참여자 수)

정치저항 유형	예(Yes)*	아니오(No)**	합계
서명운동	67.0% (2,515)	33.0% (1,240)	100% (3,775)
불매운동	53.6% (2,011)	46.4% (1,744)	100% (3,775)
합법적인 시위	41.2% (547)	58.8% (2,208)	100% (3,775)
파업	23.2% (870)	76.8% (2,885)	100% (3,775)
점거농성	12.0% (452)	88.0% (3,303)	100% (3,775)
참여자 총계 ***	73.7% (2,767)	26.3% (988)	100% (3,775)

* '참여한 경험이 있다' 와 '참여할 의사가 있다'
** '참여할 의사가 전혀 없다'
*** 최소한 한 가지 유형 이상의 정치지항에 참여한 사람
출처 : 1995–1997 World Values Survey.

(2) 독립변인(Independent Variables)

정치저항에 관한 기존의 연구모형들은 여러 가지 설명변인(독립변인)들을

제시하였다. 본 연구는 그러한 변인들 가운에서 연령, 성별, 사회계층, 직업, 정치적 토론, 노조가입, 좌파/우파에 대한 인식, 물질주의자/후기 물질주의자에 대한 인식, 정부에 대한 신뢰감 등 9가지 변인들을 선택하였다. WVS는 이러한 변인들에 대한 다양한 문항을 포함하고 있으며, 각 문항에 대한 응답의 통계적 분포양상은 아래 〈표 2〉와 같다.

표 2_ 변인들의 서술적 통계

변인	응답자 수	평균	표준편차	최소치	최대치
정치저항 참여성향	3,755	0.74	0.44	0	1
연령(6가지 범주)	3,755	2.99	1.41	1	6
성별	3,751	0.49	0.50	0	1
사회계층	2,956	2.94	0.87	1	5
직업	3,651	7.28	3.85	1	13
정치적 토론	3,729	1.80	0.59	1	3
노조가입	3,726	1.36	0.59	1	3
좌파/우파	3,371	5.89	2.01	1	10
물질주의자/후기 물질주의자	3,522	1.65	0.61	1	3
정부에 대한 신뢰감	3,982	2.43	0.72	1	4
일본(dummy)	3,755	0.28	0.45	0	1
대만(dummy)	3,755	0.39	0.49	0	1

출처 : 1995-1997 World Values Survey.

2. 연구가설

본 연구를 통해 검증될 가설들은 다음과 같다.

- **가설 1(연령)** : 연령이 낮을수록 정치저항에 참여하는 경향이 크다.
- **가설 2(성별)** : 여성보다 남성이 정치저항에 참여하는 경향이 크다.
- **가설 3(사회계층)** : 하위계층보다 상위계층이 정치저항에 참여하는 경향이 크다.
- **가설 4(직업)** : 단순직보다 전문직 종사자들이 정치저항에 참여하는 경향이 크다.
- **가설 5(정치적 토론)** : 정치적 지식과 관심이 많을수록 정치저항에 참여하는 경향이 크다.
- **가설 6(노조가입)** : 노조에 가입한 사람들이 정치저항에 참여하는 경향이 크다.
- **가설 7(좌파/우파)** : 우파주의자보다 좌파주의자들의 정치저항에 참여하는 경향이 크다.
- **가설 8(물질주의자/후기 물질주의자)** : 물질주의자보다 후기 물질주의자들이 정치저항에 참여하는 경향이 크다.
- **가설 9(정부에 대한 신뢰감)** : 정부에 대한 신뢰감이 낮은 사람일수록 정치저항에 참여하는 경향이 크다.

▶ 연령 ▶ 성별 ▶ 사회계층 ▶ 직업 ▶ 정치적 토론 ▶ 노조가입 ▶ 좌파/우파 ▶ 물질주의자/후기 물질주의자 ▶ 정부에 대한 신뢰감	⇨ 정치저항 참여성향

3. 검증방법 및 검증결과

(1) 검증방법

본 연구가 채택한 가설검증 방법은 OLS(ordinary least square) 회귀분석이며, 한국, 일본, 대만을 포함하는 교차국가 연구(cross-national data analysis)이기 때문에 각각의 '국가'를 통제변인(control variable)으로 포함시켰다. 실제로 아래 〈표 3〉은 정치저항에 대한 참여성향이 국가 간에 상이함을 보여준다.

표 3_ 동아시아 민주주의 국가의 정치저항에 대한 참여성향(참여자 수)

정치저항 유형	일본		한국		대만	
	Yes	No	Yes	No	Yes	No
서명운동	87.8 %	12.2 %	83.7 %	16.2 %	49.3 %	50.5 5
	(819)	(114)	(1025)	(219)	(671)	(689)
불매운동	71.8 %	28.2 %	74.6 %	25.4 %	35.5 %	64.5 %
	(606)	(238)	(928)	(318)	(477)	(865)
합법적 시위	48.5 %	51.5 %	51.4 %	48.6 %	37.7 %	62.3 5
	(397)	(422)	(639)	(605)	(511)	(846)
파업	21.5 %	78.5 %	40.6 %	59.4 %	14.3 %	85.7 %
	(174)	(635)	(505)	(736)	(191)	(1144)
점거농성	8.8 %	91.2 %	23.5 %	76.5 %	6.4 %	93.6 %
	(73)	(761)	(292)	(950)	(87)	(1273)

* 출처 : 1995-1997 World Values Survey.

다음의 〈표 4〉는 다중회귀 분석의 결과를 보여주고 있다. 두 개의 통제변인을 포함한 11개의 설명변인과 종속변인 간의 전체적인 상관계수 값(R)은 0.43,

결정계수 값(R2)은 0.19이며. 따라서 종속변인의 변량 가운데 19%가 상정된 독립변인들에 의해 설명된다. 개별적인 상관계수들을 검토해 볼 때 사회계층, 직업, 정치적 토론, 좌파/우파에 대한 인식, 물질주의자/후기 물질주의자에 대한 인식 등의 독립변인들과 종속변인 간의 관계는 통계적 유의미성을 나타낼 뿐만 아니라 방향성 또한 기대한 것과 동일하다. 반면 성별, 노조가입, 정부에 대한 신뢰감과 종속변인 간의 관계는 통계적 유의미성을 상실하며, 관계의 방향 역시 기대한 것과 상이하게 나타나고 있다.

표 4_ 동아시아 민주주의 국가의 정치저항에 대한 참여결정 요인

독립변인	상관계수(b)	표준오차	t	Beta
사회경제적 배경 모형				
연령	−0.26**	0.01	−4.41	−0.09
성별	−0.16	0.02	−1.06	−0.02
사회계층	0.37**	0.01	4.20	0.08
직업	0.07**	0.00	3.71	0.07
인지적 능력 모형				
정치적 토론	0.15**	0.01	10.72	0.21
노조가입	−0.09	0.02	−0.58	−0.01
좌파/우파	−0.13**	0.00	−3.38	−0.07
가치변화 모형				
물질주의자/후기 물질주의자	0.25*	0.01	1.96	0.34
불만족 모형				
정부에 대한 신뢰감	0.00	0.01	0.01	0.00
통제변인(국가)				
일본	0.10**	0.02	5.06	0.11
대만	−0.24**	0.02	−12.04	−0.26
상수(a)	0.53**	0.57	9.20	
R	0.43			
Adjusted R^2	0.19			
F−ratio(11, 2441)	51.54			
관찰자 수	3,755			

* p〈.05 ; ** p〈.01 ; 통제변인 한국은 통계 프로그램에 의해 자동적으로 배제되었다.
출처 : 1995−1997 World Values Survey.

이러한 검증결과는 사회경제적 배경 모형을 뒷받침한다. 즉 이미 기존 연구를 통해 개개인의 사회경제적 배경이 정치행위에 지대한 영향을 끼친다는 사실이 발견되었으며(Lipset 1960 ; Wolfinger and Rosenstone 1980 ; Niemi and Weisberg 1993), 본 연구의 가설검증 결과 역시 이를 확인하고 있다. 아울러 개개인의 정치적 지식과 소양이 증가할수록 정치참여의 성향이 증대된다는 인지적 능력 모형의 타당성도 입증되었다. 노조가입 여부와 종속변인 간의 상관관계는 기대한 방향과 반대이나 통계적 유의미성을 가진다. 이는 1990년대 동아시아 민주주의 국가의 민주화와 정치제도 개혁에 있어서 노조의 역할이 상당히 제한적이었음을 시사해 준다.

한편 물질주의자들보다 후기 물질주의자들의 정치저항에 대한 참여성향이 높다는 가치변화 모형의 설명력이 재확인되었으나 불만족 모형의 입증은 실패하였다. 정부에 대한 신뢰감과 종속변인 간의 상관관계는 통계적 유의미성을 상실하고 있을 뿐만 아니라 방향 또한 기대한 것과는 다르게 나타났다. 마지막으로 개별국가에 대한 통제변인들과 종속변인 간의 관계는 통계적 유의미성을 나타내며 상관계수의 값도 비교적 크게 나타났다. 이는 정치저항에 대한 참여성향이 동아시아 민주주의 국가들 간에 상이하게 나타난다는 사실을 보여주는 것이다.

IV. 결론

본 연구는 한국, 일본, 대만 등 동아시아 민주주의 국가의 정치저항에 대한 참여성향을 파악하는 데 목적을 두었으며, 경험적 비교분석을 통해 사회경제적 배경 모형, 인지적 능력 모형, 가치변화 모형 등 세 가지 기존 모형의 적실성을 입증하였다. 즉 개개인의 사회경제적 배경과 정치저항에 대한 참여성향이 상관관계를 갖고 있으며, 정치적 지식과 교양이 증대될수록 정치저항에 대한 참여성향이 높아지고, 후기 물질주의적 가치관 또한 정치저항에 대한 참여성향을 증가시킨다는 사실을 확인했다.

정치저항에 대한 추후 연구는 아래와 같은 몇 가지 사항을 고려해야 할 것으로 판단된다. 첫째, 기존 모형들에 기반을 둔 하나의 절충 모형(single eclectic model)보다는 진보된 형태로서의 2단계 모형(two-step model)이 제시되고 검증되어야 할 것이다. 실제로 사회경제적 배경 모형은 여타 모형의 기초 모형(baseline model)이다. 다시 말해서 사회경제적 배경은 인지적 능력과 가치관 형성에 상당한 영향을 미치기 때문에 개개인의 정치저항에 대한 다양한 설명변인들의 직접적 영향뿐만 아니라 간접적 영향을 추적할 수 있는 2단계 모형이 요구된다.

둘째, 본 연구의 결과는 불만족 모형을 입증하지 못했다. 개개인의 불만족이나 상대적 박탈감을 측정한다는 것은 대단히 어려운 작업이며, 또한 적절한 측정방식에 관해서도 수많은 이견이 있다. 이에 따라 본 연구는 WVS가 제공하는 개개인의 정부에 대한 신뢰의 수준을 상대적 박탈감의 간접적 측정척도로 사용하였다. 불만족 모형을 엄밀히 검증하기 위해서는 상대적 박탈감을 보다 직접적으로 측정할 수 있는 설문조사 문항의 개발과 자료의 축적이 요구된다.

참고문헌

Almond, G. and Verba, S. 1963. *The Civic Culture*. Princeton : Princeton University Press.

Barnes, S. et. al. 1979. *Political Action : Mass Participation in Five Western Democracies*. Beverly Hills, CA : Sage.

Campbell, A., Converse, P., Miller, W. and Stokes, D. 1960. *The American Voter*. New York : John Wiley.

Dalton, R. 1988 and 1996. *Citizen Politics*. Chatham, N.J. : Chatham House.

Danziger, J. 1992. *Understanding The Political World*. New York : Longman.

Glass, D., Sauire, P., and Wolfinger, R. 1984. "Voter Turnout : An International Comparison." *Public Opinion* (December/January). 49–55.

Grofman, D. and Lijphart, A., eds. 1986. *Electoral Laws and Their Political Consequences*. New York : Agathon.

Gurr, T. 1970. *Why Men Rebel*. Princeton, N.J. : Princeton University Press.

Inglehart, R. 1977. *The Silent Revolution*. Princeton, N.J. : Princeton University Press.

Jackman, R. 1987. "Political Institutions and Voter Turnout in the Industrial Democracies." *American Political Science Review*. vol. 81. 405–423.

Klingemann, H. and Inglehart, R. 1975. "Party Identification, Ideological Preference and the Left–Right Dimension among Western Publics." I. Budge and I. Crewe, eds. *Party Identification and Beyond*. New York : John Wiley.

Lewis–Beck, M and Lockerbie, B. 1989. "Economics, Votes, Protests : Western European Cases." *Comparative Political Studies*. vol. 22, no. 2. 155–177.

Lipset, S. 1960. *Political Man : The Social Bases of Politics*. Garden City, N.Y. : Doubleday.

Marsh, A. 1990. *Political Action in Europe and the U. S. A.* London : Macmillan.

Niemi, R. and Weisberg, H. 1992. *Classics in Voting Behavior*. Washington D.C. : CQ Press.

Powell, G. 1986. "American Voter Turnout in Comparative Perspective." *The American Political Science Review*. vol. 80. 17–43.

Rose, R. and Urwin, D. 1969. "Social Cohesion, Political Parties, and Strains in Regimes." *Comparative Political Studies*. vol. 2. 7–67.

Shively, W. 1979. "The Development of Party Identification among Adults." *The American Political Science Review*. vol. 73. 1039–1054.

Verba, S. and Nie, N. 1972. *Participation in America*. New York : Harper & Row.

Verba, S., Nie, N., and Kim, J. 1978. *Participation and Political Equality*. New York : Cambridge University Press.

Wolfinger, R. and Rosenstone, S. 1980. *Who Votes?* New Haven : Yale University Press.

제19장

동북아 안보 레짐

전략환경과 안보 다자주의 전망을 중심으로

설규상(극동문제연구소)

I. 서론

국제관계를 설명하는 데 있어 주도 이론의 하나인 현실주의는 국가 행위를 규제할 수 있는 상위의 권위가 부재한 '국제적 무정부성'의 속성 때문에 국가들이 불가피하게 안보문제에 몰입하게 된다고 보고 있다. 우리는 역사 속에서 이러한 세력정치의 본질을 거부하거나 그것에 적극적으로 대처하지 못한 국가들이 현상타파나 세력신장을 추구하는 세력들의 표적이나 희생이 되어온 사례들을 어렵지 않게 발견할 수 있다. 이 때문에 인류는 오랫동안 무정부적 세계에서 국가 생존을 확보하거나 무정부성의 특징을 완화시키기 위한 다양한 방안들을 모색해 왔다. 요컨대 독자적으로 외부세력의 위협으로부터 충분하고 효과적인 방어능력을 갖추기 어렵다고 판단한 국가들은 타국과의 동맹이나 방위조약을 보조적인 안보수단으로 활용해 왔다.

하지만 이러한 수단들은 불확실성 속에서 발생하는 유사사태시 군사자원을 제공받기로 약속함으로써 체약 당사국들의 안보목적에 기여하기도 하지만 오히려 대규모 군사적 충돌위험을 증대시킬 가능성도 내포하고 있다. 왜냐하면 국가들이 자국의 안보나 이익을 위해 취하는 집단적 조치들이 불가피하게 직접적·잠재적인 위협세력으로 인식하는 상대방으로부터 동일하거나 유사한 대응을 유발하게 되기 때문이다.

예를 들어 유럽에서 20세기 초 독일과 오스트리아·헝가리제국 간 군사동맹은 사라예보 사건으로 오스트리아가 세르비아에 선전포고를 한 후 동맹국인 독일이 오스트리아에 대한 지원 의무를 구실로 러시아에 선전포고를 함으로써 프랑스, 영국, 터키, 이탈리아 등을 끌어들인 제1차 세계대전으로 비화되었다. 또 제2차 세계대전의 전운이 짙어가고 있던 1930년대 후반 독일, 일본, 이탈리아 사이에 체결된 방공조약은 제2차 세계대전이 본격화된 후 3국동맹으로 전환되어 미국, 영국, 소련 등 연합국 측과 전면전으로 이어지게 되었다.

한편 국제정치 무대에서 국가들 간에는 생존과 이익이라는 1차적 가치를 두고 벌이는 세력경쟁의 장에서 자신들의 목적에 부합하는 방식으로 동맹 관계를 형성하거나 변화시켜 오기도 했다. 예를 들어 이탈리아는 제1차 세계대전 발발 이전에 독일, 오스트리아와 3국동맹의 일원이었으나 오스트리아가 세르비아에 선전포고를 하자 3국동맹의 조약 해당사유(casus foederis)가 아니라는 이유로 동참을 거부하였으며, 오히려 3국협상 측과 비밀협약을 체결하여 오스트리아에 선전포고함으로써 연합국의 일원으로 귀속했다. 하지만 이탈리아는 뭇솔리니가 집권한 후에는 독일과 제휴하여 일본과 함께 추축국의 일원으로 제2차 세계대전 참전을 결정했다. 또 제2차 세계대전에서 미국에 맞서 싸웠던 독일(서독)과 일본은 냉전시기에 미국의 가장 견고한 군사동맹으로서 유럽과 아시아 지역에서 소련 공산주의 세력의 확산을 저지하는 데 앞장섰다.

이러한 역사적 사실들로부터 볼 때 국가들이 자국의 안보목적을 위하여 추구하는 동맹이나 조약은 외부로부터의 군사적 위협이나 침략에 대한 집단적 대응을 표방함으로써 체약국들에게 심리적으로 안보 불안감을 완화시켜 줄 수는 있지만 그 자체가 갖고 있는 대결적이고 상황의존적 특성 때문에 지역질서 안정화에는 그다지 효율적이지 못함을 알 수 있다. 안보질서와 관련하여 다자주의는 이러한 취약성을 극복하기 위한 대안적 접근법으로 고려되어 왔다.

갈등과 대결적 자세로 세계를 보는 현실주의와 대조적으로 자유주의, 특히 신자유주의는 국가들 간 상호주의 전략을 통해서 상대방을 감시하고 비협력적 태도에 처벌의지를 제시함으로써 협력을 끌어낼 수 있다고 본다. 신자유주의자들은 다자외교나 집단적 안보, 국제법, 국제기구와 같은 국제제도들을 통해서 국제관계에서 무정부 상태의 본질을 약화시킬 수 있다고 주장한다. 이들은 대결보다 협력적 노력을 통해 진보를 향한 세계적 조건을 변경시킬 수 있다고 본다. 안보분야에서 다자주의는 국제관계에서 주요 행위자인 국가가 개별적 선택이 아닌 공동의 행위원칙을 받아들임으로써 평화조건을 형성해 줄 수 있을 것으로 기대된다.

이 글은 이러한 인식론적 가정을 바탕으로 분단 이래 두 세대 이상 군사적 대치상황이 지속되고 있는 한반도를 위시하여 지역패권을 둘러싼 주요 국가 간 군비경쟁 등으로 전략적 불확실성이 높은 동북아 지역을 중심으로 현재 이 지역 안보구도의 핵심인 양자중심주의와 그 동학(dynamics)을 살펴보고, 유럽에서 동·서 양 진영 간 갈등을 완화하고 나아가서 냉전질서를 해체하는 데 결정적인 기여를 한 것으로 평가되었던 다자주의 경험이 향후 역내에서 어떤 식으로 적용 가능할지 진단해 보고자 한다.

II. 유럽의 다자주의 경험과 동북아 전략 환경

20여 년 전 베를린 장벽 와해와 함께 동유럽 사회주의권이 붕괴되었을 때 사계는 이에 대해 다양한 방식으로 의미를 부여했다. 정치는 이를 프롤레타리아 독재 이데올로기에 대한 대중민주주의 이데올로기의 승리로 규정했다. 경제는 이를 중앙통제경제에 대한 시장자본주의의 승리로 규정했고, 사회와 문화는 이를 집단주의 사상에 대한 개인주의 가치의 승리로 규정했다. 그러나 다른 한편으로 이것은 다자주의(multilateralism) 관행의 결실이었다. 여기서 다자주의란 양자주의(bilateralism)와 대비되는 개념으로 '일반화된 행동원칙에 기초하여 셋 또는 그 이상의 국가들 사이의 관계를 조정하는 제도적 형태'를 의미한다. '일반화된 행동원칙'이란 당사자들의 특수 이해나 특정 사건 발생시 나타날 수 있는 전략적 요구와 관계없이 고유한 행동을 규정하는 원칙을 말한다(Ruggie 1993, 11).

유럽에서 냉전종식의 도화선이 된 다자주의 사례는 지역 긴장완화를 위한 방법을 모색하기 위해 동·서 양 진영의 35개 국가가 모여 개최한 유럽안보협력회의(Conference on Security and Cooperation in Europe)를 들 수 있다. 헬싱키 프로세스로 알려진 이 회의는 1973년 7월 초 핀란드의 헬싱키에서 처음 소집된 후 1975년 8월 1일 최종 합의에 이르기까지 3단계에 걸쳐 개최되었으며, 참여국들은 그 결과를 최종의정서 형식으로 발표했다. 유럽지역 국가들 간의 평화와 안보, 정의, 협력과 화해를 증진·강화하고자 하는 정치적 의지 표현인 이 의정서는 특히 안보와 관련하여 무력사용 및 사용 위협 자제, 불가침, 영토보전, 분쟁의 평화적 해결, 국내문제 불간섭, 인권존중, 자결권 등을 주 내용으로 담고 있었다.[1]

이 의정서 채택 이후 회의 참여국들은 베오그라드, 마드리드, 빈 등에서 양측 간 관계개선과 의정서 이행을 위한 일련의 후속회의를 가졌는데, 이러한 다자적 과정이 소련과 동유럽에서 민주주의를 수용하는 데 힘을 실어주었으며, 궁극적으로 냉전종식의 유인이 되었다. 이어 소련이 해체될 시기에 즈음하여 유럽안보협력회의 참여국들은 프랑스 파리에서 정상회의를 개최하고 유럽에서 대결과 분열의 시대 종식과 민주주의와 평화와 단결의 새 시대가 왔음을 알리는 '신유럽을 위한 파리헌장'(The Charter of Paris for a New Europe)을 채택하였다.[2]

이와 같은 일련의 과정은 제2차 세계대전 종식 이후 새롭게 시작된 대결구도 속에서 국가들이 다자적인 방식으로 갈등을 관리하고 화해를 끌어낸 효과적이고 대표적인 사례로 기록되었다. 따라서 상기와 같은 변화를 목격하면서 다른 지역에서도 이와 유사한 방식으로 안보문제 접근을 위한 시도가 이루어지기 시작했다. 요컨대 1994년 동남아국가연합(ASEAN)은 지역평화와 안정 확보, 분쟁의 평화적 논의를 위한 목적으로 아세안지역(안보)포럼(ARF)을 출범시켰다. 이러한 목적을 위해 ARF는 정치·안보 의제에 대한 대화와 협의 촉진, 아시아·태평양 지역 국가 간 신뢰구축 노력에 대한 공헌과 예방외교를 목표로 삼았다.[3] 출범 이후 ARF는 구속력 있는 결정을 의도적으로 배제한다는 이유 때문에 대화만 있고 행동이 없는 말잔치(talking shop)에 불과하다는 혹평에 시달렸지만, 낙관론자들은 그것이 역내 유일의 지역 안보문제 토론기구로서 대화습관 축적을 통한 우호적 국가관계 수립 촉진 및 접촉창구 제공, 초보적 신뢰구축 조치의 이행, 군사분야의 국가 투명성 증대 등 적잖은 공헌을 한 것으로 평가하고 있다(이서항 2009).

한편 이와는 별도로 동북아에서도 유럽 경험을 역내 과정에 적용시키기 위한 제안이 다각도로 진행되었다. 유럽에서와 마찬가지로 동북아에서도 제2차 세계대전이 종식되면서 파이기 시작한 냉전의 골은 이 지역 정치·안보 정세를 반세기 이상 갈등과 대립의 역사 속에 묻히게 하였다. 소연방 해체와 함께 세계적인 규모의 냉전질서는 와해되었지만 동북아는 냉전체제의 희생물로 분단된 남북한이 대치상황을 지속하고 있으며, 역내 주요국들 또한 상호 불신과 견제 속에서 군사력 증강을 계속하고 있다. 냉전종식으로 역내에서 러시아의 영향력이 감소되었지만 미국은 여전히 동북아의 핵심 세력으로 남아 있으며, 일본과 중국은 지역패권 경쟁을 가속화하고 있다. 북한 또한 지역사회의 책임있는 일원으로의 편입을 거부하는 가운데 핵무기와 같은 대량파괴무기 개발을 통해 일탈적 방식으로 자신의 존재를 부단히 확인시키려 해왔다. 따라서 역내에서 이와 같은 요인들로 인한 지역 불안정과 직접적인 군사적 갈등을 해소하고 협력을 증진시키기 위한 새로운 메커니즘 형성은 지역안보 레짐과 관련하여 중요한 과제로 부상하게 된 것이다.

유럽안보협력회의(CSCE)의 축소판으로서 mini-CSCE가 그러한 제안 가운데 하나였다. 하지만 현실은 기대를 반영하지 못하였다. 이에 대해 분석가들은 대부분 동북아 지역 전략환경이 다자주의를 가능하게 했던 유럽의 그것과 상이했기 때문이라고 지적해 왔다. 즉 냉전시기 유럽지역은 사회·문화적으로 비교적 높은 동질성 속에서 크게 두 개의 대칭적 대결구도를 형성하고 있었다. 그런데 유럽지역에서 대규모 군사적 대결구도는 자원의 과도한 불균형 배치로 인한 사회적 낭비를 초래하였고, 이는 양 진영 모두에게 체제 내부의 스트레스를 가중시키는 요인이 되었다. 따라서 이들 두 권역은 군사적 상호 위협인식을 완화시키고 신뢰구축을 위한 공통의 방법을 모색해 나갈 수 있었다. 반면 유럽과 달리 동북아에서는 정치체제의 상이성, 미해결 영토분쟁, 점증하는 민족주의, 식민주의 유산, 상이한 역사 해석, 강대국 간 경쟁 등 다양한 요소가 복합적으로 작용하여 지역정세에 영향을 미치고 있다. 따라서 연구자들은 이 지역에서 다자주의가 진전되지 못하는 이유가 주로 상기와 같은 요인들에 기인하는 것으로 해석해 왔다.

현재 동아시아 또는 아시아·태평양 광역 차원에서는 ARF, ASEAN+3, 동아시아정상회의, 아·태경제협력(APEC) 등을 통해 역내 안보문제가 논의되고 있으나 동북아시아 차원에서는 1993년 윈스턴 로드 미국 국무부 동아시아·태평양 담당 차관보의 제안으로 성사되어 캘리포니아 대학 산하 국제분쟁·협력연구소(IGCC) 주관으로 진행되고 있는 동북아협력대화(NEACD)가 유일하게 비공식 차원의 대화일 뿐 정부 간 수준의 공식 다자대화나 제도는 없다. 미국, 일본, 한국, 북한, 일본, 러시아 등 6개국에서 외교 및 국방 관리들과 학계 인사들이 개인 자격으로 참여하여 지역안보와 협력 의제를 토론하는 동 대화는 동북아 지역에서 긴장을 최소화하고 협력을 증진시키기 위한 제도적인 대화 메커니즘 수립을 목표로 하고 있다. 일각에서는 이 동북아협력 대화가 형식상 비공식적 대화이지만 현직 외교 및 국방 관리들이 참여하여 지역안보 문제를 다루기 때문에 토의된 내용이 정책결정 과정에 반영될 여지가 있다는 점에서 공식적 성격이 가미되어 있다고 평가하기도 한다(설규상 2008, 20). 그러나 기본적으로 비공식 대화는 불가분성, 일반화된 행동원칙과 포괄적 상호성을 결여하고 있다는 점에서 다자주의 제도가 제공할 것으로 기대되는 효과를 달성하기 힘들다(Caporaso 1993, 53–54).

그런데 여기서 동북아 지역 안보질서와 관련하여 중요한 사실로서 그 핵심인 양자주의의 구조적 특성이 다자주의의 필요성에 대한 점증하는 요청에도 불구하고 이의 진전을 억제하고 있다는 점에 유의할 필요가 있다. 즉 냉전시기 동·서 간 대결구도의 기본적인 틀이 되어 왔던 양자동맹구도가 냉전종식 이후에도 여전히 지역질서를 특징짓는 주된 요소로 남아 있다는 것이다.

III. 동북아 세력구도

동북아 지역정세는 냉전질서 속에서 형성된 세력관계가 건재한 가운데 이분화된 대결구도로부터 벗어나지 못하고 있다. 그 한편에는 미국이 역내 질서에 깊숙이 관여하는 미·일동맹과 한·미동맹이 있고, 다른 한편에는 이를 견제하려는 중국과 러시아의 전략적 제휴가 있다. 미국은 제2차 세계대전 종식 후 소련 공산주의의 확산 저지라는 대전략 아래서 유럽지역에서는 다자안보동맹인 북대서양조약기구(NATO) 설립을 주도하고, 동북아 지역에서는 양자안보체제인 미·일방위조약과 한·미방위조약을 체결했다. 동북아에서 이 두 조약은 냉전기간 동안 공산주의 세력의 확산을 저지하는 안보기제로 작동했다.

냉전종식 후 새로운 국제질서 형성과정에서 미국은 유일한 초강대국으로서 지위를 확고히 하면서 때로는 주요국들과의 다자적 협조를 통해, 때로는 일방적 세력투사를 통해 세계적 의제를 주도해 나갔지만 동북아 지역안보 문제에 관해서는 지속적으로 양자주의를 강조해 왔다.

1. 미 · 일동맹

미 · 일동맹은 제2차 세계대전 이후 동북아 군사안보 레짐의 핵심 요인을 차지해 왔다. 미국과 일본은 한국전쟁이 한창이던 1951년 양자안보조약을 체결했다. 동북아 지역에 미군을 주둔시키기 위하여 미국에 영토 제공을 허용하는 것을 골자로 하는 이 조약은 이후 줄곧 미국의 대소 봉쇄전략의 한 축으로 남았다. 또 미국의 안보공약 안에서 일본은 자국의 경제적 재건과 발전에 전념할 수 있게 되었다. 전후 일본의 최대 과제는 자국의 경제회복과 이를 위한 지역정세의 안정화였기 때문에 미국의 안보공약은 더할 나위 없이 중요했다. 일본은 양자조약으로 미군을 자국 내에 주둔시킴으로써 안보 무임승차를 할 수 있었으며, 이를 배경으로 전후 폐허로부터 불과 한 세대 만에 세계 제2의 경제대국으로 도약했다. 아울러 미국은 주일미군을 통해 동북아 지역에서 지속적인 군사적 영향력을 유지할 수 있게 되었고, 일본은 이러한 미국의 정책을 지지하고 지원해 왔다.

한편 이 안보조약은 1960년 1월 각자의 영토에 대한 군사공격이 있을 경우 상대국을 원조할 의무를 갖는다는 내용의 새로운 조약으로 개정되었다. 그리고 1970년대 후반 양국은 '방위협력지침' 을 마련하여 군사안보 동맹 관계를 재확인시켰다. 이 지침을 토대로 양국은 일본의 환태평양합동연습(RIMPAC) 참가를 시작으로 점차 합동 군사훈련을 전개해 나갔다. 미 · 일관계는 1980년대 후반 무역분쟁과 1990년대 초 소련 붕괴에 따른 미국의 세계전략 변화 등으로 삐걱거리기도 했지만, 이후 일련의 안보 변수의 등장은 미 · 일 양측 모두에게 양자동맹의 지속적인 유지와 강화 필요성에 대한 인식을 높였다. 즉 냉전종식으로 대규모 군사적 공격을 감행할 능력을 가진 국가는 소멸했지만 동북아에서 군사안보적 불확실성은 더 증가했다. 무엇보다 1993년 북한의 핵확산금지조약(NPT) 탈퇴로 촉발된 제1차 북핵위기가 주요한 원인이었다. 더욱이 같은 해 5월 북한이 동해상에서 실시한 탄도미사일 '로동 1호' 시험발사는 일본에게 대북한 위협인식을 가

중시키는 계기가 되었다. 다음으로는 타이완 해협 위기를 들 수 있다. 1996년 봄 미국의 리덩후이 타이완 총통에 대한 미국 방문 허용 발표와 총통 선거전에서 타이완의 독립 주장이 중국을 자극하면서 일어난 이 위기는 중국이 대규모 군사훈련과 타이완 해협에서 미사일 시험발사 등 무력시위를 전개하고 미국이 동 해협에 2척의 항공모함을 급파하여 중국의 무력시위에 대응하는 등 미국과 중국 간 세력대결 양상으로 번졌다.

이러한 가운데 1996년 4월 개최된 클린턴 대통령과 하시모토 총리 간 정상회의에서 양국은 '안보공동선언'을 발표했다. 원래 이 안보공동선언은 1995년 11월 계획되었던 클린턴 대통령의 일본 방문을 염두에 두고 준비된 것이었기 때문에 타이완 해협 위기가 공동선언과 직접적인 관련은 없었지만 1990년대 진입 후 중국이 드러낸 공세적 태도는 미국과 일본으로 하여금 향후 중국의 부상이 미칠 영향을 우려하지 않을 수 없었고, 이는 곧 양국 간 안보협력 강화를 촉진하는 한 축이 되었다.[4] 이어 일본은 1997년 9월 '신방위협력지침'(New Defense Guideline)을 확정했는데, 동 지침은 냉전시기 일본 안보에 대한 보장자로서 미국의 역할을 뛰어넘어 지역안보와 안정성에 대한 공동역할이라는 전제 아래서 일본이 미국의 군사작전을 후방지원하는 보다 적극적인 역할을 강조하고 있다.

동북아에서 미국과 일본의 전략적 이해는 다른 어떤 국가들과의 관계에서보다 크다. 공식적으로 미국과 일본은 자유와 인간의 존엄성, 인권, 민주주의, 시장경제, 법치와 같은 보편적 가치를 공유하는 맹방임을 공언하고 있지만 이익의 관점에서 상호 필요성은 이를 뛰어넘는다. 미국으로서는 세계전략 차원에서 반테러전쟁, 반확산활동의 실효적 추진을 위해 일본의 지지와 지원을 필요로 하고 있으며, 일본으로서는 중국의 군사대국화 견제, 북핵문제의 해결과 같은 지역안보 이슈를 다루기 위한 미국의 역할을 필요로 하고 있기 때문에 미국 주도의 세계전략에 적극적인 지지 의사를 보이고 있다. 더욱이 유엔안보리 상임이사국 진출 조기 실현을 주요 외교목표의 하나로 설정하고 있는 일본으로서는 이에 대한 미국의 지지를 필수조건으로 생각하고 있기 때문에 미국에 대한 동맹적 지지를 강조하고 있다.

단적인 예로 9 · 11 테러 1주년을 하루 앞둔 2002년 9월 10일 고이즈미 총리는 미국 '외교협회' (the Council on Foreign Relations) 연설에서 21세기 미 · 일동맹이 다루어 나가야 할 도전 세 가지로 '9 · 11 이후 시대의 안보', '글로벌 시대의 번영', '아 · 태지역의 안보와 번영' 을 들고, 그 첫 번째 안보 의제로 테러리즘을 꼽았다.[5] 한편 9 · 11 이후 미국이 반테러전략의 효율적 이행을 위한 일본의 보다 큰 협력을 주문하자 일본은 곧바로 '대테러특별법' 을 공표했다. 그리고 미국이 이라크 전쟁을 개시하자 일본은 이라크 재건과 인도적 지원에 관한 법률을 제정했다. 이러한 일련의 조치에 따라 비전투분야이기는 하나 제2차 세계대전 이후 처음으로 자위대 해외파병이 이루어졌다. 즉 일본은 해상자위대를 파견하여 아프가니스탄에서 반테러전쟁을 수행하기 위해 인도양에서 작전중인 다국적군 함정을 지원하기 시작했고, 2004년에는 이란에 재건 지원을 목적으로 500명 규모의 자위대 인력을 파견했다. 일본은 또 2004년과 2007년 두 차례에 걸쳐 해상저지 훈련을 주관하는 등 미국 주도의 확산방지구상(PSI)에 가장 적극적으로 참여해 왔다.[6]

미국과 일본 두 나라는 2005년 2월 '안전보장협의위원회' 에서 미 · 일동맹을 세계적 규모로 확대하는 내용의 공동전략 목표에 합의했으며, 2006년 6월 백악관 정상회담 공동선언에서 양국관계를 '21세기를 향한 글로벌 협력동맹' (Alliance of Global Cooperation for the 21st Century)으로 규정했다.[7] 글로벌 동맹은 양자 차원의 안보협력을 벗어나서 보다 광범위한 지역 및 글로벌 안보 의제에 대해 협력해 나가겠다는 것을 의미한다. 최근 오키나와 미군기지 이전문제를 둘러싼 불협화음으로 양국 내 조야에서 동맹 약화를 우려하는 목소리가 나오기도 하였으나 양국 정부 어느 쪽도 이 문제가 동맹구조에 악영향을 미치는 것을 원치 않고 있다.[8]

2. 한·미동맹

동북아 지역 안보 레짐의 또 다른 축은 한·미동맹이다. 한·미동맹은 한국전쟁이 끝난 후 양국이 상호방위조약을 체결하면서 시작되었다. 한국에게 미국은 공산침략으로 붕괴 직전에 있던 나라를 구해준 은인이자 자유주의 체제의 수호자였고, 미국에게 한국은 소련 공산주의 봉쇄라는 대전략의 실효적 추진을 위해 건재해야 할 반공의 보루였다. 특히 한·미동맹 초창기 미국이 제공한 군사원조와 주한미군은 한국에게 결정적인 대북한 억지력이 되었다. 한·미동맹은 북한의 위협으로부터 한국의 안보를 담보해 주는 동시에 동북아에서 미·일동맹과 함께 자본주의 진영 대 사회주의 진영 간 대결구도를 띠게 한 메커니즘이기도 하였다.

그런데 한·미동맹은 기본적으로 양국 간 정치·경제·군사적으로 높은 상호 의존성 속에서 그 맥을 유지해 왔지만 몇 차례에 걸쳐 우여곡절을 겪기도 하였다. 초기 동맹 관계에 대한 도전은 1969년 닉슨 대통령의 '괌 독트린'과 연이은 미·중 간 화해 무드 속에서 나타났다. 닉슨 행정부는 신외교전략에 입각하여 1970년 8월, 5년 내에 주한미군 전병력을 철수시킨다는 방침을 결정했고, 이듬해 3월부터 주한미군 2만 명에 대한 철수를 단행했다. 이 과정에서 미국 행정부와 의회를 상대로 한 한국 정부의 철군 반대 로비가 전개되었고, 이것이 '코리아 게이트'라는 불법 로비 사건으로 비화되었다.

이어 1970년대 중반 카터 행정부의 주한미군 철수공약으로 한·미동맹 관계는 또 한 차례 시련에 처했다. 카터 후보는 선거유세 과정에서 미국 정부의 한국의 권위주의 통치에 대한 무관심을 강하게 비판했고, 외교정책에서 인권과 안보 연계 및 주한미군의 단계적 철수를 선거공약으로 제시했다. 카터의 공약은 대통령 취임 후 일방적인 주한미군의 단계적 철수안 발표로 현실화되었다. 하지만 동 철수계획은 동맹 관계 지속 필요성에 대한 양국의 재인식으로 실질적으로 철회되었고,[9] 이어 1978년 한 · 미 연합군사령부가 창설되면서 양국의 군사협력은 연합방위체제로 들어서게 되었다.

1980년대 들어 미국 레이건 행정부의 대소 신봉쇄정책은 동맹 관계를 복원시키는 계기가 되었다. 레이건 대통령은 1기 행정부에 소련을 '악의 제국'(Evil Empire)으로 규정하고 소위 전체주의 레짐에 대한 강력한 방위력 구축을 위한 군비확장을 시도했다. 레이건은 공산주의를 협상 상대가 아닌 패퇴시켜야 할 자유세계의 공적으로 보았다. 이러한 인식은 곧 한 · 미동맹 관계의 재확인으로 나타났다. 즉 1983년 11월 한국을 방문한 레이건은 정상회담에서 한국의 안전이 동북아의 평화와 안정에 주축이고, 미국의 안정에 직결된다고 강조함으로써 동북아 지역에 대한 전략과 관련하여 한국의 안보가 미국의 사활적 이해임을 밝힌 것이다(외무부 1999, 141).

한편 냉전종식 이후 동북아 지역에서도 안보환경의 변화로 새로운 국제관계가 형성되어 가는 가운데 한 · 미동맹은 여전히 역내 불확실성 요인에 대처하기 위한 중요한 기제로 작동했다. 한국은 1990년 9월 소련(러시아), 1992년 8월 중국과 각각 외교관계를 수립함으로써 적대적 관계를 청산했다. 또 남 · 북 간에도 1991년 9월 유엔 동시가입이 이루어졌고, 그동안 끊임없이 주한미군 철수와 '하나의 조선' 정책을 표방해 왔던 북한이 한국 정부의 적극적 대북 제안과 화해 · 협력구상 속에서 12월 '남북화해, 불가침 및 교류 · 협력에 관한 기본합의서'에 동의했다. 북한은 미국, 일본을 비롯한 서방진영과 관계개선도 추구했다. 이러한 일련의 흐름은 동북아에서도 긴장과 대결국면을 탈피할 수 있는 청신호로 받아들여졌다.

그러나 얼마 지나지 않아 돌출된 북한의 핵개발 의혹은 동북아 지역정세의 최대 현안이 되었다. 1993년 3월 북한이 IAEA의 특별사찰 요구를 거부하고 핵확산금지조약(NPT) 탈퇴를 선언함으로써 제1차 북핵위기를 촉발시킨 것이다. 따라서 이 문제를 풀기 위해 미국은 북한과 직접협상을 진행시켰고, 약 1년 4개월의 협상 끝에 기본합의(Agreed Framework)를 끌어냈다. 이 과정에서 한국과 미국은 북핵문제 해결 원칙에 관한 협의를 진행시켰고, 그러한 원칙이 기본합의에 반영되었다. 기본합의에 따라 한국과 미국은 일본과 함께 북한이 핵개발을 포기하는 대가로 북한에 경수로를 건설해 주기로 하였으며, 이를 위해 국제 컨소시엄으로 한반도에너지개발기구(KEDO)가 설립되었다(경수로사업지원기획단 2007, 20-33). 한편 핵위기가 일단락되고 지역안정을 위한 미국의 역할에 대한 재인식 속에서 10만 명의 미군 전진배치 내용을 담은 1995년 미국방부의 동아시아전략보고(EASR)는 전통적인 동맹 관계 유지와 강화가 미국의 동아시아 전략의 핵심임을 말해주었다.

이후 한·미동맹은 2000년 전후로 발생한 여러 가지 대내외적 도전요인들에 의해서도 영향을 받았다. 동아시아 위기가 정점에 달하던 시점에 집권한 김대중 정권은 소위 '햇볕정책'의 기조 아래서 북한에 대한 화해·협력을 표방했다. 김대중 정부는 북한을 적으로 보기보다는 지원과 이해가 필요한 협력 파트너로 규정했다. 따라서 한국 정부는 혈맹과 혈육이라는 두 가지 선택지를 놓고 후자를 선택했다. 2000년 6월 개최된 제1차 남북정상회담이 그 분수령이었다.

그런데 이러한 한국 정부의 정책 우선순위와 이후 국내에서 발생한 사건은 공산주의 위협을 전제로 유지되고 지탱되어 온 한·미동맹에 새로운 도전을 안겨주었다. 한국은 9·11 테러 이후 미국이 대테러와 대량파괴무기 확산방지를 최우선정책으로 설정하였을 때 미국의 요청을 받아들여 아프가니스탄에 의료·공병부대를 파견하고, 이라크에 전후복구 지원과 평화재건을 목적으로 군대를 파병하는 등 미국에 동맹적 지지를 보냈다. 하지만 2002년 6월 주한미군 장갑차에 치어 한국 여중생 2명이 사망하는 사건이 발생했고, 이 사건과 관련된 미군 병사들에 대한 미국 군법회의의 무죄판결이 한국 사회 내에서 한·미주둔군지휘협정(SOFA) 개정을 요구하는 촛불시위와 함께 광범위한 반미운동으로 비화되었다.

그동안 미군의 한반도 주둔으로 대변되는 한·미동맹은 한편으로는 한반도 정세의 안정화를 유지하고, 다른 한편으로는 중국, 일본을 비롯한 주변국들의 군비경쟁을 억제함으로써 한국의 안보 부담을 덜어주는 효과를 가져다 주었다. 그런데 한국 내에서 일어난 반미운동이 역으로 미국 내에서 한국에 대한 안보공약 철회를 요구하는 반한감정을 불러일으킴으로써 동맹 관계에 부담을 준 것이다.

동맹약화 문제는 노무현 정부에서도 지속적인 논쟁거리였다. 비록 2003년 5월 정상회담에서 노무현과 부시 간에 두 나라가 '포괄적이고도 역동적인 동맹관계'를 구축해 나가는 데 공동 노력하기로 합의했지만, 노무현 정부의 한·미동맹에 관한 정책 우선순위는 대미 의존성을 탈피한다는 '협력적 자주'에 두어졌기 때문에 미국의 전략적 입장과 적잖은 차이를 드러냈고, 이로 인해 한·미관계는 정서적으로 상당히 이완되었다. 즉 일본이 다양한 차원에서 동맹 관계 강화에 전력을 다해왔던 것과 대조적으로 한국은 미국에 대해 동등한 파트너십을 강조해 왔고, 이는 미국의 한국에 대한 안보적 관심을 약화시킴으로써 한반도 안보상황을 악화시킬지 모른다는 우려로 나타나게 된 것이다.

그러나 2008년 출범한 이명박 정부가 보다 강력한 동맹론으로 회귀하면서 양자관계는 새로운 국면으로 전환되었다. 이명박 정부는 이전 정부의 북한중시 정책보다는 동맹을 강조하면서 한·미동맹 복원을 추구하였다. 이에 따라 2008년 8월 한·미정상회담 성명서에서 "두 정상은 21세기의 안보환경 변화와 미래의 필요에 대한 대처를 강화하기 위해 한·미동맹을 전략적·미래지향적 구조로 발전시키는 문제를 계속 추진하기로 합의하였다"면서 "양국 지도자들은 더 나아가 지역 및 세계 차원에서 평화와 번영에 기여할 수 있는 방법으로 한·미동맹을 발전시키기로 하였다"고 발표하였다.[10]

한·미동맹의 진로는 2009년 6월 워싱턴 정상회담에서 재차 제시되었다. 회담에서 채택한 "한·미동맹을 위한 공동 비전"에서 두 나라 정상들은 "한·미방위조약이 지난 50여 년 이상 한반도와 동북아에 있어 평화와 안정을 보장해 온 한·미안보관계의 초석"이라고 전제하고 한·미동맹의 범위를 "공동의 가치와 상호 신뢰에 기반한 양자, 지역, 범세계적 범주의 포괄적인 전략동맹"으로 확대해 나갈 것이라고 밝혔다(Joint Vision for the Alliance of the United States of America and the Republic of Korea, June 16, 2009).

이처럼 한·미동맹은 때로는 양국관계 차원에서, 때로는 국제정세의 변화 속에서 부침을 반복해 왔지만 기본적으로 한국 안보의 기본 틀이자 미·일동맹과 함께 동북아 지역 정세관리를 위한 핵심 메커니즘으로 작동해 왔다.

3. 중·러 전략적 제휴

반면 상기와 같은 미국 중심의 양자 지역동맹, 특히 미·일동맹과 그 안에서 취해지는 일본의 적극적인 안보정책에 대해 중국과 러시아는 강한 의심을 보여 왔다. 중국은 미·일동맹 강화가 부상하는 중국의 힘을 견제하기 위한 것이라고 보고 있다(Wu 2005). 특히 2005년 공동 전략목표에 타이완 해협 문제를 포함시킨 것이 미·일동맹이 명백하게 중국을 표적으로 하고 있다는 증거라고 보고 있다.

중국은 글로벌 의제에 대해서는 미국과 선별적인 협력과 지지를 표명하고 있음에도 불구하고 미국이 추진하고 있는 주변에서의 새로운 파트너십 구축에 대해서는 경계를 늦추지 않고 있다. 따라서 그 돌파구를 러시아와의 전략적 제휴를 통해 찾으려 해왔다. 국제무대에서 상대적인 위상의 약화에도 불구하고 유일하게 대미 핵억지력을 보유하고 있는 러시아 역시 동북아에서 미국 주도의 동맹구조를 견제하기 위한 파트너로서 중국을 필요로 해왔다.

중국과 소련은 냉전종식 직전인 1989년 고르바초프의 베이징 방문으로 반목과 갈등을 청산하고 새로운 관계로 전환할 수 있는 계기를 마련했다. 이어 소연방 해체로 그 권리와 의무를 승계한 러시아는 1991년 5월 중국과 40년 이상 현안이었던 동부국경협정을 체결함으로써 화해 분위기를 고양시켰다. 양국은 1994년에는 중국의 신장자치구 국경선 경계획정을 마무리지었다(Ferdinand 2007, 849-50).

국경선 문제가 양국 간 적대관계의 주요인이었던 점을 감안할 때 냉전종식 이후 새로운 국제질서 형성과정에서 이러한 경계협정은 양국이 새로운 관계를 설정해 나가는 데서 핵심 요건일 수밖에 없다. 따라서 이를 계기로 극적으로 개선되기 시작한 중·러관계는 1990년대 초중반 대외적인 환경요인, 특히 미국의 대외정책에 대한 반발 속에서 빠르게 진전되었다. 중국의 경우 미국의 타이완에 대한 무기판매와 클린턴 행정부의 중국 인권관행 비판이 미국에 대한 부정적 인식을 증대시켰고, 러시아의 경우 유럽에서 NATO 확대와 유고슬라비아 전쟁이 미국과의 불화에 불을 지폈다(Rozman 2004, 117). 특히 1990년대 말 NATO의 유고슬라비아 공습은 군사동맹기구의 러시아의 핵심적 이해 침해에 대한 우려를 고조시켰다. 이러한 미국에 대한 반감 속에서 형성된 이해 합치는 양국으로 하여금 빠른 속도로 전략적 동반자 관계를 형성·강화하도록 만들었다.

양국은 1996년 4월 옐친 대통령의 중국 방문으로 '전략적 동반자 관계' 수립을 선언했다. 양국은 또 1998년 8월 말 북한의 '대포동 미사일' 시험발사로 가속화된 미·일의 전역미사일방어(TMD) 계획을 강하게 비난했다. 이어 1999년 12월 옐친은 건강악화 속에서 프랑스와 독일 방문을 취소했음에도 불구하고 중국을 방문하여 국경선협정에 서명하고 중국의 타이완에 대한 입장을 지지했다. 2000년 7월에는 푸틴 대통령이 다시 베이징을 방문하여 패권주의, 강권정치, 집단정치, 그리고 무력을 사용하여 주권국가의 내정에 압력을 가하거나 간섭하려는 행위에 반대한다는 내용의 공동성명을 발표하여 미국에 대한 비판의 강도를 높였다.

특히 2001년 4월의 군용기 충돌 사건으로 부시 행정부가 대중 강경정책을 표방하면서 양국 간 협조관계는 더욱 강화되었다. 그 해 6월 푸틴 대통령과 장쩌민 주석은 상하이협력기구(SCO) 정상회담에서 부시 행정부가 파기를 선언한 탄도미사일방어조약 유지를 위한 결속을 강화하는 한편 인도에 미사일 방어망 구축을 제의하여 양국 간 전략적 협력을 인도를 포함시켜 반미 3각 연합 형성으로 확대시키려 시도했다. 이어 7월 장쩌민 주석이 모스크바를 방문하여 향후 20년 동안 두 나라 관계 발전의 기본방향을 규정한 '러·중 선린·우호조약'을 체결했다. 다음해 12월에는 푸틴 대통령이 베이징을 방문하여 양국 간 전략적 동반자 관계를 재확인했다. 그리고 2004년 10월 양국은 푸틴 대통령의 베이징 방문으로 남아 있던 미해결 국경문제 해결을 위한 최종 합의에 도달했다. 2005년 7월 정상회의 공동성명에서는 미국과 서방세계가 세계문제 독점을 추구하고 있다는 인식 아래 이에 대항하기 위한 전략적 동반자 관계를 선언했다. 양국은 또 특정 세력의 일방주의 또는 단극주의적 주도가 아닌 상호 신뢰와 평등에 기초한 다극성(multipolarity)에 입각한 새로운 안보 틀이 확립되어야 한다고 주장했다.

한편 2005년 8월 양국은 중국 주도로 처음으로 블라디보스톡과 산둥지역에서 대대적인 합동군사훈련을 실시했다. 당시 관계자들은 훈련이 제3국을 목표로 하지 않고 국제테러와 국가분리주의자들 및 종교극단주의자들에 대한 공동대응 능력을 제고시키기 위한 것이라고 밝혔지만,[11] 실질적인 의도는 양국이 아·태 지역에서 군사적으로 핵심적인 이익을 갖고 있고, 이러한 이익에 외부세력이 관여하는 것을 거부할 태세가 되어 있음을 서방에 보여주기 위한 것이었다. 양국은 이어 상하이협력기구(SCO)의 지원 아래 2007년 7월 러시아 우랄 산맥 부근 첼랴빈스크에서 합동군사훈련을 실시하였으며, 2009년 7월에는 중국 지린성 타오란과 러시아 극동 하바로프스크에서 반테러 합동군사훈련을 실시했다.

중국과 러시아의 전략적 제휴는 국제정치 무대에서 미국의 힘을 견제하기 위한 공동인식의 산물이다. 하지만 양국 모두 미국의 힘에 대항하기 위한 차원에서 전략적 균형을 강조하고 있지만 어느 쪽도 미국 주도의 양자동맹체제에 맞서기 위해 전략적 제휴관계를 동맹 수준으로 끌어올리려는 의도는 갖고 있지 않은 것으로 보인다. 중국은 미국의 동맹 강화와 역내문제에 대한 지속적인 관여가 자국의 군사전략적 역량을 희석시키려는 음모라고 반발하고 이에 대항할 파트너를 찾고 있지만, 미국과의 관계악화가 자국의 성장전략에 부정적 영향을 미치는 것을 원치 않는다. 중국 지도부는 중국이 단기간 내에 미국에 직접적으로 대항할 수 있는 세력이 되기는 불가능하다고 인식하고 있기 때문에 현 시점에서 할 수 있는 최적 선택은 자신의 역량을 강화하는 과정에서 다른 세력들과의 직접 충돌을 피하고 전략자원을 개발하고 축적하는 동시에 점진적으로 행동반경을 넓혀가는 것이라고 보고 있다(Ferdinand 2007, 857). 러시아 역시 미국과 직접대결보다는 UN과 같은 다자제도와 주요국들과의 전략적 파트너십 구축을 통해 미국을 견제하고자 하고 있다.

IV. 다자주의에 대한 인식과 전략

1. 미국

냉전시기 역내에서 주요국들과 정치·군사적 양자동맹 관계를 통해 공산주의의 확산을 저지해 온 미국은 냉전종식 이후에도 양자제도를 중심으로 하는 '허브와 스포크'(hub-spoke)형의 안보 접근을 중시해 왔다. 비록 미국이 간헐적으로 다자주의에 대한 희망을 표출한 적도 있었지만, 그것은 근본적으로 일반적인 갈등 해소 메커니즘으로서 다자주의와는 차이가 있다. 예를 들어 1993년 7월 클린턴 대통령이 와세다 대학 연설에서 제시한 '신태평양공동체'(the New Pacific Community) 구상은 역내 국가들이 모여 공동의 안보문제를 논의하는 장으로서보다는 기존 동맹 관계의 확장을 통한 안보협력을 의미했다. 그에 의하면 신태평양공동체는 "동맹을 유지하기 위한 미국의 확고하고 지속적인 관여와 일본과 한국 및 역내 전체를 통한 미국 군사력의 전진배치에 의존해야" 하는 것이었다(Clinton 1993).

냉전종식 이후 미국의 안보인식은 1995년 발표된 '동아시아전략보고'(The East Asia Strategy Report)와 1998년 발표된 '동아시아-태평양안보전략'(The Security Strategy for the East Asia-Pacific Region) 보고서에서 분명하게 드러나고 있다. 이 두 보고서는 전통적인 군사동맹과의 안보유대를 지속하고 이를 보완하는 차원에서 다자안보 계획을 모색하고 있다. 특히 1998년 보고서는 "미국은 다자주의 메커니즘을 … 미래에 지역문제에서 더욱더 중요한 역할을 하는 것으로서, 견고한 양자관계와 지속적인 미군의 역내 주둔에 기반을 두고 구축되는 것으로 본다"고 밝히고 있다.[12)]

미국은 9 · 11 테러 이후 반테러, 반확산 연대를 추구하면서 다자주의에 대한 인식을 새롭게 하고 있으나 동북아에서 안보 다자주의에 대해서는 여전히 미온적인 입장이다. 동북아 안보와 관련하여 미국이 참여한 4자회담과 6자회담은 미국이 역내에서의 일반적 안보 메커니즘을 옹호해서라기보다는 북핵문제를 다루기 위한 현실적인 필요성 때문이었다. 특히 미국은 중국에 대해 평화적 부상을 환영하고 국제체제의 책임 있는 행위자로 적극 참여하기를 바라고 있지만 장기적으로 미국과 군사적으로 경쟁할 잠재력이 가장 큰 세력으로 우려하고 있으며, 이를 기존 동맹 관계 강화를 통해 견제하려 해왔다.

한편 지난 대선기간 동안 오바마 진영에서 미국의 세계적 인상 회복을 위하여 다자주의적 외교정책을 이행할 것이라고 주장해 왔다는 점 때문에 향후 미국의 안보정책 방향에 대한 변화 가능성이 점쳐지기도 했지만, 현 정부의 다자주의에 대한 인식은 이전 정부의 그것과 비교하여 거의 차별성이 없는 것으로 나타나고 있다. 즉 오바마 행정부의 안보정책을 기늠할 수 있는 2010년 2월 발표된 '4개년 국방검토보고서' (QDR)는 기존 동맹을 유지하고 새로운 파트너십을 만들어가는 것이 미국 안보전략의 중심적 요소라면서 "점증하는 상호 의존적 세계에서 공동이익에 대한 도전은 평화와 안보를 강화하기 위한 책임을 공유하는 같은 뜻을 가진(like-minded) 동맹과 파트너들과의 협력 아래서 가장 잘 다루어진다. 미국의 국가안보와 방위전략은 이러한 도전의 시대에 적합한 활력 있는 방위동맹들과 파트너십 네트워크를 포함한 강력한 대외적 유대에 의존한다"고 기술하고 있다(Quadrennial Defense Review Report 2010, 57). 이어 보고서는 동북아에서 미국은 "핵심 동맹인 일본, 한국과 양자, 지역 및 글로벌 차원의 포괄적 동맹 구축, 병력 재배치, 동맹의 안보 역할과 역량 재구성, 집단적 억지력과 방위역량 강화를 위해 합의된 계획과 공유된 비전을 이행하기 위해 긴밀히 노력"하고 있다고 기술하고 있다(Quadrennial Defense Review Report 2010, 59).

이처럼 미국의 동북아 안보정책이 동맹 강화를 중시하고 있는 점에서 볼 때 단기적으로 미국이 동맹구도를 뛰어넘어 다수의 국가가 동등한 자격으로 참여하는 안보 다자주의를 수용하는 쪽으로 정책방향을 선회할 것으로 기대하기는 어려워 보인다.

2. 일본

일본의 경우 한때 동아시아 유일의 다자간 안보협력 포럼인 ARF를 출범시키는 데 기여하였다. 하지만 일본 역시 전통적으로 미국과의 양자동맹 관계에 입각한 안보 메커니즘을 강조해 왔다는 점에서 볼 때 동북아에서 안보 다자주의를 주도해 나갈 가능성은 높지 않다. 일본은 그동안 북한문제가 주요 현안으로 대두하면서 미국, 한국과 함께 이 문제를 다루기 위한 한·미·일 대북정책조정감독그룹(TCOG)과 핵문제를 처리하기 위한 한반도에너지개발기구(KEDO)에 참여하기도 하였지만 나카야마 제안 이후 보다 일반적인 안보 의제를 다루고자 하는 제도를 창설하기 위한 리더십 발휘에는 미온적이었다(Ashizawa 2003, 362, 366). 일본은 미국이 패권세력으로서 지역안보 구조의 핵심을 이루고 있었기 때문에 그 안에서 안전을 보장받으면서 미국의 역할을 존중해 왔다. 일본으로서는 역내에서 동맹구조의 변화가 곧 세력구조의 변화를 의미하는 것이기 때문에 지역질서의 안정적 관리를 위해 미국과의 동맹 결속이 필수적이라고 생각하고 있다.

물론 일본이 동북아 안보 다자주의를 전적으로 기피해 온 것만은 아니다. 왜냐하면 1990년대 후반 중국이 다자대화를 수용하는 쪽으로 방향을 전환하고 ARF가 다자안보협력을 위한 정규 대화 및 협의의 장으로 자리 잡아 가게 되면서 일본 정치 내에서도 새로운 자각이 나타났기 때문이다. 예컨대 1998년 2월 하시

모토 총리는 의회에서 행한 종합정책연설에서 아·태지역의 평화와 안정이 일본, 미국, 중국 및 러시아에 달려 있다면서 신뢰와 협력에 기초한 상호 결속을 지적했다(Fukushima 1999, 150). 그리고 같은 해 9월 미·일 정상회담에서 오부치 총리가 4자회담에 일본과 러시아를 추가하는 협의의 장 창설을 제안했고, 10월 한·일 정상회담에서도 4자회담과 병행하여 일본과 러시아가 참여하는 새로운 동북아 6자회담을 개최하자고 제안했다(엄태암 1999, 227). 하지만 이러한 제스처에 대해 일본이 다자주의를 전적으로 수용하기 시작했다고 평가하기에는 이르다. 왜냐하면 이것은 본질적으로 다자대화에 대한 일본의 극적 태도 전환이라기보다는 동북아 지역안보 논의에서 자국이 배제되는 것을 피하고자 한 의도에서 나온 것이기 때문이다.

오히려 그동안 주변에서 일본이 미국과의 양자동맹에 과도하게 의존하고 있다는 목소리가 나왔음에도 불구하고 일본 외교정책의 주류는 미국과 양자동맹을 유지하고 강화하는 쪽이었다(Ashizawa 2003, 375). 따라서 역내에서 미국이 다자주의에 대해 전향적 태도를 보이거나 역내 안보공약을 철회하지 않는 한 일본이 지역 다자주의 구축에 적극적으로 나설 것으로 예상되지는 않는다.[13]

오늘날 일본은 ARF를 포함하여 ASEAN+3 정상회의, 동아시아정상회의 등 역내에서 진행되고 있는 다양한 형태의 다자협력에 참여하고 있지만 안보분야에서는 대미관계 우선주의 집착으로 다자주의 주도 의지가 대단히 낮다. 일본은 1990년대 초 미국의 압력에 굴복하여 말레이시아 마하티르 총리가 제안한 동아시아경제회의(EAEC) 참여를 거부하였으며, ASEAN+3 정상회의에 대해서도 미국의 반발을 우려하여 주저하였다. 일본의 ASEAN+3 참여는 그 안에서 일본이 자발적이고 적극적인 역할을 모색해서라기보다는 한국과 중국의 참여가 확실시되는 가운데 뚜렷한 대안 없이 취해진 것이었다(미야지마 2005, 227). 결국 동북아 안보 다자주의 논의가 가시화될 경우 일본의 이에 대한 참여 여부는 무엇보다 미국 요인에 의해 좌우될 것으로 보인다.

3. 한국

한국은 동북아 다자안보에 높은 관심을 가져왔다. 냉전종식 이후에도 여전히 안보위협에 직면해 온 한국으로서는 한·미동맹과는 별도로 냉전적 대결구도를 완화할 제도적 장치의 필요성을 절실히 느껴 왔다. 더욱이 한국의 경우에는 한반도를 둘러싸고 있는 4강의 틈바구니에서 지속 가능한 생존을 위해서도 지역정세 안정화 메커니즘 수립에 대한 요구가 클 수밖에 없었다.

냉전종식 이후 한국의 다자안보 구상은 1993년 5월 김영삼 대통령이 태평양연안경제협의회(PBEC) 개막식 기조연설에서 행한 신외교 주요 정책방향으로 항구적 지역평화 틀을 마련하기 위한 다자안보대화 추진 천명으로부터 나왔다. 그리고 같은 달 외교협회 연설에서 한승주 외무장관은 mini-CSCE 형식의 동북아 안보협의체 구성을 추진할 것을 밝혔다. 이어 1994년 5월 제1차 ARF 고위관리회의에서 동북아안보대화(Northeast Asia Security Dialogue)를 공식 제안했다(설규상 2008, 14 ; 엄태암 1999, 222, 225). 하지만 이 제안은 역내 국가들 사이에서 관심을 끌지 못한 가운데 더 이상 구체화되지 못했다. 특히 북한이 이에 대해 강한 거부감을 표시했다.[14] 그 후 김대중 정부 출범 직전인 1998년 2월에는 김종필 자민련 명예총재가 장쩌민 중국 국가주석에게 동북아 평화와 안정을 위한 6개국 선언 구상을 전달했다(엄태암 1999, 217).

이후 한동안 한국의 대외정책 관심은 대북한 포용정책과 동아시아 수준의 협력에 집중되었기 때문에 동북아 다자안보 메커니즘에 대한 관심은 상대적으로 약했다. 한국은 2000년 6월 남북정상회담을 위시하여 적극적인 경협사업을 펼치며 북한 달래기에 치중했다.

다자안보 구상에 새로운 계기를 부여한 것은 노무현 정부였다. 우선 2003년 12월 서울에서 개최된 동아시아포럼(the East Asia Forum) 창립대회 개막식 연설에서 노무현 대통령은 6자회담을 통해 북핵문제가 해결될 경우, 그 여세를 살려 6

자회담이 향후 역내 안보문제를 풀어가는 새로운 다자 모델로 발전시켜 나갈 수 있을 것이라는 기대감을 표명했다. 2007년 6월 제주에서 개최된 제4차 제주평화포럼 개회식 기조연설에서 "6자회담은 북핵문제 해결 이후에도 동북아 평화안보협력을 위한 다자간 협의체로 발전시켜 가야 한다"고 한 발언은 그러한 기대의 연장선상에서 나타난 것이었다. 이에 앞서 2006년 9월 헬싱키에서 개최된 제6차 아시아-유럽정상회의(ASEM)에서 노무현 대통령은 동북아에서 유럽안보협력기구(OSCE)를 모델로 하는 다자안보협력 레짐을 창설할 것을 제안했다. 이런 분위기를 반영하여 2007년 제주평화포럼은 역내 안보대화협의체를 구축하기 위한 모델로 헬싱키 프로세스를 지목하고 이를 '제주 프로세스'로 명명하는 한편 이의 실현을 촉구하는 선언문을 채택했다.

하지만 이어 집권한 이명박 정부의 다자주의에 대한 인식은 노무현 정부와는 다르게 나타났다. 이명박 정부는 이전 정부들이 자주와 다자안보에 집착한 나머지 동맹을 소홀히 했다는 평가 아래 미국과의 동맹 관계 복원을 우선순위로 설정했다. 이명박 정부는 한·미동맹을 한반도 평화구조와 동북아 협력체제 형성의 전략적 기반으로 인식하고, 다자안보 역시 미국 주도의 협력구도 틀 안에서 가장 효과적으로 달성할 수 있을 것으로 보고 있다.

4. 중국

중국의 경우에는 1990년대 중반까지도 다자주의에 대해 부정적인 입장을 견지해 왔으나 1990년대 후반 주변국들과의 관계를 정립해 나가는 과정에서 인식을 전환하기 시작했다. 중국은 1996년 러시아 및 중앙아시아 국가들과 '국경지역에서의 군사적 신뢰조약'을 체결한 후 소위 '상하이-5' 체제 출범을 주도했다. 1997년에는 아세안과 '21세기를 앞둔 선린 및 상호 신뢰를 위한 파트너십' 관계를 설정했다. 특히 중앙아시아에서 다자방식을 통한 군사적 신뢰구축을 성공적으로 마무리함으로써 중국은 지역 다자안보 의제 형성과 논의에 대해 자신감을 갖게 되었다.

'상하이-5'는 2001년 기존 5개국에 우즈베키스탄이 합류하여 상하이협력기구(SCO)로 공식 출범하였는데, 중국은 자국의 주도로 제도화된 이 기구의 경험을 대단히 자랑스럽게 여기고 있다. 중국은 이 과정에서 형성된 '상호 신뢰, 상호 이익, 평등, 협상, 문명적 다양성 존중과 공동개발 추구'와 같은 소위 '상하이 정신'이 다자주의의 기본 요건이 되어야 한다고 주장하고 있다(Zhuangzhi 2004, 601).[15)]

한편 사회주의 지도체제의 생존조건을 지속적인 경제성장으로 인식하고 있는 중국에게는 자국의 발전전략이 방해받지 않기 위해 주변정세의 안정화가 필수적이기 때문에 한반도 문제가 동북아 정세 불안정의 핵이 되지 않도록 이에 대한 안정적 관리와 자국의 역할을 지속적으로 추구해 왔다. 중국은 1997년부터 개최된 4자회담에 참여하였으며, 2003년 8월부터 시작된 6자회담에서 의장국 역할을 맡아왔다.

특히 중국이 6자회담에 적극성을 보여온 이유는 1차 북핵위기시 한계적 역할에 머물렀던 데다 북한의 핵개발이 자국의 장기 안보이익과도 밀접하게 연관되어 있다는 판단에서 이 문제를 중대사안으로 받아들였기 때문이다. 더욱이 북한의 플루토늄 연료봉 제거와 IAEA 사찰관 추방 등 행동은 중국으로 하여금 북한이 실질적인 핵무기 보유 의사를 가지고 있으며, 이 문제가 북·미 양자 간 대화로 해결될 수 없다는 판단을 갖게 만들었다(Ashizawa 2006, 424). 이에 따라 2003년 7월 중국 정부 인사가 북한과 미국을 방문하여 다자회담을 중재하였으며, 이를 양측이 수용하면서 한국, 일본, 러시아가 함께 참여한 가운데 6자회담이 개시되었다.

이처럼 중국은 경제적 성장을 바탕으로 역내에서 지역적 위상을 확대하고 있으며, 나아가 다자주의를 활용하는 새로운 형식으로 정치안보적 역할 증대까지 꾀하려 하고 있다.

5. 러시아

동북아 다자안보대화에 먼저 관심을 가진 것은 냉전시기 소련이었다. 1986년 7월 고르바초프는 소련 공산당 중앙위원회 총서기 자격으로 행한 블라디보스톡 연설에서 태평양 연안국들이 참여하는 헬싱키 대화형 회의를 제안했다. 이 연설에서 고르바초프는 유럽에서 진행 중인 헬싱키 대화 프로세스가 안정을 가져다 주고 무력충돌 가능성을 축소시키고 있다고 평가하고, 군사·정치적 대결장화하고 있는 태평양 지역의 안보환경 개선을 위해 다자대화가 필요하다고 주장했다. 아울러 이 연설에서 고르바초프는 역내 모든 국가들을 만족시킬 수 있는 방법으로 안보 및 협력문제를 풀기 위해서는 미국의 참여가 필수적이라고 언급했다(《레닌기치》 1986. 7. 30). 이어 2년 후인 1998년 9월 고르바초프는 크라스노야르스크에서 좀더 구체적으로 역내 핵 비확산, 해·공군력 감축과 동북아 국가들 간 군사대결 완화, 아·태지역 안보 제안들을 심의하기 위한 전담기구 창설문제 심의 등 7개항을 제안했다(《레닌기치》 1988. 9. 20). 당시 고르바초프의 제안은 다른 국가들의 불신과 의심으로 성사되지 않았지만 그의 신사고 외교는 이후 중·소 국교정상화 협상 가속화, 한국의 북방외교 적극화와 일본의 지역안보 개념에 대한 새로운 인식 촉발 등 적잖은 영향을 미쳤다(Rozman 2004, 57).

소련의 이니셔티브는 이후 급속하게 진행된 연방 해체와 이를 승계한 러시아의 국내정치적 혼란으로 기대하기 어렵게 되었다. 1990년대 중국 경제가 급성장을 지속해간 데 비해 러시아 경제는 체제전환 과정에서 커다란 어려움에 처했다. 더욱이 1993년 12월 치러진 국가두마 선거에서 극우민족주의자들과 공산주의자들의 승리는 러시아로 하여금 안보 다자주의보다는 국내정치적 정비에 더 관심을 갖게 만들었다(Rozman 2004, 155).

이러한 상황변화는 러시아가 한동안 역내의 다자간 상호작용 관계에서 멀어지는 결과를 초래했다. 요컨대 1989년 아시아·태평양 국가들 간 경제협력과 무역·투자 증진을 위해 아·태경제협력(APEC)이 출범했지만 러시아는 오랫동안 이에 참여하지 못했다. 아시아와 유럽 간 협력대화를 목적으로 1996년 출범한 아시아·유럽정상회의(ASEM)에도 러시아는 참여하지 못했다.[16] 더욱이 1차 북핵문제 처리과정에서 북한에 경수로 건설 지원을 위한 다자기구로 한반도에너지개발기구(KEDO)가 설립되었을 때도 러시아는 여기서 배제되었다. 또 러시아는 한반도에 항구적인 평화 틀을 확립하기 위한 목적으로 1996년 시작된 4자회담에서도 배제됨으로써 깊은 상실감을 느꼈다(Buszynski 2000, 412).

러시아로서는 동북아 지역 프로세스 참여로부터 배제된다는 것은 역내에서 자국의 이익추구가 제약받는다는 것을 의미했다. 비록 ASEAN 주도로 출범한 아·태지역 다자간 안보협의체인 ARF에 참여하고, 중국과 중앙아시아 국가들 간 국경지역의 신뢰구축을 목적으로 출범한 '상하이-5'에 참여했지만 러시아는 동북아 지역 프로세스에서는 주변적 행위자로만 머물렀다. 따라서 동북아 지역에서 다자간 협상 분위기가 조성되고 있는 추세에서 러시아가 자국의 이익에 우호적인 환경을 조성하기 위해서는 다자 프로세스에의 참여가 절실했다(Mirkasymov 2007, 92-93).

러시아는 마침내 2003년 6자회담에 참여함으로써 동북아 다자협상 무대로 진입했다. 회담 초반에 러시아는 중대한 의견을 개진하거나 회담을 주도하기보다는 한반도 비핵화 원칙을 지지하면서 조용한 참여자로 남아 있었다. 그러나 2·13 로드맵이 BDA(Banco Delta Asia)에 동결되어 있던 북한 자금 송금문제로 진척되지 못하는 상황에서 이에 개입하면서 보다 적극적인 역할 모색을 시작했다.

한편 2007년 2·13 합의에 따라 러시아는 6자회담 내에 설치된 5개 실무그룹 가운데 하나인 '동북아 평화안보체제 실무그룹' 의장국을 맡게 되었다. 2009년 4월 북한의 장거리 로켓 발사에 대한 유엔안보리 의장성명 채택과 북한 외무성의 핵시설 원상복구 방침 및 회담 불참 천명으로 6자회담이 중단되어 버린 상태에서 단정하기는 어렵지만, 북핵문제가 6자회담을 통해서 해결될 경우 동 회담의 경험을 살려 이를 동북아 다자안보협력을 위한 틀로 연결시켜 나가려는 장기적 포석으로 해석될 수 있는 이 실무그룹의 향방은 의장국 러시아의 역내에서의 입지에 어떤 식으로든 영향을 미칠 것으로 예상된다.

V. 결론

냉전종식 이후 동북아 지역에 상존하고 있는 전략적 불확실성은 역내 국가들로 하여금 그러한 불확실성 요인을 해소시키기 위한 지역안보 레짐 형성을 끊임없이 요구해 왔다. 역내에서 일어난 안보 다자주의 담론은 그러한 요청에 대한 반응이었다. 동북아 지역 안보 다자주의는 역내 국가들이 양자동맹 중심의 안보 구도를 뛰어넘어 다수의 국가가 참여하는 가운데 일반화된 행동원칙에 기초한 문제해결을 지향하는 제도적 틀을 만든다는 것을 의미한다. 이러한 다자주의는 동북아에서 대립과 갈등의 비효율적인 고비용 구조를 탈피하고 보다 효율적이고 경제적인 관계설정을 가능하게 할 것이다. 왜냐하면 다자주의 아래서는 다양한 이해와 목표를 가진 행위자들이 전략적 상호작용을 통해서 게임의 규칙을 만들고 선택과 선호를 수렴시킴으로써 기대되는 성과를 극대화하려 하기 때문이다(설규상 2008, 9).

그럼에도 불구하고 동북아에서는 아직까지 안보영역에서 다자주의 레짐 형성 전망이 밝지 않다. 앞에서 살펴본 것처럼 적어도 지난 10여 년을 놓고 볼 때 동북아 지역 국가들 사이에서는 미국과의 동맹 유무 및 결속력 강약의 정도에 따라 안보 다자주의 선호에 대한 경계선이 그어지고 있다는 것을 확인할 수 있다. 대미 동맹우선주의를 표방하는 일본의 경우 다자주의에 가장 소극적이었고, 미국과 전략적 경쟁관계에 있는 중국, 러시아가 이에 더 적극적이었다. 한국에서는 동맹 관계 이완기에 다자주의에 대한 목소리가 높았다. 이는 결국 동북아에서 미국의 지역 역할과 동맹구조적 특성이 다자주의 요구와 관련이 있다는 것을 의미한다.

하지만 이러한 사실이 역내에서 안보 다자주의의 미래가 비관적임을 의미하는 것은 아니다. 가능성을 점칠 수 있는 낙관적 증거들 또한 적지 않기 때문이다. 역사해석 차이, 영토분쟁, 민족주의의 발흥과 같은 갈등요인들이 상존하고 있음에도 불구하고 동북아 국가들은 이것이 폭력적 방식으로 전이되기를 원치 않고 있다. 오히려 동북아 국가들은 갈등해소를 무력에 의존할 경우 발생하는 기회비용이 대단히 높다는 것을 명확하게 인지하고 있다. 북핵문제의 평화적 해결을 위해 6자회담 당사자들이 지속적인 노력을 해왔던 것도 이 문제가 경착륙(hard-landing)으로 귀결될 경우 초래될 수 있는 파국적 결과를 우려하고 있기 때문이다.

부상하는 중국을 견제하기 위해 인도, 중앙아시아, 동남아시아 국가들에 대한 전략적 접근을 강화하고 있는 가운데서 중국이 역내 정치과정의 순기능적 행위자로 기능하기를 기대하고 있는 미국, 역내에서 미국의 세력투사를 불편해 하면서도 미국과의 직접적인 대결을 초래할 공세적 전략을 피하고 호혜적 관계 유지를 원하고 있는 중국, 그리고 미국 주도의 질서를 반대하며 주요국들과 전략적 파트너십을 통한 대미견제를 추구하고 있으면서도 그것이 반서방 동맹으로 비쳐지는 것을 원치 않는 러시아, 이러한 것들은 불확실성 속에서도 지역정세 안정화를 위한 다자접근 가능성을 확인시켜 주는 증거들이다.

따라서 아직 가시화되고 있지는 않지만 동북아 다자안보 레짐 형성 가능성을 전제로 한다면 그 방향성과 관련하여 다음과 같은 점들이 우선적으로 고려될 필요가 있을 것이다.

첫째, 동북아 다자안보제도는 양자동맹 관계를 대체하는 형식이 아닌 보완 또는 병행하는 형식이 되어야 한다. 부족한 안보능력을 미국과의 동맹을 통해 보완하고 있는 한국이나 일본은 미국의 안보공약 없이 안보 욕구를 해소하기 어렵다. 미국과 군사적으로 결별하는 독자방위는 대단히 높은 비용을 요구하며, 한국이나 일본 모두 이를 원치 않는다. 한국이 최근 미국과 전시작전통제권 이양 시기를 미루기로 합의한 것도 이와 관련된 한국의 안보 고민을 반영한다. 특히 중국과 역내 주도권 경쟁을 벌이고 있는 일본으로서는 중국의 경제성장 속도와 방위비 증대추세 속에서 방위비 예산 증액 압력에 직면해 있지만 이에 대한 논의는 국내외로부터 반발과 비판으로부터 자유롭지 못한 딜레마를 안고 있다. 군국주의의 부상을 경계하는 한국과 중국은 일본의 방위비 증액과 방위력 증대를 반대한다.

둘째, 안보 의제는 지역정세 안정화에 두되 비전통적 안보 이슈를 폭넓게 논의하는 것이 바람직하다. 오늘날 세계는 과거와 다른 새로운 전략 환경에 강하게 노출되어 있다. 그것은 전통적인 군사적 경쟁 외에 반확산, 반테러와 같은 비전통적 안보의제의 부상이다. 또한 동북아 지역에는 점증하는 에너지 수요에 따른 자원확보 경쟁과 환경악화, 해로안전, 보건문제 등이 주요한 안보 이슈로 부각되고 있다. 예를 들어 동북아 지역의 에너지 소비량은 세계 전체 소비량의 1/5을 차지하고 있으며, 이들 소비의 대부분은 이 지역 경제 중심인 한·중·일 3국에서 일어나고 있다. 특히 고속성장을 지속하고 있는 중국의 에너지 소비 증가와 세계 원유 추가생산 여력 부재로 인한 수급불안, 투기자본의 개입은 에너지 수입대국인 동북아 국가들을 에너지 확보전쟁으로 내몰고 있다. 상기 의제들 가운데 상당 부분은 APEC이나 ASEAN+3, ARF와 같은 다자대화를 통해 논의되고 있다. 이러한 이슈들은 동북아 국가들이 공유하고 있는 공통이익 분야이며, 따라서 협력적 접근을 통한 이익증대가 기대된다. 비전통적 안보 이슈에서의 협력의 습관화는 점진적으로 보다 정치적이고 실질적인 안보 이슈로의 협력을 자극할 것이다.

셋째, 참여국의 사활적 이해를 직접적으로 거론하기보다는 공통의 이해와 관련된 부분을 중심으로 다루어 나가는 방식이 되어야 할 것이다. 여기서 가장 핵심적인 문제는 각국의 안보이익을 손상시키지 않고 각 행위자들을 어떻게 다자안보질서로 통합시키느냐 하는 것이다. 다자제도 내에서 조치가 특정 행위자의 사활적 안보이익을 침해할 것으로 예상된다면 그 행위자는 이를 상쇄시키거나 무력화시키기 위한 대응조치를 강구하게 될 것이다.

마지막으로 동북아 지역에서 안보 다자주의의 실현 가능성과 관련하여 역내에서 양자동맹구조의 질적 변화 요구가 일어나고 있다는 점에 유의할 필요가 있다. 무엇보다 미국의 전략적 우선순위가 군사적 대결로부터 반테러, 반확산, 글로벌 파트너십과 같은 새로운 안보 이슈로 점차 전환되고 있다. 북핵문제가 주요 관심영역이 되어 있기 때문에 군사전략의 유용성이 유지되고 있지만 이것은 반드시 동맹적 폐쇄성을 요구하는 것이 아니다. 6자회담 프로세스가 보여주듯이 핵문제라는 지역 공동의 문제에 대해서 다자협상 채널은 실질적으로 거의 유일한 대안으로 받아들여지고 있다.

참고문헌

경수로사업지원기획단. 2007.『KEDO 경수로사업 지원 백서』.

국가안전보장회의. 2004.『참여정부의 안보정책 구상 : 평화번영과 국가안보』.

미야지마 히로시. 2005. "일본 동아시아 공동체론의 현주소."『역사비평』72(가을).

설규상. 2008. "동북아 안보 다자주의와 인식공동체의 역할."『동서연구』20(1).

엄태암. 1999. "한반도 안보와 동북아 6자회담-가능성과 실효적 추진방안을 중심으로."『국방정책연구』(여름).

외무부. 1999.『한국외교50년』.

이서항. 2009. "ARF 미래 발전 방향 : 동북아 평화체제 구축을 위한 ARF 활용방안을 중심으로." 국제 정세 변화와 이명박 정부의 외교과제. 외교안보연구원.

Ashizawa, Kuniko. 2003. "Japan's approach toward Asian regional security : from 'bub-and-spoke' bilateralism to 'multi-tired'." *The Pacific Review*. vol. 16, no. 3.

______. 2006. "Tokyo's Quandary, Beijing's Moment in the Six-Party Talks : A Regional Multilateral Approach to Resolve the DPRK's Nuclear Problem." *Pacific Affairs*. vol. 79, no. 3.

Buszynski, Leszynski. 2000. "Russia and Northeast Asia : aspirations and reality." *The Pacific Review*. vol. 13, no. 3.

Caporaso, James A. 1993. "International Relations Theory and Multilateralism : The Search for Foundations." in John G. Ruggie ed. *Multilateralism Matters : The Theory and Praxis of an Institutional Form*. New York : Columbia University Press.

Clinton, Bill. 1993. Address to students and faculty at Waseda University, Tokoy, Japan under the title "Building a Pacific Community" (June 7).

Department of Defense of the United States of America. 2010. Quadrennial Defense Review Report.

Ferdinand, Peter. 2007. "Sunset, sunrise : China and Russia construct a new relationship." *International Affairs*. vol. 83, no. 3.

Fukushima, Akiko. 1999. *Japanese Foreign Policy : The Emerging Logic of Multilateralism*. New York : St. Martin's Press.

Joint Vision for the Alliance of the United States of America and the Republic of Korea, June 16, 2009.

Midford, Paul. 2000. "Japan's leadership role in East Asian Security multilateralism : the Nakamura proposal and the logic of reassurance." *The Pacific Review*. vol. 31, no. 3.

Mirkasymov, Bakhtiyar. 2007. "Russian Policy to Asian Regionalism." *Asia–Pacific Review*. vol. 14, no. 2.

Rozman, Gilbert. 2004. *Northeast Asia's Stunted Regionalism : Bilateral Distrust in the Shadow of Globalization*. Cambridge : Cambridge University Press.

Ruggie, John G. 1993. "Multilateralism : The Anatomy of an Institution." in John G. Ruggie. ed. *Multilateralism Matters : The Theory and Praxis of an Institutional Form*. New York : Columbia University Press.

The Institute for East Asian Studies. 2007. Research into a China–Japan–Korea Trialogue in Northeast Asia Security : Beijing Core Group Meeting Discussion Material.

Wu, Xinbo. 2005. "The End of the Silver Lining : A Chinese View of the U.S.–Japanese Alliance." *The Washington Quarterly*. vol. 29, no. 1.

Zagoria, Donald S. 2007. "East Asian Security Challenge." *American Foreign Policy Interest*. vol. 29.

Zhuangzhi, Sun. 2004. "New and Old Regionalism : The Shanghai Cooperation Organization and Sino–Central Asian Relations." *The Review of International Affairs*. vol. 3, no. 4.

http://japanfocus.org/products/details/1700 [Richard Tanter. Japan's Indian Ocean Naval Deployment : Blue water militarization in a "normal country"].

http://korean.seoul.usembassy.gov/pv_080508.html.

http://www.aseanregionalforum.org/AboutUs/tabid/57/Default.aspx.

http://www.chinadaily.com.cn/english/doc/2005–08/18/content_470125.htm.

http://www.defenselink.mil/pubs/pdfs/China_Military_Report_08.pdf [Department of Defense. 2008. Annual Report to Congress : Military Power of the People's Republic of China 2008].

http://www.dod.mil/pubs/easr98/.

http://www.mofa.go.jp/announce/event/2007/9/1175444_856.html.

http://www.mofa.go.jp/policy/other/bluebook/2009/chapter3.pdf.

http://www.mofa.go.jp/region/n–america/us/alliance.html ["Japan–U.S. Alliance in the 21st Century : Three Challenges" by Prime Minister Junichiro Koizumi at the Council on Foreign Relations. 2002. 9. 10. New York].

http://www.mofa.go.jp/region/n–america/us/summit0606.html.

http://www.ndu.edu/inss/Press/jfq_pages/editions/i44/17.pdf [Mark, Bruce A. & Mark O. Hague. 2007. "The U.S.-Japan Alliance : Sustaining the Transformation." Joint Force Quarterly 44 (1)].

http://www.osce.org/documents/mcs/1975/08/4044_en.pdf [Conference on Security and Co-operation in Europe Final Act. 1975. Helsinki].

http://www.osce.org/documents/mcs/1990/11/4045_en.pdf [Charter of Paris for a New Europe. 1990. Paris].

http://www.whitehouse.gov/news/releases/2006/06/20060629-2.html.

《레닌기치》, 1986. 7. 30.

《레닌기치》, 1988. 9. 20.

주

1 http://www.osce.org/documents/mcs/1975/08/4044_en.pdf.

2 http://www.osce.org/documents/mcs/1990/11/4045_en.pdf.

3 http://www.aseanregionalforum.org/AboutUs/tabid/57/Default.aspx.

4 냉전종식 이후 미국의 전략적 인식은 유일한 초강대국으로서 신세계 질서를 주도해 나가야 한다는 것이었다. 그 첫 번째 실험대가 걸프전이었다. 이 전쟁에서 미국은 국제사회와 주요 국들의 지지 속에서 전쟁을 승리로 이끌었다. 하지만 이 전쟁을 통해서 미국은 러시아가 안보리 결의에 찬성함으로써 더 이상 미국의 반대편에 서지 않으려 한다는 사실을 확인하였으나 중국은 기권함으로써 여전히 정치적 레버리지를 유지하려 한다고 인식하였다. 이러한 인식은 중국의 지속적인 경제성장과 특히 동남아시아 지역에서 남중국해 문제를 둘러싼 공세적 태도, 대만해협 위기 등과 맞물려 중국위협론(China threat)으로 표출되었다.

5 http://www.mofa.go.jp/region/n-america/us/alliance.html.

6 http://www.mofa.go.jp/announce/event/2007/9 · 1175444_856.html.

7 공동선언 내용은 http://www.whitehouse.gov/news/releases/2006/06/20060629-2.html 또는 http://www.mofa.go.jp/region/n-america/us/summit0606.html.

8 2010년 6월 초 하토야마를 승계한 간 나오토 총리 역시 이 문제에 대한 합의 이행 의사를 분명히 했다. 6월 말 캐나다 토론토에서 열린 G20 정상회의에서 미 · 일 양 정상은 미 · 일동맹의 심화 필요성에 대한 합의와 함께 미군기지 이전 약속 이행을 재확인했다. 이에 대해서는 http://www.yonhapnews.co.kr/international/2010/06/28/0601010100AKR20100628080500073.HTML 참조.

9 당시 카터 행정부의 계획은 1982년 중반까지 3단계에 걸쳐 철수를 마무리한다는 것이었다. 그러나 동 계획은 한국 정부와 미군부 및 공화당의 강력한 반대로 사실상 철회되었고, 1981년 한 · 미 정상회담에서 공식 종결되었다.

10 http://korean.seoul.usembassy.gov/pv_080508.html.

11 http://www.chinadaily.com.cn/english/doc/2005-08/18/content_470125.htm.

12 http://www.dod.mil/pubs/easr98/.

13 이와 관련하여 일본 외교청서는 "지역안정은 1차적으로 미국을 중심으로 한 양자 안보제도 틀을 통해 유지되어 왔다. … 일본을 둘러싸고 있는 안정적인 안보환경을 실현하고 아 · 태지역의 평화와 안정을 확보하기 위해 미국의 주둔과 관여를 확보하면서 다층적인 지역 양자 및 다자 대화 증진과 강화가 효과적이고 적절하다"고 기술하고 있다. 이에 대해서는http://www.mofa.go.jp/policy/other/bluebook/2009/chapter3.pdf 참조.

14 북한은 역내 안보문제를 논의하기 위한 공식 다자안보제도가 성립될 경우 주 의제가 북한문제로 집중될 것이며, 다른 참여국들이 집단적으로 자국에게 불리한 방식으로 의제를 몰고 갈 것으로 우려하여 이를 반대해 오고 있다.

15 2007년 재단법인 극동문제연구소가 실시한 동북아 다자안보협력 모색을 위한 한·중·일 3국 여론 주도층 설문조사에 의하면 중국 응답자들의 약 절반이 장기적으로 동북아 지역안보의 효율성을 극대화할 수 있는 협력 메커니즘으로 SCO 타입을 선택하였다. 이는 한국과 일본측 응답자들의 과반수가 OSCE 타입을 선호한 것과 대비된다. 이에 대해서는 The Institute for East Asian Studies(2007) 참조.

16 이와는 대조적으로 중국은 1991년 APEC에 참여했으며, ASEM에도 원년 회원국으로 참여했다.

제20장

후진타오 정부의 빈곤정책 연구*

홍정륜(청주대학교)

I. 서론

중국 경제가 개혁개방 후 연평균 근 10%에 이르는 고도성장을 이어가고 있지만 다른 한편 빈부격차를 확대시키는 부작용을 초래하고 있다. 즉 개혁개방 후 주민의 소득증가에 따라 절대빈곤 문제가 어느 정도 해결되어가고 있으나 상대적 빈곤문제는 더욱 심각해지고 있다. 중국의 빈부격차 문제는 단순히 고소득자와 저소득자의 문제가 아닌 도시와 농촌 간의 빈부격차, 동부와 중서부 간의 빈부격차 등 다양한 측면에서 접근할 필요가 있다. 물론 도시에도 빈곤층이 상당수 존재하며, 신농촌 건설운동에 따른 농촌의 경제성장, 서부대개발을 통한 중서부 지역의 경제성장 등을 감안하면 농촌과 중서부의 일부 주민도 상당한 부를 축적하고 있는 것이 사실이다. 그럼에도 불구하고 전반적인 경제지표를 보면 도시와 농촌 간, 동부와 중서부 간 소득격차가 확대되고 있다는 점에서 상기 접근법은

* 본 논문은 『한중사회과학연구』 제7권 1호(2009. 4)에 수록된 것을 전재한 것임을 밝힙니다.

의미를 갖는다고 할 수 있다.

중국이 고도의 경제성장을 이어가면서 절대적인 빈곤문제를 완화할 수 있었던 것은 상당부분 안정된 물가 수준을 유지한 것에 기인한다고 할 수 있다. 그러나 2007-2008년 폭설, 사천대지진, 국제유가 상승, 원자재 상승 등으로 물가가 급등하면서 빈곤층의 절대적인 삶의 질에 영향을 주었다. 물가급등이 공산품보다 농산품 중심으로 나타나면서 빈곤층의 식생활에 더욱 큰 영향을 주기도 하였다. 특히 미국 금융위기 이후 중국 경제가 급속도로 침체되면서 빈곤층들은 대량 실직과 구직난에 직면하면서 어려움이 가중되고 있다. 한편 도시와 농촌 간 소득격차가 확대되면서 도농 간 명문대학 진학률마저 그 격차가 확대되고 있다(《연합뉴스》 2009). 이는 현 도농 간의 소득격차 문제가 교육격차를 확대하고 나아가 미래 소득격차를 확대시킬 여지를 안고 있는 것으로 이해할 수 있다.

그동안 중국 정부가 실행한 빈곤정책은 크게 빈곤층에 대한 직접적이고 미시적인 물적 지원정책과 빈곤지역에 대한 투자를 통해 그 지역주민의 삶의 수준을 제고하는 간접적이고 거시적인 정책으로 분류할 수 있다. 중국 경제의 지속적인 성장에 힘입어 전자의 지원에 대한 필요성은 점차 감소하는 반면 후자에 대한 필요성은 더욱 증가하고 있다.[1] 후자는 전자에 비해 장기적이고 대규모의 자금이 투입되며, 지역 균형발전정책과도 연결되는 특징을 갖고 있다. 서부대개발이나 신농촌 건설운동은 후자를 실현하기 위한 정책으로 이해할 수 있을 것이다.

한편 빈곤정책이 과거 절대적 빈곤에서 벗어나도록 하는 수준에만 그치는 것이 아니라 교육, 의료보건 등 기본적인 사회보장을 누리는 수준까지 지원하도록 격상되고 있다. 따라서 본 논문은 절대빈곤층에 대한 지원정책, 빈곤지역에 대한 투자정책을 연구대상으로 하면서 지원 수준에서는 기본적인 의식문제(溫饱)의 해결에서 나아가 기본적인 문화생활(小康)을 누리도록 지원하는 정책까지 포함하고자 한다.

본 논문은 우선 중국의 빈곤정책 및 빈곤문제에 대한 선행 연구를 검토함으로써 기존 연구가 주로 어느 분야에 집중되고 있는지 살펴보고자 한다. 둘째, 후진타오 정부가 추진하고 있는 빈곤정책이 어떤 이론과 사상을 배경으로 하고 있는지 검토하고자 한다. 셋째, 후진타오 정부가 추진하고 있는 지역 간 빈부격차 완화정책인 서부대개발 정책, 동북 3성 개발계획, 4대 경제구 지정 등의 정책이 빈곤정책과 어떤 관련을 갖고 있는지 검토하고자 한다. 넷째, 도시와 농촌의 빈부격차를 완화하고 농촌 빈곤층을 구제하기 위해 시행하고 있는 신농촌 건설운동의 주요 내용이 무엇인지 검토하고자 한다. 다섯째, 상기 정책 이외에 저소득층을 대상을 시행하고 있는 빈곤정책에 어떤 것들이 있는지 살펴보고자 한다. 여섯째, 후진타오 정부의 다양한 빈곤정책이 어느 정도 성과를 기록하고 있는지 지역 간 빈부격차 완화 여부, 도농 간 빈부격차 완화 여부, 저소득층 지원혜택 등을 중심으로 분석하고자 한다. 마지막으로 후진타오 정부 빈곤정책의 내용과 성과를 종합하면서 그 한계가 무엇인지 밝히고자 한다.

II. 선행 연구

조흥식·김병철(2007)은 중국의 도시 빈곤층이 발생한 원인을 도시지역에 분포한 국유기업의 직원을 대상으로 대량의 정리해고(下崗)를 단행한 것에 기인한다고 하였다. 국유기업에서 실직한 도시주민이 점차 증가하면서 대량의 도시 빈곤층이 형성되었으며, 중국 정부는 도시 빈곤층의 생활안정을 위해 최저생활보장제도를 시행하고 있다고 하였다(조흥식·김병철 2007, 312-344). 이민자(2007)는 농민층이 호구제도의 한계로 인해 도시로 이동한 후 도시 빈곤층으로 전락하고 있으며, 도시 속의 촌(村)을 형성하며 고립된 생활을 하고 있음을 지적하고 있다(이민자 2007, 112-135).

홍정륜(2006)은 중국의 불균형 경제발전정책이 사회불평등 심화, 지역 간 경제적 불균형 심화, 도농 간 소득격차 확대 등 복잡한 불균형문제를 유발하고 있다고 지적하고 있다. 홍정륜은 후진타오 정부가 이런 불균형을 완화하기 위해 4대 경제지역 설정, 신농촌 건설운동과 같은 균형 경제발전정책을 발표하였다고 하였다(홍정륜 2006, 333-354).

중국에서 빈곤문제와 관련된 연구는 빈곤층에 대한 지원정책과 사례를 중심으로 많이 진행되고 있다. 따이쉬홍(戴旭宏 2008)은 사천(四川)지역의 빈곤층 지원 사례연구를 통해 빈곤층과 기층조직, NGO가 연합하여 빈곤층을 지원하는 메커니즘을 제시하고 있다. 따이쉬홍은 빈곤주체의 빈곤층 지원정책에 대한 참여가 매우 소극적이었으며, 기층조직의 지원이 특정 영역에 한정되었고 NGO의 지원은 정부의 엄격한 통제로 인해 활동이 제한적이었음을 지적하고 있다. 따라서 따이쉬홍은 빈곤주체의 자발성과 적극성을 유도하고 기층조직의 활동범위를 확대하며 중국 NGO를 활성화시킴으로써 3자 간 연합 메커니즘을 구축해야 함을 언급하고 있다(戴旭宏 2008, 25-35).

리짜오린(李朝林 2007)은 중국의 빈곤층 지원정책 효율성이 점차 떨어지고 있는 원인으로 빈곤층 지원 목표가 불분명하고 빈곤층 퇴치 모형이 단조로우며 빈곤주체의 지위가 너무 약하다는 것을 지적하고 있다. 리짜오린은 명확한 목표 설정을 통해 자금관리의 효율성 제고, 빈곤주체의 자생력 제고, 구제와 개발의 병행 등을 극복방안으로 제시하고 있다(李朝林 2007, 157-158).

리우지앤파(劉建發 2008)는 안화시앤 용안춘(安化縣 永安村) 사례연구를 통해 이 지역 주민의 민주의식, 법제의식, 시장경제에 대한 의식 등 의식구조가 전반적으로 취약함을 언급하고 있다. 따라서 이 지역이 빈곤촌에서 벗어나기 위해서는 시장경제가 잘 발전한 지역과 긴밀한 교류를 통해 의식 수준을 전반적으로 제고할 필요가 있다고 하였다(劉建發 2008, 215).

또한 빈곤문제 연구는 빈곤층이 절대빈곤에서 벗어나도록 지원하는 연구와 함께 빈곤지역에 대한 개발을 통해 빈곤지역 전체의 경제 수준이 제고되도록 하는 연구로 확장되고 있다. 한궈차이(韓國才 2008)는 빈곤층 지원개발과 빈곤층 최저생활 보장을 구분하여 실행할 필요가 있음을 언급하고 있다. 빈곤층 지원 개발은 빈곤지역의 경제발전을 통해 해당지역의 경제 수준을 제고하는 지역개발의 성격을 띠며, 빈곤지역 전체를 그 대상으로 한다. 반면 빈곤층 최저생활 보장은 지역개발의 성격을 갖지 않으며, 현지 최저생활기준 미만의 사람을 대상으로 한다(韩國才 2008, 11).

자오시위(趙玺玉 2008)는 중국 농촌의 빈곤층 지원이 과거와 달리 절대빈곤층의 빈곤탈피 지원에서 점차 농촌기초시설(SOCs) 건설, 교육과 과학기술 수준 제고, 농촌의 의료보장제도 발전, 동부와 중서부의 빈곤층 지원 협력, 농촌 빈곤층 지원 개발 등 새로운 분야로 옮겨감으로써 의식문제에서 기본적인 문화 수준을 충족시키는 단계로 발전하고 있다고 하였다(趙玺玉 2008, 16-56).

쉬즈밍(徐志明 2008)은 빈곤층 지원정책의 효율성이 21세기 들어 하락하고 있다는 것을 지적하면서 그 원인으로 빈곤층이 정책에 참여할 기회가 적은 것을 들고 있다. 즉 쉬즈밍은 빈곤층 지원주체가 빈곤층의 정확한 수요를 파악하지 못함으로써 빈곤층의 필요를 제대로 채워주지 못하고 있다고 하였다. 다시 말해서 쉬즈밍은 '정보의 비대칭'을 이론적 근거로 빈곤층 지원주체가 빈곤층을 정책실행에 참여시키지 않음으로써 불완전 정보의 상황에 놓이게 되었다고 분석하고 있다(徐志明 2008, 712).

한편 빈부격차 완화정책은 단순히 절대적인 빈곤상태에서 벗어나도록 하는 것을 넘어 '조화사회'를 실현하기 위해 필수불가결한 정책으로 연구되고 있다. 리자오린(李朝林 2007)은 조화사회 실현을 위해 빈곤층이 외부의 지원과 함께 자생력을 제고함으로써 절대빈곤에서 벗어나야 한다고 하였다. 리우지앤파(劉建發 2008)는 빈곤촌이 빈곤상태에서 벗어나는 것이 지역 간 조화사회를 실현하는 핵심 과제로 언급하고 있다.

허위앤민(何元民 2007)은 빈곤층 지원정책을 조화사회 건설에서 더 나아가 '신농촌 건설운동'과 관련하여 연구를 하였다. 허위앤민은 빈곤층 지원정책이 신농촌 건설운동이 목표로 하고 있는 신농민 육성의 기본전제가 됨을 언급하고 있다. 그가 말하는 신농민은 기본적인 의식주 문제 해결 이외에 시대적 변화에 적응할 수 있는 기술력, 교육 수준, 서비스 의식 등을 갖추고 있는 농민을 의미한다(何元民 2007, 6).

빈곤문제와 관련된 연구가 주로 빈곤농민을 대상으로 하고 있는 반면 양팅리우(楊婷柳 2008)는 도시빈민을 대상으로 연구를 진행하였다. 양팅리우는 도시빈민의 발생 원인을 사회주의 체제에서 누리던 사회보장제도가 점차 시장화되면서 발생하였음을 지적하고 있다. 사회보장제도가 점차 시장화되면서 도시의 고소득자는 별다른 어려움이 없이 적응할 수 있었으나 저소득자는 소득에 비해 부담이 훨씬 커지게 되었다는 것이다(楊婷柳 2008, 182).

III. 후진타오 정부 빈곤정책의 주요 내용

1. 후진타오 정부 빈곤정책의 이론적 배경

개혁개방 후 덩샤오핑의 '선부론'(先富論)에 입각한 동부 중심 경제발전전략은 중국의 고도 경제성장을 이어가는 데 중요한 역할을 하였다. 한편 선부론은 동부와 중서부, 도시와 농촌의 소득격차 확대를 정당화하는 명분으로 작용하기도 하였다. 그러나 선부론이 갖는 본래 의미는 특정 지역을 먼저 부하게 한 후 그 지역의 부가 다른 지역으로 파급되게 하여 모두 부하게 한다는 것이다. 덩샤오핑, 장저민 정부의 경제정책은 선부론의 전자를 중심으로 하는 경제정책에 해당한다고 할 수 있다.

1990년대 후반 들어 동부지역 중심의 발전에 대한 반성과 함께 서부지역 발전정책이 등장하게 된다. 즉 장저민 정부는 2000년부터 서부대개발 프로젝트의 청사진을 실행에 옮기기 시작했다. '서부대개발 정책'은 빈곤정책이라는 각도에서 보면 빈곤층이 절대적으로 많은 비중을 차지하는 서부지역에 대한 빈곤정책으로 이해할 수 있다. 또한 후진타오 정부는 장저민 정부의 서부대개발 정책을 계승하면서 도시 중심의 발전정책에서 도시와 농촌의 균형발전정책을 발표하였다. 이 정책이 '신농촌 건설운동'이라는 이름으로 추진되고 있다. 신농촌 건설운동은 빈곤정책 측면에서 볼 때 농촌지역의 빈곤층에 대한 정책으로 이해할 수 있다.

요컨대 21세기 중국 정부는 선부론이 갖는 후자의 의미를 실현하기 위해 서부대개발과 신농촌 건설운동과 같은 정책을 추진하고 있다. 즉 중국 정부는 서부지역과 농촌지역의 빈곤층을 대상으로 하는 전면적인 빈곤정책을 추진하고 있다고 할 수 있다. 후진타오 정부가 추진하는 빈곤정책의 사상적 이념은 '과학적 발전관'과 '조화사회론'(和諧社會论)이라는 말로 표현되고 있다.[2)]

'과학적 발전관'은 2007년 중국 공산당 제17차 당대회에서 당장에 삽입되었으며, '조화사회론' 역시 당장의 전문에 언급되었다. 이로써 과학적 발전관과 조화사회론의 내용은 향후 중국의 경제정책에 상당히 중요한 영향을 미칠 것으로 기대된다. 과학적 발전관을 통해 달성하고자 하는 국가발전 목표는 '소강사회(小康社會)의 전면적 건설'이며, 그 의미는 저수준, 비전면(非全面), 불균형(不平衡) 상태의 중국 경제발전 수준을 고수준, 전면적·균형적 발전으로 이끄는 것이다. 지만수는 과학적 발전관의 의미를 지난 30년간 시장경제 중심의 경제정책이 대폭 수정됨으로써 국가의 개입이 크게 강화되는 것으로 언급하고 있다(지만수 2007, 5).

빈곤정책이라는 의미에서 보면 결국 과학적 발전관과 조화사회론 역시 덩샤오핑이 제시한 선부론의 후자 의미를 다른 언어로 표현한 것으로 이해할 수 있다. 일반적으로 빈곤정책은 경제의 성장보다는 분배의 성격을 강하게 띠는 경향이 있는데, 후진타오 정부는 저성장 지역을 고성장으로 유도함으로써 빈부격차를 완화하겠다는 정책을 담고 있어 약간의 차이를 보이고 있다.

2. 빈부격차 완화정책

(1) 서부대개발 정책의 계승

동부 연해지역 중심의 경제발전정책은 동부와 중서부지역의 경제적 격차를 확대해 왔음을 언급하였다. 1978년 개혁개방 당시 동부지역의 GDP규모가 전국에서 차지하는 비중은 50.3% 정도였으나 1990년 51.5%, 2000년에는 무려 57.3%로 급격히 상승하였다. 반면 중부와 서부는 각각 1978년 29.1%와 20.6%에서 1990년 28.1%와 20.4%, 2000년에는 25.6%와 17.1%로 하락하였다. 특히 주목할 만한 부분은 동부와 중서부 간 격차가 급격히 확대된 것은 1990년 이후라는 점이다. 이 같은 경제발전 격차를 완화하기 위해 중국 정부는 중서부지역 개발을 위한 정책을 제시하였다.

표 1_ 동·중·서부의 GDP가 전국에서 차지하는 비중

	1978	1990	2000
동부	50.3	51.5	57.3
중부	29.1	28.1	25.6
서부	20.6	20.4	17.1

자료 : 국가통계국(2002).

1) 장저민 정책의 계승

장저민 정부의 서부대개발 정책은 크게 3단계로 나누어지며, 50년이라는 장기 발전정책이다. 따라서 서부대개발 정책은 장저민 정부에서 시작되지만 후진타오 정부, 그 이후 정부에까지 이어지는 것을 전제로 하고 있다. 2005년으로 1단계 계획이 기본적으로 마무리되었으나 후진타오 정부는 2009년 2월 현재 여전히

경기부양의 일환으로 기초시설 건설을 확대하는 정책을 추진하고 있다.[3] 2단계 시기에는 기초시설 건설을 지속하는 동시에 비기초시설 분야에 대한 투자가 확대되는 정책이 추진될 것으로 예상된다.

표 2_ 서부대개발의 3단계 추진목표

	단계	중점사업
1단계(2000-2005년)	개발 초기 단계	개발계획 및 정책수립, SOC 분야 건설 가속화
2단계(2006-2015년)	대규모 개발 단계	서부지역의 자체개발 능력 제고, 비SOC 분야 투자 확대
3단계(2016-2050년)	전면개발 단계	서부지역의 도시화와 시장화(구매력 제고), 전면적 대외개방(국제화 수준 제고)

서부대개발 10대 프로젝트는 시안(西安)-허훼이(合肥) 간 철도건설, 충칭(重慶)-화이화(懷化) 간 철도건설, 서부지역 도로건설, 서부지역 공항건설, 충칭시 도시운송망, 신장(新疆)-칭하이(青海) 간 가스운송망, 발전 및 홍수방지용 수리시설, 생태계 복구 조림사업, 칭하이 칼륨비료 생산, 서부지역 대학 및 고등교육기관 설립 등이 포함되어 있다(정상은 2003).

빈곤정책이라는 각도에서 서부대개발 정책을 해석해 보면 동 정책이 장기적으로 서부지역의 경제발전을 촉진하고 주민 소득 수준을 제고함으로써 동서 간 소득격차를 완화하고 빈곤문제를 해결하는 데 크게 기여하리라 판단된다. 그러나 초기(혹은 대규모 개발) 단계에서 시행되고 있는 모든 개발 프로젝트가 서부지역 주민의 빈곤문제 해결에 직접적으로 도움을 준다고 하기에는 다소 무리가 따른다. 생태계 복구사업, 비료생산, 서부지역 고등교육 강화 등은 빈곤문제 해결에 상당한 기여를 하리라 판단된다. 그러나 도로, 철도, 공항, 도시운송망, 가스운송망 등 프로젝트는 동부지역의 경제발전에도 상당히 중요한 의미를 갖는다. 또한 이 프로젝트들은 지나치게 도시 중심의 발전 프로젝트로 빈곤층이 밀집된 농촌발전과는 다소 거리가 있다.

2) 동북 3성 개발정책

동북 3성 개발정책은 서부대개발 정책과 달리 후진타오 정부에서 시작된 정책에 해당된다. 동북 3성은 개혁개방 이전 국유기업을 중심으로 상당히 공업이 발전한 지역이었으나 개혁개방의 혜택에서 소외되면서 동부 연해지역에 비해 상대적으로 낙후하게 된 지역이다. 특히 국유기업 개혁이 시행되면서 정리해고와 실업이 크게 증가하고 사회적 불안정이 심화되기도 하였다.

따라서 2003년 11월 중국 국가발전개혁위원회는 동북 3성 진흥을 위해 610억 위안에 이르는 100개 동북 3성 재개발 프로젝트를 승인하였다. 그 중 요녕성 투자가 52건으로 투자액의 72.5%가 집중될 예정이며, 흑룡강성과 길림성이 각각 37건과 11건이다. 투자자금은 동북 3성이 전통적으로 경쟁력을 갖춘 제조업, 원자재공업, 농산물 가공업 등에 집중될 예정이다(대외경제정책연구원 2004, 110-114). 2003년 개발 프로젝트 시행을 위해 필요한 자금은 서부대개발과 달리 중앙정부가 직접 제공하는 것이 아니라 중앙정부 보증 하에 성정부가 조달하도록 하였다. 그 후 동북 3성의 경제부흥을 위해 외자유치의 필요성이 제기되면서 2005년 8월 중국 정부는 '2005의견'을 추가로 내놓았는데, 이는 동북 3성의 경제 활성화를 위해 대외개방을 가속화하는 것을 골자로 하고 있다.

동북 3성 개발정책은 빈곤정책이라는 측면에서 보면 국유기업 개혁으로 인해 증가하는 정리해고자(혹은 실업자) 문제를 해결하는 데 중요한 의미를 갖는 정책이라 할 수 있다. 동 정책은 신규 빈곤층 증가를 억제한다는 측면에서 그 의미를 갖는다고 할 수 있다. 그러나 100대 프로젝트가 동북 3성 중 경제가 가장 발전한 요녕성에 지나치게 편중되어 실행(총 금액의 72.5%)된다는 측면에서 빈곤정책의 의미를 상당히 퇴색시키고 있다.

3) 4대 경제구 설정

후진타오 정부는 '11·5 규획'에서 서부대개발 계승, 동북 3성 개발계획에 이어 4대 경제구를 설정하여 발표했다. 소위 '서부대개발, 동북진흥, 중부굴기, 동부우선'으로 표현되는 4대 경제구에는 서부지구(成渝), 동북지구(동북 3성), 중부지구(京津冀), 동부지구(장강삼각주) 등이 포함된다(이승신 2006, 3. 14). 4대 경제구는 중국 전역을 광범위하게 포함하고 있다는 점에서 기존 서부대개발이나 동북 3성 개발계획과 차이를 나타내고 있다. 이는 서부대개발과 동북 3성 개발계획이 상대적으로 발전된 동부지역과 어느 정도 대립적인 의미를 담고 있는 것과 달리 중부지구와 동부지구를 포함한다는 점에서 중국 전역의 조화로운 발전을 담고 있다고 할 수 있다. 즉 기존 개발계획이 동부지역의 희생을 전제로 한 개념이라면 4대 경제구는 중국 전역의 조화로운 발전을 전제로 하고 있다.[4)]

빈곤정책의 입장에서 보면 기존 정책이 동부지역의 재원을 서부지역의 발전에 투입한다는 내용을 담고 있는 반면, 4대 경제구 정책은 동부지역도 발전시키면서 서부지역을 지원하는 내용을 담고 있다. 특히 4대 개발구에 사천성과 중경시가 포함된 것은 빈곤층 지원이라는 측면에서 보면 의미가 상당히 크다. 동 지역(사천성과 중경시)은 인구 밀집지역(1억 2천만)이면서도 경제적으로 크게 발전하지 못하여 빈곤층이 많이 분포하고 있는 지역이다. 동 지역이 빠르게 경제발전을 이룰 경우 중국의 빈곤층을 줄이는 데 크게 기여하리라 판단된다. 또한 서부대개발은 지나치게 넓은 지역을 포함하고 있어 집중 발전이 어려운 반면 4대 경제구는 특정 지역 발전을 위해 집중 투자할 수 있는 특징을 가지고 있다.

(2) 신농촌 건설운동

2005년 후진타오 정부는 향후 15년 내에(2020년) 농촌을 현대화함으로써 전면적인 소강사회(小康社會) 건설을 통해 도시와 농촌 간의 격차를 축소하는 것을 목표로 하는 '신농촌 건설운동'을 제시하였다. 동 운동에는 농민 소득증대 이외에 농촌 교육, 의료, 위생, 문화 등 공공사업 추진까지 포함하고 있다는 것이 특징적이다(정환우 2006, 8-15). 후진타오 정부는 신농촌 건설운동의 일환으로 2006년부터 농업세를 폐지하였으며, 농촌의 기초시설(SOCs) 투자를 늘리기 위해 농촌에 대한 재정지출을 확대하기로 하였다.

후진타오 정부 시기 농촌의 고정자산투자는 여전히 절대규모에서 도시의 고정자산투자에 비해 현저히 떨어지는 것은 사실이다. 그러나 고정자산투자 증가율을 비교해 보면 최근 농촌과 도시의 격차가 크게 줄어들고 있는 것을 알 수 있다. 2004년 도농 간 고정자산투자 증가율 격차는 11.4%였으나 2008년에는 4.6%에 이르고 있다.

표 3_ 사회 고정자산투자 규모

(단위 : 억 위안, %)

연도	총계		도시		농촌	
	규모	증가율	규모	증가율	규모	증가율
1998	28,406	13.9	22,491	–	5,915	–
1999	29,855	5.1	23,732	5.5	6,123	3.5
2000	32,918	10.3	26,222	10.5	6,696	9.4
2001	37,214	13.0	30,001	14.4	7,212	7.7
2002	43,500	16.9	35,489	18.3	8,011	11.1
2003	55,567	27.7	45,812	29.1	9,755	21.8
2004	70,477	25.8	59,028	28.8	11,449	17.4
2005	88,774	26.0	75,095	27.2	13,679	19.5
2006	109,870	24.0	93,472	24.5	16,398	19.9
2007	137,239	24.8	117,414	25.8	19,825	19.2
2008	172,291	25.5	148,167	26.1	24,124	21.5

자료 : 국가통계국(각년판).

또한 신농촌 건설운동 발표 후 3농 관련 중앙재정 지출은 매년 확대되고 있는데, 특히 2007년에는 23% 증가한 4,318억 위안에 이르고 있다.

표 4_ '3농' 관련 재정지출

(단위 : 억 위안)

	2005	2006	2007
'3농' 중앙재정 지출	2,975 (13.3%)	3,397 (14.2%)	4,318 (23%)

자료 : 중화인민공화국재정부(2006-2008), http://www.mof.gov.cn

한편 2008년 중국 공산당 제17기 3중 전회에서는 농촌문제 해결을 위해 '엄격하며 규범적인 농촌토지관리제도를 건전하게 세운다'는 원칙을 제시하였다. 동 원칙의 제시 후 토지경영권 양도를 포함하는 구체적인 방침이 발표될 것으로 예상되며, 이 경우 농업현대화와 농촌 경제발전 촉진, 농민소득 향상을 통한 내수시장 확대를 기대할 수 있을 것이다(대외경제정책연구원 2008, 1-6).

신농촌 건설운동은 빈곤층이 집중되어 있는 농촌에 대한 지원정책으로 그동안 발표되고 추진된 어떤 정책보다 빈곤문제를 해결하는 데 큰 기여를 할 수 있을 것으로 판단된다. 농업세 폐지 등과 같은 정책은 빈곤층에 실질적인 경제적 기여를 할 수 있으며, 교육, 의료, 위생, 문화 등 사업은 빈곤층의 삶의 질적 수준을 제고하는 데 반드시 필요한 부분이다. 그러나 농촌경제의 활성화를 통해 농민소득 증대를 실현하기 위해서는 농촌지역에 대한 기초시설 투자 확대와 토지제도 개혁 등이 어느 정도 추진되느냐에 달려 있다고 할 수 있을 것이다.

3. 저소득층 지원정책

후진타오 정부는 최근 저소득층과 빈곤층의 생활안정을 도모하기 위해 사회보장 지출을 확대하고 있다. 후진타오 정부는 취업 및 사회보장 부문의 전체재정 지출을 2005-06년 17% 수준으로 확대하였으며, 특히 2006년에는 동 부문 중앙재정 지출을 22.9% 증가시키고 있다. 그 중 2006년 사회보장 지출은 전년대비

13.5% 증가한 3,977.5억 위안이며, 도시 재정에서 도시 최저생활 보장에 투입된 보조금은 전년대비 24억 위안 증가한 136억 위안에 달하였다(국가통계국 2006). 2007년에는 사회보장 지출이 전년대비 20.2% 증가한 2,419억 위안에 달하여 증가세가 두드러지고 있다(국가통계국, 2007).

후진타오 정부는 최근 교육과 의료보건 부문에서 중앙재정 지출을 급격히 확대하고 있다. 교육부문에서는 중앙재정 지출이 두드러지게 증가하고 있는데, 2006년 중앙재정 지출은 26.5% 증가한 536억 위안에 달하였으며, 2007년 중앙재정 지출은 무려 76% 증가한 1,076.4억 위안에 이르고 있다. 의료보건 부문에서는 그 증가세가 더욱 두드러지게 나타나고 있는데, 2006년 중앙재정 지출은 65.4% 증가한 138억 위안에 이르고 있으며, 2007년 중앙재정 지출은 무려 296.8% 증가한 664,3억 위안에 달하였다.

표 5_ 중국의 사회보장 지출

(단위 : 억 위안)

		2005년	2006년	2007년
취업 및 사회보장	전체재정 지출	3,649.3 (17.1%)	4,337.7 (17.3%)	–
	중앙재정 지출	1,623.6 (10%)	2,010.0 (22.9%)	2,303.2 (13.7%)
교육	전체재정 지출	3,951.6 (17.4%)	4,752.7 (19.6%)	–
	중앙재정 지출	384.4 (15.9%)	536 (39.4%)	1,076.4 (76%)
의료보건	전체재정 지출	1,027 (20.2%)	1,311.6 (26.5%)	–
	중앙재정 지출	–	138 (65.4%)	664.3 (296.8%)

자료 : 중화인민공화국재정부(2006–2008), http://www.mof.gov.cn

IV. 후진타오 정부 빈곤정책의 성과 분석

1. 소득격차 완화정책 성과

(1) 지역 간 소득격차 분석

이하에서는 정부의 1인당 재정수지를 통해 지역별 주민의 소득 수준과 복지혜택 수준을 추론해 보고자 한다.

2005년 현재 1인당 재정수입은 상해시(1위), 북경시(1위) 등 동부 연해지역 직할시가 가장 높으며, 다음으로 절강성(4위), 광동성(5위) 등 역시 동부 연해지역에 위치한 성(省)이 선두권을 차지하고 있다. 동북 3성(중부지역)에서는 요녕성(7위)의 1인당 재정수입이 길림성(17위)이나 흑룡강성(15위)에 비해 훨씬 높은 것으로 나타나고 있다. 사천중경지구(서부지역)에서는 중경시(13위)의 1인당 재정수입이 사천성(26위)에 비해 월등히 높은 것으로 나타나고 있다.

1인당 재정수입을 통해 주민이 소득 수준을 유추해 보면 지역별로는 동부 연해지역의 주민 소득 수준이 중부나 서부지역에 비해 높은 것으로 나타나고 있다. 또한 동부지역이든 서부지역이든 같은 지역에서는 직할시의 주민 소득 수준이 성 지역에 비해 높은 것으로 나타나고 있다. 중부지역에서는 동부지역과 근접한 요녕성의 주민 소득 수준이 길림성이나 흑룡강성에 비해 높은 것으로 나타났다. 이는 서부대개발 정책이나 4대 경제구 건설정책에도 불구하고 동부 연해지역의 소득 수준이 여전히 중서부 지역에 비해 높다는 것을 의미한다. 또한 직할시의 1인당 재정수입이 성 지역보다 높다는 것은 동 정책이 농촌보다는 주로 도시를 중심으로 진행되고 있다는 것을 의미한다. 한편 동북 3성 개발계획이 요녕성을 중심으로 진행되면서 요녕성 주민이 길림성이나 흑룡강성에 비해 큰 혜택을 누리고 있는 것을 알 수 있다.

2005년 1인당 재정지출은 전 지역에서 1인당 재정수입보다 높은 수치를 나타내고 있다. 1인당 재정지출 규모면에서는 역시 상해시(1위)와 북경시(2위)가 가장 높은 수준을 나타내고 있다. 중부지역에 해당하는 요녕성(7위)의 1인당 재정지출이 동부지역의 절강성(9위)이나 광동성(10위)에 비해 높게 나타나는 것이 매우 특징적이다. 이는 요녕성 지역이 동북 3성 개발계획에서 가장 큰 수혜지역이라는 것을 보여주는 예라 할 수 있다. 중경시(21위)나 사천성(29위)의 1인당 재정지출은 동부지역이나 중부지역에 비해 크게 뒤지고 있어 서부대개발이나4대 경제구 건설정책에도 불구하고 여전히 재정지원이 부족하다는 것을 알 수 있다.

표 6_ 2005년 각 성, 자치구, 직할시 1인당 재정수지

(단위 : 위안)

지역	재정수입		재정지출	
	1인당 재정수입	순위	1인당 재정지출	순위
광동성	2,065.6	5	2,616.4	10
절강성	2,217.9	4	2,631.6	9
상해시	8,053.4	1	9,353.8	1
하북성	755.1	18	1,433	23
북경시	6,065.4	2	6,983.2	2
요녕성	1,600.6	7	2,854.6	7
길림성	763.7	17	2,326.7	12
흑룡강성	833.3	15	2,063.1	14
사천성	566.4	26	1,277.9	29
중경시	867.6	13	1,646.5	21

주 : 순위는 전국 31개 성, 자치구, 직할시에서 차지하는 순위를 의미함.
자료 : 중화인민공화국재정부(2006), http://www.mof.gov.cn

(2) 지역 간 농촌 빈곤 변화추이

한편 동부와 중서부 농촌의 빈곤층을 비교해 보면 2005년 현재 동부지역의 농촌 빈곤인구는 142만 명으로 중부지역(668만 명)나 서부지역(1,421만 명)에 비해 훨씬 적은 것으로 나타나고 있다. 동부지역 농촌 빈곤인구는 2000년 487만 명에서 2005년 142만 명으로 급격히 줄어들고 있으나 서부지역 농촌 빈곤인구는 2000년 1,632만 명에서 2005년 1,421만 명으로 완만하게 감소하고 있다. 이는 1인당 재정지출 차이뿐만 아니라 지역의 경제성장률 격차 등에 기인한 것으로 이해할 수 있을 것이다.

표 7_ 중국 농촌의 지역별 빈곤인구 규모, 빈곤발생률, 빈곤인구 비중 분포현황

		2000	2001	2002	2003	2004	2005
빈곤인구 (만 명)	전국	3,209	2,927	2,820	2,900	2,620	2,365
	동부	487	393	465	148	374	142
	중부	1,091	996	888	1,030	931	668
	서부	1,632	1,537	1,468	1,422	1,305	1,421
빈곤발생률 (%)	전국	3.5	3.2	3.0	3.1	2.8	2.5
	동부	1.3	1.3	1.2	1.2	1.0	0.4
	중부	3.4	3.1	2.7	3.2	2.8	2.4
	서부	7.3	6.8	6.5	6.2	5.7	5.0
농촌 빈곤인구 내 점유비중(%)	동부	15.2	13.4	16.5	15.4	14.3	11.7
	중부	34.0	31.0	31.5	35.5	35.7	28.2
	서부	50.8	52.5	52.0	49.0	50.0	60.1

자료 : 국가통계국농촌사회경제조사(2006).

빈곤발생률은 증가하는 신규 빈곤층의 규모를 파악하는 데 중요한 자료가 된다. 2005년 동부지역의 농촌 빈곤발생률은 0.4%로 중부지역(2.4%)이나 서부지역(5.0%)에 비해 훨씬 낮은 수준이다. 물론 후진타오 정부 시기 서부지역의 농촌 빈곤발생률이 낮아지고 있는 것은 고무적인 일이나 그럼에도 불구하고 여전히 신규 빈곤층이 상당히 늘어나고 있는 것도 사실이다.

동부지역의 농촌 빈곤인구가 전체 농촌 빈곤인구에서 차지하는 비중 역시 서부지역(60.1%)이 동부지역(11.7%)이나 중부지역(28.2%)에 비해 압도적으로 높다. 서부지역의 농촌 빈곤인구와 농촌 빈곤발생률이 점차 낮아지고 있는 것과 달리 동부지역의 농촌 빈곤인구가 전체 농촌 빈곤인구에서 차지하는 비중은 2000년 50.8%에서 2005년 60.1%로 상승하고 있다.

(3) 도농 간 빈부격차 변화추이

개혁개방 후 중국 주민의 절대적인 소득 수준은 〈그림 1〉과 같이 매우 빠르게 상승하고 있다. 도시주민의 가처분소득은 1985년 780위안에서 1995년 4,283위안, 2008년 15,781위안으로 크게 상승하였다. 농촌주민의 가처분소득도 1985년 398위안에서 1995년 1,578위안, 2008년 4,761위안으로 상당히 높아졌다. 그러나 문제는 농촌주민의 가처분소득이 도시주민에 비해 상대적으로 완만하게 상승하고 있다는 데 있다. 즉 2008년 도시주민의 가처분소득은 1985년 대비 무려 20배 증가한 반면 2008년 농촌주민의 가처분소득은 1985년 대비 12배 증가하는 수준에 그치고 있다. 농촌주민의 가처분소득은 완만하게 증가하면서 도시주민과 그 격차를 점차 확대해 가고 있다. 1985년 도시주민/농촌주민 가처분소득 격차는 2배 수준이었으나 1995년 2.7배, 2008년 3.3배로 지속적으로 확대되고 있다.

후진타오 정부의 도농 간 소득격차 완화정책을 평가하기 위해 장저민 정부 시기와 후진타오 정부 시기 도농 간 소득격차 변화추이를 비교해 보자. 장저민 정부 시기에 도농 간 소득격차는 1995년 2.7배에서 2002년 3.1배로 확대된 것을 알 수 있다. 한편 후진타오 정부 시기에도 도농 간 소득격차는 2002년 3.1배에서 2008년 3.3배로 여전히 확대되고 있다. 후진타오 정부 시기 도농주민의 절대 가처분소득 증가치를 비교하면 도농 간 소득격차는 훨씬 심각한 수준에 이르고 있다. 즉 도시주민의 가처분소득은 2008년 15,781위안으로 2002년에 비해 8,078위안 증가한 반면 농촌주민의 가처분소득은 2008년 4,761위안으로 2002년 대비 2,285위안 증가한 수준에 머물고 있다. 도농주민 간 가처분소득 증가치를 비교하면 도시주민의 가처분소득 증가치(8,078위안)가 농촌주민의 가처분소득 증가치(2,285위안)보다 3.5배나 큰 것으로 나타나고 있다.

그림 1_ 도농주민의 1인당 가처분소득 변화추이

(단위 : 위안)

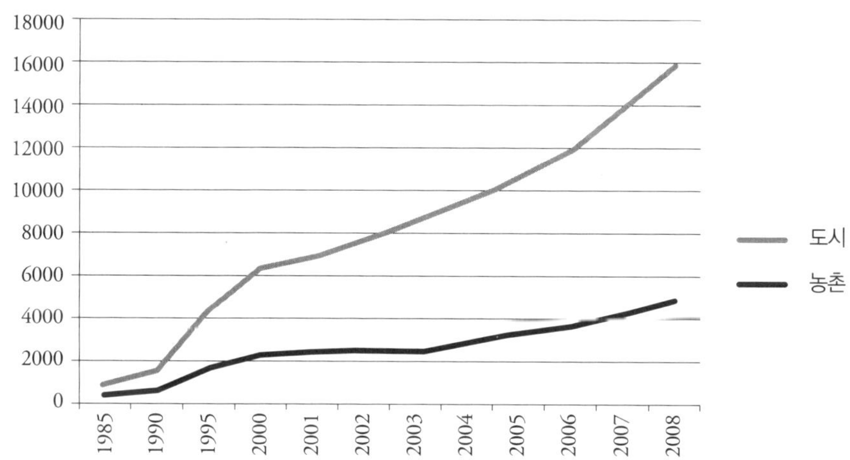

	1985	1995	2000	2002	2004	2006	2008
도시	780	4,283	6,280	7,703	9,422	11,759	15,781
농촌	398	1,578	2,253	2,476	2,936	3,587	4,761

자료 : 국가통계국(각년판), http://www.stats.gov.cn

도농주민의 소득격차 확대는 도농주민의 소비 수준에도 영향을 미치고 있는 것으로 판단된다. 2004-2008년 사이 도농주민의 소비증가율을 보면 도시주민의 소비증가율이 농촌주민의 소비증가율을 항상 상회하고 있다. 이는 도농주민 간 소비 수준이 절대적인 소비 수준은 물론 상대적인 소비 수준에까지 그 격차를 확대하고 있다는 것을 의미한다. 다만 고무적인 것은 도농 간 소비증가율 격차가 2004년 3%에서 2008년 1.4%로 상당히 축소되고 있다는 것이다. 이는 향후 도농주민의 상대적 소비 수준이 다소 축소될 수 있는 여지가 있다는 것을 의미한다.

표 8_ 사회소비재 판매액

(단위 : 억 위안, %)

연도	사회소비재 판매액	소비증가율(%)	도시소비증가율(%)	농촌소비증가율(%)
2004	53,950	13.3	14.7	10.7
2005	67,177	12.9	13.6	11.5
2006	76,410	13.7	14.3	12.6
2007	89,210	16.8	17.2	15.8
2008	108,488	21.6	22.1	20.7

자료 : 국가통계국(각년판), http://www.stats.gov.cn

이처럼 농촌주민의 소비증가율이 상승하는 것은 농촌주민의 소득증가 이외에 농업세 폐지 등 농촌지원정책에 힘입은 것으로 판단된다. 중국 정부는 2000년부터 농민의 세비(稅費)를 경감하기 위한 개혁을 진행해 왔으며, 2006년에는 농업세를 전면 폐지하였다. 그 결과 2006년 1인당 농민의 세부담은 세비개혁 이전인 1999년에 비해 매년 약 140위안이 줄어들게 되었으며, 전체 농민의 세부담은 1,250위안이 줄어들게 되었다(중화인민공화국재정부 2007).

2. 저소득층 지원정책 성과

(1) 사회보장 강화

사회보장은 최저생활 보장과 같은 공적 부조와 사회보험 두 가지로 구분된다. 이하에서는 교육과 의료보건 분야를 중심으로 후진타오 정부 사회보장정책의 성과를 검토하고자 한다.

1) 교육

교육분야, 특히 의무교육은 정부가 일방적으로 지원하는 공적 부조에 해당하는 대표적인 예라 할 수 있다. 후진타오 정부는 농촌지역에 대한 의무교육을 시행하기 위해 2006년 5,000여 만 명의 농촌 초·중등 학생들에게 학비를 지원하였는바, 초등생과 중등생 1인당 140위안과 180위안의 학비부담을 경감하였으며, 특히 기숙사에 거주하는 빈곤층 학생에게는 500위안의 부담을 경감하였다(국가통계국, 2006). 2007년에는 전국적으로 농촌 의무교육제도를 시행하여 전국의 1.5억 농촌 초·중등학생의 학비와 기타 잡비를 모두 면제하였으며, 빈곤층 학생에게는 무료로 교과서와 기숙사 생활비를 제공하였다(국가통계국, 2007).

2) 의료보건

후진타오 정부 시기 양로, 의료, 실업, 공상, 생육 등의 분야에서 사회보험 가입자가 전반적으로 증가하고 있다. 그 중 특히 의료보험 가입자 수가 급증하고 있는데, 2007년 현재 의료보험 가입자는 전년대비 6,319만 명 증가한 2억 2,051만 명에 달하고 있다.

의료보건 분야에서는 특히 농촌협력의료제도가 빠르게 보급되면서 수혜자가 급격히 증가하고 있다. 2006년 현재 농촌협력의료제도 시범지구가 전국 40%

표 9_ 사회보험 가입자 현황

(단위 : 만 명)

	양로	의료	실업	공상(工傷)	생육(生育)
2006년	18,649	15,737	11,187	10,235	6,446
2007년	20,107	22,051	11,645	12,155	7,755
2007년 증가수	1,341	6,319	458	1,887	1,296

자료 : 국가통계국(2007-2008), http://www.stats.gov.cn

현(시·구)지역으로 확대되었고, 중앙과 지방재정보조금은 각각 10위안에서 20위안으로 증가하였으며, 중앙재정은 47.3억 위안에 투입되어 4억에 달하는 농민의 수혜를 받았다(국가통계국, 2006).

2007년에는 농촌협력의료제도를 확대하는 동시에 도시주민의 기본의료보험을 지원하였다. 전국 2,448개 현(시·구)지역이 농촌협력의료제도를 시행하고 있으며, 전년대비 5.2% 포인트 증가한 85.7%에 달하는 7.3억 농민이 참여하고 있다. 농촌협력의료 지출은 누계 220억 위안에 달하고 있으며, 수혜자는 2.6억 명에 이르고 있다. 또한 2007년 협력의료제도가 도시로 확대되면서 도시지역 수혜자가 전년대비 117.2% 증가한 407만 명에 달하며, 농촌지역 수혜자는 전년대비 150.1% 증가한 603만 명에 이르고 있다(국가통계국, 2007).

(2) 농촌 빈곤의 개선

중국 농촌의 빈곤인구는 농촌의 소득 수준 향상과 정책적 지원에 힘입어 지속적으로 감소하는 추이를 나타내고 있다. 빈곤인구는 전국적으로 2000년 3,209만 명에서 2005년 2,365만 명으로 5년 동안 844만 명 정도 감소하고 있다. 신규 빈곤인구 증가에 원인이 되는 빈곤발생률도 전국적으로 2000년 3.4%에서 2005년 2.5%로 하락하고 있다. 중점현의 빈곤인구와 빈곤발생률 역시 지속적으로 줄어드는 경향을 보이고 있다. 저소득 인구 역시 전국적으로 2000년 6,213만 명에서 2005년 4,067만 명인 2/3 수준으로 감소하고 있다. 빈곤인구와 저소득 인구가 전체 인구에서 차지하는 비중 역시 2000년 6.7%에서 2005년 4.3%로 상당히 개선되고 있다.

표 10_ 중국 농촌의 빈곤발생률과 저소득층 변화추이

	빈곤인구(만 명)		빈곤발생률(%)		저소득 인구(만 명)		전체 인구에서 차지하는 비중(%)	
	전국	중점현	전국	중점현	전국	중점현	전국	중점현
2000	3,209	1,700	3.4	8.9	6,213	–	6.7	–
2001	2,927	1,812	3.2	9.1	6,103	–	6.6	–
2002	2,820	1,752	3.0	8.8	5,825	37,076	6.2	15.5
2003	2,900	1,763	3.1	8.9	5,617	2,946	6.0	14.8
2004	2,610	1,613	2.8	8.1	4,977	2,580	5.3	12.9
2005	2,365	1,433	2.5	7.1	4,067	2,179	4.3	10.8

자료 : 국가통계국농촌사회경제조사(2006).

2006년 현재 최저생활 보장제도의 혜택을 받는 지역은 24개 현, 2,400여 현에 달하고 있으며, 수혜 농민은 1,000만 명에 이르고 있다. 2007년 농촌 빈곤인구는 연소득 785위안 이하를 기준으로 산정할 경우 전년대비 669만 명이 감소한 1,479만 명이며, 786-1,067위안 기준으로 산정할 경우 709만 명 감소한 2,841만 명에 달하고 있어 지속적으로 개선되고 있는 것으로 평가된다(국가통계국 2007).

V. 결론

후진타오 정부는 서부대개발 정책 계승, 동북 3성 개발계획, 4대 경제구 설정 등을 통해 지역 간 불균형 발전을 완화하기 위한 정책을 추진해 왔다. 이 같은 지역균형발전정책은 해당지역의 경제성장을 통해 주민의 소득 수준을 제고하는 역할을 하고 있다. 동시에 지역균형발전정책은 그 수혜지역이 빈곤층이 밀집되어 있는 곳에 해당하므로 해당지역의 빈곤인구를 감소시키는 기능을 함으로써 간접적으로 빈곤정책으로서도 큰 의미를 갖는다고 할 수 있다. 그러나 상기 지역균형발전정책은 주로 도시지역이나 도시를 연결하는 것을 대상으로 하고 있어 농촌주민의 소득 수준을 제고하는 데는 한계를 가지고 있다. 따라서 신농촌 건설운동이 그 문제점을 보완하는 정책으로 중요한 의미를 갖는다고 할 수 있다. 신농촌 건설운동은 주로 빈곤층이 분포하고 있는 농촌지역을 대상으로 하고 있으므로 빈곤인구 감소에 중요한 역할을 할 것으로 기대된다.

후진타오 정부가 그동안 추진해 온 정책은 전반적으로 빈곤인구의 감소에 상당한 역할을 한 것으로 평가된다. 즉 후진타오 정부의 빈곤정책은 절대적 빈곤인구의 감소에 상당한 기여를 해왔다. 그럼에도 불구하고 후진타오 정부의 빈곤정책은 동부와 중서부 간 빈곤인구의 상대적 비율을 더욱 확대함으로써 상대적 빈곤완화에는 별다른 기여를 하지 못하고 있는 것으로 평가할 수 있다. 동부와 중서부 간의 상대적 빈부격차 해소와 상대적 빈곤의 문제를 해소하기 위해서는 절대빈곤층에 대한 구제정책보다 오히려 지역균형발전정책(서부대개발 정책 계승, 동북 3성 개발계획, 4대 경제구 설정 등)이 더욱 효과가 있을 것으로 기대된다.

한편 신농촌 건설운동은 농촌의 빈곤인구 감소에도 적지 않은 기여를 하면서 동시에 도시와 농촌의 소득격차를 완화함으로써 절대적 빈곤해소는 물론 상대적 빈곤을 완화하는 데도 기여할 수 있는 정책에 해당한다. 신농촌 건설운동은 단순히 빈곤층의 최저생활 보장뿐만 아니라 교육, 의료보건 등 사회보장까지 포함하고 있으므로 주민생활의 질적 향상에도 기여하고 있다. 또한 신농촌 건설운동은 농촌의 기초시설 건설 등을 통해 농촌지역의 경제발전에 크게 기여할 수 있는 정책으로 판단된다. 그럼에도 불구하고 신농촌 건설운동은 서부대개발이나 동북 3성 개발계획과 같이 구체적인 개발 프로젝트가 제시되지 못하고 있어 그 성과가 어느 정도 나타나게 될지 판단하기 매우 어렵다.

후진타오 정부의 저소득층에 대한 정책은 저소득층의 안정적 소득향상에 기여하는 정책으로 이해할 수 있다. 그러나 이 같은 정책이 기업의 고용감소나 경제성장 둔화로 이어질 경우 저소득층은 오히려 실업과 취업난에 직면함으로써 더 큰 어려움에 처하게 될 수 있다. 후진타오 정부의 빈곤정책이나 저소득층 지원정책이 성과를 거두기 위해서는 기업이나 경제성장에 심각한 타격을 주지 않는 적절한 수준의 정책이 되어야 할 것이다.

참고문헌

대외경제정책연구원. 2004. "2004 중국경제연보 : 중국의 부상과 동아시아 경제."

______. 2008. "중국 17기 3중전회 경제정책 관련 주요 내용."

이민자. 2007. "중국 농민공의 계층분화와 주변화 : 불법 이농민에서 도시빈민으로."『신아세아』 제14권 2호. 112-135.

이승신. 2006. "중국 4대 경제구 발전계획과 우리의 대응방안." 한국무역협회.

정상은. 2009. "21세기 중국의 대역사. 서부대개발." 삼성경제연구소.『연합뉴스』. 1월 19일.

______. 2007. "중국의 기업정책 변화와 시사점." 삼성경제연구소.

정환우. 2006. "중국 '신농촌 건설' 운동의 내용과 시사점." 한국무역협회.

조흥식 · 김병철. 2007. "중국의 신(新)도시빈곤과 최저생활보장제도."『한국사회정책』 제14집 2호. 312-344.

지만수. 2007. "중국의 꿈? : 과학적 발전관의 내용과 의미." 대외경제정책연구원.

홍정륜. 2006. "중국 경제의 고도발전과 균형발전의 조화 문제."『중국학연구』 제36집. 333-356.

張 磊. 2007.『中國扶貧開發歷程』. 北京 : 中國財政經濟出版社.

國家統計局農村社會經濟查司. 2006.『中國農村貧困檢測報告2006』. 北京 : 中國統計出版社.

劉建發. 2008. "貧困村和和諧社會建設的探索."『政法行政』11 : 215.

范小建. 2008. "堅持開發式扶貧 努力完成旣定目標."『權威言論』6-7.

李朝林. 2007. "构建和諧社會中的農村扶貧效率探索."『新農村建設』9 : 157-158.

許陵. 2006. "關于我國農村扶貧問題的綜述."『經濟研究參考』55期 : 41-45.

熊理然 · 成卓. 2008. "中國貧困地區的功能定位与反貧困戰略調整研究."『農村經濟問題』2期 : 67-97.

王朝明. 2008. "中國農村年開發扶貧 : 政策實踐与理論反思."『貴州財經學院學報』6期 : 08-48.

楊婷柳. 2008. "中國城市貧困問題的原因与分析研究評述."『法制与社會城鄉建設』2 : 182.

何元民. 2007. "以扶貧開發爲切入点 构建和諧新農村."『理論導報』3期 : 6.

徐志明. 2008. "我國貧困農戶產生的原因与產業化扶貧机制的建立."『農業現代化研究』11 : 711-714.

楚永生. 2008. “新時期中國農村貧困特征. 扶貧机制及政策調整.”『宏觀經濟研究』10期 : 55-58.

趙璽玉. 2008. “新時期中國農村扶貧開發面臨的挑戰及其對策.”『中國石油大學學報』24, 10 : 16-56.

韓國才. 2008. “扶貧開發与農村低保的聯系与區別.”『扶貧与開發』11 : 11.

戴旭宏. 2008. “构建貧困主体. 基層組織和NGO在扶貧開發中聯動參与机制的思考.”『農村經濟』第10期 : 05-35.

謝鴻光. 2006. “中華人民共和國2006年國民經濟和社會發展統計公報.” 國家統計局.

______. 2007. “中華人民共和國2007年國民經濟和社會發展統計公報.” 國家統計局.

______. 2006. “關于2005年中央和地方預算執行情況与2006年中央和地方預算草案的報告.” 中華人民共和國財政部.

______. 2007. “關于2006年中央和地方預算執行情況与2007年中央和地方預算草案的報告.” 中華人民共和國財政部.

______. 2008. “關于2007年中央和地方預算執行情況与2008年中央和地方預算草案的報告.” 中華人民共和國財政部.

중화인민공화국재정부. http://www.mof.gov.cn

주

1 물론 경제위기와 같은 특수상황에서는 전자에 대한 필요성이 일시적으로 증가하기도 한다.

2 후진타오 정부의 과학적 발전관은 중국 정부가 일관되게 견지하고 있는 4가지 기본원칙의 일부로 편입되었다. 4가지 기본원칙은 ① 사회주의 견지, ② 마르크스-레닌주의, 모택동 사상, 등소평 이론, 3개 대표 중요사상, 과학적 발전관, ③ 인민민주 독재, ④ 공산당의 정치와 사회 영도 등을 의미한다.

3 중국 정부는 미국 금융위기 이후 중국 경기침체를 벗어나기 위한 방안으로 4조 위엔의 경기부양안을 발표했는데, 기초시설 건설은 경기부양책에서 핵심적인 부분을 차지하고 있다.

4 4대 경제구에 주강삼각주가 포함되지 않은 것은 당해 지역의 경제가 중국에서 가장 발전하였을 뿐만 아니라, 정부의 지원 없이 자생적으로 발전할 수 있는 기반을 갖추었기 때문인 것으로 판단된다.

소말리아 해적 발생과 영향*

제21장

김석수(한국외국어대학교)

I. 서론

21세기에 해적문제가 새롭게 부상하게 된 배경은 무엇이며, 해적활동이 가장 활발한 지역은 어느 곳인가? 해적은 오래 전부터 말라카 해협과 동남아 해양, 카리브 해, 남중국해, 아덴만과 소말리아 해역, 그리고 서부 아프리카 해역에서 산발적이지만 강·절도의 행태로 존재해 왔다. 그런데 1980년대 중반 이후 세계경제의 글로벌화와 더불어 해양환경이 변화하면서부터 해적활동은 더욱 증가하게 되었으며, 해적문제가 중요한 안보 이슈로 부상하게 되었다.

냉전종식 이후 이념과 체제에 바탕을 둔 군사·안보의 대결에서 경제문제로 중심축이 이동하면서 세계 무역이 급속하게 증대되었다. 특히 세계화와 신자유주의를 내세운 자본주의 체제가 전지구적으로 확산되면서 다국적·초국적 기업의 발전과 함께 세계 무역이 확대되었다. 수많은 원료, 상품, 그리고 석유를 비롯

* 이 논문은 『글로벌 정치연구』 제3권 2호(2010)에 게재된 내용을 수정·보완한 것임.

한 에너지 자원이 선박으로 운송되면서 해양무역의 급속한 증대로 해적과 해양 범죄자들에게 좋은 목표와 유리한 환경을 제공할 수밖에 없었다.

선주들과 해운회사들은 화물수주, 운송료, 그리고 보험료에 미치는 영향을 고려해 해적사건을 은폐하거나 무시해 왔다. 선주들이 해적사건을 신고했을 때 공식적인 조사기간이 길어지고 이 기간에 선박을 이용할 수 없기 때문에 선장들에게 공식적·비공식적으로 해적사건의 보고를 은폐하도록 권고하고 있다. 피해 선박은 해적사건 조사기간 동안 하루에 최소한 25,000달러의 손실을 보면서 항구에 정박해야 한다. 따라서 선주들은 해적사건으로 발생한 손실보다 선박운용, 보험료 인상, 화물수주 영향, 그리고 선박 보안에 비용이 더 많이 들어간다는 것을 우려했다. 소말리아 해적사건이 세계적인 관심이 되기 전에 대부분의 선주들은 해적사건에서 발생하는 비용은 해양무역에서 차지하는 전체 수입의 1% 미만에 해당하는 낮은 수준의 거래비용으로 간주했다.

과거의 해적과 현재의 해적의 속성과 목적을 분명하게 구별하기는 어렵지만 해적이 활동할 수 있는 공통적인 요인은 효과적으로 법집행을 할 수 없는 광대한 해양환경과 지리적 조건이다. 소말리아와 같은 실패한 국가 또는 취약국가들이 해적들에게 피난처를 제공하거나 부패한 지도자들과 관료들과의 결탁을 통해서 강탈한 물건을 처분하거나 인질의 몸값을 받아낼 수 있는 네트워크를 결성해 수익금을 분배하는 구조를 제공하는 것이다.

소말리아는 국가 시스템이 붕괴한 실패한 국가로 분류되지만 사회마저 실패한 상태라고 보기는 어렵다. 소말리아 중앙정부는 붕괴했지만 다른 형태의 권력과 권위는 유지되고 있다. 즉 특정 지역과 도시에서는 제한적이지만 권력과 권위가 살아 있다. 따라서 소말리아 해적은 중앙정부의 통제력 상실과 제한권력의 산물이다. 그리고 소말리아 해적은 화물과 선박을 목표로 했던 과거 중국, 지중해, 그리고 대서양의 해적들과 차이가 있다. 소말리아 해적의 목적은 인질과 화물을 담보로 몸값을 받아내는 것이다.

이러 맥락에서 이 글은 소말리아 해적의 발생과 영향을 분석하는 것을 목적으로 하고 있다. 이러한 목적을 위해 이 글은 현재 세계 해양에서 발생하고 있는 해적의 현실과 위협, 실패한 국가와 소말리아 해적의 정치경제적 관계, 그리고 세계적 해결 과제로 등장한 해적의 안보적 의미를 고찰하고 있다. 이 글은 이와 같은 논의를 바탕으로 소말리아 해적문제의 해결방안을 제시하고 있다. 더 나아가 이 글은 소말리아 해적활동을 해결하는 효과적인 방법으로 육지문제의 해결을 위한 정치적 타협, 미국과 유럽 국가를 중심으로 하는 이용 국가들의 적극적인 협력과 개입의 중요성을 규명하고 있다.

II. 해적문제 해결을 위한 이론적인 틀

1. 해적의 안보문제화

코펜하겐 학파(The Copenhagen School of Critical Security Studies)가 제기한 전통 안보 이론과 안보쟁점화 이론의 이론적 논의에 따르면, 안보 연구의 핵심은 전쟁이다. 또한 전통 현실주의에서 국가는 보호되어야 할 주요 실재이며, 전쟁은 국가에 미치는 강력한 위협이라고 가정하고 있다(Buzan, Barry, Ole Waever, and Jaap de Wilde 1997, 21-47). 권력의 지위가 결코 동등하지 않고 상대적으로 국력이 약한 국가들은 균형을 변화시키기 위해 끊임없이 시도하기 때문에 냉혹한 안보경쟁은 출현하면서 전쟁의 가능성이 항상 존재하게 된다(John Mearsheimer 1994, 5-26).

군사력이 국가 보호를 강화하고 국가의 위협에 대처하는 주요한 도구이기 때문에 국가들의 공격과 방어적인 군사적 능력과 서로 의도에 대한 인식이 중심적인 연구 주제이다(Stephen Walt 1991, 211-239). 결과적으로 안보 연구는 군사력의 위협과 활용, 그리고 통제에 관한 연구로 정의될 수 있다(J. S. Nye, and S. Lynn-Jones 1991, 527). 소말리아 해적의 활동이 세계 무역과 경제에 악영향을 미침으로써 지역과 세계 안보에 위협세력으로 부상했는가를 논증하기 위해서는 전통 안보 이론에 기초할 수밖에 없다.

1990년대 접어들면서 전통적 안보 개념이 지닌 제한성을 비판하며 안보 개념의 확장 필요성이 제기되었다. 이러한 연구들은 군사적 능력을 중심으로 안보 문제를 접근하는 것은 환경재난, 전염병과 같이 주변국가들까지 위협이 될 수 있는 문제들을 배제하고 있기 때문에 안보분야 연구의 발전에 장애가 된다고 주장한다(C. A. S. E. Collective 2006, 443-487). 그러나 이와 같은 인간 안보에 이르기까지 안보영역의 확장은 안보 개념의 모호성을 초래하는 문제를 안고 있다. 이에 따라 전통적 국가안보 개념에 바탕을 두면서도 다양한 안보문제를 포괄하는 방법론적으로 정교한 새로운 안보 이론의 정립이 요구되었다.

이 새로운 접근의 주도적인 학파 중의 하나가 코펜하겐 학파이다. 코펜하겐 학파는 특정 쟁점을 안보문제화하는 것을 사회구성물이라고 이해하는 비판적 안보 연구(Critical Security Studies)에 입각해 있다. 이 이론은 사회구조를 행위자들이 상호 작용하며 동시에 구성하는 것으로 파악하고 있다(FenHampson 2006, 64). 부잔(Buzan)은 한 쟁점이 안보문제화되기 위해서 존재하고 있는 군사적 영역에 정치적·경제적·환경적 영역 등 4가지 비군사적 주제를 추가해야 한다고 주장하고 있다. 정치안보는 정통성을 확보해 주는 국가기구의 안정성과 지배체제를 분석하고 있다. 경제안보는 접근 가능한 복지와 국가권력을 유지하기 위해 필요한 자원, 재원 그리고 시장 접근에 관심이 있다. 사회안보는 발전을 위해 받아들일 수 있는 조건 내에서 전통적인 형태의 언어, 문화 그리고 종교와 국가정체성과 관습의 유지를 규명하고 있다. 1994년에 유엔개발기구(UNDP : United Nations Development Programme)의 인간개발보고서(Human Development Report)가 인간안보 개념을 처음으로 공식화했다. 이때부터 인간안보는 원래 위험하고 널리 퍼지는 환경적·경제적 위협과 식량, 건강, 인간, 그리고 정치적인 위협으로부터 핵심적인 인간 생명을 보호한다는 것으로 정의되고 있다(Taylor Owen 2004, 373-387).

올리 위버(Ole Waever)는 안보라는 의미는 행동과 관련되어 있는 언술행위

(speech act)라고 불리는 수행과정이라 주장했다. 하나의 쟁점을 안보문제로 개념화하는 것은 특정한 문제를 정치화하는 것이고 안보영역으로 강화해 가는 것이다. 위버는 그 쟁점이 국가를 직접 위협하는 국가안보의 문제가 되는 것이고, 국가는 특정한 영역에 관한 어떤 정책들을 정당화하고 있는 특별한 권리를 가지고 있다고 주장했다(Michael C. Williams 1998, 435-440).

전통적 해적들과 목적의 차이를 보이고 있는 소말리아 해적이 국제무역, 에너지 운송, 해양 테러리즘, 그리고 인간안보를 위협하고 있기 때문에 세계적인 안보 위협으로 부상했다. 따라서 해적문제를 분석하고 해결하기 위해서 안보문제화 이론이 적실성을 가지고 있다고 할 수 있다. 이 글은 국제해사국(IMB : International Maritime Bureau)이 규정하고 있는 해적의 정의를 사용하고 있다. IMB에서 해적활동은 영해에 국한된 것이 아니라 모든 해양에서 강·절도와 모든 범죄행위를 위해 선박에 탑승하는 행위로 규정하고 있다(Ong-Webb 2006, xii-xiii).

2. 해적 위협의 인식과 현실

해적은 '기회의 범죄'이다. 해적활동은 선박의 재물을 훔치는 좀도둑의 행태에서 화물과 선박 전체를 강탈하는 조직범죄까지 광범위하지만 대부분이 경제적 동기에서 시작되었다. 소말리아 해적은 이러한 전형적인 해적과 차이가 있다. 소말리아 해적이 목표로 하고 있는 것은 화물이나 선박이 아니라 선원이고, 선원을 노리는 이유는 소말리아에서 인간 생명 가치의 주변적인 인식과 서구 지역에서 인식하는 인간 생명에 대한 가치의 차이점을 이용하고 있다.

소말리아 해적에 대한 국제적인 대응은 경제적인 차원에서 문제해결을 추구했기 때문에 느리고 비효율적이었다. 소말리아 해적은 국내 정치세력과 밀접한 관련을 가지고 있고, 해적을 조직하는 범죄자들은 분열된 정치권력과 연계될 수밖에 없었다. 소말리아 해적이 정치세력과 결탁하는 이유는 정치적인 동기가 아니라 안전망을 확보할 수 있기 때문이다. 따라서 소말리아에서 해적활동을 수익률이 높은 산업으로 인식하고 있기 때문에 강력한 해군력을 가지고 소말리아 해안, 아덴만 그리고 인도양 전역을 순찰한다고 해서 해적문제를 근본적으로 해결할 수는 없다. 이러한 물리적인 대응은 오히려 소말리아 해적의 활동범위를 더욱 확대시키는 효과를 가져왔다. 소말리아 육지의 정치세력, 이슬람 세력과 부족 그리고 군벌들 사이의 정치적 해결만이 해적활동의 자극과 유인책을 완화하거나 근본적으로 해결할 수 있는 첩경이다.

해적은 육지에 거점을 둔 범죄이다. 해적들은 추적자들을 따돌리고 범죄를 은폐하기 위해 외딴 지역보다는 정치적·법적으로 보호받을 수 있는 안전한 피난처 확보가 필수적이다. 지중해 시대의 바리바리 해적들은 해적행위를 국가에서 인정한 공무라고 인식하고 있었다. 건국 초기 미국 역시 해적행위를 국가 업무의 역할로서 인정해 주었다. 소말리아 해적들 역시 국가의 공식적인 업무를 수행하고 있지는 않지만 주권의 보호를 받을 수 있는 영해와 영토를 가지고 있다. 따라서 해적들은 안전망 확보를 위해 육지의 정치세력과 연결될 수밖에 없다 (Martin N. Murphy 2009, 21).

소말리아 해적이 알카에다와 같은 극단적인 이슬람 세력과 연계된 지하드 활동은 아직 발견되고 있지 않지만 높은 가능성 때문에 국제안보의 위협적인 요소가 되었다. 2008-2010년 사이에 중앙권력의 공백 때문에 소말리아 해적활동이 증가되어 인도양과 아덴만에서 석유, 식량, 그리고 무기와 같이 아주 중요한 화물을 운송하고 있는 외국 상선과 유조선에 대해 점차 빈번하고 대담한 공격이 발생했다. 따라서 소말리아 해적은 세계 모든 국가들의 무역과 안보를 위협하고 있다.

2009년 4월에 미 해군은 소말리아 해적에 납치된 미국 선적의 머스크 알라배마(Maersk Alabama) 호 선장을 구출하기 위해 군사작전을 전개했다. 2011년 1월에 한국 해군은 해적에 피랍된 삼호 주얼리 호를 구출하기 위해 군사작전을 성공시켰다. 소말리아 해적문제 해결을 위해 사건이 발생할 때마다 극적인 군사작전의 성공이 일시적인 효과를 가져올 수는 있다. 그러나 최첨단시설과 기술을 보유하고 있는 미국과 서구의 해군력이 광대한 인도양 해역에서 활동하고 있는 소형 해적선을 모두 식별해 퇴치하는 것은 거의 불가능하다.[2] 따라서 소말리아 해적 문제는 육지에서 근본적인 원인이 해결되지 않는다면 오히려 문제를 악화시켜 해적활동의 풍선효과를 가져올 수도 있다.[3]

국제해사국 해적보고센터(IMB-PRC : Piracy Reporting Center of the International Maritime Bureau)에 따르면 2009년에 아덴만과 소말리아 해역에서 해적이 214척의 선박을 공격해 47척을 나포했고, 그 중 12척과 263명의 승무원이 몸값 지불을 위한 인질로 잡혀 있다. 국제해사국은 2008년에 이 지역에서 111척이 공격을 받았는데 2007년보다 200% 이상 증가된 것이라고 발표했다.[4] 미국과 서구 국가들이 해군력을 앞세운 순찰 강화에도 불구하고 소말리아 해적들의 대담성과 지리적 적응능력은 더욱 강해졌다고 볼 수 있다. 2009년 11월에 해적들은 지금까지 알려진 것 중에서 가장 멀리 떨어진 세이셀 열도(Seychelles Islands) 북쪽 400마일 떨어진 곳에서 홍콩 선적의 유조선을 나포하기 위해 로켓포(ket-propelled grenades)와 자동화 무기를 사용했다. 그때 EU의 정찰기가 발진했으나 해적 추적에 실패했다.[5]

미국은 해적퇴치작전의 효과를 강화하기 위해 세이셀 기지를 두고 14시간 이상 체공능력과 3,000마일의 항속거리를 보유한 고고도(高高度)와 고속의 무인 항공기 레이퍼(Reaper)를 배치해 해양 정찰범위를 확대했다.[6] 그러나 대부분의 해군 지휘관들은 다국적 함대의 임무가 반(反)테러리즘(counter-terrorism)과 대량살상무기 확산방지(counter-proliferation)에 치중되어 있기 때문에 해적문제를 해결할 수 없다고 주장한다. 소말리아 해적활동이 동아프리카와 아시아 사이에 해양무역에 중대한 영향을 미치고 석유와 무기와 같은 전략적 화물의 운송에 심각한 영향을 미치고 있다. 지금까지 국제사회는 해적문제의 근본적 해결보다는 승무원들의 보안훈련 강화, 적극적인 선상 대응조치 강화 그리고 피해 선박의 보험료 인상과 같은 미봉책 수준의 민간영역에 맡겨두었다.[7] 이러한 배경 때문에 소말리아 해적활동은 2005년부터 급증했다.

소말리아 해적활동은 주로 공해상에서 발생했다. 소말리아 해적은 영해를 훨씬 벗어난 인도양과 아덴만의 수백 마일 떨어진 곳에서 선박을 나포했다. 일반적인 해적이 소형선박과 영해를 왕래하는 선박을 목표로 하는 해양 강·절도 수준의 생계형이지만, 소말리아 해적은 육지 정치세력과 조직범죄세력과 긴밀한 네트워크를 가진 벤처기업형으로 확대 전환되었다. 나포된 선박들은 귀중한 화물을 싣고 있는 매우 큰 상선이 포함되었기 때문에 지불된 몸값은 엄청나게 컸다.[8] 마지막으로 몇 차례 대규모 선박의 나포를 포함해서 소말리아에 거점을 두고 있는 해적의 규모는 2008년 이후 중요한 국제적 언론의 관심을 끌고 있다.

선박과 화물의 가치와 승무원들의 안전이 수백만 달러의 몸값 지불을 가능하게 했고, 세계 언론의 관심이 관련 정부들의 의제 속에 포함될 수 있었다. 그러나 소말리아 해적의 근본적 원인인 육지의 정치적인 문제를 해결할 수 있는 구체적인 행동으로 이어지지 않았다. 이러한 구체적인 행동은 소말리아 국내 정치적 환경을 안정시키고 안보와 합리적인 지배체제를 확립하기 위한 소말리아에 대한 개입의 전망이 포함될 수 있다. 미국, 영국, NATO 그리고 EU 중 어느 쪽도 소말리아에 대한 직접적인 개입을 위한 행동을 희망하거나 그럴 만한 능력을 가지고 있지 않다. 그러나 법적으로 소말리아 개입의 정당성을 확보할 수 있는 상황에서 해군력 전개가 각국이 해적퇴치작전에 효과적이라는 방법을 제공해 주었다. 특히 냉전 이후 자신의 강점을 보여줄 수 없었던 해군이 현대적 안보 맥락에서 유용성을 증명할 수 있는 호기로 인식하고 있었다.

소말리아 해적퇴치작전은 미 5함대, NATO 함대, EU 함대 그리고 한국, 중국, 일본, 러시아, 인도, 말레이시아 등에게 해군의 군사적인 신뢰를 확립하는 이상적인 기회가 되었다. 아덴만을 중심으로 소말리아 해적퇴치작전은 해군의 놀라운 집중력을 확인해 줄 수 있는 법적·군사적 그리고 정치적인 조건들이 독특하게 결합한 결과이다. 미 5함대가 주도하는 다국적 연합함대 151(Combined Joint Task Force 151), EU의 아탈란타작전(EU's Operation Atalanta)과 NATO 공개방패작전(NATO's Operation Open Shield)은 다양하고 외관상 아무 관련이 없을 것 같은 한국, 중국, 일본, 러시아, 인도 그리고 말레이시아 같은 국가들이 파견한 함대들과 협력작전을 전개하고 있다. 그러나 각국이 파견한 함대의 강력한 억제력을 가지고 있지만 광범위한 대서양 전역에서 담당하는 것은 불가능하다.[9)]

해적활동이 급증하고 있는 아프리카 해역에서 각국의 협력은 국제법 적용에 적실성을 제공하고 있다. 이것은 소말리아 영해에서 국제협력작전을 효율적으로 지속할 수 있는 법적인 근거를 제공해 주고 있다. 공해상에서 피랍 목표 선박을 찾고 있는 해적선이 자신의 영해 안으로 들어가면 정지명령이 효력을 발휘할 수 없다. 따라서 해적선이 영해로 도망가면 추적권이 없고 군함은 추적을 멈출 수밖에 없다. 그러나 유엔안보리 결의안에 의해 다국적 해군은 소말리아 영해까지 해적선을 추적할 수 있는 권한이 부여되었다.[10)] 국제법은 특별한 상황에서 활동하고 있는 해적들에게 포괄적으로 적용할 수 있기 때문에 실패한 국가인 소말리아 해적활동을 방지하고 퇴치할 수 있는 다국적 해군의 작전을 가능하게 해주었다.

III. 실패한 국가와 해적의 정치경제적 관계

소말리아 해역과 아덴만에서의 해적활동은 실패한 국가의 기능과 이슬람 테러리스트들과 잠재적인 연계에 대한 우려의 근원으로서 가장 일반적으로 제시되고 있는 것이다. 그러나 해적은 결코 새로운 현상이 아니고 해양경제에 깊이 새겨진 깊고 풍부한 역사를 가지고 있다. 이것은 해적문제의 중요성을 결코 과소평가하는 것은 아니다. 현재 소말리아 해적들은 젊고 경험이 짧으며 아직은 순진한 면이 있지만 역시 위험하다. 그래서 소말리아 해적은 지역의 역사적 · 정치적인 맥락을 통해서 활동을 강화하고 있는 배경을 이해할 필요가 있다.

대항해의 시대에 소말리아 지역의 해적은 페르시아 만(Persian Gulf)과 예멘 해안에서 베르베라(Berbera), 아덴만, 지부티, 그리고 마사와(Massawa) 해역에서 다우선(dhow) 무역에 대한 공격으로 한정되었다. 유럽 선박들은 규모가 크고 보안장치가 잘 갖추어져 있었지만 수에즈 운하가 개통될 때까지 아덴만을 통과하는 유럽 선박들의 수는 상대적으로 적었다. 그러나 소말리아 해역은 다른 측면에서 해양운송에 위험한 지역이었다. 소말리아 해역의 조류와 몬순기후는 선박들의 항해를 어렵게 만들었다. 푼트란드 북동부와 동부 해안은 이러한 위험으로 잘 알려져 있었고, 18세기 후반 그 지역 사회들이 난파선 생존자들을 포로로 잡아서 몸값을 받아냈던 몇 차례 악명 높은 사건들이 있었다.

포로들의 몸값은 현금 회전이 빠르지 않은 장기적인 투자의 전략이었다(Colley Linda, 2002, 23). 19세기 초반에 아덴만 혹은 지부티에 있는 지역 해운회사에 몸값 요구를 전달하는 데 여러 달이 걸렸고, 그 결과를 아는 데 여러 달이 걸릴 수밖에 없었다. 따라서 해적들이 목표로 하는 것은 단기적으로 수익이 확보되는 화물 약탈이었고, 몸값은 느리고 훨씬 더 위험한 것이었다. 해적들이 피랍한 인질들을 안전하고 양호한 건강상태를 유지시키는 것은 푼트란드 해안지역에서 오랜 전통이었다.

따라서 소말리아 해적들은 그러한 기회주의적 약탈 및 인질사건과 함께 선박의 난파를 유도하기 위한 유도등을 설치했다. 이것은 18세기 말과 19세기 초에 소말리아 약탈의 경제체제와 연계되어 있었고, 정치세력들은 어업과 항구의 다른 거래를 통제하고 세금 징수 차원에서 모든 조난 사고마다 세금을 징수했다(Wayne K. Durrill 1986, 287-307). 이 약탈체제는 20세기 초까지 계속되었고 지역 정치세력들의 물적 토대를 강화시켜 주었다. 소말리아 지역 부족장들은 난파선들의 전리품들을 자신의 재산으로 인식하고 있었다. 이것은 해안무역의 정치적 통제와 보호의 중요한 부분으로 인식되었다.

따라서 약탈과 공물은 소말리아 국가 형성과 경제력 확보에 도움이 되었다. 소말리아는 부의 축적을 위해 무역 네트워크를 구성하고 통제력을 강화시켰다.

따라서 소말리아가 경제력을 확보할 수 있었던 것은 목축과 농업경제가 아니라 해양경제였다고 할 수 있다. 소말리아 해양경제의 또 다른 핵심 요소인 밀수는 20세기 초반 이후 홍해 연안과 아덴만의 해적활동과 은밀하게 연계되었다. 19세기 중반 이후 증기선이 범선을 대체해 난파의 기회가 축소되었지만 수에즈 운하의 개통으로 아덴만을 정기적으로 왕복하는 선박의 수가 급격하게 증가되었다. 해적들이 대부분 인도 북부와 아덴만의 항구들 사이를 왕복하고 있는 다우선과 상선을 목표로 하고 있었을 때 해적활동은 단지 지역의 문제였을 뿐이었다.

19세기 말 유럽 국가들이 제국주의 정책의 일환으로 이 지역 항구들을 통제하면서 무역을 하고 있는 중개인들에게 세금을 징수하기 시작했다. 유럽 제국주의의 약탈이 지역 족장들의 약탈을 대신했지만 변화된 것은 없었다. 그러나 프랑스, 이탈리아, 그리고 영국 식민지 법의 차이는 관할권 사이에 밀수의 기회를 높여주었다(Jonathan Miran 2009, 54). 불법 해양무역이 이 지역의 정치세력들과 뿌리 깊은 연계를 가지고 있었지만 합법적인 무역과 밀수 사이에는 경계가 대단히 불투명했다.

비록 지역 밀수가 활발하게 유지되고 경제적으로 중요하지만 1950년대 이 지역에서 국제적인 해적활동은 몸값을 위해서 가끔씩 요트나 유람선 나포에 제한되었다. 다우선 무역업자와 어선에 대한 해적활동은 계속하고 있었다. 1960년대 소련이 소말리아를 지원하면서 베르베라와 모가디슈의 항구시설이 군사화·국제화되어 연안에 강력한 군사력이 배치되었다(이마가와 에이치 지음, 이홍배 2009, 176). 그러나 1960년대와 1970년대에도 밀수 활동은 사실상 국가의 통제 없이 소말리아의 작은 항구와 항만시설을 통해서 계속되었다. 1970년대 소말리아 정치세력의 부패와 지대추구(Rent Seeking, 단체든 개인이든 정부로부터 특혜를 얻어내는 것)가 소말리아 대중들의 생활을 더욱 궁핍하게 만들었다. 바레(Siad Barre) 정부의 경제 실패는 지역 정치세력들이 독립적인 경제활동을 촉진해 1980년대 중반에 경제적으로 붕괴하게 되었다. 소말리아 경제의 실패는 해양영역 통제의 상실로 이어져 해적의 발생을 촉진하게 되었다(박찬욱 외 2004, 676).

소말리아처럼 실패한 국가들은 국가 전반에 통제력을 상실하게 되어 여러 정치세력들의 각축장이 될 수 있고 해양영역에서 해적이 등장하게 되는 원인이 되고 있다. 프랑스 정치학자 롤랑 마레샬(Roland Marchal)은 해적의 부활은 내전의 초기 단계와 국제적인 개입과 직접적인 관계가 있다고 주장했다(앵거스 컨스텀 지음, 이종인 2002, 26). 1991년 이전에 국제적인 선박에 대한 공격이 거의 없었지만 바레 정부의 붕괴와 함께 항구와 항만시설들은 경제적 재원을 확보하기 위한 목표물이 되었다. 1989년 12월에 소말리아 민족운동(Somali National Movement)이라는 반군단체가 소말리아 해역에서 한 척의 유조선과 두 척의 다른 선박을 나포해 붕괴되어 가고 있는 소말리아 정권과 거래하지 말 것을 국제 해운업자들에게 경고했다. 그 무장 단체는 1990년 초에 그 선박들을 석방하면서 선박 내 모든 화물을 처분했다. 그 이후 무장단체들의 소말리아 해역을 통과하는 외국 상선과 조업하고 있는 외국 어선에 대한 개입은 해양자원을 이용한 경제적 중요성에 그 원인이 있었다.

1960년대 초반 이후 모가디슈 항 외의 항구와 항만시설들은 무역과 어업을 위해 선박이 이용할 수 있는 기간시설들은 황폐해졌고, 1977년 이후부터는 거의 기능을 할 수 없었다. 1983년에 소말리아 정부는 이탈리아 기업(SHIFCO : Somali High Seas Fishing Company)과 새로운 합의를 했는데, 그 합의는 소말리아 해역에서 잡은 어류를 이탈리아와 EU에 공급하기 위해 5척의 트롤선 선단과 한 척의 냉동모선의 활동을 허가한 것이었다. 바레 정부가 붕괴되었을 때 SHIFCO는 예멘으로 이전했고, 그곳에서 바레 가문의 아주 가까운 친척에 의해 운영되었다. 연안의 저인망 어업에 대한 독점권은 바레 정부 붕괴 이후 출현했던 사이가 좋지 않은 파벌들이 경제적 재원 확보를 위해 경쟁했을 때 붕괴되었다. 소말리아내 정치세력들이 서로 다른 계약자들을 지원하기 시작했고, 그 과정에서 외국의 어선들이 소말리아 해역으로 밀려왔다. 소말리아 선박들이 자국 해역에서 조업 중인 외국 어선을 방해하고 통제하는 동안에 항구와 항만시설을 지배하고 있던 파벌들은 어업에 세금을 징수하기 시작했다. 소말리아 어선들은 외국 어선들과 경쟁하기 위해 크고 빠른 선박 및 첨단장비와 기술이 필요하다는 것을 인식했다.

1990년대 말에 푼트란드가 독립국가 설립을 발표하면서 외국 선박들과 경쟁이 치열해지기 시작했다. 모가디슈의 압둘라 유수프 아메드(Abdullahi Yusuf Ahmed) 정부는 연안 어업으로 세금 징수를 위해 항구와 연안의 세관을 관리할 수 있는 민간 보안기업 하트(Hart)를 고용했다. 하트는 항구와 항만시설을 통해 경제적 이익을 확보하려는 정치세력들과 경쟁을 할 수밖에 없어 지역 정치에 연루되었다(Stig Jarle Hansen 2008, 585-598). 하트는 푼트란드 항구를 확보하고 통제하는 데 실패했지만 그 과정에서 소말리아인 40명을 고용해 GPS 사용, 해양위치추적과 보안방법, 광대한 해양에서 의심 선박을 식별해 탑승하고 탈출할 수 있는 훈련을 시켰다. 이것이 하트에 고용되어 훈련을 받은 사람들이 소말리아 해역을 통과하거나 조업 중인 어선을 공격하는 해적들 중 가장 탁월하다고 의심하는 이유이다. 소말리아 해적들이 최첨단 컴퓨터를 이용한 위치추적과 통신장비, 중화기와 완벽한 지형지물의 숙지, 은폐와 엄폐 등 탁월한 선박 조종술을 결합시켜 해안에서 아주 먼 거리에 떨어져 운항하고 있는 외국 선박을 공격할 수 있는 세계에서 가장 전문적인 해적이라고 주장하는 것은 당연하다(Roger Middleton 2008, 12).

소말리아는 소말리란드, 푼트란드, 적어도 모가디슈가 운영한다고 추정되는 소말리아의 나머지 주, 적어도 3개의 새로운 국가로 분할과정에 있다. 비록 수많은 국가들과 유엔 기관으로부터 격려와 지원을 받고 있지만 세계는 소말리란드가 선언한 독립을 인정하는 것을 주저하고 있다(Roland Marchal 2009, 381-404). 푼트란드 역시 수도를 가로웨(Garowe)에 두고 독립을 선언했지만 국제사회의 인정을 받지 못하고 있다. 국제기관들은 중앙권력이 부재한 곳보다는 어느 정도 권력 통제가 가능한 소말리란드의 수도인 하르게이샤(Hargeisa)와 푼트란드의 수도 가로웨나에 있는 행정기관에서 일하고 있다. 물론 이 권력들이 이슬람 극단주의자들과 연계되어 있지 않는 조건 하에서 가능할 수 있다. 푼트란드와 소말리란드의 정부가 주장하고 있는 영토가 중복되고 있기 때문에 서로 격렬하게 경쟁하고 있다(Brian J. Hess 2010, 247-259).

그러나 양측은 서구 국가들과 적대적인 관계를 가지지 않고 정치경제적인 협력을 통해서 이익을 극대화하는 것을 모색하고 있다. 소말리란드와 푼트란드의 이러한 상황들이 조직범죄를 활성화하고 은폐가 정당화될 수 있는 정치적 온상을 제공하고 있다. 가로웨에 있는 정치세력들과 기업들은 해적의 무리와 해적의 자금책들과 긴밀하게 연계되어 있다. 가로웨의 어려운 정치경제적 환경 속에서 해양 약탈이 제공하고 있는 경제적인 혜택을 받고 있는 행정부 관리들이 해적활동을 조장하고 묵인하는 것은 생존의 차원에서 당연한 일이다.

푼트란드와 소말리란드가 독자적인 국가건설 과정에서 범죄 네트워크의 출현을 촉진하고 묵인하는 것은 이 조직들이 정치행위 과정에 필요악으로 인식하고 있기 때문이다. 발칸 반도와 구소련의 공화국들에서 보여주었듯이 정부가 은폐된 조직범죄 네트워크를 근절하는 것이 불가능하다. 현재 아프리카에서 콩고민주공화국과 라이베리아가 소말리아 경우와 아주 유사한 현상을 보여주고 있다.

소말리아 해적활동의 범위가 넓어지고 규모가 커져감에 따라서 세계는 해적문제의 심각성을 인식하게 되었다. 가장 믿을 만한 평가는 소말리아 해역에서 적극적으로 활동하고 있는 해적무리의 수를 대략 10개 정도로 추산하고 있다. 두세 개 조직은 상대적으로 신진세력이고 나머지 조직들은 경험이 많은 베테랑들이다. 2007년까지 각 세력들은 1년에 국제적인 선박에 대해 대략 12회의 공격을 했다. 따라서 2007년 이후 해적활동의 분명한 급증은 활동을 시작한 두세 개 조직의 활동결과이다(David M. Anderson, 2010, 39-54).

이것은 소말리아 해적이 2005년 당시는 세계의 동정을 받을 수 있는 연안경비대라고 지칭하는 생계형 해적에서 시간이 지날수록 투자대비 수익률이 높은 벤처기업형으로 전환되고 있다는 것을 보여주고 있는 것이다. 소말리아 해적이 장비와 기술이 상대적으로 적은 투자, 한 지역에서 다른 지역으로의 위치 이동, 밀수에서 해적으로 범죄 네트워크에 의한 재조정을 통해서 과거 3년 동안에 범위와 규모를 비약적으로 증가시킬 수 있는 충분한 요인이 될 수 있었다. 해적들이 보험업자들로부터 몸값을 성공적으로 지불받은 최근의 사례를 고려할 때 소말리아 내 다른 세력들이 경쟁적으로 해적산업에 합류하는 것은 당연한 추세라고 할 수 있다.

IV. 해적문제의 안보화

해적은 무역, 경제, 그리고 안보에 심각한 위협이 되고 있다. 1995-2009년 사이에 해적은 공식적으로 739명을 살해했고 800명에게 심각한 부상을 입혔으며, 3,850명을 인질로 잡아 230명에게 몸값을 받아냈다.[11] 이제 해적은 단순한 해양강도의 수준을 넘어 인질을 납치하여 몸값을 받아내는 납치산업으로 발전했다. 2010년 10월 현재 전세계의 '해적 및 납치산업' 규모가 10억 파운드(약 1조 7,820억 원)를 넘어서며 호황을 누리고 있는 것으로 나타났다. 소말리아 해적들이 기존 활동 근거지인 아덴만의 경비가 강화되자 남쪽인 케냐 해안지역으로 이동해 약탈을 계속하고 있으며, 북아프리카에서는 테러조직들이 이른바 납치산업으로만 연간 약 2억 달러를 벌어들인다는 주장도 제기되고 있다.[12] 2010년 4월 인도양에서 소말리아 해적에게 납치됐던 원유선 삼호 드림 호가 피랍된 지 217일 만에 100억원에 달하는 거액의 몸값을 치르고 풀려났다. 삼호 드림 호가 지불한 몸값은 해적에게 지불한 몸값 중 역대 최고액인 900-950만 달러(약 99-105억 원)로 알려졌다.[13]

해적의 정확한 규정은 애매하고 해적사건의 보고와 사건의 은폐가 해적문제 해결을 어렵게 하고 있지만 2003년 이후 세계 각국은 해적 발생이 급증하자 해적문제의 심각성을 인식하기 시작했다. 세계 대부분의 해적사건은 허약한 국가구조와 지배할 수 없는 영토를 가지고 있는 취약한 국가 혹은 실패한 국가에서 발생하고 있다고 할 수 있다. 이러한 지역은 소말리아, 나이지리아와 인도양 그리고 동남아 해양이 포함될 수 있다.

2005년에 30건에서 2008년에는 140건 이상으로 해적 발생이 급증한 아프리카의 나이지리아 해역과 2007년 중반 이후 2009년까지 해적이 220% 이상 증가한 아덴만 해역은 말라카 해협과 정반대 현상이 발생했다. 소말리아는 수십 년 동안 해적들의 피난처였지만 최근에 해적행위가 급증한 것은 해적활동이 수익성 높은 사업이 되었기 때문이다. 해적들은 나포된 선박의 몸값을 통해서 투자대비 높은 수익을 올릴 수 있기 때문에 소말리아인들이 1년에 600달러를 벌 수 있다면 행운이라는 사실을 고려할 때 해적은 매력적인 사업이 되었다(Daniel Sekulich 2009, 148).

2009년 초반 이후 소말리아와 나이지리아 해역의 해적활동은 횟수도 급격하게 증가하면서 폭력적이고 과감해졌으며, 전략과 전술도 세련되고 정교해지고 있다. 해적의 피해가 증가하자 미국과 서구국가들은 해적을 해양강도가 아니라 안보의 위협 세력으로 인식해 함정파견과 순찰을 증가 시키면서 2009년 5월 이후 아프리카의 뿔 해역에서 해적의 발생이 상대적으로 하락하기 했다. 그러나 이러한 서구 국가들의 대응으로 해적활동 범위가 인도양 전역으로 확대되어 소말리아 해역에서 해적 공격의 숫자는 2008년의 111건에서 2009년에 211건으로 오히려 증가되었다(표 1 참조).

아프리카 뿔 지역에서 해적 공격의 성공률이 낮아진 것은 미국 주도 하의 국제연합함대 151(International Combines Task Force-151), 나토의 동맹보호자(NATO's Allied protector), 유럽연합함대(EU-NAVFOR)의 임무, 그리고 개별 국가들 함대와 같은 해군들의 협력작전의 결과이다. 그러나 5월에서 9월까지 인도양과 소말리아 해역은 폭풍이 많은 몬순 시기이기 때문에 적극적인 해적활동을 할 수 없는 시기이다. 그리고 일부 소말리아 해적들은 외국 함대의 순찰이 상대적으로 적은 홍해 남부, 오만 해안 쪽의 아라비아 해를 활동무대로 확대시켰다. 그러나 인도양이 잠잠해진 2009년 9월부터 소말리아 해적활동이 다시 급등하시 시작했다.

표 1_ 세계 해적발생 건수(2003-2009)

발생 건수	2003	2004	2005	2006	2007	2008	2009
동남아시아	170 (38.2%)	158 (48.0%)	102 (37.0%)	83 (34.7%)	70 (26.6%)	54 (158.4%)	45 (11.1%)
아프리카 전체	93 (20.9%)	73 (22.2%)	80 (29.0%)	61 (25.5%)	120 (45.6%)	189 (64.5%)	264 (65.0%)
소말리아 아덴 홍해	21 (4.7%)	10 (3.0%)	45 (16.3%)	20 (8.4%)	44 (16.7%) "1"	111 (37.9%) "3"	217 (53.4%) "1"
전세계	445 "12"	329 "7"	276 "9"	239 "8"	263 "10"	293 "12"	406 "5"

출처 : ICC-IMB : Piracy and Armed Robbery Aganist Ships Report-Annual Report 2009, pp. 5-6.

미국과 서구 국가들의 해적퇴치작전을 피하기 위해 소말리아 해적들은 활동범위를 넓히고 수법도 과감해져 해안에서 900마일 떨어진 세이셀(Seychelles) 해역과 심지어 소말리아 남서쪽으로 멀리 떨어진 몰디브(Maldives) 해역과 모잠비크(Mozambique Channel) 해역까지 활동범위를 확대시켰다.

이와 함께 해적들은 최첨단 쾌속정, 휴대가 편리한 치명적인 무기, 위성전화, GPS 그리고 어선과 상선으로 쉽게 전환할 수 있는 모선들을 보유하고 있기 때문에 활동범위, 수법 그리고 목표대상을 자유롭게 선별해 폭넓게 선박을 공격할 수 있게 되었다. 냉전종식 이후 무기 암시장에 유입되는 다양한 무기류는 해적들의 능력을 강화시켜 주었다. 과거의 해적이 칼과 총을 사용했다면 현대의 해적들은 M-16과 AK-47 자동소총, 로켓포(RPGs : Rocket-propelled grenades) 그리고 휴대용 대공미사일까지 보유하고 있다. 현재 소말리아 해적들은 연안을 항해하는 소형 선박을 목표로 하고 있었던 생계형이 아니라 높아진 기동능력과 무장능력을 이용해서 10,000톤(gross tonnes) 이상의 대형 상선, 컨테이너선, 화학제품 운반선과 대형 유조선들을 목표로 하고 있는 기업형 해적이 되었다.[14]

해적 공격의 대부분은 파벌 혹은 조직범죄에서 활동하는 무장대원을 중심으로 이루어지고 있다. 2008년에 해적들은 1회 공격에 평균적으로 10,000달러

정도를 챙길 수 있었지만, 2009년 이후 규모가 확대되고 수법도 대담해지면서 수입이 2배 이상 증대했다(Pete Chalk 2008, 15). 해적 1명의 수입에 대한 정확한 통계는 없지만 최근 한 사건으로 그 수입을 추정할 수 있다. 2009년 1월 11일 소말리아 해변에는 시신 한 구가 떠밀려 왔다. 그 시신 호주머니 속 플라스틱 백에는 15만 3,000달러가 들어 있었는데, 5명이 탄 해적의 소형 쾌속정 전복의 희생자였다. 소말리아에서 1년에 600달러를 벌면 행운이다. 그런데 15만 달러면 소말리아에서 집을 수십 채 사고도 남는 돈이다. 해적대원으로 참여해 한 건만 제대로 올리면 평생이 보장되는 것이다. 이 시신의 주인공은 당시 몸값을 주고 풀려난 사우디아라비아의 초대형 유조선 시리우스 스타 호를 납치했던 해적의 일원이었다. 사우디 정부는 2개월의 협상 끝에 300만 달러를 지급했다. 몸값은 경비행기에 실려 유조선에 낙하산으로 투하됐었다. 이 장면은 당시 미 해군에 의해 촬영돼 언론에 공개됐다. 몸값은 배 위에서 수십 명의 해적이 분배했고, 이 중 5명이 탄 보트가 전복된 것이었다.[15)]

전문적인 해적들에게 잡힌 인질의 몸값 지불은 60만 달러에서 500만 달러의 범위에 이르고 있다.[16)] 2008년 9월에 33대의 T-72 탱크와 다른 군사장비를 싣고 가던 우크라이나 상선인 파이아나(MV Faina) 호의 피랍이 대표적인 예이다. 해적들은 처음에 2,000만 달러를 몸값으로 요구했지만 몇 달간의 협상 끝에 그 해적들은 320만 달러를 받아내고 선박을 풀어주었다.[17)] 1997-1998년의 동아시아 금융위기 직후처럼 가난이 해적을 충원할 수 있는 좋은 이유가 되었지만 현재는 가난보다는 이익이 해적행위의 동인이 되었다. 해적행위를 위한 기회와 이익률은 세계 해양 무역양의 증가와 몸값을 지불해 쉽고 신속하게 해결하려는 해운회사와 보험회사들의 의지, 그리고 장물을 은밀하고 쉽게 처리하고 협상할 수 있는 긴밀한 네트워크에 의해 더욱 높아지고 있다.

V. 결론

소말리아 해적퇴치작전을 책임지고 있는 미 5함대 사령관은 "해적들이 대서양 전체에서 활동하고 있기 때문에 다국적 함대들이 모든 해적활동을 억제할 수 없다. 따라서 해적문제 해결에서 가장 비용이 적게 들고 효과적인 방법은 상선과 유조선들이 무장을 통해 해적에 대처하는 것이다"라고 주장했다(J. Peter Phama 2010, 340). 이 전략은 단기적인 효과는 있을 수 있지만 해양의 모든 선박이 무장을 했을 때 발생할 수 있는 문제는 해적활동보다 더 끔찍하고 심각한 부작용을 예상할 수 있다.

국제사회가 다국적 함대 파견과 유엔 결의안을 통해서 소말리아 해적문제를 해결하려 했지만 오히려 해적 발생의 횟수가 증가하고 활동범위가 넓어져 의도했던 목표를 달성하지 못하고 있다. 소말리아 해적의 해결을 해군력에 의존하는 것은 많은 비용과 시간이 요구되는 것이다. 해적은 육지에 거점을 둔 범죄이다. 따라서 해양의 안정과 함께 육지의 안정이 필수적이다. 해군력의 부재, 부패한 관리 그리고 유명무실한 법과 법집행기관이 해적활동을 자극하고 있다. 육시의 정치적인 안정과 해적의 해안거점 폐쇄가 선행되어야 한다. 그리고 해안을 효과적으로 관리하고 감시할 수 있는 해안경비대 설립을 장기적 전략의 일환으로 구체화시켜야 한다. 물론 이것은 정치적으로 안정되어 있는 북부지방의 소말릴란드와 푼트란드를 중심으로 시작해 중부와 남부지역까지 확대시켜 가는 계획이 시간은 걸리지만 근본적인 문제 해결의 열쇠가 될 수 있다.

이와 함께 미국과 서구 국가들이 공해나 배타적경제수역(EEZ)에서 해군력을 유기적으로 활성화시키는 효과적인 작전을 수행해 외부에서 유입하는 무기와 보급품을 차단해야 한다. 이것은 해적과 연계된 소말리아의 정치세력을 압박할 수 있다. 유엔, 미국 중심의 강대국 그리고 NGO들이 해안지역의 발전 인센티브와 연결된 프로그램을 통해 효과를 거둘 때 무차별 해적활동에 싫증이 난 소말리아인들의 마음을 얻을 수 있다. 따라서 소말리아 해적문제는 끊임없는 인내심과 노력을 조절하면서 합의와 지속적인 노력만이 해결할 수 있다.

참고문헌

강승식. 2007. 『미국 헌법학 강의』. 서울 : 궁리.

박찬욱 외. 2004. 『21세기 미국의 거버넌스』. 서울 : 서울대학교출판부.

김석수. 2008. "동남아해협의 해적과 해양테러리즘 및 해양 안보협력을 위한 국제관계." 『동서연구』. 제20권 1호.

앵거스 컨스텀 지음. 이종인 옮김. 2002. 『해적의 역사』. 서울 : 가람기획.

이마가와 에이치 지음. 이홍배 옮김. 2003. 『패권주의 이대로 갈 것인가』. 서울 : 이채.

Anderson, David M. 2010. "The New Piracy : The Local Context." *Survival*. vol. 52, no. 1 (February–March).

Buzan, Barry, Ole Waever, and Jaap de Wilde. 1997. *Security : A New Framework for Analysis*. Lynne Rienner Pub.

Bradbury, Mark. 2008. *Becoming Somaliland*. Oxford : James Currey.

Chalk, Peter. 2000. "Maritime Piracy : A Global Overview." *Jane's Intelligence Review*. vol. 12, no. 8 (August).

C. A. S. E. Collective. 2006. "Critical Approaches to Security in Europe : A Networked Manifesto." *Security Dialogue*. vol. 37, no. 4.

______. 2008. *The Maritime Dimension of International Security : Terrorism, Piracy, and Challenges tothe United States*. Santa Monica, CA : RAND.

Colley, Linda. 2002. *Captives : Britain, Empire and the World 1600–1850*. London : Jonathan Cape.

Durrill, Wayne K. 1986. "Atrocious Misery : The African Origins of Famine in Northeast Somalia 1839–1884." *American Historical Review*. vol. 71, no. 2 (April).

Hampson, Fen et al. 2001. *Madness in the Multitude : Human Security and World Disorder*. USA : Oxford University Press.

Hansen, Stig Jarle. 2005. "Private Security and Local Politics in Somalia." *Review of African Political Economy*. vol. 35, no. 118 (December).

Hagmann, Tobias. 2005. "From State Collapse to Duty-free Shop : Somalia's Path to Modernity." *African Affairs*. vol. 105, no. 461 (July).

Hess, Brian J. 2010. "The myth of Somalia." *Journal of Contemporary African Studies*. vol. 28, No. 3 (July).

Harpter, Mary. 2008. "Life in Somalia's Piracy Town." *BBC News* (18 September).

Hastings Justin. 2009. "Geographies of State Failure and Sophistication in Maritime Piracy Hijackings." *Political Geography*. vol. 28.

International Crisis Group. 2009. "Somalia : The Trouble with Puntland." *Africa Briefing*. no. 64 Nairobi/Brussels : ICG (August).

International Maritime Bureau. 2008. *Piracy and Armed Robbery Against Ships : Annual Report*, 1 January–31 December 2007. London : IMB.

Lehr, Peter and Hendrick Lehmann, 2007. "Somalia—Pirates' New Paradise." Peter Lehr (eds.). *Violence at sea : piracy in the age of global terrorism*. New York : Routledge.

Liss, Carolin, 2008. "*PRIVATISING THE FIGHT AGAINST SOMALI PIRATES*." *Working Paper*. Asia Research Centre. no. 152 (November).

Marchal, Roland. 2009. "A Tentative Assessment of the Somali Harakat Al-Shabaab." *Journal of Eastern African Studies*. vol. 3, no. 2 (July).

McDonald, Mark. 2009. "Record Number of Somali Pirate Attack in 2009." *The New York Times* (December 30).

Mearsheimer John. 1994. "The False Promise of International Institutions." *International Security*, vol. 13, no. 3.

Menkhaus, Kenneth. 2006–2007. "Governance without Government in Somalia : Spoilers, State Building and the Politics of Coping." *International Security*. vol. 31 (Winter).

Michael C. 1998. Modernity, Identity and Security : A Comment on the "Copenhagen controversy." *Review of International Studies*. vol. 23, no. 3.

Middleton, Roger. 2008. "Piracy in Somalia : Threatening Global Threat, Feeding Local Wars." *Africa Programme Briefing Paper*. London : Chatham House.

Miran, Jonathan. 2009. *Red Sea Citizens : Cosmopolitan Society and Cultural Change Massawa*. Bloomington : Indiana University Press.

Murphy, Maritime N. 2007. "Contemporary Piracy and Maritime Terrorism." *Adelphi Paper*. 388. Abingdon : Routledge for the International Institute for Strategic Studies.

_____, 2009. *Small Boats, Weak States and Dirty Money : Piracy and Maritime Terrprism in the Modern World*. New York : Columbia University Press.

Ong-Webb, Graham Gerard. ed. 2006. *Piracy, Maritime Terrorism and Securitizing the Malacca*

Straits. Singapore : Institute of Southeast Asian Studies.

Owen Taylor, 2004. "Human Security–Conflict, Critique and Consensus : Colloquium Remarks and a Proposal for a Threshold–Based Definition." *Security Dialogue*. vol. 35, no. 3.

Pankhrus Richard. 1965. "The Trade of the Gulf of Aden Ports of in the 19th and Early 20th Centuries." *Journal of Ethiopian Studies*. vol. 3, no. 1 (January).

Sekulich Daniel. 2009. *Terror on the Sea*. New York : St Martin's Press.

Straziuso, Jason. 2009. "US Drones Protecting Ships from Somali Pirates." *Associated Press*. vol. 23 (October).

Walt, Stephen. 1991. "The Renaissance of Security Studies." *International Studies Quarterly*. vol. 35.

Wijk, Rob deDavid M. Anderson, Steven Haines. 2010. "Forum : The New Piracy : Three Contexts." *Survival*. vol. 52, no. 1 (February–March).

주

1 "소말리아 해적을 못 당하는 이유 : 母船 지시로 쾌속정 행동 … 체계적 네트워크 갖춰" http://www.seoul.co.kr/news/newsView.php?id=20090416017013(검색일 : 2010. 3. 29).

2 2010년 4월 초에 소말리아 해적에 피랍되어 아직 석방되지 않은 10월 현재 석방되지 않은 한국인 선원 5명이 탑승한 마셜 군도 선적의 삼호해운 소속 유조선 '삼호 드림' 호 청해부대(충무공 이순신함)의 작전지역인 아덴만 해역에서 동남쪽으로 1,500km 떨어진 공해상(북위 8도21분, 동경 65도)에서 발생한 사건이다. 대표적인 해적퇴치작전의 풍선효과의 희생물이다. "소말리아 해적에 한국 유조선 피랍" http://news.donga.com/3/all/20100405/27353064/1(검색일 : 2010. 10. 6).

3 Mark McDonald, "Record Number of Somali Pirate Attack in 2009," *The New York Times*, December 30, 2009.

4 "해적의 계절 : 근거지 아덴만 2월까지 물결 잔잔해 활동 최적" http://www.seoul.co.kr/news/newsView.php?id=20091113018013(검색일 : 2009. 11. 4).

5 Jason Straziuso, "US Drones Protecting Ships from Somali Pirates," *Associated Press*, 23 October 2009.

6 Carolin Liss, "PRIVATISING THE FIGHT AGAINST SOMALI PIRATES," *Working Paper*, Asia Research Centre No. 152 November 2008.

7 소말리아 해적은 2008년 9월에 나포한 우크라이나 선적의 상선 파이나 호를 2009년 2월에 320만 달러를 받고 석방했다. 소말리아 해적은 2008년 10월에 나포된 사우디아라비아의 초대형 유조선(VLCC) 시리우스 스타 호를 몸값 300만 달러를 받고 석방했다. 또 소말리아 해적은 2009년 11월에 나포한 그리스 유조선 마란 센타우루스를 2010년 1월에 몸값 700만 달러를 받고 석방했다. "소말리아 해적들 몸값 '횡재'" http://news.hankooki.com/lpage/world/201001/h2010011823172922550.htm(검색일 : 2010. 3. 28).

8 "세계 각국 대대적 소탕작전에 돌입 … 국제사회는 빈곤에 시달리는 주민들 외면" http://newsmaker.khan.co.kr/khnm.html?mode=view&code=117&artid=18824(검색일 : 2010. 4. 7).

9 "소말리아 해적퇴치" 국제사회 공조작전 : 유엔 안보리 제재안 통과, EU·아랍 군사력 이용" http://www.hani.co.kr/arti/international/europe/323245.html(검색일 : 2010. 4. 6).

10 Maritime N. Murphy, "Contemporary Piracy and Maritime Terrorism," *Adelphi Paper* 388 (Abingdon : Routledge for the International Institute for Strategic Studies, 2007).

11 "올해 몸값만 1조 7,820억 원, '납치산업' 판친다, 연 1만 2,000명 피해 … 1만–300만 달러 요구 http://www.munhwa.com/news/view.html?no=20101018010702320710 02(검색일 : 2010. 1116).

12 "삼호 드림 호, 역대 최고액 100억 원 해적에 주고 풀려나" http://news.chosun.com/site/data/

html_dir/2010/11/07/2010110700526.html(검색일 : 2010. 11. 16).

13 해적은 돈을 관리하는 나름의 시스템도 갖고 있다. 국제전략연구소(IISS)의 해상안보 전문가 제이슨 앨더윅은 "해적은 보통 육지에 몸값 협상을 다루는 중개인을 둔다"고 말했다. 여러 중개인을 거쳐 운반된 돈은 최종적으로 이슬람의 전통적 송금 시스템인 '하왈라'를 통해 해적의 수중에 들어온다. 하왈라는 일정 수수료를 내면 전세계 수천 곳에 흩어져 있는 점포를 통해 돈을 보내고 찾을 수 있는 시스템으로 은행과 달리 거래 후 모든 기록이 폐기돼 신분 노출을 꺼리는 해적에게 안성맞춤이다. 해적들은 몸값 거래를 전문적으로 처리해 주는 로펌(법무법인)과 돈을 관리해 주는 회계사를 두기도 한다. 해적들에게 돈을 대출받는 기업도 있다.

"소말리아 해적 'CEO 뺨치네" http://news.khan.co.kr/kh_news/khan_art_view.html?artid=200811200007315&code=970209(검색일 : 2010. 3. 27).

14 "집집마다 돈 세는 기계가 … 소말리아 '벤처산업' 해적질" http://www.pressian.com/article/article.asp?article_num=40090410093435(검색일 : 2010. 3. 27).

15 Mary Harpter, "Life in Somalia's Piracy Town," *BBC News*, 18(September, 2008).

16 "인질극' 소말리아 해적 '횡재 뒤 횡사" http://news.kukinews.com/article/view.asp?page=1&gCode=kmi&arcid=0921156800&cp=du(검색일 : 2010. 4. 7).

제22장

러시아의 체제변혁과 민주주의 전망*

우준모(선문대학교)

I. 서론

소연방이 해체의 국면으로 접어들었던 1990년대 초 러시아인들은 '민주주의'라는 말에 큰 기대를 하고 있었다. '민주주의'라는 용어는 러시아인들에게 정의와 풍요를 가져올 새로운 시작이자 러시아를 서구세계와 연결시켜 줄 보증수표처럼 다가왔던 것이다. 따라서 러시아공화국의 옐친(Boris Yeltsin)을 비롯한 개혁성향의 정치지도자들은 공산당과 맞서기 위해 앞다투어 '민주'라는 말을 앞세웠고, '민주로시야'(DemRossiya)라는 광범위한 연대세력을 형성하여 새로운 정치운동을 주도했다(Sakwa 2002, 174 ; Shevtsova 1999, 31). 그러나 1991년 말 소연방을 몰락시키면서 등장한 '민주화된' 러시아에서 러시아인들은 경제적 혼란과 쇠퇴, 법질서의 붕괴, 소연방에 비해 상대적으로 약화된 국력 등을 경험했다. 그로 인하여 대부분의 러시아인들은 민주주의에 대한 기대를 보류한 채 1999년 8월 옐

* 본 논문은 『평화학 연구』 제10권 4호(2009. 12)에 수록된 것을 전재한 것임을 밝힙니다.

친에 의해 총리로 발탁된 이후 강력한 리더십을 발휘한 푸틴(Vladimir Putin)에게 높은 정치적 신뢰와 지지를 보내게 되었다.

명목상으로 볼 때 러시아는 1993년 12월 연방헌법을 채택함으로써 온전한 법치국가의 틀을 갖추었다. 국민들이 법률을 제정하고 이를 이행할 개인과 정당을 자유롭게 선택할 수 있는 제도를 마련한 것이다. 헌법제정 이후 러시아에서 선거는 법률에 따라 주기적으로 실시되어 왔으며, 대선과 총선 그리고 지방선거 등 모든 선거에서 복수의 후보자 및 정당 간의 경쟁도 허용되었다. 그러나 중요한 것은 이러한 절차적 민주주의의 존재 여부만으로 러시아의 민주성을 판별할 수 없다는 데 있다. 부분적으로 문제가 제기된 선거도 있었으나 지금까지 러시아에서 실시된 수차례의 총선과 대선은 절차적 민주주의를 비교적 충실하게 지켜왔음에도 불구하고 오늘날의 러시아가 민주주의 국가로 분류되지는 않는다.

사실 절차적 민주주의는 유권자들이 현명하지 못한 선택을 할 여지를 항상 내포하고 있으며, 특히 '열린 사회'의 뒷받침을 받지 못하는 상황에서 시행되는 절차적 민주주의는 오히려 '민주적 전제주의'나 '폭민정치'로 전락할 수 있다는 점은 이미 널리 알려진 사실이기도 하다.[1] 그러나 절차적 민주주의의 맥락에서 판단할 때 러시아 유권자들이 그들의 대통령이나 의회의원으로 '민족주의자' 또는 '국가주의자', 심지어 '공산주의자'를 선출하더라도 그것이 어떤 강요도 없는 자유로운 선택의 결과라면 마땅히 존중되어야 한다.

따라서 러시아의 민주주의를 평가하기 위해서는 서구와는 상이한 역사적 궤적을 거쳐온 러시아가 수백 년에 걸쳐 점진적 발전을 거듭한 서구 자유민주주의의 노하우를 어떻게 온전하게 도입할 수 있을 것인지에 대한 질문을 먼저 제기해야 한다. 이 질문은 민주주의의 무게중심이 형식(절차)보다는 그것이 기초하고 있는 더욱 조직적이고 기본적인 내용(재료)에 있다는 점을 주목해야 한다는 것이다. 당연히 그러한 재료는 정부가 아니라 사회로부터 발현되는 것이므로 러시아가 민주주의 국가의 반열에 오르려면 국민들이 충분한 목소리를 낼 수 있도록 제도화가 이루어져야 한다. 오늘날 러시아는 자신들의 토양에 맞는 나름의 방식과 주권민주주의를 주창하고 있다.

이 연구는 러시아의 민주화 과정과 민주주의 수준 그리고 지향점을 통시적 관점에서 분석하면서 그 특성을 찾아내고 평가해 보는 데 주안점을 두고 있다. 지난 20년간 러시아의 민주화 과정은 대략 정치지도자들이 상부로부터 주도하는 방식으로 진행되어 왔다. 따라서 이 연구는 러시아 민주변혁의 궤적을 따라가면서 그 골간을 파악함으로써 러시아의 민주화 과정과 그 진로를 전망해 보려는 것이다. I절 들어가는 말 다음부터 이어지는 연구의 순서는 II절에서 먼저 소연방을 해체시키면서 독립국가를 건설한 러시아의 체제이행이 지닌 성격을 개괄하고, III절에서 옐친 집권기의 민주화 과정과 그 한계를 분석할 것이다. 옐친이 이끌었던 1990년대 러시아의 탈소비에트 국가건설 과정은 절차적 민주주의의 도입기에 해당한다. 이 기간에 러시아는 헌법제정을 통해 헌정구조를 확립하고 정치에 있어서 참여와 경쟁, 주기적 선거를 보장하는 제도적 틀을 마련하였다. 그러나 동시에 권력남용과 부패의 구조화라는 한계를 노출함으로써 결과적으로 위임민주주의의 특성을 드러낸 시기였다. IV절에서는 푸틴 집권기의 민주주의 수준과 특성을 분석할 것이다. 푸틴은 1999년 12월 30일, 옐친이 대통령직 임기를 6개월 남겨두고 조기 사임하면서 대통령직 권한대행의 자리에 올랐다. 이후 대선에서 연거푸 당선된 푸틴은 8년 여 통치기간 동안 강하고 효율적인 국가건설을 추구하였으나 서구로부터 민주주의를 심각하게 훼손시켰다는 평가를 받았다. 이 시기 러시아의 민주주의는 관리민주주의적 특성을 보였는데, 러시아는 스스로 이를 주권민주주의라고 명명하였다. V절은 푸틴의 뒤를 이어 대통령에 오른 메드베데프(Dmitrii Medvedev)가 추구하는 러시아의 민주변혁의 진로를 종합하고 간략한 전망을 하는 것으로 글을 갈무리할 것이다.

II. 러시아 체제변혁의 성격

러시아의 '민주화' 실험은 1991년 6월 국민이 직접 투표에 참여하는 보통선거의 방식으로 러시아공화국 대통령을 선출하게 되면서 본격적으로 시작되었다. 소연방 구성공화국의 일원이던 러시아에서 민주개혁을 표방한 옐친이 대통령에 당선되어 소연방 해체를 주도하면서 독자적인 러시아의 민주화가 추진된 것이다. 그러나 옐친의 러시아가 공산주의를 거부하고 탈소비에트 국가건설에 나섰던 사실만으로 자유주의자들의 논지에 따라 러시아가 민주화 물결에 합류했다는 주장은 더 이상 설득력을 갖지 못한다. 소연방 해체의 초기 단계에서 다수의 민주화 비교이행론자들이 러시아의 민주화를 진단하고 장 · 단기적 예측을 시도했지만, 2009년 현재 러시아의 민주화 수준은 여전히 답보상태를 벗어나지 못한 상태로 그들의 예측에서 벗어난 궤적을 거쳐왔기 때문이다.

1990년대 초반부터 비교정치를 연구하는 일군의 학자들은 남미와 남유럽의 정치변동 사례연구에서 축적된 '민주화 비교이행론'(Transitology)의 분석틀을 러시아의 탈공산화 과정에 대입시켜 이를 헌팅턴(S. P. Huntington)이 명명한 민주화의 물결로 진단하였다. 그들은 러시아와 중 · 동부 유럽의 탈공산주의 이행을 권위주의 체제로부터 민주주의 체제로의 이행 모델로 설명하면서 민주화 이행을 절차적 민주주의의 확립과정으로 규정한 바 있다. 반면 소비에트학(Sovietology) 연구자들은 비교의 적실성 문제—권위주의의 성격, 사회경제적 조건, 정치문화, 국제적 변인의 차이 등—를 지적하면서 민주화 비교이행론의 한계를 비판하였다. 소비에트학 연구자들은 탈공산주의 체제이행을 여타 지역의 탈권위주의 체제이행과 구별되는 새로운 형태의 민주화 경로를 개척하는 것으로 보았다.[2)]

예컨대 홈즈(Leslie Holmes)는 일찍부터 공산주의의 권력체계, 즉 일당지배 구조가 실제로 어떻게 유지 · 작동되었는지를 정확하게 분석해야 비로소 그것을 거부한 탈공산주의를 제대로 이해할 수 있다고 보았다(Holmes 1997, 13-15). 그는 탈공산주의는 공산주의에 대한 거부이며 다른 어떤 분명한 대안적인 체제를 향한 움직임이 아니었다는 주장을 하였다. 그에 따르면 동유럽과 소연방 해체에서 나타난 탈공산주의의 격변은 이데올로기나 이상적 목표로서의 공산주의에 대한 거부뿐만 아니라, 실제 공산주의 체제 운영과정에서 발생했던 잡다한 문제들에 대한 총체적인 거부에서 비롯된 것이다. 즉 탈공산주의는 민주집중제를 비롯한 다양한 공산주의 체제의 공식적 산물—거짓, 위선, 엘리트주의, 부패, 공산당원의 타락한 행태 등—에 대한 총체적인 거부를 의미한다. 여기서 중요한 사실은 공산주의에 대한 이중거부 혁명(double-rejective revolution)이 공산주의에 반대되는 것을 무조건적으로 추구하는 것일 뿐 그 자체만으로 서유럽 국가들처럼 민주주의와 시장경제, 나아가 독립된 국가주권이 완성되는 것은 아니었다는 점이다. 린쯔와 스테판 역시 탈공산화를 민주화 과정으로 기술하지만 "후기 공산주의 유럽 : 가장 복잡한 경로와 과제"라고 명명하면서 민주화 비교이행론의 단순 적용 대신에 새로운 개념과 이론 모색을 시도하였다(Linz and Stephan/김유남 외 옮김 1999). 결국 러시아를 포함하여 탈공산주의 국가들의 민주화와 민주주의의 진로를 민주화 이론의 기계적 대입으로는 설명하기 어렵다는 것이다.

따라서 러시아의 탈공산주의 체제변화를 이행이 아닌 '변혁' (transformation)으로 이해하려는 노력이 보다 설득력을 갖는다(김태환 2005, 58-60). 변혁의 시각은 체제변화의 경로나 목표에 대해서 선험적 가정이나 전제를 배제한다는 점에서 자유주의적 '이행론' (transitology)과는 뚜렷하게 구분된다. 즉 탈사회주의 정권변화(regime change)는 자유민주주의로부터 권위주의 정권을 비롯한 다양한 형태의 정권유형이 될 수 있으며, 경제체제의 변화는 자원배분에 있어서 시장과 국가의 역할분담 정도가 상이한 다양한 체제들을 포함한다. 따라서 변혁적 시각은 체제변화의 궁극적 목표보다는 오히려 그 경로분석에 초점을 맞추고 있으며, 특히 상이한 경로를 초래하는 인과적 동인에 주목함으로써 방법론상으로는 비교적인 접근을 취한다. 이러한 비교변혁론의 관점에서 소연방 해체 이후 러시아의 변혁

궤적을 평가하면, 대략 옐친기의 러시아는 소연방의 권위주의적 사회주의 체제로부터 민주주의적 시장자본주의로의 변화를 추진해 왔으며, 푸틴 집권기의 러시아는 부분적으로 민주주의적 국가자본주의 체제로 전환하는 양상을 보여왔다고 할 수 있다.

한편 민주주의를 어떻게 개념 정의할 것인지에 대한 문제는 러시아의 민주화와 민주주의를 진단하는 데 근본적인 한계를 노정한다. 민주주의의 개념은 서로 다른 문명권이나 범주 혹은 측정방법(지표) 등에 따라 매우 다양한 형태로 정의되어 왔다. 오늘날 스위스에서 조선인민민주주의공화국에 이르기까지 세계의 모든 국가들이 각기 자신의 민주주의를 표방하고 있다. 그러나 만약 민주주의가 어떤 구체성을 갖는 용어라면 그렇게 광범위한 국가들을 모두 포괄할 만큼 개념이 확장될 수는 없을 것이다. 이에 대해서는 번스(V. Bunce)의 지적이 유효한데, 그는 중남미와 탈공산주의 지역의 민주화를 다룬 문헌을 포괄적으로 분석하면서 민주주의의 개념 정의에 심각한 문제가 있음을 발견했다. 그는 민주화 연구를 진행하는 학자들이 각자 나름대로의 민주주의 개념을 만들어내는 바람에 민주주의라는 빈 병에 너무 많은 내용이 뒤엉킨 채 통합되어 민주주의의 개념적 범람을 초래했다고 보았다(Bunce 2000, 723). 따라서 탈소비에트 러시아의 민주화에 대한 평가에서 체제이행의 목표와 방향이 존재했는지에 대한 논쟁과 더불어 체제변혁 과정을 놓고도 견해가 엇갈리게 된다. 특히 푸틴의 러시아가 표방한 주권민주주의는 민주주의의 보편성을 부정하고 정치적·사회적·문화적 종속성을 강조한다는 점에서 연구의 서두에서 민주주의의 개념화 문제도 지적해야 할 것이다.

III. 옐친 집권기의 민주주의

1. 러시아연방의 독립과 정치제도 수립

1990년 3월 고르바초프는 소연방에서 공산당 일당독재를 폐지하고 대통령제를 도입하면서 전면적인 개혁을 추진하였다. 그러나 소연방 구성공화국들은 발틱 3국을 필두로 하여 앞을 다투며 자치, 주권 혹은 독립을 선언함으로써 연방해체를 가속화하였다. 결국 1991년 초 발틱 3국에는 소연방 최정예 부대인 '검은 베레'가 투입되어 독립선언을 무력으로 진압하는 사태가 벌어졌다. 고르바초프는 더 이상 낡은 소연방의 틀로는 국가를 유지할 수 없다는 판단으로 구성공화국들에게 광범위한 자치권을 부여하는 '신연방조약'(new union treaty) 체결을 제안했다. 그러나 소연방의 구심력은 1991년 8월 보수·군부세력에 의한 쿠데타로 인해 돌이킬 수 없을 만큼 훼손되었다. 신연방조약 체결 움직임에 반발한 보수세력이 쿠데타를 통해 고르바초프를 권좌에서 축출하려 하자 독립에 미온적이던 구성공화국들조차 서둘러 독립을 선포한 것이다(Boilard/우준모 외 번역 1999, 47-58).

러시아는 소연방의 권력기구를 대체·승계하여 국내외적으로 법적 정통성을 이어받으면서 독립적인 연방제 국가를 건설해 나갔다. 그리고 1991년 5월 러시아공화국 제4차 인민대표자대회에서 대통령제를 채택하고 같은 해 6월 국민투표를 통해 민주개혁을 주도하던 옐친을 대통령으로 선출했다. 옐친은 1991년 8월 소연방에서 쿠데타가 발생하자 이에 맞서기 위해 전면에 나서서 시민궐기를 호소함으로써 3일 만에 이를 무력화시켰다. 쿠데타 진압에 성공한 옐친은 내각과 지방정부기관, 기업 내에서 공산당 구조를 금지시키는 법령을 발표하는 등 탈공산화의 과감한 개혁조치를 단행할 수 있었다. 특히 1991년 11월 제5차 인민대표자대회에서 1992년 11월 말까지 1년 동안 옐친은 대통령으로서 의회의 동의를 구하지 않고 포고령만으로 개혁을 추진할 수 있는 이른바 '비상대권'을 부여받았다(강원식 1994, 33-38).

1991년 12월 옐친은 독립을 선언한 여타 구성공화국 대통령들과 세력을 연대하여 독립국가연합(CIS)을 결성함으로써 소연방 해체를 기정사실화하고 러시아의 독자적인 발전을 주도하였다. 그러나 옐친이 추진한 급진개혁은 정부구성 및 경제정책의 방향 및 속도를 놓고 제(諸)정치세력 간의 불화를 초래하였다. 여기에 더하여 급격한 물가상승으로 인한 사회적 혼란은 의회역할을 담당하던 인민대표자대회 대의원들이 옐친의 개혁에 반격할 수 있는 빌미를 제공했다. 결국 1992년 4월의 제6차 인민대표자대회를 기점으로 신생의 러시아연방은 개혁정책과 새로운 권력구조 창출을 둘러싸고 대통령과 의회의 첨예한 갈등을 노출하기 시작했다. 인민대표자대회는 민주적 선거를 통해 구성되었으나 대의원들 중 상당수가 소연방 시기의 지배계급인 공산당 세력이었기 때문에 옐친의 개혁정책으로 자신들의 이익이 침해되는 것을 두려워했다(이영형 2009, 184).

대통령과 의회가 첨예하게 대립한 주요 쟁점은 새로운 헌법에 담게 될 정부권력구조 및 배분에 관한 것이었다. 러시아는 소연방으로부터 주권을 선언한 1990년 6월 이후 새로운 연방헌법을 만들기 위해 제헌위원회를 설치하고 몇 차례에 걸쳐 초안을 마련하였으나 번번이 인민대표자대회에서 정쟁(政爭)대상으로 전락하였다. 소연방 체제에서부터 이어온 양측의 논쟁은 1993년 6월에 소집된 제헌의회에서도 계속되었다. 중앙정부와 연방을 구성하는 지역 및 지방의 정치체를 묶게 될 연방제의 성격과 대통령중심제와 의회제를 놓고 다양한 이견이 좁혀지지 않았던 것이다. 결국 1993년 9월 옐친은 대통령 포고령(1400호)을 통해 의회해산을 명령하고 새로운 입법기관이 될 국가두마 선거를 12월에 실시한다고 발표했다. 의회해산 명령은 초법적인 조치였으나 옐친은 이에 반발하는 의회를 무력으로 해산시키고 자신이 마련한 연방헌법 초안을 새로운 의회가 될 국가두마 선거와 동시에 국민투표에 회부시켰다(Boilard 1999, 154-159). 12월 12일에 실시된 투표에서 러시아연방 신헌법은 유권자 55%가 투표에 참여하여 지지율 58%로 통과되었다. 이로써 신생 러시아연방의 정치권력의 구조와 배분방식 등 러시아 민주주의의 핵심적 기초가 마련되었다.

2. 민주주의의 제도적 기반과 골격

러시아는 1993년 12월 새로운 연방헌법을 채택함으로써 헌정체제의 기본구조를 확정했다.[3] 이로써 러시아는 소연방을 계승하면서도 완전히 새로운 국민국가를 건설할 민주주의의 제도적 기반과 골격을 갖춘 것이다. 국민국가(nation-state)의 개념 가운데 국가건설(state building)의 과정은 통치제도와 법률을 확립하고 대외적으로 독립을 인정받는 것을 일컫는다. 따라서 독립의 초기 단계에서 러시아가 제정한 연방헌법을 분석하면 헌정제도의 골격과 그것이 지닌 민주적 기반과 수준을 평가할 수 있다.

• **헌정의 원칙** : 연방헌법은 제1장에서 '헌법제도의 기본원칙'을 밝히고 있다. 즉 러시아는 공화제적 성격을 지닌 연방제 국가로서 국민의 인권과 자유를 최상의 가치로 여기며 인간적 · 시민적 권리와 자유를 보장한다는 것이다. 다민족으로 구성된 국민은 국가권력의 원천으로 직접 선거를 통해 권리를 표현하고 국가권력기구와 지방자치기관 등을 통해 권리를 실현한다. 러시아에서 입법, 행정, 사법의 삼권은 분립되며 대통령, 의회, 행정부, 사법부 그리고 지방자치기관들이 국가권력을 실현한다.

• **연방제** : 러시아연방은 민족적 · 지역적 · 경제적 근거를 바탕으로 경계구조를 설정한 89개의 구성주체를 포함하며, 이 가운데 체치냐를 포함하여 21개 주체가 공화국의 지위를 갖고 있다.[4] 러시아의 연방구성 주체 가운데 주(oblast)나 지방(krai)에 비해 상대적으로 더 많은 권한을 갖고 있는 공화국들조차 소연방 구

성공화국들에 비해 독자적인 권한이 훨씬 적기 때문에 러시아연방은 소연방과 달리 쉽게 해체되지 않을 것이다. 또한 상당수 공화국들이 민족 명칭을 갖고 있으나 인구학적 구성으로는 소수계에 그칠 뿐만 아니라, 지리적으로도 러시아 내륙에 위치하는 공화국들이 많기 때문에 타국과 국경을 같이 하지 않는 점도 러시아연방의 공화제적 결속력을 높이는 요소이다(이승희 1995, 284). 그러나 연방구성 주체들은 각각의 지방정부를 구성하여 자치권을 행사한다.

• **대통령중심제** : 연방헌법은 제4장에서 대통령에 관한 조항들을 명기하였다. 대통령은 6년 임기로 한 차례 연임이 가능하며, 임기만료 후 다른 사람이 대통령직을 수행한 이후에는 전임자가 다시 대통령에 선출될 수 있는 구조이다. 대통령은 대내외정책의 기본방향을 규정하며, 총리를 비롯한 고위각료를 지명·임명한다. 또한 법률안 거부권과 의회해산권을 갖고 있으며, 비상대권과 포고령을 행사한다. 부통령은 없으며, 대통령 유고시 총리가 권한대행을 맡게 된다. 러시아는 대통령제 국가임에도 불구하고 의회에 대해 책임을 져야 하는 행정부 수반으로 총리를 두고 있기 때문에 준대통령제 국가로 분류되기도 한다(우준모 2009). 이것은 헌법제정 당시에 있었던 대통령과 의회 간의 권력투쟁이 헌법에 반영된 결과로 해석된다.

• **양원제 의회** : 연방헌법 제5장은 연방의회에 관한 조항들이다. 러시아는 미국과 유사하게 양원제 의회(상원 : 연방회의, 하원 : 국가두마)를 운영하고 있다. 연방회의는 전시상태 및 비상사태 선포에 대한 대통령 포고의 승인권과 대통령 탄핵권을 갖고 있으며, 국가두마는 총리임명에 대한 동의권과 연방정부에 대한 불신임권, 그리고 대통령에 대한 탄핵제기의 권한을 갖고 있다.

• **행정부** : 연방정부는 총리를 수반으로 하여 부총리와 각료들로 구성한다. 연방정부는 대통령에 의해 해산될 수도 있으며, 국가두마에 의해 불신임을 받을 수도 있다. 총리지명권은 대통령에게 있으나 의회 비준을 거쳐야 한다.

• **선거 및 정당제도** : 연방정부의 대통령과 의회 및 지방정부 수장과 의회를 국민이 직접 선거를 통해 선출하며, 정당설립 및 활동의 자유를 보장하고 있

다. 국민의 정치활동 참여를 위해 자유롭고 평등한 선거를 주기적으로 치를 수 있도록 헌법에 성문화하였고, 단체행동권과 집회 및 결사의 자유를 보장하여 참정권과 자유로운 정당활동의 기반을 구축하였다.

• **사법권** : 삼권분립에 기초하여 사법권의 독립성을 보장하고 있으며 헌법재판소, 최고중재재판소, 연방대법원의 판사는 독립적이고 불가침한 권리를 지니며 파면되지 않는다.

3. 옐친 체제의 특성 : 위임민주주의

옐친은 1993년 12월 선거를 통해 새로운 국가두마를 선출하고 연방헌법을 채택함으로써 이행 초기 단계의 정치적 혼란을 진정시키고 기본적인 통치제도와 질서를 구비하게 되었다. 그러나 탈소비에트 러시아의 체제전환을 이끌었던 옐친 대통령의 집권기간에 나타난 러시아의 민주주의 제도를 놓고 다수의 학자들은 "위임민주주의"(delegative democracy)에 해당한다는 평가를 내리고 있다(Tsygankov 1998 ; Kubicek 1994 외 다수). 위임민주주의는 선거에서 당선된 대통령이 자신에게 주어진 절차적 민주주의의 정당성을 무기로 삼아 권위주의적 통치행태를 지속하는 경우를 일컫는다. 말하자면 선서에서 당선된 대통령이 의회나 정당 등 여타 정치제도나 사회조직으로부터 간섭이나 통제를 받지 않으면서 법적으로 자신에게 부여된 통치권한을 보장된 임기 동안에는 확실하게 행사하는 것이다.

위임민주주의는 오도넬이 남미의 민주주의를 연구하면서 개념화한 것으로 권력집행의 책임성이 지니는 본질에서 대의제 민주주의와 뚜렷한 차이를 지닌다. 대의제 민주주의 국가에서 대통령은 수직적으로는 유권자들에 대해 책임성을 지니며, 수평적으로는 의회, 사법부, 정당 등 대통령의 권한을 견제하는 헌법상의 제도들에 대한 책임성을 지닌다. 그러나 위임민주주의에서 대통령은 대의

제 민주주의와 달리 국가에 대해서만 책임을 지게 된다. 따라서 대통령은 자신의 정책목표와 국익을 실현하기 위해 일방적으로 포고령(decree)을 내리거나 국민투표(plebiscite)와 같은 직접적인 통치방식을 자주 동원한다(O'Donnell 1994, 59-66).

옐친의 러시아가 위임민주주의적 성격을 지니게 된 원인은 체제변혁의 초기 단계에서부터 지속되었던 대통령과 의회 간의 권력투쟁에 있다. 옐친은 1991년 6월 러시아 최초의 직선제 대통령 선거를 통해 선출되었으나 법제도적인 미비로 인하여 의회에 해당하는 인민대표자대회 및 최고회의와 심각한 권한분쟁을 겪어야 했다. 특히 1992년 12월 인민대표자대회는 헌법개정을 통해 대통령의 권한을 대폭 축소시킴으로써 옐친의 정치적·경제적 개혁정책을 방해했다. 그로 인하여 옐친은 자신이 추진하는 개혁의 정당성을 국민들에게 직접 호소하고 추인받는 방식을 선호하게 되었다. 옐친은 1993년 4월 개혁에 저항하는 인민대표자대회를 국민투표를 통해 제압했고, 나아가 같은 해 10월에는 결국 의회를 무력으로 해산했다. 그리고 12월의 국민투표를 통해 새로운 의회인 국가두마를 구성하였으며 신헌법을 채택하였다(강원식 1994).

1993년 12월에 채택된 신헌법은 옐친에게 절반의 성공만을 가져다 주었다. 이미 앞절에서 살펴본 것처럼 신헌법은 민주주의의 제도적 기반이자 골격으로 자리매김하였으나 그 자체가 민주주의와 체제안정을 보장하는 것은 아니었다. 옐친은 1993년 신헌법 채택과 동시에 치러진 의회 선거에서부터 1995년 의회 선거, 1996년 대통령 선거 그리고 1999년 의회 선거에 이르기까지 재임기간에 치러진 모든 선거에서 단 한 차례도 안정적으로 국정운영을 수행할 지지기반을 마련하지 못했다. 세 차례의 의회 선거는 쥬가노프(G. Zyuganov)가 이끄는 공산당이나 극우 민족주의 정당인 지리노프스키(V. Zhirinovsky)의 자유민주당과 같은 반개혁적 보수세력이 다수의석을 차지하는 결과를 낳았고, 그로 인하여 옐친은 국정운영에 있어서 지속적인 의회의 견제를 받아야 했다(이홍섭 2003, 13-17). 1996년 대선의 경우에도 옐친은 결선투표 끝에 쥬가노프를 누르고 재선에 성공했으나 선거과정에서 이미 러시아의 변화를 지속할 동력을 상실하고 있었다. 그는 이미 건강이상 징후가 드러나 통치능력을 의심받았으며, 정치·경제적 개혁에 대한 공약은 보류한 채 선거에서 승리하기 위해 선심성 공약을 남발하였고, 결선투표에서는 승리를 위해 무원칙한 세력통합과 합종연횡을 이어갔다(Boilard 1999, 120-125).

옐친은 공산당이나 민족주의 계열의 보수세력이 의회에서 다수세력을 차지함에 따라 집권기간 내내 스스로가 특정 정당과의 공식적인 연계를 만들지 않았다. 이는 정책입안 및 추진과정에서 의회나 정당 등 여타 정치제도와 사회조직으로부터 간섭이나 통제를 받지 않기 위한 옐친의 자구책이었으나 의회정치와 정당발전을 가로막는 장애요소가 되었다. 옐친의 포고령 남발이나 폐쇄적·비공식적 방법에 의존한 정책결정은 삼권분립에 기초를 둔 헌법정신을 무시한 것으로 위임민주주의적 국정운영 행태의 전형에 해당하는 것이었다.

IV. 푸틴 집권기의 민주주의

1. 강하고 효율적인 국가건설 추진

1999년 12월 31일 푸틴이 대통령 권한대행직을 맡았을 때 크레믈린은 러시아 전역에서 법적 통제력을 상실하여 세금징수와 통치권 행사에 어려움을 느끼고 있는 상황이었다. 정부 각료와 올리가르히의 결탁으로 부패가 만연했고, 마피아 세력조차 발호하였으나 사법부의 책임성 부재로 정부의 효율성은 극도로 낮아진 상태였던 것이다. 옐친이 통치했던 8년 6개월 동안의 민주화 실험은 비효율적인 연방제도를 만들어 국가적 통합성을 저해했을 뿐만 아니라, 방만하고 무책임한 정당들의 난립으로 의회가 제 기능을 할 수 없도록 만들었다. 특히 러시아는 대내외적인 위협으로부터 국가안보를 확립하지 못하였고 제대로 된 외교정책의 노선조차 성안하지 못한 상황이었다.

이러한 악조건 속에서 대통령직에 올랐던 푸틴은 국가가 내부적으로 출혈 상태에 있으면 민주주의가 불가능하다는 판단을 내리고 제대로 된 민주주의를 확립하려면 국가적 통합성과 안정성을 먼저 회복해야 한다는 주장을 전개했다. 사실 국내외적인 분쟁상태에 있는 국가에서 민주주의적 가치가 유지되기란 쉽지 않은 법이다. 특히 분리주의 세력이 발호하는 국가나 타국과 분쟁상태에 놓인 국가들은 자유민주주의의 가치가 제한되고 권위주의적 통치가 강화되는 경향을 보이기 마련이다. 실제로 미국조차 9 · 11 사건 이후 테러와의 전쟁을 효율적으로 전개하겠다는 명분을 내세우며 인권침해의 소지가 있는 '애국법'(USA Patriot Act)을 제정한 바 있다.[5)]

소연방 해체 이후 러시아는 체치냐와 타타르스탄의 분리주의 세력들로부터 계속해서 국가를 분열시키려는 도전을 받아왔다. 옐친은 연방을 유지하기 위해 분리주의 세력을 포함한 모든 연방구성 주체들에게 광범위한 자치권을 부여함으로써 국가적 통합성을 유지하는 데 곤란을 겪어왔다.[6)] 그러나 푸틴은 국가보안국(FSB, 구KGB) 총수 출신답게 지방의 토호세력이나 분리주의자들과 민주적 타협이나 대화를 통한 해결방식보다는 단호하고 강경한 진압방식의 대처를 통해 국가의 통합성을 유지하면서 강한 국가를 만들어 나갔다. 국가 위기시에는 민주주의적 가치보다 국가가 우선한다는 푸틴의 전략은 러시아 국민들의 광범위한 지지를 획득하였으나 서구 학자들은 이에 대해 권위주의적 통치를 합리화하려는 푸틴의 억지라는 평가를 내렸다(Kumar 2008, 92-94).

푸틴의 강한 국가건설의 노력은 집권 첫해인 2000년 1월 수정을 통해 새로이 채택한 '러시아연방 국가안보 개념'과 4월의 '신군사 독트린', 그리고 6월 국가안보, 국방, 외교정책의 주요 방향을 체계화한 '러시아연방 외교정책 개념'(新외교 독트린) 등으로 방향성을 드러냈다. 그는 집권과 더불어 "빠른 시일 안에 강력하고 경제적으로 발전되며 국제적으로 영향력 있는 국가건설"을 위해 박차를 가했다(고재남 2004). 이것은 "경제발전 도모 → 강국건설 → 강대국 지위 회복"을 의미하는 것으로 푸틴의 집권 8년 내내 유지된 통치철학이자 목표였던 것이다.

강하고 효율적인 국가건설을 위한 푸틴의 노력 가운데 최우선적으로 진행된 과제는 중앙정부의 위상 강화를 위해 연방제를 개편하고 정비하는 것이었다. 옐친 시기의 연방제도에서 러시아 국민들은 자신이 거주하는 지역의 지방정부와 연방 중앙정부라는 이중적 지배구조 속에 놓여 있었다. 연방구성 주체인 지방정부들은 중앙정부와 양자관계를 통해 협정을 체결하고 사실상 독립적인 정치체로 기능해 왔기 때문이다. 2000년 5월 푸틴은 89개에 이르는 연방구성 주체를 7개의 연방관구로 재편하는 구조개혁을 전격적으로 단행하고 각 연방관구에 대통령 전권대표인 '폴프레드'(полномочный представитель президента)를 파견했다. 대통령 전권대표 7인 가운데 다섯 명은 KGB 시절부터 푸틴과 긴밀한 연대를 갖고 있던 인물이었다(Shevtsova 2003, 91).

이후 푸틴은 연속해서 "연방회의 구성에 관한 법"을 제정하여 지방정부 수장 및 지방의회 의장이 차지하던 연방 상원의원의 자리를 박탈하여 면책특권을 회수함으로써 지방에 대한 중앙정부의 통제권을 확립하였다. 지방정부 수장에 대한 직선제도 폐지되어 대통령이 임명하도록 바뀌었다. 또한 정당법과 국가두마 의원 선거법 개정을 통해 난립하던 군소정당들을 도태시키고 소수의 전국 정당을 중심으로 의회가 운영되도록 제도를 마련하였다. 그리고 친정부적인 정당인 통합러시아당(United Russia)을 창당하여 의회 내 다수의석을 점유함으로써 강하고 효율적인 국가건설에 의회가 발목을 잡지 못하도록 만들었다(여인곤 2007).

이 외에도 푸틴은 옐친 집권기에 득세했던 올리가르히 세력을 비롯한 러시아 지배 엘리트에 대한 교체를 진행하여 언론재벌 구신스키(Vladimir Gusinkii)와 베레조프스키(Boris Berezovskii) 그리고 석유재벌 호도르코프스키(Mikhail Khodorkovskii) 등을 축출하고 자신의 통치력을 뒷받침할 가신 그룹 실로비키(siloviki) 세력을 구축하였다. 실로비키는 군, 경찰, 정보기관 출신의 새로운 지배 엘리트들로서 푸틴 대통령이 집권한 이후 대통령 행정실의 3/4, 정부 고위직의 1/3, 7개 연방관구 파견 직원의 70%가 실로비키들이었다. 정부 부처 이 외에도 로스네프

찌(Rosnefts')를 비롯한 대부분의 알짜 국영기업의 요직은 실로비키가 차지했다(《동아일보》 2007. 8. 27). 다만 정치 엘리트의 교체는 비교적 점진적 과정을 거쳐 이루어졌는데, 이것은 푸틴 자신이 옐친 말기인 1999년 8월부터 총리직을 수행하면서 대통령직 권한대행을 거쳐 옐친으로부터 권력을 승계했기 때문으로 풀이된다(서동주 2005, 296-299).

푸틴의 강한 국가건설을 위한 노력은 사법제도에 대한 개혁으로 이어졌다. 법치국가를 만들어 인권과 시민권을 보장하고 시민들의 경제적 권리를 향상시키려면 정치적 목적으로 법을 남용하지 못하도록 차단하고 법적 미비점을 보완하면서 정치권을 비롯한 외부세력으로부터 사법제도가 독립성을 유지할 수 있도록 보장해야 했다. 푸틴은 옐친 집권기에 사법부가 경제적 빈곤에 시달렸기 때문에 부패에 쉽게 연루되고 독립적 판단을 내리지 못했다는 판단으로 사법부에 대한 예산지원을 확대하고 판사들의 임금을 대폭 인상하는 조치를 취했다(Solomon, Jr. 2001, 2002). 더불어 푸틴은 사법제도의 절차적 개선을 통해 부패를 척결하고 법질서를 확립하여 중앙정부의 권위를 강화하고자 하였다.

이미 언급한 바와 같이 푸틴 개혁의 주된 내용은 경제발전을 통해 강대국 러시아를 재건하는 것이었다. 사실 푸틴이 처음 대통령직에 올랐을 때 러시아 경제는 비효율과 부패 그리고 법제도적 미비로 인하여 해외투자 유치나 정상적인 상거래 계약이 불가능한 수준이었다. 조세 및 금융제도는 엉망이었고, 지하경제는 공식적 경제활동을 심각하게 방해하고 있었다. 푸틴은 경제개혁을 통하여 시장경제체제의 확립과 절대 빈곤층의 보호, 그리고 사유재산권의 강화와 노동자의 권리를 보장했다. 이것은 푸틴 집권 이후 공교롭게도 세계경제가 안정되면서 러시아의 지속적인 경제성장이 가능했고 재벌개혁과 사법부 개혁을 병행하면서 추진한 법질서의 확립이 성과를 낸 것이기도 하다. 그러나 에너지 산업의 재국유화 등에서 나타난 것처럼 경제영역인 '시장'에 대한 국가의 적극적인 개입이 바람직한 현상이 아닌 것은 분명하다(정한구 2005).

2. 주권민주주의의 요체

8년여 간 집권했던 푸틴의 러시아가 법질서를 회복하고 국가기강을 확립함으로써 강하고 효율적인 국가를 건설하는 과정이었다면 러시아의 민주주의의 수준은 이제 보다 성숙한 상태에 도달해야 마땅할 것이다. 그러나 러시아는 민주적 외형을 갖추고 있으나 여전히 공동체주의적 집단성과 국가권력을 중시하는 전통적인 정치문화를 유지하고 있기 때문에 서구적 민주주의 가치를 형성하는 데 한계를 드러내고 있다는 평가이다(장덕준 2007). 예를 들자면 프리덤 하우스는 1997년부터 해마다 탈공산주의 체제이행 국가들의 민주화 수준을 조사해 왔는데, 러시아의 민주화 지수는 최근 10여 년 간 지속적으로 퇴행한 것으로 보고되었다. 2009년 현재 러시아는 종합평가지수 6 · 11로 매우 비민주적인 권위주의 국가로 분류되어 있다.[7] 프리덤 하우스의 평가지표는 푸틴의 강하고 효율적인 국가건설을 위한 개혁정책의 목표와 대부분 중복되어 있다. 그런데 왜 서구 학자들은 푸틴 집권기 러시아의 민주주의 수준을 퇴행적이라고 평가하고 있을까? 그 이유는 푸틴이 추구하는 민주주의의 개념이 서구의 그것과 다르기 때문일 것이다. 러시아의 관변 이론가들조차 러시아의 민주주의를 '관리민주주의' (Managed democracy)라고 칭하고 있다. 관리민주주의의 주요 특징은 강력한 권한을 지닌 대통령이 의회를 비롯한 다른 권력기관들을 압도하며 언론과 시민사회단체는 국가의 통제를 받는 것이다. 아울러 선거에 대한 국가의 관리감독도 강화되고 지방에 비해 중앙정부의 기능이 강화되며 친정부적인 사회세력의 조직화가 이루어졌다. 관리민주주의는 '강한 국가' 의 다른 이름인 것이다(정한구 2008, 195-196).

푸틴은 대통령 선출방식과 임기, 권한과 임무 등에 관한 러시아 헌법과 법률의 규정과 절차를 철저하게 따르는 '민주적' 행태를 보이면서도 내용에 있어서는 러시아의 특수성을 고려한 민주주의를 강조했다. 푸틴은 재임기간 내내 높은 국민적 지지와 국정 장악력을 발휘하였으나 인근의 중앙아시아 국가의 지도자들이나 베네수엘라의 차베스(Hugo Chavez)처럼 스스로가 종신 대통령이 되는 길을 만들지는 않았다. 즉 푸틴은 절차적 민주주의를 분명하게 지켜내면서 내용에 있어서 러시아의 주권을 대내외적으로 명확하고 굳건하게 표방함으로써 존중받는 민주주의 국가 러시아를 주창한 것이다.

푸틴이 추구한 강하고 효율적인 국가의 이상은 '주권민주주의'(Sovereign democracy)라는 개념으로 이데올로기화되었다. 주권민주주의는 대통령실의 수석부실장 겸 대통령 고문인 수르코프(Vladislav Iu. Surkov)가 러시아의 정치적·사회적·문화적 현실을 고려하여 토착적 민주주의 모델을 구축하고자 창안해낸 개념이다. 수르코프는 이를 "민주주의를 손상시키지 않으면서 주권을 유지하고 정체성을 보존하면서 체제를 개방하려는" 러시아 사회의 정치적 삶의 양식이자 목표라고 정의했다. 말하자면 러시아를 시민사회가 발전한 나라, 신뢰받는 통치제도와 법률을 갖추고 자유시장 경제의 활력이 넘치는 나라, 그리고 세계문제에 효과적으로 영향력을 발휘하는 메커니즘을 지닌 강력하고 자긍심 높은 나라로 만들려는 염원을 주권민주주의의 개념에 담아낸 것이다(Surkov 2009).[8)]

원래 주권민주주의는 우크라이나에서 발생한 '오렌지 혁명'에 대한 대응 차원에서 등장했다. 2004년 11월부터 이듬해 1월 사이에 우크라이나의 쿠츠마(Leonid Kuchma) 정권이 안으로는 아래로부터 인민대중들의 반정부 시위와 저항에 직면했고 밖으로는 위로부터 국제사회의 민주화의 압력에 시달리다가 붕괴되는 사태가 발생했다. 이에 대해 크레믈린은 미국을 비롯한 서구세계가 서구식 민주주의를 탈소비에트 국가들에게 이식시키기 위해 우크라이나 인민대중에게 침투하여 선동하고 원거리에서 반란을 조종한 것으로 인식했다. 따라서 러시아는 이러한 혁명이 러시아로 파급될 수 있다는 위기감에 이에 대응할 수 있는 근본적인 이데올로기이자 토착화된 민주주의 개념을 확립해야 한다는 문제의식을 갖게 된 것이다.

러시아의 입장에서 볼 때 주권은 단순하게 타국으로부터 외교적으로 인정받으면서 국제연합(UN)에서 한 자리를 차지하는 권리의 문제가 아니었다. 주권은 곧 국가가 지닌 능력으로 거기에는 경제적 독립성과 강력한 군사력, 그리고 문화적 정체성이 포함되는 것이다. 특히 주권국가의 핵심적 요건으로 '국가관이 투철한' (nationally-minded) 민족 엘리트가 필요하다. 수르코프를 비롯한 크레믈린의 이론가들은 국가관이 투철한 민족 엘리트를 양성하는 일을 주권민주주의 체제 구축의 근본적 발판으로 여겼다. 말하자면 국가관이 투철한 엘리트들을 위하여 국가관이 강조된 민주주의 이론을 구축해야 했던 것이다. 그들은 유럽의 근대화 과정에서 형성된 서구적 민주주의의 두 가지 근본, 즉 근대 사회는 본질적으로 다수의 의사를 반영한다는 대의제와 인민의 의지에 기초한다는 국민주권론의 이념을 배척했다. 따라서 주권민주주의의 기저에는 서구식 자유민주주의(liberal democracy)나 민중적 민주주의(populist democracy)에 대한 거부감이 자리 잡고 있다. 말하자면 주권민주주의는 투철한 국가관에 입각하여 체계적으로 교육받은 엘리트가 국가발전에 대한 사명감을 가지고 인민을 위해 헌신적으로 통치하는 제도인 것이다(Krastev 2006).

러시아 국내외의 이론가들은 주권민주주의가 러시아에서만 주창되는 독특한 개념이 아니라, 많은 주권국가들에서 각자 나름의 이름을 붙여가며 자신들의 현실에 맞는 토착적 민주주의를 만들어 왔고 앞으로도 만들어야 가야 할 것이라고 주장했다(Orlov 2008, 72-76). 예컨대 후쿠야마(Francis Fukuyama)는 2007년 8월 뻬쩨르부르크에서 개최된 국제경제포럼에서 행한 연설에서 모든 국가는 자국의 근대화의 길을 스스로 개척해야 한다는 입장을 피력했다. 국가나 사회의 근대화와 발전은 외부의 힘으로 추진되는 것이 아니라 그 국가와 사회 구성원들의 노력의 결과로 얻어진다는 것이다. 특히 후쿠야마는 주권민주주의가 러시아 스스로 자국의 민주적 변혁의 경로를 개척하려는 의미를 담고 있다는 측면에서 긍정적이라고 평가했다. 옐친기 러시아에서 외교부 장관과 총리를 지냈던 프리마코프(Yevgeny Primakov) 역시 주권민주주의에 대해 개념적 · 현실적 정의와 진단을 통해 중요한 의미를 지닌다는 평가를 내린 바 있다(Primakov 2008, 97-101). 수르코프는 주권민주주의 개념 역시 아직은 메모 수준에 불과하므로 앞으로 지속적으로 개념적 진화를 모색할 것이라는 입장을 밝혔다. 즉 주권민주주의는 탈소비에트 체제변혁의 과정을 거치고 있는 러시아가 국내외적으로 직면한 현실적 도전을 극복하고 강대국의 지위를 확립하기 위해 마련한 미래의 국가상이라는 것이다(Bykova 2009, 3-7).

V. 맺음말

민주주의의 최소주의 정의인 절차적 민주주의는 선거에 있어서 국민 전체가 참여할 수 있도록 보장되어야 하고, 후보자 간에는 자유롭고 공정한 경쟁이 진행되어야 하며, 이 모든 것은 법률에 따라 주기적으로 진행되어야 한다고 보는 입장이다. 탈소비에트 러시아에서 옐친은 이와 같은 절차적 민주주의의 법제도적인 틀을 만들었고, 푸틴은 그 틀이 작동할 수 있는 국가와 사회를 건설하고자 노력했다. 그러나 양자는 모두 민주적 제도를 통해 권좌에 올랐으면서도 통치방식에 있어서는 비민주적 행태를 보였다.

그 결과 러시아의 민주주의는 위임민주주의 혹은 관리민주주의 수준을 벗어나지 못하고 있다. 특히 푸틴은 집권기간 내내 강력한 리더십을 발휘하여 높은 국민적 지지를 이끌어내면서 강하고 효율적인 러시아를 건설하기 위해 매진하였다. 그리고 수르코프를 비롯한 측근 이론가들을 내세워 자신의 국정운영 방향을 주권민주주의로 체계화하였다. 푸틴의 러시아는 스스로의 역사·문화적 전통과 정체성을 곧추세우고 국내외로부터 다가오는 정치적·경제적·사회적 도전과 기회를 강력하면서 효과적으로 대응하고 활용하고자 노력했다. 이를 통하여 빠른 시일 안에 러시아를 강대국으로 부활시키는 것이 주권민주주의의 내용이자 목표였던 것이다.

그렇다면 2008년 대선에서 푸틴으로부터 후계자로 지목되어 손쉽게 대통령직에 오른 메드베데프는 푸틴의 주권민주주의에 입각한 러시아의 미래상을 어떻게 평가하고 있을까? 2009년 9월 11일, 취임한 지 1년 4개월여 시간이 흐른 상황에서 메드베데프는 자신의 국정운영 방향을 담은 10페이지 분량의 논문―「전진! 러시아」(Россия, вперед!)―을 크레믈린 공식 웹사이트와 진보적인 러시아 뉴스 사이트 가제타(Gazeta.ru)에 동시에 게재했다.[9] 이 논문에서 메드베데프는 푸틴 시기의 통치이념과 방식을 큰 폭으로 수정했다. 메드베데프는 러시아의 민주적 변혁을 위해 푸틴이 만들어 놓은 정치적 족쇄들을 해제하겠다는 입장을 분명히 한 것이다.

그는 먼저 대통령에게 과도하게 집중된 권력을 분산시키고 정당활동의 자유를 보장하여 의회정치를 활성화시키겠다는 약속을 내놓았다. 더불어 연방주의는 견고하게 유지하겠지만 지방자치를 보장하고 시민사회의 역할 증대를 모색해야 한다는 주문도 언급하였다. 메드베데프는 이 논문에서 소수의 부패한 실로비키와 기득권 세력을 청산하고 새로운 러시아를 창조하기 위해 국민 다수의 힘을 결집시켜 지금 당장 실천을 시작함으로써 점진적인 변화를 이끌어 가겠다는 결심을 명백히 하였다.

또한 11월 12일, 메드베데프는 연방의회에서 행한 연설을 통해 자신이 9월에 발표한 논문의 실천방안과 국정운영 과제를 다시금 확인하였다.[10] 이 연설에서 메드베데프는 러시아의 긴급한 현안으로 "근대화"(modernization) 과제를 주창하였다. 러시아는 민주적 가치와 제도들을 확립하고 그에 기반을 둔 새로운 근대화 프로그램을 시급하게 추진해야 한다는 것이다. 여기에는 정치, 경제, 사회, 과학기술, 외교 등 전 분야가 망라되어 있으며, 특히 선거법을 개정하여 보다 활발하고 자유로운 정치활동의 자유를 보장하겠다는 약속이 포함되어 있다.

1989년 동유럽 체제변혁과 1991년 소연방의 해체가 진행되었던 시기로부터 이제 근 20년의 세월이 흘렀다. 그동안 러시아는 서구의 정치·경제 모델을 답습하려는 노력에서부터 시작하여 러시아의 고유한 정치사회적 토양과 역사문화적 전통을 계승하여 새로운 모델을 구축하려는 시도에 이르기까지 지속적으로 민주화 변혁을 추진해 왔다. 지난 20년간 러시아는 새로운 헌법을 채택하였고 다양한 법제도적 틀을 마련하였다. 더불어 수차례의 대선과 총선 그리고 지방자치 선거를 치러냈다. 그러나 아직까지 러시아의 민주주의는 외부 전문가들의 평가뿐만 아니라 메드베데프 대통령을 비롯한 내부자의 진단에서도 상당한 수준의 미흡한 점이 지적되고 있다. 러시아의 민주변혁은 여전히 진행 중인 것이다.

참고문헌

강원식. 1994. "러시아 권력투쟁의 전개과정과 특성." 한국슬라브학회 엮음. 『러시아 새질서의 모색』. 서울 : 열린책들.

고재남. 2004. "러시아 대선 결과와 국내외 정책전망." 『주요국제문제분석』. 서울 : 외교안보연구원.

김태환. 2005. "러시아의 정치경제체제와 국가 성격." 홍완석 엮음. 『현대 러시아 국가체제와 세계전략』. 서울 : 한울아카데미.

박수헌. 2001. "러시아의 민주화와 민주주의 전망." 현대러시아연구회 편. 『현대 러시아의 이해』. 서울 : 퇴설당.

서동주. 2005. "러시아 옐친과 푸틴기 내각개편 : 결정요인, 동향, 함의." 『국제정치논총』 제45집 4.

여인곤. 2007. 『러시아 총선(12.2) 결과분석』. 서울 : 통일연구원.

우준모. 2009. "러시아 대통령제의 발전과정과 전망." 『국제지역연구』 제13권 제3호.

이승희. 1995. "러시아의 연방주의." 문수언 · 정한구 공편. 『러시아 정치의 이해』. 서울 : 나남.

이영형. 2009. "러시아의 민주주의 발전과정과 주권민주주의 자극요인." 『한국과 국제정치』 제25권 2호.

이홍섭. 2003. "러시아 총선(I) : 지난 3차례의 선거의 영향." 『월간 아태지역동향』 5월.

임경훈. 2003. "비교 민주화 이행론과 러시아의 탈공산주의 이행." 『국제정치논총』 제43집 3호 9월.

장덕준. 2005. "러시아 '시장경제' 에서 국가의 역할은 무엇인가? : 푸틴 대통령의 재벌정책을 중심으로." 『세종정책연구』 제1권 2호.

______. 2007. "현대러시아 정치문화의 탐색 : 모스크바 시민들의 민주주의에 대한 인식을 중심으로." 『한국정치학회보』 제41집 1호.

정한구. 2008. "푸틴의 '강한 국가' 건설하기, 2000-2008." 『세종정책연구』 제4권 1호.

Boilard, Steve D. 우준모 외 번역. 1999. 『러시아 21세기를 향한 도전』. 서울 : 한울 아카데미.

Linz J. Juan and Alfred Stephan, 김유남 외 옮김. 1999. 『민주화의 이론과 사례 : 이상과 현실의 갈등』. 서울 : 삼영사.

《동아일보》 "러시아는 '실로비키' 의 나라." 2007년 8월 27일자 국제뉴스 기사.

Bunce, Valerie. 2000. "Comparative Democratization : Big and Bounded Generalization." *Comparative Political Studies*. vol. 33, no. 6–7.

______. 1998. "Regional Differences in Democratization : The East Versus the South." *Post–Soviet Affairs*. vol. 14, no. 3.

______. 1995a. "Should Transitologists be Grounded?" *Slavic Review*. vol. 54, no. 1.

______. 1995b. "Paper curtains and paper tigers." *Slavic Review*. vol. 54, no. 4.

Bykova, Marina F. 2009. "Sovereign Democracy and Question of the Russian Political Order." *Russian Studies in Philosophy*. vol. 47, no. 4.

Holmes, Leslie. 1997. *Post–Communism : An Introduction*. Oxford : Polity Press.

Karl, Terry L. Philippe C. Schmitter. 1995. "From an Iron Curtain to a Paper Curtain : Grounding Transitologists or Students of Postcommunism?" *Slavic Review*. vol. 54, no. 4.

Karl, Terry L., and Philippe, C. Schmitter. 1994. "The Conceptual Travels of Transitologists and Consolidationists : How Far to the East Should They Attempt to Go?" *Slavic Review*. vol. 53, no. 1.

Kubicek, Paul. 1994. "Delegative Democracy in Russia and Ukraine," *Communist and Post Communist Studies*. vol. 27, no. 4.

Kumar, Rajan. 2008. "Putin's Legacy and the State of Democracy in Russia." *International Studies*. vol. 45, no. 2.

O'Donnell, Guillermo. 1994. "Delegative Democracy." *Journal of Democracy*. vol. 5, no. 1.

Orlov, Dmitrii. 2008. "The New Russian Age and Sovereign Democracy." *Russian Politics and Law*. vol. 46, no. 5.

Peter, Solomon, Jr., 2002. "Putin's Judicial Reform : Making Judges Accountable as well as Independent." *East European Constitutional Review*. vol. 11, no. 1–2.

Sakwa, Richard. 2002. *Russian Politics and Society*. London and N.Y. : Routledge.

Shevtsova, Lilia. 2003. *Putin's Russia* (Washington D.C. : Carnegie Endowment for International Peace.

Shevtsova, Lilia. 1999. *Yeltsin's Russia : Myths and Reality* (Washington, D.C. : Carnegie Endowment for International Peace.

Surkov, Vladislav Iu. 2009. "Nationalization of the Future : Paragraphs pro Sovereign Democracy." *Russian Studies in Philosophy*. vol. 47, no. 4.

Terry, Sarah. M. 1993. "Thinking about Post–Communist Transitions : How Different are They?"

Slavic Review. vol. 52, no. 2.

Tsygankov A. 1998. "Manifestations of delegative democracy in Russian local politics : what does it mean for the future of Russia?" *Communist and Post Communist Studies*. vol. 31, no. 4.

Constitution of Russia. http://www.rg.ru/2009/01/21/konstitucia-dok.html(검색일 : 2009. 8. 22).

Freedom House Report. http://www.freedomhouse.hu/images/nit2009/russia.pdf(검색일 : 2009. 8. 2).

Krastev, Ivan. " 'Sovereign Democracy,' Russian-style," *Pro & Contra*. 16-11-2006. http://www.opendemocracy.net/globalization-institutions_government/sovereign_democracy_4104.jsp (검색일 : 2009. 7. 12).

Medvedev Article. http://www.gazeta.ru/comments/2009/09/10_a_3258568.shtml(검색일 : 2009. 9. 15).

Mdevedev, "Presidential Address to the Federal Assembly of the RF." http://eng.kremlin.ru/speeches/2009/11/12/1321_type70029type82912_222702.shtml 참조(검색일 : 2009. 11. 15).

USA Patriot Act. http://www.gpo.gov/fdsys/pkg/PLAW-107publ56/content-detail.html(검색일 : 2009. 9. 15).

주

1 이에 대해서는 아리스토텔레스(Aristotle)에서 슘페터(Joseph Schumpeter), 포퍼(Karl R. Popper), 토크빌(Alexis de Tocqueville) 등 수많은 학자들에 의해 장기간에 걸쳐 논의가 진행되어 왔다.

2 비교정치론의 맥락에서 민주화 이행론을 주장한 학자들과 소비에트학의 입장에서 탈공산주의의 특수성을 강조하는 양측 간의 논쟁은 Sarah. M. Terry, Valerie Bunce, Terry L. Karl, Philippe C. Schmitter, Juan, J. Linz, Alfred Stephan 등 다수의 학자들이 저명한 학술지 *Slavic Review, Post-Soviet Affairs* 그리고 *Comparative Political Studies* 등에 논문을 기고하거나 연구 단행본을 출판하는 방식으로 전개되었다. 국내에서는 박수헌(2001), 임경훈(2003) 등이 이러한 논쟁들을 정리한 바 있다.

3 연방헌법은 그동안 연방구성 주체의 합병이나 명칭 및 지위의 변경, 연방의회 구성방식 및 임기 관련 조항, 대통령 임기 조항(4년에서 6) 등 크고 작은 내용의 부분적인 수정이 이루어졌으며, 현재 시점에서는 2008년 12월 30일 개정되어 2009년 1월 21일 러시아 일간지 *Rossiskya Gazeta*지에 공표된 것이 최신판이다. 헌법전문은 인터넷 web-site 참조. http://www.rg.ru/2009/01/21/konstitucia-dok.html(검색일 : 2009. 8. 22).

4 개정된 연방헌법에 따르면 러시아연방은 21개 공화국, 9개 지방, 46개 주, 2개 특별시, 1개 자치주, 4개 자치구역 등 83개의 구성주체를 포함하고 있다.

5 애국법이 미의회에 상정되었을 때 인권침해와 시민의 자유권 제약 등 많은 논란이 있었다. 그러나 부시(George W. Bush) 대통령이 2001년 10월 26일 법률안에 서명함으로써 애국법은 발효되었다. 이 법의 공식명칭은 Uniting and Strengthening America by Providing Appropriate Tools Required to Intercept and Obstruct Terrorism(USA PATRIOT ACT) Act of 2001(Public Law 107-56)이다. 전문은 다음의 웹사이트를 참고할 것. http://www.gpo.gov/fdsys/pkg/PLAW-107publ56/content-detail.html(검색일 : 2009. 9. 15).

6 옐친은 러시아연방을 구성할 때 각 지역의 분리주의를 잠재우고 연방구성에 참여할 것을 독려하면서 "감당할 수 있는 최대한의 자치권을 누리라"고 약속한 바 있다. 그 결과로 러시아 연방정부가 지방정부를 효율적으로 통제하지 못하게 된 것이다.

7 프리덤 하우스의 민주화 평가는 7점 척도로 구성되며 점수가 높을수록 비민주적이라는 의미이다. 평가항목은 해마다 조금씩 수정·보강되어 2009년 현재는 선거과정(Electoral Process), 시민사회 수준(Civil Society), 매체의 독립성(Independent Media), 국가 차원의 민주적 통치(National Democratic Governance), 지방의 민주적 통치(Local Democratic Governance), 사법제도와 독립성(Judicial Framework and Independence), 부패(Corruption) 등 7개 항목을 평가하여 종합적으로 민주화 지수(Democracy Score)를 산정한다. 이에 대한 자세한 내용 및 해설은 http://www.freedomhouse.hu/images/nit2009/russia.pdf 참조(검색일 : 2009. 8. 2).

8 수르코프는 주권민주주의의 개념에 대해 2006년 2월 러시아의 권력정당인 통합러시아당 행

사에서 연설을 하면서 처음 언급한 이후 토론회 발표문이나 언론매체 기고문 등을 통해 여러 차례 개념화하였다. 여기서 인용한 수르코프의 글은 2006년 11월 러시아의 시사잡지 *Ekspert*에 처음 게재되었는 것으로 2008년 봄 러시아과학아카데미 철학연구소(IFRAS)의 학술회의에서 수르코프가 발표문으로 사용한 것이다. 2008년 봄 IFRAS 학술회의는 주권민주주의를 주제로 한 것이었으며, 여기서 논의된 10개의 발표문이 *Russian Studies in Philosophy*봄호에 모두 게재되어 있다.

9 전문은 다음 사이트 참조. http://www.gazeta.ru/comments/2009/09/10_a_3258568.shtml(검색일 : 2009. 9. 15).

10 메드베데프의 의회 연설문은 "Presidential Address to the Federal Assembly of the Russian Federation," http://eng.kremlin.ru/speeches/2009 · 11/12/1321_type70029type82912_222702.shtml 참조(검색일 : 2009. 11. 15).

지은이 **유정환**(劉晶煥)

- 1945년 개성
- 한국외국어대학교 정외과 (정치학 학사)
- 파리 Sciences-po (정치학 D.E.A.)
- 파리 8대학교 역사학과 (역사학 박사)
- 청주대학교 정외과 교수 (현 명예교수)
- 파리 1대학교, 파리 7대학교, 파리 8대학교, 프랑스사회과학원(EHESS), 프랑스국립동양학대학교(INALCO), 캐나다 몬트리올대학교 초빙교수
- 한국프랑스정치학회 회장, 한국정치학회, 한국국제정치학회 부회장 역임
- 프랑스 정부 학술공로상 기사장

공저 『현대정치사상』(서울 : 교학연구사, 1996), *Dictionnaire de Géopolitique* (Paris : Flammarion, 1993) 외.

현대 정치의 쟁점

초판1쇄 / 2011년 4월 20일

지은이 **유정환 외**
펴낸이 **여국동**
펴낸곳 **도서출판 인간사랑**
인 쇄 **백왕인쇄**

출판등록 1983. 1. 26. / 제일 3호

정가 39,000원

ISBN 978-89-7418-024-9 93340

※ 잘못된 책은 교환해 드립니다.

(411-815) 경기도 고양시 일산구 백석동 1178-1
TEL (031)901-8144, 907-2003
FAX (031)905-5815
E-mail igsr@yahoo.co.kr / igsr@naver.com